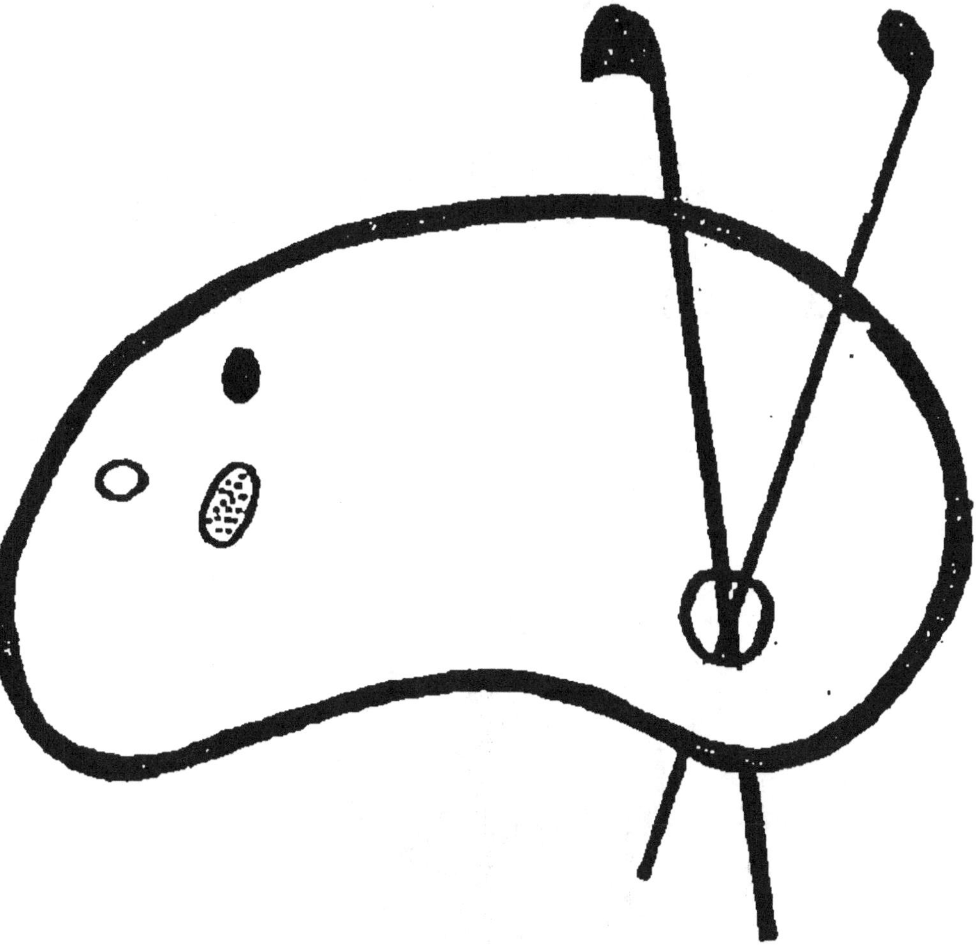

DEBUT D'UNE SERIE DE DOCUMENTS EN COULEUR

CHARLES JOURDAIN,

DE L'ACADÉMIE DES INSCRIPTIONS ET BELLES-LETTRES.

HISTOIRE

DE

L'UNIVERSITÉ DE PARIS,

AU XVIIᵉ ET AU XVIIIᵉ SIÈCLE.

TOME PREMIER.

PARIS,

FIRMIN-DIDOT ET Cⁱᵉ, | HACHETTE ET Cⁱᵉ,
IMPRIMEURS DE L'INSTITUT, | 79, BOULEVARD SAINT-GERMAIN.
56, RUE JACOB.

1888.

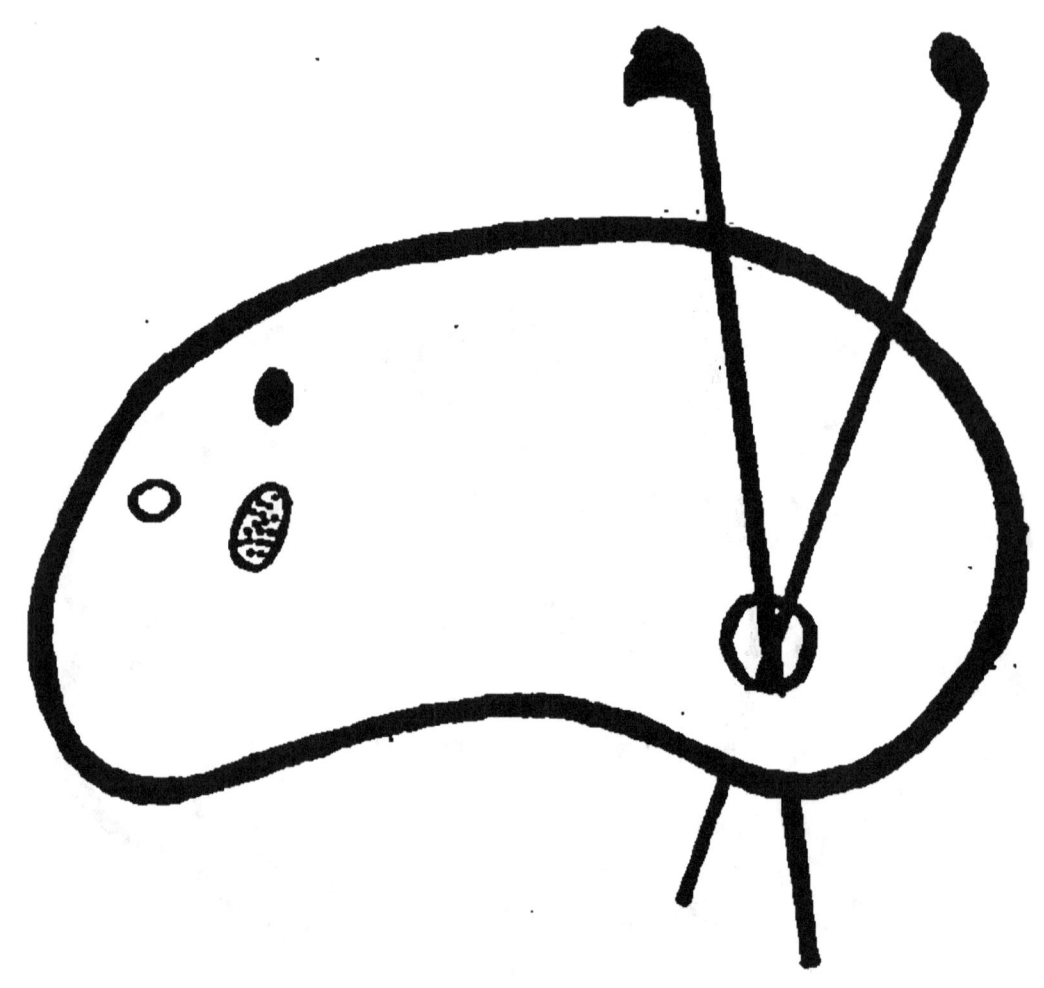

FIN D'UNE SERIE DE DOCUMENTS EN COULEUR

# HISTOIRE

DE

L'UNIVERSITÉ DE PARIS,

AU XVIIe ET AU XVIIIe SIÈCLE.

Tome I.

Typographie Firmin-Didot. — Mesnil (Eure).

CHARLES JOURDAIN,

DE L'ACADÉMIE DES INSCRIPTIONS ET BELLES-LETTRES.

HISTOIRE

DE

L'UNIVERSITÉ DE PARIS,

AU XVIIe ET AU XVIIIe SIÈCLE.

TOME PREMIER.

PARIS,

FIRMIN-DIDOT ET Cie, | HACHETTE ET Cie,
IMPRIMEURS DE L'INSTITUT, | 79, BOULEVARD SAINT-GERMAIN.
56, RUE JACOB. |

1888.

AVANT-PROPOS.

Les deux volumes in-octavo qui composent cette publication posthume sont la reproduction, sous une forme quelque peu abrégée, du grand ouvrage in-folio publié sous le même titre (1862-1866) par la maison Hachette, en un volume principal suivi de Pièces justificatives, et un volume supplémentaire, recueil de documents en latin, intitulé : *Index chronologicus chartarum pertinentium ad historiam Universitatis Parisiensis.*

Dans l'introduction de cet ouvrage, dont il serait superflu de reproduire ici les termes, l'auteur expliquait dans quelles circonstances il avait été officiellement invité à continuer le vaste recueil de Du Boulay, en conduisant l'histoire de l'Université jusqu'à sa chute en 1793, à quelles sources il avait puisé, et quelles modifications il avait dû introduire dans le plan et la méthode de son devancier pour donner plus d'intérêt à son récit et en faire une œuvre d'histoire proprement dite.

M. Jourdain avait toujours désiré présenter son œuvre au public sous une forme condensée qui la rendît accessible à un plus grand nombre de lecteurs. En léguant à sa famille le soin de remplir ce vœu, il lui en a facilité l'accomplissement par un travail préparé de sa main, auquel la présente édition est rigoureusement conforme. La division de l'ouvrage en livres et chapitres y est restée la même que dans la grande édition, et la table si utile des noms de personnes a été seule refondue pour la mettre d'accord avec la nouvelle pagination.

Mais cet abrégé ne comprend ni le texte complet des Pièces justificatives auxquelles il renvoie fréquemment, et qui n'occupaient pas moins de 300 pages in-folio dans l'édition de 1866, ni l'*Index chartarum*, se rattachant aux époques antérieures aux xviie et xviiie siècles.

Les enfants de M. Jourdain seraient heureux que cette publication posthume, à laquelle les maisons Firmin-Didot et Hachette veulent bien prêter leur concours, contribuât à rappeler au public studieux l'œuvre principale de la vie de leur père.

HISTOIRE
DE
L'UNIVERSITÉ DE PARIS.

LIVRE PREMIER.

DEPUIS L'ANNÉE 1600 JUSQU'A LA MORT DE LOUIS XIII.

CHAPITRE PREMIER.

Situation de l'Université de Paris à la fin du seizième siècle. — Henri IV annonce le projet de la réformer. — Les commissaires nommés par le roi s'adjoignent des membres de l'Université pour les seconder. — Usages et institutions de l'Université de Paris. — Bénéfices dont elle disposait. — Ses messageries. — Événements des six premiers mois de l'année 1600. — Le Parlement casse l'élection du recteur J. Lemercier. — L'édit de réformation est enfin promulgué. — Cérémonie à cette occasion. — Discours du président de Thou et de l'avocat général Servin. — Analyse des nouveaux statuts. — Faculté des arts. — Faculté de médecine. — Faculté de décret. — Faculté de théologie. — Caractère de tous ces règlements. — Nomination de quatre censeurs chargés de veiller à leur exécution. — Violente opposition que la réforme soulève. — Arrêts du Parlement pour réprimer l'insubordination et les désordres des écoliers. — Edmond Richer et les régents de rhétorique du collège de Lisieux. — L'ordre et le calme commencent à renaître dans les écoles. — Pauvreté de l'Université de Paris.

A la fin du seizième siècle, l'Université de Paris était bien déchue de son antique splendeur. Ce n'était plus cette puissante corporation, fière de ses privilèges confirmés de siècle en siècle, qui faisait sentir son ascendant tour à tour à l'Église et à l'État, que les rois ménageaient dans l'intérêt de leur couronne, dont les ambassadeurs avaient dirigé à Pise et à Constance les délibérations du concile, et qui, dans ces tristes jours du grand schisme d'Occident, avait aspiré à devenir l'arbitre de la papauté, en se constituant le juge des pontifes rivaux qui se disputaient l'héritage de saint Pierre. Le plus haut point de son élévation en fut aussi le terme. A mesure que la royauté s'affermit en France, le pouvoir de l'Université déclina. Sans doute les rois se montrèrent toujours bienveillants pour une compagnie dont les lumières faisaient l'ornement de leur royaume; ils lui donnèrent le titre de fille bien-aimée, de fille aînée; mais cette fille chérie dut se résigner au rang de sujette et subir la loi du souverain comme tous les autres membres de l'État.

Dès le règne de Charles VII, nous voyons l'Université de Paris soumise par l'ordonnance de 1445 à la juridiction du Parlement (1), nonobstant la prétention qu'elle avait de relever immédiatement de l'autorité royale. Sous Louis XI, une bulle que ce prince avait sollicitée du pape Pie II ne permit pas qu'elle interrompît, comme autrefois, ses leçons pour les motifs les plus frivoles (2). Sous Louis XII, ses privilèges en matière judiciaire furent notablement restreints (3). Sous Henri II, à la suite d'une émeute excitée au Pré-aux-Clercs, elle fut obligée, en la personne de son recteur, d'aller implorer le pardon du roi (4), au lieu d'obtenir une réparation, que naguère on n'eût pas refusée, pour ceux de ses écoliers qui avaient été les premiers attaqués. Évidemment son rôle politique était fini, le temps de sa prépondérance était passé, et, dans sa modestie comme dans sa prudence, elle ne devait espérer ni poursuivre désormais que la gloire, sinon plus éclatante, du moins plus salutaire et plus durable, de bien élever la jeunesse.

Mais à l'époque où nous sommes parvenus, cette gloire elle-même, sa dernière prérogative, semblait sur le point de lui échap-

---

(1) *Ordonnances des rois de France*, t. XIII, p. 457.
(2) Félibien, *Histoire de la ville de Paris*, t. V, p. 707.
(3) *Recueil des privilèges de l'Université de Paris*, Paris, 1674, in-4°, p. 28 et suiv.
(4) Du Boulay, *Hist. Univ. Paris.*, t. VI, p. 490 et suiv. Crevier, *Hist. de l'Univ. de Paris*, t. VI, p. 30 et suiv.

per. Les universités qui s'étaient élevées sur d'autres points du royaume, à Orléans et à Angers dans le quatorzième siècle; à Poitiers, à Caen, à Bourges et à Bordeaux dans le quinzième, à Reims dans le seizième, contribuaient, par leur influence locale, à diminuer sensiblement le nombre des étudiants qui fréquentaient ses écoles. A Paris, c'est-à-dire au centre de sa puissance, elle avait à soutenir la concurrence redoutable des Jésuites, à qui la faveur de Charles IX avait permis d'ouvrir le collège de Clermont en 1563. Outre le tort matériel que ces rivalités lui causaient, elle avait ressenti dans ses divers établissements le contre-coup des agitations qui déchiraient le royaume. Les liens de la discipline s'étaient peu à peu relâchés; les études étaient abandonnées, et, chez les maîtres comme chez les écoliers, l'amour des lettres, le respect de la règle avaient fait place aux sombres passions, aux haines politiques, au fanatisme religieux et aux habitudes dissolues que présentait le reste de la société. En 1584, avant que la turbulence de la populace de Paris eût dégénéré en révolte ouverte, Henri III se plaignait déjà que « les troubles avaient grandement diminué et dépravé l'Université; les plus doctes étaient morts ou s'étaient exilés, et il ne s'était point trouvé de sujets en nombre suffisant pour les remplacer. Au lieu d'écoliers, étaient entrés aux collèges des solliciteurs et locataires de chambres, la discipline y étant pour la plupart délaissée (1). » Le mal dans la suite ne fit que s'accroître; il parvint à son comble après la journée des Barricades, lorsque, le roi s'étant retiré à Tours, Paris fut abandonné aux troupes indisciplinées qui composèrent l'armée de la Ligue. Jamais l'Université n'avait vu d'aussi mauvais jours. Plusieurs de ses collèges furent saccagés (entre autre celui du cardinal Lemoine, qui était situé près des murs de la ville, à la porte Saint-Victor. Un détachement de la garnison s'y était installé dans les bâtiments; et quand Edmond Richer, élu principal, vint en prendre possession, il les trouva complètement dévastés, sans autres élèves que des boursiers indociles, qui se

---

(1) Lettres patentes du mois de juin 1584, dans le *Recueil des privilèges de l'Université*, p. 43.

montraient sourds à toutes les exhortations (1). « Lors de l'entrée du roi à Paris, écrit un contemporain (2), on ne pouvait éprouver assez de surprise et de douleur à l'aspect misérable de l'Université. Elle ne conservait plus aucun vestige de son ancienne dignité; des soldats espagnols, belges et napolitains, mêlés aux paysans des campagnes voisines, avaient rempli les asiles des muses d'un attirail de guerre au milieu duquel erraient les troupeaux. Où retentissait autrefois la parole élégante des maîtres de la jeunesse, on n'entendait plus que les voix discordantes de soldats étrangers, les bêlements des brebis, les mugissements des bœufs. En un mot, les collèges étaient devenus plus infects que les étables d'Augias, et l'Université plus silencieuse qu'Amycla. »

Sans doute l'anarchie et la guerre touchaient à leur terme; mais pour réparer le préjudice que vingt années de discordes civiles avaient fait subir aux lettres, pour restaurer dans les écoles dépeuplées la discipline et les études, suffisait-il de remettre en vigueur, au retour de la paix, les statuts que le cardinal d'Estouteville avait donnés à l'Université en 1452? Il s'était passé en Europe de si grandes choses depuis que ces statuts avaient été promulgués; la renaissance des lettres antiques, les progrès de l'imprimerie, la découverte du Nouveau-Monde, les prédications de Luther et de Calvin, avaient tellement changé les dispositions des esprits et les conditions de l'enseignement, que les règles anciennes étaient tombées en désuétude pour ainsi dire d'elles-mêmes, moins par la négligence et la faute des hommes que par l'irrésistible force des événements. Sous François Ier, l'opportunité d'une réforme frappait déjà l'Université, qui, prenant l'initiative, demanda, en 1529, et obtint, quatre ans après, que des modifications partielles fussent apportées aux statuts de la Faculté de théologie et de la Faculté de droit (3). Mais ce grand corps, qui supportait difficilement la dépendance, n'aurait pas voulu laisser

---

(1) *La vie d'Edmond Richer, docteur de Sorbonne*, par feu Adrien Baillet, Liège, 1714, in-12, p. 13.
(2) Boutrais, *De rebus in Gallia gestis*, cité par Du Boulay, t. VI, p. 916.
(3) Du Boulay, t. VI, p. 214 et s.; p. 236 et s. Crevier, t. V, p. 246 et s.; p. 263 et s.

à des mains étrangères le soin d'opérer sa propre régénération : aussi opposa-t-il une sourde résistance aux premiers changements qu'avait projetés Henri II (1), changements que des soucis plus pressants et plus graves ne permirent pas à ce prince d'accomplir. Cependant, comme les imperfections et les lacunes de l'ancien système s'aggravaient, il devenait urgent d'y pourvoir. En 1562, l'infortuné Ramus, un des maîtres que Henri II avait associés à ses desseins, soumit au nouveau roi Charles IX un plan de réforme qui embrassait toutes les parties de l'enseignement. Entre autres améliorations, Ramus proposait que, dans les Facultés supérieures, les professeurs fussent astreints à faire eux-mêmes leurs leçons; que les frais des actes qui préparaient à la licence et au doctorat fussent diminués; que, dans la Faculté de médecine, on substituât la lecture d'Hippocrate et de Galien, et l'étude pratique de la science de guérir, aux disputes qui, d'après l'ancien usage, occupaient les quatre années du cours; qu'en théologie, les questions frivoles et subtiles si vainement agitées par les scolastiques fussent remplacées par des exercices plus fructueux, par des conférences et des sermons, par la lecture de l'Ancien Testament en hébreu et du Nouveau en grec; qu'enfin, dans les collèges dépendant de la Faculté des arts, les régents donnassent moins de temps à une explication sèche et aride des règles de l'art d'écrire qu'à la lecture des textes originaux et à des travaux de composition. Ramus était soupçonné d'incliner au calvinisme, et ce soupçon, qui lui coûta la vie dans la nuit de la Saint-Barthélemy, empêcha aussi que ses nouveaux plans d'éducation ne fussent adoptés. D'insuffisantes réformes et des déclarations réitérées du Parlement et du roi ne servirent qu'à constater de plus en plus, à la veille de la guerre civile et dans l'effervescence des esprits, la nécessité impérieuse de procéder, selon les expressions de l'édit de Blois, à « l'entière réformation et

---

(1) *Præmium reformandæ Academiæ*, ad Carolum IX regem. Parisiis, 1562, in-12. Le même ouvrage existe traduit en français sous ce titre : *Advertissements sur la réformation de l'Université de Paris*, au roy, 1562, in-12, de l'imprimerie d'André Wechel.

rétablissement de l'exercice et discipline des universités et collèges. » Mais une entreprise de cette nature supposait l'apaisement des factions et demandait un gouvernement régulier, dont la France ne goûta jamais le bienfait sous le dernier des Valois; elle ne put être essayée avec succès qu'après l'entrée de Henri IV à Paris, lorsque, la défaite de la Ligue ayant amené l'entière pacification du royaume, une ère de tranquillité et de bonne administration commença pour la France. Avec son jugement supérieur, Henri IV vit bien qu'entre toutes les restaurations nécessaires dans une société si cruellement éprouvée, une des plus urgentes était celle des études; aussi, avant de réparer les plaies de la guerre civile, avant de relever les finances, l'agriculture et le commerce, ce grand prince annonça le projet de réformer l'enseignement, sauf à montrer dans l'exécution cette sage lenteur que la difficulté de la matière exigeait.

Déjà plusieurs fois, dans les premiers siècles de son existence, à la suite de conflits, de désordres graves, de guerres acharnées ou de commotions politiques, des réformes tantôt partielles, tantôt générales, avaient modifié les droits, corrigé les abus, renouvelé ou amélioré les institutions de l'Université de Paris. L'autorité qui décrétait ces réformes, sans que la mission qu'elle remplissait lui fût contestée par quelque autre pouvoir rival, c'était le Saint-Siège, tantôt directement, tantôt par l'organe des légats investis de sa confiance. Au temps même de Louis XI, les nouveaux statuts que les commissaires désignés par le gouvernement royal avaient préparés ne furent néanmoins promulgués que sous le nom du cardinal d'Estouteville, légat du pape. Au contraire, ce qui caractérise la grande rénovation universitaire de la fin du seizième siècle, c'est qu'elle fut l'œuvre exclusive de la royauté; la puissance royale l'accomplit seule, en vertu d'un droit inhérent à la couronne, sans la participation du pouvoir pontifical. L'éducation de la jeunesse, réglée si longtemps par le chef de l'Église, rentre, à dater de Henri IV, sous la compétence du magistrat civil, comme étant l'un des objets qui importent le plus à la constitution intérieure et au bon ordre des États. Elle ne cessera pas, pour cela, d'être largement et profondément religieuse ; elle continuera même d'appartenir encore très longtemps au clergé, même régulier, dans les collèges les plus florissants ; mais l'œil qui surveillera les abus, la main qui doit y remédier, le pouvoir tutélaire à qui est dévolue la mission de protéger, de contenir et d'amender tant les hommes que les choses, désormais ce n'est plus le souverain pontife, c'est le roi et son Parlement.

Une année ne s'était pas écoulée depuis la réduction de Paris sous les lois du Béarnais ; les Jésuites, accusés par leurs ennemis de complicité avec Jean Châtel, venaient d'être bannis de France, et le collège de Clermont fermé par sentence du Parlement, à la suite d'une longue procédure et de débats judiciaires dans lesquels l'avocat Antoine Arnauld avait porté la parole au nom de l'Université. Le 1ᵉʳ février 1595, veille de la fête de la Purification, comme le recteur Galland, accompagné des doyens des Facultés, des procureurs des Nations, des officiers de l'Université et des bedeaux, était allé, selon l'ancienne coutume, offrir un cierge à Henri IV, le prince déclara, devant la députation, que son dessein était de rendre à l'Université le lustre qu'elle avait eu autrefois, pour que la jeunesse, formée aux bonnes mœurs, fût préparée à bien servir le roi et l'État (1). Il ajouta qu'il avait désigné pour l'aider dans ce projet plusieurs personnages considérables de l'Église et de la magistrature : c'étaient Renaud de Beaune, archevêque de Bourges, grand aumônier de France ; Achille de Harlay, premier président du parlement de Paris ; Jacques de la Guesle, procureur général ; Auguste de Thou, maître des requêtes ; Séguier, lieutenant civil, et François de Riz, premier président du parlement de Bretagne.

Le 4 février, le recteur reporta à l'assemblée de l'Université les intentions du roi. Après le bannissement des Jésuites, qu'elle croyait, à tort, expulsés pour toujours, l'Université n'avait qu'un vœu à former et à réaliser pour sa part, autant qu'il était en elle, c'était que par de sages mesures la discipline et les bonnes étu-

(1) Du Boulay, t. VI, p. 891 et s. Cf. J. de Thou, *Hist.* l. cxxiii, t. V, Genevæ, 1620, in-fol., p. 893 ; Crevier, t. VII, p. 53 ; Félibien, *Hist. de Paris*, t. II, p. 1255.

des fussent promptement rétablies dans ses écoles. Malgré l'ambition qu'elle conservait de régler elle-même ses propres affaires, elle se montra d'autant plus empressée à seconder les vues bienveillantes du prince, qu'un grand nombre de ses membres avaient à se faire pardonner leur attitude séditieuse au temps de la Ligue. Afin d'appeler les grâces du ciel sur le grand ouvrage de sa réformation, elle décida qu'une procession extraordinaire aurait lieu aux Mathurins, et que l'évêque de Mende, Adam de Hurtelou, qui était de passage à Paris, serait invité à célébrer l'office divin dans cette cérémonie. Quelques jours après, les envoyés du roi se présentèrent devant l'assemblée de l'Université, au collège de Navarre, pour faire connaître la mission qui leur était confiée. Là se trouvèrent réunis avec le recteur, les doyens des Facultés, les procureurs des Nations, les principaux de tous les collèges et les trois grands officiers de l'Université, le procureur fiscal, depuis appelé syndic, le greffier et le trésorier ou receveur. L'archevêque de Bourges prit la parole en latin et exposa, dans un discours élégant, que le prince voulait voir les études refleurir dans l'Université et se proposait d'y restaurer les anciennes institutions tombées en désuétude par le malheur des temps. Le recteur Galland, au nom de tous les maîtres, exprima le vœu que cet heureux ouvrage, de jour en jour plus urgent, fût poursuivi avec ardeur et confiance. Lecture faite de l'ordonnance qui établissait une commission avec pleins pouvoirs pour réformer les abus, on fit à haute voix l'appel des principaux des collèges, et ils reçurent l'ordre de se représenter, à jour fixe, avec les titres de fondation de leurs établissements, afin qu'il fût pris connaissance des obligations auxquelles chacun était tenu.

C'était ainsi que, plus de cinq ans avant l'époque où notre récit doit commencer, la réformation de l'Université de Paris avait été inaugurée, par suite de la volonté personnelle de Henri IV, avec un appareil qui témoignait de l'importance capitale de l'entreprise aussi bien que de la sincérité des vœux formés de part et d'autre pour le succès. Les commissaires royaux employèrent trois ans à visiter les collèges, à recueillir les opinions des doyens des Facultés, des procureurs des Nations et des principaux, à vérifier les statuts primitifs et à préparer ceux qui devaient les remplacer. Parmi les auxiliaires dont ils reçurent le concours le plus utile, se trouvaient cinq maîtres de l'Université, que par une délégation tacite ils avaient associés à leurs travaux. Outre le recteur Galland, principal du collège de Boncour, c'étaient Jean Morel, principal du collège de Reims; Claude Mignault, dit Minos, docteur en décret; Nicolas Ellain, docteur en médecine, et le célèbre Edmond Richer, docteur en théologie. Né, en 1560, à Chaource dans le diocèse de Langres, envoyé jeune encore aux écoles de Paris, Richer s'était fait remarquer de bonne heure par sa forte intelligence et par l'énergie de son caractère. Le cours des événements, les leçons de ses maîtres et les exemples qu'il avait sous les yeux, l'avaient entraîné dans le parti de la Ligue; ainsi, en 1591, il avait soutenu des thèses dans lesquelles il exaltait la suprématie du Saint-Siège au détriment du pouvoir royal et glorifiait Jacques Clément. L'expérience ayant modifié ses premières impressions, il s'était retourné avec force contre les erreurs et les emportements de sa jeunesse, avait embrassé les maximes de l'Église gallicane, tant sur l'autorité du concile général que sur le droit des princes temporels, et était devenu peu à peu l'implacable adversaire de l'institut des Jésuites, ces champions déclarés des doctrines ultramontaines. Quoiqu'il eût changé de camp et d'opinion, comme ses adversaires lui en ont fait le reproche en évoquant le souvenir oublié de ses thèses de bachelier, il était plutôt opiniâtre qu'inconstant, et possédait la résolution et la fermeté qui sont nécessaires pour suivre tout grand dessein. Son principal défaut était son humeur querelleuse, qui le faisait se complaire dans la lutte, et son tempérament indocile, qui l'exposait à s'égarer dans ses propres voies. Du reste, ces torts de son esprit et de son caractère ne devaient se développer que plus tard, et ils n'étaient pas encore assez visibles pour semer la défiance autour de lui, lorsque, pour découvrir les abus et préparer la réforme de l'Université, on fit appel à ses lumières et à celles des autres maîtres que nous avons nommés. Les commissaires royaux, aidés par ces coopérateurs officieux, purent constater avec précision les changements qui devaient être apportés à l'ancien régime des écoles de Paris. Le premier fruit de leurs délibérations fut un corps de statuts nouveaux qui, vers les premiers jours du mois de septembre 1598, furent par eux présentés à Henri IV et enregistrés tout d'abord au Parlement. Toutefois, comme des amendements étaient proposés sur divers articles, il fut décidé que ce premier travail serait l'objet d'une revision ultérieure et que la publication en serait provisoirement ajournée. Quinze mois se passèrent ainsi dans l'attente d'une conclusion et dans des pourparlers, des enquêtes et d'interminables délibérations qui donnaient lieu de craindre, en se prolongeant, que la réforme n'échouât. Mais les matières qui touchent à l'éducation publique se composent de détails infinis, qui exigent, de la part de ceux qui les règlent, le soin le plus exact et des retouches fréquentes. De nos jours, lorsque l'Université impériale, héritière de l'Université de Paris, fut fondée, on raconte que le décret qui l'organisait subit des remaniements à vingt-trois reprises différentes. Ne soyons donc pas surpris si les prélats et les magistrats qui avaient reçu de Henri IV une mission aussi délicate apportèrent dans leurs travaux cette lenteur circonspecte qui garantissait la sagesse de leurs décisions.

Tandis que le pouvoir royal s'occupait de régler le sort de l'Université, celle-ci, comme la plupart des institutions qui sont à la veille d'être réformées, tombait dans un état de langueur dont la peinture détaillée présente un douloureux intérêt. Les grandes Facultés de théologie, de décret et de médecine, et les quatre Nations de France, de Normandie, d'Allemagne et de Picardie qui composaient la Faculté des arts, continuaient, il est vrai, à tenir leurs assemblées, tantôt générales, tantôt particulières; mais la matière manquait de plus en plus à la délibération; les débats n'étaient alimentés que par les affaires courantes, dont l'usage et les anciens statuts attribuaient la connaissance aux députés des différentes compagnies, comme l'élection de leurs officiers, la désignation des maîtres chargés d'examiner les candidats aux grades, la collation de certaines bourses dans les divers établissements d'instruction, la confection du rôle pour la présentation aux bénéfices ecclésiastiques, le service des messageries, celui de l'imprimerie et de la librairie, etc.

Quatorze bénéfices étaient sous le patronage de l'Université et à sa nomination : c'étaient les trois cures de Saint-Germain le Vieux, de Saint-Côme et Saint-Damien, et de Saint-André des Arcs; et onze chapellenies ou prestimonies, dont trois fondées en 1298, sur le revenu de la geôle du Châtelet, en expiation du meurtre d'un régent, Simon de Messemy; deux, en 1304, sur un domaine du roi, par un prévôt de Paris, Pierre Jumel, qui avait fait pendre un écolier sans nulle forme de procès; une chapelle de Notre-Dame, fondée en 1308, en l'église de Saint-André des Arcs, par Jean de Thélu, docteur en décret; et les cinq chapelles qu'en 1403, Charles de Savoisy avait été contraint d'ériger, en expiation du meurtre de quelques écoliers tués par ses gens (1). Chacune des sept compagnies de l'Université, les trois Facultés supérieures et les quatre Nations, nommaient alternativement à ces bénéfices; mais comme ils étaient d'inégale importance, on avait établi un double tour, l'un pour les cures et l'autre pour les chapelles. Quand l'un des bénéfices venait à vaquer, la compagnie qui devait y nommer faisait choix d'un sujet que le chef de la compagnie, doyen ou procureur, proposait dans une assemblée aux Mathurins, où siégeaient, sous la présidence du recteur, les trois doyens, les quatre procureurs, le syndic et le greffier. S'il s'agissait d'une chapelle, l'Université la conférait de plein droit; mais pour les trois cures, et pour la chapelle de Notre-Dame, dans l'église Saint-André des Arcs, elle présentait un candidat au collateur, l'archevêque de Paris, qui donnait les provisions. Le patronage de l'Université de Paris était laïque, ce qui fut déclaré par plusieurs arrêts. En effet, quoiqu'elle eût dans son sein un grand nombre d'ecclésiastiques, ce n'était pas à ce titre qu'elle exerçait son droit de nomination; c'était comme propriétaire, en quelque sorte, et comme seigneur temporel des bénéfices.

(1) Voy. le curieux ouvrage de du Boulay, *Mémoires historiques sur les bénéfices qui sont à la présentation et collation de l'Université de Paris*, Paris, 1675, in-4°.

Indépendamment des cures et des chapelles dont le patronage appartenait à l'Université, ses gradués, en vertu de privilèges concédés par les papes, pouvaient prétendre aux bénéfices qui venaient à vaquer pendant certains mois de l'année. La plupart des candidats se présentaient devant l'Université avec leurs titres, et leurs noms étaients inscrits par ordre d'ancienneté sur un registre qui autrefois était envoyé à Rome, mais dont il suffisait d'après le concordat de 1517 de notifier l'extrait au collateur. Si le bénéfice devenait vacant pendant les mois de janvier ou de juillet, le gradué inscrit le premier en était de droit pourvu. Si la vacance avait lieu pendant les mois d'avril et d'octobre, le collateur pouvait choisir entre les gradués présentés par l'Université et les gradués simples qui n'avaient pas obtenu de lettres de nomination.

Tous les ans, le second mardi après Pâques, le recteur et les députés de l'Université tenaient aux Mathurins une assemblée solennelle appelée *synode*. Les possesseurs de bénéfices à la nomination de la compagnie devaient, sous peine d'amende, assister au synode, s'ils étaient présents à Paris, ou se faire représenter par un procureur, si quelque affaire les retenait à ce moment loin de la capitale. Ils venaient certifier publiquement leur résidence, ou plutôt ils venaient, en vassaux fidèles et soumis, renouveler l'hommage de leurs bénéfices aux pieds de l'Université, leur seigneur.

Après les bénéfices ecclésiastiques, objet d'ardentes convoitises dans une société dont les lois traditionnelles accordaient au clergé le premier rang parmi les corps de l'État, le service des messageries, qui paraît si étranger à l'éducation de la jeunesse, était l'un de ceux que l'Université se montrait le plus jalouse de conserver sous sa dépendance, et qui réclamaient habituellement son intervention.

Les étudiants, qui dès le treizième siècle affluaient à Paris de tous les coins de la France et même de l'Europe, n'avaient jamais renoncé à se tenir en relation avec leurs familles, ne fût-ce que pour recevoir d'elles les ressources pécuniaires qui leur étaient indispensables pendant le cours de leurs études. Telle fut l'origine des messagers qui transportaient, des pays lointains, les bagages et l'argent des écoliers. Mais quelquefois la distance des lieux, des empêchements physiques, comme des inondations, trop souvent des guerres, rendaient difficiles, sinon impossibles, les communications d'une ville à une autre; dans ce cas, des personnes de confiance, choisies par chaque Nation, mais résidant toujours à Paris, et assez riches pour pouvoir faire des avances aux étudiants, se chargeaient de leur procurer l'argent nécessaire à leurs besoins. Cette classe de correspondants prit aussi le nom de *messagers*; et, tant à cause de l'importance de leurs fonctions que de leur position sociale (c'étaient ordinairement les marchands les plus accrédités), ils furent appelés *grands messagers*, tandis que ceux qui voyageaient continuellement pour le service des écoliers s'appelaient *messagers volants* ou *petits messagers* (1). Dans l'origine, chaque contrée, chaque province ou diocèse, chaque ville importante eut ses messagers. Le nombre des petits messagers resta illimité; il variait pour chaque localité, suivant le nombre et les besoins des étudiants qui en étaient originaires. Certaines villes en avaient plusieurs; Blois en avait trois, Fontenay-le-Comte quatre, réduits à trois sous Henri IV; Rouen en avait six; d'autres villes n'en avaient qu'un chacune; d'autres enfin, comme Dol et Saint-Malo, étaient deux ou trois ensemble, desservies par un seul. Quant aux grands messagers, comme ils jouissaient de toutes les exemptions et de tous les privilèges accordés aux suppôts de l'Université, ils s'étaient multipliés insensiblement, soit par des concessions trop faciles, soit par la fraude; mais deux ordonnances, l'une de Charles VIII (2), l'autre de Charles IX (3), avaient réduit leur nombre à un seul messager pour chaque diocèse du royaume, et à cent huit pour tous les diocèses étrangers qui envoyaient des écoliers à Paris. Sous Henri IV, ces dispositions étaient respectées, sauf dans la Nation de Normandie, qui conserva deux messagers par diocèse. Les offices étaient con-

(1) Voy., au tome I*er* du grand ouvrage de du Boulay, p. 137 et s., sa dissertation *De nuntiis Universitatis*.
(2) Lettres patentes du mois de mars 1488, dans le *Recueil des privilèges de l'Université de Paris*, p. 102.
(3) Lettres patentes du 24 avril 1564.

férés moyennant une rétribution modique, tantôt par le procureur de chaque Nation, tantôt par la Nation elle-même, s'il s'agissait des grands messagers.

L'Université enfin avait sous sa juridiction vingt-quatre libraires jurés qui représentaient la librairie d'alors, et plusieurs papetiers, parcheminiers, relieurs et enlumineurs, dont elle recevait le serment. Outre l'autorité indirecte qu'elle exerçait sur eux par les censures dont la Faculté de théologie frappait les ouvrages contraires à la foi et aux bonnes mœurs, elle les considérait comme ses propres suppôts, les mandait devant elle et les obligeait, sous peine d'amende, à lui faire cortège dans les cérémonies. Le recteur avait un droit sur la vente du parchemin qui se débitait dans Paris, et ce droit était le plus clair de ses revenus. Comme signe et comme garantie partielle de son monopole, il se rendait anciennement à Saint-Denis deux fois l'année, lors de la fête du Lendit, escorté d'une suite nombreuse de maîtres et d'écoliers, et visitait les liasses de parchemin que les marchands apportaient à la foire. Ce voyage traditionnel, cette vérification que la fraude des parcheminiers rendait presque illusoire, avait encore lieu dans les premières années du règne de Henri IV.

Ce grand nombre d'emplois qui étaient à la disposition de l'Université; les litiges qui en résultaient et où elle intervenait souvent comme partie intéressée; la surveillance de ses collèges; son cérémonial, et souvent ses processions; les visites solennelles qu'à certains jours de l'année elle rendait au roi et aux principaux personnages pour leur offrir des cierges; tous ces divers soins entretenaient autour d'elle un courant d'affaires qui lui conservait les apparences de la vie, même alors que la vie réelle se retirait insensiblement de ce grand corps.

En dehors du cercle pour ainsi dire obligé des événements ordinaires, les six premiers mois de l'année 1600 s'écoulèrent, pour l'Université, sans offrir d'incidents dignes d'être relevés. Citons cependant le choix d'un nouveau conservateur des privilèges apostoliques de l'Université, René Potier, évêque de Beauvais, lequel fut élu en remplacement de l'évêque de Senlis,

Guillaume Rose, le fougueux ligueur, qui s'était démis (1). Mentionnons aussi une contestation assez vive sur des lettres de scolarité refusées d'abord, puis accordées, en vertu d'un arrêt du Parlement, à un écolier qui ne faisait pas profession de catholicisme (2). Au mois de juin, la paix des écoles fut passagèrement troublée par une de ces querelles intérieures dont l'histoire des universités présente trop d'exemples. La Faculté des arts, assemblée solennellement, selon sa coutume, à Saint-Julien le Pauvre, venait d'approuver le choix des délégués ou intrants nommés par les quatre Nations pour l'élection du recteur; ceux-ci étaient « entrés » dans le conclave, ainsi nommé parce que l'Université avait voulu imiter les formes en usage pour l'élection du souverain pontife; et quand ils en étaient sortis, l'intrant de France avait proclamé recteur Jean Lemercier, vice-principal et professeur au collège de Beauvais, natif de Château-Thierry, lequel remplissait les fonctions rectorales depuis six mois déjà, en vertu de deux élections successives. Après que les Nations eurent délibéré, chacune à part, la Faculté approuva le choix qui avait eu lieu et promit au recteur de l'assister dans son administration. Mais un licencié en théologie, M° Antoine Fusil, curé de Saint-Barthélemy et de Saint-Leu-Saint-Gilles, se leva pour protester. Il déclara que l'élection était contraire aux statuts, qui ne permettaient pas que le rectorat fût conféré trois fois de suite au même candidat; il en appela au Parlement, et déposa le jour même l'acte d'appel entre les mains du greffier de l'Université. Il assurait, au reste, que sa démarche ne tendait qu'à la conservation des droits et règlements de la corporation; qu'il n'accusait maître Lemercier d'aucune brigue et qu'il ne prétendait pas lui succéder; ce qui ne l'empêcha pas d'insinuer que, lors du dernier voyage à Saint-Denis pour la visite du parchemin, la conduite du recteur n'avait pas été à l'abri de tout blâme. Les Nations prirent le parti du chef qu'elles s'étaient donné, et, attaquant à leur tour M° Fusil, elles lui reprochèrent, entre autres griefs, d'avoir étudié

(1) *Arch. U.*, Reg. xxv, fol. 3.
(2) Du Boulay, *Hist. Univ.*, t. VI, p. 914.

autrefois chez les Jésuites. Malgré l'énergique résistance qu'elles déployèrent, l'élection fut cassée et le Parlement ordonna de procéder dans la quinzaine au choix d'un nouveau recteur, qui ne pourrait être ni M° Lemercier ni M° Fusil, son antagoniste (1). Par le même arrêt, il fut interdit aux intrants de proroger, contrairement aux statuts, les pouvoirs des recteurs, et aux candidats de capter le suffrage des intrants par des festins ou des dons pécuniaires. Le samedi, 5 août 1600, en exécution de la sentence de la cour, la Faculté des arts s'assembla, dès le matin, à Saint-Julien le Pauvre; les actes de Lemercier furent approuvés en la forme accoutumée; puis les intrants choisirent, pour le remplacer, M. Martin Gigour, de la Nation de France, qui prêta les serments d'usage. Une réunion des députés de l'Université eut lieu le surlendemain, dans l'église des Mathurins, pour l'instruction du nouvel élu. Là furent présents le recteur désigné, le recteur sortant de charge, et à leurs côtés, M° Langeur, docteur en théologie; M° Danisson, docteur en droit canon; les procureurs de France, de Normandie et d'Allemagne, et le procureur fiscal, Jacques Arroger. L'élection fut approuvée et les députés promirent à M° Gigour aide, conseil et protection dans la conduite des affaires de l'Université (2). Du Boulay, toujours si partial pour la Faculté des arts, veut que la cérémonie de l'instruction du recteur ait eu pour unique objet de l'instruire des devoirs de sa charge et de le mettre au courant des affaires à traiter; mais c'est là un soin dont personne mieux que le recteur sortant ne pouvait s'acquitter, et qui n'exigeait pas d'autre intervention que la sienne. A ne consulter que le texte des procès-verbaux, les doyens des Facultés de droit, de théologie et de médecine paraissent avoir été mieux fondés à prétendre, comme ils l'ont soutenu, que l'élection du recteur, très anciennement

(1) Ce Fusil, qui devint recteur quelques mois après (du 16 novembre 1600 au 24 mars 1601), fit une fin misérable. Soupçonné des vices les plus honteux, poursuivi et condamné comme pamphlétaire par l'officialité diocésaine, chassé de la Sorbonne et emprisonné, il s'enfuit à Genève, où il abjura le catholicisme, se maria par deux fois et mourut pauvre et méprisé. Voy. Lestoile, *Registre-Journal de Henri IV*, dans la *Collection des mémoires sur l'histoire de France*, par MM. Michaud et Poujoulat, p. 547; d'Argentré, *Collectio judiciorum de novis erroribus*, t. II, b., p. 117.

(2) *Arch. U.*, Reg. xxiv, fol. 32 et s.; Reg. xxv, fol. 1 et s.

confiée aux Nations qui composaient la Faculté des arts, devait être validée par le suffrage des délégués de toutes les compagnies de l'Université. N'était-il pas juste, en effet, que le recteur, s'il n'était nommé, en vertu d'un vieil usage, que par une seule Faculté, fût au moins reconnu officiellement par les trois autres pour le chef et le représentant de toute la corporation?

L'émotion causée dans les écoles par ces rivalités inopportunes se calma d'autant plus facilement que les esprits furent bientôt distraits par d'autres préoccupations. Après de pénibles incertitudes, la rédaction définitive des nouveaux statuts destinés à l'Université venait enfin d'être arrêtée, et il ne restait plus qu'à en faire la promulgation. Le Parlement avait d'abord indiqué le collège de Navarre pour être le lieu où s'accomplirait cette cérémonie; mais le recteur, M⁰ Gigour, qui était du collège de Calvi, appelé aussi la petite Sorbonne, objecta que l'Université, d'après un usage immémorial, ne s'assemblait qu'aux Mathurins, ou bien dans le collège auquel le recteur appartenait, soit comme principal, soit comme régent. La salle des Mathurins fut définitivement préférée. Il entrait dans les intentions des députés du Parlement que la lecture de l'acte de réformation se fît sans apparat, devant un auditoire peu nombreux composé seulement des principaux officiers de l'Université; mais cette fois encore le recteur intervint, et sur ses instances il fut décidé que la compagnie tout entière serait convoquée pour recevoir la communication solennelle des statuts qui devaient désormais la régir. En conséquence, le 18 septembre 1600, le président de Thou, les conseillers, Lazare Coqueley et Édouard Molé, délégués du Parlement, et l'avocat du roi, Louis Servin, se rendirent aux Mathurins, où étaient réunis le recteur, les quatre Facultés, et une nombreuse assistance composée de principaux, de régents, de maîtres de pension et d'écoliers. Lorsque la séance fut ouverte, le président de Thou prononça en français le discours suivant (1):

(1) Ce discours et tous les détails qui suivent sont empruntés au procès-verbal de la séance du 18 septembre 1600, qui ouvre le volume intitulé : *Réformation de l'Université de Paris*, 1601, in-12.

« Depuis qu'il a pleu à Dieu, par sa bonté immense, donner la paix à ce royaume, travaillé quarante années ou environ de guerres civiles, le roy, non seulement comme grand guerrier, mais aussi comme bon prince, et qui se recognoist estably de Dieu, non seulement pour combattre, mais aussi pour juger, ainsi que parle l'Écriture, a mis tout soin et diligence pour affermir en la France ce repos tant désiré d'un chacun. Il a commencé par la religion, ayant faict un édict pour la pacification des troubles de son royaume, par le moyen duquel il a restably le service divin en plusieurs lieux et provinces, esquelles il avoit esté intermis par la confusion des troubles passez. En après, il a pourveu au faict de la justice, rendant la force aux loix, l'aucthorité à ses magistrats, et la seureté à un chacun. Il a aussi réglé les finances, chose que l'on estimoit, après tant de monstrueux désordres et tant de personnes intéressées en iceux, du tout impossible ; dont nous commençons desjà à voir le fruict, le peuple estant soulagé par ce bon règlement, la foy publique restablie, et l'Estat d'autant plus fortifié que les plus prudents au faict de la chose publique ont toujours estimé que l'argent estoit le principal nerf de la paix et de la guerre. En après, pénétrant plus avant, et voulant policer tous les ordres de son royaume, il a jetté les yeux sur son Université de Paris, jadis la plus florissante de toute la chrestienté, et qui se sent maintenant, comme les autres parties de ce grand corps, des confusions passées. Il a jugé que c'estoit le séminaire auquel estoient nourris et eslevez, et duquel on prenoit ceux qui puis après servent en la maison de Dieu, sont appelez aux magistrats, gouvernements, et austres charges publiques. Il a donc jugé que c'estoit chose digne du soin d'un bon roy, à l'exemple des empereurs chrestiens, desquels nous avons aujourd'hui les constitutions pour le règlement des professeurs, médecins, et autres maîtres et précepteurs, tant de grammaire, rhétorique, que de philosophie ; nous avons, dis-je, les constitutions au deuxiesme livre du Code de Justinien (1) ; pareil tiltre y

---

(1) *Cod.*, l. X, t. LII, *De professoribus et medicis*.

avoit-il au treiziesme livre du Code Théodosian (1); nous avons aussi un tiltre au douziesme livre du Code, concernant les privilèges et prérogatives qu'acquièrent les professeurs par vingt ans (2). Aussi est-il certain que le soing du prince doit embrasser tous les ordres de son Estat. Ainsi voyons-nous que les empereurs, par leurs constitutions, ont réglé l'ordre et la police ecclésiastique, dont fait foy le premier livre du Code. Pareillement, les roys de France qui ont succédé aux empereurs, et sont estimez empereurs en leur royaume, ont eu pareil soing de la discipline ecclésiastique et de l'instruction de la jeunesse qui en fait partie, et d'autant plus qu'ils sont oingts et sacrez et participent en quelque manière au sacerdoce. De là vient que nous voyons tant de sanctions touchant les choses sacrées ès Capitulaires de Charlemaigne et de Loys débonnaire, son fils, aucunes desquelles sont insérées au Décret de Gratian. Depuis, Louis neufviesme, qui, pour sa piété et ses rares vertus, a été référé au nombre des bienheureux, fit une Pragmatique de son temps pour régler la discipline ecclésiastique. Quelques siècles après, le schisme, par grand malheur, s'estant mis en l'Église, fut establi un ordre par le roy Charles sixiesme pour régler la police ecclésiastique pendant iceluy. Auquel roy Charles sixiesme succéda Charles septiesme son fils, qui fit la Pragmatique sanction, tant religieusement gardée par les cours souveraines, et que cette Université a eue toujours en singulière vénération. La mémoire est encore récente du roy Louis douziesme, appelé Père du peuple par les siens, et Juste par les étrangers, qui est le plus grand et digne tiltre qui se peut donner à un prince; lequel eut, durant son règne, pareil soing de la réformation de l'Église. Les roys de France ont de longtemps usé de ce droit bien et utilement, non pour toucher à la doctrine de laquelle ils se sont tousjours remis aux saincts canons et conciles; mais pour conserver l'ordre et la discipline ecclésiastique en toutes ses parties. Pour cet effet,

---

(1) *Cod. Theodosianus*, l. XIII, t. III, *De medicis et professoribus.*
(2) *Cod.*, l. XII, t. xv, *De professoribus qui, in urbe Constantinopolitana docentes, ex lege meruerunt comitivam.*

par un prudent establissement, ils ont composé leurs cours souveraines de conseillers clercs et laïques, afin de pouvoir mieux, par ce corps mixte, rendre justice entre tous leurs subjects, et maintenir tous les ordres et leur royaume. Le roy, en cela, voulant non seulement suivre les vestiges de ses majeurs, mais aussi laisser l'exemple d'un prince vrayement soigneux du bien public à ses successeurs, sur les plainctes qui luy ont esté faictes des désordres survenus par la licence des guerres en son Université, a député cy-devant plusieurs personnes de qualité pour la réformation d'iceux; lesquels s'estant à diverses fois assemblez et ouys les doyens des Facultez, procureurs des Nations et principaux des collèges, en présence du recteur de la dicte Université, veuz les anciens statuts, et le tout diligemment pezé et examiné, ont réduict par escrit la forme d'icelle réformation, laquelle le roy ayant envoyée en sa cour de Parlement pour y estre vérifiée, la dite cour a donné son arrest, duquel sera faict présentement la lecture. Reste, que nous tous rendions louanges à Dieu du bien qu'il luy a pleu nous faire en nous donnant la paix, la paix nourrissière des arts, par laquelle la religion et la justice qui sont les deux colonnes de tout Estat bien ordonné, sont establies et maintenues. C'est à ceux de l'Université, en particulier, de remercier très humblement le roy du soing qu'il luy plaist avoir d'eux, et recevoir la grâce qu'il leur fait, en toute humilité et obéissance. La cour nous ayant déléguez, nous qui sommes cy présents, pour l'exécution de son arrest, les exhortons et enjoignons de la part d'icelle à tenir les mains, que la dicte réformation soit religieusement, en tous ses points, gardée et entretenue, et faire en sorte que ne leur défaillant rien de la part de Sa Majesté, de sa cour, et de ceux qu'elle a commis pour cet effect, s'il y a quelque obmission, il ne soit dict qu'ils ayent défailly eux-mêmes. »

Après ce discours, Mathieu Drouet, clerc commis au greffe de la cour, donna lecture de l'arrêt du 3 septembre 1598, et des statuts « que le roi, ajouta le président, veut et commande être gardez et observés en l'Académie et Université. »

Cette lecture achevée, Louis Servin, avocat du roi, remontra à l'assemblée qu'il n'avait point été besoin d'exciter le prince par supplications à relever l'Université abattue; qu'il s'y était porté de lui-même, et qu'à l'exemple des rois ses prédécesseurs, parmi lesquels l'orateur rappelait ceux des deux premières races, et entre autres Charlemagne, il avait voulu rendre l'honneur aux muses comme il avait fait aux armes de la France. « Outre la reconnoissance, ajouta Servin, que lui devront tous les pères pour leurs enfants, tous les enfants, qui sont tenus de l'honorer comme père du pays, c'est au recteur et aux suppôts de l'Université, et à tous ceux qui font profession de la théologie, aux docteurs en décret, à ceux de la Faculté de médecine et aux professeurs des arts libéraux, à obéir à cette juste volonté d'un très grand et très bon roi, et à l'arrêt de la cour qui en est l'expression. » Servin touchait ensuite des points tout spéciaux. Il exhortait les théologiens à se nourrir de l'Écriture sainte, comme le voulait Jean Gerson, ce grand docteur, autrefois chancelier de l'Université, sans négliger cependant la scolastique, nécessaire pour la réfutation des hérésies. Aux docteurs en décret il donnait le conseil d'enseigner le droit canon, conformément à la discipline ecclésiastique, de n'avancer rien de contraire aux lois et libertés de l'Église gallicane, qui sont les droits communs de l'Église catholique, et surtout de ne pas lire le texte des décrétales de Boniface VIII comme un livre qui fît loi. Il recommandait aux médecins de s'appliquer principalement à la conservation des corps, de ne pas tomber toutefois dans le défaut des empiriques, mais de revenir souvent au divin Hippocrate, pour apprendre de lui la vraie science. « Quant aux maîtres ès arts, continua l'orateur, c'est à eux à reconnaître les vices, à corriger premièrement les mœurs de la jeunesse, puis à enseigner l'éloquence par bonne instruction, en montrant comme elle doit fuir le vice et embrasser la vertu, en donnant enseignement par bons exemples, par les mœurs des nations, par les qualités des auteurs, et par l'autorité des bons conseils; réglant les écoliers par jugement, leur montrant toutes les sciences des arts en leur pureté, lisant les textes des philosophes, et ne s'arrêtant trop aux commentaires, pour ne pas perdre la grâce, le sel et la substance des bons livres... Par ce concours de volontés et d'efforts dont les théologiens donneront les premiers exemples, les arts seront en honneur; et, par une encyclopédie de toutes sciences, on remontera des facultés les plus basses aux plus éminentes. Ainsi, sous un grand roi, restaurateur de l'État et du repos public, cette Université de Paris étant grande et florissante, sans avoir besoin de nouveaux hommes (1), reprendra l'ancien lustre et la première forme de la vraie simplicité, sera estimée le domicile des vertus et l'école de piété et des sciences; ce qui la rendra honorable et respectable par tout le monde. »

Après que Louis Servin eut achevé de parler, le recteur Gigour, dans une courte harangue en latin, rendit grâces au roi et aux magistrats, et protesta que l'Université serait toujours prête à recevoir, garder et observer les règles qu'il avait plu à Sa Majesté ordonner par sa cour de Parlement. S'il faut en croire les *Acta rectoria*, ces remerciements furent mêlés de réserves et même de plaintes, que le procès-verbal de la séance n'a pas mentionnées. Le recteur osa indiquer les défauts que certains articles lui paraissaient devoir offrir, et, dans la prévision de difficultés prochaines, il demanda l'autorisation d'assembler les Facultés pour s'entendre avec elles sur la conduite à tenir (2). Ce témoignage empreint de vanité, mais authentique, nous a paru précieux à recueillir comme un indice des dispositions chagrines qui, tout d'abord, se manifestaient dans beaucoup d'esprits. Il n'est pas douteux qu'un groupe assez nombreux, fidèle à d'anciens préjugés, se montrait mécontent et inquiet. Sans blâmer ouvertement le fond des statuts, qui n'étaient pas bien connus encore, on déplorait que, dans les travaux préparatoires, la magistrature se fût passée de la coopération active, directe et officielle de l'Univer-

---

(1) Ces expressions paraissent bien, dans la pensée de l'orateur, s'appliquer aux Jésuites, dont un parti puissant préparait déjà le retour, et dont Servin, comme on sait, fut le constant et inexorable adversaire.

(2) *Acta rect.*, t. IV, fol. 36, verso : « Ipse (rector) solus senatui gratias agens, diffi-« cultatis quid sibi reformationis articulis inesse videbatur aperuit ex tempore, senatum « quem prima fronte persensit adversum precatus, ut sibi suas liceret de iis consulere « Facultates. »

sité. Peut-être chez quelques-uns, ces plaintes bruyamment exprimées cachaient-elles une arrière-pensée favorable aux Jésuites, à qui profitaient les divisions de leurs adversaires et les obstacles opposés au redressement des abus. Heureusement la majorité restait étrangère aux intrigues des uns et au dépit des autres; elle applaudissait franchement à l'effort vigoureux qui venait d'être tenté en faveur des études; et, peu de jours après la promulgation de l'édit du roi, voulant exprimer de nouveau sa vive satisfaction, l'Université adressa au Parlement un discours d'actions de grâces, dans lequel l'orateur rappelait sans trop d'amertume les maux passés, se montrait plein de confiance dans l'avenir, et citait avec éloge et gratitude les noms de tous les magistrats qui avaient eu part à la réformation.

Pour faire mieux connaître l'esprit de l'Université, ses études, sa discipline et ses mœurs dans le dix-septième et le dix-huitième siècle, il ne sera pas inutile de présenter l'analyse de ces importants statuts, véritables lois que Henri IV lui avait données. Quoique bien imparfaites, même pour l'époque où elles furent rédigées, ces lois subsistèrent sans altération essentielle pendant plus de cent-soixante ans; et, tout en les modifiant peu à peu dans la pratique, l'Université les reconnut toujours comme le code qui devait la régir, en même temps qu'elle les invoquait devant les tribunaux et dans les conseils du roi pour le maintien de ses privilèges. Cependant nous ne croyons pas nécessaire de reproduire tous les détails de cette législation oubliée; encore moins nous proposons-nous de suivre l'ordre un peu confus qu'elle présentait dans sa forme primitive. Nous donnerons seulement la substance des trop nombreuses dispositions qu'elle contient, en les classant sous différents titres, et en y rattachant quelques décisions qui furent adoptées un peu plus tard pour l'affermissement de la discipline intérieure des collèges. Les statuts des quatre Facultés passeront successivement sous nos yeux; mais nous insisterons principalement sur ceux de la Faculté des arts, qui renferment les points les plus essentiels pour nous, comme les attributions du recteur et des principaux, les devoirs du professorat, le plan d'études, la discipline scolaire et l'administration financière des établissements (1).

La base que le législateur avait donnée au nouvel édifice, les premières règles qu'il posait comme la condition suprême de l'éducation, c'était la probité dans les maîtres, la piété envers Dieu, le dévouement au roi, le respect des magistrats et le maintien du culte catholique dans les écoles. Cette dernière clause paraissait d'autant plus indispensable qu'à la faveur de l'édit de Nantes et des libertés qu'il garantissait, le protestantisme aurait pu insensiblement pénétrer dans les écoles de l'Université, si leur propre législation ne les avait pas protégées contre l'envahissement du nouveau culte.

Le recteur est le chef de l'Université; tous, maîtres et écoliers, lui rendent honneur; il est accompagné dans les processions ordinaires et extraordinaires par les principaux, régents, pédagogues et boursiers, auxquels se joignent douze écoliers choisis dans chaque collège. En vertu d'anciens usages que nous avons déjà vu appliquer, le recteur était nommé par les députés des différentes Nations, réunis dans une sorte de conclave. Sans changer la forme de l'élection, ces nouveaux statuts fixèrent avec précision les catégories dans lesquelles l'élu devait être choisi; c'étaient: 1° les régents des collèges de plein exercice, qui enseignaient la philosophie depuis deux ans, la grammaire ou la rhétorique depuis sept ans; 2° les principaux des mêmes collèges, après trois années de fonctions; 3° les licenciés et bacheliers des Facultés de médecine et de théologie. Le bachelier ou licencié qui était élu ne pouvait être promu au grade de docteur pendant la durée de son rectorat. La brigue était sévèrement interdite aux candidats pour toute espèce d'emplois; quiconque avait violé cette défense était passible d'une amende de quarante écus

---

(1) Ces statuts célèbres, que nous avons nous-même reproduits en tête de nos pièces justificatives, ont été souvent imprimés: *Réformation de l'Université*, Paris, 1601, in-12; 1667, in-12; Fontanon, *Édits et ordonnances des rois de France*, t. IV, p. 434 et s.; *Recueil de lois et règlements concernant l'instruction publique*, Paris, 1814 et années s., t. I, p. 1 et s. M. Théry en a donné la traduction française, *Histoire de l'éducation en France*, Paris, 1858, in-8°, t. II, p. 357 et suiv.

d'or au profit des pauvres, indépendamment de la privation de toutes charges et de tous privilèges académiques.

La durée des fonctions rectorales fut fixée à trois mois, comme il était usité depuis la fin du treizième siècle (1); le Parlement défendit même que, ce terme expiré, les pouvoirs du recteur sortant fussent prorogés au moyen d'une élection nouvelle. Le conflit élevé par Antoine Fusil, lors de la troisième élection de Jean Lemercier, donnait une certaine opportunité à cette clause; cependant il arriva dans la suite qu'elle fut presque constamment violée, et la magistrature n'intervint que très rarement pour en ordonner l'observation.

Dans le premier mois qui suivait son entrée en fonctions, le recteur devait visiter les collèges, accompagné des quatre censeurs. Il prononçait, d'après l'avis des doyens des Facultés et des procureurs des Nations, sur les différends qui s'élevaient entre les principaux, professeurs, pédagogues et maîtres, touchant les matières scolastiques; c'est à sa juridiction que les parties devaient d'abord en référer, sauf recours au Parlement, si l'affaire était grave. Il ne pouvait prendre aucune décision concernant les affaires qui intéressaient l'Université sans avoir consulté les doyens; autrement il s'exposait à ce que ses décisions fussent frappées de nullité. Il délivrait les lettres de nomination ou de présentation aux bénéfices. Les clefs du sceau de l'Université restaient entre ses mains et dans celles des procureurs et des doyens; c'étaient les seules personnes qui fussent autorisées à ouvrir l'armoire et le coffre où le sceau était renfermé, sauf à se faire remplacer, en cas de maladie, par des maîtres pris dans le sein de leurs compagnies respectives.

Si la dignité rectorale était la plus élevée de toutes, la charge de principal était peut-être plus importante; car, outre qu'elle n'était pas temporaire, elle mettait ceux qui l'exerçaient en relations quotidiennes avec le personnel des élèves et des maîtres. Le

---

(1) L'usage remontait au statut du cardinal Simon de Sainte-Cécile en 1266, il fut confirmé par le cardinal d'Estouteville en 1452. Voy. du Boulay, *Hist. Univ. Paris.*, t. III, p. 380, et t. V, p. 570. Cf. Crevier, t. II, p. 17.

principal, nous dirions aujourd'hui le proviseur, était le chef immédiat de la discipline et de l'administration dans chaque collège. Les statuts ne permettaient pas qu'il eût un bénéfice à charge d'âmes, par exemple une cure, sans doute afin qu'il pût donner tous ses soins à la jeunesse. La première de ses obligations était d'élever dans la pratique des devoirs de la religion les enfants confiés à ses soins. Il devait s'adjoindre, dans cette pensée, des maîtres ès arts qui fussent eux-mêmes connus par leur piété. Il choisissait les plus capables et confiait à chacun l'enseignement pour lequel il convenait le mieux, sans se laisser diriger par des motifs de pur intérêt, une chaire n'étant pas une marchandise dont il fût permis de trafiquer à prix d'argent. Tous les ans, à la Saint-Remi, époque de la rentrée, un examen de tous les écoliers avait lieu en présence du principal, qui les répartissait en différentes classes selon leur capacité. Les professeurs, les écoliers et les gens de service étaient seuls logés dans le collège; aucun emploi n'était confié à des femmes. Les portes étaient fermées le soir, à neuf heures, les clefs remises entre les mains du principal. Les statuts ordonnaient que l'ameublement se distinguât par la décence et propreté; deux fois la semaine, une nappe blanche était mise sur la table; tous les mois, la vaisselle de cuivre était écurée; tous les jours, dès le matin, les chambres balayées.

Le prix de la pension n'était ni arbitraire ni invariable. Chaque année, il était fixé, d'après le prix des denrées, dans une réunion du recteur, des doyens et des principaux, qui se tenait le 15 septembre au Châtelet, en présence du lieutenant civil et du procureur général. Deux marchands de Paris assistaient à la séance et donnaient leur avis.

De nombreuses dispositions concernent les professeurs ou régents. Nul ne pouvait enseigner la grammaire, la rhétorique ni la philosophie à moins d'avoir été reçu maître ès arts dans l'Université de Paris, ou d'y être agrégé en vertu d'un titre analogue obtenu dans une autre université. Pour frais matériels de toute sorte, chandelles, bancs, toiles destinées à fermer les ouvertures des fenêtres, et pour l'instruction qu'ils donnaient à leurs écoliers, les régents n'étaient autorisés à recevoir que cinq ou six écus d'or par an ; encore ne devaient-ils rien exiger, mais se contenter de ce qui leur était offert volontairement. Ces écus étaient des écus d'or au soleil, qui, d'après les derniers édits (1), devaient peser 2 deniers 15 grains et valaient alors 60 sous tournois, ce qui représente aujourd'hui, en tenant compte de la différence de prix du marc d'or, 10 francs 37 centimes de notre monnaie. Dans l'appendice qui complète les statuts de 1598, ces dispositions se trouvent un peu modifiées. Les écoliers internes payent à leur professeur un demi-écu par mois, dans les première, deuxième et troisième classes; un tiers dans les classes inférieures; les externes donnent seulement un quart d'écu ; parmi ces derniers se trouvaient les élèves des petits collèges qui, à défaut de régents spéciaux, fréquentaient les classes des grands collèges. Nulle rétribution n'était exigée des élèves pauvres.

La nouvelle législation supprima ces banquets que les professeurs, le jour du payement de leurs honoraires ou *Minervales*, étaient dans l'usage de donner à leurs écoliers ; elle défendit aussi les festins et autres réjouissances par lesquels certains maîtres, pédagogues, régents ou précepteurs essayaient de capter la faveur de la jeunesse.

Un bonnet carré, une robe longue à manches avec chausse, composaient le costume des professeurs.

Dans l'intérieur des collèges, soit en classe, soit dans leurs rapports journaliers, maîtres et élèves étaient tenus de parler latin ; ceux qui s'écartaient de cette règle devaient être signalés au principal et punis. Faut-il considérer cette disposition comme une marque de la prépondérance que la langue latine avait conservée? N'était-ce pas plutôt un symptôme de son affaiblissement et du progrès de la langue vulgaire, qui pénétrait peu à peu dans ces collèges au mépris de la tradition et des règlements classiques?

Voici la liste des auteurs qui servaient de base à l'enseignement. Dans les classes inférieures, consacrées à l'étude des règles de la

---

(1) Édits du 5 juin 1596 et du 24 mai 1601. Voy. Ducange, *Glossar. med. et inf. latinitatis*, au mot MONETA, t. IV, p. 498 de la nouvelle édition in-4°.

grammaire, on expliquait quelques pages des lettres familières de Cicéron, des comédies de Térence et des Bucoliques de Virgile; un peu plus tard, Salluste, César, les Offices de Cicéron, ses discours les plus aisés, l'Énéide, les Métamorphoses et les Héroïdes d'Ovide; en seconde et en première, ou rhétorique, les Tusculanes, les dialogues *De oratore* et *De claris oratoribus*, les Partitions oratoires, les Topiques et les grands discours de Cicéron, les Institutions de Quintilien, Virgile, Horace, Catulle, Tibulle, Properce, Juvénal, Plaute et Perse (1). La connaissance du grec, que Budé, Danès, Turnèbe, Henri Estienne et les autres hellénistes du seizième siècle avaient restaurée en France, n'était pas à beaucoup près aussi négligée qu'elle l'a été depuis, et les élèves des classes d'humanités se familiarisaient avec Homère, Hésiode et Théocrite; ils voyaient quelques dialogues de Platon, quelques discours de Démosthène et d'Isocrate, les hymnes de Pindare et d'autres ouvrages encore, au choix des professeurs. Ainsi l'antiquité grecque ou latine, dans ce qu'elle avait produit de plus accompli, se trouvait appelée à former le jugement et le goût des nouvelles générations. Les poètes, les orateurs, les historiens et même les philosophes païens étaient les principaux modèles offerts à l'étude et à l'imitation de la jeunesse. Plus sensible aux beautés de leurs ouvrages que préoccupé de l'empreinte que le polythéisme y avait laissée, le législateur les préférait, malgré les écarts de leur génie, à tous les autres guides, et confiait à la piété et au discernement des maîtres le soin de corriger ce qu'ils pouvaient offrir de défectueux. Cette tradition, qui ne datait pas seulement de la Renaissance, mais qui remontait au moyen âge, est peut-être la seule partie des statuts de 1598 que le temps ait épargnée. Sous l'ancienne monarchie, Bossuet, Fénelon, Port-Royal, les Jésuites et le sage Rollin, comme à l'aurore du dix-neuvième siècle les fondateurs de l'Université impériale, n'ont pas connu d'autre plan d'éducation; et, nous-

---

(1) Il faut rapprocher de ces dispositions réglementaires les curieux détails que nous a laissés André d'Ormesson sur les auteurs qu'il expliqua dans ses classes au collège Lemoine et au collège de Navarre. Voy. le *Journal d'Olivier d'Ormesson*, publié par M. Chéruel, in-4°, t. I, introd., p. xxx.

mêmes, que nous proposons-nous dans nos écoles? Quel est, après de si profondes innovations, l'esprit général qui prévaut dans notre système d'enseignement, sinon la pensée persévérante et généreuse d'unir, autant qu'il dépendra de nous, la perfection des formes antiques à la solidité de l'esprit chrétien?

La gradation des classes n'est pas établie clairement par l'ordonnance de réformation; toutefois, dès cette époque, le cours des études était partagé en six années, non compris la philosophie. On possède encore le programme de l'enseignement du collège de Narbonne pour l'année 1599 (1); les objets d'étude y sont répartis de la manière suivante : en sixième, le rudiment, les genres et les déclinaisons des noms; en cinquième, les prétérits et les supins des verbes avec la revision des déclinaisons et des genres; en quatrième, la syntaxe, la quantité, la grammaire grecque et la revision des prétérits et des supins; en troisième, la quantité, les figures, un abrégé de rhétorique et la revision de la syntaxe et de la grammaire grecque. Le programme ne fait pas mention de la classe de seconde. La rhétorique proprement dite est consacrée à l'étude approfondie de la langue grecque, à la versification et à la lecture des auteurs. Rien de semblable n'existe dans les statuts de 1598; ils contiennent seulement un assez grand nombre de dispositions sur l'emploi du temps. Ainsi, sur six heures de classe qui avaient lieu chaque jour, une heure devait être consacrée à l'étude des préceptes; les cinq autres, à l'explication et à l'imitation des auteurs, et aux différents exercices qui formaient les élèves à parler et à écrire. Chaque jour, deux heures, la dixième du matin et la cinquième du soir, étaient employées à des compositions en vers ou en prose et à des disputes de vive voix. Il était recommandé aux écoliers de s'exercer à réciter de mémoire et à déclamer. Tous les samedis, ils présentaient au principal leurs travaux de la semaine, et ceux qui ne montraient pas au moins trois thèmes latins ou grecs, signés de leurs professeurs, étaient punis. La rhétorique devait être enseignée par un seul professeur; les statuts

---

(1) Félibien, *Hist. de Paris*, t. V, p. 799.

allaient jusqu'à défendre d'en avoir deux, l'un pour le matin, l'autre pour le soir : c'était une sorte de protestation contre un usage récent que les Jésuites avaient introduit.

Mais l'enseignement qui donna lieu aux dispositions les plus détaillées, c'est celui de la philosophie, qui fut si longtemps le principal domaine de la Faculté des arts. Les écoliers, aux termes des statuts, ne devaient point passer en philosophie avant que les principaux se fussent assurés qu'ils avaient étudié la grammaire et la rhétorique, et qu'ils savaient le grec et le latin. La rétribution que chacun payait au professeur ne pouvait excéder six écus d'or par année. Le cours durait deux ans, qui étaient consacrés à la lecture pour ainsi dire exclusive des livres d'Aristote, dans l'ordre suivant : Première année, le matin : les ouvrages de logique, d'abord l'*Introduction* de Porphyre, les *Catégories*, puis successivement le traité de l'*Interprétation*, les cinq premiers chapitres des *Premiers Analytiques*, les huit livres des *Topiques*, enfin les *Derniers Analytiques*, où se trouve contenue la théorie de la démonstration, que le maître était invité à expliquer avec un soin tout particulier. Le soir : explication de la *Morale* d'Aristote. Seconde année, le matin : *Physique* d'Aristote; le soir : sa *Métaphysique;* si le professeur ne jugeait pas pouvoir l'expliquer tout entière, il devait insister sur les livres Ier, IIe et XIe, et en approfondir l'exposition. A six heures, le matin, on étudiait la sphère et quelques livres d'Euclide. En développant les objections d'Aristote contre les philosophes qui l'avaient précédé, les statuts recommandent au professeur de rejeter les questions oiseuses que la barbarie scolastique avait introduites, mais que réprouve, dit le législateur, la politesse du siècle, bien que certains esprits trop sévères prétendent les maintenir parmi les objets d'étude. Ils recommandent aussi d'expliquer les textes d'Aristote plutôt en philosophe qu'en grammairien, de manière à ce que les écoliers se pénètrent plutôt des faits que des mots. Dispositions remarquables où se reflètent les tendances contradictoires qui se partageaient les esprits : d'une part, la vénération pour Aristote et les anciens; de l'autre, le dégoût des subtilités de la scolastique, et je ne sais quelle vague aspiration vers une méthode moins artificielle, plus simple à la fois et plus élégante. Le moment approche où le Stagirite partagera le discrédit de ses interprètes, et où sa philosophie, méconnue et dépréciée, même dans l'école, s'éclipsera peu à peu devant l'éclatant succès de la méthode et de la doctrine de Descartes.

Parmi les divers genres de travaux auxquels se livraient les étudiants de philosophie, le principal était les disputes ou controverses, dont l'usage remontait aux premiers siècles de l'Université.

Pendant la première année, les disputes se réduisaient à des exercices purement scolaires, sans publicité ; pendant la seconde année, elles étaient publiques. A l'époque du carême, avait lieu l'épreuve de la déterminance ; elle était soutenue dans les écoles de la rue du Fouarre, et consistait à poser une question de logique ou de morale et à la développer d'une manière oratoire, *oratorio modo*, c'est-à-dire dans un discours continu. Au mois de juin, les étudiants subissaient une nouvelle épreuve pratique sur toutes les parties du cours : logique, morale, physique et métaphysique. Les festins et autres fêtes qui accompagnaient autrefois les déterminances étaient expressément défendus.

Les maîtres ès arts et les principaux qui comptaient sept ans de services continus dans un collège de plein exercice devaient, pour les nominations aux bénéfices, être préférés à tous les gradués, les docteurs en théologie seuls exceptés.

Les dispositions que nous venons de parcourir concernent à la fois l'enseignement, la discipline, le personnel des maîtres et celui des élèves ; d'autres concernaient plus spécialement les élèves.

Ainsi, quand des maîtres particuliers avaient chez eux des enfants au-dessus de neuf ans, ils étaient tenus de les conduire aux classes d'un collège de l'Université. La même obligation était imposée, à l'égard de leurs élèves, soit aux principaux des collèges où l'exercice des classes n'avait pas lieu, soit aux précepteurs qui logeaient dans ces collèges. Toutefois le législateur avait expressément réservé le droit que les pères de famille eurent toujours de faire instruire leurs enfants dans la maison paternelle par des maîtres de leur choix.

La bonne tenue des écoliers est l'objet de plusieurs articles. Il leur est défendu de jurer, de s'injurier, de se frapper, de se révolter, ou même de murmurer après un avertissement ou une punition. Ils portent des bonnets ronds ou calottes, *pileos*, et non pas des chapeaux, *galeros*; ils ont toujours leur ceinture attachée, sont vêtus modestement et proprement, sans parure recherchée ni frisure. Ils n'apprennent pas l'escrime. En classe ou dans le collège, ils ne portent ni une épée ni des bottes.

Voici des dispositions qui concernent la discipline intérieure, les mouvements de la journée, la police des classes, les congés, les vacances, etc. Prière matin et soir; messe tous les jours; catéchisme les dimanches et fêtes. La dernière demi-heure de la leçon du samedi soir est consacrée, dans les classes de grammaire, à l'explication du catéchisme. Les écoliers et les domestiques vont à confesse les veilles des grandes fêtes, afin de pouvoir communier le lendemain; ils sont engagés à remplir ce double devoir chaque premier dimanche du mois. Les jours de grande fête, sermon dans l'intérieur des collèges; les professeurs et pédagogues sont tenus d'y assister aussi bien que les écoliers. Chaque jour, cinq heures de classe ainsi distribuées : de 8 heures à 10 heures; de midi à 1 heure; de 3 heures à 5 heures. Les professeurs de philosophie donnaient une heure de plus : de 6 heures à 7 heures du matin, depuis la Saint-Remi (1er octobre) jusqu'à Pâques; de 5 heures à 6 heures du matin, depuis Pâques jusqu'aux vacances. Ces trois leçons, dont la plus longue ne dépassait pas deux heures, furent bientôt après remplacées par deux leçons de trois heures, qui avaient lieu de 8 heures à 11 heures du matin, de 2 heures à 5 heures du soir pendant le premier semestre, de 3 heures à 6 heures pendant le second. Tous les dimanches, une heure de leçon après le dîner; au temps de Crevier, cette leçon n'avait plus lieu (1).

Chaque élève avait en classe sa place déterminée; les internes étaient séparés des externes, les prêtres des laïques. Le portier et les gens de service devaient se tenir à la disposition de chaque

---

(1) Crevier, *Hist. de l'Univ.*, t. VII, p. 68.

professeur pour les punitions corporelles à infliger aux écoliers récalcitrants. Les régents, nourris par le principal ainsi que les pensionnaires du collège, prenaient leur repas en commun; avant et après le repas, un écolier, chacun à tour de rôle, lisait, selon l'ancienne coutume, quelques versets des livres saints; le repas terminé, un coup de cloche appelait les boursiers, qui se réunissaient aux écoliers, afin de prier Dieu pour le roi et les bienfaiteurs du collège.

Il y avait vacance de classe aux fêtes qui suivent : Janvier : 1, Circoncision; 3, Sainte-Geneviève; 6, Épiphanie. — Février : 2, Purification; 24, Saint-Mathias. — Mars : 25, Annonciation. — Avril : 25, Saint-Marc. — Mai : 1, Saint-Philippe et Saint-Jacques; 9, Translation de Saint Nicolas. — Juin : 11, Saint-Barnabé; 24, Nativité de Saint Jean-Baptiste; 29, Saint-Pierre et Saint-Paul. — Juillet : 22, Sainte-Marie-Madeleine; 25, Saint-Jacques le Majeur; 28, Sainte-Anne. — Août : 10, Saint-Laurent; 15, l'Assomption; 24, Saint-Barthélemy. — Septembre : 8, Nativité de la Sainte Vierge; 14, Exaltation de la Sainte Croix; 25, Saint-Mathieu; 29, Saint-Michel, archange. — Octobre : 9, Saint-Denis; 18, Saint-Luc; 28, Saint-Simon et Saint-Jude. — Novembre : 1, Toussaint; 2, Commémoration des morts; 3, Saint-Marcel; 11, Saint-Martin; 25, Sainte-Catherine; 30, Saint-André. — Décembre : 6, Saint-Nicolas; 8, Conception de la Sainte Vierge; 21, Saint-Thomas, apôtre; 25, Noël; 26, Saint-Étienne; 27, Saint-Jean, évangéliste; 28, Saints-Innocents. Chaque collège avait en outre des fêtes particulières, également chômées par les écoliers.

Enfin, les fêtes mobiles donnaient aussi lieu à des congés : ainsi les classes cessaient après les classes du mardi saint, et n'étaient reprises que le mercredi de la semaine de Pâques. Ascension, congé toute la journée. Le lundi et mardi qui suivaient la Pentecôte, congé. Fête-Dieu, congé. Octave de la fête, classe d'une heure seulement après le dîner. Mardi gras, congé toute la journée. Mercredi des Cendres, congé le matin. 22 mars, congé le matin, pour la procession en mémoire de la rentrée de Henri IV dans Paris. Congé le matin, tous les jours fixés par le recteur pour une procession ordinaire ou extraordinaire. Vers le 12 juin, congé toute la journée pour le voyage du recteur à la foire de Saint-Denis : c'était le célèbre congé du Grand Lendit, qui subsista même après que le voyage à Saint-Denis eut cessé d'avoir lieu. Le premier samedi de carême, point de classe, en raison des confessions. Le samedi, veille des Rameaux, congé après midi. Le premier samedi après Pâques, congé après midi. Le samedi, veille de la Pentecôte, congé toute la journée, en raison des confessions. Le samedi avant la Trinité, congé l'après-midi. La veille des fêtes, la leçon du soir était d'une heure. La veille de l'Épiphanie, de la Purification, de l'Annonciation, de l'Ascension, de la Fête-Dieu, de la Circoncision et des fêtes des Apôtres, il pouvait y avoir vacance après midi. La veille de l'Assomption, de la Toussaint, de Noël, congé toute la journée, en raison des confessions. Le mardi, le jeudi, et en général le samedi, la classe du soir n'était que d'une heure.

Quant aux récréations qui coupaient les différents exercices durant les jours de travail, nous ne trouvons rien qui indique qu'elles aient été régulièrement déterminées. Une disposition des règlements de 1626 permettait aux principaux de laisser jouer les écoliers une fois la semaine, et, en été, de leur accorder une heure après le dîner, les mardi et jeudi.

Les vacances de la fin de l'année commençaient, pour les classes de logique et de physique, le 31 août; pour celles de rhétorique et d'humanités, le 7 septembre; pour les autres classes, le 14 septembre. La rentrée des classes avait lieu, pour toutes les classes, le jour de la Saint-Remi, 1er octobre.

Au mois d'août de la deuxième année du cours de philosophie, les candidats au baccalauréat ès arts, déjà interrogés au mois de juin, subissaient un nouvel examen sur la logique, la morale, la physique et la métaphysique. Les examinateurs étaient choisis parmi les maîtres ès arts qui avaient professé la philosophie depuis deux ans au moins; avant de siéger, ils faisaient serment, devant le procureur de leur Nation, de ne conférer le baccalauréat qu'aux candidats qui s'en montreraient dignes.

A l'examen pour le simple grade de bachelier succédaient, dans le courant du mois de septembre, les épreuves plus difficiles de la licence. Le jugement en était confié à huit maîtres ès arts, reçus depuis six ans et pris dans les différentes Nations, qui en choisissaient deux chacune. Quatre assistaient le chancelier de Notre-Dame, et quatre le chancelier ou le vice-chancelier de Sainte-Geneviève. Les candidats, jugés dignes d'être admis, recevaient, de l'un ou de l'autre chancelier, la bénédiction apostolique et la licence d'enseigner. Tout aussitôt, et sans qu'ils eussent à subir un nouvel examen, la Faculté des arts leur donnait rang parmi ses maîtres. Ils s'adressaient, en cette qualité, à la Nation dont ils faisaient partie pour obtenir un emploi, *pro regentia et scholis;* et si quelque vacance survenue dans les chaires permettait que leur requête fût admise immédiatement, ils faisaient leurs débuts comme professeurs deux mois au plus après avoir quitté les bancs.

Vainement d'anciens statuts, qui remontaient aux origines des écoles de Paris, avaient recommandé la gratuité absolue des examens; l'usage contraire avait prévalu. Ainsi le cardinal d'Estouteville enjoint aux chanceliers de Notre-Dame et de Sainte-Geneviève de ne rien demander aux examinateurs qu'ils choisissent, mais il permet à ceux-ci de se faire payer une rétribution, pourvu qu'elle soit proportionnée à la fortune des candidats (1). Les intentions du sage prélat n'avaient pas été fidèlement suivies; car Ramus nous apprend, dans ses *Advertissements* à Charles IX, que de son temps, pour arriver à la maîtrise, il en coûtait tout au moins cinquante-quatre livres tournois (2), somme assurément considérable pour l'époque. Malgré ces abus qu'il voulait réprimer, le législateur de 1598 ne crut pas devoir régler le taux des rétributions scolaires dans la Faculté des arts; il se contenta d'inviter les examinateurs à ne percevoir que des redevances mo-

---

(1) Du Boulay, *Hist. Univ.*, t. V, p. 574, 576.
(2) *Advertissements sur la réformation de l'Université de Paris*, 1562, in-12. Nous avons donné de longs extraits de cet ouvrage dans notre *Index chronologicus chartarum pertinentium ad historiam Universitatis Parisiensis*, p. 376 et s.

dérées, en menaçant de la juste sévérité des magistrats celui qui n'aurait pas su mettre un frein à son avidité.

Comme les collèges qui dépendaient de la Faculté des arts possédaient en propre une fortune plus ou moins considérable, il avait fallu pourvoir à l'administration de leurs biens. Les baux des maisons, campagnes et autres immeubles qui leur appartenaient étaient adjugés dans des enchères publiques annoncées d'avance par des affiches. Ces baux ne pouvaient pas être conclus pour plus de neuf ans, à peine de nullité. Les principaux, préfets et maîtres qui avaient pour eux-mêmes trafiqué d'une location, moyennant une somme d'argent, étaient condamnés à en payer le quadruple. Les biens n'étaient vendus, échangés ni engagés que sur l'autorisation du prévôt de Paris, et avec les formalités observées dans la vente des biens ecclésiastiques. Tous les ans, le procureur ou receveur de chaque collège rendait compte de la recette et de la dépense, en présence du principal ou du grand maître et autres personnes intéressées à en connaître. Quand un receveur avait été convaincu de détournements ou de malversation, il était révoqué, à moins que, d'après la volonté des fondateurs du collège, son office ne fût à vie ; auquel cas, il devait fournir caution pour l'avenir. Faute par lui de donner caution, l'encaissement des fonds était remis, avec l'agrément des supérieurs de la maison, soit aux mains d'une personne étrangère, soit à celles du principal, qui par sa position méritait toute confiance, et qui d'ailleurs était tenu de rendre lui-même des comptes annuels. Les actes originaux et les registres primitifs des fondations et des revenus des collèges étaient gardés soigneusement dans un coffre fermé de trois serrures et de trois clefs, dont l'une était remise au principal, une autre au prieur, la troisième au procureur. S'il devenait nécessaire de produire en justice quelqu'une de ces pièces, des notaires en faisaient lever des expéditions qu'ils signaient pour leur donner de l'authenticité, mais les originaux n'étaient jamais déplacés. Quand il fallait les consulter ou en prendre copie, tous les intéressés, entre autres les boursiers, étaient appelés au son de la cloche pour être témoins qu'on n'avait soustrait ni emporté aucune pièce.

Afin d'assurer le maintien des statuts qu'on vient de lire et de ceux qui régissaient chaque établissement, il était enjoint aux principaux des collèges et aux préfets d'en donner lecture deux fois l'an, le jour de la rentrée des classes et le lundi de Pâques, en présence des précepteurs, pédagogues, maîtres, boursiers et écoliers. Ceux qui s'étaient dispensés d'assister à cette lecture étaient punis d'une amende que fixait le principal et dont le montant se distribuait aux membres présents.

Après avoir réglé tout ce qui concernait la Faculté des arts, l'édit de réformation s'occupe de la Faculté de médecine. Dans un concordat, passé en 1213, entre le chancelier de Notre-Dame et les écoles de Paris pour la délivrance des grades (1), nous voyons figurer les médecins, sous le nom de *physici*, comme formant déjà une corporation distincte. C'est donc à tort qu'on a quelquefois prétendu que la Faculté de médecine était moins ancienne que les autres, et qu'il n'existait aucun indice certain de son existence avant le milieu du treizième siècle. Il faut convenir néanmoins qu'elle occupe une place médiocre soit dans les règlements promulgués en 1366 par les cardinaux Jean de Saint-Marc et Gilles de Saint-Martin, légats d'Urbain VI, soit dans la réformation du cardinal d'Estouteville. Le préambule des statuts de 1598 constate, comme un titre d'honneur pour elle, que le célèbre cardinal avait trouvé peu de chose à y réformer, et que sans doute elle eût encore mérité le même éloge si la barbarie des dernières années n'avait pas altéré plusieurs points de sa discipline, et abrégé la durée des études et des exercices qui étaient exigés autrefois des bacheliers et des docteurs. La section des nouveaux statuts qui la concerne est la fidèle reproduction des anciens règlements, réunis, coordonnés et complétés par quelques articles dont l'expérience avait démontré la nécessité. Nous ne mentionnerons, comme nous l'avons fait jusqu'ici, que les dispositions les plus essentielles.

---

(1) Voy. notre *Index chronologicus*, etc., n° XV.

Les étudiants qui prétendaient au baccalauréat en médecine devaient justifier : 1° qu'ils étaient reçus maîtres ès arts, depuis quatre ans dans l'université de Paris, ou depuis huit ans dans une autre université; 2° qu'ils avaient suivi le cours complet de médecine, qui durait deux années; 3° qu'ils s'étaient montrés assidus, quatre années durant, à tous les exercices publics en usage. Tous les deux ans, dans le courant du mois de mars, l'examen avait lieu devant quatre examinateurs, dont deux étaient choisis parmi les plus anciens docteurs de la Faculté qui composaient l'ordre ou le banc supérieur, et deux parmi les plus jeunes qui composaient l'ordre inférieur ou le petit banc. Lorsque les examinateurs avaient achevé d'interroger les candidats, les autres docteurs présents pouvaient à leur tour poser des questions. Autrefois les candidats dont l'admission était prononcée juraient qu'ils n'étaient pas mariés, mais l'obligation de ce serment, qui écartait beaucoup de sujets capables, avait été levée par le cardinal d'Estouteville, et elle ne fut pas rétablie par les nouveaux statuts. Dans le cours des deux années qui suivaient leur réception, les bacheliers se préparaient à la licence; la première année, en mai ou en juin, ils subissaient un examen sur la botanique; l'hiver suivant, ils devaient, un jour de chaque semaine, de six heures du matin à midi, traiter en public une question appelée *Quodlibétaire*, ce qui revenait à soutenir une discussion sur toutes sortes de matières. Du jour des Cendres à la Saint-Pierre de la seconde année, ils traitaient une question d'hygiène, qu'on appelait question *Cardinale (Cardinalitia)* parce que c'était le cardinal d'Estouteville qui avait introduit cette épreuve; elle commençait à cinq heures du matin et se terminait à midi. Tous ces exercices étant terminés, les bacheliers se présentaient devant l'assemblée de la Faculté et demandaient à être examinés pour la licence. Après qu'ils avaient été soumis, chacun par chaque docteur, à un examen particulier sur la pratique, les docteurs, de nouveau réunis, dressaient la liste de ceux qu'ils jugeaient dignes d'être reçus. Toutefois, par un vieux préjugé, les chirurgiens n'étaient point admis à l'examen à moins de s'engager, par acte devant notaire, à ne plus exercer la chirurgie : les docteurs en médecine qui les instruisaient ne devaient leur enseigner que la théorie des opérations chirurgicales.

Les candidats jugés admissibles étaient présentés par le doyen de la Faculté au chancelier de Notre-Dame, pour recevoir de lui, au jour qu'il indiquerait, la bénédiction apostolique et la licence en médecine. Dans l'intervalle, les membres du Parlement, ceux de la chambre des comptes et de la cour des aides, le lieutenant civil, le prévôt des marchands et les échevins étaient invités à venir assister au paranymphe, solennité préparatoire qui faisait connaître quels médecins la prochaine licence devait donner à la société. Le jour de la licence arrivé, les docteurs de la Faculté, réunis dans la grande salle de l'évêché, remettaient chacun au chancelier une liste de candidats, classés par ordre de mérite. La comparaison de ces listes entre elles servait à établir les rangs définitifs, d'après le nombre des suffrages que chaque candidat avait obtenus, et sans que le chancelier eût le droit d'intervertir l'ordre ainsi fixé. Les noms des candidats admis étaient ensuite proclamés en présence des personnes invitées à la cérémonie. Les nouveaux récipiendaires se mettaient à genoux, la tête découverte ; et le chancelier ou son vice-gérant leur donnait, au nom du Père, du Fils et du Saint-Esprit, la licence et la faculté de lire, d'expliquer et de pratiquer la médecine à Paris et ailleurs. Les candidats éliminés ne pouvaient se représenter que deux ans plus tard, puisqu'il n'y avait d'examen, soit pour le baccalauréat, soit pour la licence, que tous les deux ans. Les licenciés, peu de temps après leur admission, étaient promus au doctorat dans le rang qu'ils avaient obtenu aux exercices antérieurs. Cette promotion se faisait avec beaucoup d'apparat. La veille, le candidat soutenait un dernier acte appelé *Vespéries*. Le jour venu, le président, après différentes questions faites au licencié, lui plaçait sur la tête le bonnet doctoral et l'avertissait des devoirs qu'il aurait à remplir dans l'exercice de la médecine. Le récipiendaire prononçait un discours dans lequel il rendait grâces à Dieu, à la Faculté, à ses parents, à ses amis présents ; et désormais il avait le droit de siéger et d'opiner dans les assemblées de la compagnie. Toutefois il n'était pas encore docteur-régent; il ne le devenait que lorsqu'il avait présidé extraordinairement, à la Saint-Martin suivante, une thèse quodlibétaire et un acte, autrefois appelé *Pastillaire* (1), qu'un bachelier soutenait devant le nouveau docteur. Celui-ci, dès le lendemain, commençait ses leçons de médecine, et il était inscrit au nombre des régents de la Faculté; deux autres années après, il avait droit aux émoluments et aux dignités, et pouvait présider soit des disputes cardinales, soit des actes de vespéries. Quiconque refusait de présider à son tour une quodlibétaire était rayé du catalogue des docteurs-régents, et n'y pouvait être réintégré qu'après avoir subi l'épreuve appelée *Résompte*, espèce d'exercice qui consistait à reprendre et à résumer tous les exercices antérieurs; il fallait de plus qu'il présidât, hors de tour et à ses frais, la première question quodlibétaire qui se présenterait. Ramus nous a transmis, pour la Faculté de médecine comme pour celle des arts, le taux des dépenses que les examens occasionnaient vers le milieu du seizième siècle; il en fait monter le total à près de neuf cents livres, en y comprenant, il est vrai, environ trois cents livres pour les festins et réjouissances dont l'usage existait alors, mais qui sous Henri IV furent interdits expressément. Les statuts de 1598 renferment un seul article sur cette matière, c'est la disposition qui permet l'exemption provisoire des rétributions scolaires en faveur des étudiants pauvres, pourvu qu'ils s'engagent à les acquitter par la suite, si leur situation s'améliore.

Nul ne pouvait enseigner la médecine à Paris, s'il n'était docteur ou licencié de la Faculté de cette ville, ou s'il n'avait été coopté, c'est-à-dire agrégé à la compagnie, par une délibération spéciale. Les docteurs en médecine, quand ils faisaient leurs leçons publiques, étaient vêtus d'une longue robe à manches, avec bonnet

---

(1) L'acte de *Pastillaire* avait été ainsi nommé parce que le bachelier qui le soutenait était tenu de donner ce jour-là un pâté à chacun de ses juges. Voy. Du Cange, *Gloss. med. et inf. latin.*, au mot PASTILLARIA, t. V, p. 127; *Dict. de Trévoux*, t. VI, p. 585.

carré et chausse d'écarlate. Deux cours avaient lieu chaque année, aux frais de la Faculté : l'un de physiologie, l'autre de pathologie, ce dernier comprenant la thérapeutique ; ils étaient confiés à deux professeurs, qui devaient alterner entre eux l'année suivante, et être remplacés, après deux ans de leçons, par de nouveaux maîtres. Quoique ces cours eussent lieu l'un le matin, l'autre le soir, il paraît que les élèves ne les suivaient pas simultanément, puisque deux années leur sont accordées pour achever leurs études médicales. Les professeurs se contentaient de lire et d'expliquer Hippocrate, Galien et les autres auteurs qui font autorité dans la science. Aucune autre leçon publique ni particulière ne pouvait avoir lieu pendant les heures désignées pour les deux cours publics. Tous les ans, le premier samedi après la Toussaint, on désignait un docteur-régent qui devait enseigner la botanique et l'anatomie. En botanique, il avait à faire connaître les noms et les vertus des plantes ; après Pâques, il expliquait les cinq livres de Galien sur les propriétés des simples, et réunissait les élèves pour faire avec eux des herborisations dans le jardin médical annexé aux écoles de médecine. L'enseignement de l'anatomie consistait dans des démonstrations anatomiques sur le cadavre, précédées d'un cours d'ostéologie. Afin d'assurer aux élèves des moyens d'instruction, les professeurs de Faculté avaient la préférence, même sur les professeurs du Collège de France, pour obtenir des cadavres à disséquer.

Deux docteurs désignés annuellement visitaient, l'un en deçà, l'autre au delà des ponts, les officines des pharmaciens, présidaient à la réception de ceux-ci et leur faisaient un cours de matière médicale et de pharmacologie. Deux autres docteurs, l'un du grand banc et l'autre du petit banc, présidaient avec le doyen à la réception des maîtres chirurgiens et barbiers.

Le doyen de la Faculté en était le chef administratif ; il s'occupait des affaires de la compagnie, rendait compte, chaque année, de la recette et de la dépense, convoquait ses confrères et recueillait les voix. Aux assemblées, il recevait un double droit de présence.

Les formes de son élection étaient assez compliquées : la Faculté s'étant réunie, le sort désignait trois docteurs du grand banc et deux du petit banc, qui proposaient trois candidats, deux du grand banc, un du petit, sans pouvoir eux-mêmes se porter ; les trois noms étaient jetés dans l'urne, et le docteur dont le nom sortait le premier était déclaré doyen ; ses fonctions duraient deux années. Ce mode d'élection avait été mis en usage pour la première fois en 1556, époque à laquelle les cinq électeurs tirés au sort avaient remplacé ceux que la compagnie choisissait autrefois directement, comme la Faculté des arts choisissait les intrants chargés de la nomination du recteur. Jadis, outre le doyen électif, il y avait un doyen d'âge, qui jouissait des mêmes prérogatives ; mais peu à peu cette dignité tomba en désuétude.

Les statuts organiques dont nous venons de présenter l'analyse sont complétés par de nombreuses dispositions de détail, parmi lesquelles figurent de simples exhortations. Ainsi le législateur, dans sa sollicitude toute paternelle, recommande que la messe soit célébrée aux jours, heures et lieux accoutumés ; que les étudiants assistent fréquemment aux exercices publics ; que les docteurs en médecine vivent unis entre eux ; qu'ils rendent honneur à leurs anciens ; qu'ils ne négligent jamais de signer leurs ordonnances, etc. Le 18 octobre 1602, jour de la Saint-Luc, lecture fut donnée de l'édit de réformation aux écoles de médecine, et tous les docteurs présents firent serment de l'observer.

Comme la Faculté de médecine, la Faculté de décret avait été longtemps éclipsée par la Faculté des arts ; toutefois, dans le préambule de la réformation de 1600, elle reçoit cet éloge, qu'elle a été jusques alors une pépinière de sujets honnêtes et intègres, aptes à remplir les dignités de l'Église et les charges de l'État, tant ecclésiastiques que séculières.

La Faculté de décret était la seule dans laquelle le grade de maître ès arts ne fût pas exigé ; il suffisait que l'étudiant inscrit eût suivi les classes d'humanités et de philosophie ; un simple certificat constatait sa capacité.

Le cours, qui était d'abord de cinq ans, et qui dans la suite fut réduit à trois, s'ouvrait par la lecture des institutes de Justinien. Après deux ans d'études, les candidats étaient admis à postuler pour le grade de bachelier, que nul n'obtenait à moins d'avoir justifié, par des lettres testimoniales, qu'il était bon catholique et de mœurs irréprochables, et qu'il comptait les années de scolarité exigées par les règlements. Les aspirants, munis des certificats nécessaires, allaient trouver le doyen alors en exercice, qui leur présentait le recueil des décrétales : une décrétale prise au hasard devait former la matière de l'examen. L'épreuve avait lieu six jours après; les aspirants qui s'en étaient tirés à leur avantage faisaient serment de ne rien enseigner qui fût contraire à la religion catholique, et d'honorer les professeurs de la Faculté ; puis, le doyen leur ayant donné la bénédiction, le greffier leur délivrait leurs lettres de bachelier.

Après trois nouvelles années d'études, le bachelier qui aspirait à la licence comparaissait, pour la seconde fois, devant le doyen ; celui-ci l'ajournait encore à six jours de date, en lui indiquant pour sujet d'interrogation un texte tiré des décrétales de Grégoire IX. Le jour de l'examen, dans une séance publique présidée par un des six professeurs de la Faculté, le candidat, couvert d'une chappe et d'une chausse noire, développait le sujet proposé, et répondait, durant tout un jour, aux objections. S'il avait fait preuve de capacité suffisante, il était proclamé licencié et conduit en cérémonie devant le chancelier de Notre-Dame, qui lui donnait la bénédiction apostolique ; après quoi, on lui délivrait ses lettres de licence signées du doyen et scellées du sceau de la Faculté.

Pour le doctorat, qui était cependant le plus élevé des grades, les statuts n'exigeaient d'autre condition que l'assiduité aux exercices durant quatre ans. L'épreuve se réduisait à une simple cérémonie, ouverte par deux discours, l'un du doyen et l'autre du candidat, sur l'importance des saints canons ; l'aspirant était ensuite revêtu des insignes du grade qu'il sollicitait, à savoir : une chappe et une ceinture ; on lui présentait un livre d'abord fermé, puis ouvert, emblème de la science des canons qu'il avait d'abord ignorée, et qu'il s'était rendue familière par son travail; il prenait alors la parole de nouveau pour remercier, dans une dernière allocution, la Providence divine, la Faculté de décret et l'auditoire.

La quotité des frais d'examen devant la Faculté de décret, comme devant celles de médecine et des arts, est laissée incertaine dans les statuts de 1600; mais nous possédons une délibération de la Faculté et un arrêt du conseil d'État, du mois d'août 1679, qui supplée à cette lacune de la manière suivante :

Pour les attestations de deux années nécessaires pour le degré de bachelier.	6 liv.
Pour l'examen de baccalauréat.	16
Pour les lettres de bachelier.	58
Pour l'attestation de l'année de licence.	6
Pour l'examen de la licence.	16
Pour les lettres de licence.	48
Pour les lettres de doctorat	150

Nous trouvons, au reste, dans les statuts de la Faculté de décret une disposition que nous avons déjà rencontrée, et qui interdit pareillement les festins et les réjouissances extraordinaires à l'occasion des actes de bachelier, de licencié et de docteur.

Les cours étaient confiés à six professeurs, souvent appelés *antécesseurs*, titre que portaient les maîtres de droit dans l'empire romain; on les nommait encore *sex viri, collegium sexvirale*, à cause de leur nombre. Ces six régents représentaient le conseil suprême de la Faculté. Eux seuls touchaient les gages ou honoraires affectés par l'Université à l'enseignement du droit; seuls, ils gardaient les clefs des coffres de la compagnie, son sceau et ses registres; seuls, enfin, ils présidaient aux actes, faisaient les examens et pouvaient être élus aux charges de doyen et de receveur. Au-dessous d'eux venaient les simples docteurs, qui pouvaient prétendre à devenir un jour leurs collègues, s'ils ne préféraient courir la carrière des dignités et des bénéfices ecclésiastiques. En 1656, un arrêt du Parlement permit à la Faculté de s'adjoindre, « pour son honneur et utilité, jusqu'à vingt-quatre personnes de probité et d'érudition. » Un peu plus tard furent instituées une chaire de droit civil français, et douze places d'agrégés, qui devaient être données au concours. Dès lors la Faculté de décret, y compris les antécesseurs, les agrégés et les membres honoraires, se trouva composée de trente et un membres, nombre qu'elle a conservé jusqu'à l'époque de la destruction de l'Université.

Lorsqu'une chaire devenait vacante par la mort ou la retraite du titulaire, elle était l'objet d'un concours dont l'ouverture était annoncée, longtemps à l'avance par des affiches. Les épreuves consistaient dans des leçons et des argumentations sur deux décrétales tirées au sort, en présence de la Faculté réunie dans l'église de Saint-Jean de Latran. Les juges étaient les professeurs en exercice, qui devaient, entre les mains de deux conseillers, députés du Parlement, faire le serment de juger selon l'équité et de choisir le candidat le plus digne.

Les cours étaient distribués ainsi qu'il suit. A 7 heures et 8 heures du matin dans le semestre d'hiver, c'est-à-dire depuis la fête de Saint Luc jusqu'à Pâques, à 3 heures et à 7 heures dans le semestre d'été, c'est-à-dire depuis Pâques jusqu'à la Nativité de la Sainte Vierge, deux professeurs, désignés par le sort, expliquaient les *décrétales* de Grégoire IX. De 1 heure après midi jusqu'à 3 heures, deux autres professeurs, choisis par le doyen, exposaient rapidement le *Sexte* ou décrétales de Boniface VIII, et les *Clémentines* ou décrétales de Clément V. De 9 à 10 heures du matin, et de 3 à 4 heures après midi, les deux derniers professeurs commentaient le recueil célèbre de Gratien, discutaient les points douteux que renferme la science du droit, donnaient la chronologie des conciles, et présentaient le résumé du droit ecclésiastique et du droit civil; ils devaient avoir parcouru en deux ans tous les objets du cours. En dehors de leur enseignement ordinaire, les antécesseurs pérorerait à certains jours devant les écoles, la Faculté assemblée. Après vingt années d'exercice, les règlements les dispensaient de continuer leurs leçons, sans que toutefois ils dussent renoncer à leurs droits et privilèges.

Il nous reste à parler de la Faculté de théologie. Ses statuts sont beaucoup moins développés que ne semblerait l'exiger, surtout à une pareille époque, l'importance de la matière ; mais ils se réfèrent implicitement à beaucoup de dispositions qu'ils ne mentionnent pas.

La première recommandation que nous y trouvons s'adresse aux principaux et proviseurs des maisons de Sorbonne et de Navarre et des autres collèges où la théologie est enseignée ; ils sont avertis que l'enseignement ne doit pas souffrir d'interruption ; que les leçons doivent avoir lieu tous les jours, aux heures prescrites, à l'exception des jours de fêtes et de ceux qui sont consacrés à des exercices publics, tels que les actes de Sorbonique, de Tentative et d'Ordinaire. Les professeurs sont invités à l'exactitude, sous peine de privation de leurs droits et de leurs privilèges.

Les sujets de leçons étaient tirés de l'Ancien et du Nouveau Testament ; le professeur commentait le livre sacré avec des textes fournis par les Pères de l'Église et par le Maître des sentences, Pierre Lombard. Le cours durait cinq ans ; mais les professeurs des différents collèges devaient se concerter entre eux pour que chaque année il y eût un cours au moins qui recommençât.

Nul ne pouvait se présenter au baccalauréat en théologie, 1° s'il n'était maître ès arts, 2° s'il n'avait cinq ans d'études théologiques et trente ans d'âge (1), 3° s'il ne prouvait qu'il était né de légitime mariage. Les étrangers avaient à remplir une condition de plus : c'était de jurer obéissance au roi de France, aux lois du royaume et aux magistrats ; disposition sans doute inspirée au législateur par le souvenir des discordes récentes et des dangers que l'alliance néfaste du parti de la Ligue avec l'Espagne avait fait courir à l'indépendance et à la tranquillité du pays.

Les épreuves pour le baccalauréat avaient lieu en deux fois différentes, et portaient tour à tour sur la philosophie et sur la théologie. Elles se passaient chaque fois devant quatre examinateurs, qui ne devaient point appartenir à la même commu-

(1) Par des règlements postérieurs, les cinq années d'études furent réduites à trois, et l'âge obligé à vingt-un ans.

nauté que le candidat, s'il s'agissait d'un religieux; ni à la même Nation, s'il s'agissait d'un séculier.

Quand l'aptitude du candidat avait été reconnue, il était admis par la Faculté à subir une thèse appelée *Tentative;* mais il ne pouvait avoir, pour la présider, un maître de la Nation ou du couvent dont il faisait lui-même partie.

Les bacheliers étaient tenus de faire des sermons, et d'assister en chappe aux cérémonies, aux messes, aux leçons, ainsi qu'aux disputes et autres exercices de la Faculté.

Leur préparation à la licence comprenait deux années, dans lesquelles ils passaient trois actes : la *Petite Ordinaire*, la *Grande Ordinaire*, et la *Sorbonique*, ainsi appelée en mémoire de Robert de Sorbonne, fondateur du collège de ce nom. C'est dans ce collège, et sous la présidence du prieur de la maison, que la Sorbonique était soutenue. Bien que cet usage blessât l'amour-propre des autres collèges, il fut maintenu par plusieurs arrêts du Parlement.

Les ordres mendiants agrégés à l'Université ne pouvaient présenter à la licence qu'un nombre déterminé de candidats : les Dominicains, cinq; les Franciscains, quatre; les Augustins et les Carmes, trois. Si un de leurs candidats venait à mourir ou à se retirer, il n'était point remplacé.

Toute proposition contraire à l'orthodoxie, aux lois du royaume et aux droits du prince était interdite, sous les peines les plus sévères contre le répondant qui l'aurait avancée, et contre le syndic et le président de l'acte qui n'en aurait pas suspendu l'impression. Les questions profanes ou frivoles devaient être écartées également de la discussion. Les bacheliers argumentaient dans l'ordre qui leur avait été assigné, sans avoir sous les yeux aucune note écrite. Il leur était défendu de capter par des banquets ou des présents la faveur des juges; ceux-ci étaient choisis exclusivement parmi les docteurs qui avaient assisté fréquemment aux actes des candidats.

Tous ces exercices, maintenant trop peu suivis, avaient lieu au dix-septième siècle avec beaucoup de solennité. « Comme ordinairement, nous dit le Père Quesnel en son *Histoire de M. Arnauld*, il se trouve un fort grand nombre de bacheliers dans la licence, le travail y est grand et on y est toujours en haleine, soit pour attaquer, soit pour défendre ; tout s'y fait avec vigueur et avec éclat ; tout y est animé par la présence des docteurs qui y président et y assistent, par le concours des premières personnes de l'Église et de l'État, et des savants de toute condition... Une licence de théologie de Paris est, dans le genre des exercices de littérature, un des plus beaux spectacles qui se trouvent dans le monde (1). » Les aspirants dont l'aptitude avait été reconnue étaient inscrits sur une liste, par ordre de mérite, qui servait ensuite à déterminer leur rang d'admission lorsqu'ils se présentaient au doctorat. Le licencié porté le premier sur la liste avait un délai de six semaines pour sa préparation à l'acte de Vespéries, le dernier qu'il eût à soutenir avant d'être proclamé docteur. Le tour du second venait quinze jours après celui du premier ; le tour du troisième, quinze jours après le doctorat du second, et ainsi de suite. Malgré son titre, si laborieusement conquis, le nouveau docteur n'entrait jadis en fonctions qu'après une dernière cérémonie appelée *Resumpta*, et consistant, selon Crevier, dans une leçon solennelle où il annonçait le dessein de reprendre et de continuer son enseignement. La *Resumpta* changea par la suite de caractère et prit une véritable importance vers la fin du dix-septième siècle, lorsqu'il ne fut permis de la soutenir qu'après cinq années de doctorat, et qu'elle devint nécessaire pour assister aux assemblées de la Faculté (2).

Les docteurs siégeaient dans l'ordre de leur réception. L'édit de réformation leur recommande de donner à tous l'exemple de l'intégrité, de s'interdire le jeu de la paume, de ne pas fréquenter les cabarets ni autres lieux profanes ; de porter la tonsure, le bonnet carré, enfin de se comporter avec décence dans

---

(1) Passage cité par M. Sainte-Beuve, *Port-Royal*, t. II, p. 12 et 13. F. Chéruel, *Journal d'Olivier Lefèvre d'Ormesson*, t. Ier, introd., p. 411 et 412.
(2) Crevier, l. l. p. 428, etc.; *Statuta sacra Facultatis theologiæ Parisiensis, una cum conclusionibus ad ea spectantibus*, Parisiis, 1715, in-4º, p. 41 et suiv.

les assemblées de la Faculté sans y causer jamais de scandale.

Ceux qui résident à Paris doivent assister aux actes publics, aux processions et aux assemblées; ceux qui sont absents de Paris une grande partie de l'année, chanoines, théologaux ou curés de campagne, sont privés des droits d'Euphémie, quand bien même ils auraient fait leçon le jour de la fête de cette sainte, c'est-à-dire le 16 septembre. Cette disposition avait pour objet de détruire un abus assez grave, qui s'était introduit dans la Faculté de théologie. Les docteurs, dans l'origine, avaient tous le droit et l'obligation de professer; mais peu à peu ils avaient pris l'habitude de ne faire dans l'année qu'une leçon, le jour de sainte Euphémie, et d'abandonner l'enseignement à des bacheliers. Toutefois ils recevaient des émoluments, comme s'ils eussent donné un cours régulier; et, ce qui paraîtra plus étonnant, ils continuèrent, en dépit des statuts, à les recevoir, et conservaient encore au temps de Crevier certains droits lucratifs, bien que l'unique leçon du jour de sainte Euphémie fût elle-même un usage abandonné depuis longtemps. Au reste, l'établissement des professeurs royaux, chargés d'un enseignement régulier dans les maisons de Sorbonne et de Navarre, ne tarda pas à rendre presque inutiles les leçons des docteurs et des bacheliers; les fonctions essentielles du doctorat se bornèrent désormais aux examens et à la présidence des actes et cérémonies scolaires.

Les statuts de 1598 se terminent par un article, commun aux quatre Facultés, qui annule les dispositions contraires des règlements antérieurs, confirme celles qui peuvent se concilier avec le nouvel état de choses, recommande l'exacte observation des lois académiques, et fait défense de les abroger ou de les modifier sans l'autorisation du Parlement ou du roi.

Telle est cette réformation célèbre, gage éclatant de la sollicitude royale, qui devait relever la discipline de l'Université de Paris, régénérer ses études, garantir sa prospérité. Ces promesses d'un brillant avenir et, pour ainsi dire, d'une seconde jeunesse, pour des institutions épuisées qui dataient du moyen âge, étaient accueillies par la foule avec espérance; mais ces effets en paraissaient plus douteux aux esprits méfiants et à quelques vieillards, derniers témoins de l'ancien lustre des écoles de Paris. Étienne Pasquier admire, dans les nouveaux statuts, l'exquise latinité de la forme et la haute sagesse des dispositions qui concernent la discipline; « et toutefois, continue-t-il, soit qu'en l'ancienneté de mon âge, par un jugement chagrin du vieillard, toutes choses du temps présent me déplaisent, pour extoller celles du passé, ou que, sous cette grande voûte du ciel, il n'y ait rien, lequel venu à la perfection, ne décline puis après naturellement jusques à son dernier période : je trouve bien quelques flammèches, mais non cette grande splendeur d'études qui reluisait pendant ma jeunesse, et, à peu dire, je cherche l'Université dedans l'Université, sans la retrouver, pour le moins celle qui estoit sous les règnes de François Ier et de Henri II (1). » Le sens judicieux et ferme de Pasquier ne l'avait pas trompé. Les statuts de 1598 sont un règlement de police intérieure très habilement rédigé, mais où la main du maître qui l'a dicté, roi ou Parlement, se fait sentir à chaque pas, tour à tour bienveillante et sévère, ici redressant les abus, là effaçant les derniers vestiges de la liberté académique, et subordonnant au bon plaisir du prince les moindres détails de l'organisation de l'enseignement. Cette réforme pouvait rétablir l'ordre sur les points où la confusion s'était introduite; elle ne pouvait pas ranimer la vie des écoles, ni faire circuler dans leur sein, par sa seule efficacité, la sève puissante dont la foi et le génie sont les véritables sources, et que les combinaisons administratives, disons-le pour l'honneur de l'esprit humain, eurent bien rarement la vertu de produire. Au reste, l'abaissement de l'Université de Paris, que Pasquier déplore sans l'expliquer, tenait à des causes multiples, et, quoique les commotions de la fin du seizième siècle y eussent contribué en dépeuplant les collèges, le mal venait de plus haut et de plus loin : c'était une des conséquences les plus immédiates de la révolution sociale qui s'opérait en France, et qui tendait de plus en plus à soumettre toutes les classes de l'État et toutes

---

(1) Les *Recherches de la France,* liv. IX, ch. xxv.

les institutions à l'ascendant victorieux de la royauté. Quand les franchises provinciales disparaissaient, que la puissance de la noblesse était sur le point d'être abattue, que toutes les têtes allaient se courber sous le niveau des mêmes lois, expression de la volonté du monarque, qui pouvait espérer que l'Université de Paris échapperait au sort commun, que, seule parmi tant d'autres grandeurs déchues, elle conserverait tous ses privilèges, même celui de se réformer elle-même, et resterait dans l'État un grand corps, non seulement favorisé, mais indépendant et presque souverain?

Un motif de regrets, en apparence mieux justifiés, c'est que les auteurs des statuts de 1598, trop préoccupés de resserrer tous les freins, n'aient rien concédé à la liberté; en sorte que, après eux, toutes les issues qui auraient pu s'ouvrir à la pensée individuelle se sont trouvées fermées plus rigoureusement qu'à aucune autre époque. Et cependant, lorsque la liberté, ce fruit souvent incertain de la maturité des peuples, n'existait pas pour la société politique, ni même pour la société civile, dans laquelle des corporations jalouses de leurs droits se partageaient la plupart des industries, comment eût-elle pu s'introduire dans les écoles publiques, sans bouleverser l'économie de leur législation?

C'eût été peu d'avoir établi de nouveaux règlements, si l'exécution n'en avait pas été assurée. Pour mettre en vigueur ceux qu'il venait d'élaborer, le Parlement ne pouvait trouver des auxiliaires plus fermes et plus dévoués que les cinq personnages qui avaient déjà contribué à les préparer : Edmond Richer, Claude Minos, Nicolas Ellain, Jean Galland et Jean Morel. Malgré la confiance qu'elle avait en eux, la cour ne leur donna pas tout d'abord une délégation officielle, et se contenta d'encourager les démarches qu'ils faisaient personnellement pour le succès des réformes. Mais les commencements furent si laborieux que, après quelques mois d'efforts inutiles, Richer, désespérant de la réussite, parlait de se retirer, et s'y fût peut-être décidé si le président de Thou, juge très compétent de son mérite, ne l'en eût détourné. Il était devenu évident que de simples particuliers, sans caractère et sans mission, ne parviendraient pas à surmonter les obstacles qui s'accumulaient. Aussi, le 15 septembre 1601, le Parlement rendit un arrêt par lequel Richer, Minos, Ellain et Galland étaient investis des fonctions de censeurs, en exécution de l'article 70 des statuts de la Faculté des arts, qui recommande au recteur de visiter les collèges, accompagné de quatre maîtres de l'Université. L'usage voulait que les censeurs fussent pris dans les quatre Nations qui composaient cette Faculté, tandis que l'arrêt de la cour en choisissait trois dans les autres compagnies, sans abroger toutefois d'une manière expresse l'ancienne coutume confirmée par les nouveaux statuts. Cette contradiction entre la lettre des règlements et la pratique était à regretter, car elle ne pouvait que donner lieu à des malentendus et à des procès, comme il s'en éleva par la suite entre les différents corps de l'Université. Quoi qu'il en soit, le Parlement conféra d'importantes attributions aux censeurs qu'il avait délégués. Ils devaient assister le recteur aux assemblées et dans la visite des collèges, requérir et poursuivre l'exécution complète des statuts, et avertir le procureur général de toutes les infractions, pour que, sur son rapport, la cour avisât. Cette commission leur était donnée pour deux ans, à partir du 2 octobre 1601; et, tous les deux ans, quatre nouveaux censeurs devaient être créés pour le même objet et avec les mêmes attributions. Le 25 septembre, les censeurs comparurent devant le recteur Guillaume Poulet et prêtèrent entre ses mains le serment de garder et faire garder la réformation et de remplir loyalement leur charge. Entrés en fonctions aussitôt après, le premier objet qui les occupa fut le rétablissement de la discipline, troublée périodiquement par de prétendues solennités scolaires, cavalcades et jeux, dont l'usage s'était perpétué au grand préjudice du bon ordre et des bonnes mœurs dans l'Université de Paris. La plus importante de ces fêtes, appelée le Grand Lendit, était celle qui avait lieu le jour où le recteur se rendait, comme il a été dit plus haut, à la foire de Saint-Denis pour faire la visite du parchemin. Ce voyage avait été si fréquemment suspendu pendant les guerres civiles; il était, pour le recteur, si peu productif par le fait des parcheminiers, qui ne déclaraient pas leurs marchandises, que l'usage s'en perdit facilement. Le Grand Lendit se célébra pour la dernière fois en 1603 (1), et les réjouissances qui l'accompagnaient furent remplacées par un congé fixé au lundi qui suivait la Saint-Barnabé. Mais à l'occasion des exercices publics de philosophie, et lorsque les écoliers, au mois de décembre et au mois de juin, venaient apporter à leurs professeurs les honoraires appelés *Minervalia*, la coutume avait aussi consacré des fêtes terminées par de joyeux repas, dans lesquels, suivant l'expression de l'un des censeurs, Claude Minos (2), « le culte de Bacchus se mêlait impunément à celui de Minerve; les maîtres s'abaissaient aux fonctions de cuisiniers et d'échansons, et les cris des convives, joints au bruit des tambours et des fifres, n'imitaient que trop le fracas d'une armée qui se prépare au combat. » Nous avons vu que plusieurs dispositions des nouveaux règlements avaient sévèrement interdit ces scandaleux divertissements; toutefois, comme ils touchaient en partie au mode de rémunération adopté pour les régents, on ne pouvait y mettre fin sans veiller à l'exécution scrupuleuse du règlement, qui avait remplacé l'ancienne Minervale par un salaire plus modique, mais aussi plus décent et plus régulier. Troublés dans leurs habitudes et peut-être atteints dans leurs intérêts pécuniaires, un grand nombre de régents opposèrent une vive résistance aux innovations, et, comme au lendemain des guerres civiles la résistance dégénère aisément en rébellion, ils ne craignirent pas d'ameuter les écoliers contre les censeurs. Les désordres qui en résultèrent furent si fréquents et si graves que les familles effrayées retirèrent en grand nombre leurs enfants des collèges de la capitale, soit pour les faire instruire chez eux par des maîtres particuliers, soit pour les envoyer hors du royaume étudier chez les Jésuites. Les collèges de l'Université de Paris furent menacés de devenir déserts, et le péril cette fois était d'autant

---

(1) Et non pas en 1609, comme l'imprime Crevier, t. VII, p. 71. Voyez *Recueil des Privilèges de l'Université*, p. 216.

(2) Dans un discours *De liberali institutione*, cité par Goujet, *Mémoire historique et littéraire sur le Collège royal de France*, t. Ier, p. 511.

plus douloureux qu'une partie des maîtres pouvaient s'imputer à eux-mêmes la décadence dont ils souffraient.

Le Parlement, sur la plainte du procureur général, se hâta de prendre des mesures pour en finir avec l'insubordination et le désordre. Par divers arrêts consécutifs, il fut enjoint au recteur de visiter immédiatement tous les collèges, accompagné des quatre censeurs, de faire prêter serment aux maîtres, principaux et proviseurs, de garder et faire garder les articles de la réformation, sous peine d'être déclarés déchus de leurs charges. Les régents furent mis en demeure de fournir dans la huitaine leurs classes de bancs, de toiles et de chandelles, suivant l'ancien usage, sans pouvoir exiger de leurs écoliers d'autre salaire que celui qui était porté par les nouveaux statuts. Les festins auxquels les exercices scolaires servaient de prétexte furent de nouveau interdits. Il fut pareillement défendu à tous les maîtres ès arts, étudiants et suppôts de l'Université, de se qualifier du nom de capitaine, et de porter dans les foires ou autres assemblées des armes et des bâtons. Enfin, comme dans beaucoup de petits collèges les classes étaient suspendues, on ordonna à ceux qui en étaient les supérieurs de présenter leurs titres dans un délai de quinze jours, afin qu'on avisât aux moyens d'entretenir les fondations.

Ces mesures ne portèrent pas des fruits aussi rapides que la magistrature l'avait espéré. Lors de la visite des collèges, plusieurs principaux refusèrent le serment qui leur était demandé, soit qu'ils fussent animés d'un coupable esprit de rébellion, soit que leur conscience timorée s'effrayât de concourir à des mesures dont ils ne jugeaient pas le succès possible. Un des plus opiniâtres fut le principal du collège d'Harcourt, J. Fraser; il déclara « qu'il ne pouvait jurer de faire observer les articles du règlement, lui étant impossible de le faire observer, et qu'il se démettrait plutôt de sa charge. »

Au collège de Lisieux, une question qui en elle-même avait assez peu de gravité, mais que l'animosité des partis grossissait, souleva un véritable orage. Nous avons dit que la coutume s'était introduite, depuis peu d'années dans certains collèges, d'avoir deux régents pour la rhétorique, à l'imitation des Jésuites. Les nouveaux statuts, comme on l'a vu, s'y opposaient formellement; mais de bons esprits croyaient cette mesure utile au progrès des études, et l'expérience, à Paris du moins, a prononcé en faveur de leur opinion. Un professeur de langue grecque au Collège royal, Georges Critton, Écossais d'origine, esprit turbulent, qui avait traversé successivement les collèges d'Harcourt, de Boncour, de Lisieux et des Grassins, sans pouvoir se fixer dans aucun, s'était déclaré un des plus ardents adversaires de la réformation. Non content d'avoir encouragé, dans l'affaire du Lendit, la résistance des régents, il prit parti pour l'institution des deux professeurs de rhétorique, et engagea Bauen, le principal du collège de Lisieux à lui confier la classe de l'après-midi. Bauen, très satisfait de compter parmi ses régents un professeur royal, s'empressa d'accepter, et en peu de mois l'exemple fut suivi dans plusieurs collèges. Les censeurs portèrent plainte au Parlement, devant lequel ils reprochèrent à Critton d'avoir comploté cette violation ouverte des statuts, beaucoup moins par intérêt pour les études que dans une intention hostile aux droits et aux décisions de la magistrature. En effet, au collège de Lisieux, il se contentait de paraître un instant dans sa chaire, et il cédait presque aussitôt la place à un suppléant. Deux arrêts du Parlement, du 30 août et du 6 septembre 1602, qui renouvelèrent l'injonction d'observer les nouveaux statuts, ne parurent pas à Critton une condamnation suffisante de sa conduite; il affecta au contraire de faire croire qu'il avait gagné sa cause, et s'engagea de nouveau pour professer la rhétorique à la rentrée suivante, au collège de Lisieux, conjointement avec un autre régent qui se nommait Léger. En même temps il publiait et faisait distribuer aux membres du Parlement un écrit intitulé : « *Scholæ Lexoveæ paronomon reæ, a verbis senatusconsulti ad mentem senatorum provocatio.* » Il supposait dans ce libelle que ses sentiments étaient au fond ceux de la magistrature, quelques décisions contraires qu'elle eût rendues. S'il se fût borné là, ses torts eussent été minimes; mais il paraît bien, d'après le récit de Richer, que Critton ne se contentait pas de faire valoir les avantages d'une double chaire de rhétorique au point de vue de la bonne direction des classes, mais qu'il se permettait, dans ses visites aux magistrats et à d'autres personnages, les insinuations les plus malveillantes contre ses adversaires. C'était, disait-il, la disette de bons professeurs dans l'Université qui forçait les parents d'envoyer au loin leurs enfants étudier sous les Jésuites. Il donnait à entendre que les censeurs n'agissaient que par des motifs d'intérêt personnel, et qu'en faisant exécuter les nouveaux statuts, ils ne tendaient qu'à renverser les lois établies. Quoi qu'il en soit, le livre de Critton fut comme un signal de révolte. Certains régents réclamèrent contre le mode de rétribution prescrit par les statuts, et prétendirent faire revivre l'ancienne Minervale et les joyeux festins qui l'accompagnaient. Les autres parties de l'édit royal n'étaient pas mieux respectées. On comparait la réforme qui venait d'être décrétée dans l'Université à celles de Luther et de Calvin; on affectait de s'étonner qu'elle fût poursuivie avec autant d'ardeur par des chrétiens et des catholiques. Richer, qui s'en était montré l'artisan le plus infatigable, se vit plusieurs fois chargé d'injures en traversant le quartier Latin, et courut même le risque d'être lapidé par les écoliers. Déjà, s'il faut en croire son témoignage, ses amis s'inquiétaient et le blâmaient d'affronter tant de haines pour l'intérêt public; mais il tint courageusement tête à l'orage. Au libelle de Critton, il opposa une apologie du Parlement (1), où, réfutant les unes après les autres les assertions de son antagoniste, il soutint que les véritables ennemis de l'Université, ceux qui, absents comme présents, travaillaient à sa ruine, c'étaient les Jésuites, dont Critton avait fait l'éloge. L'affaire, dans l'intervalle, se poursuivait judiciairement. Après plusieurs enquêtes contradictoires, qui permirent d'entendre tour à tour chaque partie adverse, un arrêt du 22 novembre 1602 ordonna spécialement pour le collège de Lisieux l'exécution des statuts concernant la rhétorique, et fit dé-

---

(1) *Apologia pro senatus-consulto adversus scholæ Lexoveæ paranomum*, 1602, sans nom de lieu ni d'imprimeur, in-8° de 68 pages.

fense à Critton d'exercer comme second professeur les fonctions de régent de cette classe. L'opiniâtre plaideur se vengea par de nouveaux libelles, dirigés contre la réforme des écoles et contre Richer. Celui-ci répondit par son traité *De optimo Academiæ statu* (1), dans lequel il signale les menées ourdies dans certains collèges pour entraver les opérations des censeurs. C'est, à notre connaissance, le dernier écrit que cette orageuse et stérile polémique ait inspiré.

Tandis que les censeurs poursuivaient ainsi, malgré de vives résistances, la mission confiée à leur zèle par les arrêts de la magistrature, le conseil, qui s'appela dans la suite le tribunal de l'Université, composé du recteur, des doyens des Facultés supérieures et des quatre procureurs des Nations, exerçait de son côté, dans l'intérêt des études, dans celui du bon ordre et des privilèges du corps, la juridiction, encore assez mal définie, que les derniers statuts lui avaient attribuée.

Comme on le présume, les affaires dont ce conseil eut tout d'abord à connaître sont peu importantes; c'étaient des infractions aux règlements, des fautes contre la discipline, des consultations sur le régime des Facultés ou des collèges, des conflits pour la collation des bourses, et autres incidents de l'administration scolaire.

Il arrivait souvent que des candidats à la maîtrise ès arts, qui n'avaient pas satisfait aux examens, obtenaient subrepticement leurs lettres de maîtrise par la connivence des bedeaux chargés de délivrer ces pièces et d'inscrire les noms sur les registres. Dans l'espace de quelques mois, le tribunal de l'Université fut appelé plusieurs fois à réprimer des délits de ce genre. En juillet 1601, une amende d'un tiers d'écu d'or fut imposée à des bedeaux qui s'étaient prêtés à la fraude; et en septembre, trois maîtres ès arts, Nicolas Lempereur, Thomas Aumont et Gui Huguin, convaincus d'être porteurs de lettres fausses, desquelles les deux premiers s'étaient probablement servis pour obtenir quelque nomination,

---

(1) Imprimé, en 1603, sans nom de lieu ni d'imprimeur.

virent prononcer, sur la requête du recteur, la radiation de leurs noms des registres de Normandie (1).

Par une vigilance soutenue sur elle-même, l'Université devait reprendre peu à peu, au moins dans les affaires de sa compétence, l'ascendant nécessaire au bien des études; mais un élément de succès qu'elle n'a jamais amplement possédé lui faisait douloureusement défaut, je veux dire de suffisantes ressources pécuniaires. Au commencement du dix-septième siècle, l'Université de Paris était pauvre, plus pauvre peut-être qu'elle ne le fut à aucune autre époque de son histoire. La principale source de ses revenus avait été tarie par la diminution du nombre de ses élèves, et ses caisses étaient vides. A la mort du recteur Romain Dufeu, décédé dans l'exercice de sa charge, la cérémonie de ses obsèques à l'église Saint-Étienne du Mont eut lieu presque sans apparat; ce qui fit murmurer dans le public. La Nation de Normandie paya vingt-huit livres pour sa part des frais de sépulture; en supposant que les autres compagnies eussent été taxées à la même somme, la dépense totale se serait élevée à 196 livres, somme considérable sans doute pour le temps, mais qui même alors parut insuffisante pour honorer dignement la mémoire d'un recteur. Ce qu'il y a de plus grave, c'est que la Faculté de droit et la Nation de France refusèrent d'acquitter leur quote-part, et pour les y contraindre il fallut un procès, dont elles furent condamnées à payer les déboursés. La Nation de France, la première et la plus importante, était réduite à un tel état de gêne qu'elle ne pouvait solder les arrérages d'une rente de trente-trois écus et un tiers, et qu'elle supplia un de ses membres, le doyen de la province de Bourges, de se subroger à l'ancien créancier en opérant lui-même le rachat, afin de la mettre à l'abri des poursuites dont elle était menacée (2).

Voilà quelle était, sous le règne de Henri IV, la condition de la plus fameuse université de l'Europe ; c'est dans cette détresse qu'elle travaillait à extirper de son sein les abus anciens et nouveaux, à

---

(1) *Arch. U.*, Reg. xxv, fol. 37, 39 et 40.
(2) *Arch. U.*, Reg. xxv, fol. 45, 46, 53 et 60; *Defense des droits de l'Université de Paris*, etc., Paris, 1657, in-4°, p. 83 des additions.

relever la discipline et le travail, à restaurer les études, en faisant appel au dévouement de ses membres, sans pouvoir leur offrir aucune des perspectives qui flattent les cœurs les plus modestes. Malgré les difficultés que la réforme avait rencontrées au début, elle gagnait pourtant du terrain ; les passions hostiles reculaient de jour en jour et l'autorité de la règle était moins vivement contestée. Au commencement de 1603, il fut résolu par les députés de l'Université que, l'exécution des articles de la réformation ne pouvant pas être ajournée plus longtemps, la peine de l'exclusion serait immédiatement prononcée contre ceux qui enseignaient dans les collèges sans avoir le titre de maîtres ès arts, ou qui n'avaient pas prêté serment entre les mains du recteur (1). L'établissement définitif d'un régime normal, offrant aux familles de sérieuses garanties, était d'autant plus nécessaire pour l'Université que déjà s'annonçait le retour de cette compagnie puissante, sa rivale redoutée, qu'elle avait vaincue devant le Parlement, mais qui, loin de succomber à sa défaite, s'était relevée plus forte et se préparait, avec une habileté singulière, à des luttes nouvelles, dont le pouvoir d'enseigner la jeunesse française était le prix.

(1) *Arch. U.*, Reg. xxv, fol. 85.

CHAPITRE II.

Arrêt du Parlement contre les parents qui envoient leurs enfants aux collèges de Douai et de Pont-à-Mousson. — Les Jésuites à Tournon et à Bordeaux. — Leurs efforts pour gagner la faveur de Henri IV. Le P. Richeomme. Le P. Maggio. — Écrits d'Arnauld et de Pasquier contre les Jésuites. Écrits en sens opposé du P. Richeomme. — Voyage du roi à Verdun. — Le rétablissement des Jésuites est ordonné. — Réponse du roi aux remontrances du parlement de Paris. — Rapides progrès de la compagnie de Jésus. — Situation de l'Université. Elle réprime les désordres des écoliers et poursuit les livres qui sont contraires à la religion et aux bonnes mœurs. — Événements divers. Collèges des Écossais, des Bernardins, des Bons-Enfants-Saint-Honoré. Cession du collège Mignon à l'ordre de Grandmont. — Le droit de *Committimus* de l'Université est confirmé. — Serment refusé par le grand prévôt. — Prêtres ordonnés deux fois. — Thèses du cardinal de Richelieu. — Débats à l'occasion d'un office de papetier. — Vente de six arpents du Pré-aux-Clercs à la reine de Navarre. — Questions de préséance. — Querelle des médecins et des chirurgiens. — Rectorat de François Sizé. — La Faculté de théologie. — Edmond Richer est élu syndic. Il entreprend de restaurer les anciennes maximes de l'Église gallicane. Vive opposition que ses projets font éclater. — Débats au sujet d'un boursier. — Nouvel édit accordant aux Jésuites le droit d'enseigner la théologie à Paris; l'Université parvient à en faire ajourner l'exécution. — Préparatifs pour le couronnement de Marie de Médicis. — Mort et obsèques de Henri IV.

Après l'attentat de Jean Châtel sur la personne de Henri IV, les Jésuites avaient été bannis de France. Mais nonobstant les termes rigoureux et passionnés de la sentence du Parlement, qui les déclarait corrupteurs de la jeunesse, perturbateurs du repos public, ennemis du roi et de l'État, leur courage n'était pas abattu, et ils se sentaient trop puissants pour s'alarmer de la joie que leur défaite passagère inspirait à leurs ennemis. Aux portes mêmes du royaume, dans les riches provinces de la Flandre et de la Lorraine, la Compagnie dominait, et ses collèges de Douai et de Pont-à-Mousson, rendus très florissants par les proscriptions mêmes, attiraient de nombreux élèves; car les familles redoutaient le séjour des écoles de Paris, où l'ordre se rétablissait lentement, où la discipline était incertaine, la moralité très équivoque. L'Université, que cette concurrence appauvrissait, essaya d'obvier au péril en provoquant de nouveaux arrêts judiciaires. Un jugement qu'elle avait sollicité fit défense aux parents de toute condition d'envoyer leurs enfants étudier hors du royaume, sous peine d'être poursuivis comme rebelles au roi et à sa justice (1). Mais les mesures de coercition qui touchent aux affections domestiques produisent rarement les effets qu'en attendaient ceux qui les ont inspirées ou ordonnées. En dépit de toutes les défenses, les maisons des Jésuites continuèrent à être fréquentées à l'étranger par des écoliers français. En France même, dans la ville de Tournon, le collège qu'ils possédaient leur fut conservé malgré le parlement de Paris, en vertu d'une délibération de celui de Toulouse qui défendit au seigneur de Tournon de les inquiéter. Tournon était dans le ressort de la cour de Toulouse, alors moins opposée que d'autres à la société de Jésus. Mais le seigneur du lieu avait la charge de grand sénéchal d'Auvergne, et ce dernier titre le rendait justiciable de la cour de Paris : dès lors il faisait acte de rébellion en n'exécutant pas dans ses domaines l'arrêt d'exil que cette cour avait porté (2). Henri IV, en cette occasion, avait d'abord incliné du côté de la rigueur; mais, revenu peu à peu à des sentiments plus doux, il finit par tolérer l'établissement de Tournon, dont le maintien lui était demandé par la magistrature et les populations du Midi. De même, dans la ville de Bordeaux, que les Jésuites avaient quittée dès 1589, il autorisa tacitement le maréchal de Matignon, gouverneur de la province, à permettre leur retour et même leurs prédications, qui soulevèrent tout d'abord une opposition assez bruyante, mais facile à prévoir et à surmonter. C'est à Bordeaux que s'était retiré un des membres de la Société les plus experts en affaires et les plus habiles à écrire, le P. Richeomme, auteur d'une apologie qui parut, dès l'année 1598, sous le titre de *Très-humble remontrance et requeste des religieux de la Compagnie de Jésus, au très-chrestien roy de France et de Navarre, Henri IV*. Richeomme justifiait les Jésuites du triple reproche d'être dévoués à l'Espagne, ennemis

(1) Arrêt du 27 janvier 1603.
(2) Du Boulay, t. VI, p. 909 et suiv.

du roi, corrupteurs de la jeunesse. S'il faut en croire le P. Jouvency, l'ouvrage plut à Henri IV, et fut tellement goûté du public qu'il eut six éditions en peu de mois (1). L'année suivante, le P. Laurent Maggio, Provençal de nation, « homme entendu, dit Palma Cayet (2), grave et d'un jugement très-grand, » qui avait accompagné en France, par l'ordre de ses supérieurs, le légat du pape, fut admis à Blois en présence du roi, et plaida devant lui avec beaucoup d'habileté la cause de son ordre. Peut-être l'eût-il gagnée sur l'heure par sa dextérité, par son enjouement et ses franches reparties, si l'expulsion des Jésuites eût été moins récente. Cependant de jour en jour la Société s'assurait de nouveaux partisans. Plusieurs des conseillers de Henri IV, le chancelier Pomponne de Bellièvre, le futur garde des sceaux Brulard de Sillery, et le secrétaire d'État Nicolas de Villeroy, s'étaient prononcés hautement en sa faveur. Son rappel était demandé par la cour de Rome et appuyé par le cardinal d'Ossat, ambassadeur de France près le Saint-Siège. Malgré l'opposition de quelques magistrats, entre autres Louis Servin, défenseur inflexible de l'enseignement séculier, tout présageait que des vœux partis de si haut et si vivement soutenus ne tarderaient pas à être exaucés.

Ce fut dans ces conjonctures qu'un ancien champion des droits de l'Université, son avocat dans le procès qu'elle avait soutenu contre la compagnie de Jésus en 1594, Antoine Arnauld, composa son *Franc et véritable discours au roy sur le restablissement qui luy est demandé pour les Jésuites.* Dans ce mémoire, plus vigoureux et plus précis que son plaidoyer même, Arnauld adressait aux Jésuites un premier reproche, bien contraire à l'opinion que leurs partisans se formaient de leur habileté, c'était de mal instruire la jeunesse, et d'avoir causé la ruine des études dans l'Université de Paris : « Auparavant qu'ils fussent venus en France, disait Arnauld, tous les beaux esprits, tous les enfans de bon lieu

---

(1) *Hist. Societatis Jesu*, P. V., tom. post., auct. Jos. Juvencio, Romæ, 1710, in-f°, p. 63.
(2) *Chronique septenaire*, dans la *Collection des Mémoires sur l'Histoire de France*, de Michaud et Poujoulat, p. 275.

estudioient en l'Université de Paris, où il y avoit toujours vingt ou trente mil escoliers (1), tant François qu'estrangers. Ceste grande multitude y attiroit tous les plus doctes et plus célèbres hommes de l'Europe, soit pour paroistre, soit pour profiter. Les places de lecteurs publics, instituées par le roi François Ier, estoient recherchées et retenues dix ans auparavant par les lumières des lettres. En la seule sale de Cambray se faisoient lors de plus belles et plus doctes leçons en un mois, que depuis par toute l'Université en un an, compris les Jésuites, qui ont trouvé moyen de s'establir petit à petit en toutes les meilleures villes du royaume : et en ce faisant ont coupé les sources d'où venoit cette grande multitude d'escoliers ; et par mesme moyen ont fait cesser un autre grand bien qui advenoit à la jeunesse estudiant à Paris, laquelle se civilisoit davantage en la langue françoise et aux mœurs et affection envers le général de l'Estat, qu'elle n'a fait depuis, ne sortant point des provinces... Leur principale estude estant la théologie, continuait Arnauld, ils ne laissent ordinairement en toutes leurs classes, excepté la première, que de jeunes hommes qui s'apprennent plustost qu'ils n'enseignent ; de sorte que les enfans demeurans ainsi jusques à quinze ou seize ans entre les mains de gens peu sçavans, ne deviennent guère grands personnages ; aussi voyons-nous qu'il y en a peu aux compagnies... Entre les médecins qui est une fort sçavante Faculté, on voit peu de leurs escoliers qui reluisent. Quant aux lettres humaines et le secret des langues, ils s'y addonnent encore moins. Et à la vérité, leur vraie profession est la théologie ; c'est leur talent, leur Marathon, ils y sont fort versez ; ils choisissent de bonne heure des esprits esveillez et aigus : ceux qui tombent entre leurs mains ne leur eschappent guères ; c'est

---

(1) Ces chiffres s'accordent avec ceux que nous trouvons dans les *Relations des Ambassadeurs vénitiens*, que M. Tommasco a publiées dans la collection des Documents inédits sur l'Histoire de France. *Relat.* de Marino Cavalli, en 1546, t. Ier, p. 263 : « L'Université est fréquentée par seize à vingt mille étudiants... » *Relat.* de Jérôme Lippomano, en 1577, t. II, p. 605 : « Paris a encore l'Université, qui est rarement fréquentée par moins de trente mille étudiants, c'est-à-dire autant et peut-être plus que n'en ont toutes les universités d'Italie prises ensemble. » Cf. Richer, *Apologia pro senatus-consulto adversus scholæ Lexoveæ paranomum*, p. 53.

un meslange de diverses nations; ils s'entr'aident et confèrent leurs études... » Après avoir ainsi contesté aux Jésuites leur aptitude à l'enseignement, ce qui, au jugement des esprits les plus graves, faisait leur principal titre, Arnauld renouvelait contre eux les imputations dont ils étaient l'objet depuis leur entrée en France et qu'il avait lui-même alléguées avec véhémence six ans auparavant. Il conjurait le roi de ne pas briser les arrêts du parlement de Paris, et de ne pas rappeler dans ses États une société funeste, ennemie du royaume et de la royauté, société qui avait pour maxime que le pape dispose des couronnes, et dont les sourdes menées, les traditions détestables avaient armé le bras des Barrière et des Châtel. Vers le même temps, Étienne Pasquier, alors âgé de soixante-douze ans, composait son *Catéchisme des Jésuites*, amer pamphlet sous forme de dialogue, dans lequel le vieux magistrat, fidèle aux inimitiés de toute sa vie, portait un dernier coup aux constitutions, aux maximes et aux empiétements de cette société qu'il n'avait pas cessé de combattre.

Les Jésuites jugèrent qu'ils ne pouvaient laisser sans réfutation des attaques aussi préjudiciables à la bonne renommée et aux intérêts de leur communauté. Outre la *Très-humble remontrance*, qui fut réimprimée, ils opposèrent aux invectives d'Arnauld et de Pasquier deux réponses : l'une collective, dans un ton assez digne de la gravité du sujet, la *Plainte apologétique au roy très-chrestien de France et de Navarre pour la Compagnie de Jésus* (1); l'autre acerbe et de mauvais goût, dirigée spécialement contre Pasquier, qu'ils intitulèrent *la Chasse du renard Pasquin descouvert et pris en sa tannière du libelle diffamatoire, faux marqué le Catéchisme des Jésuites, par le sieur Fœlix de la Grâce, gentilhomme françois, seigneur dudict lieu* (2). Le P. Richeomme, l'auteur de ces deux ouvrages, n'avait pas manqué de relever les reproches

---

(1) Bordeaux, 1603, in-12.
(2) Villefranche, 1603, in-12. Le titre, dans les deux exemplaires que nous avons eus sous les yeux, porte bien : *la Chasse du renard Pasquin*, et non *Pasquier*, comme l'imprime à tort la *Bibliothèque des écrivains de la Compagnie de Jésus*, par les PP. Augustin et Alois de Backer, Liège, 1853, in-8°, série Ire, p. 632.

que les adversaires des Jésuites leur adressaient au nom des intérêts de l'éducation publique et de la discipline des universités. « Sur ce point de l'instruction de la jeunesse, disait-il, nous avons en notre faveur le témoignage de toutes les villes de l'Europe où nous avons des collèges, qui se trouvent bien de nos escoles, nous fient leur jeunesse, et approuvent nos exercices et les louent plus que nous ne demandons; et les villes qui n'ont point de collèges et cognoissent notre façon d'enseigner, ne cessent d'en demander. » Mais, dit-on, les succès des Jésuites ont causé la ruine des anciennes universités : « Votre Majesté, répliquait Richeomme s'adressant à Henri IV, donna un très-sage advis naguères à ceux qui se plaignoient, sur ce subject, de nous, quand elle leur dit : « Faites mieux que les Jésuites et vous aurez plus d'escoliers. » Les Jésuites, continuait leur avocat, ne peuvent avoir causé la ruine et la solitude de l'Université de Paris, surtout s'ils sont si peu habiles professeurs, si faibles dans la connoissance des belles-lettres que le dépeint *le Franc Discours*... Si nous nous étions accrus à ses depens, d'où vient qu'elle ne s'est pas repeuplée depuis huit ans que nous sommes absents (1)? » L'Université aurait pu sans doute répondre que le mal est plus lent à réparer qu'à commettre, et que la difficulté même qu'elle avait à se relever à la suite des désordres des dernières guerres était un motif pour ne pas lui susciter des concurrences qui devaient être une nouvelle cause d'affaiblissement pour ses collèges. Mais cette considération, qui deux siècles plus tôt, aurait pesé d'un grand poids, avait beaucoup perdu de sa force devant une société moins jalouse que ses aïeux de l'honneur des anciennes écoles, à l'ombre desquelles le caractère et le génie de la nation s'étaient formés.

Sur ces entrefaites, l'appréhension de quelques désordres dans la ville de Metz ayant conduit Henri IV en Lorraine, les Jésuites qui, outre le florissant collège de Pont-à-Mousson, avaient une résidence à Verdun, profitèrent du voyage du prince pour lui députer le provincial Ignace Armand, et les Pères Chastelier, Brossat

---

(1) *Plainte apologétique*, p. 22, 24, 26, 32.

et Latour, qui vinrent se jeter à ses pieds, protestèrent de leur dévouement à sa couronne, et le conjurèrent, avec les plus vives instances, d'ordonner la rétablissement de la Compagnie (1). Captivé par leur mérite personnel autant peut-être que par leurs assurances de fidélité, le roi les accueillit avec les paroles les plus encourageantes; il leur recommanda de lui amener le P. Coton, qui s'était fait un certain renom d'éloquence, et ne les congédia qu'après les avoir embrassés. Quand la cour fut rentrée à Paris, une commission, qui se réunit chez le connétable de Montmorency, fut chargée de donner son avis sur la requête et les propositions de la Compagnie; les personnages les plus considérables du gouvernement et de la magistrature en faisaient partie, MM. de Bellièvre, Sillery, Villeroy, de Châteauneuf, de Thou, Pontcarré, Calignon, Jeannin, Hurault de Maisse, de Vic, Caumartin, Sully enfin, malgré son éloignement pour les Jésuites et malgré sa répugnance à s'occuper de leurs affaires. Vainement le fidèle mais ombrageux ministre tenta un suprême effort pour détourner une résolution qui était à demi arrêtée dans l'esprit de son maître, mais que lui-même regardait comme préjudiciable au bien du royaume : Henri IV ne se laissa pas ébranler. Il sentait que le moment était venu de se prononcer; qu'il devait ou recevoir les Jésuites à ciel ouvert, comme des sujets soumis et loyaux, ou bien les traiter comme des rebelles et faire exécuter sans indulgence les arrêts d'exil rendus contre eux. De ces deux partis, il préférait, par politique autant que par tempérament, celui de la clémence, qui fermerait, pensait-il, la dernière plaie des guerres civiles et rattacherait à son autorité une corporation puissante, habile, opiniâtre, qu'il était dangereux d'avoir pour ennemie. Il s'efforça de calmer, dans un entretien avec Sully, l'opposition de son ministre; et le surlendemain, la commission s'étant réunie de nouveau, il adopta l'avis du chancelier, du garde des sceaux et de Villeroy, qui insistaient pour que les Jésuites fussent immédiatement rappelés (2).

---

(1) Palma Cayet, *Chronologie septenaire*, p. 243.
(2) Sully, *Œconomies royales*, ch. cxxix, coll. Michaud et Poujoulat, p. 525, et s.

Au commencement du mois de septembre 1603, parurent les lettres patentes, datées de Rouen, qui consommaient ce grand acte. Le roi déclare, dans le préambule, que, désirant satisfaire à la prière qui lui a été faite par « Notre Saint-Père le Pape, et pour aucunes autres bonnes et grandes considérations, » il accorde à la société des Jésuites la faculté de résider et d'avoir des collèges dans les villes où elle se trouve établie en France, savoir : Toulouse, Auch, Agen, Rodez, Bordeaux, Périgueux, Limoges, Tournon, le Puy, Aubenas et Béziers ; et en outre dans les villes de Lyon et de Dijon, et dans la maison de la Flèche en Anjou. Il n'était pas permis aux Jésuites de s'établir en d'autres villes sans la permission expresse du roi, à peine d'être déchus de la faculté qui leur était accordée. Tous les membres de l'ordre qui résidaient en France devaient être Français, et nul étranger n'était reçu dans leurs maisons, si le roi ne l'avait permis. Un Père suffisamment autorisé devait accompagner partout le roi, en qualité de prédicateur, afin d'être auprès de sa personne le garant de la Compagnie. Tous les membres faisant partie de la Société au moment de la promulgation du nouvel édit, et ceux qui par la suite y seraient admis, devaient prêter serment, devant les officiers royaux, de ne rien entreprendre contre le service du roi, la paix publique et le repos de l'État. Ils ne pouvaient sans la permission du roi acquérir en France d'immeubles, par achat, donation ou autrement, ni recevoir aucune succession en ligne directe ou collatérale. La Société ne pouvait elle-même profiter de la fortune territoriale de ses membres nouvellement admis ; les biens immobiliers qu'ils possédaient passaient à leurs héritiers ou aux étrangers en faveur desquels ils en avaient disposé. La Société se soumettait en tout et pour tout aux lois de l'État, et se reconnaissait justiciable des officiers royaux dans les mêmes cas et de la même manière que les autres corps ecclésiastiques et religieux. Elle s'engageait à ne rien entreprendre, tant au spirituel qu'au temporel, au préjudice des évêques, chapitres, curés et universités du royaume. En conséquence ses membres ne pouvaient prêcher, ni administrer les sacrements, y compris celui de la confession, aux personnes qui ne faisaient pas partie de la Compagnie, sans la permission de l'évêque diocésain et du Parlement. Par une dernière et libérale disposition, le roi rendait à la Société tous les biens qu'elle avait possédés autrefois, avec mainlevée pleine et entière des saisies dont ils avaient été frappés.

Les lettres patentes dont on vient de lire l'analyse annulaient les clauses les plus essentielles des arrêts que le parlement de Paris avait rendus dans les huit dernières années, soit pour ordonner, soit pour confirmer le bannissement des Jésuites. Bien qu'elles fussent annoncées depuis longtemps, la magistrature n'apprit pas sans une vive émotion que l'autorité royale venait de renverser les barrières élevées par la justice contre une communauté qui effrayait même de sages esprits, parce qu'ils croyaient voir en elle l'ennemie des princes et du royaume. Trois mois s'écoulèrent sans que l'édit fût enregistré. La veille de Noël, le premier président, Achille de Harlay, se rendit au Louvre, suivi des principaux du Parlement, et, la reine étant présente, il lut au roi les remontrances de sa compagnie (1). Parmi les graves sujets de réflexion qu'elles soumettaient à la sagesse du souverain, les intérêts de l'Université de Paris n'avaient pas été oubliés. « Nous sçavons qu'elle a besoin d'estre réformée, disait le Parlement ; mais sa réformation ne sera point par sa ruine qui sera inévitable, non par l'absence de ceux de la Société, mais par la multitude des collèges que vous permettez en diverses provinces, lesquelles ayant la commodité prez d'eux, n'envoyront plus leurs enfants en ceste ville ; ce que vous jugerez de conséquence, considérant que ceux qui y sont nourris s'accoustument en leur jeunesse à voir et recognoistre les roys et les marques de souveraineté. Ceux qui sont eslevez ès petites villes ne recevront ceste instruction, et n'auront le ressentiment semblable ; et en ce faisant, l'Université, autresfois si florissante, sera du tout ruinée par l'establissement de dix ou douze collèges de ceux dont la Société sera tousjours très suspecte à l'instruction de la jeunesse et très dangereuse. »

(1) Ces remontrances ont été tout au long insérées dans un recueil *Pour les Universités de France, jointes en cause contre les Jésuites*, etc., in-12. Ce recueil, qui certainement est de 1624, ne porte ni date ni nom d'imprimeur.

Le roi, qui ne s'était pas décidé légèrement au rappel des Jésuites, accueillit avec un déplaisir manifeste les remontrances du Parlement : « Je vous sçay bon gré, répondit-il, du soing que vous avés de ma personne et de mon Estat. J'ay toutes vos conceptions en la mienne, mais vous n'avés pas la mienne aux vostres. Vous m'avez proposé des difficultez qui vous semblent grandes et considérables, et n'avés sceu que tout ce que vous avez dict a esté pensé et considéré par moy il y a huict ou neuf ans, et que les meilleures résolutions pour l'advenir se tirent de la considération des choses passées, desquelles j'ay plus de cognoissance qu'autre qui soit... Si la Sorbonne a condamné les Jésuites, continua le roi, ç'a esté sans les cognoistre. L'Université a occasion de les regretter, puisque, par leur absence, elle a esté comme déserte, et les escholiers, nonobstant tous vos arrests, les ont esté chercher dedans et dehors mon royaume. Ils attirent à eulx les beaux esprits et choisissent les meilleurs, et c'est de quoy je les estime... Je les tiens nécessaires à mon Estat, dit le roi en terminant, et s'ils y ont esté par tolérance, je veux qu'ils y soyent par arrest. Dieu m'a réservé la gloire de les y restablir par édict. Ils sont nez en mon royaume et sous mon obéissance ; je ne veux entrer en ombrage de mes naturels subjects. Laissés moy conduire ceste affaire : j'en ay manié d'autres bien plus difficiles ; et ne pensés plus qu'à faire ce que je vous dis (1). »

Cette réponse du roi ne permettait pas de résister plus longtemps à des intentions si fermes et si nettement exprimées. Le 5 janvier 1604, les lettres patentes du mois de septembre précédent furent enregistrées au parlement de Paris. Les effets de l'édit de Henri IV ne se firent pas attendre. Les Jésuites, pareils au flot qui monte, se répandirent de proche en proche, avec l'agrément du pouvoir royal, en dehors des résidences qui leur avaient été assignées. Avant la fin de l'année, ils avaient acquis, grâce à la bienveillance du prince, le droit d'avoir un noviciat à Fontenay-le-Comte en Poitou, et des collèges à Billom en Auvergne, à Bourges, à Poitiers

(1) *Recueil des lettres missives de Henri IV*, par M. Berger de Xivrey, in-4°, t. VI, p. 182 et suiv.

et à Moulins; dans cette dernière ville, ils se firent attribuer les bâtiments et les revenus d'un hôpital, l'hôtel de Saint-Nicolas ou de Saint-Julien, fondé par les anciens ducs de Bourbon. A Tournon, qu'ils n'avaient jamais quitté, mais où ils n'enseignaient que la grammaire et les langues grecque et latine, ils furent autorisés à donner des leçons de mathématiques, de philosophie et de théologie, avec tous les privilèges accordés généralement aux universités. Au commencement de 1606, ils s'établirent à Reims, sur la demande du nouvel archevêque, Louis de Lorraine, non sans quelque surprise de la part du procureur syndic de la ville, lequel déclara que, « bien qu'il fût porté par les lettres patentes que les nobles bourgeois, manans et habitans de la ville, avoient instamment supplié et requis Sa Majesté pour ledict établissement, jamais ne leur en avoit esté rien proposé en public, et n'en avoient faict aucune supplication, ni réquisition. »

Le rappel des Jésuites portait donc une sensible atteinte à l'influence de l'Université de Paris. Toutefois le préjudice matériel qu'elle en éprouvait n'était pas aussi profond que le répétaient avec une tristesse un peu affectée ses trop zélés partisans. Sa ruine n'était pas inévitable, comme Achille de Harlay s'en était affligé devant Henri IV; et, malgré de sinistres prédictions, elle conservait encore d'assez nombreux éléments de prospérité pour ne pas désespérer d'elle-même. N'avait-elle pas vu la magistrature se prononcer en sa faveur? et à la cour même du roi, quelle surprise douloureuse sa chute n'aurait-elle pas excité dans les rangs de ceux qui avaient pris parti pour ses adversaires? Aux édits qui permettaient l'établissement des collèges des Jésuites dans certaines villes, elle pouvait opposer ses antiques privilèges, que chaque prince confirmait à son avènement et qu'il accroissait dans le cours de son règne. Elle comptait à Paris plus de quarante collèges placés sous sa juridiction, et avait, ainsi qu'on l'a vu, le patronage de quatorze bénéfices, cures ou chapelles dont elle disposait, sans préjudice du droit que les règlements ecclésiastiques accordaient à ses gradués sur les bénéfices qui n'étaient point à sa nomination. Ses messagers, intermédiaires habituels des étudiants dont les familles résidaient en province, et ses libraires jurés, commis à l'inspection de la librairie et des industries qui s'y rattachent, lui créaient, dans la petite bourgeoisie, une clientèle et un point d'appui qui ne pouvaient instantanément lui échapper. Par sa popularité, par ses nombreux établissements, par la haute situation qu'elle occupait dans le pays, elle était donc en état de soutenir avec honneur la concurrence d'écoles rivales, et cette concurrence, loin d'être un mal, devait exciter de part et d'autre une émulation salutaire qui tournerait au profit des études et de la discipline.

Mais reprenons la suite de son histoire.

Comme les désordres continuaient parmi les écoliers, qui n'avaient pas renoncé, malgré l'édit de réformation, à célébrer les anciennes fêtes scolaires, le Parlement, sur la requête du procureur général, renouvela la défense qui leur avait été faite « d'aller au Lendit à Saint-Denys avec armes ny assemblées, à peine de privation des privilèges de l'Université (1); » le recteur, les principaux et receveurs des collèges devaient veiller, sous leur responsabilité, à l'exécution de cet arrêt. Malgré la vigilance qu'ils déployèrent, la jeunesse qui fréquentait les écoles de Paris ne corrigea pas ses habitudes turbulentes; car, l'année suivante, durant une foire qui avait lieu dans la ville de Saint-Germain, à l'époque du carnaval, il éclata une rixe entre des écoliers et des laquais, et plusieurs de ces derniers furent tués. Ces querelles sanglantes, que des causes frivoles faisaient naître le plus souvent, étaient quelquefois provoquées par les passions religieuses. Au mois de septembre 1605, un placard, affiché à la porte Saint-Victor, invita les écoliers à se réunir sur le bord de la Seine pour insulter les huguenots qui se rendaient au village d'Ablon, près Villeneuve-Saint-Georges, où se faisait le prêche (2). Ainsi se prolongeaient, même après l'édit de Nantes et la paix de Vervins, les animosités et l'extrême licence qui sont le fruit des guerres civiles.

(1) Arrêt du 12 juin 1604.
(2) *Supplément au Registre-Journal de Henri IV*, par Lestoile, dans la collection Michaud et Poujoulat, p. 383 et 388.

Avec une discipline exacte dans ses collèges, il fallait à l'Université des doctrines irréprochables, si elle voulait répondre victorieusement aux imputations des Jésuites, qui l'accusaient d'incliner à l'hérésie. Aussi poursuivait-elle avec rigueur tous les ouvrages où elle reconnaissait des maximes erronées ou équivoques. Un de ses libraires jurés, David Douceur, était sur le point de publier le livre *De la sagesse*, de Charron. Il fut mandé à ce sujet, le 31 décembre 1603, devant le recteur Letus, qui lui intima la défense de poursuivre l'impression, « avant que l'ouvrage eût été diligemment vu et approuvé. » L'influence que Louis Servin exerçait, les services qu'il avait rendus en qualité d'avocat général, ne mirent pas non plus ses plaidoyers à l'abri d'une censure qui fut prononcée par la Faculté de théologie. Diverses propositions renversant la hiérarchie ecclésiastique et l'autorité du pape, qui étaient extraites de la *Chronologie septenaire* de Palma Cayet, furent également condamnées sur le rapport de douze docteurs qui déclarèrent l'ouvrage rempli de propositions impies, contraires à la foi et indignes d'un théologien. Une assemblée qui se réunit en 1605, sous le rectorat de Mᵉ Ytam, de la maison de Navarre, délibéra sur les moyens d'empêcher l'impression et la circulation des ouvrages destructifs de la religion catholique; et il fut décidé qu'une députation irait trouver le procureur général et solliciter à cette fin le concours de l'autorité du roi et du Parlement (1).

Ces années si troublées, pendant lesquelles l'Université de Paris restaure laborieusement sa discipline, offrent d'ailleurs peu d'incidents dignes d'intérêt.

Par un codicille du 24 avril 1603, l'archevêque de Glascow, messire Jacques de Bethoun, ambassadeur du roi d'Écosse près la cour de France, légua aux pauvres écoliers de sa nation, étudiant à Paris en humanités et en théologie, une maison sise rue des Amandiers, près le collège des Grassins; c'est là que, sous le

---

(1) *Actes concernant le pouvoir et la direction de l'Université de Paris sur les escrivains des livres et les imprimeurs*, etc., in-4°, p. 41, etc.; Lestoile, t. I, p, 362; d'Argentré, *De nov. err.*, t. II a, p. 542.

règne de Louis XIII, fut définitivement établi le collège des Écossais, auquel se rattachent d'anciennes fondations qui dataient de David, évêque de Murray, dans le quatorzième siècle (1). En 1662, Robert Barclai, principal du collège des Écossais, fit construire, rue des Fossés-Saint-Victor, un nouveau bâtiment où ce collège fut transporté, et dans lequel il a subsisté jusqu'en 1793.

Au collège des Bernardins, qui dépendait de l'ordre de Cîteaux, l'abbé Nicolas Boutherot promulgua, en décembre 1604, un règlement qui permettait aux théologiens de ce collège d'aller assister tous les jours aux leçons des professeurs royaux établis en Sorbonne, « à condition qu'ils iraient et reviendraient ensemble, et que si quelqu'un d'eux s'écartait, il serait mis en prison comme apostat, et y serait retenu trois jours au pain et à l'eau (2). »

Une bulle de Clément VIII, confirmée par lettres patentes du 26 juillet 1604, que le Parlement enregistra l'année suivante, réunit le collège des Bons-Enfants, qui existait depuis 1208, à la mense capitulaire de l'église Saint-Honoré (3).

Un autre collège, le collège de Mignon, ainsi appelé parce qu'il avait été fondé par Jean Mignon, archidiacre de Blois, en 1343, montra aux prises un principal séculier et une communauté religieuse, qui réussit, non sans efforts, à le déposséder. Ce collège avait toujours appartenu, depuis son établissement, à des séculiers, lorsque, en 1584, Henri III, qui s'en était déclaré le protecteur, l'abandonna à l'ordre de Grandmont en échange d'un monastère que cet ordre possédait à Vincennes, et sous la condition d'y entretenir un prieur et sept religieux, qui devaient suivre pendant sept ans les cours de l'Université. Ces clauses très arbitraires n'eurent aucune exécution durant les troubles de la Ligue : l'ancien principal conserva son poste, et il eut un successeur qui lui-même prit des arrangements et fit des dépenses pour réparer et embellir son collège. Ce successeur se nommait Palma Cayet, comme l'historien, avec lequel nous ne savons pas s'il doit être

---

(1) *Arch. U.*, Reg. xcvi, art. 15; Félibien, *Hist. de Paris*, t. V, p. 631 et s.
(2) Félibien, l. l., t. I, p. 309 et s.; t. III, p. 185 et s.; Crevier, l. l., t. I, p. 490.
(3) *Arch. U.*, Reg. xxv, fol. 107 et s., et nos Pièces justificatives, n° XXI.

confondu. Après trois ans de sacrifices, Cayet, troublé dans sa possession par l'abbé de Grandmont, qui réclamait l'accomplissement de la promesse de Henri III, eut recours alors à l'Université ; il s'efforça d'obtenir qu'elle intervînt comme partie au procès qu'il avait à soutenir. Indépendamment du préjudice personnel dont il était menacé, il insistait sur l'inconvénient de livrer à une communauté religieuse une des plus anciennes écoles de Paris. Ce qu'il y avait de grave, c'est qu'un ancien recteur, M° Palliot, à qui Palma Cayet avait été sur le point de céder le collège Mignon, était accusé par Cayet d'avoir détourné des pièces importantes et de s'entendre, pour le perdre, avec l'abbé de Grandmont. L'intérêt de l'Université dans la cause n'était pas contestable : aussi ne déclina-t-elle pas le recours ; mais toutes ses démarches furent inutiles. Par son arrêt du 18 juin 1605, le conseil privé, devant lequel le litige avait été porté, maintint la concession faite par Henri III. Le collège de Mignon passa aux mains de l'abbé de Grandmont, sous la condition qu'il y serait entretenu sept religieux, et Palma Cayet fut débouté de sa demande.

L'Université dut se consoler de l'échec qu'elle avait éprouvé en cette occasion par l'heureuse issue d'une affaire où l'un de ses privilèges les plus importants était en jeu. Dans le cours de l'année 1604, une contestation au sujet de la chanoinie et archidiaconie de l'église Notre-Dame de Rouen s'était élevée entre M° Béhotte, alors principal du collège d'Harcourt, et M° Jean de Casevan et Louis Bretel, ce dernier étant par les pièces du procès qualifié d'étudiant en l'Université de Paris. M° Béhotte, assigné à Rouen devant la chambre des requêtes, avait décliné la compétence de cette chambre et obtenu du conseil privé un arrêt qui renvoyait les parties devant la prévôté de Paris : l'arrêt était prononcé en vertu de lettres patentes de François Ier qui soumettaient à la juridiction du grand prévôt, même en matière bénéficiale, les causes des officiers et suppôts de l'Université. L'archevêque de Rouen était alors intervenu au procès, et il avait opposé à M° Béhotte d'autres lettres patentes qui portaient attribution au parlement de Rouen de toutes les affaires concernant les bénéfices réservés à la collation de l'archevêque, avec défense à d'autres juges d'en connaître. Il s'agissait pour l'Université de Paris de maintenir le droit précieux qui appartenait à ses membres de ne pas être assigné devant des juridictions étrangères, ce qui pouvait nécessiter des déplacements et des dépenses considérables, mais de faire régler leurs différends par un juge de leur résidence, par le magistrat, témoin de leurs travaux, que l'autorité royale avait commis spécialement à la conservation de leurs privilèges. Malgré la puissante intervention que M° Béhotte avait vue s'élever contre lui, il gagna pleinement sa cause; et sans s'arrêter à la requête de l'archevêque de Rouen, le conseil privé, par un nouvel arrêt du 30 décembre 1605, renvoya pour la seconde fois les parties devant le Châtelet (1).

Le personnage qui présidait alors le Châtelet était Jacques d'Aumont, baron de Chappes. Un vieil usage, qui s'appuyait sur la célèbre ordonnance de Philippe Auguste, exigeait que chaque prévôt, à son entrée en fonctions, comparût devant l'assemblée des députés de l'Université, et qu'il jurât entre leurs mains de conserver les privilèges de la corporation; il devait en même temps indiquer les jours de chaque semaine qu'il consacrerait à l'expédition des affaires académiques (2). Le serment traditionnel avait été prêté encore en 1592, non sans quelques omissions dans les formes, par Charles d'Alincourt de Villeroi (3). Cependant les prévôts cherchaient dès lors à s'affranchir de ce cérémonial humiliant qui les constituait en quelque sorte vassaux de leurs propres justiciables. Jacques d'Aumont résolut, quant à lui, de ne pas s'y soumettre. Vainement l'Université s'efforça plusieurs fois de triompher de sa résistance; vainement elle l'avertit, par des sommations réitérées, d'avoir à s'acquitter du devoir de sa charge envers les maîtres de Paris, *ut fidem Academiæ det, et juramenta quæ sunt præstanda præstet*, lui disait-elle en 1601; *ut solita juramenta more solito præstet*, répéta-t-elle en 1607; mais ni par

(1) V. nos Pièces justificatives, nos XXIII et XXIV.
(2) *Recueil des privilèges de l'Université*, p. 277 et s.
(3) Du Boulay, t. VI, p. 809; Crevier, t. VI, p. 427.

ses menaces ni par ses prières elle ne parvint à obtenir qu'il comparût devant elle (1). Le dernier avertissement, ou plutôt la dernière injonction de ce genre dont nous ayons relevé la trace, porte la date du 2 mars 1613, lorsque le principal du collège d'Harcourt, Turgot, fut député vers Louis Seguier, nouvellement appelé à la prévôté de Paris, afin de sonder ses dispositions. Cette démarche fut aussi vaine que les précédentes, et l'antique cérémonie du serment prêté à l'Université par le prévôt tomba en désuétude.

Au mois de juillet de l'année 1605, l'Université, par une délibération spéciale, admit à soutenir son premier acte probatoire un candidat qui n'avait pas encore accompli les deux années de philosophie exigées par les statuts, mais qui annonçait des facultés si puissantes que le roi venait de le désigner, âgé de dix-neuf ans et quelques mois, pour l'évêché de Luçon. Le jeune prélat, qui s'appellera un jour le cardinal de Richelieu, se présenta dans les insignes de sa nouvelle dignité, avec le camail et le rochet, aux suffrages de ses maîtres, et il les émerveilla par la rectitude et la force singulière de ses réponses. Il alla ensuite à Rome chercher les dispenses qui lui étaient nécessaires à cause de son âge; et ayant été sacré dans cette ville, en présence du pape, il reparut quelques mois après devant la Faculté de théologie pour y prendre ses autres grades. Sa nouvelle requête au doyen et aux membres de la compagnie porte la date du 1er août 1607; il demanda la faveur de soutenir sa première thèse en la forme accoutumée, sans que toutefois l'épreuve eût lieu, comme l'usage le voulait, sous la présidence d'un docteur; il se proposait de soutenir de même, en la forme accoutumée, la thèse dite *Sorbonique*, et une troisième thèse en la forme de l'acte appelé *Resumpte*, qui consistait alors, comme on l'a vu, dans une simple leçon de théologie. Nous n'avons pu découvrir si c'est à cette époque, comme le veut Amelot (2), ou au moment de sa première épreuve, que Richelieu argumenta sur ce texte de l'Écriture sainte : « Qui est semblable à moi? *Quis est similis mihi?* » Ce qui, selon Ame-

(1) *Arch. U.*, Reg. xxv, fol. 22, 193.
(2) *Mémoires historiques, politiques*, etc., t. I, au mot ACTES.

lot, parut avoir été une prophétie, lorsque l'évêque de Luçon fut devenu ministre et cardinal. Mais des documents authentiques nous apprennent que le 29 octobre 1607 il soutint un acte public, le dernier, suivant toute vraisemblance, qu'il ait eu à subir; car, à dater de ce moment, il n'est plus question de sa candidature dans les registres de la Faculté de théologie, et son nom n'y figure désormais que parmi ceux des patrons et des bienfaiteurs les plus illustres de l'Université de Paris.

Nous recueillons, à mesure qu'ils s'offrent à nous, les événements divers qui contribuent à faire mieux connaître l'organisation et la vie intérieure de l'Université.

Tels sont, parmi de nombreux litiges, les débats animés qui s'élevèrent à propos du Pré-aux-Clercs, la propriété la plus ancienne de la corporation, à laquelle jadis il avait attiré de fréquents débats avec l'abbaye de Saint-Germain. Le Pré-aux-Clercs, situé en face du Louvre, sur la rive gauche de la Seine, à quelque distance du fleuve, comprenait la plus grande partie de l'espace occupé aujourd'hui par la rue de l'Université. La rue Jacob, dans la section qui est le plus proche de la rue de Seine, le séparait de l'abbaye de Saint-Germain. Il était divisé en deux parties d'inégale étendue, le Petit-Pré, qui était derrière l'hôtel de Nesle, des deux côtés de la rue des Marais, jusqu'à l'ancienne rue du Colombier, et le Grand-Pré, qui se prolongeait dans le faubourg Saint-Germain au delà de la rue Bellechasse (1). Après être resté longtemps aux mains de l'Université un domaine improductif, consacré à la promenade des écoliers, elle l'avait affermé ou aliéné partiellement lorsque ses revenus commençaient à décroître avec le nombre de ses écoliers, c'est-à-dire vers le milieu du seizième siècle : le produit des baux avait servi à compenser l'abaissement des rétributions scolaires. La reine Marguerite, dont l'hôtel était

---

(1) Voy. le plan qui accompagne le *Mémoire touchant la seigneurie du Pré-aux-Clercs, appartenant à l'Université de Paris, pour servir d'instruction à ceux qui doivent entrer dans les charges de l'Université*, Paris, 1694, in-4°; nouv. édit., Paris 1737, in-4°. Ce mémoire a été inséré par M. E. Fournier dans sa collection de *Variétés historiques et littéraires*, Paris, Janet, 1855, in-8°, t. III. L'auteur est Edme Pourchot, qui fut recteur en 1694.

contigu au Grand-Pré, fit proposer que six arpents lui fussent cédés à cens et à rente. Le contrat, passé le 31 juillet 1606 pardevant M⁰⁵ Guillard et Bontemps, notaires, moyennant douze deniers parisis de cens et dix livres de rente foncière à raison de chaque arpent, fut signé par le recteur, M° Engoulevent; par le doyen de la Faculté de théologie, par le doyen de la Faculté de médecine, par les quatre procureurs des Nations; enfin par le procureur fiscal de l'Université, Christophe Barberousse. Quand le recteur rendit compte de l'ensemble de ses actes, le 5 octobre suivant, devant l'assemblée de la Faculté des arts, ils furent approuvés sans opposition, y compris la vente qui venait d'avoir lieu. Cependant la réflexion fit bientôt reconnaître que les clauses du contrat n'étaient avantageuses que pour l'acquéreur; et comme à l'époque de la vente les Facultés n'avaient pas été consultées par leurs doyens, et que ceux-ci avaient procédé sans pouvoir spécial, un mécontentement général se manifesta. Dans une réunion subséquente, les députés de l'Université retirèrent au recteur l'approbation qu'il avait obtenue sans difficulté quelques semaines auparavant. La Faculté de médecine alla plus loin : non contente d'adhérer au désaveu que son nouveau doyen, M° Nicolas Jabot, avait exprimé verbalement, elle déclara que la cession opérée sans l'autorisation des compagnies était un empiétement sur leur autorité, et que les représentants de la corporation « pouvoient bien procurer ses avantages sans la faire assembler, mais non pas aliéner son fonds sans lui en parler. » Le même jour, elle fit dresser un acte de son opposition par les notaires Fardeau et Belot. Peu de temps après, la Faculté de théologie suivit cet exemple et protesta par un acte authentique devant les mêmes notaires. Il s'était passé toutefois quelques années sans que l'affaire, engagée si vivement, eût aucune suite, lorsque l'Université fut avertie, le 8 juillet 1609, par le recteur Jacques Levasseur, que la reine de Navarre, qui venait de faire donation à la communauté des Augustins de la portion de terrain qu'elle avait acquise depuis trois ans, poursuivait au parlement de Paris l'homologation du contrat de la vente à elle consentie en 1606 par l'Université. Malgré les résistances qui s'élevèrent de nouveau de la part des Facultés de médecine et de théologie, auxquelles se joignit la Faculté de droit, le contrat fut homologué (1). Mais le désaveu authentique dont il avait été frappé aussitôt après sa conclusion empêchait que la cession qui en était l'objet pût être considérée comme définitive; et dès lors la voie restait ouverte à toutes les revendications que les parties lésées croiraient devoir élever. Nous verrons en effet le litige renaître par la suite et se continuer pendant plusieurs années, même après la mort de la reine Marguerite, entre sa succession et l'Université.

Outre les débats d'intérêt, les questions de préséance conservaient le privilège d'exciter les esprits; et, en effet, sous l'apparente frivolité des formes, combien de prérogatives réelles ces questions ne cachaient-elles pas? Un prieur de Sorbonne avait, dans un acte, nommé le chancelier de l'Université avant le recteur : celui-ci convoqua les doyens des Facultés et les procureurs des Nations au collège de Navarre pour leur exposer l'insulte faite à la dignité rectorale; et, sur sa plainte, non seulement il fut fait défense de nommer qui que ce fût avant le recteur, hormis les princes du sang et ceux de l'Église, mais on ordonna que le vendredi suivant, où devaient avoir lieu des épreuves publiques pour la collation des grades, le nouveau décret serait lu en Sorbonne, afin que ceux qui seraient tentés de l'enfreindre ne pussent prétexter de leur ignorance. Le prieur qui avait été la cause involontaire de cet orage fut sommé de comparaître en personne devant l'Université assemblée aux Mathurins pour y faire amende honorable (2).

D'autre part, un procès déjà vieux, qui touchait aussi à une question de préséance académique, se perpétuait entre les médecins et les chirurgiens. Ceux-ci, en vertu d'un indult de Gré-

---

(1) Arrêt du 5 septembre 1609. Cet arrêt et tous les actes relatifs à la même affaire se trouvent réunis dans un ouvrage très rare de Du Boulay, *Mémoires historiques sur la propriété et seigneurie du Pré-aux-Clercs*, Paris, 1675, in-4° de 406 pages, p. 276 et s.

(2) *Arch. U.*, Reg. xxv, fol., 185. Cf. Du Boulay, *Remarques sur la dignité, rang, etc., du recteur de l'Université de Paris*, Paris, 1669, in-4°, p. 45.

goire XIII, qui datait de 1579, recevaient du chancelier de l'Université, pourvu qu'ils fussent maîtres ès arts, la bénédiction apostolique et la licence d'enseigner la chirurgie. Les médecins, depuis un quart de siècle, leur contestaient ce droit, qui n'appartenait, disaient-ils, qu'à la seule Faculté de médecine, et ne pouvait, selon eux, être exercé, en ce qui concerne les diverses branches de l'art de guérir, que sous son autorité. La cause, portée une première fois au parlement de Paris en 1582, avait été appointée par la cour, sur le réquisitoire d'Auguste de Thou (1). Elle reparut vingt-six ans plus tard, en 1608, à la suite de la réception de quelques nouveaux maîtres en chirurgie, que le chancelier de Notre-Dame venait d'admettre (2); mais, cette fois encore, la magistrature trompa l'espoir des deux parties en leur imposant un ajournement qui aurait amené une transaction si les esprits eussent été moins excités. Étienne Pasquier, qui s'est étendu fort au long sur ce différend, ne cache pas les vœux qu'il forme pour le succès des chirurgiens; mais il demande qu'ils soient « bien et dûment instruits en langue latine, » selon les statuts de leur compagnie; il veut aussi « qu'ils facent leurs premières études de chirurgie en l'Escole de médecine, » comme l'exigeaient d'anciens règlements. Il les rapproche ainsi par la science, autant qu'il dépend de lui, des médecins auxquels il prétend les agréger; et ne fut-ce pas en effet l'égalité dans les études et dans le savoir qui fit cesser le conflit des deux professions sur la fin seulement du dix-huitième siècle, après des débats aussi vains que prolongés?

Cependant l'Université voyait se fermer peu à peu quelques-unes de ses plaies, et les études commençaient à fleurir de nouveau dans son sein. Malgré la peste, qui fit de grands ravages à Paris dans l'été de 1606 et qui rendit pendant quelques mois les écoles désertes, l'absence des écoliers, grâce à la fermeté du recteur Engoulevent, ne se prolongea pas autant qu'on aurait pu le crain-

---

(1) Pasquier, *Recherches de la France*, l. IX, ch. xxxi; Crevier, *Hist. de l'Univ.*, t. VII, p. 327 et suiv.
(2) *Arch. U.*, Reg. xxv, fol. 199.

dre (1). Au mois de janvier 1607, sous le rectorat de M° Hennequin, qui avait remplacé Engoulevent, il fut décidé qu'une inspection serait faite de tous les collèges, de ceux-là même dans lesquels l'exercice des classes n'avait pas lieu pour le moment, afin de s'assurer que les statuts de la réformation étaient fidèlement observés (2). Le successeur de M° Hennequin, François Sizé, du collège de Lisieux, mit tous ses soins à ranimer encore plus vivement le goût des lettres parmi la jeunesse. Si l'on en juge par les vers grecs et les vers latins qui lui furent adressés et dont les *Acta rectoria* nous ont conservé quelques échantillons (3), son élévation à la première charge de l'Université avait été saluée comme un gage de prospérité; malheureusement, ces hommages poétiques nous montrent aussi que leurs auteurs étaient loin de posséder, nous ne voulons pas dire la moindre étincelle de génie, mais le talent de la versification latine. C'est avec Sizé que reparaissent les exercices publics de littérature, qui étaient tombés en désuétude. Nous le voyons assister à un exercice de ce genre qui eut lieu au collège de Montaigu, et dans lequel M° Valens, régent d'humanités, qui avait lui-même rempli autrefois les fonctions rectorales, fit une lecture en latin sur l'exil de Cicéron (4).

La Faculté de théologie, plus troublée peut-être qu'aucune autre par les guerres civiles, était celle néanmoins où l'intérêt permanent des délibérations entretenait l'activité la plus continue et la plus sérieuse.

L'enseignement théologique avait lieu à Paris dans plusieurs

---

(1) *Acta rectoria*, t. IV, fol. 95.
(2) *Arch. U.*, Reg. xxv, fol. 160.
(3) *Acta rectoria*, t. IV. Voici un échantillon de cette poésie de collège, fol. 105 :

> Jactabit quam sese Academia tempus in omne
> Quod te rectorem hoc tempore nacta fuit!
> Quam se omnes socii felices esse putabunt,
> Quod studiis priscus restituatur honos!

(4) *Acta rectoria*, ibid., fol. 103. Valens fut par la suite professeur au Collège royal. Voy. Goujet, *Mém. hist. sur le Coll. de France*, t. I, p. 543 et s.

collèges, dirigés les uns par des communautés religieuses, les autres par des maîtres séculiers. Les plus importants, parmi les premiers, étaient celui des Dominicains ou Jacobins, et celui des Franciscains. L'Université, au temps d'Albert le Grand et de saint Thomas d'Aquin, avait combattu leur établissement; mais ils s'étaient fondés malgré elle, grâce à la protection des papes; et, après la plus vive résistance, elle avait été forcée de se les agréger. Bien que la trace des anciennes luttes fût à peu près effacée au dix-septième siècle, toutefois les ordres mendiants se rappelaient l'appui que Rome leur avait prêté en des jours difficiles; et en général, dans les délibérations qui intéressaient l'autorité du Saint-Siège, celui-ci trouvait en eux des auxiliaires fidèles. Parmi les collèges séculiers, aucun ne balançait la renommée de l'antique maison de Sorbonne, qui remontait au règne de saint Louis, si ce n'est le collège de Navarre, fondé par la reine de France, Jeanne de Navarre, au commencement du quatorzième siècle; dans nul autre l'affluence des étudiants n'était plus nombreuse, ni la voix des maîtres plus écoutée. Une libéralité récente ajoutait au lustre de la maison de Sorbonne : elle possédait deux chaires de fondation royale, que Henri IV avait créées en 1598, à l'instar de celles du Collège de France, et dont il payait directement les professeurs.

Les candidats aux grades sortis des différentes écoles subissaient les actes probatoires définis par les statuts, et un petit nombre poussaient jusqu'au doctorat. La Faculté de théologie se composait des docteurs tant réguliers que séculiers qui seuls avaient voix délibérative dans les assemblées, à l'exclusion des simples bacheliers et des licenciés. Ses réunions se tenaient dans les bâtiments de la Sorbonne, où elle trouvait des salles plus commodément disposées que partout ailleurs; ce qui l'a fait confondre par quelques historiens avec la Sorbonne elle-même, qui n'en était, comme on vient de le voir, qu'une partie. Anciennement attachée aux lois fondamentales de la monarchie française, la majorité de ses membres n'avait pas su résister, sous la Ligue, aux menées des factions et à l'entraînement populaire, et les Seize avaient obtenu d'elle un décret portant que Henri de Navarre, hérétique et relaps, était à jamais déchu de la couronne (1). Quoiqu'elle n'eût rien négligé pour faire oublier la conduite qu'elle avait tenue et les votes qu'elle avait émis dans ces jours néfastes, de rigides censeurs lui reprochaient de s'être laissé envahir par les disciples des Jésuites et d'incliner à l'abandon des maximes qui avaient été le rempart du royaume et de l'Église de France contre les empiétements du pouvoir pontifical. Edmond Richer, oubliant qu'il avait figuré autrefois dans les rangs des ligueurs, était l'un de ceux qui exhalaient ces plaintes avec le plus d'amertume. Tous les ouvrages qu'il a laissés en sont remplis, et à l'acrimonie de son langage il semblerait qu'il n'eût autour de lui que des cœurs pusillanimes jusqu'à la lâcheté, trahissant, tantôt par faiblesse, tantôt par intérêt, la vérité, l'Église et leur pays. Sa préoccupation constante était de restaurer ce qu'il regardait comme la vraie doctrine de la Faculté de théologie sur la hiérarchie ecclésiastique, et d'écarter les opinions, suivant lui, trop favorables au Saint-Siège, que la société de Jésus, de connivence avec les ordres mendiants, infiltrait parmi le jeune clergé. L'ardeur que Richer déployait pour atteindre ce but souriait à la Faculté des arts et au Parlement; mais au sein de la Faculté de théologie elle excitait de vives appréhensions, même de la part des esprits modérés qui, sans répudier les vieilles libertés de l'Église gallicane, n'entendaient pas se laisser entraîner à des décisions qui dussent être funestes aux droits du Saint-Siège. André Duval et Philippe de Gamaches, qui occupaient les chaires de Sorbonne fondées par le roi en 1598, et Jean Filesac, curé de Saint-Jean en Grève, se faisaient remarquer parmi ceux que les projets de Richer alarmaient et qui s'apprêtaient à le combattre dès que son ardeur entraînerait cet esprit impétueux au delà de certaines bornes. Duval était en relations suivies avec l'envoyé du souverain pontife, le cardinal Maffeo Barberini, qui lui-même ceignit la tiare en 1623 sous le nom d'Urbain VIII. Ayant appris que Richer pré-

---

(1) Crevier, *Hist. de l'Université*, t. VI, p. 419.

paraît, dans un intérêt de parti, une édition des œuvres du chancelier Gerson, qui devait fournir des arguments aux Vénitiens, alors en guerre avec Rome, Duval en donna secrètement avis au cardinal et celui-ci eut assez de crédit sur le gouvernement de Henri IV pour faire suspendre l'impression (1). Ce fut là le premier symptôme des divisions qui régnaient dans la Faculté de théologie et qui devaient se manifester par la suite avec éclat. Toutefois le calme extérieur des délibérations n'en fut pas troublé, et la Faculté, revenue de ses écarts et fuyant les opinions extrêmes, se montra d'abord unanime contre les séductions de l'erreur, de quelque côté de l'horizon que l'erreur eût paru. Si elle condamnait dans Palma Cayet, comme nous l'avons vu, des assertions subversives de la hiérarchie ecclésiastique, elle ne traitait pas moins sévèrement Suarez, franciscain portugais, qui, dans son *Trésor quadragésimal*, avait attaqué la juridiction et les droits des curés (2). Il est vrai que les doctrines qu'elle repoussait de son sein cherchaient quelquefois un refuge dans les autres Facultés; mais là elles étaient poursuivies par la vigilance de la magistrature. Georges Critton, cet adversaire opiniâtre de la réforme des études, qui était à la fois professeur au Collège royal et jurisconsulte, avait présenté à la Faculté de décret une thèse renfermant des conclusions en faveur de la supériorité du pape sur le concile. La thèse fut dénoncée par la Faculté au Parlement, qui fit défense à Critton de mettre en avant de pareilles propositions, « comme étant contraires, disait l'arrêt, aux maximes anciennes, de tout temps reconnues en France, même en l'école de la Faculté de théologie, et notamment en la Sorbonne (3). »

---

(1) Baillet, *la Vie d'Edmond Richer*, Liège, 1714, in-12, p. 57 et s.; *Histoire du Syndicat d'Edmond Richer*, par Edmond Richer lui-même, Avignon, 1753, in-12, p. 2. La nouvelle édition des œuvres de Gerson, prête à paraître en 1606, ne vit le jour que l'année suivante.

(2) D'Argentré, *De novis erroribus*, t. II a, p. 545.

(3) D'Argentré, *De novis erroribus*, t. II a, p. 547; Goujet, *Mémoire historique et littéraire sur le Collège de France*, t. I, p. 521 et suiv. L'arrêt est du 17 déc. 1607. Critton, ayant modifié sa thèse, fut, dès le lendemain, admis à la soutenir. En 1609, par un nouvel arrêt, il obtint ou plutôt il arracha le titre de docteur en décret que la Faculté lui contestait.

Une circonstance ne tarda pas à se produire, qui pouvait favoriser les projets d'Edmond Richer et accroître sa prépondérance. Le 27 juillet 1607, le syndic de la Faculté de théologie, M° Rolland Hébert (1), qui remplissait depuis trois ans cette charge, annonça l'intention de la résigner, alléguant sa santé affaiblie et les liens qui l'attachaient à la paroisse Saint-Côme, dont il était curé. Sur les instances qui eurent lieu pour qu'il ajournât sa retraite jusqu'au choix de son successeur, il consentit provisoirement à rester en fonctions ; mais au bout de six mois, comme nulle décision n'avait été prise et qu'il était lui-même devenu dans l'intervalle pénitencier du diocèse de Paris, il prit le parti de présenter un candidat pour la place de syndic, et ce candidat fut Edmond Richer (2). Le syndic de la Faculté de théologie était son agent le plus utile. C'était lui qui veillait à la défense des intérêts de la compagnie, au maintien de sa doctrine et de sa discipline ; il devait déférer devant elle tous les ouvrages, tous les actes qui paraissaient contraires à ses traditions et aux dogmes de la religion catholique. Ces fonctions convenaient sous beaucoup de rapports au vaste savoir, au caractère décidé et ferme de Richer, et il devait s'en acquitter à l'honneur de l'Université et de l'Église, pourvu qu'il sût modérer sa fougue, tempérer ses opinions et se tenir en garde contre l'esprit de contention auquel il était enclin. Malgré les inimitiés dont il était l'objet, sa nomination ne fut pas contestée ; et bien loin de le repousser, tous les assistants lui promirent un loyal concours. Ces assurances triomphèrent des hésitations qu'il avait d'abord éprouvées en songeant aux abus qu'il aurait à combattre ; et, plein de confiance dans l'avenir, il accepta le fardeau qui lui était offert. Un de ses premiers soins fut de mettre en ordre les archives, qu'il avait trouvées dans l'état le plus déplorable, et de veiller à ce que désormais chaque décision fût consignée dans un procès-verbal régulier. C'est en effet à par-

---

(1) Hébert fut par la suite archevêque de Bourges. Il mourut en 1638. Voy. *Gall. Christ.*, t. II, col. 104 et s.

(2) D'Argentré, *De nov. error.*, t. II a, p. 547 ; t. II b, p. 1. Baillet, *Vie de Richer*, p. 66 ; *Syndicat de Richer*, p. 5.

tir de Richer que les registres de la Faculté de théologie ont été tenus exactement; l'ordre qu'il avait établi fut maintenu par ses successeurs et servit à conserver les copies authentiques du plus grand nombre de ces délibérations mémorables qui furent souvent, au dix-septième siècle, la règle de l'Église de France et qui sont restées l'un de ses titres à la vénération des peuples. L'attention de Richer se porta ensuite sur les examens. Il voulait prévenir les écarts de doctrine signalés chez certains candidats; mais, en déclarant la guerre aux maximes fausses, il ne cachait pas qu'il avait en vue principalement celles qui exaltaient l'autorité du pape aux dépens des souverainetés temporelles et de l'Église assemblée en concile. Cependant, sur sa proposition, la Faculté décida que les bacheliers en théologie seraient tenus d'apporter leurs thèses au syndic un mois avant le jour fixé pour la soutenance, afin qu'il eût le loisir de les examiner avec plus de soin que par le passé. Richer fit avertir en même temps les candidats que l'état présent des affaires du royaume demandait beaucoup de circonspection; que la nécessité où l'on était de tolérer les huguenots en France pour jouir de la paix, selon les édits du roi, imposait l'obligation de ne point scandaliser mal à propos les adhérents de la religion nouvelle et de ne leur donner aucune prise sur l'Église catholique; qu'en conséquence il fallait éviter plus que jamais les sentiments extrêmes et s'attacher aux maximes de l'Église gallicane et de l'Université de Paris, puisque l'une et l'autre avaient eu la sagesse de n'accorder ni trop ni trop peu à la puissance du pape. Afin de donner plus de poids à ces conseils, Richer avait demandé, il avait même obtenu que les articles qui résumaient la doctrine traditionnelle de la Faculté de théologie fussent réimprimés et qu'un exemplaire en fût distribué à tous les membres de la compagnie. La mesure était plus grave qu'elle ne paraissait à première vue. En autorisant la réimpression qui lui était demandée, la Faculté venait de décréter sous une forme indirecte, une véritable profession de foi, obligatoire pour tous les candidats qui poursuivraient les différents grades. A la séance suivante, André Duval, peut-être à l'instigation du nouveau nonce du pape (1), éleva des objections, et son sentiment fut appuyé par Filesac, qui émit l'avis que les articles en question ne pouvaient être imprimés qu'avec l'agrément de l'évêque de Paris (2). Richer céda, non sans déplorer l'atteinte que cette prétention portait, suivant lui, aux privilèges académiques, et en se promettant bien de réparer dans la pratique, autant qu'il dépendrait de lui, l'échec qu'il venait d'éprouver. Toujours ferme dans son dessein de rétablir l'ancienne discipline, il exerçait la surveillance la plus rigoureuse sur les thèses qui lui étaient adressées, et sa plume impitoyable en effaçait toutes les propositions entachées d'ultramontanisme. Il fit maintenir à cinq pour les Dominicains, à quatre pour les Franciscains, suivant les dispositions des statuts de 1598, le nombre des bacheliers que ces ordres pouvaient présenter tous les deux ans à la licence. La matière, l'époque et les formes des actes publics furent l'objet de règlements nouveaux. La Faculté arrêta que le sujet des deux épreuves appelées *Tentative* et *Sorbonique* serait une question spéculative, et que le sujet des deux autres dites *Ordinaires* serait une question de pratique. Les bacheliers qui se présentaient à la licence devaient subir dès la première année la Sorbonique et la grande Ordinaire. La Tentative ne pouvait être soutenue sous la présidence d'un docteur qui eût déjà examiné le candidat. Il n'était pas permis au même docteur de présider plus de deux fois dans l'année un acte de Tentative, ni plus d'une fois dans le cours d'une licence, c'est-à-dire dans l'espace de deux années, un acte supérieur. Le président recevait les serments qui certifiaient l'orthodoxie des candidats, et, après avoir dressé la liste de leurs noms, il devait la transmettre à l'assemblée de la Faculté. Ce serait, du reste, une erreur de croire que les épreuves pour les grades se réduisissent alors à une vaine formalité et que, surtout avec un syndic tel que Richer, les candidats fussent assurés du succès. Un jour il arriva que dix-sept bacheliers qui se présentaient pour la licence furent ajournés; treize en appelèrent

---

(1) Robert Ubaldini, évêque de Montepulciano, qui venait de remplacer à Paris le cardinal Barberini.
(2) Richer, *Hist. Acad. Paris.*, t. IV, fol. 63 verso.

devant le Parlement; mais la cour confirma la décision qui les avait écartés (1).

En acceptant le syndicat laborieux de la Faculté de théologie, Richer ne s'était pas démis de ses fonctions au collège du cardinal Lemoine, dont il était grand maître depuis 1598, et dans lequel il avait eu à soutenir les luttes les plus opiniâtres pour le rétablissement de la discipline. Un boursier de ce collège, nommé Nicolas Paris, et qui était bachelier en théologie, fut élu recteur sur ces entrefaites, malgré un article des statuts de la maison, qui défendait aux boursiers d'accepter les fonctions rectorales sous peine de se voir privés de leur bourse (2). La disposition était précise, et d'un autre côté il était délicat d'en provoquer l'application contre le nouvel élu, sans paraître manquer gravement au respect dû à la dignité qu'il venait de recevoir. Mais l'inflexible Richer ne savait pas reculer devant un écueil; et, au risque d'augmenter le nombre de ses ennemis, il notifia au recteur la saisie de sa bourse et refusa de lui en payer désormais les arrérages. L'émotion fut extrême au collège Lemoine et à la Faculté des arts, qui se prétendit atteinte dans la liberté de son choix. Après que l'avis de quelques avocats eut été recueilli, la contestation, comme il n'arrivait que trop souvent dans les cas analogues, dégénéra en un véritable procès où l'Université figura comme partie, et qui fut porté devant le conseil privé. Le conseil rétablit Nicolas Paris dans la jouissance provisoire de sa bourse; et quant au fond de l'affaire, il renvoya les parties devant le Parlement pour être statué (3). L'Université consentait à suivre l'instance, pourvu que les boursiers du collège Lemoine, qui se trouvaient les plus intéressés au succès, prissent les frais à leur charge; mais ceux-ci n'y consentirent pas; ils estimèrent sans doute que la chance qu'ils avaient de parvenir au rectorat était trop rare pour qu'ils affron-

---

(1) Richer, *Hist. Acad. Paris.*, fol. 188; d'Argentré, *De nov. err.*, t. II, b, p. 2.
(2) Ces statuts sont de 1310; l'article 40 est ainsi conçu : « Intendens ut dicta domus « continuetur ad statum in quo ipsam ordinavi, statuo et inviolabiliter servari mando, « ut nullus de dictis scholaribus rector Universitatis seu procurator Nationis fieri va- « leat seu exercere aliud officium, præter officia dictæ domus. »
(3) Arrêt du 4 décembre 1608. V. nos Pièces justificatives, n° XXVII.

tassent dans ce vague intérêt les risques dispendieux d'un litige judiciaire (1). Le procès ne fut donc pas jugé ; et la question que l'intempestive rigueur de Richer avait soulevée resta indécise en droit, après avoir été résolue en fait contre lui.

La concorde, que de pareils démêlés troublaient trop fréquemment, aurait été d'autant plus nécessaire dans l'Université que les Jésuites, toujours vigilants et toujours unis, saisissaient avec habileté les moindres occasions d'étendre leur influence et leurs établissements bien au delà du cercle tracé par l'édit qui les avait rappelés en France. Les condamnations prononcées contre eux étaient oubliées ; la pyramide élevée devant le Palais de justice pour perpétuer le souvenir de leur expulsion, autant que celui du forfait de Châtel, avait été renversée. Outre les établissements qu'ils possédaient déjà, ils avaient obtenu des lettres patentes pour en fonder de nouveaux à Orléans, à Roanne et dans le Béarn, où le roi voulut que, « sans avoir égard aux anciens arrêts, ils fussent admis et reçus à faire exercice de la religion catholique romaine, tout ainsi que les religieux des autres ordres (2). » Henri IV leur avait accordé 300,000 livres pour leur collège de la Flèche, et à Paris même ils s'étaient fait autoriser à établir une maison professe dans les bâtiments de leur ancien collège de Clermont (3). Il ne leur manquait que le droit d'enseigner, non pas dans quelques villes de province, mais au centre même du gouvernement, vis-à-vis la plus ancienne et la plus célèbre université qui existât en Europe ; or, ce droit si disputé, ils ne devaient pas tarder à le conquérir grâce à la protection soutenue de la cour et d'une partie du clergé. En effet, le 12 octobre 1609, furent signées, au palais de Fontainebleau, des lettres patentes qui leur permettaient de « faire lecture publique de la théologie en leur collège de Clermont, à jours et heures commodes. »

Malgré la faveur dont jouissaient déjà les Jésuites, l'Université

---

(1) *Arch. U.*, Reg. xxv, fol. 240.
(2) *Recueil de plusieurs ouvrages de M. le président Rolland*, p. 537, 538, 569, 712 et 713.
(3) Félibien, *Hist. de Paris*, t. IV, p. 36 et s.

ne s'attendait pas que l'autorisation d'enseigner à Paris même leur dût être aussi promptement accordée. Elle fut tellement troublée par cette nouvelle que d'abord elle hésita sur la conduite à tenir. Quelques-uns de ses membres étaient d'avis d'obéir aux volontés du roi, soit que toute résistance leur parût inutile, soit qu'ils se fussent laissé intimider par des menaces ou gagner par des promesses. Richer, toujours ardent à la lutte, combattit énergiquement ces conseils pusillanimes, et de concert avec Nicolas Ellain, de la Faculté de médecine, il réussit à les faire écarter. Une réunion des députés de l'Université eut lieu le 7 novembre 1609, au collège de Calvi, sous la présidence du recteur Jacques Le Vasseur; on y décida que les procureurs et les doyens donneraient communication du récent édit à leurs compagnies respectives, et qu'ils les conjureraient de déjouer les projets des Jésuites en formant elles-mêmes opposition à l'enregistrement des lettres royales. La Faculté de théologie se trouvait avoir dans l'affaire l'intérêt le plus direct; ce fut celle aussi qui se montra le plus résolue et qui donna le plus de solennité à son opposition, au risque de mécontenter le roi. Tous les docteurs en théologie furent convoqués, au nom même de leur serment, à une assemblée extraordinaire qui se tint le 16 novembre, après la messe du Saint-Esprit, dans la grande salle de la Sorbonne; M° Petit-Jean, curé de Saint-Pierre des Arcis, présidait. Plusieurs membres, Richer en tête, prirent la parole et déduisirent avec force les motifs pour lesquels il fallait repousser les Jésuites. Il fut représenté « que la question qui s'élevoit étoit de savoir comment la Faculté de théologie et même toute l'Université pourroient dans la suite se soutenir, si une fois les Jésuites régentoient à Paris; que ces pères avoient déjà en France près de trente-cinq collèges d'où l'on voyait sortir des essaims d'écoliers de jour en jour plus nombreux; qu'ils en tireroient de grandes colonies pour peupler leur collège de Paris et rendre par là l'Université toute dépeuplée et comme une solitude... Que s'ils avoient quelque reste de prudence ou de charité, ils feroient bien mieux d'aller dans les provinces, où l'on avoit besoin de professeurs de théologie, que de vouloir l'être à Paris, où, grâce à Dieu et au roi, il y en avoit tant d'habiles et consommez en toutes sortes de sciences... Qu'on ne voyoit pourtant que trop que le dessein des révérends pères, après avoir obtenu la permission de professer en théologie, étoit d'enseigner aussi les humanités et de renfermer par là chez eux toute l'Université; qu'en effet les Jésuites avoient pour maxime, dans tout ce qu'ils faisoient, de se glisser imperceptiblement, de ramer comme les matelots, le dos tourné vers la proue, et de faire toujours voile jusqu'à ce qu'ils fussent entrez dans le port où ils souhaitoient depuis longtemps d'arriver... Qu'ils commençoient par attaquer la Faculté de théologie, comme étant la plus en état de leur résister, afin qu'après l'avoir mise à la dernière extrémité et avoir ôté l'espérance aux autres Facultés de pouvoir se défendre, ils s'emparassent plus aisément des plus fameux collèges de l'Université... Que la Faculté qui étoit la première école de théologie du monde devoit se faire un point d'honneur et regarder comme un coup décisif de combattre contre ces pères pour sa défense et sa conservation. Qu'au reste, on ne devoit pas supposer qu'un monarque aussi bon et aussi juste que Henri IV voulût faire plaisir aux Jésuites au préjudice et à la perte entière de sa fille aînée, qui avoit rendu et qui devoit rendre encore de si grands services à l'État et à l'Église gallicane. » A la suite de ces discours, les docteurs présents émirent tous l'avis que l'Université devait se pourvoir devant le roi et le Parlement, afin que la permission d'enseigner à Paris fût retirée à la société de Jésus, ou que du moins cette permission ne fût pas homologuée; ils s'engagèrent en outre à prêter toute assistance au recteur pour le triomphe de la cause commune. La Faculté de médecine et la Nation de France adoptèrent des conclusions analogues; les autres Nations et la Faculté de droit suivirent de près; de sorte que, malgré les dissensions trop réelles qui régnaient dans son sein, l'Université se montra cette fois unanime, et rallia tous ses différents corps dans une opposition commune à l'enregistrement du dernier édit. Le cardinal Du Perron, grand aumônier de France, sollicité par le recteur et par le syndic Richer, s'était hautement prononcé contre les Jésuites, et usait du crédit qu'il avait auprès du roi pour empêcher que le Parlement ne fût dessaisi de l'affaire et qu'elle ne fût portée au conseil privé. La compagnie de Jésus, effrayée des obstacles imprévus qu'elle rencontrait et qu'elle n'était pas certaine de pouvoir surmonter, laissa prudemment passer l'orage et, sans poursuivre l'enregistrement des lettres patentes du 12 octobre, se contenta de veiller à ce qu'elles ne fussent pas abrogées. Provisoirement elle les conserva comme un gage ; et, pour en tirer tout le fruit qu'elle espérait, elle attendit des circonstances plus propices, moins d'irritation dans les esprits, et de la part du gouvernement un surcroît de bienveillance qui lui vaudrait de nouvelles et plus larges concessions (1).

Tandis que ces luttes agitaient les conseils de l'Université, Henri IV, sur le point de commencer l'exécution de ses vastes desseins contre la maison d'Autriche, s'apprêtait à quitter Paris pour aller prendre le commandement de l'armée qu'il avait réunie en Champagne. Pendant l'absence du roi, il fut convenu que la régence du royaume serait confiée à la reine Marie de Médicis, qui devait être sacrée et couronnée à Saint-Denis et ensuite faire son entrée avec pompe dans la capitale, vers le milieu du mois de mai 1610. L'Université, d'après une tradition immémoriale, était appelée à figurer dans les solennités de ce genre. Aussi, dès les derniers jours du mois d'avril, ses officiers et ses suppôts furent avertis qu'ils eussent à se tenir prêts pour accompagner le recteur au jour qui serait désigné. C'était le roi qui devait lui-même convier « sa fille aînée » à la cérémonie par une lettre close. Comme l'époque approchait, sans que la lettre d'usage eût été adressée, le recteur s'émut de ce retard ; il convoqua d'urgence les procureurs et les doyens pour exhaler ses plaintes et aviser aux moyens de prévenir l'oubli outrageant dont la corporation était menacée. Heureusement la séance n'était pas levée, qu'un messager apportait une dépêche qui calma aussitôt ces appréhensions jalouses : elle était conçue en ces termes : « A nos très chers

---

(1) Richer, *Hist. Acad. Paris.*, t. IV, fol. 68 et s.; d'Argentré, *De nov. err.*, t. II b, p. 2 et s., etc.

et bien amés les recteur, maistres, docteurs et régents de nostre fille aisnée l'Université de Paris. De par le roi : Très chers et bien amez, vous avez bien entendu que tous les corps et compagnies, mesme les cours souveraines de ceste nostre bonne ville, se préparent et tiennent prests pour y recevoir la reyne nostre tres chère et tres aimée espouse et compagne, le jour de son entrée ; et désirant que vous faciez le semblable, nous vous mandons et ordonnons que vous ayez à vous y préparer aussi, en l'ordre, estat et tout ainsi que vous avez cy-devant fait en pareilles occasions et cérémonies. Si n'y faites faute, car tel est nostre plaisir. Donné à Paris, le 14 jour de may 1610. *Signé :* Henry. » L'entrée de Marie de Médicis devait avoir lieu le surlendemain par le faubourg Saint-Denis. On décida que tous les corps qui composaient l'Université se réuniraient ce jour-là même aux Mathurins, d'où le cortège s'avancerait à pied, chacun portant le costume de sa profession ou de son rang, jusqu'à Saint-Lazare, pour y attendre le passage de la reine, à qui le recteur se proposait d'adresser une harangue. Le recteur devait être accompagné de six bedeaux de la Faculté des arts, et d'un seul de chacune des Facultés de médecine, de droit et de théologie. Ceux qui ne se joindraient pas au cortège étaient déclarés passibles d'une amende de 8 sous parisis.

Au récit de ces préparatifs de fête, l'esprit ne peut se défendre d'un profond sentiment de tristesse quand on songe qu'à l'heure même où ce cérémonial était l'objet de toutes les préoccupations Henri IV succombait sous le couteau d'un assassin. Ce fut en effet dans la journée du 14 mai, vers les quatre heures de l'après-midi, comme il se rendait à l'Arsenal pour s'entretenir avec Sully, que le roi fut frappé mortellement par Ravaillac. Comme la France entière, l'Université pleura cet excellent monarque, magnanime, expérimenté, courageux, égal aux plus grands princes par le génie politique, supérieur à beaucoup, sinon à tous, par la bonté. Henri IV n'avait pas témoigné à l'Université une faveur exclusive; il ne l'avait pas toujours défendue aussi vivement qu'elle l'aurait désiré, et dans sa politique impartiale et clémente il n'avait pas consenti à lui épargner la douleur du rappel des Jésuites; mais par de sages réformes, par une protection équitable, mesurée et fidèle, il l'avait mise en état de soutenir toutes les concurrences. Que n'avait-il pas fait, dans une sphère plus haute, pour l'affermissement de l'ordre social, le développement de la richesse publique, la sécurité de nos frontières et l'honneur du nom français? L'image de ses bienfaits était présente à toutes les mémoires; et, depuis les rangs les plus élevés jusqu'aux plus obscurs, chacun sentait que le poignard de Ravaillac avait porté le coup le plus funeste à la prospérité et à la grandeur du pays.

Le 25 mai, le recteur, suivi des Nations et des Facultés, vint saluer le nouveau roi, qui n'avait pas encore neuf ans, et lui prêta serment de fidélité comme à l'héritier de la couronne et au souverain légitime de la France. Le marquis de Souvré, gouverneur du jeune prince, assura en son nom à l'Université qu'elle pouvait compter sur sa faveur et sa bienveillance. Le recteur se présenta ensuite chez la reine mère, qui allait être régente pendant la minorité de son fils, et la complimenta de s'être chargée du soin du royaume. Les funérailles de Henri IV eurent lieu le mois suivant. L'Université y fut convoquée par deux lettres, l'une de Louis XIII, l'autre de Marie de Médicis. Le 26 juin, elle vint en habit de deuil, comme tous les corps de l'État, jeter de l'eau bénite sur le cercueil du dernier roi. Le 29, jour fixé pour les obsèques, s'étant rassemblée en grand nombre aux Mathurins, elle se rendit au Louvre, et de là dans un bâtiment du cloître Saint-Germain l'Auxerrois, où elle devait attendre qu'elle fût appelée. Quand son tour vint, elle prit le côté gauche du cortège; les chanoines de l'Église de Paris, qui levaient le corps et qui célébraient l'office paroissial, prirent la droite, les chantres de la chapelle royale le milieu. Arrivé à Notre-Dame, le recteur s'assit aux hautes chaises, à gauche, ayant près de lui les doyens des Facultés et les procureurs des Nations. Les cérémonies funèbres durèrent trois jours, tant à Paris qu'à Saint-Denis, où le corps fut déposé. Le dernier jour, un repas copieux, aux frais de la cour, fut donné au recteur et à trente personnes de l'Université qui l'avaient accompagné à Saint-Denis, et parmi lesquelles se trouvaient le procureur fiscal, le greffier, le questeur et les bedeaux.

Le recteur qui était alors en fonctions, et à qui nous devons ces détails un peu minutieux, se nommait Étienne Dupuys. Il était né à Paris, s'était fait recevoir bachelier en théologie, et enseignait depuis quatre ans la philosophie au collège de Calvi. Le cérémonial à suivre lors des funérailles de Henri IV, les convocations que l'Université devait recevoir ou transmettre, le rang qu'elle devait occuper, ces mille formalités qui sont à remplir en pareilles circonstances, lui avaient causé d'autant plus de soucis que les registres des anciens recteurs ne fournissaient aucune lumière. Aussi voulut-il donner une description détaillée de toutes les cérémonies auxquelles il avait assisté, pour servir, comme il l'écrit, d'instruction à la postérité, *in bonum posteritatis*, et pour épargner à ses successeurs les embarras qu'il avait lui-même éprouvés (1).

(1) Voy. nos Pièces justificatives, n° XXX.

CHAPITRE III.

Renouvellement des anciennes censures de la Faculté de théologie contre les doctrines qui favorisent le tyrannicide. — Condamnation du livre de Mariana, *De rege et regis institutione*. — Attitude des Jésuites. — Lettres patentes permettant l'ouverture des classes au collège de Clermont. — Division des esprits dans l'Université. — Opposition du recteur à l'enregistrement des lettres patentes. — Le procès, remis tout d'abord après la Saint-Martin, est de nouveau ajourné par les ordres de la régente. — Condamnation du livre de Bellarmin, *De auctoritate summi pontificis*. — Confirmation des privilèges de l'Université. — Retraite du président Achille de Harlay; M. de Verdun lui succède. — Chapitre général des Dominicains; thèses dédiées à l'Université de Paris par un dominicain espagnol. — Confirmation des privilèges des chirurgiens. — Les Jésuites se préparent à ouvrir le collège de Clermont. — Le procès s'engage au parlement de Paris. — Plaidoyers de La Martellière et de Montholon; harangue du recteur Hardivillier; réquisitoire de Servin. — Le Parlement rend son arrêt contre les Jésuites. — Joie de l'Université. — Le livre de Richer, *De potestate ecclesiastica*. — Vive opposition que l'ouvrage soulève dans les rangs du clergé; il est condamné par les évêques de la province de Sens. — Débats dans le sein de la Faculté de théologie. — Le syndicat est enlevé à Richer par ordre du roi, et donné à Filesac. — Événements divers. — Une chaire fondée en Sorbonne par un simple maître de l'Université de Paris. — Poursuites dirigées contre des régents de philosophie. — Les bacheliers en décret. — Projet d'union de toutes les universités. — Établissement des Oratoriens. — La Faculté de théologie se trouve en opposition à leur sujet avec les autres Facultés. — Les membres du nouvel institut sont admis par ordre du roi, à conserver leur rang et leurs privilèges dans l'Université. — Collège protestant à Charenton.

Ce fut le malheur, ou plutôt ce fut le crime de la Ligue, d'avoir semé dans les esprits, par l'organe de ses prédicateurs, des maximes sanguinaires qui tendaient à justifier le meurtre des rois et qui même, dans certains cas, l'élevaient au rang des actions les plus dignes de louange. C'étaient de semblables doctrines qui avaient mis le poignard aux mains de Jacques Clément, de Châtel et de Barrière, et qui venaient encore d'armer Ravaillac contre le meilleur des princes. En frappant l'exécrable attentat qui jetait la consternation dans le pays, le Parlement voulut sévir aussi contre les maximes pernicieuses qui l'avaient suggéré à son auteur. Le jour même du supplice de Ravaillac, il fut donc enjoint par arrêt de la cour à la Faculté de théologie d'avoir à se réunir et de renouveler les condamnations qu'elle avait portées autrefois contre les erreurs qui favorisaient le tyrannicide.

Mais il faut bien le dire, malgré l'indignation générale que le meurtre du roi avait produite, cet arrêt n'avait pas été rendu sans difficulté, et quand il fut connu, il faillit soulever un conflit entre l'autorité ecclésiastique et la magistrature. Comme il s'agissait cette fois d'un point de doctrine, l'évêque de Paris, Henri de Gondi, contestait la compétence de la cour et le droit qu'elle s'attribuait de faire délibérer la Faculté de théologie sur des matières qui relevaient essentiellement de la juridiction épiscopale. Il manda le syndic Edmond Richer, de qui l'affaire dépendait, et fit d'inutiles efforts pour le détourner d'obéir au Parlement. Richer se contenta de promettre que dans la délibération il ne serait pas parlé des Jésuites, comme l'évêque en avait exprimé la crainte. Le 2 juin suivant, quelques docteurs en théologie tinrent une conférence préparatoire, dans laquelle ils rédigèrent un projet de délibération qui devait être soumis à l'assemblée générale de la Faculté. L'assemblée eut lieu deux jours après à la Sorbonne. L'évêque de Clermont, Antoine Rose (1), neveu de l'évêque de ce nom que son rôle dans la Ligue avait rendu si fameux, était venu ce jour-là, d'après les conseils du nonce, à la réunion de la Faculté, qu'il ne fréquentait plus depuis longtemps, quoique docteur; et Richer nous le montre allant de place en place avant la séance, et murmurant à l'oreille de chaque membre que l'affaire dépassait les attributions de la compagnie et qu'il serait sage d'en référer au Saint-Siège. « Avez-vous donc vu quelque part dans l'Évangile, lui dit à ce moment Richer, qu'il ne soit pas permis à une assemblée française de pourvoir au salut de l'État et à celui du prince avant d'avoir pris l'avis du pape? » La séance ouverte, l'évêque de Clermont essaya de nouveau d'obtenir l'ajournement

---

(1) Antoine Rose, qui avait succédé en 1602 à son oncle, Guillaume Rose, sur le siège de Senlis, fut transféré en 1609 à celui de Clermont. *Gall. Christ.*, t. II, col. 299; t. X, col. 1446.

de la discussion et du vote; il ne réussit qu'à faire écarter du projet de censure le nom du chancelier Gerson, qui s'y trouvait rappelé en mémoire de la part que le chancelier avait prise autrefois à la condamnation des erreurs de Jean Petit. Sauf cet amendement, le projet fut, séance tenante, adopté et signé par tous les docteurs et bacheliers présents. Rose, nous apprend Richer, le signa même avant tous les autres (1).

Suivant la promesse faite par Richer à l'évêque de Paris, la délibération de la Faculté (2) se renfermait dans des termes généraux et ne nommait pas les Jésuites. Cependant parmi les écrivains que cette censure atteignait se trouvait un membre de la Compagnie, l'Espagnol Jean Mariana, dont le traité *De rege et regis institutione*, publié à Tolède en 1598, réimprimé à Mayence en 1605, introduit cette année même en France, était soupçonné de n'avoir pas été entièrement étranger à la résolution de Ravaillac. Outre l'apologie de Jacques Clément, rangé par l'auteur au nombre des gloires de la France, on y lisait que les princes qui gouvernent mal peuvent être mis à mort par leurs sujets, que chacun a le droit de les tuer, que leur immolation est non seulement licite, mais louable, et que celui qui l'entreprend, au péril de sa fortune et de ses jours, accomplit une action héroïque. Ces thèses détestables étaient exposées dans ce style dénué d'ornement, mais concis et clair, qui est particulier aux scolastiques. Même en Espagne, l'auteur avait été inquiété, moins, il est vrai, à cause des erreurs sociales que son ouvrage renferme que pour un chapitre contre l'altération des monnaies, expédient auquel le gouvernement de Philippe III avait trop souvent recours pour le laisser blâmer publiquement. Armé de la censure de la Sorbonne contre les livres qui mettaient en péril la vie des souverains, le parlement de Paris n'hésita pas à frapper un auteur qui

---

(1) Richer, *Hist. Acad. Paris.*, t. IV. Voy. nos Pièces justificatives, n° XXXI.
(2) Cette censure a été imprimée plusieurs fois, tant en français qu'en latin : *Mercure françois*, an 1610, t. I, p. 458 et s.; *Mémoires de Condé*, t. VI, p. 111, p. 241 et s.; *Censures et conclusions de la sacrée Faculté de théologie de Paris, touchant la souveraineté des rois*, Paris, 1720, in-4°, p. 135 et s.; d'Argentré, *De novis erroribus*, t. II b, p. 9 et s.

passait pour avoir enseigné plus ouvertement que personne d'aussi dangereuses maximes ; et, le 8 juin 1610, il rendit un arrêt qui condamnait le livre de Mariana à être brûlé par l'exécuteur de la haute justice, devant le parvis de Notre-Dame, et ordonnait en outre que la délibération de la Faculté de théologie fût publiée aux prônes des paroisses de la ville et des faubourgs de Paris.

Le jour même, l'ouvrage de Mariana fut livré au feu sans que l'autorité diocésaine eût été seulement avertie. L'évêque de Paris alla se plaindre à la reine mère de l'atteinte portée à sa juridiction ; il soutint que l'affaire le concernait, qu'elle aurait dû lui être renvoyée, comme touchant à la doctrine, et que le Parlement avait deux fois outrepassé son droit, d'abord en condamnant Mariana, et ensuite en donnant l'ordre de publier le décret de la Sorbonne aux prônes des paroisses, comme si l'administration paroissiale était de la compétence des magistrats (1). Le nonce du pape fit aussi entendre des doléances ; et de leur côté les partisans des Jésuites ne cachèrent pas le mécontentement que leur causait la flétrissure infligée par des juges laïques à l'ouvrage d'un écrivain de la Compagnie. Celle-ci cependant commençait à être l'objet des attaques les plus vives même dans les rangs du clergé ; et bien que, par une faveur insigne, le cœur de Henri IV lui eût été remis, suivant la volonté du prince, pour être déposé au collège de la Flèche, elle était accusée du haut de la chaire d'avoir contribué par ses maximes au meurtre du roi (2). Afin de répondre à ces bruits calomnieux, le P. Coton publia une *Lettre déclaratoire de la doctrine des pères Jésuites conforme aux décrets du concile de Constance, adressée à la reyne mère du roy régente en France.* Après avoir cité les noms de plusieurs écrivains de la Compagnie qui avaient désapprouvé le tyrannicide, il protestait que les Jésuites, en cette matière non plus qu'en toute autre, ne s'écartaient pas de la foi de l'Église universelle ; que selon leur croyance les rois étaient établis de Dieu, et que non seulement il n'était pas

---

(1) Richer, *Hist. Acad. Paris.*, t. IV, fol. 137 v°; Lestoile, *Registre-Journal de Louis XIII*, coll. Michaud et Poujoulat, p. 605.

(2) Lestoile, *ibid.*, p. 604.

permis d'attenter sur leur personne, « mais que c'étoit un exécrable parricide, forfait prodigieux, et détestable. » La lettre du P. Coton avait à peine vu le jour, que le général de la Société, Claude Aquaviva, rendit un décret, qui fut répandu à profusion, faisant défense à tous les membres, sous peine d'excommunication, « de soutenir qu'il fût loisible à qui que ce fût, sous prétexte quelconque de tyrannie, de tuer les rois ou princes ou d'attenter à leurs personnes ; « de peur, ajoutait Aquaviva, que cette doctrine n'ouvre le chemin à la ruine des princes et trouble la paix, ou révoque en doute la seureté de ceux lesquels, selon l'ordonnance de Dieu, nous devons honorer et respecter comme personnes sacrées et establies de notre Dieu, pour heureusement régir et gouverner son peuple. »

Au milieu de l'agitation entretenue dans les esprits par tant de motifs différents, l'Université ne perdait pas de vue l'intérêt des études dans ses collèges. Nous trouvons la preuve de sa vigilance dans une procédure suivie au mois de juillet 1610 contre un certain nombre de régents de philosophie qui avaient abandonné leurs classes avant le 1er août. Sept régents ou principaux furent mandés, à cette occasion, devant le recteur Étienne Dupuys, assisté des doyens, du syndic et des procureurs des Nations. C'étaient François-Michel Coylin et Gérard Pillier, du collège du Plessis, Gondouyn, Guillaume Duval et Nicolas Voinchel, du collège de Lisieux, Jean Gault et Gauthier, du collège des Grassins. La plupart firent valoir pour excuse que la désertion des élèves à cette époque de l'année les avait forcés d'interrompre leurs leçons. Sur la promesse qu'ils les reprendraient et se montreraient plus fidèles par la suite à observer les règlements scolaires, le recteur ajourna la condamnation et les releva de l'amende que le syndic avait requise contre eux (1).

Cependant les solennelles déclarations des Jésuites étaient commentées avec succès par leurs amis, qui s'en faisaient un argument pour solliciter de nouveaux avantages en faveur de la Compagnie.

---

(1) Voy. nos Pièces justificatives, n° XXXII.

Henri IV ~~ort~~, il semblait que la société de Jésus, si constamment protégée par ce prince, allait perdre le terrain qu'elle avait gagné, ou que du moins elle ne ferait pas de nouveaux progrès. Mais elle conservait de puissants appuis que la mort du roi ne lui avait pas enlevés : à la cour, la reine mère, le duc d'Épernon, le chancelier Sillery, Villeroy, etc.; au Parlement, le président Séguier; enfin, parmi le clergé, plusieurs évêques, entre autres celui de Paris, qui venait de faire une déclaration publique en sa faveur. Ses actives démarches et celles de ses protecteurs furent si prudemment conduites qu'au moment où elle paraissait menacée, elle obtint des lettres patentes, datées du 20 août, qui lui permettaient d'ouvrir des classes d'humanités au collège de Clermont. La forme de ces lettres était calculée avec une singulière habileté, et l'intérêt de l'Université, chose remarquable! y figurait parmi les motifs de la nouvelle concession faite aux Jésuites : « Le feu roy dernier décédé, nostre très-honoré sieur et père d'heureuse mémoire que Dieu absolve, disait Louis XIII, ayant par son édit du mois de septembre 1603 remis les Pères Jésuites en ce royaume, ne voulut qu'ils peussent establir aucun collège ou résidence en quelque lieu que ce soit, sans son expresse permission. Et depuis, par ses lettres du 27 de juillet 1606, registrées en nostre dit Parlement le 21 août audit an, leur permit de résider en nostre bonne ville de Paris et y faire les fonctions de leur vocation en leur maison professe de Saint-Louis, et leur collège appellé de Clermont, excepté pour la lecture et classes publiques, qu'il ne voulut qu'ils fissent pour lors, jusqu'à ce qu'il eust sur ce déclaré sa volonté. Et voyant que plusieurs habitants de nostre dite ville envoyent avec grande incommodité leurs enfants estudier aux autres lieux où les dits Jésuites font lecture publique, et qu'il est plus utile pour nos subjects que leurs enfants estudient en nostre dite bonne ville de Paris où toutes sortes de sciences et exercices honnestes abondent, et le langage françois y est plus pur et plus poli qu'ailleurs, joint qu'en estudiant ils apprennent insensiblement les formes et façons de vivre qu'il faut observer en nostre cour et suite, et l'honneur qu'ils sont tenus de rendre à nous et à nos cours souveraines, les principales desquelles sont establies à Paris; et que notoirement ce que les dits Jésuites ne font lecture publique en leur collège de Clermont diminue l'affluence des escholiers de l'Université de la dite ville, que nous désirons restablir et remettre en son ancienne splendeur, voire augmenter, s'il est possible. Pour ces causes, et autres bonnes et grandes considérations, à ce nous mouvans, avons, de nostre certaine science, grâce spéciale, pleine puissance et auctorité royale, mesme par advis de la royne régente nostre très-honorée dame et mère, et la volonté que nous sçavons que nostre dit feu sieur et père avoit avant son décès, de remettre les dites lectures et collège, avons aux dits Jésuites permis faire leçons publiques, en toutes sortes de sciences et autres exercices de leur profession au dit collège de Clermont, observans par eux les règles de nostre édict de septembre 1603, et autres déclarations et règlemens faits depuis iceluy (1). »

Un an auparavant, les Jésuites avaient déjà obtenu des lettres semblables pour l'établissement d'une chaire de théologie, et, comme nous l'avons vu, ils n'avaient pas réussi à les faire enregistrer. Cette fois, mieux préparés et mieux soutenus, ils se flattaient de l'espérance qu'ils sauraient éviter un échec du même genre et qu'ils atteindraient au but constant de leurs efforts. L'Université, surprise du nouveau coup qui venait de la frapper, se montrait indécise, et, tandis qu'elle hésitait, il ne paraissait pas impossible, en pressant l'affaire, d'obtenir contre elle un arrêt d'homologation avant les vacances de la cour, qui commençaient dans les premiers jours de septembre. Le 26 août, ces lettres patentes furent notifiées au recteur, Étienne Dupuys, qui dès le 21 avait convoqué les députés de l'Université pour délibérer sur la conduite à tenir (2). Tous furent d'avis, à l'unanimité, qu'il fallait former opposition à l'enregistrement; mais les différentes compagnies, consultées ensuite isolément, ne montrèrent pas le même accord. A la Faculté de théologie, l'évêque de Clermont, Antoine Rose, que nous connaissons déjà, l'évêque d'Aire, Philippe Cos-

---

(1) Félibien, *Hist. de Paris*, t. IV, p. 36 et 37.
(2) *Arch. U.*, Reg. xxv, f° 280, et nos Pièces justificatives, n° XXXIII.

peau (1), et le jeune abbé de Saint-Victor, François de Harlay (2), d'une famille cependant bien opposée aux Jésuites, parlèrent vivement en leur faveur, et dans une première délibération il fut décidé, par trente-deux suffrages contre vingt-huit, que la société de Jésus pouvait être admise à enseigner en son collège de Clermont, à la condition de se soumettre aux lois de l'Université; ce fut seulement dans une seconde séance que les efforts du syndic rallièrent la majorité, qui vota pour le recours au Parlement. La Faculté de droit émit pour tout avis qu'il fallait veiller à ce que les Jésuites ne fondassent pas d'autres chaires que celles qu'ils occupaient avant leur bannissement. La Faculté de médecine et son doyen E. Cornuty, qui s'étaient d'abord prononcés contre eux, changèrent de sentiment et décidèrent, par l'influence du médecin Jean Duret, le fils du célèbre médecin d'Henri III, que, loin de repousser la société de Jésus, on ne pouvait la traiter avec trop de faveur. A la Faculté des arts, les Nations de France, de Picardie et de Normandie se montrèrent seules résolues à protester contre les lettres patentes du 20 août; la Nation d'Allemagne était plutôt disposée à les admettre. Nonobstant la division des esprits, le recteur signifia l'opposition de l'Université, en demandant un délai pour choisir un avocat et préparer ses moyens de défense. L'affaire, appelée une première fois le 6 septembre, fut renvoyée au lendemain 7, qui était le dernier jour d'audience avant les vacations. Les plaidoiries eurent lieu à huis clos, devant les chambres réunies. L'ajournement que l'Université sollicitait par l'organe de son procureur Daccole fut combattu, au nom des Jésuites, par l'avocat Montholon, qui fit valoir en faveur de ses clients le désaccord des Facultés. Lebret, qui remplaçait le procureur général, parla dans

---

(1) Philippe Cospeau, né à Mons en 1571, tour à tour simple régent de l'Université de Paris aux collèges de Tréguier et de Lisieux, évêque d'Aire, de Nantes et de Lisieux, mort en 1646. La véritable orthographe de son nom, *Cospeau*, et non *Cospean* ni *Coëspeau*, a été établie, d'après son acte de naissance, par M. Ch. Livet, *Philippe Cospeau, sa vie et ses œuvres*, Paris, 1854, in-18. Cf. *Gallia Christiana*, t. I, col. 1168.

(2) François de Harlay, mort archevêque de Rouen, en 1653. *Gallia Christ.*, t VII, col. 692.

le même sens et traita même durement l'Université, qu'il accusa de vouloir « éluder et empêcher l'effet de la volonté du roi. » Il ajouta que tout le monde attendait qu'à la Saint-Remi les Jésuites ouvriraient leur collège, qui était fort désiré, et qu'il y avait à craindre, si on différait, qu'il n'y eût quelque trouble, comme le bruit en courait déjà. Le Parlement, peu favorable, en majorité, à la compagnie de Jésus, ne se laissa pas convaincre par les raisons de Lebret; et, selon la requête de l'Université, il ajourna les parties à la Saint-Martin, c'est-à-dire après les vacations.

Les esprits étaient de part et d'autre fort excités. Si les Jésuites redoublaient d'efforts pour se créer de nouveaux appuis, leurs adversaires en appelaient à l'opinion publique et lançaient contre eux des pamphlets sanglants. Les protestants, à qui ces luttes profitaient, s'y mêlaient afin de les passionner; et ce fut, dit-on, le ministre Du Moulin qui, en réponse à la *Lettre déclaratoire* du P. Coton, écrivit l'*Anti-Coton*, libelle d'une extrême virulence (1). Vers le même temps, circula dans Paris une prétendue *Requête de l'Université à la reine régente,* qui diffamait également les Jésuites et attaquait l'autorité du pape. L'Université s'alarma de ces violences de langage, si compromettantes pour sa cause, et qui excitaient l'indignation de Richer lui-même (2). Ses députés s'assemblèrent à cette occasion au collège de Calvi, et décidèrent que la *Requête à la reine* serait désapprouvée dans un mandement du recteur qui fut placardé sur les murs de Paris (3).

La Saint-Martin arrivée, le procès contre les Jésuites fut repris. La Faculté de médecine, dans l'intervalle, avait changé pour la seconde fois de sentiment, et se disposait à joindre son opposition à celles de la Faculté des arts et de la Faculté de théologie : ainsi donc, sauf l'isolement où restait la Faculté de droit, l'union était officiellement rétablie dans l'Université. Comme on avait reproché

---

(1) *L'Anti-Coton, ou réfutation de la lettre déclaratoire du P. Coton, livre où il est prouvé que les jésuites sont coupables et autheurs du parricide exécrable commis en la personne du roy très chrétien Henri IV d'heureuse mémoire,* 1610, petit in-8° de 72 pages.
(2) Richer, l. l., fol. 164.
(3) Voy. nos Pièces justificatives, n° XXXIV.

au précédent recteur, Étienne Dupuys, de n'avoir pas comparu en personne devant le Parlement et de s'être fait représenter par le syndic, le nouveau recteur Jean Grangier (1), alors principal du collège d'Harcourt, s'était proposé de venir lui-même défendre la cause de la compagnie. Mais en six semaines l'attitude des parties s'était sensiblement modifiée. Tandis que l'Université se montrait cette fois empressée d'obtenir une conclusion, les Jésuites, si prompts au début, cherchaient à leur tour des atermoiements et sollicitaient des délais. Peut-être avaient-ils l'espoir, comme Richer l'affirme, que la première présidence du Parlement, alors occupée par Achille de Harlay, qui était accablé d'années et à demi aveugle, passerait prochainement à des mains plus favorables à leurs intérêts. Devant les chambres réunies, ils obtinrent pour toute remise que la cause, qui devait être plaidée le 16 novembre, ne le serait que le 26; mais les puissantes protections qu'ils avaient dans le conseil du roi vinrent à leur aide et rendirent superflue toute décision de la magistrature. Au jour indiqué pour les plaidoiries, le recteur reçut de la part de la reine l'avis de renoncer à porter la parole. Le Parlement était invité, de son côté, à suspendre toute délibération sur les lettres patentes du 20 août. Le recteur Grangier courut au Louvre, et, en présence du cardinal Du Perron, du chancelier Sillery, de Villeroy et de plusieurs seigneurs de la cour, il parla vivement à la régente et la conjura de faire rendre justice à l'Université, cette compagnie, disait-il, qui, pour n'être pas composée de novateurs et de factieux, n'en servait pas moins utilement le roi et le royaume. A ces mots, Marie de Médicis parut troublée et rougit; mais elle ne consentit pas à révoquer l'ordre qu'elle avait donné (2).

La cause fut donc ajournée, selon le vœu des Jésuites, sans que toutefois le succès qu'ils remportaient fût très significatif, car les lettres patentes qu'ils avaient obtenues n'étaient pas homologuées;

---

(1) Grangier, comme nous le verrons, fut un des personnages les plus importants de l'Université de Paris au commencement du dix-septième siècle. Comme professeur au Collège de France, il est l'objet d'une notice dans le savant ouvrage de Goujet, *Mém. hist. sur le Collège royal*, t. II, p. 389 et s.

(2) *Acta rect.*, t. IV, fol. 143.

et provisoirement ils ne pouvaient pas recevoir d'élèves ni faire de classes au collège de Clermont, à moins de se mettre en dehors et au-dessus de la loi. D'autre part, l'amer déplaisir que ressentait l'Université se trouvait tempéré par la réflexion, que deux fois, à une année d'intervalle, ses adversaires avaient reculé devant la vigueur de sa résistance, et que, malgré le mouvement qu'ils s'étaient donné pour fonder à Paris des chaires, soit de théologie, soit d'humanités, elle conservait le droit exclusif d'instruire la jeunesse dans la capitale du royaume. Une circonstance contribuait encore à soutenir son courage et ses espérances. Le jour même où un commandement exprès de la régente la frustrait du combat judiciaire qu'elle attendait, le livre d'un Jésuite que l'éminence de son rang paraissait protéger, le célèbre traité du cardinal Bellarmin sur l'autorité du pape dans les choses temporelles, en réponse à celui de Barclai sur le même sujet (1), fut dénoncé au Parlement dans un réquisitoire très énergique de Servin et condamné par la cour. L'arrêt signalait l'ouvrage comme renfermant « une fausse et détestable proposition, tendante à l'éversion des puissances souveraines, ordonnées et établies de Dieu, soulèvement des sujets contre leur prince, soustraction de leur obéissance, induction d'attenter à leurs personnes et Estats, troubler le repos et tranquillité publique. » Conformément aux conclusions de Servin, la cour fit défense à toutes personnes, de quelque qualité et condition qu'elles fussent, sous peine de crime de lèse-majesté, « de recevoir, retenir, communiquer, imprimer, faire imprimer ou exposer en vente ledit livre; » il était enjoint à ceux qui en possédaient des exemplaires de les déposer entre les mains du procureur général (2). A la nouvelle de cet arrêt, si injurieux pour un prince de l'Église, le nonce du pape menaça de quitter Paris. Le chancelier Sillery et Villeroy, désireux d'éviter un éclat, engagèrent la régente à ne pas permettre qu'il fût donné suite à la sentence du

---

(1) *Tractatus de potestate summi pontificis in rebus temporalibus, adversus Guillelmum Barclaium*, auct. Rob. Bellarmino. Romæ, 1610, in-8°.

(2) Richer, *Hist. Acad. Par.*, t. IV, p. 190 v° et s.; Lestoile, *Registre-Journal de Louis XIII*, p. 642; d'Argentré, *De nov. error.*, t. II b, p. 19.

Parlement, dont la publication et l'exécution furent en effet provisoirement suspendues par un ordre du conseil privé (1). Le président Achille de Harlay, mandé au Louvre, se défendit avec fermeté, en présence de la reine mère, du garde des sceaux, du prince de Condé et de plusieurs autres seigneurs. « Le principal effet de ce livre de Bellarmin, dit-il à la reine, est de donner moyen de tuer impunément les rois; car il établit une souveraineté temporelle au pape sur celle du roi... Les ennemis du bien et du repos des sujets que vous régentez, continua l'énergique magistrat, l'ont fait apporter en cet Estat, lorsqu'ils ont pensé ses forces affaiblies pendant votre régence, étant bien certain qu'ils ne l'eussent jamais fait pendant la vie du grand Henry, notre seigneur de très-heureuse mémoire; et s'ils se fussent tant oubliez, il eût fait châtier le porteur, de quelque qualité ou condition qu'il eût été; et si le pape eût avoué la publication, il n'eût pas moins réprimé son audace que ses prédécesseurs, étant plus brave, plus grand et plus puissant qu'eux; et eût envoyé prendre l'auteur du livre dans Rome; ce que Sa Sainteté n'eût osé empêcher; tant sa valeur étoit redoutée par tout le monde (2). »

A quelques jours de là, une faveur que l'Université de Paris sollicitait depuis plusieurs mois, la confirmation de ses privilèges, lui fut accordée par le roi, grâce aux démarches du recteur Grangier, comme si la reine mère eût voulu atténuer l'effet moral des concessions obtenues par les Jésuites. Bien que les rois de France, lors de leur avènement, n'eussent jamais refusé ce témoignage de protection « à leur fille aînée, » il n'était pas indifférent pour l'Université, dans la situation où elle se trouvait, d'entendre Louis XIII parler des services qu'elle rendait, l'appeler « la source de toutes sciences, » et déclarer « qu'il étoit, comme tous ses prédécesseurs, animé du désir de la voir pendant tout son règne croître et multiplier en toutes vertus et être souverainement exaltée et estimée des nations, en tous honneurs, franchi-

---

(1) Richer, *Hist. Acad. Par.*, t. IV, fol. 195 v°; Lestoile, *Registre-Journal de Louis XIII*, p. 643.

(2) D'Argentré, *De novis erroribus*, t. II b, p. 35 et s.; Lestoile, *ibid.*, p. 643.

ses, grâces, libertés, et exemptions (1). » Ces lettres patentes, si honorables pour l'illustre corps qui en était l'objet, ne furent enregistrées que quatorze mois après avoir été obtenues. L'impression de joie que l'Université avait ressentie se continua si longtemps qu'il existe une délibération tardive, de la fin de l'année 1612, par laquelle le recteur René Bonnin et son conseil invitent les principaux des collèges, entre autres celui du collège de Reims, Jean Morel, à faire composer et à composer lui-même des vers en l'honneur du roi, de la reine mère, du prince de Condé, du garde des sceaux, et des autres membres du conseil privé, à qui la compagnie devait le maintien de ses privilèges.

Les premiers mois de l'année 1611 virent se continuer devant la Faculté de théologie le débat sur l'autorité pontificale. Une réponse à l'*Anti-Coton*, que les Jésuites venaient de composer pour la défense de la *Lettre déclaratoire* du P. Coton, mais dans laquelle ils avaient essayé aussi de justifier le livre de Mariana, fut censurée comme renfermant des propositions contraires au pouvoir des rois (2). Ce qu'il y avait de grave, c'est que l'écrit condamné avait reçu l'approbation de quatre docteurs de la Faculté, Joachim Forgemont, Nicolas Fortin, Raoul de Gazil et André Duval, qui, se jugeant atteints par la censure, refusèrent d'y souscrire et formèrent opposition devant le conseil d'État. Le conseil inclinait à leur donner gain de cause, et il avait déjà renvoyé leur requête à l'évêque de Paris, lorsque la Faculté de théologie, pour sa propre défense, fit extraire du livre de Mariana quatorze propositions attentatoires à l'autorité des princes. Les députés de la Faculté, Edmond Richer à leur tête, allèrent présenter ces extraits à la régente comme la meilleure apologie de la délibération précédente de la Faculté. L'affaire n'eut pas de suite, et la censure qui avait été prononcée fut maintenue.

Au mois de mars 1611, l'Université apprit avec douleur que le président Achille de Harlay, qui s'était toujours montré l'un

---

(1) *Recueil des privilèges de l'Université de Paris*, etc., Paris, 1674, in-4°, p. 59 et s.
(2) *Censures de la Faculté de théologie*, etc., in-4°, p 143 et s.; d'Argentré, *De nov. error.*, t. II b, p. 37 et s.

de ses plus fermes appuis, venait de résigner ses fonctions, à cause de son grand âge, après avoir occupé avec honneur le premier siège du parlement de Paris pendant près de trente ans. Il eut pour successeur non pas, comme il l'espérait, M. de Thou, que le nonce du pape repoussait, mais le premier président du parlement de Toulouse, M. de Verdun, fils d'un ancien trésorier des guerres, « homme docte, capable et suffisant pour exercer une grande charge, » dit l'Estoile (1), qui ne lui reproche que son affection pour la société de Jésus. Le dimanche 17 avril, une députation de l'Université alla, comme les autres corps de l'État, saluer le nouveau chef de la magistrature, dont la bienveillance était si nécessaire à ses intérêts. M. de Verdun fit aux députés grand accueil, et « son visage, nous dit encore l'Estoile, leur promit à tous, en général et en particulier, toute faveur et assistance; et pour le regard de leurs privilèges, qu'il les maintiendroit et les défendroit envers et contre tous, même contre les Jésuites (2). »

Le mois suivant, les Frères Prêcheurs tinrent à Paris, dans leur couvent de la rue Saint-Jacques, un chapitre général, à l'occasion duquel eurent lieu, pendant plusieurs jours, des controverses de théologie. Le jour de la Pentecôte, un dominicain espagnol, Gregorio de Torres, y soutint avec grand éclat des thèses, accompagnées d'une fastueuse dédicace à l'Université de Paris, laquelle il déclarait associer à l'Ange de l'école, saint Thomas d'Aquin, dans son affection et dans son culte. Le jeune roi Louis XIII, la reine mère, les princes du sang, le cardinal Du Perron, un grand nombre de prélats, et le recteur Quentin Hoyau, du collège de Beauvais, assistaient à cette joute scolaire, à laquelle plusieurs évêques voulurent prendre part. L'Université, en témoignage de la satisfaction qu'elle avait éprouvée, ré-

---

(1) Lestoile, *Journal de Louis XIII*, p. 660 et s.
(2) Quétif et Echard, *Scriptores ordinis Prædicatorum recensiti*, Lutetiæ Parisiorum, 1721, in-f°, t. I, p. 469, lui donnent le prénom de Thomas, et non celui de Grégoire, que portent la dédicace de la thèse publiée par d'Argentré, *De novis erroribus*, t. II b, p. 48 et 49, et tous les documents émanés de l'Université. Voy. nos Pièces justificatives, n° XXXVI.

solut de s'agréger Gregorio de Torres en l'inscrivant sur la liste de ses docteurs. Le recteur fit à ce sujet un mandement dans lequel il racontait la solennité dont il avait été lui-même témoin, louait le savoir et la force de génie déployés par Torres, et notifiait à tous l'insigne honneur qui lui était décerné.

L'Université avait d'autant plus de motifs de récompenser l'hommage offert à son antique renom par un moine étranger, qu'elle se voyait l'objet de vives attaques, même au couvent des Frères Prêcheurs. Le 27 mai, un dominicain de la Nation d'Allemagne, frère Vuibert Rosembach, présenta à la discussion publique des thèses qui battaient en brèche l'enseignement traditionnel de la Sorbonne. Il soutenait, par exemple, que le concile n'est en aucun cas au-dessus du pape; qu'il appartient au pape de proposer au concile les matières dont celui-ci doit délibérer, et de confirmer ou d'infirmer les délibérations; que le pape ne peut errer ni dans la foi ni dans les mœurs. Ces propositions, la première surtout, allaient directement contre les définitions données par le concile de Constance, que la Faculté de théologie se faisait gloire de suivre, auxquelles le Parlement était encore plus attaché que la Faculté, et qui sont devenues la base de la célèbre déclaration du clergé de France en 1682. Richer, en sa qualité de syndic, usant d'un droit qu'il avait souvent exercé avec trop de rigueur, aurait pu empêcher la discussion de pareilles thèses; et il ne permit de les produire que dans l'espérance et sous la condition qu'elles seraient désavouées par le frère qui devait présider l'acte, Me Cosme Morelle. Mais celui-ci se contenta de déclarer qu'elles n'avaient pas été présentées pour offenser l'Université de Paris, qu'elles n'étaient point, à ses propres yeux, des articles de foi, et qu'il les tenait seulement pour problématiques. Les bacheliers de la Faculté de théologie avaient mission de soutenir qu'elles étaient hérétiques, comme étant contraires à la décision d'un concile général. Le cardinal Du Perron, qui assistait à la séance avec le nonce du pape, avec l'évêque de Montpellier et plusieurs magistrats, fit suspendre la discussion, en témoignant le regret qu'on l'eût laissé ouvrir, mais non sans répéter à plusieurs reprises que, dans son sentiment, la question était douteuse. Comme les Dominicains annonçaient pour les jours suivants des thèses analogues, le Parlement, puis le garde des sceaux, s'interposèrent pour empêcher que la controverse ne continuât sur de pareils sujets (1). Mais ces tardives précautions ne rétablirent le calme qu'à la surface : les opinions, même dans les rangs de l'Université, restaient profondément divisées et n'attendaient qu'une occasion favorable pour recommencer la lutte.

Au mois de juillet, le collège des chirurgiens, lequel faisait partie du corps de l'Université, vit ses privilèges confirmés, « en considération, disent les lettres patentes, du soin que le dit collège apporte, tant à l'examen et instruction des jeunes gens, pour les promouvoir aux degrés, qu'à la visitation des malades, le premier lundi de l'année à Luzarche, et chaque mois en l'église Saint-Côme et Saint-Damien, à Paris (2). » C'est le jour de la Saint-Côme, le 27 septembre, que Louis XIII était né; et sa piété le portait à protéger l'utile et savante corporation des chirurgiens, qui depuis son établissement, au temps de saint Louis, avait elle-même saint Côme et saint Damien pour patrons.

Cependant l'Université s'inquiétait des manœuvres que les Jésuites concertaient sans bruit, en vue d'ouvrir leurs classes à la rentrée prochaine. Dès le mois d'août, ses députés, assemblés au collège d'Harcourt par le recteur Claude Bazot, résolurent d'aller porter une requête au premier président pour la garantie des intérêts de la corporation. Nonobstant cette démarche, les Jésuites n'en poursuivirent pas moins leur projet, et quoiqu'ils ne fussent pas légalement autorisés à enseigner, puisque les lettres patentes qu'ils avaient obtenues à cet effet n'étaient pas enregistrées, ils

---

(1) Sur toute cette affaire, voy. les *Mémoires du cardinal de Richelieu*, coll. Michaud et Poujoulat, t. I, p. 42; *Histoire du syndicat d'Edmond Richer*, par Edmond Richer lui-même, Avignon, 1753, in-12, p. 17 et s.; la *Vie d'Edmond Richer*, docteur de Sorbonne, par feu Adrien Baillet, Liège, 1714, in-12, p. 81 et s.; d'Argentré, *De novis erroribus*, t. II b, p. 43 et s.; Bossuet, *Defensio Declarationis cleri Gallicani*, lib. VI, cap. xxiv, t. XXXII, p. 386 et s. de la collection de ses œuvres, Versailles, 1817, in-8°; Félibien, *Hist. de Paris*, t. II, p. 1290 et s.

(2) Félibien, *Hist. de Paris*, t. IV, p. 56.

comptaient en octobre près de cent élèves, comme le successeur de Bazot, Pierre Hardivillier (1), en fut informé, avec six ou huit régents étrangers à la Compagnie, qu'ils avaient fait venir du dehors pour tenir les classes. L'Université pensa que le moment était venu pour elle de s'opposer à une atteinte aussi directe portée à ses droits, et tout d'abord elle insista pour que le procès, qui depuis bientôt un an était pendant, fût enfin jugé. Ses adversaires, qui ne pouvaient décliner indéfiniment la discussion contradictoire de leurs prétentions, ayant laissé l'instance s'engager de nouveau, les parties comparurent le 17 décembre 1611 devant la grand'chambre, à laquelle s'étaient réunies la chambre de la Tournelle et celle de l'Édit. Sous la présidence de M. de Verdun siégeaient cinq présidents : MM. Potier, Seguier, Molé, Camus et de Hacqueville; trois pairs de France : le prince de Condé, l'évêque de Noyon et celui de Beauvais; et vingt-sept maîtres des requêtes. Le recteur Hardivillier avait à ses côtés les doyens des Facultés de médecine et de théologie, le procureur Daccole, et les trois avocats ordinaires de l'Université, Antoine Loisel, Denis Bouteillier et Omer Talon, auxquels s'était joint M° de la Martelière, qui devait porter la parole. M° Montholon et M° Sibour se présentaient au nom des Jésuites; Servin occupait le siège du procureur général. Montholon, dès l'ouverture de l'audience, témoigna sa surprise que les pièces du procès ne lui eussent pas été communiquées. Il fut répondu que la communication avait eu lieu l'année précédente; que les pièces étaient déposées au greffe; qu'il avait dépendu, comme il dépendait encore des Jésuites d'en prendre communication; que l'Université n'avait pas à en produire de nouvelles. Sans s'arrêter à cet incident, la cour ordonna que les plaidoiries commenceraient. Après que Montholon eut requis l'enregistrement des lettres patentes du 20 août 1610 qui autorisaient l'ouverture du collège de Clermont, la Martelière

---

(1) Après avoir occupé divers emplois dans l'Université et dans les paroisses de Paris, Pierre d'Hardivillier, de la maison de Sorbonne, succéda en 1639 à Roland Hébert, comme archevêque de Bourges. Il mourut dix années après, le 9 octobre 1649, âgé de 70 ans. Voy. *Gallia Christiana*, t. II. col. 107.

prit la parole (1). Dans un exorde pompeux, il compara les Jésuites aux habitants de Capoue, qui, après le désastre de Cannes, au lieu de venir au secours de Rome, n'avaient songé qu'à se rendre maîtres de l'Italie; de même, à la mort de Henri IV, les Jésuites, au lieu de compatir à l'affliction publique, avaient profité des malheurs de la France pour s'agrandir eux-mêmes; et l'Université, menacée par leurs entreprises, s'était vue réduite, pour la troisième fois, à venir devant le Parlement défendre son repos, ses droits, son existence et les intérêts de l'État. Après avoir rappelé les louanges que l'Université avait reçues de tant de pontifes et de rois, la Martelière insistait sur le caractère d'établissement séculier qui la distinguait. Son recteur, son chancelier, ses doyens, ses syndics, les censeurs des quatre Facultés, les procureurs des quatre Nations, ses suppôts, ses maîtres et docteurs n'étaient-ils pas des séculiers? Jamais elle n'avait admis les réguliers que par grâce et par adoption, sous deux conditions : l'une, qu'ils seraient perpétuellement exclus des charges et dignités, sans y pouvoir participer; l'autre, qu'ils ne pourraient tenir des écoles publiques et qu'ils se borneraient à enseigner les novices de leur ordre. « Ce sont là, disait l'orateur, les lois premières et suprêmes de la police de l'Université, qui est soumise au magistrat politique et ecclésiastique, et qui, selon les temps et les besoins du royaume, reçoit des réformes par des ordonnances royales, tandis que les réguliers s'attachent aux règles de leur institut, établies par des supérieurs qui sont des religieux comme eux et auxquels ils doivent obéir. Les Jésuites sont liés par ce devoir de l'obéissance plus étroitement que toutes les autres communautés; car ils reconnoissent leur général pour Jésus-Christ présent; ils devoient donc s'attendre que l'Université les repous-

---

(1) *Plaidoyé de M. Pierre de la Martelière, advocat en la Cour, faict en Parlement, assisté de Mes Antoine Loisel, Denis Bouteillier, Omer Talon, anciens advocats, les Grand chambres, Tournelle et de l'Édict assemblées, les 17 et 19 décembre 1611, pour le recteur et Université de Paris, défendeurs et opposans, contre les Jésuites demandeurs et requérans l'enthérinement des lettres patentes par eux obtenues, afin de pouvoir lire et enseigner en la dite Université.* Jouxte la copie imprimée à Paris par Jean Petit-Pas, 1612, in-12.

sât. » La Martelière, ensuite, prenant à partie l'enseignement des Jésuites, leur reprochait de mutiler les écrivains classiques, de n'employer que des livres composés par des membres de la Société, de confier les chaires de leurs collèges à des maîtres peu entendus, qui avaient plutôt besoin d'être instruits qu'ils n'étaient capables d'enseigner; mais le principal grief qu'il élevait contre eux, c'était d'avoir des doctrines aussi contraires au repos de l'État et à l'autorité du prince qu'à la hiérarchie de l'Église. Non contents d'établir, avec la Sorbonne, que la primauté de saint Pierre et des évêques de Rome, ses successeurs, est de droit divin, les Jésuites n'attribuaient-ils pas au pape une puissance monarchique, universelle, absolue, infaillible, qui s'étend, selon eux, même sur le temporel de tous les chrétiens, et qui doit les diriger, même dans les affaires civiles, comme l'âme dirige le corps? Suivant l'Université de Paris, le pouvoir spirituel n'est pas moins séparé d'avec le temporel que le ciel l'est de la terre; le règne du Fils de Dieu et de son vicaire n'est point de ce monde, et le droit de se mêler des affaires du siècle ne peut appartenir aux ecclésiastiques; leur seul domaine est la conscience de l'homme; enfin, de droit divin et naturel, les rois, tenant après Dieu la première place entre les hommes, ont toute puissance politique et toute autorité sur ce qui est du temporel. Tout au contraire, selon les Jésuites, les rois et les princes chrétiens sont soumis, même pour le temporel, au pouvoir spirituel, qui peut les redresser et corriger quand ils abusent de leur autorité, c'est-à-dire quand ils n'obéissent pas à la volonté du pape. La Martelière, partant de là, imputait aux Jésuites toutes les agitations qui avaient bouleversé l'Europe depuis leur rétablissement, et les troubles civils de France, et ceux d'Angleterre, et la guerre du pape Paul V avec les Vénitiens, tous les complots contre la vie des princes, et par conséquent les attentats de Châtel, de Barrière et de Ravaillac. Ces imputations, qu'il faut recueillir comme le signe de l'animosité et de l'injustice des partis, étaient développées dans un discours diffus et mal ordonné, dont la marche est pénible à suivre, et qui n'est éclairé, en dépit des éloges intéressés de quelques contemporains, par aucune lueur de véritable éloquence. L'orateur terminait en ces termes : « Ce sont là les moyens d'opposition que l'Université propose contre les lettres obtenues par les Jésuites, moyens fondez sur l'autorité souveraine, gravée dans l'airain des lois fondamentales de la monarchie françoise ; sur sa police particulière, sur vos arrests, sur sa saincte doctrine, laquelle affermist la couronne sur la teste des rois...; fondez encore sur tant d'exemples de malheur, à nous particulièrement si cuisans, qu'il n'y a personne aymant l'Estat et la religion à qui il n'en soit demeuré appréhension et ressentiment. L'institution de la jeunesse n'est pas chose de petite importance ; les anciens en mettoient le soing immédiatement après celuy de la religion. Les enfants doivent la vie aux pères, mais leur bien vivre à ceux qui les instruisent, et celuy ne profite pas moins à la république, qui forme des personnes affectionnées à l'Estat, qui les nourrit sous l'espérance des honneurs, des dignitez, avec la révérence des lois du pays, que celuy qui administre en devoir et fidélité. L'Université de Paris s'en est acquittée loyalement et dignement, depuis huict cents ans, ne s'est jamais obligée à chose quelconque, qu'à l'honneur de Dieu, de son roy, et au bien de l'Église... Les Jésuites offrent de se soumettre aux lois de l'Université, et demandent d'être incorporez. Dès l'an 1564, ils l'avoient ainsi faict ; ils avoient promis de renoncer à leurs vœux, facultez, privilèges, à eux-mêmes ; nous nous sommes vus perdus en cette attente. Il avoient promis en 1593 de ne se mesler plus des affaires de l'Estat, et c'est alors qu'ils y ont le plus travaillé, embrassé le monde le plus estroictement... Ce seroit une estrange imprudence, voire grand crime à nous, d'estre si souvent abusez de ceux qui portent deux cœurs en une poitrine... Nostre roy, croissant et prospérant, apprendra les hauts faicts de son père, ses vertus, les honneurs des roys dont la gloire doit commencer et finir en la louange de son nom ; il héritera de ses prouesses, et venu jeune au mestier actif de la royauté, instruit par les sages conseils de sa mère, il sera craint pour sa prudence comme Salomon, servira au monde et à la France d'un nouveau miracle.

Dieu, pour nos péchez, n'ayant permis que nostre grand roy, duquel nous n'étions pas dignes, continuast ses ans reluisans en toutes vertus, et achevast doucement le reste du cours de sa vie, nous ferons vœu, de cœur et d'affection, qu'il plaise à la divine bonté, confirmer à son mérite, au grand besoin des François, l'assurance de ceste rare félicité de la perpétuité de sa maison royale, pour la conservation, grandeur et autorité de laquelle l'Université de Paris, du temple des Muses, où maintenant ce grand Hercule fait son séjour, vous advertit pour la troisiesme fois de la tempeste dont les Jésuites menacent le calme de la France. S'il arrive que Dieu ne veuille que nos présages, que nos advertissements soient encore mesprisez, nous aurons le contentement et tesmoignage à la postérité, qu'avec la vérité de la saincte doctrine, en laquelle nous avons continué, nous n'aurons manqué de devoir ni d'affection au roy ny à nostre patrie. » La plaidoirie de la Martelière avait occupé la fin de la première audience, qui avait lieu un samedi, et l'audience du lundi suivant. Montholon, qui répliqua le lendemain, 20 décembre, ne parla, selon le *Mercure français* qu'une demi-heure; le plaidoyer qu'il fit imprimer, quelque temps après, est autrement développé; il ne remplit pas moins de 480 pages, où l'avocat discute, pas à pas, les accusations élevées contre les mœurs, l'institut et la doctrine des Jésuites (1). Dans ce débat solennel, dont les parties s'exagéraient sans doute l'importance, mais qui touchait cependant à des intérêts de premier ordre, l'Université voulut être entendue personnellement, et son recteur, Pierre Hardivillier, adressa au Parlement, à la suite de la plaidoirie de Montholon, une harangue en latin, très faible de fond, mais écrite avec soin, dans ce style sonore et affecté dont la Renaissance avait propagé le goût (2).

---

(1) *Plaidoyé de M° Jacques de Montholon, advocat en la Cour, faict en Parlement les 17 et 20 décembre 1611, pour les Pères Jésuites*, etc., Rouen, 1612, in-12, avec cette épigraphe : Τοῦτ' ἔστιν ὁ συκοφάντης· αἰτιάσασθαι μὲν πάντα ἐξελέγχεσθαι δὲ μηδέν. Demosth. contra Eubul.

(2) *Petri Hardivilerii, Parisini, Academiæ rectoris, actio pro Academia adversus presbyteros et scholasticos collegii Claromontani, habita in senatu Parisiensi, anno Domini 1611, die 22 decembris*, Parisiis, J. Petit-Pas, 1612. Une traduction fran-

La péroraison est le type achevé de cette rhétorique prétentieuse qui se croyait l'écho de l'éloquence de Cicéron. « Si vous avez arresté en vous-mêmes de permettre aux Jésuites de disposer de l'Université à leur plaisir, au moins, au moins, messeigneurs, desployez-nous vos pompes, estendez-nous vos robes au préalable, recevez dans vos bras ceste Université qui va succomber ; recueillez les soupirs de vostre mère qui se meurt. Après telle chute, arrive qui pourra. Sache pourtant le peuple aux siècles à venir, cognoissent un jour ceux qui viendront après nous, non pas par nos histoires, non pas par le tissu de nos narrés qui pourroit bien, peut-être, vivre l'âge du monde, mais par vous-mêmes, apprennent pour jamais les nations du monde, entendent ces nouvelles encore un coup, et s'en estonnent, que nous n'avons pas manqué à la république, mais que la république nous a manqué. » Quand le recteur eut terminé sa pompeuse harangue, le procureur général Servin prit la parole. Il s'exprima en adversaire déclaré de la société de Jésus, et répéta, en l'abrégeant, ce que les ennemis des Jésuites avaient dit de plus acerbe contre leurs règles, leur conduite et leurs doctrines. Mais la partie la plus forte, ajoutons aussi la plus captieuse de ce réquisitoire, fut celle où l'habile magistrat somma les Jésuites de déclarer s'ils adhéraient aux quatre propositions suivantes : « — 1° que nul, soit estranger ou naturel, subject d'un roy, ne doit attenter aux personnes et vies des roys et souverains, sous le titre d'authorité quelconque, spirituelle ou temporelle, pour quelque subject et cause que ce soit; mesme pour cause de leurs mœurs ou religion ; — 2° qu'entre les puissances souveraines ordonnées de Dieu, le roy très chrestien des François ne recognoist autre supérieur ès choses temporelles que Dieu seul, par la grâce duquel il a l'entière domination sur ses subjects; et qu'il n'est non plus loisible aux puissances spirituelles, soubs couleur de piété et de promouvoir ou défendre la

çaise par l'auteur lui-même fut publiée sous ce titre : *Harangue de M° Pierre Hardivillier, recteur de l'Université de Paris, prononcée par lui au Parlement pour l'Université contre les pères et escolliers du collège de Clermont, le 22 décembre 1611, traduite du latin en françois, par F. R. P.*, Paris, 1612. Nous avons eu sous les yeux une réimpression faite à Rouen.

religion, d'empiéter sur le temporel des roys et princes chrestiens, ou aux puissances temporelles d'entreprendre sur les spirituelles soubs ombre d'autorité royale ; — 3° que tous les subjects du roy, tant ecclésiastiques que séculiers, luy doivent l'obéyssance telle que Nostre Seigneur Jésus-Christ l'a rendue aux empereurs et magistrats, et l'a ordonnée par ce court mandement : « Rendez à César ce qui est à César et à Dieu ce qui est à Dieu ; » et que par conséquent nulle puissance, quelle qu'elle soit, pas même l'Église assemblée en concile, n'a droit de dispenser ni d'absoudre les subjects du roy du serment de fidélité et d'obéissance. » Servin voulait en outre exiger de la compagnie de Jésus l'engagement qu'elle maintiendrait les droits et libertés de l'Église gallicane, sans dire, écrire ni proposer rien qui s'y trouvât contraire. Il reconnaissait toutefois que l'Université n'était pas elle-même irréprochable ; « qu'il y avoit à redire en quelques docteurs et régents, lesquels font ce qu'ils ne doivent pas et ne font pas ce qu'ils doivent. » Mais si leur négligence et leurs contraventions aux statuts vérifiés en la cour avaient donné lieu à de justes plaintes, la cour avait le moyen de réprimer ces abus, sans qu'il fût nécessaire d'invoquer l'aide des Jésuites. Les débats terminés, le premier président interpella les Jésuites présents, et voulut savoir d'eux s'ils adhéraient aux points énoncés par l'avocat du roi, et s'ils s'engageaient à les faire accepter par le général de l'ordre. Ils se contentèrent de répondre qu'un de leurs statuts leur commandait de se conformer aux lois des pays qu'ils habitaient. Montholon ajouta plus explicitement qu'ils « s'obligeroient à l'observation de la doctrine de la Sorbonne et des lois de l'Université, dont leurs testes respondroient. » L'arrêt de la cour, préparé par d'aussi longues plaidoiries, ne se fit pas attendre. Il appointait les parties au conseil, c'est-à-dire il mettait l'affaire en délibération. Subsidiairement il enjoignait aux Jésuites de souscrire l'engagement de se conformer à la doctrine de la Sorbonne, « même en ce qui concernoit la conservation de la personne sacrée des roys, manutention de leur autorité royale, et libertez de l'Église gallicane, de tout temps et ancienneté gardées et observées dans ce royaume. » Mais ce qui était plus grave, le Parlement faisait défense à la Compagnie « de rien innover, faire et entreprendre contre et au préjudice des lettres de son restablissement et de l'arrest de vérification d'icelles; s'entremettre, par eux ou personnes interposées, dans l'instruction de la jeunesse en ceste ville de Paris, en quelque façon que ce soit, et d'y faire aucun exercice et fonctions de scolarité, à peine de déchéance du restablissement qui leur a été accordé (1). »

Ainsi, comme au temps d'Achille de Harlay, et malgré la prédilection supposée de son successeur pour les Jésuites, leur cause, gagnée devant la reine mère et le conseil privé, venait d'échouer devant la magistrature, dont la résistance annulait dans la pratique les faveurs qu'ils avaient obtenues de l'autorité royale. L'ancien recteur Grangier se rendit l'interprète de la joie de l'Université dans un remerciement adressé au Parlement, dont il offrit la dédicace au proviseur du collège d'Harcourt, M° Turgot de Monville (2). L'année n'avait pas été heureuse pour les Jésuites, que l'opposition tumultueuse d'une partie de la population de la ville de Troyes avait déjà contraints quelques mois auparavant d'ajourner l'établissement d'un collège dans cette ville (3). Ils se résignèrent d'assez bonne grâce à leur mauvaise fortune et attendirent des jours meilleurs. Les élèves qu'ils avaient réunis au collège de Clermont furent congédiés; et afin que toutes les dispositions de l'arrêt du Parlement reçussent leur exécution, le P. Christophe Baltazard, provincial de la Compagnie, le P. Barthélemy Jacquinot, supérieur de la maison qu'elle avait à Paris sous l'invocation de Saint-Louis, les PP. Alexandre-Georges, Fronton-Duduc, François Taconius et Jacques Sirmond, se rendirent, le 22 fé-

(1) *Pour les Universitez de France jointes en cause contre les Jésuites*, in-12, rec. 6°, p. 89, etc.; *Censures de la Faculté de théologie*, p. 157, p. 170 et s.; d'Argentré, *De novis erroribus*, t. II b, p. 53 et s.

(2) *Academiæ Parisiensis ad amplissimum ordinem gratulatio et gratiarum actio pro causæ victoria per Joannem Grangier*, Parisiis, J. Petit-Pas, 1612.

(3) *Discours véritable de ce qui s'est passé dans la ville de Troyes sur les poursuites faictes par les Jésuites pour s'y establir*, 1622, réimprimé dans les *Mémoires pour servir à l'établissement des RR. PP. Jésuites...* avec les pièces justificatives, 1757, in-12, p. 63.

vrier 1612, au greffe de la cour, assistés de M⁰ Léon Sibour, leur procureur, pour y prendre l'engagement de soutenir la doctrine des écoles de Sorbonne concernant la personne des rois, leur autorité royale et les libertés de l'Église gallicane (1).

Tandis que ce mémorable débat touchait à son dénouement, l'un des champions les plus opiniâtres des droits de l'Université, le syndic de la Faculté de théologie, Edmond Richer, se trouvait luimême jeté dans une contestation qui devait lui coûter et sa fonction, qu'il remplissait d'une façon si dévouée, et le repos du reste de ses jours. Attaché fortement aux maximes que le chancelier Gerson avait défendues, à l'époque du grand schisme, devant les conciles de Pise et de Constance, moins disposé à les adoucir par de sages tempéraments qu'à les exagérer, Richer avait composé un écrit assez court sur la puissance ecclésiastique et politique, *De ecclesiastica et politica potestate* (2), dans lequel, sans contester la primauté du Saint-Siége, il portait les coups les plus vigoureux à la suprématie pontificale, telle du moins que Bellarmin l'avait définie. Il enseignait, comme étant la pure doctrine de la Sorbonne, que la juridiction ecclésiastique appartient premièrement et essentiellement à l'Église; que Jésus-Christ l'a conférée à tout l'ordre sacerdotal, représenté par les apôtres et les soixantedouze disciples, qui l'ont transmise aux curés et aux simples prêtres, avec la mission de régir la société des fidèles; que le pape est seulement l'organe et le ministre de l'Église, à peu près comme l'œil est l'organe de l'âme, en qui réside la puissance de la vue. L'Église est sans doute une monarchie : car elle a un seul chef invisible qui est Jésus-Christ, un seul chef visible qui est le pape, et dans chaque diocèse un seul évêque, gardien de la doctrine et de la discipline; mais son gouvernement est une aristocratie, la meilleure de toutes les formes de gouvernement et la plus con-

---

(1) *Censures de la Faculté de théologie*, p. 177; d'Argentré, *De novis erroribus*, t. II b, p. 58.

(2) J'ai eu sous les yeux une édition de 1670, accompagnée de la défense de l'ouvrage par Richer lui-même : *Emundi Richerii doctoris theologici Parisiensis libellus de ecclesiastica et politica potestate, nec non ejusdem libelli per eumdem Richerium demonstratio*, Parisiis, 1670, in-12.

forme à la nature; car ni le pontife de Rome ni les autres évêques ne peuvent régler aucun point de quelque importance, sinon sur l'avis du concile général et des conciles provinciaux. Le pontife romain veille à l'exécution des lois ecclésiastiques; il les interprète et accorde les dispenses nécessaires; mais il est soumis lui-même aux règles qu'il doit faire observer par les églises particulières, et ses propres décrets n'obligent qu'autant qu'ils sont conformes aux canons universellement reçus. L'autorité souveraine, absolue, infaillible, en matière de foi, a été dévolue au concile général, dans lequel toute l'Église a été représentée : d'où résulte la nécessité que les conciles s'assemblent souvent, pour que l'Église de Jésus-Christ continue à être gouvernée avec les tempéraments que son fondateur a ordonnés. Richer ajoutait, comme il l'avait déjà soutenu dans les contestations de l'Université avec les Jésuites, que le pouvoir ecclésiastique et le pouvoir politique sont deux pouvoirs distincts, également institués de Dieu; que, bien loin de se combattre et de se déchirer, ils se doivent un mutuel appui; que le royaume de Jésus-Christ n'est pas de ce monde et que le sacerdoce doit se contenter de travailler au salut des âmes, sans prétendre à la puissance du glaive et à la domination; que le prince est dans l'ordre temporel le protecteur et le vengeur des saints canons; qu'il est, comme Constantin le Grand s'appelait lui-même, l'évêque du dehors, et qu'à ce titre il est juge des appels comme d'abus. Ces maximes n'étaient pas nouvelles, et Richer n'était pas embarrassé de citer des théologiens très autorisés qui les avaient textuellement énoncées. Cependant certaines expressions, prises trop à la lettre, altéraient profondément la notion de la papauté, en réduisant le pontife romain à des attributions purement exécutives, ou, comme on disait alors, ministérielles. Aussi l'abbé Fleury, si dévoué lui-même aux libertés de l'Église gallicane, n'hésite pas à taxer Richer d'exagération et à reconnaître qu'il « poussait trop loin sa prétendue aristocratie dans l'Église (1). »

(1) *Discours sur les libertés de l'Église gallicane*, dans les *Nouveaux opuscules* de l'abbé Fleury, 2ᵉ édition, Paris, 1818, in-12, p. 133.

C'était M. de Verdun qui, à l'occasion des débats où l'autorité pontificale se trouvait incidemment mise en cause, avait pressé Richer de résumer, dans un court écrit, la doctrine de la Faculté de théologie sur les points controversés. Le zélé syndic hésita longtemps, partagé qu'il était entre deux appréhensions, celle de soulever de nouveaux orages funestes à son repos et celle de mécontenter un magistrat puissant, dont la protection ne lui était pas moins nécessaire qu'à l'Université. Philippe de Gamache, comme lui docteur en théologie, et pour lequel il ressentait une véritable affection, l'engageait au silence; mais d'autres avis, et surtout l'ardeur de la dispute, finirent par l'emporter sur ce sage conseil. Toutefois, son écrit achevé, il en fit seulement tirer trois cents exemplaires, sans y mettre son nom, et ne le distribua qu'à très peu de personnes. Il y avait joint, comme pièces justificatives, d'anciens décrets de la Faculté de théologie, notamment une délibération de l'année 1429, contre un dominicain, nommé Jean Sarrazin; délibération qui confirmait singulièrement sa propre doctrine et qui était extraite pour la première fois des registres de la Faculté.

Aussitôt que le nonce du pape eut pris connaissance du livre de Richer, il se montra vivement offensé, et menaça, comme il l'avait fait en plus d'une occasion, de quitter Paris, s'il n'obtenait pas justice d'un ouvrage aussi contraire aux droits du Saint-Siège (1). Ce qu'il y eut de plus grave pour Richer, c'est que des personnages connus par la modération de leurs sentiments, et qui autrefois l'avaient soutenu, entre autres, le cardinal Du Perron, se prononçaient maintenant contre lui. Politique avisé autant qu'habile théologien, Du Perron estimait que les maximes outrées du syndic de la Faculté de théologie avaient des conséquences non moins funestes pour le repos de l'État que pour celui de l'Église, et que si elles devaient prévaloir, elles ébranle-

---

(1) J'emprunte les détails qui suivent à l'*Histoire du syndicat de Richer*, en m'attachant moins au récit même de l'auteur, trop engagé dans la question pour être impartial, qu'aux documents officiels dont il cite un grand nombre. Voy. aussi *Continuation du Mercure françois*, etc., Paris, 1627, ann. 1612, fol. 301 verso et suiv.; d'Argentré, *De novis erroribus*, t. II b, p. 58 et s.

raient du même coup l'autorité des rois et celle des papes. Si en effet, la souveraineté ne résidait pas dans le pape, n'était-il pas naturel de penser qu'elle ne résidait pas non plus dans le roi, et qu'elle appartenait dans l'ordre temporel aux états généraux de la nation, comme au concile dans l'ordre spirituel? Du Perron remarquait aussi que, selon Richer, l'élection de ses propres pasteurs est dévolue par la loi divine à l'Église, et que nul intérêt humain ne saurait détruire ce droit imprescriptible et sacré. Mais, dans ce cas, de quelle valeur obligatoire pour la conscience pouvait être cette clause du concordat de François Ier, qui attribuait au roi la nomination aux évêchés et à une partie des bénéfices? Enfin, abaisser et amoindrir le pouvoir du pape, comme le faisait Richer, n'était-ce pas invalider la bulle par laquelle Clément VIII avait annulé le premier mariage de Henri IV avec Marguerite de Navarre et avait permis que le roi épousât Marie de Médicis? Un séditieux ne pourrait-il pas protester contre cette bulle et alarmer la piété des fidèles par un appel au concile général? Le jugement de l'illustre cardinal, si cher à Henri IV, si vénéré dans l'Église de France, rallia contre Edmond Richer la plupart de ceux qui, tout en repoussant les Jésuites, ne voulaient pas se séparer du Saint-Siège. A la Faculté de théologie, les anciens et les nouveaux adversaires du syndic, conduits par André du Val et l'abbé de Saint-Victor, auxquels s'était joint Jean Filesac, curé de Saint-Jean en Grève, se préparaient à censurer son livre, lorsque le Parlement, ayant évoqué l'affaire sur le réquisitoire de Servin, enjoignit à la Faculté de surseoir à toute délibération. Toutefois l'arrêt de la cour ne pouvait enchaîner la voix de l'épiscopat, si l'épiscopat jugeait répréhensible l'ouvrage de Richer. Le cardinal Du Perron, de jour en jour plus animé, se concerta, pour formuler une condamnation canonique, avec un certain nombre d'archevêques qui se trouvaient de passage à Paris. Mais comme tous ces prélats étaient hors de leur diocèse, l'évêque de Beauvais contesta leur compétence et soutint que la censure ne pouvait être prononcée régulièrement que par lui seul, en sa qualité de conservateur des privilèges apostoliques de l'Université. Le duc de

Villeroy et le chancelier Sillery, sollicités par plusieurs membres du Parlement, firent de leur côté les réserves les plus impératives en faveur des droits de la couronne de France et des libertés de l'Église gallicane. Du Perron promit de se conformer à la clause qui lui était imposée; et, afin d'échapper d'ailleurs au conflit soulevé par l'évêque de Beauvais, il s'adressa aux évêques de la province de Sens, dont il était lui-même le métropolitain. Le 13 mars 1612, les évêques assemblés sous sa présidence, dans son propre hôtel, prirent une délibération aux termes de laquelle, « après avoir vu et examiné un livre, sans nom d'auteur et d'imprimeur, intitulé *De ecclesiastica et politica potestate*, » ils censuraient et condamnaient « pour plusieurs propositions, expositions et allégations qui y sont contenues, fausses, erronées, scandaleuses, et comme elles sonnent schismatiques et hérétiques, sans toucher néanmoins aux droits du roi et de la couronne de France, droits, immunités et libertés de l'Église gallicane. » Le dimanche suivant, cette censure fut publiée, par l'ordre de l'évêque de Paris, aux prônes de toutes les paroisses, et plusieurs évêques la firent également annoncer dans leur diocèse. Vainement Richer essaya d'introduire un appel comme d'abus (1) : son appel ne fut pas reçu, et la régente lui fit transmettre l'ordre de s'abstenir de toute démarche et de tout écrit pour la défense de son livre.

Cependant ses ennemis, excités par le succès qu'ils venaient de remporter, redoublaient contre lui d'efforts et d'intrigues, et ne cachaient plus leur dessein de lui enlever le syndicat de la Faculté de théologie, dans lequel il s'était montré si contraire à leurs maximes et à leurs prétentions. La censure qu'il venait d'encourir,

---

(1) « Richer fut si téméraire, dit sévèrement le cardinal Richelieu, dans ses *Mémoires* (coll. Michaud, p. 50), qu'il en appela comme d'abus, disant que les évêques s'étoient assemblés sans la permission du roi, et sans indication et convocation préalablement requise par les ordonnances, sans l'avoir appelé ni ouï, contre l'autorité de la Cour, qui, ayant défendu à la Sorbonne de délibérer sur ce sujet, avoit lié les mains à tous autres d'en connoître; et enfin que la censure étoit générale et vague, sans coter aucune proposition particulière, et la réservation semblablement. Son relief d'appel lui ayant été refusé au sceau, il s'adressa à la Cour, pour obtenir arrêt afin de le faire sceller; mais le Parlement, plus religieux que lui, ne jugeant pas devoir se mêler de cette affaire, ne lui donna pas le contentement qu'il s'étoit promis. »

bien que son nom n'eût pas été prononcé, leur fournissait un motif plausible; car il ne paraissait pas raisonnable de conserver comme syndic un membre dont la doctrine, loin d'être sûre, venait d'être condamnée (1). Toutefois l'abbé de Saint-Victor, François de Harlay, qui s'était chargé d'engager l'affaire, mit en avant un prétexte derrière lequel aurait pu s'abriter l'amour-propre de Richer, si de pareils subterfuges avaient pu convenir à cette âme fière et généreuse : c'est qu'il occupait depuis plusieurs années le syndicat; que des fonctions aussi importantes devaient, en raison de leur nature même, ne pas rester trop longtemps aux mêmes mains; qu'il était de l'intérêt de la Faculté d'avoir plusieurs docteurs versés dans les affaires et dans la connaissance de la discipline et des traditions; que s'il arrivait que M° Edmond Richer mourût, la compagnie n'aurait personne qui possédât l'expérience nécessaire pour diriger ses travaux. L'abbé de Saint-Victor proposa en conséquence, dans l'assemblée du 1ᵉʳ juin, qu'il fût procédé immédiatement à l'élection d'un nouveau syndic. Le doyen, M° Nicolas Roguenant, répondit que la proposition lui paraissait sans exemple; que, suivant les anciens usages de la Faculté, les fonctions de syndic n'étaient soumises à aucune limite de temps; que, sauf le cas de démission ou de faute grave, celui qui les avait obtenues les conservait jusqu'à sa mort. Richer, qui parla ensuite, exposa brièvement les principaux actes de son syndicat; il soumit au jugement de ses collègues son écrit sur la puissance ecclésiastique et politique, et termina en déclarant sa ferme résolution de souffrir toute extrémité plutôt que de consentir à une déposition ignominieuse pour lui et n'ayant d'autre motif que la malveillance de ses ennemis. La délibération dura depuis sept heures du matin jusqu'à midi environ. Malgré les efforts de Richer et de ses amis, quarante-cinq docteurs, sur soixante-dix, opinèrent contre lui, sans que toutefois l'assemblée prît aucune conclusion. La magistrature et le gouvernement voyaient avec déplaisir ces luttes sans

(1) Richelieu, *ibid.* : « La Faculté le voulut déposséder de son syndicat, ne pouvant souffrir qu'étant homme de si mauvaise réputation en sa doctrine, il fût honoré de cette charge première. »

cesse renouvelées qui, s'ajoutant à toutes les autres causes d'agitation inséparables d'une minorité, exposaient le royaume à des troubles sérieux et peut-être à un schisme. La régente fit défense à l'abbé de Saint-Victor de renouveler sa proposition ; de son côté, le premier président usa de l'influence qu'il croyait avoir sur Richer pour obtenir de lui qu'il se démît volontairement. Mais l'intrépide syndic, dont le courage s'enflammait par la lutte, répondit « qu'il méprisoit les injures et les menaces des hommes ; que le roi et la reine avoient puissance sur sa vie, mais non pas sur son honneur ; et qu'il étoit nécessaire que la postérité connût par quels moyens, sous la minorité de Louis XIII, on avoit voulu en sa personne opprimer la vérité et intimider le monde. » Comme sa résistance opiniâtre pouvait faire présager de nouveaux débats encore plus orageux que les discussions passées, le chancelier fit préparer par Marillac, conseiller d'État, et adresser à la Faculté de théologie des lettres, signées du roi, qui ordonnaient à la Faculté de procéder, dans sa plus prochaine assemblée, à l'élection d'un nouveau syndic.

Richer protesta, seulement pour la forme ; car sa protestation ne pouvait prévaloir contre les ordres précis venus de si haut. La Faculté qu'il avait dirigée en des temps difficiles, avec plus de zèle que de prudence, lui vota des remerciements pour sa longue et laborieuse administration, en faisant toutefois des réserves pour la publication de son livre sur la puissance ecclésiastique, et pour l'apologie de sa conduite, qu'il venait de présenter en termes véhéments. Le syndicat qui lui échappait fut confié à Jean Filesac, autrefois son ami, maintenant son rival et l'un de ses adversaires les plus résolus. A peine installé, Filesac proposa que dorénavant le syndic fût nommé pour deux années seulement, et qu'à l'expiration de la première année la Faculté eût à examiner si elle voulait lui conserver sa charge pour l'année suivante ou pour un temps plus long. Il soumit ensuite à la Faculté deux autres mesures : l'une, que dans la rédaction des procès-verbaux, le syndic fût assisté de quatre membres qui vérifieraient les conclusions avant qu'elles fussent couchées sur le registre ; l'autre, que les registres fussent renfermés sous trois clefs, et qu'à l'avenir nul ne pût extraire ni communiquer les délibérations de la Faculté sans son aveu. Ces propositions, la dernière surtout, étaient autant de blâmes dirigés contre Richer, à qui l'on avait amèrement reproché, entre autres griefs, d'avoir divulgué le décret inédit de 1429 contre Jean Sarrasin, et d'en avoir joint le texte à son livre sur la puissance ecclésiastique. Après plusieurs années d'efforts heureux et de véritable prépondérance, tout semblait se tourner contre lui, et ses protestations, qu'il répétait sans trouver d'échos, ne servaient qu'à mettre en évidence un des côtés les plus fâcheux de son caractère, je veux dire l'opiniâtreté dans la dispute et la passion de la procédure. Cependant ses ennemis échouèrent dans le projet qu'ils avaient formé de lui enlever même la charge de grand maître du collège du cardinal Lemoine : la froideur du garde des sceaux les arrêta, et le champion infatigable de l'Université, qui n'avait péché que par excès de dévouement pour elle, conserva jusqu'à sa mort le beau collège, naguère en décadence, que ses soins avaient relevé.

Aux luttes animées que les questions théologiques ne cessaient pas de provoquer, se mêlent, pendant les années que nous venons de parcourir, quelques événements qui touchent à la vie extérieure des écoles.

Au mois de mars 1612, une contestation déjà ancienne se renouvela entre les religieux de l'abbaye de Saint-Victor, qui suivaient la règle de Saint-Augustin, et ceux du couvent de Saint-Martin des Champs, de l'ordre de Cluny, au sujet de la préséance dans les processions de l'Université (1). Ce qui fait pour nous l'intérêt de cette dispute, c'est qu'on y voit cité par les Victorins un titre daté du mois de février 1311, portant que les écoliers de la communauté recevront des mains du cellerier six sous parisis pour subvenir à leurs besoins. Quoique le différend n'eût au fond que très peu d'importance, il se prolongea pendant plusieurs mois et occupa même le parlement de Paris. Il fut tranché, en mai 1612, par une délibération du tribunal académique, en faveur des

(1) *Arch. U.*, Reg. xxv, fol. 295, 304, 307, 318, 324, 325, 328 et s.

religieux de Saint-Martin, qui de temps immémorial remplissaient l'office de chantres dans les processions, et qui en cette qualité précédaient immédiatement le recteur.

Le 20 octobre 1612, fut passé devant Mes Saint-Vast et Fardeau, notaires à Paris, le contrat par lequel un ancien recteur, qui avait enseigné aux collèges de Bourgogne et d'Harcourt, et qui était alors principal du collège du Trésorier, Me Jean de Rouen, fondait une chaire de cas de conscience dans la maison de Sorbonne. C'était par le conseil d'Edmond Richer, son ancien élève, que le donateur avait consacré à cette pieuse et savante fondation le fruit de son travail et de ses économies. Le capital dont il faisait l'abandon était de neuf mille six cents livres tournois, qui, placées au denier seize, devaient donner un revenu de six cents livres, dont cinq cents étaient affectées au traitement du professeur, et le surplus à la Sorbonne. Le premier qui fut désigné pour occuper la nouvelle chaire, par le choix du fondateur lui-même, fut Pierre Leclerc, docteur en théologie. Nous possédons le discours d'ouverture qu'il prononça le 12 novembre, et dans lequel l'orateur fit tout à la fois ressortir les services et les vertus de Jean de Rouen, et les avantages de l'étude des cas de conscience. Pierre Valens, Hardivillier, René Bonnin et Grangier, anciens recteurs, et d'autres maîtres des écoles de Paris, composèrent à cette occasion plusieurs pièces de vers en français, en latin, en grec, et même en hébreu : juste et sincère hommage que l'Université reconnaissante se plaisait à payer à l'un des siens dont la munificence l'avait servie et honorée (1).

Malgré les soucis que lui donnaient tant de divisions produites dans son sein, l'Université de Paris continuait à exercer autour d'elle une exacte surveillance et à réprimer sévèrement les infrac-

---

(1) Sur la fondation de Jean de Rouen, qui n'est qu'indiquée par d'Argentré, *De nov. error.*, t. II a, p. 538, et dans la *Défense des droits de l'Université de Paris*, etc., Paris, 1657, in-4°, p. 78 des additions, voy. *Cathedra Roënnea ab Jo. Roënneo, Rotomagensi, nuper Lutetiæ fundata et in uno collegio sodalitioque So*rbonæ *locata.* XIII *novembris* MDCXII, *ad ornatissimum et splendidissimum virum Nic. Virdunum, Equitem et primi Franciæ senatus principem.* Parisiis. Excudit Franciscus Jacquinus, MDCXII, petit in-4° de 79 pages.

tions qu'elle découvrait. Avertie qu'un régent de philosophie du collège de Bourgogne, nommé Germain de Vauchelles, donnait des leçons de logique et de physique en dehors de l'enceinte du collège, elle lui intima l'ordre de les suspendre (1); et comme cet abus était fort répandu, et qu'un grand nombre de maîtres étrangers enseignaient sans autorisation, défense fut faite que des cours publics ou particuliers fussent annoncés par ceux qui n'étaient pas immatriculés dans la Faculté à laquelle l'objet desdits cours se rattachait, et qui n'avaient pas obtenu l'assentiment de tous les docteurs de cette Faculté.

L'Université ne montra pas moins de rigueur contre une autre pratique, alors bien plus rare, l'enseignement de la philosophie en français. Celui qui s'était permis cette dérogation à l'antique usage, ou plutôt qui en avait fait l'annonce dans un programme, était le principal du collège de Tréguier, Me Camus. Injonction lui fut adressée de renoncer à son projet, sous peine d'être exclu à tout jamais du sein de l'Université.

Mais, de toutes les affaires purement scolaires dont nous avons retrouvé la trace, la plus importante et la plus prolongée, sans contredit, c'est la tentative qui fut faite d'astreindre les étudiants en droit canon à l'obligation de prendre la maîtrise ès arts. Nous avons vu que, d'après les statuts de 1598, la maîtrise ès arts n'était exigée que des candidats en théologie et en médecine, sans être nécessaire pour arriver aux grades de la Faculté de décret. Il s'ensuivait que les gradués de cette Faculté qui sollicitaient des bénéfices ecclésiastiques se trouvaient plus favorisés que les autres gradués, puisqu'ils avaient à remplir des conditions moins rigoureuses. Les théologiens et les médecins, comme les artistes eux-mêmes, se lassèrent de cette inégalité difficile à justifier; et, dans une requête au Parlement qui attaquait de front la constitution intérieure de la Faculté de décret, ils demandèrent que ses candidats fussent assujettis, comme tous les autres étudiants, à la maîtrise ès arts, et que désormais nul gradué en droit canon, s'il n'était maî-

---

(1) *Arch. U.*, Reg. XXV, fol. 333, 344, 348, et nos Pièces justificatives, n° XXXVIII.

tre ès arts, ne pût obtenir des lettres de présentation aux bénéfices. Aussitôt le doyen de la Faculté de décret, M° Guyon, protesta au nom de sa compagnie contre cette délibération, la déclarant subreptice, fausse, erronée, mensongère, émanée de personnes qui n'avaient pas qualité pour la prendre, contraire aux droits de l'autorité supérieure et aux anciennes lois de l'Université. Les autres Facultés n'en persistèrent pas moins dans leur résolution, qu'elles aggravèrent par cette clause que, pendant toute la durée du différend, aucun gradué en droit canon ne serait admis au rectorat. Après six mois de discussion, comme ces luttes intestines affaiblissaient toutes les parties qui s'y trouvaient engagées, on proposa par transaction qu'au lieu de la maîtrise ès arts, que l'Université avait d'abord exigée, les gradués en droit, candidats aux bénéfices, n'eussent à fournir que de simples lettres de scolarité, délivrées par le recteur. Ce fut à ce moyen terme que le Parlement, devant qui l'affaire avait été portée, se rangea par son arrêt du 31 décembre 1613, qui servit désormais de règle, sans prévenir toutefois, comme nous le verrons, de nouvelles plaintes et de nouvelles contestations (1).

L'Université de Paris aurait sans doute travaillé avec plus de suite et de succès à sa propre réformation si elle avait eu moins de luttes à soutenir contre ses rivaux. Mais l'ardeur indomptable des Jésuites et le progrès continu de leurs établissements étaient pour elle une source d'embarras et de procès qui ne tarissait pas. A peine les eut-elle vaincus à Paris, elle fut informée qu'ils menaçaient Compiègne et Soissons, et qu'à Toulouse, non contents d'avoir un noviciat, un collège et une pension, ils profitaient de la vacance du siège épiscopal pour établir une maison professe, malgré l'opposition du chapitre diocésain. Les dangers que de pareilles entreprises faisaient courir à toutes les universités du royaume suggérèrent le projet d'établir une ligue entre elles pour combattre l'ennemi commun. L'idée vint au doyen de la Faculté de droit de Toulouse, Guillaume Maran, qui, l'ayant fait agréer par la

---

(1) *Arch. U.*, Reg. xxv, fol. 343, 351, 357; et *Partie des pièces et actes qui concernent l'estat présent et ancien de l'Université de Paris*, Paris, 1653, in-4°, rec. 6°, p. 17.

compagnie, fut chargé d'en écrire à l'Université de Paris. Celle-ci accueillit avec beaucoup de faveur cette ouverture, et rédigea aussitôt une circulaire où elle conjurait les autres universités d'unir leurs efforts aux siens, et de choisir chacune un mandataire, muni des plus amples pouvoirs, pour s'entendre avec elle sur les mesures à prendre dans l'intérêt général. Toutefois, sur l'avis de Richer, il fut convenu que cette circulaire ne serait d'abord envoyée qu'à Toulouse, et que Guillaume Maran, avant de la répandre, devrait s'assurer de l'adhésion des autres universités, pour ne pas offrir aux Jésuites, en cas d'échec, une nouvelle occasion de triomphe. Cette réserve, comme l'événement le prouva, était sage; car, ou par crainte, ou par prévoyance, les universités montrèrent peu d'empressement à répondre à l'appel qui leur était adressé. Leur tiédeur fit, pour le moment, avorter le projet, qui réussit mieux quelques années après, lors des débats avec la compagnie de Jésus au sujet du collège de Tournon.

Un des premiers établissements pour l'éducation des filles qu'ait possédés la ville de Paris venait alors d'être ouvert au faubourg Saint-Antoine par la communauté des Ursulines, que Madeleine Lhuilier, veuve de M. de Sainte-Beuve, ancien conseiller au parlement de Paris, avait fondée depuis peu. Les sœurs du nouvel institut, selon les lettres patentes et la bulle de Paul V qui l'avaient approuvé, devaient être au nombre de douze, sous la direction de trois docteurs de Sorbonne, Mes Guillaume Geslin, Jacques Gallement et Thomas Gallot. Après les exercices religieux, leur principal soin était l'instruction des jeunes filles, qu'elles formaient à la piété, aux bonnes mœurs et à tous les travaux de leur sexe. Deux mille livres de rente perpétuelle composaient dans l'origine toute la fortune de l'établissement, qui prospéra si bien que par la suite quatorze couvents, sortis de la maison de Paris, furent établis successivement dans différentes villes de province (1).

Ce qui caractérise les commencements du dix-septième siècle, et ce qui présageait, au sortir des déchirements douloureux de la fin

---

(1) Félibien, *Hist. de Paris*, t. II, p. 1289; t. IV, p. 57.

du seizième, une ère de fortes convictions et de grandeur morale, c'est la sainte émulation de ferveur qui s'était emparée de quelques âmes, et qui les poussait tantôt à réformer les anciennes communautés, tantôt à en fonder de nouvelles, où accouraient les plus nobles esprits pour travailler ensemble à leur salut et à celui de la société. Tandis que Mme Acarie introduit en France l'ordre des Carmélites, que sainte Thérèse venait de réformer en Espagne, et qui sera un jour l'asile de tant de femmes illustres, désabusées des vanités du monde; tandis que César de Bus établit la congrégation des pères de la Doctrine chrétienne, pour combattre l'ignorance du peuple et du clergé et pour corriger les mœurs, voici que Pierre de Bérulle, l'ami de Mme Acarie et l'un des supérieurs du Carmel français, affligé de l'anéantissement de la discipline ecclésiastique, conçoit le dessein de réformer et de restaurer la vie sacerdotale. Après avoir longtemps hésité devant les difficultés de l'entreprise, il s'associe quatre prêtres : Jean Bance et Jacques Gastaud, tous deux docteurs de la maison de Sorbonne, Paul Métezeau, bachelier en théologie de la maison de Navarre, et François Bourgoin, curé de Clichy, avec lesquels il se retire dans une maison du faubourg Saint-Jacques. Là il fonde la société dite des *Prêtres de l'oratoire de Jésus*, autorisée par lettres patentes un mois après son établissement, déclarée de fondation royale en 1612, et approuvée par le Saint-Siège l'année suivante. La perfection du sacerdoce établi par Jésus-Christ était le but que la nouvelle communauté se proposait. Ses membres ne prononçaient pas de vœux et n'avaient d'autre lien que celui de la charité, avec une règle simple et large qui préservait et n'étouffait pas la liberté (1). Ils exerçaient sous l'autorité des évêques, comme les simples prêtres, toutes les fonctions du ministère ecclésiastique; ils pouvaient même

---

(1) Bossuet, en son *Oraison funèbre du père Bourgoing*, définit admirablement le nouvel ordre fondé par Bérulle : « Son immense amour pour l'Église lui inspira le dessein de former une compagnie à laquelle il n'a pas voulu donner d'autre esprit que l'esprit même de l'Église, ni d'autres règles que ses canons, ni d'autres supérieurs que ses évêques, ni d'autres liens que sa charité, ni d'autres vœux solennels que ceux du baptême et du sacerdoce. Là une sainte liberté fait un saint engagement ; on obéit sans dépendre ; on gouverne sans commander... »

occuper des bénéfices, et acceptaient la direction des séminaires dans les diocèses où ils étaient appelés. La Faculté de théologie accueillit avec une faveur singulière l'œuvre naissante de Bérulle, et, sur la proposition de Filesac, la maison de Sorbonne adopta un régime tout semblable pour ceux de ses docteurs et bacheliers qui voudraient vivre en commun, moyennant une pension modique payée à la société. Mais l'inflexible Richer veillait; et comme il crut découvrir que ces nouveautés menaçaient les droits de l'Université, il souleva autour de lui, avec sa fougue ordinaire, un orage contre l'Oratoire. Filesac, en sa qualité de syndic, avait mandé devant la Faculté de théologie ceux de ses membres qui avaient suivi Bérulle, pour que le doyen les interrogeât et qu'ils fissent connaître publiquement sous quelle règle ils vivaient, si leur institut était approuvé par le pape, le roi et le Parlement, et si, dans leur nouvelle situation, ils entendaient continuer à faire partie de l'Université et à jouir des privilèges attachés à leurs titres académiques. Après avoir entendu leurs explications, la Faculté s'était déclarée satisfaite, et elle avait décidé que, malgré les engagements particuliers qu'ils venaient de former, elle les conserverait dans son sein et les admettrait, comme par le passé, dans ses assemblées (1). Peut-être avait-elle excédé ses pouvoirs en décidant seule une question qui intéressait l'Université tout entière. Richer dénonça la conclusion qui venait d'être prise, et représenta, dans les termes les plus véhéments, au recteur Jacques Saulmon et aux autres Facultés, que les compagnons de Bérulle n'étaient pas moins à redouter que les Jésuites, et que si leurs entreprises n'étaient pas arrêtées, usant des facilités que donnait leur règle, ils ne tarderaient pas à prétendre aux bénéfices ecclésiastiques; ils deviendraient, par la faveur des grands et de l'épiscopat, pénitenciers, théologiens, curés, principaux, grands maîtres, proviseurs, et même régents dans les collèges, et ne laisseraient pas une seule chapelle ni une seule charge un peu avantageuse pour les gradués ordinaires non affiliés à la communauté. Émus de ces prévisions

---

(1) *Syndicat de Richer*, p. 204 et s.; d'Argentré, *De nov. error.*, t. II b, p. 82 et s.; *Acta rectoria*, t. IV, p. 160 et s.

sinistres, les députés de l'Université, dans une réunion qui se tint le 30 mai 1613, conclurent à ce que la Faculté de théologie fût sommée de ne pas donner suite à l'incorporation des membres de l'Oratoire. Pour donner plus de poids et de solennité à la délibération, le recteur vint lui-même la notifier dans une assemblée de la Faculté. Mais, soit que cette démarche insolite eût irrité les esprits, soit que le recteur les eût blessés par une attitude hautaine, il fut accueilli par des huées et des sifflets (1), sans pouvoir donner lecture de l'acte qu'il devait communiquer; la signification ne put être faite que le lendemain par le ministère d'un notaire. Plainte fut portée au Parlement de l'outrage, inouï dans les fastes de l'Université, que la dignité rectorale avait souffert. Filesac et le doyen Roguenant supplièrent alors Saulmon de pardonner et d'oublier. Un arrêt de la cour ordonna qu'il se rendrait dans la prochaine assemblée de la Faculté; qu'il serait reçu par tous les docteurs avec le respect dû à son rang; que le syndic lui renouvellerait, au nom de sa compagnie, les excuses présentées devant la cour, mais qu'il ne prendrait pas la parole lui-même, et que s'il avait à faire une proposition au sujet des prêtres de l'Oratoire, il la présenterait par écrit à la Faculté, qui ferait de son côté une réponse écrite. En général, les décisions judiciaires ne font pas cesser les inimitiés et ne rétablissent le calme qu'à la surface. On touchait au moment où devaient expirer les pouvoirs de Saulmon, nommé recteur trois mois auparavant. Une puissante brigue se forma pour que ses pouvoirs fussent prorogés, et une brigue en sens opposé, très favorable aux Oratoriens, pour qu'un nouveau recteur fût élu (2). Au jour de l'élection, les intrants se trouvèrent partagés; ceux de Picardie et de Normandie s'étaient prononcés pour la prorogation; ceux de France et d'Allemagne avaient nommé M⁰ Jean Joly, régent du collège de Navarre. Le recteur qui avait précédé Saulmon, René Bonnin, appelé à voter, selon la règle suivie dans les cas de partage, fit pencher la balance en faveur de Saulmon; avis auquel

---

(1) *Acta rect.*, t. IV, fol. 160 et s.; *Arch. U.*, Reg. xxv, fol. 377, Reg. xxvi, p. 3 et 4; *Syndicat de Richer*, p. 218 et s.; d'Argentré, *De nov. error.*, t. II b, p. 85.

(2) *Acta rect.*, t. IV, fol. 161; *Arch. U.*, Reg. xxv, fol. 341.

se rallia la Nation de France. La Nation d'Allemagne, désormais isolée, protesta devant le prévôt de Paris, qui, malgré cette opposition, confirma le renouvellement des pouvoirs du recteur. Saulmon, fier de son succès, se rendit le 1ᵉʳ juillet à la Faculté de théologie pour recevoir les excuses publiques et les réparations que le Parlement avait ordonnées. Filesac en éprouva, selon Richer, une si vive douleur que le jour même il se démit du syndicat, qui fut confié à Michel Colin, de la maison de Sorbonne. Cependant la cause de l'Oratoire était plus près de triompher qu'elle ne paraissait; car dans cette même assemblée M. de l'Aubespine, évêque d'Orléans, apporta des lettres du roi qui exprimaient son intention de conserver à tous les membres du nouvel institut la jouissance de leurs privilèges dans l'Université. Bien que la volonté royale se fût manifestée par une voie qui n'était pas régulière, tous les efforts de l'éloquence de Richer n'empêchèrent pas que la Faculté s'y conformât, en décidant, comme elle l'avait fait une première fois, que les Oratoriens auraient dans son sein les mêmes droits que les séculiers. Sur le pourvoi du recteur, le Parlement mit l'affaire en référé, et fit défense aux compagnies de l'Université de continuer leurs délibérations. Ainsi se termina cette lutte, la première que la pieuse société établie par Bérulle ait eu à soutenir. Quand on songe aux services qu'elle devait rendre à l'Église et à l'État, quand on considère l'heureuse alliance d'une foi vive et d'une large liberté, dont elle fut si longtemps le parfait modèle, comment regretter sa victoire, ou plutôt comment ne pas s'affliger de l'injuste opposition que l'Université lui suscitait?

Durant ces tristes démêlés, les protestants, à leur tour, essayèrent de fonder un collège à Charenton, où se tenaient leurs réunions. La nouvelle étant parvenue au recteur, il en fit part, dans l'assemblée du 29 août 1613, aux députés de l'Université, qui résolurent d'aller trouver le chancelier et de faire opposition entre ses mains. Le 2 septembre suivant, la Faculté de théologie examina de nouveau l'affaire et chargea une députation, composée du syndic, Mᵉ Colin, et des principaux et grands maîtres des collèges, d'aller présenter ses doléances au roi et à la reine mère. Nos registres ne disent pas le résultat de cette double démarche; mais Saulmon, dans le récit qu'il a laissé des actes de son rectorat, nous apprend que la mission qu'il eut lui-même à remplir auprès du chancelier fut couronnée de succès, et que les réformés reçurent l'ordre de ne pas donner suite à leur dessein. On n'entend plus parler, en effet, du collège de Charenton, avant l'année 1619, époque où le même projet reparut et donna lieu à une nouvelle opposition de la part de l'Université.

CHAPITRE IV.

Établissement d'un séminaire à Mâcon. — Samuel Daccole élu receveur de l'Université. — Condamnation d'un ouvrage de Suarez. — Les Jésuites mandés devant le Parlement. — Triste situation du royaume. — États généraux de 1614. — Inutiles démarches de l'Université de Paris pour y être représentée. — Elle est invitée à rédiger des cahiers contenant l'expression de ses vœux. — Premier projet préparé par Turgot. — Modifications qu'il subit. — Les cahiers modifiés sont présentés aux états. — Protestation de Turgot. — Protestation contraire de la Faculté de théologie. — Discussions des trois ordres. — Remontrances du clergé. — Le clergé et la noblesse demandent l'ouverture du collège de Clermont. — L'Université renouvelle ses anciennes oppositions contre les Jésuites. — Arrêt de la cour des aides en faveur de l'Université. — Indiscipline des écoliers. — Règlement pour la maîtrise ès arts. — Chaires de la Faculté de décret mises au concours. — Nouvelles poursuites contre certains régents de philosophie. — Création d'une chaire au collège de Sorbonne. — Mort du président Achille de Harlay. — Un nouveau conservateur des privilèges de l'Université. — Le collège des Prémontrés. — Dissensions dans l'Université pour le choix d'un recteur. — Élection de Dossier confirmée par le Parlement. — La *République ecclésiastique* d'Ant. Dominis.

Au mois de mars 1614, le roi, sur la demande de l'évêque de Mâcon, accorda des lettres patentes pour la fondation d'un séminaire dans cette ville suivant les dispositions de l'édit de Blois (1). Un subside annuel de 3,000 livres devait être levé à cet effet sur tous les bénéficiers du diocèse qui contribuaient aux décimes. Ces lettres sont remarquables en ce qu'elles fournissent implicitement la preuve qu'autrefois nulle maison d'éducation n'était ouverte sans la permission du prince, pas même les séminaires que les évêques fondaient avec le concours du clergé.

Le même mois, une mort subite enleva le receveur de l'Université, Germain Gouffé, qui remplissait cette charge depuis près de trente ans (2). Deux compétiteurs se présentèrent pour lui suc-

(1) Voy. nos Pièces justificatives, n° XL.
(2) Il avait succédé en 1585 au sieur Guillaume Hoël, qui s'était démis en sa faveur, comme nous l'apprend une conclusion du procureur de la Nation d'Allemagne, citée par Du Boulay, *Factum sur l'élection des officiers de l'Université*, p. 124.

céder; l'un se nommait Chauvin, l'autre était Samuel Daccole, le même qui avait représenté l'Université au Parlement dans le procès contre les Jésuites. Tous les deux déposèrent entre les mains du recteur Pescheur la somme de trois cents livres pour le prix de l'office qu'ils sollicitaient. Le choix du recteur et des procureurs des Nations se porta sur Daccole, qui fut présenté le 11 avril aux doyens des Facultés dans une assemblée tenue aux Mathurins, comme si cette simple formalité suffisait pour l'investir de ses nouvelles fonctions. Mais les doyens, sans tenir compte du vote de la Faculté des arts, s'attribuèrent à eux-mêmes l'élection et choisirent Chauvin. On vit alors éclater le débat qui s'était élevé plus d'une fois et qui se renouvela par la suite avec plus d'éclat. Quels sont les droits respectifs des Nations et des Facultés? La Faculté des arts avec ses quatre Nations et ses quatre procureurs prime-t-elle les Facultés de théologie, de médecine, et de droit, qui n'ont chacune que leur doyen pour les représenter? Est-ce à elle qu'appartient l'élection des officiers et suppôts de l'Université, et en général la décision de toutes les affaires de la compagnie? Les avis étaient très partagés, et la conclusion semblait difficile à prévoir. Le recteur, qui préférait les voies de conciliation au scandale d'un procès, se rendit dans le sein de la Faculté de théologie afin d'étouffer le différend par une transaction ; mais, bien qu'il eût été accueilli avec beaucoup de déférence, sa démarche n'eut pas le résultat qu'il en attendait, et l'affaire dut être portée devant le Parlement. Les Nations avaient été invitées à voter des fonds pour subvenir aux frais de l'instance, et il est probable qu'elles y avaient consenti toutes les quatre, bien que nos registres ne nous fassent connaître qu'une seule adhésion, celle de la Nation d'Allemagne. Les Facultés, de leur côté, n'étaient pas restées inactives et se montraient résolues à ne pas sacrifier leurs prétentions. Après avoir entendu les plaidoiries de M⁰ la Martelière et de M⁰ Mauguin, avocats des parties, le Parlement rendit, le 9 août, un arrêt qui, sans décider la question de principe, confirmait provisoirement l'élection de Daccole. Le recteur convoqua, le 21 août, l'Université aux Mathurins pour lui notifier ce jugement; mais les doyens ne répondirent pas à la convocation. Trois jours après, dans une nouvelle assemblée où furent scellées les lettres de nomination du nouveau questeur, ils protestèrent contre la forme de ces lettres, soutenant que les fonctions conférées à Daccole ne lui appartenaient, en vertu de l'arrêt même de la cour, qu'à titre provisoire. Heureusement pour la paix de l'Université, l'opposition des doyens trouva peu d'écho dans le sein des Facultés au nom desquelles ils prétendaient parler, et plusieurs membres ne cachèrent pas qu'ils avaient désapprouvé la lutte judiciaire si imprudemment engagée (1).

Cette misérable querelle n'était pas apaisée, lorsque de nouveaux incidents d'un ordre plus grave émurent les esprits. La *Défense de la foi catholique et apostolique contre les erreurs de la secte d'Angleterre* (2), ouvrage du jésuite Suarez, publié à Coïmbre en 1613, et qui s'était réimprimé tout récemment à Cologne, fut introduite en France par des libraires venant de la foire de Francfort. L'auteur y soutenait, en ce qui concerne l'indépendance des couronnes, la plupart des maximes, très favorables au Saint-Siège, inquiétantes pour l'autorité civile, qui avaient si souvent ému le Parlement et la Sorbonne. Animé du même esprit que Mariana, qu'il surpasse d'ailleurs infiniment par l'étendue et l'élévation des vues, Suarez enseignait, comme lui, que non seulement un tyran ou un usurpateur peut être justement tué par le premier venu, mais qu'il est loisible de frapper même un prince légitime, si en abusant de son pouvoir il est devenu un danger pour le repos de l'État. Malgré ces écarts de doctrine, Suarez avait recueilli d'imposants suffrages, et son livre avait été approuvé en Portugal et en Allemagne par les provinciaux de la compagnie de Jésus et par plusieurs prélats. Le succès qu'il venait d'obtenir fut en France, aux yeux des gens du roi, un motif de plus de le poursuivre. Servin le dénonça dans un réquisitoire énergique, et le Parlement

---

(1) Du Boulay, *Factum sur l'élection des officiers de l'Université*, p. 124 et s., et nos Pièces justificatives, n° XLI.

(2) *Defensio fidei catholicæ et apostolicæ adversus Anglicanæ sectæ errores, cum responsione ad apologiam pro juramento fidelitatis*, etc., Conimbriæ, 1613; Coloniæ Agrippinæ, 1614, in-fol.

le condamna au feu, comme renfermant des propositions scandaleuses et séditieuses, qui tendaient à la subversion des États et induisaient les sujets à se révolter contre leurs souverains. La sentence ajoutait que la censure de la Faculté de théologie, confirmée par le concile de Constance, contre ceux qui attentent à la vie des princes, serait lue solennellement, le 4 juin de chaque année, dans les écoles de la Faculté et au collège de Clermont. Quatre pères jésuites, le P. Ignace Armand, le P. Coton, le P. Fronton et le P. Sirmond, si célèbre par ses travaux historiques, furent mandés devant la cour, qui leur représenta que, nonobstant les déclarations et les engagements de la Compagnie, le livre de Suarez avait été imprimé et apporté à Paris, au mépris de l'autorité royale. La cour les somma de se pourvoir auprès du général de l'ordre pour qu'il renouvelât son décret de l'année 1610 contre les doctrines que Suarez venait de reproduire; ils devaient apporter dans le délai de six mois la preuve que ce décret avait été promulgué de nouveau, et que des mesures avaient été prises pour que désormais des ouvrages pareils à celui du jésuite espagnol ne fussent pas mis au jour par les théologiens de la Société. Enfin, il leur fut enjoint d'exhorter le peuple, dans toutes leurs prédications, à l'obéissance et à la fidélité au roi, sous peine d'être déclarés criminels de lèse-majesté et perturbateurs du repos public (1).

Cependant le royaume, laissé aux faibles mains de Marie de Médicis, voyait s'évanouir les chances de repos et de prospérité qu'il avait dues à l'administration ferme et habile de Henri IV. Non seulement les projets de ce grand prince pour l'abaissement de la maison d'Autriche étaient sacrifiés, mais la cupidité et la turbulence des grands menaçaient de rejeter le pays dans la guerre civile. Au mois de février 1614, le prince de Condé, jaloux de la faveur de Concini, quitta la cour avec les ducs de Nevers, du Maine, de Longueville et de Bouillon, et se retira vers Sedan, d'où il publia un manifeste contre le gouvernement de la reine. Celle-ci, qui disposait de forces suffisantes pour étouffer la rébellion,

---

(1) *Censures de la Faculté de théologie*, p. 214 et s.; d'Argentré, *De nov. error.*, t. II b, p. 86 et s.

aima mieux négocier que combattre, et signa le traité de Sainte-Menehould, dont la première clause portait « que les états généraux seroient immédiatement convoqués, et qu'ils pourroient faire en liberté toutes les propositions et remontrances qu'ils jugeroient raisonnables et nécessaires pour le service du roi, afin qu'avec l'avis des princes du sang et des grands du royaume on pût réprimer les désordres qui s'étoient introduits. » Les réunions particulières pour la nomination des députés ayant exigé plus de temps qu'on n'avait prévu, la convocation, fixée d'abord au 25 août, fut remise au 10 septembre, puis au mois d'octobre, après la déclaration de la majorité de Louis XIII qui venait d'accomplir sa treizième année. Toute déchue qu'elle était de sa puissance passée, et sans chercher à reconquérir des prérogatives perdues sans retour, l'Université de Paris aspirait du moins à n'être pas écartée des conseils de la nation, où elle se rappelait avoir siégé autrefois. Aux états de Blois, en 1576, elle avait été représentée par quatre docteurs en théologie, et aux états de 1588 elle avait envoyé deux députés. Serait-elle donc exclue désormais des délibérations, malgré les précédents qui plaidaient en sa faveur? N'avait-elle pas à défendre d'importants intérêts, qui n'étaient pas seulement les siens, mais ceux de toutes les universités du royaume? Elle nourrissait l'espérance que ces considérations ne seraient pas sans quelque poids aux yeux du gouvernement, et elle n'omit ni soins ni démarches pour les faire triompher. Quatre fois le recteur se rendit à cette fin chez le chancelier, Brulard de Sillery; il lui rappela respectueusement que, sous Charles VI, l'Université de Paris, siégeant aux états généraux avec les députés de la noblesse et du clergé, avait fait d'utiles remontrances contre les désordres du royaume, et que, suivant la remarque d'un ancien auteur, quelque chose manquait aux assemblées du roi très chrétien quand le recteur de l'Académie n'y assistait pas. Mais l'invariable et unique réponse du chancelier fut qu'il veillerait à ce que la république des lettres ne souffrît aucun dommage. D'autres démarches furent essayées sans plus de succès auprès de différents personnages; quelques-uns même, oubliant qu'ils devaient à l'Université tout ce qu'ils étaient, refusèrent d'accueillir ses délégués. L'évêque de Paris se contenta d'assurer que dans les processions il ferait conserver une place pour le recteur et sa suite, vis-à-vis des chanoines de Notre-Dame. L'Université, partout éconduite ou repoussée, eut recours au prince de Condé, qui obtint qu'elle serait reçue par le roi, en présence de son conseil; le roi écouta la supplique du recteur; mais comme elle n'était pas écrite, il ne répondit pas. Une autre requête présentée par M. de Boissise, agent de France en Allemagne, ne reçut d'autre réponse que des mots, écrits au revers de la demande : « Communiquer les plaintes de l'Université à l'ordre du clergé (1). » Telle fut en effet la seule faveur accordée à la fille aînée des rois. Au lieu de pouvoir confier ses vœux et ses doléances à des députés choisis par elle, comme elle l'espérait, elle dut se résigner à invoquer l'entremise d'un corps bienveillant sans doute, mais dont cependant les vues ne se confondaient pas entièrement avec ses propres desseins.

La procession pour l'ouverture des états généraux eut lieu le dimanche 26 octobre 1614; le cortège se réunit aux Grands-Augustins, d'où il se rendit en grande pompe à Notre-Dame, suivi de la reine et du roi. L'Université de Paris, que l'ordre du clergé n'avait pas voulu admettre dans ses rangs, marchait devant le tiers état, à gauche, ayant vis-à-vis d'elle, selon la promesse de l'évêque de Paris, les chanoines de la cathédrale. Huit sièges seulement lui avaient été réservés à l'église; quatre furent occupés par des maîtres en théologie, Roguenant, Edmond Richer, Paris et Dupuys, au préjudice des procureurs des Nations, qui restèrent debout; humiliation dont se plaint amèrement le procureur de la Nation d'Allemagne, Dempster, auquel nous empruntons ces détails.

Après l'ouverture des états, les amis que l'Université comptait dans l'assemblée tentèrent en sa faveur un dernier effort. M° Antoine Fayet, curé de la paroisse Saint-Paul, député de la vicomté de

---

(1) *Arch. U.*, Reg. xxvi, fol. 25 et s.

Paris, prit sa défense dans un long discours et appuya la requête qu'elle avait présentée pour obtenir son admission. Mais la forme insolite et malséante de cette requête aurait suffi pour en compromettre le succès : car le recteur avait commis la faute de la faire signifier aux états par le ministère d'un huissier. Le cardinal de Sourdis, qui répondit à M° Fayet, ne manqua pas de relever ce qu'un pareil procédé avait d'étrange et de blessant pour l'assemblée; et, tout en donnant l'assurance que le clergé désirait la splendeur de l'Université, il conclut à l'ajournement de la proposition, qui ne paraît pas avoir été reprise (1).

Ce qui devait désormais préoccuper à plus juste titre les Nations et les Facultés, c'était la rédaction des cahiers contenant l'expression de leurs vœux. Ce soin délicat et important avait été confié au proviseur du collège d'Harcourt, Georges Turgot, l'un des maîtres les plus recommandables de l'Université par ses longs services, mais aussi l'un des plus hostiles aux Jésuites et l'un des plus engagés dans les querelles du temps. Après trois mois de travail, Turgot eut préparé un projet qu'il porta, le 13 décembre, à une réunion convoquée solennellement au cloître des Mathurins. Il comptait sur un accueil favorable, et il paraît tout d'abord l'avoir obtenu. Deux articles toutefois menaçaient de rallumer les débats orageux dont le parlement de Paris et les écoles avaient retenti dans les dernières années. Le premier était une dénonciation virulente des Jésuites, terminée par des conclusions qui s'attaquaient à tous les ordres en général. Après avoir accusé la compagnie de Jésus de s'être artificieusement introduite aux meilleures villes du royaume, de s'être ingérée dans l'instruction de la jeunesse, d'avoir attiré à elle, sous ce prétexte, des biens et des revenus immenses, et préparé ainsi la ruine et la désolation des universités, les cahiers préparés par Turgot la représentaient comme une société nouvelle étrangère à la France, notoirement reconnue pour avoir des intelligences avec les ennemis de notre

---

(1) *Procez-verbal contenant les propositions, délibérations et résolutions prinses et reçeues en la Chambre ecclésiastique des Estats généraux,* etc., par Pierre de Behety, 1615, in-fol., p. 76; *Mercure françois,* t. III, 3ᵉ contin., p. 131.

pays, et s'aidant de l'influence qu'elle acquérait au moyen de l'éducation pour préparer les esprits à la révolte contre les princes légitimes et à la guerre civile. Sans étendre ces reproches rigoureux à toutes les communautés, Turgot, par suite peut-être des appréhensions que l'Oratoire inspirait à une partie de l'Université, exprimait le vœu « qu'il fût fait défense à tous religieux de quelque règle, profession et ordre que ce fût, et nonobstant tous rescripts, bulles et concessions à ce contraires, de s'entremettre désormais en l'institution publique ou privée d'aucuns enfants de condition séculière, et à tous sujets du roi, de quelque qualité qu'ils fussent, d'envoyer instruire leurs enfants aux maisons et collèges d'aucune communauté, hors du royaume, sous telle peine qu'il plairoit à Sa Majesté d'ordonner. » Un autre article du projet préparé par Turgot portait « que pour empescher le cours et les mauvais effets de cette doctrine qui depuis quelques années, s'estant glissée ès esprits foibles, avoit esté très imprudemment publiée par divers escripts et livres séditieux, tendant à troubler les estats et subvertir les puissances souveraines establies de Dieu et reconnues telles avec grande sincérité de toute l'antiquité, Sa Majesté seroit suppliée d'ordonner que tous bénéficiers, officiers et supposts des Universités, généraux et provinciaux, gardiens, recteurs, préfects, prieurs des ordres mendians et non mendians, et en général tous supérieurs de couvents, collèges et congrégations séculiers, ou réguliers, seront tenus, dans le premier mois de leur institution en charge, faire chacun d'eux le serment de fidélité, par devant telles personnes que Sa Majesté jugera plus à propos, et soubs les termes qu'il sera advisé pour le mieux, déclarans qu'ils protestent que pour le temporel, le roi est souverain en son estat et ne peut estre dépossédé ni ses subjets absous ou dispensés de l'obéyssance qu'ils luy doivent, ainsi que le publient et veulent faire croire les autheurs des dicts pernicieux escripts; qu'ils détestent toutes opinions contraires, promettant au roy obéyssance, telle qu'un subjet doit à son prince naturel, et de tenir, observer, prescher et enseigner tant en public qu'en particulier, et faire tenir, observer, prescher et enseigner par ceux auxquels ils sont préposés l'obéyssance et subjection qui est par eux due. » Ces deux articles, et le dernier surtout, avaient d'autant plus de gravité que le tiers état venait d'être saisi par l'un de ses membres, Claude Leprestre, d'une proposition analogue (1), dont la rédaction était mal à propos attribuée à Richer, et qui soulevait une vive opposition dans les rangs du clergé et de la noblesse, comme touchant à la doctrine de l'Église et dépassant la compétence des états. Après que Turgot eut déposé son projet, on convint qu'il serait distribué à toutes les compagnies de l'Université, et qu'elles en délibéreraient; mais ce fut alors que les dissentiments profonds qui germaient dans les esprits éclatèrent au grand jour. Quand la Faculté de théologie, dont une partie des membres appartenait à des communautés religieuses, eut pris connaisssance à loisir de ces déclarations intolérantes, qui n'étaient pas seulement dirigées contre les Jésuites, mais qui portaient le coup le plus terrible à tous les ordres, elle refusa nettement de s'y associer; elle déclara s'opposer à ce qu'elles fussent présentées aux états comme l'expression des vœux de l'Université, et conclut même que, quant à elle, satisfaite des avantages qu'elle avait obtenus de la libéralité des papes, des rois et des parlements, elle ne présenterait par de cahiers, et irait trouver le roi si l'extension ou la défense de ses privilèges paraissait l'exiger. La Faculté de droit opina dans le même sens; la Faculté de médecine s'abstint; et même au sein de la Faculté des arts, la plus hostile aux maximes ultramontaines, la plus favorable à la souveraineté des princes temporels, les esprits que la passion n'aveuglait pas reconnurent qu'il fallait ménager les convictions et les intérêts, heurtés si rudement par le proviseur du collège d'Harcourt. Une conférence des procureurs des Nations se tint chez le recteur, et là, Grangier, autrefois l'adversaire des Jésuites, ayant lui-même insisté, par les conseils du cardinal Du Perron, pour que le projet de Turgot subît des retranchements, on supprima le

---

(1) La proposition avait été délibérée à l'hôtel de ville dans une assemblée dont le procès-verbal a été retrouvé par M. Rathery, *Histoire des états généraux de France*, Paris, 1845, in-8°, p. 268.

passage relatif au serment de fidélité à exiger des ordres religieux, et celui qui concernait la compagnie de Jésus.

Les cahiers ainsi modifiés renfermaient encore de vives doléances sur les vexations que l'Université avait à souffrir de la part des officiers royaux, sur la concurrence que lui faisaient les collèges établis dans les petites villes, sur le trop grand nombre de couvents, sur l'abolition de la pragmatique sanction, sur la collation des grades, sur les atteintes portées aux droits des gradués, sur les abus de pouvoir commis par les officialités, etc. Le 21 janvier 1615, le recteur, Charles Pescheur, accompagné des délégués de la Faculté des arts, au nombre de huit, se rendit en grande pompe aux états généraux. Il comparut tour à tour devant les trois ordres, qui l'accueillirent avec le cérémonial accoutumé et avec ces témoignages de sympathique déférence que l'Université de Paris, même affaiblie et déchue, ne cessait pas de commander. Lorsqu'il se présenta devant la chambre du clergé, une députation ayant à sa tête l'évêque de Saint-Malo, vint le recevoir et le conduisit à une chaire, vis-à-vis les sièges occupés par les cardinaux. Le recteur prit alors la parole et, dans un assez long discours en latin, rappela « que l'Université avoit eu autrefois entrée et voix délibérative aux états généraux, qu'elle s'étoit mise en devoir de se conserver cet honneur, et qu'elle avoit adressé sa requête aux états et au roi; mais que Sa Majesté, par arrêt de son conseil, avoit ordonné qu'elle dresseroit un cahier de plaintes et le présenteroit à l'ordre du clergé; qu'étant venu pour accomplir ce devoir, il imploroit l'assistance de l'assemblée et sa protection auprès du roi; que des cardinaux et des évêques avoient été les fondateurs de l'Université de Paris et de la plupart de ses collèges; qu'elle n'hésitoit pas à le reconnoître; mais qu'elle désiroit pouvoir aussi rendre témoignage à la postérité que l'ordre ecclésiastique après l'avoir établie, l'avoit soutenue et restaurée. » Le cardinal de la Rochefoucault, évêque de Senlis, qui présidait, répondit « que la libéralité dont les prélats et l'Église avoient usé, le soin qu'ils avoient montré pour la fondation des universités, faisoient connoître l'affection qu'ils avoient eue pour elles; que la présente assemblée n'étoit pas disposée moins favorablement; qu'elle étoit prête à faire tout ce qui seroit raisonnable pour remettre l'Université de Paris en l'état où elle devoit être; qu'elle examineroit les articles déposés par le recteur, et qu'après en avoir délibéré, elle feroit savoir sa résolution (1). » Le recteur s'étant retiré, la discussion allait s'engager, quand quelques membres firent observer que les cahiers communiqués aux états n'avaient pas eu l'approbation des Facultés de théologie, de droit et de médecine, et que, même dans la Faculté des arts, toutes les Nations ne les avaient pas admis. Avant de passer outre, la majorité jugea utile de recueillir des informations, que l'évêque de Paris fut chargé de prendre et d'apporter à l'assemblée.

Le même jour, comme si la considération et les intérêts de l'Université n'étaient pas atteints de la manière la plus fâcheuse par de tels incidents, le proviseur du collège d'Harcourt, irrité des suppressions que le projet de remontrances, dont il était l'auteur, avait subi, protesta par acte authentique, publia sa protestation accompagnée du travail primitif, sans nom d'auteur ni d'imprimeur, sous le titre de *Cayer général des remonstrances que l'Université de Paris a dressé pour présenter au roy nostre souverain seigneur, en l'assemblée générale des trois ordres de son royaume, qui de présent se tient à Paris, iceluy Cayer délibéré et receu, tant du recteur que des doyens et docteurs des Facultés et procureurs des Nations, en la congrégation solemnelle de ladicte Université tenue aux Mathurins le* 13 *décembre* 1614. On vit alors éclater dans tout leur jour les profondes divisions qui partageaient les esprits, et qui étaient plus à craindre pour les vieilles écoles de la France que la rivalité de l'Oratoire ou même des Jésuites. La chambre du clergé, que la publication anonyme de Turgot avait singulièrement émue, manda devant elle le syndic de la Faculté de théologie, Me Colin, pour savoir de lui ce qu'il fallait qu'elle en pensât. Le syndic répondit que la compagnie à laquelle il appartenait n'avait point approuvé le cahier qui circulait sous le

---

(1) *Procez-verbal*, etc., p. 142; *Mercure françois*, t. III, p. 132.

nom de l'Université ; et, à l'appui de son désaveu, il donna lecture de la délibération par laquelle la Faculté de théologie, « bien loin de s'associer, dit-il, à de pareilles opinions et fantaisies, avoit résolu de ne présenter en son propre nom aucune remontrance (1). »

La dissension qui venait d'être officiellement constatée dans l'Université n'était pas, du reste, moins vive au sein des états généraux. Les trois ordres n'avaient pu s'entendre sur cette déclaration proposée par le tiers état, « qu'il n'est puissance sur terre, spirituelle ou temporelle, qui ait aucun droit sur le royaume de France, et qui puisse en priver les personnes sacrées de nos rois, ni dispenser leurs sujets, sous aucun prétexte, du serment de fidélité. » Le clergé se montrait disposé à renouveler le décret du concile de Constance contre ceux qui attentaient à la personne des souverains ; mais par l'organe de plusieurs prélats, notamment le cardinal Du Perron, il réservait au pape et à la nation le droit de déposer le prince qui aurait abjuré le catholicisme et qui pousserait son peuple à l'hérésie. Le Parlement avait ajouté à la confusion par un arrêt secrètement dirigé contre le cardinal, dans lequel la cour, confirmant les anciennes déclarations en faveur de l'indépendance absolue du pouvoir temporel, faisait défense à tous sujets du roi, de quelque qualité et condition qu'ils fussent, d'y contrevenir (2). Le gouvernement voulut mettre un terme à ces débats où les passions s'exaltaient de plus en plus ; il évoqua l'affaire au conseil du roi, et interdit à la magistrature comme aux états de délibérer sur des matières aussi brûlantes (3). La chambre ecclésiastique n'en émit pas moins un vœu pour la réception du concile de Trente, vœu auquel la noblesse finit par se rallier, mais qui faillit soulever de nouvelles tempêtes et excita une résistance universelle de la part du tiers. Ce qui ressortait avec évidence de toutes ces discussions, c'est que le clergé ne partageait pas les maximes les plus chères à l'Université de Paris,

---

(1) Voy. nos Pièces justificatives, nos XLII et XLIII. Cf. Richer, *Hist. Acad. Paris.*, t. V, p. 590 et s. ; *Arch. U.*, Reg. XXVI, p. 31 et s.

(2) Arrêt du 2 janvier 1615 ; *Mercure françois*, t. III, 3e cont., p. 327 ; d'Argentré, *De nov. error.*, t. II b, p. 95.

(3) *Mercure françois*, t. III, 3e cont., p. 340. Cf. Richelieu, *Mémoires*, p. 80 et 81.

et que, malgré des paroles bienveillantes, il n'était que faiblement disposé à l'appuyer, si même, le cas échéant, il ne se tournait pas contre elle, bien loin de chercher à la servir. Bientôt en effet, saisi d'une proposition relative aux Jésuites, la chambre du clergé se prononça en leur faveur et demanda ouvertement qu'ils fussent rétablis à Paris même, au collège de Clermont, sur ce théâtre où l'Université venait de soutenir contre eux une lutte suprême qui paraissait décisive. La noblesse, adoptant la pensée du clergé, demanda également « qu'attendu le fruit que faisoient journellement les pères jésuites tant à l'advancement de la religion qu'à l'instruction de la jeunesse, il plust à Sa Majesté leur permettre d'enseigner en leur collège de Clermont, ainsi qu'ils avoient accoutumé, et les conserver en leurs anciennes fondations et droits, et qu'aux villes du royaume qui les demanderoient, il leur fust permis de faire bâtir des collèges. » Comme pour adoucir ce qu'un pareil vœu avait d'amer pour l'école de Paris, les deux ordres qui l'avaient émis firent, sur d'autres points, l'accueil le plus favorable aux doléances de l'Université; ils signalèrent à la vigilance du roi le redressement de la plupart des abus dont elle s'était plainte, et demandèrent qu'il fût pris des mesures pour lui rendre sa splendeur et sa prospérité d'autrefois. Nous transcrivons ici le texte des articles qui la concernent, et qui touchent aussi les autres universités du royaume, dans le cahier général des remontrances du clergé, que Richelieu, encore simple évêque de Luçon, mais déjà signalé pour sa haute intelligence des affaires, fut chargé de présenter au jeune roi. Le tiers état consigna dans ses propres délibérations des vœux à peu près semblables, sauf toutefois en ce qui concernait les Jésuites, au sujet desquels il garde le silence :

« CXVIII. Les empereurs et roys de France, vos prédécesseurs, fondant les Universitez, ont sagement observé deux choses : l'une, qu'il n'y a plus grand ornement en un Estat, que celuy des lettres ; l'autre, que ce riche ornement, s'il passe indifféremment par toutes mains, non seulement s'abastardit, mais encores, en peu de temps, remplit l'Estat de trop de gens de lettres, affoiblit la milice, destruit le commerce et les arts, dépeuple l'agriculture, remplit les palais d'ignorance, surcharge les princes et leurs estats d'inventions pernicieuses, diminue les tailles, oppresse l'Église de simonie, l'estat d'offices supernuméraires, les finances de gages, pensions et dons, bref pervertist tout bon ordre. C'est pourquoy, voulant conserver un trésor si précieux comme est le sçavoir éminent, et en empescher l'abus, ils ont renfermé les Universitez en une ou deux des meilleures villes de chasque province, y ont establi de fortes lois et de bons surveillans, pour par un contrepoids de labeur, de subjection et d'années, destourner de l'estude partie des esprits moins capables de cest exercice, consommer en sçavoir et suffisance les plus beaux esprits, et en bannissant l'ignorance, bannir aussi les abus que les lettres mal dispensées causent souventes fois aux estats. Votre Majesté est donc très humblement suppliée, restablir vos Universitez, spécialement celle de Paris, les bien réformer, et y faire observer de bons règlemens, y remettre les pères Jésuistes qui se sousmettront aux lois de vostre dite Université, pour le restablissement de laquelle en sa première dignité et splendeur, Vostre Majesté commettra, s'il luy plaist, tant de vostre Conseil que de vos Cours souveraines, personnages de sçavoir et expérience telle qu'ils puissent respondre à ceste charge.

« CXIX. Pour obvier aux desbauches qui arrivent journellement ès Universitez de droicts, et désordres procédans des assemblées des Nations, festes, bien-venues et autres mauvaises coustumes; deffenses seront faites, s'il plaist à Votre Majesté, à tous escoliers estudians ès droicts, de s'assembler par Nations ou autrement, pour quelque cause que ce soit; solemniser les festes desdictes Nations; eslire chefs ou officiers, sous noms de princes, prieurs, ducs, comtes, procureurs et autres; créer receveurs; exiger ou recevoir deniers, sous tiltre de bien-venues, coustumes ou autres prétextes : à peine à ceux qui auront assigné, convoqué, ou congrégé les dites assemblées, ou qui s'y seront trouvez, ou auront accepté aucunes desdites charges, de prison, et de trois cents livres parisis d'amende, et bannissement de l'Université, avec pareille peine contre les receveurs et exacteurs de bien-venuës, et répétition au quadruple. Et en cas qu'ils ne puissent estre appréhendez, seront les délinquans sommez à ban et cry public, bannis de l'Université, comme infracteurs des ordonnances du roy, perturbateurs des estudes et repos des Universitez.

« CXX. Sera aussi deffendu, s'il vous plaist, à tous escoliers de quelque qualité qu'ils soient, nobles ou autres, de porter espées et autres armes, de jour ou de nuict, et enjoint aux officiers du guet d'y apporter ce qui est de leur charge, sans connivence ny dissimulation, et sans néantmoins préjudicier aux privilèges accordez par les roys aux escholiers de la Nation germanique.

« CXXI. Et d'autant que depuis quelques années il s'est glissé un abus en la ville de Paris, d'enseigner en droict civil ès maisons privées, contre les constitutions canoniques, ordonnances royaux, et arrests de la Cour, qui donne occasion à plusieurs de mespriser les Universitez légitimement fondées et establies par les roys pour l'exercice de l'un et de l'autre droict : arrive aussi que la pluspart de ceux qui sont envoyez ès dites Universitez, ne tiennent compte de rendre le devoir et assiduité requise aux leçons publiques, se réservant à un tel quel exercice, léger et superficiaire, de trois ou quatre mois, sous les dicts précepteurs de Paris; deffenses seront faites, s'il plaist à Vostre Majesté, à toutes personnes, de lire et enseigner en droict civil ès assemblées d'escoliers, mesme sous couleur de conférence et exercice domestique, en lieu public ou maisons privées, en la ville, fauxbourgs et environs de Paris, à peine à chacun des contrevenants, de mille livres parisis d'amende.

« CXXII. Et affin que les docteurs régents ne soient frustrez des récompenses deuës à leur labeur, et que l'honneur des Universitez ne soit avilly par le mespris des degrez et honneur d'icelles; deffenses seront faites, s'il vous plaist, à toutes personnes de se présenter, pour estre reçues, au serment d'advocat, soit ès cours souveraines, sièges présidiaux, bailliages, séneschaucées, prévostez ou autres sièges quelsconques, qu'au préalable il n'apparoisse de leurs lettres de licence ou doctorat en droict civil, en bonne forme, en Université où il y ayt exercice célèbre, actuel et ordinaire; deffenses aux greffiers de délivrer acte de réception ou extraict de matricule à aucuns, sans avoir eu communication desdites lettres de doctorat ou licence, desquelles ils seront tenus faire mention en leurs dicts actes, et spécifier particulièrement qu'un tel, après avoir exhibé ses lettres de licence de telle Université, dattées de tel jour, signées tel et scellées, a esté reçeu au serment d'advocat : le tout à peine de crime de faux, tant contre ceux qui par fraude et obreption se trouveront avoir esté reçeus audict serment d'advocat sans licence, que contre les greffiers et autres personnes qui y auront participé en quelque sorte et manière que ce soit.

« CXXIII. Les archevesques et évesques se trouvans ès assemblées qui se font pour la réformation des Universitez ès villes de leurs résidences, soit comme chancelliers nez des dictes Universitez, ou comme fondateurs et principaux dotateurs d'icelles, ou à cause de leur dignité, présideront, s'il plaist à vostre dicte Majesté ès dictes assemblées, nonobstant arrests, commissions et toutes introductions au contraire : ce que vostre dicte Majesté est très humblement suppliée d'ordonner.

« CXXIV. En quelques Universitez, pour plus librement bailler les lettres de licence à tous venants, et n'estre subjects de respondre de leurs actions aux chancelliers desdictes Universitez, ils ont establi un sceau particulier, duquel, au reffus desdicts chancelliers, ils scellent lesdictes lettres, contre l'ordre accoustumé et au préjudice desdicts chancelliers : partant plaira à Vostre Majesté leur faire deffences d'user d'autre sceau, pour quelque chose que ce soit, que de celuy des chancelliers desdictes Universitez, à peine de faux et de privation de leur régence.

« CXXV. Il se commet un autre abus en la distribution des émolumens qu'ils tirent des dictes lettres, desquels ils font telle part qu'ils veullent ausdicts chancelliers, et les frustrent de ce qui leur en appartient : c'est pourquoy Vostre Majesté est très-humblement suppliée d'ordonner que tous les droicts, esmolumens, et proffits qui arrivent des lettres de doctorat, bachelier, licencié, ou de quelque autre chose que ce soit, fors et excepté leurs gages ordinaires, seront partagez également entre lesdicts docteurs, régents et chancellier, sauf ès Universitez ès quelles les chancelliers ont autre revenu suffisant.

« CXXVI. L'abus est si grand ès Universitez de ce royaume, qu'il n'est plus besoin d'avoir estudié et respondu publiquement, ny d'estre présent pour avoir des lettres de licence; il suffist, pour toute capacité, d'envoyer de l'argent et son nom, d'où il arrive que les Universitez sont désertes, et que le barreau et charges de judicature sont remplies de personnes peu versez en la connoissance du droict civil : à quoy Vostre Majesté est suppliée de pourveoir, en faisant deffenses aux régents et chancelliers desdictes Universitez de bailler aucunes lettres de licence ou de docdorat ès loix, qu'à ceux qui auront actuellement demeuré et estudié dans lesdictes Universitez, trois ou cinq années suivant les concordats, et respondu et soustenu publiquement des thèses de droict, à peine de trois mille livres d'amende et d'estre privez de leurs charges.

« CXXVII. Qu'il plaise à Vostre Majesté, conformément aux ordonnances de vos prédécesseurs, deffendre à tous vos subjects, d'escrire, imprimer, ou exposer en vente aucuns livres, libelles, ou escrits diffamatoires ou convicieux, contre l'honneur et renommée des personnes, sous quelque prétexte et occasion que ce soit, et déclarer tels escrivains, autheurs, imprimeurs et vendeurs, et chacun d'eux, infracteurs de paix et perturbateurs du repos public, pour comme tels estre punis des peines contenuës ès édicts de vos prédécesseurs : enjoignant, s'il plaist à vostre dicte Majesté, à tous vos subjets entre les mains desquels tels livres et escrits tomberont, iceux brusler inconstinent, sur peine d'amende arbitraire.

« CXXVIII. Le grand fruict et les notables services que les Pères de la société et compagnie des Jésuites ont faict et font journellement à l'Église catholique, et particulièrement à vostre royaume, nous obligent de supplier très-humblement Vostre Majesté, qu'en considération des bonnes lettres et de la piété dont ils font profession, il luy plaise leur permettre d'enseigner dans leur collège de Clermont, et faire leurs fonctions ordinaires dans leurs autres maisons de Paris, comme ils ont faict cy-devant ; et pour terminer toutes les oppositions et différends de l'Université et autres meuz pour ce regard et pendans en vostre cour de Parlement, les évoquer à vous et à vostre conseil, et en interdire la cognoissance à tous autres juges. Plaira aussi à Vostre Majesté, en les conservant ès lieux et endroicts de vostre royaume où ils sont de présent, les accorder encores à ceux qui les demanderont à l'advenir, et les prendre tous en vostre protection et sauvegarde, comme il avoit pleu au feu roy de faire, affin qu'ils puissent toujours rendre à Vostre Majesté l'honneur, l'obéyssance et la fidélité de leurs devoirs, et à tous vos subjets les services de leur profession.

« CXXIX. L'impunité d'imprimer tous livres contre Dieu, contre le souverain pasteur de son Église et contre les roys, princes et prélats, ne se peut réprimer qu'en ordonnant que l'art d'imprimerie en tout ce royaume ne s'exercera qu'en quelques villes principalles, par certain nombre de maistres imprimeurs demeurans en icelles, lesquels respondront de leurs serviteurs, et presteront le serment de ne rien imprimer sans permission par escrit, signée de l'autheur, avec l'approbation des docteurs et de l'authorité de l'évesque diocésain, à peine d'estre chastiez comme imposteurs ; et que ceux qui s'en trouveront saisis soient tenus déclarer de qui ils les ont eus, à peine d'en estre réputez autheurs, et comme tels punis et chastiez.

« CXXX. Quant aux livres qui seront apportez de dehors le royaume, deffenses seront faictes, s'il vous plaist, aux libraires d'iceux débiter, sans en avoir représenté l'inventaire par devant l'évesque diocésain, ou autre commis pour l'examiner, et sans en avoir sa permission par escrit, avec deffenses aux porte-paniers d'en crier, vendre, n'y distribuer aucuns, sans la dite permission, à peine de confiscation, punition corporelle, et autres au cas appartenans.

« CXXXI. Les jeunes chanoines qui seront envoyez et entretenus ès estudes aux despens des chapitres, avant qu'ils soient constituez aux ordres sacrés, s'ils ne suivent après la profession ecclésiastique, seront tenus de restituer les pensions que l'on aura payées pour eux et les fruicts qu'ils auront perçeus, sur le plus liquide de leurs biens : à ces fins lors qu'ils seront envoyez aux estudes, leurs plus proches parens s'obligeront avec eux à la dite restitution, si elle y eschet.

« CXXXII. Parceque les imprimeurs et libraires de la ville de Paris poursuivent un privilège pour l'impression des bréviaires, messels et autres livres pour le service divin, suivant l'ordonnance du sainct concile de Trente, et prétendent par ce moyen empescher tous les autres imprimeurs de ce royaume de les imprimer, ce qui causeroit un très notable dommage et incommodité aux provinces de Guyenne, de Languedoc, Lyon, et autres de ce royaume qui ont reçu lesdicts offices, lesquelles pour estre fort esloignées de Paris ne pourroient recouvrer lesdicts livres qu'à très grands frais : Vostre Majesté est très humblement suppliée de ne concéder aucuns privilèges ausdits imprimeurs et libraires de Paris, qui empesche que les imprimeurs qui cy-devant ont eu privilège d'Icelle, comme sont ceux de Bourdeaux, Lyon, et autres, ne puissent imprimer lesdicts livres, comme ils ont faict jusques à présent : pour laquelle impression, affin que le public soit mieux servy, les dicts imprimeurs mettront des correcteurs, personnes de capacité, approuvez des archevesques et évesques des lieux, ou de leurs vicaires généraux pour la correction des dicts livres.

« CXXXIII. Attendu que la fréquence des escoliers et principal advancement aux bonnes-lettres provient de la suffisance et assiduité aux lectures de ceux qui enseignent; plaira à Vostre Majesté ordonner, que les docteurs régents ès Universitez, liront avec toute assiduité, et abrégeront le temps de leurs vacations trop longues et trop fréquentes, quoy que prétextées de la permission de leurs statuts; reigler le temps et la forme de leurs lectures, et en outre ordonner que les docteurs régents avant que recevoir leurs gages et participer aux autres droicts deubs à leurs fonctions, rapporteront de six en six mois une certification du service rendu, bien attestée par des ecclésiastiques, notamment par deux des premières dignitez des Églises principales qui sont dans les mesmes villes; par quelques-uns de vos magistrats, et par les maires, eschevins ou consuls des villes. A faute de ce, tant les dicts gages que tout ce qu'ils auroient prins sous prétexte de leurs droicts, sera répété sur eux, à la diligence de vostre procureur général et syndic des villes, dans lesquelles sont establies les dites Universitez. »

Les cahiers qui précèdent étaient en grande partie la reproduction fidèle des demandes formées par l'Université elle-même; les articles qu'elle n'avait pas proposés, comme ceux qui concernaient la librairie et le monopole des livres d'Église, répondaient à des réclamations qu'elle avait souvent appuyées et qu'elle soutenait encore, sans assez remarquer le préjudice qui en résultait pour la propriété littéraire. Mais la joie qu'elle avait de si nombreux motifs de ressentir était détruite par la douleur qu'elle éprouvait du vœu exprimé pour le rétablissement des Jésuites. Voilà donc où ses efforts et ses plus éclatants succès avaient abouti : les sentences que la magistrature avait rendues en sa faveur étaient cassées moralement par la noblesse et le clergé du royaume. Affligée, mais non abattue, par le succès dangereux de ses éternels adversaires, elle résolut de persister dans l'opposition qu'elle leur avait faite constamment (1). Des députés choisis dans les différentes Facultés furent en conséquence envoyés chez les commissaires que le roi avait chargés, après la dispersion des états, de lui faire un rapport sur les demandes énoncées dans les cahiers des trois ordres. Ce furent, pour la Faculté des arts, MM. Grangier, Hollandre, Coullart, Turgot et Valens; pour la Faculté de médecine, Vignon et Cousinot; pour la Faculté de droit, Guyon; pour la Faculté de théologie, Filesac, Colin et Hennequin; le procureur fiscal et le syndic de l'Université furent adjoints à la députation. Il s'agissait de réclamer l'exécution de l'arrêt du Parlement qui avait défendu aux Jésuites d'ouvrir des classes au collège de Clermont; mais, par une légèreté ou une faiblesse qui avait tous les caractères d'une trahison, Me Guyon, dans une visite qu'il faisait avec ses

---

(1) Voy. nos Pièces justificatives, n° XLIV.

collègues chez le chancelier, déclara que la Faculté de droit, dont il était le doyen, et celle de médecine n'avaient pas d'objection à élever contre la compagnie de Jésus et ne s'opposaient pas à ce qu'elle fût admise. Ainsi l'Université se voyait abandonnée par ceux-là mêmes qu'elle avait chargés de la défendre. Elle aurait sans doute succombé, malgré l'ardeur de ses démarches, si de graves embarras n'avaient détourné d'elle l'attention du gouvernement. Peut-être les Jésuites eux-mêmes craignirent-ils de compromettre par la précipitation le résultat à peu près certain de l'avantage éclatant qu'ils venaient de remporter. Quoi qu'il en soit, nonobstant le vote du clergé, le rétablissement de la compagnie de Jésus ne fut pas immédiat, et les arrêts du Parlement continuèrent de recevoir leur exécution. Mais le coup qui menaçait l'Université de Paris n'était qu'ajourné; et, avant que trois années fussent révolues, les portes du collège de Clermont, fermées depuis la fin du dernier siècle, allaient s'ouvrir de nouveau, avec pompe, à une jeunesse nombreuse et pourtant choisie.

Parmi les griefs que l'Université de Paris avait exposés aux états généraux figuraient les atteintes portées à ses privilèges en matière de taxes. Les fermiers et receveurs chargés du recouvrement des impôts ne cessaient d'inquiéter ses membres et de réclamer d'eux des contributions, par exemple des droits d'entrée sur le vin et autres taxes dont les écoliers étaient exempts. Elle avait supplié le roi de lui assurer la paisible jouissance des immunités qu'elle possédait, et d'intimer l'ordre aux fermiers de ne pas continuer leurs injustes poursuites. Ses plaintes à cet égard ne furent pas sans influence sur la conclusion d'un procès où elle était intervenue comme partie, et qui était pendant depuis bientôt trois années, entre M⁰ Claude Croizier, principal du collège de Fortet, plusieurs messagers, et deux fermiers généraux, les sieurs Robert et Laurent. Le 19 octobre 1615, la cour des aides rendit un arrêt définitif qui repoussait les prétentions des fermiers et déclarait « les recteurs, suppôts et messagers de l'Université exempts du droit d'entrée et issue des quatre sols, deux et dix deniers pour muid de vin de leur creu, qu'ils feroient entrer et sortir de la ville de Paris, et pour celuy qu'ils acheteroient pour leurs provisions seulement et sans fraude (1). » Cet arrêt important mit désormais l'Université à l'abri des vexations dont elle se plaignait. Elle en éprouva une satisfaction si vive que le recteur, peu de jours après, se rendit, accompagné d'un nombreux cortège, chez les présidents de la cour des aides pour leur exprimer la reconnaissance de toute la compagnie. D'autres sentences du Parlement et du conseil d'État affranchirent les biens appartenant à des collèges de la taxe appelée *droits des francs fiefs et nouveaux acquêts*, qui se levait de loin en loin sur les fiefs aliénés par les anciens feudataires au profit d'acquéreurs étrangers à l'ordre de la noblesse. L'Université, dont la médiocre fortune contrastait avec l'opulence des Jésuites, obtint du moins par ces décisions bienveillantes que les modiques ressources qu'elle possédait ne fussent pas livrées comme une proie à la rapacité des gens de finance.

Un objet plus grave encore pour elle que la défense du patrimoine qu'elle tenait de la libéralité de quelques donateurs, amis de la jeunesse et de l'instruction, c'était la réforme des abus et l'affermissement de la discipline dans les écoles qui relevaient de son autorité. En parcourant les remontrances du clergé, il est aisé de voir à quel degré ce soin si important préoccupait les esprits et combien aussi les désordres de tout genre, introduits dans les collèges à l'époque des guerres civiles, étaient lents à disparaître. Le tiers état se trouvait sur ce point en parfaite harmonie d'opinions et de vœux avec la chambre ecclésiastique ; comme elle, il réclamait énergiquement des mesures contre la licence des écoliers. Voulons-nous juger de l'état où étaient tombés quelques-uns des collèges les plus renommés ? Reportons-nous au tableau que Grangier a tracé de la situation du collège de Beauvais au moment où il en prit la direction, au mois d'avril 1615 : « Le collège, pour vrai dire, s'en alloit, dit-il (2), en une extrême décadence,

---

(1) *Recueil des priviléges de l'Université de Paris*, p. 152 et s.
(2) *De l'estat du collège de Dormans, dit de Beauvais, fondé en l'Université de Paris*, par Jean Grangier, lecteur professeur du roy en la langue latine, et principal dudit collège, Paris, 1628, in-4°, p. 39 et s.

tant pour l'exercice que pour le bien de la maison. Pour l'exercice, en ce qu'il avoit peu de pédagogues ou précepteurs, et pourtant peu de pensionnaires, et de forains ou externes un assez petit nombre aussi : des vaunéants qui se retiroient dedans le collège, il n'y en avoit que trop. Les nerfs de la discipline étoient relachez : les petits boursiers, si mal accommodez qu'il ne restoit plus qu'à les faire loger sur les tuilles et vivre de vent; et pour ce n'avoient courage aucun d'estudier... Chacun tiroit à soi... La ruine de l'exercice et de la maison estoit infaillible pour le peu d'intelligence qu'il y avoit entre les supposts et pour la confusion que les chappelains y mettoient, en intention de faire du collège le royaume de ce roy, auquel chacun est le maistre. » Autorisé par le premier président, M. de Verdun, à prendre les mesures nécessaires pour rétablir le bon ordre, Grangier dressa un règlement en vingt-huit articles qui devait être mis en vigueur dès la rentrée prochaine. Les *vaunéants*, comme il les appelle, furent exclus; mais que firent-ils? Au lieu de fuir au loin, ou de se cacher, ils se réfugièrent au collège de Presles, qui touchait à celui de Beauvais. « Là, dit Grangier, ils s'assembloient tous les soirs pour voler des manteaux et chapeaux, de la vente desquels ils se faisoient argent pour friponner... Ils faisoient tant de vols et commettoient tant d'outrages, continue Grangier, non-seulement envers moy (car non contens de venir tous les soirs, devant le collège de Beauvais, vomir furieusement tout ce que le vin et le venin de rancune leur mettoit en bouche, ils fracassèrent plusieurs fois mes vitres à grands coups de pierre et attentèrent sur ma personne), mais aussi envers les voisins et les passans qui n'estoient pas assez forts pour résister à leurs insolences, que lesdits voisins, qui en l'absence du roy avoient les armes à la main, furent contraincts, par la permission du capitaine du quartier et à ma sollicitation, de se jeter un soir sur une brigade de ces brigands, avec tel succez qu'aucuns d'eux furent blessez, les autres pris, et le reste eut telle espouvante, qu'ils deslogèrent bien vite, et par ainsi donnèrent sureté aux rues qui environnent les deux collèges, et à moy la tranquillité dont j'avois besoin pour conduire mon entreprise à une bonne fin. »

De pareilles scènes ont dû troubler plus d'une fois la paix du quartier latin; mais pour réprimer cette licence effrénée, qui n'était pas du reste imputable aux seuls écoliers, les moyens dont l'Université de Paris disposait n'étaient pas suffisants, il fallait l'intervention redoutée de la force publique, et cette lente mais infaillible action du temps qui répare les plaies des guerres civiles. Quant à la Faculté des arts, elle ne pouvait que signaler le mal à la vigilance des principaux et du Parlement, et prendre elle-même, dans la limite de ses attributions, les mesures de détail qu'elle jugeait le plus conformes aux intérêts de la jeunesse. Ce fut ainsi qu'au mois d'avril 1615, sur la proposition du procureur de la nation de Picardie, elle dressa un règlement pour l'examen des candidats à la maîtrise. Il fut décidé que les épreuves auraient lieu publiquement, deux fois par mois, devant le chancelier ou le vice-chancelier de Sainte-Geneviève; qu'elles porteraient sur la logique, la morale, la physique et la métaphysique; que nul ne serait admis que s'il avait suivi un cours complet de philosophie dans un collège de Paris (1). Les premiers examens, conformément à cet arrêté, se firent le 16 mai suivant, dans la salle publique de l'abbaye de Sainte-Geneviève, en présence du recteur et des procureurs des Nations : six candidats furent proclamés maîtres ès arts.

La Faculté de droit, en général si peu d'accord avec la Faculté des arts, offrait de son côté un triste spectacle. Sur six chaires qu'elle possédait en vertu de ses statuts, trois étaient vacantes depuis déjà longtemps, sans qu'elle songeât à y pourvoir; elle alléguait pour prétexte le petit nombre des étudiants et la modicité de ses revenus (2). Le recteur porta plainte devant l'assemblée de l'Université, qui fut d'avis de solliciter du Parlement l'autorisation d'ouvrir d'office un concours pour la nomination de trois nouveaux professeurs. Sur cette requête, la cour rendit le 15 décembre

---

(1) *Arch. U.*, Reg. xxvi, p. 30 et 40.
(2) Voy. *Moyens et raisons des demandes de l'Université de Paris sur l'état de la Faculté de droit*, 1653, in-4°.

un arrêt par lequel, « attendu le défaut et manque de faire par les défendeurs les affiches et publications des trois chaires vacantes, pour cette fois et sans tirer à conséquence, elle permettoit aux recteur et régens de faire faire les dites publications et affiches, tant en la ville de Paris qu'aux prochaines fameuses Universitez, pour estre les trois chaires disputées en la forme et manière accoutumée, en présence de M^{es} Fr. Lepelletier et Guillaume Deslandes, conseillers du roi, à ce commis, pour, leur procez-verbal rapporté et communiqué au procureur général du roy, estre pourveu aux chaires ainsi qu'il appartiendroit. » L'ouverture du concours ayant été fixée au 4 janvier suivant, le recteur l'annonça dans un mandement, qui se terminait par l'assurance « que le succès n'appartiendrait ni à la brigue ni à la faveur, mais au seul mérite, et que les candidats préférés seraient ceux dont la doctrine et les mœurs auraient été jugés les meilleures, et qui se seraient montrés les plus attachés à l'Université, les plus aptes à l'enseignement et les plus expérimentés. » Une discussion s'était élevée entre les régents de la Faculté de droit et le recteur, à qui choisirait les matières d'examen; elle fut tranchée par les commissaires du Parlement, qui fixèrent eux-mêmes les sujets. Soit que les candidats n'eussent pas répondu en assez grand nombre à l'appel, soit qu'ils eussent été jugés insuffisants, une seule chaire paraît avoir été donnée cette fois; ce qui peut expliquer pourquoi un nouveau concours eut lieu l'année suivante, pour les deux autres chaires, comme nous l'apprenons par un mandement imprimé du recteur Ruault, que le greffier Guillaume Duval a consigné dans les registres. Un document de même genre, que Duval donne également, fait connaître qu'il y eut aussi en 1616, à Poitiers, un concours pour une chaire de droit; ce concours avait été annoncé dans l'Université de Paris par des affiches que le greffier fit poser à la porte des écoles.

Ainsi l'Université sentait de plus en plus combien il était urgent de ranimer le travail et de fortifier les études par une discipline exacte dans les écoles, par l'exemple du zèle chez les maîtres, et par des conditions sévères imposées aux candidats qui se présentaient aux grades dans les différents ordres de Facultés. Affligée du laisser aller et des abus qui régnaient à la Faculté de droit, elle renouvela la délibération qu'elle avait déjà prise pour assujettir les étudiants de cette Faculté à la maîtrise ès arts, ou du moins pour éviter qu'ils fussent reçus bacheliers au hasard et sans avoir justifié d'études régulières et complètes de philosophie par des certificats en règle, munis du sceau du recteur. Pour faire exécuter cette décision si simple et si raisonnable, il fallut encore soutenir des luttes et recourir à l'autorité du Parlement. L'affaire fut remise plusieurs fois, et ce ne fut qu'au mois de juillet 1617 que la cour rendit un arrêt, qui, sans donner pleinement satisfaction à l'Université, enjoignit aux docteurs régents de la Faculté de droit d'apporter plus de sévérité aux examens, et leur fit défense de conférer des grades à des personnes supposées, comme il était arrivé trop fréquemment. L'avertissement porta des fruits, si nous en jugeons par la teneur des lettres de bachelier et de licencié qui furent délivrées, peu de mois après, à un candidat nommé Antoine Berthier; ces lettres contiennent en effet les énonciations précises que le Parlement avait exigées pour empêcher la fraude; et les détails qu'elles donnent sur les épreuves subies par ce candidat paraissent démontrer qu'il n'était pas indigne du double grade que la Faculté lui décernait (1).

L'attention de l'Université se porta également sur les régents de philosophie, qui en dépit des recommandations continuaient à terminer leurs leçons et à déserter leur classe longtemps avant le milieu d'août. Turgot, devenu censeur de la Faculté des arts (2), dénonça cet abus dans une assemblée solennelle qui se tenait aux Mathurins, et demanda qu'on prît des mesures efficaces pour y remédier. L'assemblée, sans frapper encore les délinquants, jugea suffisant de leur adresser de sévères injonctions. Il fut ordonné à tous les principaux des collèges où la philosophie était enseignée de signifier à leurs régents que nul d'entre eux ne se permît de suspendre ses leçons avant le terme prescrit, sous peine d'être retranché du corps de l'Université, privé de son office, et déclaré

---

(1) Voy. nos Pièces justificatives, nos XLVII, XLVIII, L, LI et LIV.
(2) Voy. Pièces justificatives, no XLIX.

indigne d'être admis aux grades dans les Facultés de théologie, de droit et de médecine; ces peines étaient applicables aux principaux dont la connivence ou la négligence aurait favorisé la paresse des professeurs (1). Je remarque dans la même délibération un article qui interdit aux régents d'attirer des élèves d'un autre collège, ou seulement d'une autre classe, pour leur donner un rôle dans une tragédie ou tout autre exercice de déclamation, sans la permission expresse de son principal ou de son professeur ordinaire. Il est probable que l'usage des représentations théâtrales, qui continuait dans certains collèges de l'Université, n'avait pas lieu dans les autres, et que tous les maîtres ne l'approuvaient pas. Ceux qui l'estimaient plus dangereux qu'utile, comme le jugeait le sage Rollin (2), devaient tenir à ce que l'occasion de ces divertissements qu'ils condamnaient ne fût pas offerte, malgré eux, à leurs propres élèves, par des maîtres plus accommodants.

Au mois d'octobre 1616, Louis XIII donna des lettres patentes pour l'établissement, au collège de Sorbonne, d'une nouvelle chaire de théologie ayant pour objet les questions controversées entre les catholiques et les protestants. C'est Richelieu, s'il faut en croire Richer, qui avait suggéré l'idée de cette fondation. Tous les jours qui n'étaient pas jours de fête, le professeur de la nouvelle chaire devait donner une leçon d'une heure, suivie d'une conférence familière d'une heure et demie. Ses émoluments étaient fixés à neuf cents livres, qui devaient lui être payés tous les trois mois par le receveur de la ville de Paris, sur la production d'un certificat du syndic ou du plus ancien docteur de Sorbonne, constatant que le professeur avait fait régulièrement son cours. Afin qu'il ne fût pas distrait de son enseignement par des soins étrangers, il ne pouvait cumuler avec sa chaire ni bénéfices exigeant résidence ni principalité de collège; il ne pouvait pas même se charger des prédications dans les églises durant le carême et l'avent, ni les dimanches et autres fêtes. Le roi se réservait la première nomination à la chaire qu'il créait; mais pour l'avenir, en cas de vacance par mort

(1) Voy. Rollin, *Traité des études*, liv. VI, part. II, chap. II, art. 2.
(2) Richer, *Hist. Acad. Par.*, t. I, fol. 523 verso.

ou démission volontaire, elle devait être donnée à l'élection, trois jours après la vacance, dans une assemblée de tous les docteurs de Sorbonne présents à Paris, et de deux docteurs de la maison de Navarre, qui tous prêteraient serment, devant le plus ancien d'entre eux, d'élire fidèlement celui qu'ils jugeraient le plus capable. Le choix ne pouvait porter que sur un docteur séculier ; mais l'élection était valable, quel que fût le collège auquel l'élu appartenait, et le procès-verbal, signé du plus ancien docteur et scellé du sceau de la maison de Sorbonne, valait titre pour le nouveau professeur, sans qu'il eût à prendre aucune autre lettre d'institution ni de collation. Le premier qui monta par nomination royale dans cette chaire importante fut M° Nicolas Isambert, docteur en théologie, qui n'a pas laissé de nom, mais dont les lettres patentes qui l'instituaient (1) louent « la preud'homie, condition et expérience ès lettres divines et matières controversées et autres sciences... »

Le même mois, la magistrature perdit une de ses gloires, l'ancien président du parlement de Paris, Achille de Harlay, qui s'éteignit à l'âge de quatre-vingts ans. L'Université, qu'il avait toujours protégée et dont les regrets l'avaient accompagné dans sa retraite, fit célébrer un service pour le repos de son âme dans l'église des Mathurins. L'oraison funèbre de l'illustre magistrat fut prononcée par Jean Ruault, du collège de Plessis, que la Faculté des arts venait d'appeler pour la seconde fois aux fonctions rectorales. L'orateur, qui passait pour une des voix éloquentes de l'Université, retraça dans le langage le plus pompeux la glorieuse carrière d'Achille de Harlay, et, ce prénom d'Achille lui rappelant le fils de Pélée et la guerre de Troie, il en tira le sujet de fréquentes allusions qui ne furent pas sans doute la partie la moins goûtée de son discours (2).

Vers le même temps mourut l'évêque de Beauvais, René Potier,

---

(1) Ces lettres ont été publiées par Félibien, *Histoire de la ville de Paris*, t. V, p. 316.
(2) *Universitatis Parisiensis lacrymæ tumulo nobilissimi atque illustrissimi viri D. Achillis Harlæi*, etc., par Jean Ruault, etc., Lutetiæ Parisiorum, 1616, in-4°. Ruault devint par la suite professeur au Collège de France. Voy. la notice que Goujet lui a consacrée, *Mém. hist. sur le Collège de France*, t. II, p. 400 et s.

que nous avons vu au commencement du siècle succéder à l'évêque de Senlis, Guillaume Rose, en qualité de conservateur des privilèges apostoliques de l'Université. Cette charge, dont l'origine remonte aux premiers débats de l'Université avec les évêques de Paris, consistait à veiller sur les privilèges qu'elle avait obtenus du Saint-Siège et à les préserver de toute atteinte; elle était ordinairement dévolue à l'évêque de Beauvais, à celui de Senlis ou à celui de Meaux, diocèses les plus voisins de la capitale; jamais à l'évêque de Paris, contre lequel surtout elle avait été instituée (1). A la mort de René Potier, elle fut conférée par le suffrage des Facultés et des Nations à son successeur et son neveu, Augustin Potier, qui prêta serment entre les mains du recteur le 18 décembre 1616.

Au mois de juillet de la même année, le collège que l'ordre de Prémontré avait à Paris depuis le treizième siècle avait été l'objet d'une mesure qui devait contribuer à en relever la prospérité. Sur la requête de Jean Lepaige (2), réformateur et tout ensemble historien de cette communauté, le roi ordonna par lettres patentes que tous les abbés de l'ordre, réguliers ou commendataires, eussent à choisir un ou plusieurs sujets, en tel nombre toutefois que le service divin n'en souffrît pas, et à les envoyer à la maison de Paris, avec une pension convenable, arbitrée par le Parlement, pour y être instruits en toute piété, discipline et doctrine régulière, dans les saintes lettres. Les novices que cet ordre fit bientôt affluer à Paris furent assujettis par Lepaige à une règle sévère sans doute, mais qui faisait une large part aux travaux de l'esprit. Ils suivaient les classes des collèges désignés par le prieur, ils s'y rendaient et en revenaient ensemble. La répétition des leçons de grammaire avait lieu pendant une heure après le dîner, et celle des leçons de philosophie après le souper. Philosophes et grammairiens, tous parlaient le latin, excepté dans les promenades. Les

---

(1) Le *Recueil des privilèges de l'Université*, p. 223 et s., donne la liste des évêques qui furent chargés de veiller à la conservation de ces privilèges.

(2) Lepaige est l'auteur de la *Bibliotheca Præmonstratensis ordinis*, Paris, 1633, in-fol., utile recueil des actes concernant l'ordre de Prémontré.

dimanches et les jours de fête, les théologiens prêchaient en latin ou en français, tant pour s'exercer que pour faire preuve de capacité. Chaque semaine avaient lieu au réfectoire des controverses sur la philosophie et la théologie. Les grammairiens y récitaient publiquement leurs compositions, pour s'habituer à bien prononcer et à gesticuler convenablement (1). Voilà quelques-uns des statuts qui étaient suivis au collège de Prémontré, et par lesquels cette pieuse maison fut associée au mouvement de réforme et de rénovation que nous avons signalé dans les communautés religieuses à l'aurore du dix-septième siècle.

La Faculté de médecine, dont les bâtiments tombaient en ruine, éprouva comme la Sorbonne les effets de la sollicitude du gouvernement de Louis XIII pour l'instruction publique. Des lettres patentes qui remontaient à 1608 avaient ordonné l'acquisition d'un terrain pour la reconstruction de l'amphithéâtre où avaient lieu les dissections. Une rétribution de soixante écus, imposée aux nouveaux licenciés, devait être employée à subvenir aux dépenses. Par une malencontreuse parcimonie que sa pauvreté expliquait sans la justifier, la Faculté de médecine faillit mettre obstacle à ces sages mesures, en détournant pour ses dépenses ordinaires une partie des fonds destinés aux travaux. Enfin, après le longs délais, l'affaire fut débattue devant le Parlement, qui ordonna, en janvier 1617, que la totalité des rétributions acquittées par les licenciés reçût l'affectation qui leur avait été assignée. Un nouvel arrêt, rendu en septembre par la chambre des vacations, décida que l'amphithéâtre serait élevé dans la partie du jardin du collège de médecine attenant à la rue de la Bûcherie ; le soin de surveiller les constructions était confié au doyen de la Faculté, et à trois docteurs, maîtres Nicolas Ellain, Jean Riolan et Denis Guerin, qui devaient passer bail au rabais pour les travaux, pourvoir à leur achèvement, et rendre compte à la cour (2).

(1) Félibien, *Histoire de la ville de Paris*, t. III, p. 211.
(2) Registres de la Faculté de médecine, t. IX, p. 117 et s., t. XII, p. 218 et s. Outre les lettres patentes de 1608, on y trouve tous les arrêts publiés par Félibien, *Hist. de la ville de Paris*, t. V, p. 51, 52 et 55, et les marchés passés avec les entrepreneurs pour les travaux. Cf. Jaillot, *Recherches sur Paris*, Quartier Saint-Benoît, p. 22.

Cependant la discorde continuait de régner dans l'Université ; à peine une querelle était apaisée qu'un nouveau litige s'élevait pour le motif le plus frivole, et passionnait les esprits comme si de graves intérêts se fussent trouvés en jeu. Les deux tribus qui composaient la Nation d'Allemagne, les insulaires et les continentaux (1), remplirent pendant plusieurs mois la Faculté des arts du bruit de leurs divisions ; tantôt c'était pour le choix d'un procureur, tantôt à l'occasion du coffre-fort de la Faculté, qu'elles s'accusaient mutuellement d'avoir pillé et qui fut trouvé intact ; une autre fois c'était au sujet du décanat que l'Irlandais Smith et le Hollandais Pierre Valens se disputaient entre eux, et qui fut adjugé à Smith par décision de l'Université, comme étant le plus ancien docteur de la Nation. En octobre 1617, l'élection d'un nouveau recteur donna lieu à un débat plus grave. Celui qui remplissait alors cette charge était encore Jean Ruault, le même qui l'année précédente avait prononcé l'oraison funèbre d'Achille de Harlay. L'énergie de Ruault, son caractère vif et résolu, non moins que sa parole facile et son érudition, lui avaient acquis une grande autorité dans les écoles de Paris. Cinq fois de suite, comme il le rappelle avec une juste fierté dans le récit de ses actes, le suffrage des Nations l'avait investi des fonctions rectorales. Cette charge si honorable n'avait jamais été très lucrative ; mais le malheur des temps en avait amoindri d'année en année les émoluments, si bien qu'il avait fallu dispenser plusieurs recteurs sans fortune d'une partie de la représentation que l'usage leur imposait. Les candidats devenaient de plus en plus rares, et peut-être la prorogation inaccoutumée des pouvoirs de Ruault était-elle due à l'absence de compétiteurs sérieux autant qu'au mérite personnel du recteur en exercice. Cependant, lorsqu'il eut rendu compte pour la dernière fois de son administration dans une assemblée à Saint-Julien le Pauvre, et que les intrants désignés par les Nations se furent réunis pour lui

---

(1) Les Nations étaient partagées en tribus. Anciennement, la Nation d'Allemagne se composait de trois tribus qui, au seizième siècle, furent réduites à deux : l'une qui comprenait les écoliers originaires de la Grande-Bretagne, ou *insulaires;* l'autre, les Allemands, ou *continentaux*. Voy. Crevier, t. V, p. 231.

donner un successeur, ils ne parvinrent pas à s'entendre; et, après trois heures de délibération, ce fut le suffrage de Ruault lui-même qui les départagea en se portant sur Jean Dossier, régent de théologie au collège d'Harcourt, que les Nations de France et de Normandie avaient désigné. Mais à peine le vote était-il proclamé que M° Hollandre, qui avait été recteur avant Ruault, soutint que celui-ci avait empiété sur ses droits; que lui, Hollandre, aurait dû être appelé à la réunion des Nations, et que la voix prépondérante, en cas de partage, lui appartenait. La Nation de Picardie, dont Hollandre faisait partie, et celle d'Allemagne, ne se contentèrent pas de l'appuyer; elles portèrent aussitôt l'affaire au Parlement, et obtinrent un arrêt qui, tout en remettant après les vacations à statuer sur le fond de l'affaire, fit provisoirement défense à Dossier d'exercer les fonctions de recteur et prorogea les pouvoirs de Ruault. Les passions qui existaient dans l'Université se donnèrent pleinement carrière, et la paix des assemblées fut troublée par des débats qui dégénéraient quelquefois en invectives. Un jour, l'un des maîtres de la Nation de Normandie qualifia les Picards et les Allemands d'étrangers, et le procureur de la Nation de France les appela des perturbateurs. La Nation d'Allemagne reprocha de son côté au recteur d'être un séditieux, qui s'était arrogé dans l'Université la dictature, ou plutôt une véritable tyrannie, et qui semait partout la discorde pour perpétuer son pouvoir. Ruault jugea prudent de défendre aux Nations de s'assembler; mais cette défense signifiée par un simple bedeau ne fut pas respectée, parce qu'elle ne s'appuyait pas sur un arrêt. Il était temps que la magistrature mît un terme à l'agitation des esprits. Le 16 décembre 1617, le jour même où la Nation d'Allemagne s'insurgeait ouvertement contre l'autorité du recteur, le Parlement rendit un arrêt qui confirmait l'élection de Dossier et décidait qu'à l'avenir, quand on procéderait à l'élection du recteur, s'il se trouvait diversité de voix entre les Nations, le recteur sortant de charge nommerait celui qu'il jugerait en sa conscience le plus digne des deux nommés par égalité de voix. Cette décision, qui fut promulguée dans une assemblée solennelle de l'Université, surprit quelques-uns de ceux dont elle contrariait les rancunes ou la vanité (1), mais elle rétablit la paix ; et ce qui console de l'animosité de ces frivoles débats, c'est la promptitude assez rare avec laquelle ils s'apaisèrent aussitôt que la magistrature eût parlé.

Sur la fin de l'année 1617, la Faculté de théologie censura les quatre livres de la *République ecclésiastique*, que l'archevêque de Spalatro, Marc-Antoine de Dominis (2), venait de publier en Angleterre, où il s'était retiré afin de pouvoir donner cours plus librement à ses opinions. L'ouvrage, bien différent de la plupart de ceux qui appelaient depuis quelques années les rigueurs de la Sorbonne et du Parlement, était un manifeste érudit et véhément contre la suprématie pontificale. Quoiqu'il eût appartenu autrefois à la compagnie de Jésus, l'auteur désertait les maximes chères à la Société ; il soutenait que, selon la forme que l'Église a reçue de Jésus-Christ, elle n'est pas une monarchie ; que le pouvoir des clefs a été donné à tous les évêques ; qu'ils ont tous une juridiction et des droits égaux ; que les laïques eux-mêmes ont reçu le Saint-Esprit, et que leur consentement est requis, au même titre que celui du clergé et des prélats, dans la définition des points de foi ; que, par conséquent, la primauté du pape n'est pas d'institution divine ; que c'est une combinaison nouvelle de la politique humaine, qu'elle fausse le caractère de l'Église de Dieu en l'assimilant aux royaumes temporels. Richer lui-même, qui pouvait s'imputer d'avoir favorisé par son livre sur la puissance ecclésiastique ces maximes bien voisines de celles de Luther et de Calvin, Richer les trouvait singulièrement outrées, et il ne pardonnait pas à l'archevêque de Spalatro de les avoir présentées comme étant la pure doctrine de l'école de Paris, qui, bien au contraire, disait-il, s'honorait d'avoir admis en tout temps la primauté du siège de Rome. Richer ajoutait qu'un pareil ouvrage, loin de rétablir la paix parmi les chrétiens, ne pouvait que fomenter le schisme. Le nonce apostolique, le cardinal Bentivoglio, s'applau-

---

(1) *Arch. U.*, Reg. xxv, p. 399 et 464 ; Reg. xxvi, p. 71 et s. ; Pièces justificatives, n° LV.

(2) *De republica ecclesiastica* Londini, 1617, in-fol.

dissait de rencontrer de pareilles dispositions chez un docteur signalé jusque-là par son hostilité contre le pouvoir pontifical, et il s'efforçait de faire partager les mêmes sentiments par la Faculté de théologie. Celle-ci, malgré les divisions qui régnaient dans son sein, parut avoir à cœur d'éloigner d'elle tout soupçon de sympathie ou de complaisance pour le livre de Dominis. Sans condamner l'ouvrage en termes généraux, ce qui eût dépassé ses attributions, elle s'attacha aux propositions les plus saillantes et les frappa de la censure la plus rigoureuse. En même temps, elle implora du gouvernement, au nom des intérêts de la religion, un ordre qui fit défense à tous les sujets du roi de conserver en leur possession aucun exemplaire de la *République chrétienne* (1). Jamais l'école de Paris n'avait montré plus d'ardeur à défendre les prérogatives du souverain pontife. La cour de Rome éprouva d'autant plus de satisfaction de ce résultat que peut-être elle ne l'espérait pas. Quant à Dominis, il ne tarda pas à quitter l'Angleterre, reparut en Italie, et rétracta ses erreurs entre les mains du pape Grégoire XV; mais divers indices ayant fait soupçonner que sa conversion n'était pas sincère, il fut enfermé au château Saint-Ange, où il mourut en 1624. Son procès, que l'inquisition avait commencé, fut continué après sa mort; il fut déclaré atteint du crime d'hérésie; son corps fut déterré et brûlé au champ de Flore (2).

---

(1) D'Argentré, *De nov. error.*, t. II b, p. 104; Bentivoglio, *Lettere diplomatiche*, Torino, 1852, in-12, t. I, p. 235 et s.

(2) Dominis était, comme on sait, un physicien de premier ordre. Il a laissé un traité d'optique où l'on trouve une explication de l'arc-en-ciel citée avec honneur par Newton. Voy. Libri, *Hist. des sciences mathématiques en Italie*, Paris, 1838-1841, t. IV, p. 145 et s.

CHAPITRE V.

Le bruit de l'ouverture prochaine du collège de Clermont se répand. — Efforts inutiles du recteur Dossier pour s'opposer à cette ouverture. — Lettres patentes du 15 février 1618. — Décrets de la Faculté des arts et de la Faculté de théologie cassés par le conseil privé. — Situation de l'Université. — Projet de réduire le nombre des collèges. — Quintaine élu greffier. — L'Université de Paris et le prince de Condé. — Les Barnabites. — Le siège épiscopal de Paris érigé en métropole. — Richelieu, grand maître de Sorbonne. — Annulation de la vente de six arpents du Pré-aux-Clercs. — Mesures contre l'indiscipline des écoliers. — Établissement du collège des Irlandais. — Cérémonies. — Affaires de la librairie. Lettres patentes de 1618 et de 1624. Quatre membres de la société de Sorbonne désignés pour être censeurs des livres nouveaux. — Aristote attaqué dans une thèse. — Les Jésuites de Tournon. — Association des universités de France contre les Jésuites. — Arrêts du parlement de Toulouse confirmés au conseil privé. — Échecs multipliés de la compagnie de Jésus. — Nouvelles querelles religieuses. — Pamphlets politiques contre Richelieu : *Admonitio ad regem*; *Mysteria politica*. — Le livre de Santarelli, *De hæresi, schismate et apostasia*. — Les Jésuites sont contraints de souscrire aux censures de la Faculté de théologie. — La *Somme théologique* du P. Garasse. — La thèse du dominicain Jean Testefort. — Agitation des esprits. — Édit sévère du roi, qui fait défense au recteur et aux maîtres de l'Université de Paris de prolonger et de renouveler les débats touchant l'autorité pontificale. — Un évêque mis en interdit par un simple docteur.

Cependant le bruit s'était répandu que la société de Jésus touchait au but de ses efforts, et qu'un édit du roi permettant l'ouverture des classes au collège de Clermont devait être prochainement publié. A cette nouvelle, le recteur, M° Dossier, sans prendre le temps de consulter les procureurs des Nations ni les doyens des Facultés, courut, accompagné de Turgot et de quelques professeurs du collège d'Harcourt, chez le garde des sceaux et le chancelier, pour leur faire part de ses appréhensions (1). L'Université ne savait-elle pas, dit-il, avec quelle habileté les Jésuites épiaient les oc-

(1) Nous empruntons ce discours et les détails qui suivent aux *Acta rectoria*, dans lesquels le recteur Dossier a lui-même raconté les circonstances qui précédèrent le rétablissement des Jésuites au collège de Clermont. Voy. nos Pièces justificatives, n°s LVII et LVIII.

casions favorables à leurs desseins? Ce qu'ils n'avaient pas obtenu de la clémence de Henri IV ni de la faveur de Marie de Médicis, ce que la sagesse du Parlement leur avait refusé, ils s'apprêtaient à l'arracher à l'inexpérience de Louis XIII. Les conséquences de leur triomphe, s'il devait se consommer, étaient manifestes; jamais coup plus funeste n'aurait été porté aux lois et à l'équité, comme à l'intérêt des lettres et à celui des écoles. Il appartenait au chancelier et au garde des sceaux de conjurer ce malheur en ne permettant pas que la bonne foi du prince fût surprise, et que la fille aînée du roi très chrétien se vît condamnée sans même avoir été entendue. A ces remontrances, débitées sur un ton un peu théâtral, le chancelier et le garde des sceaux se contentèrent de répondre, en termes généraux, qu'ils ne feraient rien qui pût préjudicier aux intérêts de la compagnie ni à ceux de son recteur, mais qu'il fallait attendre la décision du prince. A quelques jours de là, l'Université de Paris, à l'occasion de la fête de la Purification, devait se rendre au Louvre, en grande pompe, pour offrir, selon la coutume, des cierges au roi, à la reine mère et aux princes et princesses du sang. Le recteur, que sa dignité appelait à porter la parole, avait reçu de l'archevêque de Tours, M. Bertrand d'Eschaux, le conseil de ne faire aucune allusion aux Jésuites, de peur d'offenser le roi. Les chefs des différentes compagnies de l'Université l'engageaient, au contraire, à saisir l'occasion favorable de déposer aux pieds du trône l'expression franche de leurs craintes et de leurs vœux. Dossier, comme on pouvait s'y attendre, se rangea facilement à ce dernier avis, et en conséquence, le 2 février 1618, lorsqu'il eut été admis avec tout son cortège devant Louis XIII, il adressa au jeune roi, en lui présentant le cierge d'usage, le discours suivant, que nous reproduisons comme un échantillon de l'éloquence officielle du temps :

« Sire, ce cierge que nous venons offrir à Votre Majesté n'est pas pour vous porter de la lumière, mais pour la recevoir de vous qui, l'unique et très agréable soleil de la France, esclairez de vos rayons les parties les plus eslognées de l'Univers. Pour ceste raison, nous nous promettons que, comme le Ciel vous a faict naistre pour dès vostre berceau estouffer ainsi qu'un Hercule les dragons et les serpents ; pour dès vostre enfance chasser ainsi qu'un Thésée les monstres de vostre royaume ; et pour en la fleur de vostre aage estendre bien loing, ainsi qu'un Alexandre, les bornes de vostre empire ; de mesme il vous a reservé pour, par la splendeur de vostre sagesse, dissiper l'ignorance ; par la douce chaleur de vostre bienveillance, eschauffer et fomenter les beaux esprits ; et par la vive influence de vostre royale grandeur, rendre plus fleurissante que jamais la fille des rois et la mère des lettres, l'Université de Paris. C'est, Sire, ce dont elle supplie très humblement Votre Majesté, et de luy faire parestre d'autant plus volontiers les effects de vostre bonté, que l'on la croit estre exposée à un plus grand péril ; à sçavoir, en ce tems où les Jésuistes de rechef s'efforcent de s'y establir, lesquels ayant desja opprimé le corps entier de la robbe séculière en tous les endroits de vostre royaume, ne reste plus que le cœur seul qui vit et respire encores en vostre Université de Paris, en laquelle estans une fois establis, ils s'en rendront aussitost maistres comme ils ont faict en tous les autres lieux où ils sont entréz ; et, par ainsi ne restant plus aucune compagnie en Vostre royaume qui enseigne la jeunesse, autre que Jésuite, voylà cette grande et célèbre Université suffoquée et abbatuë, voilà ce corps vénérable qui a rendu tant de bons services à l'Église et à l'Estat ; qui a fourny les peuples de pasteurs, les éveschéz de prélats, les cours souveraines de juges et de présidents, le conseil des rois de chanceliers, de gardes des sceaux, de maistres des requestes, de conseillers et secrétaires d'Estat ; qui a maintenu l'innocence de l'Église, la pureté des langues, l'intégrité des bonnes lettres, et les franchises et libertéz de la France contre tous ceux qui les ont voulu opprimer ; bref, qui a tousjours esté comme une forte bride pour arrester la violence de toute doctrine nouvelle et estrangère, préjudiciable à l'Église et à l'Estat : voilà, dis-je, cette grande Université ruinée. Ce qui ne peut arriver sans un préjudice notable de l'un et de l'autre, c'est-à-dire de l'Église et de vostre Estat. Ne permettez donc, ô grand roy, que ce beau et riche fleuron de la couronne de France se fanne et se ternisse de vostre temps. Ne permettez qu'il soit dict que cette grande et célèbre Université, conservée depuis neuf cents ans successivement par tous les roys vos devanciers, comme une pièce du tout nécessaire et essentielle à l'Église et à l'Estat, soit périe sous le règne de Louis le Juste, Louis le Sage, Louis le Débonnaire, Louis treiziesme, le roi le plus puissant et le plus grand du monde, Louis treiziesme, qui par sa valeur et par sa sagesse du tout miraculeuse a redonné la vie à tous les autres membres de son Estat. C'est, Sire, la prière très humble qu'elle faict ce jourd'huy à Votre Majesté. Et recevant ce cierge de sa main, recevez tout ensemble les arrhes de sa fidélité, le gage de son obéissance, et une protestation très entière de jurer plustost sa propre ruine que de manquer au vœu qu'elle lui a faict d'estre pour jamais sa très affectionnée, très subjecte et très humble servante (1). »

La reine mère, après le roi, et Monsieur, duc d'Anjou, eurent à essuyer, en recevant les cierges que leur présentait le recteur, des discours moins longs, mais non pas moins ampoulés que celui que nous venons de reproduire. S'il faut en croire la relation qui est sous nos yeux, le roi répondit, d'un visage plein d'allégresse et d'accueil : « Je vous remercie de votre bonne affection ; soyez assuré de la mienne et que j'ai agréable votre requeste. » Aussitôt que ces paroles furent connues dans l'Université, elles y relevèrent les courages et firent naître l'espérance que l'ouverture du collège de Clermont n'était pas aussi prochaine qu'on l'avait appréhendé. Les Jésuites et leurs partisans furent tellement troublés qu'ils essayèrent d'arrêter la publication des discours prononcés par le recteur, comme s'ils redoutaient l'impression produite sur les esprits par cette mauvaise rhétorique. Mais la résolution de Louis XIII et de son principal ministre, Albert de Luynes (2), était arrêtée ; et tandis que l'Université trop confiante se félicitait du nouveau succès qu'elle croyait avoir remporté, le conseil d'État

---

(1) *Les harangues faictes au Roy, à la Royne, et à Monsieur, frère du Roy, par monsieur le recteur de l'Université de Paris sur le restablissement des Pères Jésuistes,* Paris, 1618, in-12.

(2) Félibien, *Hist. de Paris,* t. IV, p. 37.

préparait un arrêt donnant gain de cause contre elle à ses adversaires. Cet arrêt, qui fut signé le 15 février 1618, était conçu dans les termes suivants :

« Sur le rapport fait au roy, estant en son conseil, des cahiers des derniers Estats généraux tenus à Paris, par lesquels en remonstrant la nécessité de rétablir les Universitez de ce royaume en leur ancienne splendeur, et principalement celle de ladite ville comme capitale et séjour ordinaire des rois, et en laquelle les plus grandes et célèbres compagnies de ce royaume sont establies, afin que son Université soit à l'advenir, comme autrefois elle a esté, un séminaire de toutes charges et dignitez ecclésiastiques et séculières, où les esprits des sujets de Sadicte Majesté soient formez au culte divin, au zèle de la vraie religion, en l'obéissance duë aux rois et au respect et révérence des lois et des magistrats : lesdits Estats ont entre autres choses requis et supplié Sa Majesté, en considération des bonnes lettres et piété dont les Pères Jésuites font profession, leur permettre d'enseigner dans leur collège de Clermont, et faire leurs fonctions ordinaires dans leurs autres maisons de Paris, comme ils ont fait autrefois, et évoquer à soy et à son conseil les oppositions faites ou à faire au contraire ; et Sa Majesté, bien informée qu'avant que ledict exercice eût cessé audict collège, non-seulement la jeunesse de sadicte ville de Paris, mais aussi de toutes les parts du royaume et de plusieurs provinces estrangères, estoit instruite en ladicte Université aux bonnes lettres, et que maintenant au lieu de cette affluence, ladicte Université se trouve quasi déserte, estant privée de la plus grande partie de toute ladicte jeunesse, que les parents envoyent estudier en autres villes et hors le royaume, faulte d'exercice suffisant en ladicte Université pour les sciences, dont Sadicte Majesté reçoit, et le public, un notable préjudice... Sa Majesté a ordonné et ordonne que, conformément aux lettres du 20 août 1610, iceux Pères Jésuites feront à l'advenir lectures et leçons publiques en toutes sortes de sciences, et tout autre exercice de leur profession audit collège de Clermont, comme ils ont fait autrefois, et aux jours et heures les plus commodes pour leurs escholiers, lesquelles lectures Sadite Majesté entend demeurer dès à présent restablies sans qu'il soit donné aucun empeschement au contraire, à la charge... de se soubmettre aux loix et réglements de l'Université, ainsi qu'il sera ordonné par Sa Majesté. Veut Sadite Majesté que lesdits Pères Jésuites soient mis en possession desdites lectures par deux conseillers et maîtres des requêtes... lesquels se transporteront sur les lieux, le tout nonobstant oppositions ou appellations quelconques, pour lesquelles et sans préjudice d'icelles, ne sera différé; et si aucunes interviennent, Sadite Majesté en a retenu et réservé la cognoissance à sa personne et à sondit conseil, interdite et défendue à sadite cour de Parlement et à tous autres juges quelconques, faisant défense aux parties de se pourvoir ailleurs, à peine de nullité, cassation de procédures, et de tous despens, dommages et intérêts. »

Ce fut le cardinal Du Perron qui se chargea de communiquer à l'Université la décision qui venait d'être rendue en faveur des Jésuites. Il manda le recteur et d'autres notables à Bagnolet, où la maladie le retenait, et leur fit part de la volonté royale, les engageant à la respecter, et leur promettant de faire lui-même ses efforts pour que la compagnie de Jésus n'abusât pas de ses avantages au détriment de l'Université de Paris. Le recteur ne se montrait pas éloigné de seconder les vues conciliatrices du cardinal, lorsqu'il apprit que l'événement qu'il cherchait à conjurer venait de s'accomplir. Le 20 février, vers deux heures de l'après-midi, MM. Amelot et Fouquet, maîtres des requêtes, s'étaient rendus au collège de Clermont par ordre du roi et, ayant donné lecture de l'arrêt du conseil, ils avaient fait sonner la cloche pour la reprise des classes. Un grand nombre de prélats les accompagnaient, entre autres le nonce apostolique, le cardinal Bentivoglio, qui voulut donner à la société de Jésus ce témoignage de la protection du Saint-Siège. Un Jésuite, le P. Mérat, monta en chaire et, après avoir rendu grâce au prince du rétablissement du collège, il commença une leçon de théologie.

Il n'était pas permis d'espérer que les protestations de l'Université eussent désormais la force d'empêcher la victoire de ses rivaux; cependant elle ne put se résigner à céder le terrain avant d'avoir épuisé tous les moyens de résistance dont elle disposait. Son principal espoir était en la magistrature, qui s'était toujours montrée favorable à ses intérêts et qui l'avait déjà sauvée en 1611, dans une circonstance toute semblable. Comme l'arrêt du 15 février n'avait pas été signifié au recteur, et qu'étant censé ne pas le connaître, il pouvait en contester l'exécution sans manquer à l'obéissance due au roi, Dossier résolut de présenter une requête au Parlement contre l'ouverture des classes du collège de Clermont, comme ayant eu lieu contrairement à l'arrêt de la cour du 22 décembre 1611. Un conseiller, M. le Rouillier, s'était chargé de faire le rapport de l'affaire et paraissait devoir conclure à l'admission de la requête. Le recteur vit aussi le premier président, M. de Verdun, et le conjura, au nom de la bienveillance qu'il avait souvent témoignée à l'Université, de ne pas l'abandonner dans les circonstances critiques où elle se trouvait de nouveau placée. La même démarche et les mêmes sollicitations eurent lieu auprès des autres présidents de la cour, et rien ne fut épargné pour s'assurer de la faveur des magistrats. Un jugement décida que la requête de l'Université serait communiquée aux gens du roi et aux Jésuites; mais quinze jours se passèrent, au bout desquels le procureur général, Mathieu Molé, renvoya le dossier tel qu'il l'avait reçu, sans donner ni conclusions ni éclaircissements. Aux doléances du recteur, qui déplorait amèrement ce qu'il appelait déni de justice et affront fait à sa compagnie, le premier président répondit que la réclamation de l'Université paraissait fondée, mais qu'elle devait être portée devant le roi, qui seul pouvait en connaître; et comme le recteur insistait, disant qu'il avait saisi la justice du roi en la cour de son parlement, M. de Verdun repartit que ni le Parlement ni lui-même ne pouvaient rien en cette affaire, et qu'il ne fallait pas compter sur leur appui. La seule faveur que sa stérile bienveillance accorda à l'Université fut de lui faire délivrer par le greffier de la cour une copie authentique de l'arrêt dont elle poursuivait l'annulation et qu'elle ne connaissait pas officiellement.

Abandonnée par ceux-là mêmes qu'elle était habituée à regarder comme ses protecteurs, l'Université n'essaya pas moins de soutenir la lutte avec les faibles ressources qui lui restaient. Au moyen de règlements intérieurs, fermant l'accès des grades à quiconque n'aurait pas étudié dans ses propres maisons, elle pouvait atténuer, sinon détruire, les effets du privilège obtenu par les Jésuites. Au commencement du mois de mars 1618, la Faculté de théologie prit, dans ce dessein, une délibération que le recteur fit afficher à la porte de tous les collèges. La Faculté y déclarait que, selon ses anciens usages, elle n'admettrait à ses cours et par conséquent à ses grades que les seuls écoliers qui auraient étudié trois ans sous un docteur de la compagnie ou de l'une des universités affiliées à l'Université de Paris, et qui feraient le serment de n'avoir jamais suivi les leçons d'aucun autre maître en théologie.

Quelques jours après, la Faculté des arts prit une délibération analogue, mais qui avait plus de portée, à raison même des attributions de cette Faculté, de laquelle relevaient l'enseignement des sciences et des lettres, et par conséquent tous les collèges, avec le cours entier des études qui complétaient l'éducation libérale.

« La Faculté des arts, pour le grand amour qu'elle porte à l'Université, et pour la crainte qu'elle a que les instituts des anciens ne viennent à défaillir, a trouvé bon, selon les occasions qui se présentent et le tems où nous sommes, de renouveller ce qui avoit esté dès long temps ordonné; et à la requeste du procureur de l'Université, a fait un décret en la façon qui suit :

« Que les grands maistres et principaux n'ayent à recevoir aucun « en leurs collèges, ou en lieux qui dépendent d'iceux, qui de « bonne foy ne prenne leçon des docteurs et professeurs approu- « vez par le commun consentement de l'Université.

« Que les principaux des collèges auxquels il n'y a point d'exer- « cice, ayent le soing d'envoyer leurs hostes et pensionnaires aux « escoles approuvées de l'Université, et ne permettent qu'ils aban- « donnent lesdites escoles, pour aller ailleurs.

« Que les pédagogues demeurans hors des collèges prennent
« soin d'envoyer aux mêmes escoles ceux desquels ils auront en-
« trepris la charge et l'instruction ; autrement ne pourront, tant
« lesdits pédagogues que la jeunesse à eux donnée en charge,
« parvenir aux honneurs et privilèges de la susdite Faculté.

« Que M. le recteur ne puisse octroyer les lettres d'escolier juré,
« qu'à ceux qui auront estudié six mois auxdites escoles approu-
« vées, et dont apparoistra le tesmoignage et l'approbation du
« principal et du régent. Si enaprès, quelques-uns se transpor-
« tent aux escoles estrangères, que ceux-là soient entièrement
« rejettez de l'Université et que leurs susdites lettres soient sans
« aucune authorité.

« Que ceux qui seront appelez à serment, ayant à respondre
« selon l'intention de celuy qui les interroge, sans tromperie pré-
« méditée.

« Que le greffier de l'Université ne donne aucunes lettres de
« maistres ès arts, que premièrement ceux qui aspirent à cette
« dignité n'ayent donné suffisant tesmoignage d'avoir fait leur
« cours dans lesdites escoles, par le temps requis.

« Que ceux qui donnent leurs signatures en suivent les mesmes
« conditions.

« Qu'à ceux que l'Université aura honorez de la dignité de mais-
« tres ès arts, ou qu'après avoir obtenu la même dignité dans les
« autres Universitez elle aura reçus et adoptez, lettres de nomina-
« tion soient octroyées pour obtenir les bénéfices destinez aux
« graduez de l'Université.

« Que ceux qui ne voudront obéir au décret soient retranchez
« du corps de l'Université ; que le procureur de l'Université agisse
« contre eux par-devant M. le lieutenant civil de Paris, ou bien au
« Parlement ; et que pour subvenir aux frais du procez, on prenne
« de l'argent dans l'espargne des Nations.

« Que le syndic de la Faculté procède sévèrement à l'encontre
« de ceux qui seront contrevenans au décret ; ceux qui se présen-
« teront pour recevoir la dignité de maistres ès arts, qu'ils bail-
« lent leurs noms ; et celuy qui sera recognu coupable pour n'avoir

« de poinct en poinct observé le décret, qu'il soit frustré de son
« attente et de sa demande. »

Les deux décrets qu'on vient de lire étaient, sous des formes à demi voilées, une véritable mise en interdiction du collège de Clermont. S'ils étaient maintenus, et surtout s'ils étaient fidèlement suivis, la prospérité de l'institution se trouvait fort compromise, du moins le recrutement des élèves était entravé de la manière la plus directe. Les Jésuites sentirent la gravité du coup qui leur était porté et la firent aisément comprendre à leurs protecteurs. Le gouvernement de Louis XIII, qui s'affermissait de jour en jour, n'avait pas ordonné le rétablissement de la compagnie de Jésus sans avoir pesé toutes les conséquences de cette mesure et sans s'être résolu à la soutenir en dépit des oppositions. Après avoir enlevé au Parlement la connaissance de l'affaire afin d'en rester maître, il était peu disposé à reculer devant l'Université ou à se laisser arrêter par les entraves qu'elle sèmerait, fût-ce avec raison, sous ses pas. Sans attendre et sans redouter de nouvelles remontrances, le conseil privé cassa purement et simplement les délibérations de la Faculté de théologie et de la Faculté des arts un mois après qu'elles avaient été publiées, et il renouvela l'ordre formel que l'arrêt du 15 février précédent fût exécuté, selon sa forme et teneur, dans le plus court délai (1).

L'Université voyait ses calculs trompés et son espoir déçu. Il fallait qu'elle se résignât à la position qui lui était faite, et que, par un redoublement de vigilance sur elle-même, elle se mît en mesure de soutenir la concurrence que ni son crédit ni ses expédients n'avaient pu conjurer. Malgré l'arrêt qui cassait les délibérations de la Faculté de théologie et de la Faculté des arts, comme elle conservait la haute juridiction sur le nombreux personnel de ses propres établissements, elle en usa pour entretenir dans l'obéissance et la fidélité à sa cause quelques-uns de ses membres qui ne se montraient que trop portés à la trahir. Ainsi, au collège du Plessis, un régent de philosophie, nommé Philippe, avait chez lui quel-

---

(1) Voy. Pièces justificatives, n° LIX.

ques pensionnaires que, selon le vœu de leurs parents, il laissait fréquenter les classes du collège de Clermont. Il fut sévèrement blâmé, et reçut l'ordre de rompre toute relation avec les écoles des Jésuites et de ne conduire à l'avenir ses pensionnaires que dans celles de l'Université. Au collège des Grassins, le principal, M⁰ Gouault, docteur en théologie, se dispensait de payer des régents sous prétexte qu'ils coûtaient trop, et, pendant la vacance des chaires, il envoyait aussi les petits boursiers étudier chez les Jésuites. Assigné pour ce fait devant le recteur, il essaya en vain de se justifier en alléguant les lourdes charges pécuniaires qu'il avait à supporter; commandement lui fut fait d'avoir, sous dix jours, à se procurer des maîtres et à rétablir l'exercice des classes. Une visite eut lieu dans plusieurs collèges par les ordres du Parlement, qui délégua à cette fin quatre conseillers que les procureurs des Nations et le recteur accompagnèrent; elle eut pour résultat de faire constater encore de graves abus, comme on peut en juger par un arrêt de la cour relatif aux collèges de Saint-Michel, des Bons-Enfants-Saint-Victor, de Lizieux, des Lombards, de Cambray, et de la Mercy, qui enjoint aux principaux de ces collèges, sous peine de révocation, de faire vider les lieux, dans le délai d'un mois, à tous ceux qui les habitent, et « qui ne sont pas escoliers actuellement estudians, régens, prestres, boursiers ou pédagogues. » Le même arrêt ordonne l'envoi et le dépôt au greffe de la cour de tous les titres, statuts et règlements de l'Université et des maisons qui en dépendent (1).

Des mesures analogues avaient été en d'autres temps le prélude d'une réforme générale des écoles publiques; et peut-être, dans l'intention de ceux qui les provoquaient à l'époque où nous sommes arrivés, étaient-elles destinées à la préparer. Il est constant qu'après la rentrée des Jésuites, le projet de changements nouveaux dans l'organisation de l'Université se présenta à beaucoup d'esprits, qui jugeaient indispensable que l'institution s'améliorât pour ne pas déchoir. Le cardinal de la Rochefoucault, évêque de Senlis,

---

(1) *Arch. U.*, Reg. xxv, fol. 553, 561 et s.; Félibien, *Hist. de Paris*, t. V, p. 63; et Pièces justificatives, n° LXI.

qui venait de succéder dans la charge de grand aumônier au cardinal Du Perron, mort sur la fin de 1618, avait lui-même ouvert cet avis (1). Dans les premiers mois de 1620, le nouveau recteur, Joachim Duval, fut appelé au Louvre, par une faveur singulière et inusitée, pour conférer avec le roi en personne des mesures que l'intérêt des études paraissait réclamer (2). La combinaison qui semble avoir été alors le plus vivement soutenue et à la veille même d'être adoptée, c'est la réduction du nombre des collèges; les plus petits et les moins prospères auraient été supprimés et leurs revenus auraient été attribués aux établissements plus considérables, afin de permettre de mieux rétribuer les professeurs et d'en avoir par conséquent de plus habiles. Cette mesure, dont nous verrons le projet se renouveler plus d'une fois, mais qui ne fut adoptée qu'à la fin du siècle suivant, avait l'approbation d'une partie au moins du Parlement, au nom duquel le recteur Pierre Padet (3) en fit part aux procureurs des Nations et aux doyens des Facultés, dans une réunion qui se tint chez lui au mois de mai 1622. Mais, suivant un bruit fort répandu, les suppressions proposées souriaient surtout aux Jésuites, et c'était par eux que l'idée en avait été suggérée. Il n'en fallut pas davantage pour les rendre suspectes à l'Université, qui céda facilement aux instances de ceux dont elles auraient blessé les intérêts. Au lieu de supprimer les petits collèges, ne suffisait-il pas d'y réprimer les abus? Comment d'ailleurs toucher à leurs revenus sans l'avis des patrons et des fondateurs? Telle est l'objection qui fut d'abord élevée par le doyen de la Faculté de théologie, à l'opinion duquel se rangèrent les autres doyens et les procureurs des Nations de France, de Normandie et d'Allemagne. Le projet fut ainsi écarté à la majorité des suffrages, et toutes les écoles qui dépendaient de l'Université se trouvèrent maintenues provisoirement, malgré la situa-

(1) *Arch. U.*, Reg. xxvi, p. 87.
(2) *Acta rectoria*, t. V, fol. 55.
(3) Pierre Padet, régent, puis proviseur du collège d'Harcourt après la mort de Georges Turgot; recteur en 1622; successeur de Guillaume du Val dans la chaire de philosophie du Collège de France en 1647; mort en 1665, à l'âge de quatre-vingt-quatre ans. Voy. Goujet, *Mém. sur le Collège royal*, t. II, p. 274 et s.

tion difficile d'un assez grand nombre d'entre elles. Quant aux autres réformes moins définies, dont le vœu avait préoccupé quelques esprits, elles ne furent pas même l'objet d'une délibération régulière; et la seule chance d'amélioration et de succès qui resta à l'Université, ce fut le dévouement et les lumières de ses chefs, l'exactitude et le solide savoir de ses régents.

Au commencement de l'année 1622 était mort le greffier de l'Université, Guillaume Duval, qui remplissait ces fonctions depuis le mois de décembre 1588, époque à laquelle il avait succédé à Simon Laffilé. Avant de mourir, il avait résigné sa charge en faveur de son fils, Pierre Duval; mais cet acte de dernière volonté, auquel manquait même sa signature, ne fut pas reconnu par l'Université, qui déclara l'emploi vacant et s'occupa aussitôt d'y pourvoir par la voie ordinaire de l'élection. Pierre Duval, que le nom et les services de son père recommandaient, eut pour compétiteur un prêtre, bachelier en théologie, nommé Quintaine, qui était alors procureur de la Nation de Normandie. Ce qui donnait de l'intérêt à cette nomination, c'est que de nouveau elle mettait aux prises les quatre Nations de la Faculté des arts, qui revendiquaient le droit de disposer seules de l'emploi de greffier, et les Facultés supérieures qui leur disputaient ce privilège. Les Facultés se prononcèrent pour Duval, les Nations pour Quintaine. L'ancien recteur Grangier, dont le nom a fréquemment paru dans cette histoire, compliqua le débat par une protestation motivée sur le caractère ecclésiastique dont Quintaine était revêtu, et qui le rendait incapable, selon Grangier, de remplir les fonctions de greffier sous les ordres d'un recteur laïque. Le différend fut porté devant le Parlement, qui appointa les parties au conseil, comme il arrivait souvent dans les procès de ce genre, et Quintaine fut laissé provisoirement en possession de l'office que les suffrages des Nations lui avaient déféré (1). L'Université n'eut pas dans la suite à regretter cette décision; car les registres de ses délibérations, jusque-là confus et mal écrits, furent tenus par Quintaine d'une manière si

(1) Toutes les pièces relatives à cette affaire ont été réunies par Du Boulay dans son *Factum sur l'élection des officiers de l'Université*, p. 76 et s.

exacte et si régulière que sa méthode a servi de modèle à tous les greffiers venus après lui.

C'est un trait de mœurs qui mérite d'être signalé, que l'arrogance avec laquelle les hauts personnages qui se disaient les protecteurs de l'Université en usaient quelquefois vis-à-vis d'elle. La cure de Saint-Côme et Saint-Damien, dont l'Université avait le patronage, allait devenir vacante par la retraite du titulaire, M° Hébert, pénitencier de Notre-Dame, qui était appelé à l'archevêché de Bourges. Le prince de Condé la demanda pour un ecclésiastique attaché au service de sa maison et qui se nommait Bry. Sans repousser le vœu du prince, le procureur de la Nation de France, à qui cette fois la nomination appartenait, M° Tarin (1), fit observer que le sieur Bry n'avait pas encore présenté ses lettres de maître ès arts, sans lesquelles il ne pouvait être élu. Il suffit de cette simple réserve pour donner lieu à l'impérieuse lettre que voici : « Messieurs, je trouve bien étrange que l'on ait fait jusqu'à présent en l'Université si peu d'état de mes lettres et recommandation, vu l'amitié que vous savez tous que je lui ai toujours témoignée quand elle a eu besoin de moi. On m'a fait néanmoins entendre que vous avez voulu, en votre Nation particulière, avoir le contentement de me favoriser, en laissant passer votre tour, sur la démission que M. le pénitencier entend faire entre vos mains de la cure de Saint-Côme, à laquelle je désire que M. Bry soit nommé. Je me suis réjoui d'avoir entendu qu'ayez ce désir. Je vous prie donc qu'en bref j'en voie les effets, si vous me voulez dorénavant trouver. » La Nation de France, et l'Université en corps, malgré le prestige qu'elle conservait, ne pouvaient pas répondre à ces injonctions hautaines autrement que par le silence et la soumission. La cure de Saint-Côme fut donc adjugée sans murmure au sieur Bry, et l'Université connut à quel prix l'orgueil des grands lui faisait acheter une protection bruyante et le plus souvent stérile.

(1) Sur Jean Tarin, qui fut par la suite recteur de l'Université et professeur au Collège de France, voy. Goujet, *Mém. hist. sur le Coll. de France*, t. II, p. 407 et s., et les *Mémoires de Garasse*, de la compagnie de Jésus, publiés par Charles Nisard, Paris, 1861, in-12, p. 104; et plus récemment par le P. Carayon, Paris.

Ses établissements avaient de jour en jour de nouvelles rivalités à redouter ou à soutenir. Après les Oratoriens et les Jésuites s'élevèrent les Barnabites, que des lettres patentes du mois de mars 1622 venaient d'autoriser à s'établir à Montargis et dans plusieurs autres villes de France, et qui semblaient devoir se vouer à l'éducation de la jeunesse. Soutenus par l'évêque de Paris, Henri de Gondi, qui les avait appelés dans son diocèse, ils étaient, disait-on, sur le point d'acquérir des bâtiments spacieux pour y fonder un collège et y tenir des classes. Le recteur Padet, un des plus vigilants défenseurs des droits de l'Université, fit connaître à sa compagnie le coup dont elle était menacée, et sur son rapport les Nations et les Facultés résolurent de former opposition à l'enregistrement des lettres patentes obtenues par la nouvelle communauté. La délibération de la Faculté de droit, habituellement animée d'un esprit tout différent, constatait que ce grand nombre de collèges tenus par des corporations rivales détruisait l'uniformité de l'éducation publique et offrait, tant pour l'Église que pour l'État, d'aussi sérieux inconvénients que la trop grande multiplicité des ordres religieux, condamnée par plusieurs conciles (1). La mort de M. de Gondi, qui succomba peu de mois après en Languedoc, ayant fait ajourner les prétentions des Barnabites, le procès qui venait d'être engagé n'eut pas de suite pour le moment. Il ne fut repris que onze ans plus tard, en 1633, lorsque les Barnabites eurent été installés au prieuré Saint-Éloi, dans la Cité. En 1635, un arrêt de la cour donna gain de cause à l'Université, et ses nouveaux adversaires furent tenus de fournir au recteur dans le délai de trois mois une déclaration de leur général portant « qu'il ratifiait les promesses faites par eux de ne tenir collège ni escole, et de ne faire de leçons de quelque science que ce fust, à autres qu'à ceux de leur ordre, à Paris, et ailleurs (2). »

Au mois d'octobre 1622, pendant la vacance du diocèse de Paris, le pape Grégoire XV, à la demande du roi, accorda les

---

(1) *Arch. U.*, Reg. XXVII, fol. 5 et s.
(2) D'Argentré, *De nov. error.*, t. II b, p. 274 et 275; Félibien, *Hist. de Paris*, t. II, p. 1349, t. V, p. 98.

bulles qui érigeaient l'antique siège de l'apôtre des Gaules en archevêché, avec les diocèses de Chartres, de Meaux et d'Orléans pour suffragants. Après avoir rappelé toutes les grandeurs accumulées dans la capitale de la France, la multitude des églises et des monastères qu'elle renfermait, la piété de son clergé et de ses habitants, la sagesse de ses magistrats, l'éclat qu'y répandait la résidence habituelle du souverain, le pape ajoutait à tous ces motifs d'élever la ville de Paris en métropole l'antique renommée de son Université, qui depuis plusieurs siècles était à la tête de toutes les écoles pour l'excellence de ses études. Généreux et juste hommage que le Saint-Siège rendait à une institution fondée par ses soins et qui n'avait jamais laissé entamer le dépôt de la foi ! Le premier archevêque de Paris fut Jean-François de Gondi, doyen de Notre-Dame, frère et coadjuteur du dernier évêque. Son sacre eut lieu dans sa cathédrale, le 19 février 1623, par les mains du cardinal de Sourdis, assisté de François de Harlay, archevêque de Rouen, et de Léonor d'Estampes, évêque de Chartres (1).

Dans l'opulente succession que l'évêque défunt avait laissée, se trouvait comprise la charge de proviseur du collège de Sorbonne, qu'il avait lui-même héritée, en 1619, de Pierre de Gondi, son oncle. Après sa mort, elle fut conférée par le libre suffrage des membres de la société à l'évêque de Luçon, Richelieu, qui s'avançait rapidement vers les premiers emplois. Déjà il avait siégé, sous le maréchal d'Ancre, dans les conseils de Louis XIII; sa promotion au cardinalat était annoncée; et, très habile controversiste, il venait de publier une défense de la foi de l'Église et une *Instruction du chrestien*, fort appréciées même en dehors du clergé. Aux termes des statuts de la maison de Sorbonne, l'élection du proviseur devait être confirmée par l'Université dans une assemblée à laquelle assistaient, outre ses dignitaires, le chancelier et l'archidiacre de Notre-Dame. Ce fut le 2 septembre 1622 qu'eut lieu, sous la présidence du recteur, la réunion solennelle qui devait remettre le patronage et la haute administration de l'ancien

---

(1) Félibien, *Hist. de Paris*, t. II, p. 1320, t. IV, p. 67 et s.; *Gallia Christiana*, t. VII, col. 174, et inst. col. 169.

collège des *pauvres étudians en théologie* entre les mains illustres auxquelles les rênes de l'État allaient être bientôt abandonnées. La séance commença par un discours de Mᵉ Gazil, docteur en théologie, qui fit d'abord l'éloge de Henri de Gondi, et qui termina par celui du nouveau proviseur appelé à lui succéder. Le recteur invita chaque membre à motiver son opinion. L'archidiacre Dreux, le chancelier Pierre Vives, les doyens et les procureurs approuvèrent successivement le choix des Sorbonnistes, qu'en conséquence le recteur déclara confirmé (1). Les espérances que la Sorbonne et l'Université avaient dû fonder sur Richelieu ne furent pas trompées; parvenu au faîte du pouvoir, il se rappela, comme nous le verrons, la pieuse et savante maison qui s'était confiée à lui, et par sa sollicitude et ses bienfaits il mérita d'en être appelé le second fondateur.

Dans les derniers jours de l'année 1622 se termina le procès que l'Université de Paris soutenait depuis plusieurs années pour obtenir la rescision de la vente de six arpents du Pré-aux-Clercs, faite à la reine Marguerite de Navarre par le recteur Engoulevent. Ni la mort de cette princesse, ni la donation faite par elle à la communauté des Augustins de tout le terrain qu'elle avait acquis, ni les marchés successifs que les Augustins avaient passés à leur tour et qui compliquaient le débat principal de mille questions accessoires, n'avaient pu détourner l'Université de la poursuite de cette affaire embarrassée. Telle était au reste la gravité du préjudice qu'elle avait éprouvé, par la légèreté et peut-être par la connivence coupable d'Engoulevent, que ces mêmes terrains, cédés primitivement à la reine pour une modique rente de soixante livres, rapportaient en 1614 aux Augustins quinze à seize cents livres de revenu annuel. Après des ajournements qui paraissaient devoir être indéfinis, le recteur Padet pressa les magistrats si vivement, et fit valoir d'une manière si habile les droits de sa compagnie, que, malgré tout le crédit de ses adversaires, il finit par triompher. Par un arrêt du 23 décembre, le Parlement

---

(1) *Arch. U.*, Reg. XXVII, fol. 12

annula le contrat de 1606, et décida que toutes les rentes consenties au profit de la reine Marguerite et des Augustins, ses représentants, sur les diverses parties des six arpents qui lui avaient été cédés par l'Université, feraient retour à celle-ci, qui devait toucher en outre une indemnité annuelle pour certaine portion de terrain que les Augustins étaient autorisés à conserver. Le recteur et les procureurs des Nations, accompagnés de plusieurs notables, allèrent, selon l'usage, mais cette fois avec un sentiment de satisfaction encore plus prononcé que de coutume, remercier le président et tous les magistrats, les uns après les autres, de cette importante décision, une des plus favorables que l'Université eût obtenues depuis longtemps, et, dans l'état de gêne où elle se trouvait, une des plus opportunes et des plus profitables (1).

Comme les habitudes vagabondes et turbulentes d'une partie des écoliers se perpétuaient, au scandale des habitants paisibles, pour qui leurs bandes armées, se promenant dans les rues de Paris, continuaient à être un objet de terreur, le Parlement, à l'instigation de l'Université elle-même, fit de nouveau défense à tous écoliers, sous quelque prétexte et occasion que ce fût, « de s'assembler, porter espées et autres armes défendues, à peine de la vie. » Ordre fut donné aux principaux des collèges de donner de six mois en six mois les noms de leurs élèves au recteur, à peine de cent livres d'amende, et de les contenir dans le devoir. La même obligation était imposée sous la même peine aux hôtes qui logeaient des étudiants. L'exécution de l'arrêt fut confiée au lieutenant civil et au lieutenant criminel, qui se transportèrent dans les collèges pour en donner lecture et le faire publier à son de trompe dans les carrefours de l'Université. Enfin un certain nombre d'écoliers étaient décrétés de prise de corps, avec menace de saisie de leurs biens, si dans le délai de trois jours ils ne s'étaient pas constitués prisonniers à la conciergerie du Palais. La Faculté des arts, associant ses efforts à ceux de la magistrature, promulgua de son côté un décret qui ordonnait que toute

(1) Du Boulay, *Mémoires sur la propriété du Pré-aux-Clercs*, p. 310.

personne voulant entrer dans l'Université choisit d'abord un collège et fît connaître son nom, ses qualités, son pays et son domicile au principal, qui devait les transmettre au recteur; qu'aucun professeur ne reçût d'écolier en classe sans la permission du principal; que chaque jour les professeurs fissent l'appel dans leur classe; qu'aucun écolier ne quittât son professeur avant l'année révolue, sans la permission du principal. Quiconque aurait contrevenu à ces dispositions perdait ses droits et privilèges d'écolier (1).

Afin de tenir les principaux en éveil, le recteur, assisté des procureurs et des censeurs de la Faculté des arts, fit des inspections plus fréquentes, comme les statuts promulgués au commencement du siècle lui en imposaient l'obligation. Cette vigilance opportune amena en divers lieux la découverte d'abus qui de jour en jour furent réprimés plus sévèrement. Un des plus lents à déraciner paraît avoir été, surtout dans les petits collèges, la présence de personnes étrangères à l'Université, de femmes, de marchands, d'ouvriers, dont le voisinage, comme nous l'avons vu par le récit de Grangier, n'était pas un médiocre sujet de dissipation pour les écoliers et de scandale pour les honnêtes gens. En 1626, dans une visite au collège de Justice, malgré l'assurance donnée par les boursiers que tout était pour le mieux, le recteur put constater que le proviseur laissait dans un corps de logis, dépendant du collège, des locataires de conduite équivoque, dont les chants obscènes et le mauvais exemple tendaient à pervertir les jeunes gens. Le proviseur, qui était absent, fut condamné, séance tenante, à une amende d'un écu d'or en punition de sa négligence (2).

Vers l'époque où les mesures dont il s'agit étaient concertées avec la magistrature pour l'affermissement de la discipline, on commence à voir siéger régulièrement le tribunal de l'Université ou du recteur. Ce tribunal, dont la fondation avait été ordonnée par les statuts de Henri IV, mais qui jusque-là ne s'était pas réuni à des jours fixes, se composait, comme on se le rappelle, des pro-

(1) Voy. Pièces justificatives, nos LXIII et LXIV.
(2) *Arch. U.*, Reg. XXVII, fol. 73 et s.

cureurs des Nations et des doyens des Facultés, assistés du syndic, du greffier et du receveur, tandis que celui de la Faculté des arts ne comprenait que les procureurs. La juridiction du tribunal de l'Université s'étendait sur toutes les affaires d'intérêt général, et aucune d'elles ne pouvait être décidée sans son intervention. Les séances furent fixées, sur la proposition du recteur, au premier samedi de chaque mois; les membres présents recevaient, comme droit de présence, une indemnité qui était de seize sous pour les doyens et les procureurs, et de trente-deux sous pour le recteur (1). L'institution, contestée de temps à autre et aussi souvent confirmée, s'est maintenue sans déchoir jusqu'à la Révolution française.

Cette année 1623, la rentrée des classes fut ajournée, de l'avis du lieutenant civil, au 5 novembre, en raison des maladies contagieuses qui avaient régné à Paris pendant le mois de septembre (2). Un ajournement d'aussi longue durée avait eu lieu pour même motif en 1619, et se renouvela par la suite plus d'une fois. Paris, malgré sa vieille renommée, était alors un séjour peu salubre; et, surtout vers cette partie de la ville qui se nomme encore le quartier Latin, la maladie sévissait fréquemment sur la population, agglomérée dans des rues étroites et des constructions étouffées, dont la génération actuelle aura vu disparaître les derniers vestiges.

Au commencement de 1624, l'Université reçut communication des lettres patentes qui autorisaient quatre prêtres irlandais à recueillir des aumônes pour subvenir à leurs études et reporter ensuite dans leur pays, opprimé par l'hérétique Angleterre, l'instruction religieuse qu'ils auraient acquise en France. Le dessein de ces prêtres était de fonder une association dans laquelle pourraient entrer les Irlandais de toutes les provinces, et qui servirait à perpétuer parmi eux le sacerdoce catholique en ménageant à une partie de leur jeunesse une éducation pure de tout contact avec l'hérésie. L'Université, toujours un peu défiante, ne reconnut le nouvel établissement que sous certaines conditions qui la garan-

---

(1) *Arch. U.*, Reg. XXVI, p. 131; Reg. XXVII, fol. 25.
(2) *Arch. U.*, Reg. XXVII, fol. 26; *Acta rect.*, t. V, fol. 46.

tissaient de cette concurrence : il ne porterait pas le nom de collège, mais celui de séminaire; il ne recevrait que des Irlandais; l'autorité du recteur y serait pleinement reconnue; enfin les études y seraient dirigées par deux docteurs de la Faculté de théologie, sans l'avis desquels les écoliers n'entreprendraient aucune étude théologique ou philosophique. Tels furent les faibles commencements du séminaire des Irlandais, auquel l'archevêque de Paris donna en 1626 ses premiers statuts, qu'on peut lire dans Sauval (1). Établi dans l'origine au faubourg Saint-Jacques, il fut par la suite l'objet de libéralités abondantes qui lui permirent de se transporter rue d'Enfer, puis rue des Carmes, et enfin de se réunir ou plutôt de se substituer à l'ancien collège des Lombards. Un établissement analogue, créé à Bordeaux par le cardinal de Sourdis, fut richement doté par Anne d'Autriche; un autre, qui fut moins prospère, avait été fondé à Nantes. Ces différentes maisons, que le même esprit animait et qui se proposaient également de préserver de toute atteinte l'ancienne foi de l'Irlande, ont servi d'asile au clergé de ce malheureux pays dans les mauvais jours qu'il a eu à traverser. Elles furent spoliées et supprimées toutes trois à l'époque de la Révolution; mais la plus importante a été rétablie sous le Consulat, et elle a recueilli les débris de la fortune des deux autres : c'est le séminaire Irlandais de Paris, que dirigent aujourd'hui les Lazaristes.

Le 11 mai 1625, la sœur de Louis XIII, Madame Henriette de France, dont Bossuet devait prononcer l'oraison funèbre, épousa le prince de Galles, qui fut Charles Ier d'Angleterre. Soit mauvais vouloir, soit négligence, l'Université de Paris, malgré la haute situation qu'elle était jalouse de conserver, n'avait pas été comprise parmi les corps qui devaient être invités à cette cérémonie. Elle ouvrit ses archives, et elle produisit un acte qui prouvait que sous Louis XI, par la volonté du roi, le recteur avait signé le contrat de Charles VIII, alors dauphin, avec Marguerite d'Autriche. Elle obtint, à la faveur de ce précédent, l'in-

---

(1) *Antiquités de Paris*, t. III, p. 166.

vitation qu'elle avait réclamée, et au jour fixé les Facultés et les Nations, s'étant rassemblées dès le matin au collège d'Harcourt, se rendirent ensuite à Notre-Dame, où se célébrait le mariage (1).

Peu de jours après, une autre cérémonie mit de nouveau en mouvement toute la population des écoles de Paris; c'était l'arrivée du légat du pape, le cardinal Barberini, neveu d'Urbain VIII, que le souverain pontife son oncle, alarmé de l'expédition de la Valteline, envoyait en France comme négociateur. Les députés de l'Université, venus à sa rencontre, se rangèrent devant l'église Saint-Étienne des Grès, sur une estrade ornée de tapisseries. Lorsqu'il eut paru, monté sur sa mule, ayant à ses côtés le frère du roi, le recteur Mᵉ Tarin s'avança et lui adressa un discours rempli de protestations de dévouement au Saint-Siège et à la personne du pape. Le légat répondit avec bienveillance que l'Université de Paris pouvait compter sur la protection du souverain pontife. La cérémonie, qui s'annonçait paisiblement, fut troublée vers la fin par des scènes de violence. Aux environs de Notre-Dame, le cortège fut assailli par une troupe de soldats, de valets et de gens du peuple, auxquels les écoliers se mêlèrent. Le dais sous lequel le légat se trouvait placé fut mis en lambeaux, sa mule fut renversée, et lui-même, jeté à terre, n'eut que le temps de se sauver à pied jusqu'au portail de la cathédrale, tandis que le frère du roi était emporté dans une boutique voisine (2). Cependant il ne paraît pas que ces déplorables scènes, trop fréquentes alors, aient donné lieu à aucune enquête; nos documents ne nous apprennent pas du moins que la juridiction universitaire s'en soit émue, ni qu'il y ait eu commencement de poursuites contre ceux de ses écoliers qui s'en étaient rendus complices.

Pendant les années que nous parcourons en relevant les faits qui nous paraissent offrir le plus d'intérêt, l'imprimerie et la librairie, sur lesquelles l'Université n'abandonnait pas ses droits, furent l'objet de deux mesures considérables : les lettres patentes

---

(1) *Arch. U.*, Reg. xxvi, p. 146; Reg. xxvii, fol. 48.
(2) *Ibid.*; Félibien, t. II, p. 1330, t. V, p. 365.

du mois de mai 1618 et celles du mois d'août 1624. Les premières sont des statuts que les imprimeurs, les libraires et les relieurs avaient eux-mêmes sollicités, que des commissaires élus par eux et tirés de leur sein contribuèrent à préparer et qu'ils destinaient à régler d'une manière générale l'exercice de la profession. Le roi déclare par l'article IV, que « les libraires et imprimeurs seront toujours censés et réputés du corps et des suppôts de sa fille aînée l'Université de Paris, du tout distingués et séparés des arts mécaniques, et seront maintenus et gardés en la jouissance de tous les droits, franchises et prérogatives à eux attribués. » L'article XVII leur ordonne de s'assembler chaque année en la salle des Mathurins, au bureau de la communauté, en la présence du lieutenant civil et du procureur général au Châtelet, le 8 de mai, à deux heures de relevée, afin de procéder à l'élection d'un syndic et de quatre adjoints. L'article XXXIII décidait une question alors très débattue et qui touchait aux intérêts les plus évidents de la propriété littéraire : par une crainte exagérée du monopole et par une idée peu exacte du droit des auteurs, cet article fait « défense aux imprimeurs et relieurs de la ville de Paris d'obtenir aucune prolongation de privilège pour l'impression des livres, s'il n'y a augmentation aux livres desquels les privilèges sont expirés. » Ces statuts, avant d'être promulgués, ne furent pas communiqués à l'Université comme d'autres l'avaient quelquefois été ; elle les jugea contraires, dans leur esprit général, à ses prérogatives, et en désapprouva plusieurs clauses, notamment celles qui concernaient l'apprentissage, qu'elle regrettait de voir prolongé au delà de trois ans, et interdit aux gens mariés ; elle témoigna l'irritation qu'elle ressentait, en accueillant avec une faveur marquée les plaintes de quelques libraires dissidents, qui la supplièrent de présenter une requête au Parlement contre l'édit obtenu par le syndic de la communauté. Cependant ses intérêts matériels ne souffraient aucune atteinte ; l'impôt qu'elle levait autrefois sur la vente du parchemin n'était pas aboli, et, bien loin de là, nous avons retrouvé la trace de plusieurs arrêts confisquant à son profit des quantités considérables de marchandises qui n'avaient pas été portées, selon l'usage, à la halle pour y être visitées et frappées du droit habituel.

Les lettres patentes de 1624 furent le complément de celles de 1618. Leur objet était de pourvoir à l'exécution de l'ordonnance de Charles IX qui faisait défense à toute personne d'imprimer aucun livre sans permission. Elles établissaient, en conséquence, quatre censeurs ou examinateurs, choisis dans le sein de la Faculté de théologie, qui, moyennant une rétribution annuelle de six cents livres pour les uns et de quatre cents pour les autres, étaient chargés de lire tous les ouvrages nouveaux concernant la théologie, la dévotion et les bonnes mœurs. Une seconde ordonnance, qui parut dix-huit mois plus tard, donnait aux dispositions précédentes la sanction la plus terrible, car elle punissait de mort quiconque aurait imprimé un livre sans y être autorisé. L'Université ne protesta pas contre la rigueur de cette pénalité; mais elle se prétendit lésée par la création de quatre censeurs officiels qui allaient lui enlever l'examen des livres, examen confié de temps immémorial à sa vigilance. Les plaintes furent d'autant plus vives que les nouveaux censeurs avaient été choisis tous quatre dans la maison de Sorbonne, comme si la Sorbonne eût été la Faculté de théologie tout entière : c'était André Duval, Pierre Quedarne, Jacques Messier et François de Saint-Père. Les autres collèges, qui faisaient également partie de l'Université, réclamèrent, et le grand maître de Navarre, Loppé, fit valoir que tous les docteurs sans distinction avaient constamment joui des mêmes droits que les Sorbonistes. Une députation alla porter au chancelier Antoine d'Aligre les doléances de l'Université; le chancelier justifia les lettres patentes, qui, dit-il, avaient été conçues pour le plus grand bien de l'État; il se défendit d'avoir voulu porter atteinte aux privilèges des personnes, et promit d'apporter dans l'exécution des ménagements, dont l'assurance apaisa la Faculté de théologie et rétablit dans son sein la concorde (1).

Nous touchons à l'époque où la révolution philosophique, ac-

---

(1) D'Argentré, *De nov. err.*, t. II b, p. 147, et s.

complie déjà en partie dans les esprits, fait sentir son influence même aux écoles plus lentes à suivre la marche des idées. Bruno, à Rome, Vanini à Toulouse, condamnés par des juges inexorables, ont expié inutilement sur un bûcher les témérités souvent impies de leurs ouvrages. Tandis que Gassendi fait imprimer à Grenoble ses *Études paradoxales* contre le péripatétisme et la scolastique, la doctrine d'Aristote sur les éléments et les formes substantielles, est attaquée à Paris dans des thèses qu'un sieur Jean Bitaud devait soutenir en public, sous la présidence de M° Antoine Villon, avec le concours d'un médecin nommé Étienne de Claves, qui se chargeait de faire les expériences. Le Parlement, sur l'avis de la Faculté de théologie, ordonna que ces thèses seraient lacérées; que l'auteur et ses deux complices sortiraient de Paris dans les vingt-quatre heures, et qu'ils ne pourraient enseigner ni même séjourner dans les villes et bourgs du ressort de la cour. L'arrêt, ce qui était plus grave, faisait défense « à toutes personnes, à peine de la vie, de tenir ni enseigner aucunes maximes contre les anciens autheurs et approuvez, ny faire aucunes disputes que celles qui seroient approuvées par les docteurs de la Faculté de théologie (1). » Vers le même temps, des thèses écrites en français, les premières peut-être qui aient été rédigées dans notre langue, furent soumises à la Faculté par un religieux nommé Alexis Trousset, qui, sur l'invitation de la reine mère et en dépit des répugnances de la compagnie, fut autorisé à les soutenir. Ainsi la langue et les opinions traditionnelles de l'école avaient à subir l'atteinte des modifications profondes qui s'étaient opérées dans les intelligences; la forme et le fond de la doctrine tendaient également à se renouveler, et, encore que cette rénovation ne dût pas être l'ouvrage d'un seul jour ni d'un seul homme, il était facile de s'apercevoir, même avant Descartes et le *Discours sur la méthode*, que la résistance des universités n'arrêterait pas longtemps

---

(1) Les thèses de Bitaud, la censure dont la Faculté de théologie les frappa, et l'arrêt du Parlement, ont été publiés par Launoy, *De varia Aristotelis in Academia Parisiensi fortuna*, Paris, 1653, in-12, p. 124 et suiv. Cf. d'Argentré, *De nov. error.*, t. II b, p. 147.

le développement des germes, les uns salutaires, les autres pernicieux, déjà prêts à fructifier.

Cependant la paix était encore une fois troublée entre les ordres religieux et l'Université. Celle-ci s'alarmait du rapide progrès des Oratoriens, qui gagnaient du terrain de jour en jour, et qui, non contents de s'étendre à Paris, ouvraient des collèges dans plusieurs villes, grâce au crédit de Bérulle et à la protection de l'épiscopat; elle appréhendait également de nouvelles entreprises du côté des Barnabites; mais surtout elle redoutait les convoitises de la compagnie de Jésus, que la possession du collège de Clermont n'avait pas satisfaite et qui cherchait à s'assurer de plus grands avantages. Parmi les collèges que la Société dirigeait, se trouvait celui de la ville de Tournon, qui au seizième siècle avait été le siège d'une université jouissant du droit de conférer les grades académiques, plutôt, il est vrai, par une concession de Saint-Siège qu'avec l'agrément du pouvoir civil. Les Jésuites, à peine rétablis, songèrent à tirer parti de ce privilège, qu'en raison du malheur des temps ils n'avaient point osé faire valoir; ils sollicitèrent dans cette vue des lettres patentes, et ils furent assez habiles pour les obtenir, au mois de décembre 1622, et même pour les faire enregistrer, quelques mois après, au parlement de Toulouse. Pour peu que la suite eût répondu à d'aussi heureux commencements, ils auraient atteint, en ce qui concerne l'éducation, au but le plus élevé que leur ambition pût se proposer : car au droit d'élever la jeunesse ils auraient joint celui de constater officiellement son aptitude par des diplômes réguliers, pareils à ceux qui ouvraient l'entrée des charges publiques dans l'ordre ecclésiastique et dans l'ordre civil. Mais les universités voisines, celles de Valence, de Toulouse et de Cahors, s'apercevant qu'elles allaient être dépouillées de leur prérogative la plus essentielle, protestèrent avec énergie devant le parlement de Toulouse; et, sur les conclusions du procureur général, elles obtinrent un nouvel arrêt qui, nonobstant l'édit rendu en faveur des Jésuites et déjà enregistré, défendit à ceux-ci de délivrer des lettres testimoniales d'études. Les Jésuites se pourvurent au conseil d'État, où ils comptaient des appuis, et ce fut à ce moment que l'Université de Paris, avertie par celle de Valence, intervint elle-même au procès avec une décision singulière (1).

Sa première démarche fut d'inviter les universités du royaume à se réunir et à se porter toutes ensemble parties dans une cause qui intéressait si directement la conservation de leurs privilèges. Bordeaux, Reims, Poitiers, Caen, Bourges, Orléans, Aix et Angers répondirent à l'appel qui leur était adressé, et que Toulouse et Cahors n'avaient pas attendu, puisque c'était l'arrêt obtenu par leurs soins qu'il s'agissait de soutenir. Leurs députés accoururent successivement à Paris pour dénoncer leur intervention devant le conseil d'État. Ainsi, d'un bout à l'autre de la France, le même sentiment était partagé par toutes les écoles séculières, qui se montraient également résolues à combattre les empiétements de leurs communs adversaires. Une double requête, à laquelle la Faculté de théologie de Paris s'était associée par une délibération spéciale, fut présentée au roi. On y dénonçait les prétentions de la compagnie de Jésus comme contraires à l'autorité du prince, à la justice ordinaire de Sa Majesté, à la dignité et au pouvoir de MM. les cardinaux, archevêques et évêques, aux règles et professions des autres religieux, au bien de la jeunesse, à celui des villes, à la perfection des sciences, à la tradition et aux commandements de l'Église, aux déclarations du clergé, etc. Si les Jésuites obtenaient le droit d'ériger un de leurs collèges en université et de conférer des grades, pourquoi n'accorderait-on pas la même faveur aux Barnabites, aux pères de l'Oratoire, à ceux de la Doctrine chrétienne, et à tous les autres ordres mendiants? Bientôt il y aurait en France autant d'universités que de villes et de bourgs, et cela au grand préjudice du royaume, « car, poursuivait la requête adressée à Louis XIII, la trop grande fréquence des collèges occasionne de quitter le commerce, l'exercice de l'agriculture, et autres arts nécessaires à la vie et société politique, pour se précipiter aux écoles, sous l'espérance que chacun a d'accroître et aug-

---

(1) Voyez sur cette affaire le recueil *Pour les Universités jointes en cause contre les Jésuites*, et nos Pièces justificatives, n°⁸ LXV, LXVI, LXVII et LXVIII.

menter sa condition en portant une r˙˙ plus longue que de l'ordinaire. » Un des principaux arguments que les Jésuites faisaient valoir à l'appui de leur cause, c'est qu'ils n'exigeraient aucune rétribution pour la collation des grades, qui n'étaient conférés qu'à prix d'argent dans les anciennes écoles. « Ils se vantent toujours de ce gratis, répliquait avec une ironie amère l'Université de Paris, mais ils ne veulent et n'ont que des collèges bien rentez, auxquels ils ont fait, pour en dire rien, accrocher les meilleurs et les plus riches bénéfices de ce royaume, joint et incorporé plusieurs terres et héritages, bâti autant de palais qu'ils ont de maisons. Après cela, il leur est bien facile de faire les promotions gratis, afin d'attirer le monde par ce hameçon, et sous ce masque, se moquer de la pauvreté des Universitez qui n'ont pour la plupart autre revenu, pour récompenser les labeurs des professeurs, ni autres gages, que les émoluments qui proviennent de la peine qu'ils prennent d'enseigner et faire lesdites promotions, si peu considérables, que nul n'en a point encore formé plainte, ni le public n'en a été surchargé. D'ailleurs les gratuitez ont lieu dans les Universitez peut-être plus souvent que chez les demandeurs; car l'on sçait qu'ils ne sont guères en coutume de travailler inutilement. Ils sont trop bons œconomes et ce seroit contre leur règle, qui les oblige de procurer le bien de leur ordre. Quand ils refusent d'une main, ils savent comme se récompenser de l'autre. Leurs faveurs s'achètent chèrement; s'ils gratifient quelque pauvre écolier et lui donnent moyen de vivre, ils ne le laissent oisif, ni ses semblables; ils les employent en corvées et menus services qui enfin paient la courtoisie au double, laquelle d'ailleurs ne diminue en rien leurs rentes (1). »

Le recteur de l'Université de Paris était alors Jean Aubert (2), régent de rhétorique au collège de Calvi, par la suite professeur de grec au Collège de France, qui eut l'honneur singulier d'être

---

(1) D'Argentré, *De nov. err.*, t. II b, p. 151, 152, 155. Je ne sais si ce passage ne renferme pas une allusion aux emplois que, suivant Garasse, Tarin, qui fut par la suite recteur, avait remplis dans sa jeunesse au collège de la Flèche.

(2) Sur Jean Aubert, voy. Goujet, *Mém. hist. du Coll. de France*, t. I, p. 569 et s.

maintenu dans les fonctions rectorales deux années de suite, du mois de mars 1623 au mois de mars 1625. Malgré l'infatigable activité qu'il déployait pour la défense de la compagnie, il comptait peu sur le succès et ne cachait pas les inquiétudes que lui donnaient les brigues et le crédit de la société de Jésus. Toutefois l'événement prouva que ses appréhensions étaient exagérées, et que, dans ses visites fréquentes aux juges, il avait produit sur leur esprit une impression plus favorable qu'il ne croyait. Admis à plaider la cause des universités réunies devant le conseil privé, il parla le dernier jour avec tant de force qu'il obtint justice pour elles. Par un arrêt du mois de septembre 1624, qui fut rendu le jour même de l'anniversaire de la naissance du roi, le conseil, malgré les sympathies qu'il éprouvait pour les Jésuites, maintint la sentence du parlement de Toulouse, dont ceux-ci poursuivaient la cassation. Ce succès presque inespéré fut accueilli avec la joie la plus vive par les universités de province, qui s'empressèrent de féliciter et de remercier chaleureusement celle de Paris de l'ardeur et de l'habileté qu'elle venait de montrer pour la défense commune. Cependant le péril n'était qu'en partie écarté : la compagnie de Jésus ne paraissait pas disposée à céder la victoire sans de nouvelles luttes, et ses protecteurs étaient aussi nombreux que puissants. Telle était la faveur dont elle jouissait dans les rangs les plus élevés, que l'évêque de Metz, Henri de Bourbon, et le comte de Moret, Antoine de Bourbon, tous deux enfants naturels de Henri IV, avaient choisi le collège de Clermont, par préférence à tous les autres, pour y soutenir des thèses de théologie. Le roi, les princes et une foule de grands personnages assistèrent chaque fois à l'exercice, encourageant par leur présence inaccoutumée des projets et des vœux alarmants pour l'Université (1). Les maisons des Jésuites se multipliaient sur tous les points, comme au-

(1) *Mémoires de Garasse, de la Compagnie de Jésus*, publiés par Charles Nisard, Paris, 1861, in-12, p. 21 et s.; Félibien, *Hist. de Paris*, t. II, p. 1329. Henri de Bourbon, fils de la comtesse de Verneuil, avait été nommé à l'évêché de Metz dès l'âge de huit ans. Malgré ce choix scandaleux, il n'entra jamais dans les ordres, fit administrer le diocèse par des coadjuteurs, et se démit en 1652. *Gall. Christ.*, t. XIII, col. 801 et s. — Antoine de Bourbon était le fils de la marquise de Beuil, comtesse de Moret.

tant de citadelles élevées contre les écoles rivales. Indépendamment de ses anciens collèges, la Société, en une seule année, venait d'en établir de nouveaux dans les villes de Blois, de Sens, d'Auxerre, de Vendôme et d'Alençon. A Troyes et à Pontoise, malgré une résistance énergique, elle poursuivait sans se décourager le même dessein. A Rouen et à Rennes, elle s'agrandissait par des héritages, des donations et des réunions de bénéfices. A Paris, elle venait de traiter avec M. de Beaumanoir, évêque du Mans, pour la cession du collège du Mans, situé rue de Reims, qu'elle destinait à l'agrandissement du collège de Clermont; et, avant même que le contrat eût été homologué, elle avait fait commencer les travaux de démolition, sans tenir compte des protestations du principal et des boursiers. A la Flèche, où elle avait une maison comblée des bienfaits de Henri IV et de Louis XIII, elle sollicitait pour ses écoliers le privilège d'être distraits de la juridiction ordinaire et de ne pouvoir être cités que devant le prévôt de la ville. A Angoulême, elle reprenait le plan qu'elle avait en vain essayé à Tournon, et cherchait à organiser une nouvelle université qui pût conférer des grades et des brevets. A Tournon même, elle résistait; et, soutenue par le seigneur du lieu, elle eressait requête sur requête, tantôt devant la cour de Toulouse, tantôt devant le conseil privé, pour faire réformer les arrêts qui avaient repoussé ses prétentions. Pour combattre d'aussi redoutables adversaires, l'Université de Paris s'efforça de perpétuer la bonne entente de tous les maîtres séculiers du royaume, et elle y réussit avec d'autant plus de facilité qu'on avait pu juger tout récemment des heureux effets de la concorde. Une ligue se forma entre les universités pour résister aux envahissements des Jésuites. Angers, Reims, Valence, Bourges, Poitiers, Toulouse et Cahors envoyèrent successivement leur adhésion et des pleins pouvoirs. Les affaires pendantes devant les divers degrés de juridiction furent poursuivies, au nom de l'association, avec autant de vigueur et d'opiniâtreté que la compagnie de Jésus en déployait elle-même. Sur la plupart des points, celle-ci fut enfin obligée de reculer. Après avoir échoué à Troyes, après avoir vu lui échapper Pontoise, elle se vit réduite, pour Angoulême, à déclarer « qu'elle n'avait entendu former ni gouverner l'Université accordée par le roi François Ier à ladite ville, et ne prétendait pas s'attribuer la faculté qui appartenait aux Universités royales, ni la direction de ladite Université d'Angoulême, mais seulement la simple administration du collège par ses soins établi audit lieu. » A Paris, à la suite d'un arrêt du Parlement, elle renonça provisoirement à ses projets sur le collège du Mans et résilia le contrat qu'elle avait passé avec M. de Beaumanoir. Enfin un second arrêt du conseil privé confirma ceux qui avaient été rendus contre elle dans l'affaire du collège de Tournon. Elle ne réussit à se maintenir que dans les positions qu'elle occupait anciennement ou qu'elle avait conquises avant la résistance imprévue opposée à ses desseins.

Tandis que l'Université de Paris défendait laborieusement, mais non sans succès, la cause de toutes les universités, d'autres débats plus sérieux et plus longs s'étaient engagés ou plutôt renouvelés sur le terrain des doctrines.

Le cardinal Richelieu, rentré au conseil par la protection de Marie de Médicis, commençait à dévoiler ses plans pour l'abaissement de la maison d'Autriche; il s'alliait avec Venise et avec l'Angleterre, envoyait une armée dans la Valteline pour en chasser les Espagnols, faisait des ouvertures à la Hollande et aux protestants d'Allemagne, lorsque parurent deux libelles, intitulés *Avertissement au Roi très-chrétien* et *Mystères politiques* (1), dans lesquels la nouvelle attitude de la France était dénoncée comme une trahison envers l'Église catholique.

Le Châtelet fit saisir et brûler ces libelles; la Sorbonne les condamna; l'assemblée du clergé, qui était alors réunie, les frappa d'une censure sévère; et, comme le cardinal de la Rochefoucault et le cardinal de la Valette, jugeant excessifs les termes de cette

---

(1) *G. G. R. Theologi ad Ludovicum tertium, Galliæ et Navarræ regem christianissimum, admonitio*, etc., Augustæ-Francorum, 1625, in-8°, 55 p. — *Mysteria politica, hoc est, Epistolæ arcanæ virorum illustrium sibi mutuo confidentium, lectu et consideratione dignæ*, Antverpiæ, 1625, in-4°, 82 p.

censure, essayaient de la faire mitiger, six arrêts du Parlement firent défense au clergé de continuer ses délibérations, et décrétèrent même de prise de corps l'évêque d'Angers, Charles Miron, un des plus ardents à combattre cet empiétement manifeste du pouvoir judiciaire sur la juridiction ecclésiastique (1). Les libelles étaient anonymes, mais on soupçonnait généralement les Jésuites d'en être les auteurs ; ils furent tour à tour attribués au P. Garasse, au P. Scribani, à un Jésuite allemand nommé Keller, et au P. Eudémon, Grec de nation, qui avait accompagné en France le légat Barberini. L'Université de Paris, qui cependant n'avait rien à voir dans cette affaire, joignit sa voix à celle des adversaires des Jésuites, et fit imprimer un recueil dans lequel aux textes les plus compromettants pour la compagnie de Jésus se trouvaient malignement réunis les arrêts qui l'avaient condamnée. Celle-ci protesta de la manière la plus vive contre les odieuses imputations dont elle était chargée, et le P. Coton adressa une requête au roi pour qu'il interdît, sous des peines sévères, « tant au recteur de l'Université qu'à tous autres, de décrier l'ordre des Jésuites en quelque manière que ce fût, et de dire, écrire, imprimer ou publier aucune chose contre la réputation tant de leur ordre que de leurs particulières personnes. » Le P. Coton en appelait au jugement de tous les princes de l'Europe qui laissaient la Société vivre en paix dans leurs États, sans avoir à se plaindre d'elle, et au témoignage des familles qui lui confiaient l'éducation de leurs fils et pouvaient certifier, d'après l'expérience, l'irréprochable exactitude de ses doctrines (2).

Mais, tandis que l'ancien confesseur de Henri IV paraissait une dernière fois sur la brèche pour la défense de son ordre, on vit circuler en France un nouvel ouvrage composé dans les rangs des Jésuites et qui fournissait contre eux des armes terribles. C'était le livre *De l'hérésie, de l'apostasie et du schisme*, que le P. Santarelli venait de publier à Rome, et dans lequel se trouvaient re-

---

(1) *Censures et conclusions de la Faculté de théologie*, p. 227 et s.; d'Argentré, *De nov. error.*, t. II b, p. 190 et s.
(2) *Mémoires de Garasse*, p. 99.

produites la plupart des maximes déjà condamnées dans Mariana, Suarez et Bellarmin. Santarelli sacrifiait, sans détour, l'autorité civile au pouvoir spirituel ; il enseignait que le pape peut donner des curateurs aux empereurs et aux princes quand ils gouvernent mal ; qu'il peut les punir et les déposer, nonobstant toute exemption, soit pour cause d'hérésie et de schisme, soit pour quelque grand péché devenu public, soit même pour incapacité ou simple négligence dans la conduite des affaires ; qu'il est le serviteur des serviteurs de Dieu quant à l'humilité, mais qu'il est le seigneur des seigneurs quant à la puissance ; que toute puissance qui est sous le ciel lui appartient et que les souverains des États ne sont que ses délégués. « Ces maximes, disait Richelieu (1), sont capables de ruiner l'Église de Dieu, à laquelle les puissances temporelles doivent être soumises par amour, qui est la soumission de la grâce, non par force et contrainte, qui est la soumission de l'enfer. » Sur la réquisition d'Omer Talon, qui venait de succéder, comme avocat général, à Servin, frappé de mort subite, le 2 mars 1626, dans l'exercice de sa charge, le Parlement condamna au feu l'ouvrage de Santarelli ; mais, comme l'auteur était jésuite et que son livre avait été approuvé à Rome par le général de la Compagnie, Vitelleschi, la cour ordonna que les Jésuites qui habitaient Paris comparussent devant elle pour le désavouer et donner une adhésion aux propositions suivantes, que résuma, un demi-siècle plus tard, la déclaration du clergé de France : 1° le roi ne tient son État que de Dieu et de son épée ; 2° le roi ne reconnaît aucun supérieur en son royaume que Dieu seul ; 3° le pape ne peut mettre le roi ni son royaume en interdit, ni dispenser les sujets du roi du serment de fidélité, pour quelque cause et occasion que ce soit. » Sans adhérer expressément à ces propositions, les pères de la Société, au nombre de seize, parmi lesquels se trouvait le P. Denis Petau, si célèbre par l'étendue de son savoir, se bornèrent à déclarer qu'ils se rangeraient à l'avis de la Faculté de théologie et n'enseigneraient pas, sur les points contestés, d'autre doctrine que celles

---

(1) *Mémoires du cardinal de Richelieu*, collect. Michaud et Poujoulat, p. 368.

du clergé, des universités et de la Sorbonne (1). Déjà le Parlement songeait à faire cesser les classes de collège de Clermont, peut-être même à renouveler les anciens édits de bannissement contre la Société (2) : Richelieu avait vu sans déplaisir l'orage se former contre les Jésuites, qu'il ne croyait pas innocents des attaques dirigées contre sa politique; toutefois il n'entendait pas laisser aux rancunes de la magistrature un libre cours, qui pouvait devenir dommageable aux intérêts du royaume. Il fit aisément comprendre à Louis XIII « qu'il falloit réduire les Jésuites en un état où ils ne pussent nuire par puissance, mais tel aussi qu'ils ne se portassent pas à le faire par désespoir; auquel cas il se pourroit trouver mille âmes furieuses et endiablées, disait-il, qui, sous le prétexte d'un faux zèle, seroient capables de prendre de mauvaises résolutions qui ne se répriment ni par le feu, ni par autres peines. » Le Parlement se contenta d'ordonner que non seulement les Jésuites de Paris, selon la promesse qu'ils avaient faite, mais tous les provinciaux et recteurs, et six des anciens de chacun des collèges tenus en France par la Compagnie, souscriraient à la censure que la Sorbonne venait de prononcer contre le livre de Santarelli (3). Quand cet arrêt fut signifié au P. Coton expirant, il s'écria, dit-on : « Faut-il que je meure comme criminel de lèse-majesté et perturbateur du repos public, moi qui pendant vingt ans ai servi deux rois de France avec tant de fidélité ! » Cependant l'Université ne se tenait pas encore pour satisfaite des humiliations infligées à ses adversaires. Le 20 avril 1626, elle prit une délibération par laquelle, adoptant les motifs énoncés dans le jugement de la Faculté de théologie, elle ordonna que la censure du livre de Santarelli serait lue chaque année dans la première assemblée qui suivrait la rentrée des classes; que cette censure serait transcrite sur tous les registres; que deux copies en seraient déposées aux archives des Facultés et des Nations, et d'autres copies envoyées dans tous les

---

(1) Arrêt du 13 mars 1626. Voy. *Censures et conclusions de la Faculté de théologie*, p. 245 et s.; d'Argentré, *De nov. err.*, p. 203 et s.; *Mémoires de Garasse*, p. 206 et s.
(2) *Mémoires de Richelieu*, p. 368.
(3) Arrêt du 17 mars 1626.

collèges, pour servir à préserver les écoliers d'aussi funestes maximes ; qu'enfin quiconque attaquerait cette censure, docteur, licencié, maître ès arts ou écolier, serait déchu de tous ses droits dans l'Académie et dégradé. Peu de jours après, il fut arrêté que la délibération serait transmise au Parlement pour recevoir la sanction de la cour et devenir une loi publique. L'agitation s'alimentait elle-même et faisait des progrès qu'il était urgent d'arrêter. Le roi fit savoir au recteur que, le livre de Santarelli ayant été censuré, que, les Jésuites eux-mêmes l'ayant désavoué comme méchant et pernicieux, cette censure et ce désaveu suffisaient ; que le zèle déployé par l'Université n'avait rien en soi de blâmable, mais qu'elle se rendrait coupable de désobéissance si, au risque de semer la division dans le royaume, elle persistait dans ses projets. Comme la lettre du roi n'était pas revêtue du grand sceau, quelques esprits ardents conseillaient de passer outre ; mais ils ne furent pas suivis par la majorité, qui laissa prudemment dans l'oubli les décisions qu'elle avait prises les jours précédents.

Telle était toutefois l'effervescence des esprits que, cette affaire étant à peine assoupie, deux autres d'une nature toute semblable se présentèrent presque aussitôt et rallumèrent le débat. La première concernait encore un jésuite, le P. Garasse, le même à qui le jansénisme et Voltaire ont fait une si triste réputation. Il avait composé une *Somme de théologie* (1) qui, nonobstant l'approbation dont elle avait été l'objet de la part de deux dominicains, renfermait un grand nombre de passages répréhensibles quant à la forme, sinon quant au fond des idées. Le 2 mars 1626, le recteur Tarin dénonça l'ouvrage à la Faculté de théologie, qui chargea des commissaires de l'examiner, en leur donnant un délai de deux mois pour faire leur rapport. Les deux mois écoulés, les amis du P. Garasse s'entendirent pour faire ajourner la censure au mois de juillet, et, le mois de juillet venu, ils firent prononcer une nouvelle

---

(1) C'est l'ouvrage si sévèrement jugé par Saint-Cyran dans la réfutation qu'il a intitulée *la Somme des fautes et faussetés capitales contenues en la somme théologique de François Garasse*, etc., par Jean Du Verger, 1626, in-4°, t. I, II et IV. Sur toute cette affaire, voy. Nicole, *les Imaginaires*, lettre III; Bayle, *Dictionnaire historique*, art. GARASSE, et principalement M. Sainte-Beuve, *Port-Royal*, t. I, p. 322 et s.

remise de l'affaire, grâce aux votes des Franciscains et des Dominicains, membres de la Faculté, qui étaient venus ce jour-là en grand nombre à la séance. Filesac, Hennequin, Habert, Hardivillier et d'autres docteurs, au nombre de vingt-neuf, qui ne faisaient partie d'aucune communauté monastique, se voyant ainsi débordés, présentèrent au Parlement une requête sur laquelle la cour ordonna que, conformément aux anciens arrêts, chaque maison de religieux mendiants ne pourrait envoyer que deux docteurs aux assemblées de la Faculté. Avant et après cette sentence, d'abord pour la prévenir et ensuite pour la faire annuler, les religieux s'étaient pourvus au conseil d'État, qui par deux fois, en juillet et en novembre, prononça en leur faveur; mais dans l'intervalle les docteurs séculiers avaient repris les poursuites contre Garasse, dont la *Somme théologique* fut censurée dans l'assemblée du 1er septembre, « comme renfermant plusieurs propositions hérétiques, erronées, scandaleuses, téméraires, et plusieurs passages de l'Écriture sainte et des saints Pères mal cités, corrompus et détournés de leur vrai sens; des bouffonneries sans nombre, indignes d'être écrites et lues par des chrétiens et par des théologiens (1). »

Un autre débat, qui mettait aux prises les mêmes intérêts et les mêmes passions, fut soulevé par la proposition suivante, extraite de la thèse qu'un dominicain, frère Jean Testefort, soutint vers la fin de 1626 : « L'Écriture sainte est renfermée partie dans la Bible, partie dans les décrétales des souverains pontifes, en tant que celles-ci expliquent l'Écriture sainte, partie dans les saints conciles. » Un docteur de la Faculté de théologie, Me Élie Du Fresne de Mincé, attaqua cette proposition comme attribuant aux décrétales des papes la même autorité qu'à la Bible. Malgré les explications que Testefort présenta, la Faculté de théologie déclara que la thèse qu'il avait présentée n'était pas tolérable. Sur cet avis, le tribunal de l'Université, deux jours après, le condamna : 1° à la désavouer en assemblée générale; 2° à déclarer, dans une lettre écrite de sa

---

(1) *Mercure françois*, t. XII, p. 512 et s.; d'Argentré, *De nov. err.*, p. 202, p. 220 et s.

main, sous peine d'être à tout jamais privé des degrés académiques, que les décrétales, surtout celles qui présentent des maximes contraires à l'autorité temporelle, ne contenaient pas le sens et l'explication des livres saints (1). Ainsi que plusieurs prélats s'en plaignirent avec amertume à Louis XIII, le tribunal de l'Université, composé en partie de laïques, outrepassait manifestement sa compétence, qui n'était jamais allée jusqu'à définir les points de doctrine, comme si le dépôt de la tradition lui eût été confié. Ce qui n'est pas moins évident, c'est que de pareilles contestations, sans cesse renouvelées sous le prétexte le plus frivole, ne servaient ni l'Église, ni l'Université, ni l'État, mais entretenaient dans les esprits une irritation aussi funeste aux bonnes études qu'à la paix publique. Elles pesaient d'autant plus à Richelieu qu'elles entravaient sa politique et compromettaient le succès de négociations laborieuses qu'il poursuivait à cette époque auprès du Saint-Siège. Il engagea Louis XIII à interposer de nouveau son autorité, mais cette fois d'une manière plus impérieuse et plus sévère, afin de prévenir les fâcheuses conséquences que la délibération prise contre Testefort pouvait entraîner. Non seulement les décrets de la Faculté de théologie et de l'Université furent annulés en vertu d'un ordre du roi, qui était conçu dans les termes les plus durs, mais, afin d'obvier aux inconvénients de ces disputes, qui, disait Louis XIII dans ses lettres patentes, « remplissent notre royaume d'une contention superflue et dommageable, divisant les esprits et troublant le repos de nos sujets, » défenses furent faites « aux recteur, régents et suppôts de l'Université, docteurs de la Faculté de théologie et à tous autres, tels qu'ils pussent être, de composer, traiter, disputer, déterminer ni résoudre aucune chose touchant l'affirmative ou négative des propositions concernant le pouvoir et autorité de la Couronne de France et des princes, sans une expresse permission, sous peine d'être punis comme séditieux et perturbateurs du repos public (2). » Le roi ajoutait, du reste, qu'il avait l'intention de faire examiner par qui de droit la thèse de Tes-

(1) D'Argentré, *De nov. err.*, p. 231 et s.
(2) Lettres patentes du 14 décembre 1626.

tefort, et d'aviser aux mesures nécessaires pour qu'à l'avenir il ne fût avancé aucune proposition, question ni conclusion, qui donnât sujet de renouveler les anciens différends. Les lettres royales ayant été signifiées le 14 décembre 1626, par le ministère d'un huissier, au greffier Quintaine et au recteur Guillaume Mazure, l'évêque de Nantes, Philippe Cospeau, fut peu de jours après envoyé près la Faculté de théologie pour concerter avec elle le règlement à faire au sujet des thèses, mais surtout afin de s'assurer que les instructions du gouvernement seraient fidèlement suivies. Comme la censure du livre de Santarelli, rédigée sous l'empire des premières impressions, était présentée dans des termes absolus, que des esprits sages, même en dehors de la compagnie de Jésus, auraient désiré plus respectueux pour l'autorité spirituelle, l'évêque de Nantes devait aussi se la faire représenter et essayer d'obtenir qu'elle fût adoucie. Vivement affecté des mesures qui venaient de frapper l'Université et des nouveaux sacrifices qui peut-être lui seraient demandés, le recteur, accompagné des procureurs des Nations, des doyens des Facultés et de docteurs en théologie, se rendit au Louvre, où il fut reçu par le roi ayant à ses côtés le garde des sceaux, M. de Marillac, et MM. de Schomberg et Bullion. « Sire, dit-il, on veut casser et renverser la censure de Santarelli, et donner cours à cette damnable et pernicieuse doctrine qui a enfanté la Ligue. Nous sommes ignominieusement notés et persécutés pour avoir soutenu que vous êtes souverain et ne pouvez être déposé. Sire, le mal est si grand et s'augmente si fort, qu'il n'y a que Votre Majesté seule qui puisse y remédier. » Le roi répondit : « Je vous remercie de l'affection et du soin que vous avez pour moi; mais je ne trouve pas bon que vous vous mêliez de ce qui touche la foi; c'est à faire aux docteurs. Mon garde des sceaux vous dira le reste. » Marillac prit en effet la parole, et à quelques expressions bienveillantes pour l'Université il mêla des reproches sévères; le recteur essayait de répondre, quand le garde des sceaux lui imposa silence au nom du roi; comme il insistait, le roi lui-même le congédia en disant : « C'est assez (1). » En

(1) *Récit de ce qui s'est passé lorsque le recteur de l'Université et les docteurs*

vain le Parlement, de son côté, essaya d'amortir l'effet des volontés royales en témoignant, par de nouveaux arrêts, qu'il entendait maintenir les condamnations portées contre les doctrines ultramontaines : sa résistance vint se briser contre la volonté toute-puissante de Richelieu (1). L'inflexible ministre ne permit pas que les mesures d'ordre public et de pacification religieuse, qu'il avait lui-même conseillées, fussent révoquées ni violées. Il ne revint pas, comme il en avait d'abord laissé voir l'intention, sur la censure de l'ouvrage de Santarelli, car il aurait ainsi ravivé la discussion; il se contenta d'évoquer l'affaire au conseil et de l'étouffer, ce qui donnait également satisfaction à l'Université, dont l'acte subsistait, et aux Jésuites, qui étaient en droit de penser qu'il n'était pas définitif. Richelieu ferma pour quelques années l'arène où les passions religieuses, mêlées aux rivalités de profession, s'étaient donné rendez-vous; et s'il ne parvint pas à éteindre les divisions, il empêcha du moins le bruit et l'éclat qui rendent les ressentiments plus profonds et plus irrémédiables.

nommez par la Conclusion du 1er octobre 1626 et les quatre Facultez, ont été saluer le roi touchant l'affaire de Fr. Testefort, jacobin, et Sanctarel, jésuite. Voy. d'Argentré, *De nov. err.*, p. 244 et s.

(1) Voy. dans nos Pièces justificatives, n° LXX, d'après d'Argentré, *Ce que M. le cardinal de Richelieu a dit devant le Roi en février 1627 sur le sujet de la censure de Sanctarel.*

CHAPITRE VI.

Démêlés du Collège de France et de l'Université de Paris. — Le Parlement se prononce en faveur de l'Université. — Arrêt contraire du conseil privé. — Le Collège de France est soustrait à la juridiction du recteur. — Événements divers. — Conditions de scolarité imposées aux avocats et aux juges. — Règlement pour les collèges. — Installation d'un nouveau chancelier de Notre-Dame. — Vifs débats à propos de l'élection du recteur. — Le collège du Plessis. — Le collège de Lisieux. — Le collège de Beauvais. — Reconstruction de la Sorbonne. — Le prévôt des marchands pose la première pierre du collège de Clermont. — Fêtes à l'occasion de la prise de la Rochelle. — Institution de la Saint-Charlemagne. — Rétractation et mort d'Edmond Richer. — Distributions pécuniaires aux membres de l'Université. — Nouvelle entreprise des Jésuites sur le collège du Mans. — L'Université réussit à conserver ce collège. — Pierre Frizon et le collège de Navarre. — Autres empiétements des ordres religieux. — Messageries de l'Université. — Les fermiers généraux veulent s'en emparer. — Richelieu songe à réduire le nombre des collèges. — Le revenu des messageries est appliqué à la rémunération des régents. — La licence de Paul de Gondy. — Paris menacé par les Espagnols. — Patriotique assistance prêtée au roi par l'Université. — Règlements divers. — Un hérétique exclu de la Faculté de médecine. — Quelle part l'Université de Paris a prise au mouvement de la littérature et des sciences sous Louis XIII. — Union des collèges de Boncourt et de Tournai au collège de Navarre. — Naissance de Louis XIV. — Vente du Pré-aux-Clercs. — Encore les messageries. — L'Université est affranchie du droit d'amortissement. — Visite des collèges en 1642. — Mort de Richelieu. — Mort de Louis XIII.

En face des anciennes écoles de l'Université de Paris, le seizième siècle avait vu s'élever, par la munificence de François Ier et de ses successeurs, quelques chaires nouvelles, destinées à un enseignement plus original, dont la tradition devait survivre au prince qui l'avait institué (1). Ces chaires, dites royales, parce que le roi en était le fondateur et en prenait à sa charge toutes les

---

(1) La plupart des détails qui suivent sont empruntés au savant ouvrage de l'abbé Goujet, *Mémoire historique et littéraire sur le Collège royal de France*, Paris, 1758, in-12, t. I, p. 74 et s. Voy. aussi l'écrit, d'ailleurs indigeste et déclamatoire, de Duval, *le Collège royal de France, ou institution, establissement et catalogue des lecteurs et professeurs ordinaires du roy, fondez à Paris par le grand roy François Ier, père des lettres, et autres roys ses successeurs, jusques à Louis XIV, Dieu-donné*, etc., Paris, 1644, in-4°.

dépenses, étaient, dans l'origine, au nombre de quatre seulement, et avaient pour objet le grec et l'hébreu; on y ajouta, par la suite, des cours de médecine, de mathématiques, de philosophie, d'éloquence, de chirurgie, de botanique, de langue arabe et de droit canon; parmi ces cours figure celui que Pierre Ramus institua par son testament pour les parties élevées des mathématiques. Malgré les intentions souvent exprimées par François Ier, aucun bâtiment n'avait été assigné aux professeurs pour y faire leurs cours; chacun d'eux enseignait, en quelque sorte, où il pouvait; Vatable, au collège du cardinal Lemoine; Guidacerio, au collège des Lombards; Pierre Galland, au collège de Boncourt. Sous Henri II, les classes du collège de Tréguier et de celui de Cambrai, qui en était voisin, furent affectées d'une manière spéciale aux nouveaux enseignements, jusqu'à ce qu'un local particulier eût été disposé pour les recevoir. Toutefois Henri IV fut le premier qui s'occupa sérieusement d'acquitter cette promesse, ajournée par un demi-siècle de guerres civiles. Son dessein était d'acquérir les deux collèges désignés par Henri II, et de se procurer ainsi l'emplacement nécessaire pour élever des constructions qui renfermeraient quatre salles pour les leçons publiques des professeurs royaux, un certain nombre de logements à leur usage et des galeries pour la bibliothèque royale. Une commission, dont faisaient partie le cardinal Du Perron, Sully et le président de Thou, avait été chargée d'aller reconnaître les terrains; les plans définitifs étaient arrêtés, les travaux sur le point de s'ouvrir, lorsque la mort du roi en compromit l'exécution. La reine mère, Marie de Médicis, annonça d'abord l'intention qu'ils fussent poursuivis avec rapidité; elle conclut les derniers arrangements pour la cession partielle du collège de Tréguier, moyennant la somme de cinq mille quatre cents livres; et, le 8 août 1610, le jeune roi Louis XIII, accompagné d'un brillant cortège, vint poser la première pierre du nouvel édifice, dans les fondations duquel on plaça deux médailles d'or et d'argent, avec une plaque de bronze portant une inscription qui rappelait les principales circonstances de la cérémonie. Deux ans après, une partie du collège de Cambrai fut à son tour acquise par le gouvernement et démolie pour faire place au Collège royal. Mais la construction, plusieurs fois interrompue par les troubles civils, n'avança que très lentement. Un discours, prononcé en 1634 par Grangier, nous apprend qu'à cette époque il n'y avait d'élevé qu'un seul corps de bâtiment, qui renfermait deux salles pour les cours, avec une galerie pour la bibliothèque à l'étage supérieur. L'orateur exprimait la confiance que les autres parties seraient bientôt terminées; mais l'événement trompa son espoir : les travaux entrepris ne furent continués ni sous Louis XIII ni sous les règnes suivants; et quand la dernière heure de l'ancienne monarchie vint à sonner, les projets de Henri IV pour l'installation matérielle du Collège royal attendaient encore leur entier accomplissement.

L'Université de Paris n'avait pas vu sans un secret dépit la fondation du Collège royal, qui semblait accuser l'insuffisance et l'infériorité de son enseignement. Les nouveaux cours étaient à peine établis, qu'elle essayait de les ranger sous sa juridiction, en alarmant les esprits par l'annonce des dangers prétendus que la religion et le bon ordre allaient courir. Ses efforts ne furent pas entièrement inutiles; car, un édit, qu'elle avait sollicité de Charles IX, ayant décidé, au mois de juillet 1568, que nul n'enseignerait à Paris, s'il n'était bon catholique, les professeurs royaux, à l'exception de Ramus, souscrivirent la profession de foi que le recteur leur présenta et figurèrent à la procession de l'Université. Un arrêt, que le Parlement rendit peu de jours après, parut consacrer leur sujétion, en ordonnant « qu'ils assisteraient le recteur ès actes chrétiens et catholiques, sous peine d'être privés de leurs charges. » Mais ces coups de rigueur, provoqués surtout par la crainte de l'invasion du protestantisme au sein des écoles, furent accidentels et n'eurent pas de grandes conséquences. Malgré la jalousie et la défiance dont ils étaient l'objet, les professeurs du Collège royal avaient échappé au joug de l'Université. Honorés du titre de conseillers d'État, ils s'étaient maintenus dans une situation privilégiée, sous l'autorité immédiate du grand aumônier, lorsque certains abus, qu'ils avaient laissés s'introduire parmi eux, compromirent leur position indépendante. La noble ardeur qui animait leurs devanciers s'était peu à peu ralentie; les leçons n'avaient plus lieu régulièrement et n'étaient plus faites avec le même soin; de jour en jour plus courtes et plus rares, elles se réduisaient souvent à un entretien frivole ou à la dictée de quelques notes sans importance. Les chaires, dont les émoluments avaient été portés sous Henri IV de six cents livres à neuf cents livres, étaient devenues un objet de trafic; et, au lieu d'être confiées aux plus dignes, suivant l'intention des fondateurs, tantôt elles passaient comme un héritage des pères aux enfants, tantôt elles étaient cédées à prix d'argent. Goujet, si versé dans ces matières, nous apprend que « Séguin, qui professoit la médecine, désigna son fils; Frédéric Morel, qui enseignoit l'éloquence, choisit Belet, son neveu; Nicolas Bourbon fit passer la chaire de langue grecque à Pierre Valens; Parent, accablé d'infirmités et de travaux, céda celle de philosophie à Perreau; Goulu, qui avait encore assez de force et de vigueur pour continuer, abandonna le champ à Montmaur; Blacuod succéda par la même voie à Charles, et Cousinot à Chartier dans la chaire de médecine. »

Sur la fin de 1625, le recteur, Jean Tarin, averti de ces abus, se crut en droit d'y remédier et vint visiter le Collège royal, en vertu des pouvoirs que sa dignité lui conférait. Les professeurs, s'il faut en croire son témoignage, le reçurent assez mal, et contestèrent sa juridiction sur eux en alléguant qu'ils dépendaient du grand aumônier. Le conflit, qui devenait inévitable, fut aggravé par un incident digne d'être noté. La chaire de mathématiques supérieures, fondée par Ramus, était occupée depuis dix-huit ans par le même professeur, Jacques Martin, malgré la clause de l'acte de fondation portant qu'elle serait mise au concours tous les trois ans. Un sieur Prades, ayant réclamé l'exécution de cette clause, subit un examen à la suite duquel la chaire lui fut adjugée par les professeurs royaux. Martin se pourvut au Parlement, et fit valoir que son compétiteur, simple bachelier des écoles de Toulouse, n'avait jamais étudié dans celle de Paris, n'y avait pas pris ses degrés, et dès lors était sans titre pour y enseigner. La question touchait trop directement l'Université pour qu'elle négligeât d'intervenir comme partie intéressée au procès. Non seulement elle prit fait et cause pour Martin, mais elle dénonça sans ménagement les abus notoires qui s'étaient glissés au Collège royal, la négligence impardonnable de beaucoup de professeurs, l'avidité scandaleuse avec laquelle ils trafiquaient de leurs chaires, et les outrages qu'ils s'étaient permis envers le recteur lorsque celui-ci avait essayé de les rappeler à leurs devoirs. Elle concluait, dans sa requête, à ce que le Parlement leur retirât l'indépendance qu'ils s'étaient attribuée pour en faire un si mauvais usage, et les fît rentrer ouvertement sous la juridiction académique. Les professeurs royaux auraient volontiers sacrifié le sieur Prades et rétabli leur ancien collègue, Jacques Martin, dans la chaire qu'il avait si longtemps occupée; mais ils se montraient résolus à défendre leurs privilèges et à ne pas se soumettre, soit pour la nomination des professeurs, soit pour tout autre objet, aux règlements qu'il plairait à l'Université de leur imposer. Comme ils avaient moins d'appuis parmi les magistrats que parmi les courtisans, ils demandèrent que la cause fût évoquée au conseil privé; cette demande n'eut pas le succès qu'ils espéraient, et l'instruction de l'affaire fut abandonnée au Parlement, qui, conformément aux conclusions du procureur général, donna gain de cause, par un arrêt du 8 août 1626, à Martin et à l'Université. L'arrêt ordonnait que la chaire de mathématiques fondée par Ramus fût mise au concours; qu'en cas de vacance des autres chaires, elles fussent également données au concours; que nul ne fût admis à concourir, qu'il n'eût été agrégé à l'Université. Il était en conséquence défendu aux professeurs royaux de vendre leurs chaires, et il leur était enjoint de rendre au recteur le respect dû à son rang et d'assister, sur sa convocation, aux processions, assemblées et autres actes de l'Université.

Dans le cours des plaidoiries qui précédèrent cet arrêt, l'avocat du Collège royal, M⁰ Meglat, avait décliné la compétence du Parlement; l'arrêt une fois rendu, les professeurs le déférèrent au conseil du roi. Il eût été sage à l'Université d'user de sa victoire avec modération, afin de la faire accepter plus facilement; mais elle adopta une conduite tout opposée, qui lui devint funeste. La chaire de chirurgie étant devenue vacante par la retraite de Charles, qui lui-même la tenait, comme nous l'avons dit, de Blacuod, cette chaire ne fut pas mise au concours, mais directement confiée à Jean Bérault, nonobstant l'arrêt du Parlement. Il en fut de même en 1629 pour la chaire d'éloquence latine, à laquelle Ruault fut appelé en remplacement de Frédéric Morel et de son neveu Belet, enlevé dans la force de l'âge. Bérault, naguère procureur de la Nation de France, très versé dans la connaissance de l'antiquité; Ruault, que la Faculté des arts, par cinq élections consécutives, avait investi autrefois des fonctions rectorales, étaient sans doute, à beaucoup de points de vue, des choix excellents; mais comme leur nomination ne s'était pas faite suivant les règles fixées judiciairement, elle fut attaquée par l'Université, qui obtint de la cour un nouvel arrêt faisant défense à Ruault de commencer son cours. Afin d'assurer l'exécution du jugement, nos registres portent que le recteur, Nicolas le Maistre, fit enlever les tapis tendus dans la salle où la leçon d'ouverture devait avoir lieu (1). Il paraît aussi que des poursuites contre les professeurs négligents avaient été entamées devant la chambre des comptes, et que l'Université s'était opposée à ce que leurs traitements leur fussent payés. Ces vexations, où perçait trop l'esprit de rivalité, ne pouvaient avoir aucun résultat utile. Sur la plainte des professeurs royaux, le conseil privé défendit au recteur « de les troubler et empêcher dans la perception de leurs gages, jusqu'à ce qu'il en eût été ordonné autrement par Sa Majesté. » Ruault, qui de son côté avait réclamé, reçut l'autorisation d'occuper provisoirement sa chaire (2). Quelque temps après, le cardinal de la Rochefoucauld mourut, et les fonctions de grand aumônier, qu'il remplissait depuis 1618, furent conférées à l'archevêque de Lyon, frère du cardinal de Richelieu. Le nouvel aumônier employa son crédit en faveur de l'établissement dont la

---

(1) *Arch. U.*, Reg. xxvii, fol. 130.
(2) Voy. Pièces justificatives, n°⁸ LXXI et LXXII.

haute direction était l'une des prérogatives de sa charge; et comme il importait, d'ailleurs, que des questions si vivement débattues ne fussent pas laissées indéfiniment sans solution, le conseil privé les trancha, le 18 mars 1633, par l'arrêt suivant, qui déconcertait les prétentions et les espérances de l'Université :

« Le roy, en son Conseil, sans avoir esgard à l'arrest du 8ᵉ aoust 1626, a ordonné et ordonne que les lecteurs et professeurs de Sa Majesté seront tenus recognoistre le sieur grand ausmonier pour leur supérieur et directeur, tant pour ce qui concerne les réceptions en leurs charges que les fonctions d'icelles, comme aussy a ordonné que lesdits lecteurs seront payés par les receveurs généraulx des finances à Paris, de leurs gages ordinaires, suivant les estats de Sa Majesté, et de l'augmentation d'iceulx, suivant les estats et ordonnances dudit sieur grand ausmonier, et ce, tant pour le passé que pour l'advenir; et qu'à ceste fin toutes lettres nécessaires seront expédiées... Ordonne en oultre Sadite Majesté, que pour remédier aux désordres qui se sont glissés auxdites lectures, il sera faict réglement par ledit sieur grand ausmonier, pour, ce faict et rapporté, estre ordonné sur iceluy par Sadite Majesté ce qu'il appartiendra par raison; a faict inhibitions et deffenses auxdits recteur et supposts de l'Université et tous autres, de troubler et empescher ledit sieur grand ausmonier en la direction desdites lectures et lesdits lecteurs en la fonction de leurs charges; pourront néantmoins lesdits recteur et supposts, au cas que lesdits lecteurs vinssent à proposer ou mettre en disputte aucunes choses contraires à la foy catholique et doctrine chrestienne, aux droicts de Sa Majesté et loix fondamentales de l'Estat, ou commettre quelque autre manquement notable en leur charge, en donner advis à Sa Majesté, ou audit sieur grand ausmonier, pour y estre pourvu ainsy que de raison. Et pour le regard de la chaire de mathématiques fondée par Mᵉ P. de la Ramée, Sadite Majesté a ordonné qu'elle sera mise à la disputte de lecture, dans trois mois, à la dilligence du doyen desdits lecteurs, pour estre adjugée au plus capable, en la forme et manière prescripte par le testament dudit P. de la Ramée. »

Par cet arrêt furent tranchées, d'une manière définitive, les questions qui étaient restées en suspens depuis la fondation du Collège de France. Il ne paraît pas que désormais les professeurs royaux aient figuré aux processions de l'Université, ni que celle-ci ait fait à leur égard aucun acte de juridiction. Ils vont former, selon leur vœu, pendant près d'un siècle et demi, un corps séparé et indépendant; et quand nous les verrons sortir de leur isolement, vers 1770, c'est qu'ils auront fait eux-mêmes l'abandon de leurs prérogatives dans l'espérance de participer à la riche dotation accordée par le roi aux anciens collèges. Mais, malgré de tristes dissentiments, ils avaient des liens trop étroits avec l'Université de Paris pour ne pas désirer sa splendeur, tout en ne voulant pas relever d'elle. La plupart, comme Ruault, étaient sortis de la Faculté des arts, avaient brillé dans ses rangs et occupé ses emplois les plus élevés. Que de fois, dans le cours de cette histoire, n'avons-nous pas rencontré les noms de plusieurs d'entre eux, que l'éclat de leurs services comme régents ou comme recteurs avait désignés pour le poste qu'ils occupèrent au Collège royal, Pierre Valens, Jean Grangier, Jean Aubert, Pierre Padet! Le recteur qui avait obtenu au Parlement l'arrêt sévère du 8 août 1626, Jean Tarin, succédait lui-même, dix ans plus tard, à Ruault dans la chaire d'éloquence. Les écoles de l'Université servirent ainsi de pépinière au collège fondé par François Ier. Ce fut à elles qu'il emprunta bien souvent ses professeurs, et pour ainsi dire tous ses éléments de prospérité, même en conservant des privilèges que le caractère de l'institution motivait. Aussi ces écoles peuvent-elles, à juste titre, réclamer une part de la renommée qu'il avait acquise et qui s'est conservée jusqu'à nous par une succession non interrompue de travaux mémorables.

Nous avons un peu anticipé, afin de grouper ensemble tous les principaux détails qui concernaient le Collège de France; il nous faut maintenant revenir sur nos pas, pour retracer d'une manière rapide quelques autres événements qui s'étaient passés dans l'intervalle.

Au mois de mai 1625, le roi avait signé un édit ayant pour

objet d'écarter de la profession d'avocat et des offices de judicature les candidats dénués d'instruction et de capacité. L'édit faisait défense à tous doyens, docteurs et régents d'accorder dorénavant des lettres de licence ou de doctorat en droit civil ou canon, si le candidat ne justifiait au préalable qu'il avait étudié l'espace de six mois dans une des universités du royaume, et six mois au moins en l'université où les lettres lui étaient délivrées. Nul ne pouvait être admis au serment d'avocat ni remplir aucune charge judiciaire à moins de représenter lesdites lettres. Pour prévenir les fraudes, le roi ordonnait que les étudiants en droit se fissent immatriculer et qu'ils ne pussent pas se présenter à la licence et au doctorat sans produire un certificat des docteurs régents, attestant leur assiduité durant un semestre à dater du jour de leur immatriculation. Quiconque se présenterait frauduleusement et par substitution, à la place des personnes incapables, pour subir en leur nom les examens et obtenir ainsi pour elles des lettres de licencié ou de docteur, devait être poursuivi comme coupable de faux; les docteurs régents étaient autorisés à livrer les délinquants aux juges ordinaires (1).

Au mois de novembre 1626, sous le rectorat de Guillaume Mazure, le tribunal de l'Université résuma en cinquante-neuf articles les décisions éparses qui concernaient la discipline des collèges de Paris (2). Ce règlement, qui ne paraît pas avoir été enregistré, ne modifie pas sensiblement les statuts promulgués en 1598. J'y remarque le soin minutieux que ses auteurs mettaient à défendre les conditions auxquelles pouvait s'acquérir la qualité d'écolier de l'Université de Paris, et la jouissance des privilèges qui en dépendaient : il ne faut pas moins de six mois de scolarité, attestés par le principal du collège que l'étudiant fréquente, ou par le professeur dont il suit les leçons; les lettres qui sont délivrées dans ce cas par le recteur doivent être renouvelées dans les six mois; ce délai expiré, elles perdent toute valeur. Il est enjoint expressément aux principaux des petits collèges et aux précep-

---

(1) Isambert, *Recueil des anciennes lois françaises*, t. XVI, p. 148 et s.
(2) Voy. Pièces justificatives, n° LXIX.

teurs de conduire leurs élèves aux écoles de l'Université. Le régime intérieur des établissements, l'ordre des exercices, le temps accordé aux récréations, les devoirs de politesse qui sont imposés à chacun, la soumission que les régents doivent au principal, mille détails de la vie du collège, sont l'objet d'autant d'indications précises qui font voir par quels efforts de vigilance la Faculté des arts cherchait à mériter la confiance des familles.

Au mois de mars de l'année suivante, eut lieu l'installation du nouveau chancelier de Notre-Dame, M° de Contes, licencié en droit canon, qui succédait à Sylvie de Pierre-Vive, mort depuis peu. Le recteur, Mazure, accompagné des procureurs des Nations et des doyens des Facultés, se rendit à Notre-Dame, où il trouva les chanoines réunis. Le doyen du chapitre prononça l'éloge de Pierre-Vive, et termina en exhortant son successeur à marcher sur ses traces. Le recteur prit à son tour la parole pour recommander au nouveau chancelier l'observation des statuts de l'Université; lecture fut donnée des lettres apostoliques qui renfermaient la formule du serment que M° de Contes devait prêter; puis, s'étant mis à genoux devant le doyen, il jura de s'acquitter loyalement de tous les devoirs de son ministère, de ne jamais conférer ni refuser arbitrairement la licence d'enseigner, de ne pas faire acception des personnes, mais de considérer seulement le savoir, les mœurs et l'élocution des candidats, et de prononcer suivant sa conscience (1).

Peu de jours avant cette cérémonie, la Faculté des arts s'était réunie à Saint-Julien le Pauvre pour l'élection d'un recteur. Les intrants furent, pour la Nation de France, Desplaces, professeur au collège de la Marche; pour la Nation de Picardie, Devaux, principal du collège du cardinal Lemoine; pour la Nation de Normandie, Roland, régent d'humanités, et pour la Nation d'Allemagne, Jean Richer, qu'il ne faut pas confondre avec son oncle, le célèbre auteur du traité sur la puissance ecclésiastique. Comme il était arrivé plus d'une fois, les suffrages se partagèrent. Devaux

---

(1) *Arch. U.*, Reg. xxvi, p. 189; Reg. xxvii, fol. 86, 90, 97.

et Roland furent d'avis de maintenir en charge Mazure, dont les fonctions expiraient; Desplaces et Richer nommèrent Antoine Breda. Un ancien recteur qui jouissait de beaucoup de crédit, M⁰ Aubert, se prononça hautement pour la prorogation des pouvoirs de Mazure et la fit agréer aux Nations assemblées. Mais, en dépit des efforts qu'il se donna pour pacifier les esprits, Desplaces et Richer persistèrent dans leur opposition, et il s'ensuivit un long procès qui fut fertile en incidents. Le syndic de l'Université accusa un jour le procureur de la Nation de Normandie, M. Bertrand Duchesne, un des adversaires les plus résolus de Mazure, de ne pas avoir étudié dans l'Université de Paris, d'être simplement bachelier en décret, et d'avoir produit de fausses pièces pour se faire incorporer à la Faculté des arts. L'accusation n'était que trop fondée; et Bertrand Duchesne, bien que soutenu par un groupe assez nombreux, dut se résigner à déposer les insignes de sa charge, le livre, les clefs et le sceau de la Nation entre les mains de son successeur; la seule faveur qu'il obtint, après avoir fait amende honorable, fut de pouvoir se présenter sans certificat d'études aux premières épreuves de la maîtrise. A peu de temps de là, dans une séance de la Faculté des arts, comme Desplaces, qui portait la parole, s'était adressé à l'assemblée sans saluer le recteur, celui-ci fit prononcer son exclusion, et le menaça, s'il ne se retirait pas, de le faire saisir par les bedeaux. Ainsi les têtes s'échauffaient et le dissentiment pour le choix d'un recteur dégénérait en débats scandaleux. Nous avons trouvé la trace de plusieurs requêtes adressées au Parlement, sans pouvoir découvrir quelle fut la décision de la cour. Ce qui paraît constant, c'est que la majorité prenait parti pour Mazure, qui s'était montré l'énergique défenseur de l'Université dans les dernières luttes contre les Jésuites. Ses pouvoirs, qui expiraient au mois de juin, furent prorogés de nouveau par le suffrage unanime des Nations, et ce fut seulement au mois d'octobre suivant qu'il résigna ses fonctions rectorales, après les avoir remplies, en vertu de quatre élections successives, durant une année entière.

A ces luttes intestines qui venaient d'agiter stérilement la Faculté des arts, succédèrent bientôt d'assez graves dissensions dans plusieurs collèges, notamment dans celui du Plessis et dans celui de Lisieux.

Le collège du Plessis avait alors à sa tête un principal, M⁰ Travers, qui l'administrait fort mal, manquait de régents, faute de les payer, et avait laissé depuis plusieurs années l'exercice des classes à demi interrompu. Parmi les écoliers que recevait encore l'établissement, quelques-uns, comme nous l'avons déjà vu, étaient conduits par leurs précepteurs chez les Jésuites. M. de Vendôme, abbé de Marmoutiers, qui était supérieur du collège, et de qui relevait par conséquent le principal, voulut mettre fin à cet abus; usant du droit que son titre lui donnait, il révoqua Travers, et pour le remplacer il désigna le sage et zélé Aubert, dont l'expérience et la fermeté offraient toute garantie. Mais Aubert était de la Nation de Picardie, tandis que, d'après un article des statuts du collège du Plessis, le principal devait en être choisi parmi les boursiers de la province de Tours. Travers éleva l'objection devant le Parlement, et requit la Nation de France pour qu'elle intervînt en sa faveur comme partie intéressée. L'assistance, ou, comme on disait alors, l'adjonction qu'il sollicitait, sans la mériter personnellement, lui fut tour à tour accordée, puis retirée. Quant à Aubert, il n'exprima qu'un vœu, c'était que l'Université s'abstînt et laissât l'affaire suivre son cours régulier. Travers ayant renouvelé la promesse, qu'il avait faite autrefois, d'avoir des régents, de rétablir l'exercice et de se conformer aux règlements de la Faculté des arts, la principalité lui fut conservée. Bientôt sa conduite à l'égard des boursiers, l'indocilité de ceux-ci et la prétention qu'ils affichaient, s'il faut en croire le principal, de garder la jouissance de leurs bourses au delà du terme fixé par les statuts, devinrent l'occasion de nouveaux démêlés qui motivèrent à plusieurs reprises l'intervention de l'Université et des magistrats. Tant que ces contestations durèrent, Travers ne se pressa pas de remplir les nouveaux engagements qu'il avait pris. En juillet 1632, lors d'une inspection au collège du Plessis, le recteur constatait que la rhétorique n'était pas enseignée dans la maison et que les écoliers de cette classe suivaient les cours dans les collèges voisins. Le tribunal académique renouvela au principal la défense de les conduire chez les Jésuites, et l'injonction de se procurer un régent capable, qu'il devrait installer pour la rentrée prochaine (1).

Au collège de Lisieux, des causes différentes avaient créé une situation aussi déplorable qu'au Plessis. Là, comme dans plusieurs autres collèges, il existait deux sortes de boursiers : les uns qui faisaient leurs humanités, les autres qui étudiaient en théologie. Ces derniers élevèrent la prétention que les chaires du collège devaient leur appartenir, et ils intentèrent au principal un procès parce qu'il avait choisi des étrangers pour régents. Ce principal était Ruault, dont nous avons rencontré si souvent le nom dans le cours de cette histoire. Ruault dénonça de son côté l'indiscipline des théologiens et la négligence avec laquelle ils s'acquittaient des obligations que leur imposaient les statuts du collège. Sur sa plainte, l'Université, par une délibération du 22 octobre 1628, leur enjoignit de suivre désormais avec assiduité les cours de théologie de la maison de Sorbonne; dans un délai de huit jours, et à l'avenir tous les trois mois, ils seraient tenus d'apporter au recteur un certificat signé de leurs professeurs et attestant leur travail; tous les deux mois, ils soutiendraient au collège de Lisieux des discussions théologiques dont le programme aurait été affiché la veille; aux jours de fête, ils prêcheraient chacun à leur tour dans la chapelle du collège. Le règlement laissait indécises quelques-unes des questions qui s'étaient élevées et dont le Parlement se trouvait déjà saisi; mais la cour eut la sagesse de renvoyer les parties devant le recteur, qui s'occupait de terminer le différend, lorsque Ruault, fatigué de pareils conflits, se démit de ses fonctions au mois de mars 1629. Il eut pour successeur Étienne Gallot, alors procureur de la Nation de Normandie, qui ne rétablit pas la paix au collège de Lisieux. Quatre mois après son installation, le nouveau principal voulait congédier tous les régents. Ceux-ci, parmi lesquels se trouvait Pierre Valens, portèrent plainte devant le

(1) *Arch. U.*, Reg. XXVI, p. 226, 243; Reg. XXVII, fol. 109, 110, 111, 145, 173 et 174.

tribunal du recteur, qui déclara le congé irrégulier, comme n'ayant pas été donné avant la Saint-Jean ; et Étienne Gallot se vit condamné à garder avec lui une année encore des collaborateurs qui n'avaient pas sa confiance. Bientôt il se trouva lui-même, comme l'avait été Ruault, dans la nécessité de se défendre contre les intrigues des boursiers théologiens, qui s'efforçaient de le supplanter ; mais cette fois il eut pour lui l'évêque de Lisieux et l'abbé de Fécamp, supérieurs majeurs du collège, qui ne consentirent pas à sa révocation. De plus, l'Université, le trouvant à l'abri de tout reproche, rendit au mois de décembre 1632 un décret longuement motivé qui réprouvait les menées ourdies contre lui. Ces perpétuelles contestations, qui devenaient très coûteuses quand elles étaient portées au Parlement, épuisèrent une partie des ressources du collège de Lisieux et ne furent pas moins préjudiciables à sa prospérité matérielle qu'à sa discipline. En 1631, les bâtiments tombaient en ruine, faute de fonds pour les entretenir, et, d'après un rapport adressé au recteur par les grands vicaires de l'évêque de Lisieux et de l'abbé de Fécamp, la cause première de ce fâcheux état de choses, c'était « le mauvais mesnage des boursiers, et l'employ qu'ils avoient fait, pour la pluspart, du revenu, en procédure et chicaneries parmy eux fréquentes et ordinaires : divertissans par ce moien les deniers qui devroient estre annuellement employez aux réparations utiles et nécessaires pour l'entretien des bastiments (1). »

Les prétentions mal justifiées des théologiens étaient aussi la cause des fâcheux débats qui éclatèrent au collège de Beauvais. Nous avons vu dans quelle triste situation ce collège se trouvait en 1615, lorsque Grangier en prit la direction. L'expérience et l'énergie du nouveau principal exercèrent la plus heureuse influence ; on vit les études et la discipline se relever ; les familles témoignèrent plus de confiance, le nombre des écoliers s'augmenta, et, grâce à l'économie qui présidait à l'emploi des revenus scolaires, les dettes anciennes furent acquittées intégralement. Tel

(1) *Arch. U.*, Reg. XXVI, p. 218 et s.; Reg. XXVII, fol. 121 et 122; fol. 132 et s., 515, 182; Pièces justificatives, nos LXXII et LXXVII.

est le tableau, sans doute un peu flatté, que Grangier lui-même a tracé des résultats de son habile gestion. Mais à peine le collège eut-il commencé à refleurir, les chapelains, que les actes de fondation chargeaient de célébrer l'office divin et qui figuraient à ce titre parmi les boursiers, réclamèrent une augmentation de traitement pour leur quote-part dans les bénéfices. « N'étoit-ce pas, disait Grangier, vouloir s'enrichir au préjudice de l'établissement? Il convenoit au préalable de faire un fonds pour rebastir trois maisons du collège qui étoient à la veille de leur ruine. Si la bourse du collège pouvoit être ouverte plus largement, la libéralité devoit commencer par la nourriture des petits boursiers et par l'ameublement d'un petit corps d'hôtel donnant sur le jardin, pour y loger et y panser les malades (1). » Les chapelains répliquaient que les temps étaient durs, la vie fort chère, et qu'ils ne pouvaient se suffire avec les deux cents livres de gages annuels, à peine dix sous par jour, qui leur étaient payés pour célébrer matines, la messe et les heures canonicales. En regard de leur pauvreté, ils plaçaient la prétendue opulence du principal, à qui, disaient-ils, « on ne voit que meubles précieux, tapisseries, vaisselle d'argent, carrosse, prétoires en ville, prétoires aux champs, avec des conditions attaliques et des magnificences luculliennes (2). » En vertu de conventions qui remontaient à l'origine du collège de Beauvais, le patronage de la maison était dévolu au parlement de Paris, qui l'exerçait par les mains du premier président, assisté des doyens de la cour et d'un conseiller clerc ; celui-ci était censé représenter l'abbé de Saint-Jean des Vignes, qui, d'après l'acte de fondation, devait proposer les candidats. Les chapelains adressèrent leur requête aux magistrats, et Grangier, de son côté, intervint pour la défense de ses droits, qui se confondaient avec

---

(1) *De l'estat du collège de Dormans, dit de Beauvais, fondé en l'Université de Paris*, etc., p. 6 et s.

(2) *Moyens pour restablir le collège de Dormans, dit de Beauvais, en son premier estat conformément à la fondation, présentez par le patron fondateur et les chappelains dudit collège de Dormans, dit de Beauvais, demandeurs en reiglement, contre les suppositions de Maistres Jean Grangier et Gabriel Le Gentil, défendeurs*. Paris, 1628, in-4°, p. 27 et s.

l'intérêt du collège confié à sa direction. La conclusion de ces démêlés fut le règlement qui eut lieu au mois de mars 1631, et qui disposait d'une somme de cinq cent vingt-cinq livres pour être distribuée pendant le premier semestre de l'année entre les chapelains et les boursiers, y compris le principal, le procureur et les sous-maîtres (1).

Les petits collèges étaient, de la part de l'Université, l'objet d'une active surveillance, que motivaient leur situation précaire et les abus qui s'y perpétuaient. Le collège de Justice, en dépit des arrêts du Parlement, était encore habité en 1627 par des locataires qui y tenaient boutique. Aux collèges de Séez, de Narbonne et de Bayeux, il se trouvait un certain nombre de pensionnaires qui suivaient les classes des Jésuites. Au collège de Cluny, exclusivement fondé pour les religieux de cet ordre, on admettait des écoliers étrangers à la communauté. Le recteur et son conseil s'efforçaient d'arrêter ces empiétements et ces infractions en menaçant les délinquants de les retrancher du corps de l'Université; mais trop souvent ces menaces restaient sans effet. Dans les grands collèges, les règles étaient en général mieux observées, et quelques-uns prospéraient. En 1628, le nombre des élèves qui fréquentaient le collège d'Harcourt s'était tellement accru, grâce à l'habile administration de Pierre Padet, que les bâtiments n'étaient plus assez spacieux et qu'on pensait à réunir ceux du collège de Justice, qui étaient contigus. Les deux collèges auraient conservé leurs règles et leurs revenus propres, mais l'enseignement eût été donné en commun aux écoliers. Ce projet resta sans exécution, quoiqu'il eût été approuvé par une délibération formelle de l'Université, que le recteur Grangier notifia aux parties intéressées et qui reçut tout d'abord leur assentiment (2).

Entre tous les incidents dont l'histoire des collèges de Paris se compose durant ces années, le plus saillant, le seul même qui ait laissé un souvenir sérieux, c'est la reconstruction de la Sorbonne. Nous avons vu qu'en 1622, à la mort de M. de Godi, Richelieu,

---

(1) Félibien, *Hist. de Paris*, t. V, p. 81.
(2) *Arch. U.*, Reg. xxvii, fol. 122, 130, 174, 175; Pièces justificatives, n° LXXVI.

déjà membre depuis plusieurs années de la société de Sorbonne, en était devenu le grand maître par les suffrages de la société elle-même et par ceux de l'Université. Le puissant ministre voulut donner un gage de sa munificence au collège qui l'avait choisi pour protecteur; et, connaissant l'état de vétusté des bâtiments, il entreprit de les relever et de les agrandir. Il acquit dans cette pensée un ancien hôtel, ayant appartenu aux abbés du Bec, et deux collèges voisins, celui de Calvi et celui des Dix-Huit, qu'il se proposait de faire démolir pour en affecter les terrains aux nouvelles constructions. Les plans que l'architecte Jacques Lemercier avait dressés furent soumis à la maison de Sorbonne le 20 juin 1626, et approuvés quelques semaines après par Richelieu; l'année suivante, la première pierre de la grande salle fut posée par l'archevêque de Rouen, François de Harlay (1). L'Université ne vit pas sans douleur disparaître le collège de Calvi; et, sur la proposition du procureur de Normandie, elle exprima au cardinal le vœu qu'il fût rebâti sur un autre emplacement. Toutefois le sentiment qui lui inspirait cette démarche n'était pas assez profond pour altérer la joie qu'elle ressentait de voir la Sorbonne restaurée. Le nouvel édifice, composé de trois corps de logis encadrant une cour en parallélogramme, avec deux larges entrées, était le plus commode et le mieux proportionné que la générosité des rois et des particuliers eût consacré dans Paris à l'enseignement public. Comme tous les collèges, mais sur une échelle plus vaste, il comprenait des salles pour les exercices et les assemblées, des galeries pour une bibliothèque, et des chambres destinées à l'habitation des docteurs. Lorsque ces premières constructions furent terminées, Richelieu s'occupa de l'église, dont il posa lui-même la première pierre, le 15 mai 1635, sur l'emplacement du collège de Calvi. Le plan de l'architecte donnait au monument l'aspect qu'il a encore aujourd'hui : des voûtes élancées en forme

---

(1) Félibien, *Hist. de Paris*, t. II, p. 1378; Jaillot, *Rech. sur Paris*, Quartier Saint-André des Arcs, p. 143; *Journal général de l'Instruction publique*, année 1854, n°ˢ 60 et 62; Caillet, *De l'administration en France sous le ministère du cardinal de Richelieu*, in-8°, p. 432 et s.

de dôme, un portique exhaussé de quelques marches au-dessus du sol pour clore du côté du midi la cour de la Sorbonne; une seconde façade, où était l'entrée principale, au fond d'une place qui venait d'être ouverte, et qui communiquait avec la rue de la Harpe à peu de distance des collèges de Justice et d'Harcourt, en entamant les terrains du collège du Trésorier. Mais le fondateur de cette église, justement citée parmi les chefs-d'œuvre de l'architecture française au dix-septième siècle, n'était pas destiné à en voir l'achèvement. Malgré la promptitude avec laquelle les travaux furent conduits, Richelieu fut surpris par la mort avant d'avoir pu terminer l'édifice qu'il élevait aux lettres, à la religion, à sa propre gloire, et dont il voulait faire pour sa cendre le plus magnifique tombeau où la dépouille d'un ministre ait reposé.

Tandis qu'une Sorbonne nouvelle s'élevait sur les ruines de l'ancienne, les Jésuites, de leur côté, songeaient à rétablir le collège de Clermont. La pose de la première pierre eut lieu le 8 août 1628. Par une de ces bonnes fortunes qui ne sont pas rares dans son histoire, la Compagnie trouva le secret d'attirer à la cérémonie le prévôt des marchands, Nicolas de Bailleul, et quatre échevins dont elle élevait les enfants. En mémoire de cet événement, on frappa des médailles à l'effigie du roi et aux armes de la ville; et sur une plaque de marbre noir, qui fut enfouie dans les fondations du nouveau collège, on grava en lettres d'or le nom de M. de Bailleul et des échevins qui l'avaient accompagné. Une somme de dix mille livres, disait-on, avait été payée par la ville aux Jésuites comme subvention. Ces marques de faveur, aussi profitables que brillantes, formaient un triste contraste avec l'abandon dans lequel étaient laissés la plupart des collèges de l'Université. Celle-ci s'en émut d'autant plus vivement que ses rivaux, habiles à exploiter leur succès, publiaient de tous côtés que « Messieurs de la Ville, qui s'étoient opposés à leur établissement en 1564, étoient devenus les patrons du collège de Clermont, et le rebastissoient aujourd'hui de leurs propres deniers. » Dans une assemblée extraordinaire qu'il convoqua au collège de Beauvais dès le lendemain de la cérémonie du 8 août, le recteur Nicolas le Maistre, après avoir exhalé son amère douleur, consulta ses collègues sur la conduite à tenir. On convint qu'avant tout il fallait aller trouver le prévôt des marchands et lui porter plainte, sauf à saisir le Parlement, si les réponses de ce magistrat ne paraissaient pas satisfaisantes. Le 11 août, le recteur en grand costume, accompagné des procureurs et des doyens en plus petite tenue, se rendit donc chez M. de Bailleul, auquel il exposa les appréhensions de l'Université. Les Jésuites ne voudraient-ils pas profiter des incidents de la cérémonie qui avait eu lieu quelques jours auparavant pour faire croire que la ville de Paris, infidèle à ses propres traditions, se rangeait de leur parti? L'Université suppliait la ville de vouloir bien déclarer quelle avait été son intention en se faisant représenter dernièrement au collège de Clermont, et si elle avait entendu par là autoriser ce collège et en accepter le patronage, au préjudice des anciennes écoles. Le prévôt des marchands répondit que la ville prenait en bonne part les remontrances du recteur; qu'elle n'avait pas cru que la cérémonie dont il s'agissait pût donner aucun ombrage; qu'en effet les échevins y avaient paru comme personnes privées et non comme magistrats; que l'on n'avait eu aucune intention de porter préjudice aux privilèges de l'Université, et que la ville entendait, au contraire, les conserver, comme elle le ferait connaître quand besoin serait, autant que ses propres intérêts. Le lendemain, dans une seconde entrevue avec le recteur, M. de Bailleul répéta les mêmes assurances, dont l'Université se contenta, non sans se livrer à de tristes réflexions sur les progrès rapides que les Jésuites avaient faits en quelques années dans les rangs de la bourgeoisie parisienne, naguère très hostile à leur institut (1).

Bientôt des événements plus graves firent diversion aux sentiments contraires de douleur et d'humiliation chez les uns, de joie et d'orgueil chez les autres, que ces rivalités entretenaient. Le bruit se répandit dans Paris qu'après un siège de quinze mois, la Rochelle, le dernier boulevard du protestantisme, venait de succomber, malgré l'appui de l'Angleterre, devant la persévérance

---

(1) Félibien, *Hist. de Paris*, t. V, p. 578 et s.

et le génie de Richelieu. A cette nouvelle, l'Université ordonna que les membres de ses différentes compagnies se réuniraient le 8 novembre aux Mathurins, et de là se rendraient en procession à l'église des Grands-Augustins, où devait être chantée une messe d'actions de grâces suivie d'un *Te Deum*, pour remercier Dieu de la victoire des armées du roi. Avant que la procession se mît en marche, le recteur le Maistre prononça quelques paroles à la louange du prince. L'office terminé, M° Dreux, docteur en théologie, monta en chaire et fit un sermon sur ce texte (1) : *Lætetur Israel in rege suo et exsultent filii sui in eo qui fecit illum.* Les fêtes recommencèrent le mois suivant, lors de la rentrée de Louis XIII dans Paris. Ce jour-là, qui fut l'avant-veille de Noël, un arc de triomphe s'élevait devant le portail de l'église des Dominicains, où le recteur devait adresser au roi une harangue. Afin de donner plus de pompe au cortège de l'Université, un certain nombre de régents, choisis dans les différents collèges, étaient revêtus de robes rouges, pour l'achat desquelles chaque établissement eut à payer soixante livres. Quintaine nous assure que le compliment du recteur était éloquent et qu'il fut écouté avec plaisir par le roi, qui donna des marques non équivoques de son approbation. Maîtres et écoliers célébrèrent à l'envi, en prose et en vers, l'heureuse victoire qui pacifiait le royaume. Ainsi l'Université se mêlait à toutes les fêtes, cherchant en quelque sorte dans le retentissement des cérémonies publiques un écho de ses grandeurs passées.

Au mois de janvier 1629, le Maistre, à qui les fonctions de recteur avaient été prorogées, publia un mandement pour la célébration de la fête de saint Charlemagne dans toutes les écoles de l'Université (2). Nous avons dit ailleurs que la tradition la plus répandue au dix-septième siècle attribuait l'établissement de l'Université de Paris au monarque franc. Cependant, bien qu'il fût le patron de la Nation d'Allemagne, et que Louis XI eût ordonné,

---

(1) *Psalm.* CXLIX, v. 2.
(2) Du Boulay, *Carlomagnalia, seu feriæ conceptivæ Caroli magni in scholis Academiæ Parisiensis observandæ*, Parisiis, 1662, in-8°.

sous peine de mort, d'honorer le jour de sa fête par la cessation de toute espèce de travail, jamais son culte n'avait pu s'établir, sans doute parce que sa canonisation ne paraissait pas régulière, ayant été prononcée par un antipape, Pascal III. Le mandement de le Maistre n'eut pas beaucoup plus de succès que n'en avait eu l'édit de Louis XI; et, malgré l'attrait du congé qu'il annonçait aux écoliers, les principaux ne le firent exécuter fidèlement que la première année. Ce fut seulement en 1661, comme nous le verrons, sous le rectorat de Du Boulay, que la solennité de la Saint-Charlemagne prit le caractère d'une véritable institution scolaire; elle passa si avant dans les mœurs de la jeunesse studieuse qu'après deux siècles, et malgré les révolutions, elle se célèbre encore de nos jours.

L'année 1629 fut marquée par un événement plus considérable qui causa une impression profonde dans l'Église de France; nous voulons parler de la rétractation de l'ancien doyen de la Faculté de théologie, Edmond Richer. Après avoir quitté le syndicat, Richer avait vécu dans la retraite, sans prendre aucune part ostensible aux querelles qu'avaient suscitées et le retour des Jésuites et les paradoxes de quelques écrivains de la Compagnie trop favorables à l'autorité pontificale. Cependant les appréhensions qu'il avait lui-même excitées en publiant son livre *De la puissance ecclésiastique* ne s'étaient pas calmées, ou plutôt il avait semblé les justifier en refusant de rétracter cet ouvrage, comme l'archevêque de Paris et le cardinal de la Rochefoucauld le lui demandaient. En 1622, paraissant céder à leurs obsessions, il avait fait imprimer une déclaration dans laquelle, après avoir reconnu que, faute de développement, quelques-unes de ses propositions avaient été prises en mauvaise part, il protestait soumettre tous ses écrits au jugement du Saint-Siège et de l'Église catholique, apostolique et romaine. Mais ce désaveu équivoque n'indiquait pas assez clairement qu'il eût abjuré les erreurs que ses adversaires lui reprochaient et qui continuaient d'agiter la Sorbonne. Richelieu, que ces dissensions fatiguaient, résolut d'y mettre fin. A la suite de longs pourparlers qui n'avaient pas eu de résultat, il manda lui-même Richer, lui parla avec force en présence du P. Joseph et du curé de Saint-Gervais, Charles Talon, le frère de l'avocat général de ce nom ; et, moitié par crainte, moitié par persuasion, il obtint de lui, le 7 décembre 1629, une déclaration nouvelle qui était conçue dans les termes suivants : « Je soussigné Edmond Richer, prêtre du diocèse de Langres, docteur en la sacrée Faculté de Paris et grand-maître du collège du Cardinal-Lemoine en l'Université de Paris : ayant reconnu que quelques propositions du livre *De la puissance ecclésiastique et politique* que j'ai composé en l'an 1612, avoient été mal reçues, proteste et déclare par ces présentes, que j'ai toujours voulu et veux encore soumettre tant ma personne que mon susdit livre et toutes les propositions d'icelui avec l'interprétation d'icelles et toute ma doctrine au jugement de l'Église romaine et du Saint-Siège Apostolique, que je reconnois être la mère de toutes les Églises et juge infaillible de la vérité ; et proteste d'être grandement fâché d'avoir tellement mis en avant lesdites propositions qu'elles aient donné sujet d'offense, comme si je voulois amoindrir et retrancher quelque chose de la juste et légitime puissance du Souverain Pontife et de messieurs les prélats, bien que je n'aye jamais eu cette intention. Lesquelles propositions comme contraires, selon que les paroles signifient, je condamne et improuve grandement, protestant que je fais librement et volontairement cette déclaration afin de montrer manifestement à un chacun mon obéissance au Saint-Siège Apostolique ; laquelle déclaration j'ai déposée entre les mains de l'illustrissime cardinal de Richelieu, proviseur du collège de Sorbonne, pour l'honneur et révérence que je lui porte selon mon devoir (1).

En même temps que Richer signait cette déclaration, la Faculté de théologie, à l'instigation de Richelieu, imposait à ses bacheliers le serment de ne rien écrire ni enseigner qui fût contraire à l'Écriture sainte, aux conciles œcuméniques, aux décrets des souverains pontifes, à ceux de la Faculté (2). Quelques docteurs

---

(1) *La Vie d'Edmond Richer*, p. 371 ; d'Argentré, *De nov. error.*, t. II b, p. 302. Cf. *Mémoires de Richelieu*, liv. xx, p. 137.

(2) D'Argentré, *De nov. error.*, t. II b, p. 287.

s'affligèrent, et Richer sans doute fut de ce nombre, que la formule du nouveau serment ne renfermât aucune réserve concernant les bulles qui seraient contraires aux lois du royaume et à l'indépendance des couronnes; mais la royauté se sentait assez forte pour suppléer elle-même, si jamais ses droits étaient menacés, à l'absence de cette vaine garantie. Quant à Richelieu, ce qui lui importait dans la situation où se trouvait le pays, c'était d'arrêter les divisions qui plaçaient l'Église de France sur la pente du schisme. Au reste, quand il jugea les esprits pacifiés, il se relâcha de sa rigueur et n'hésita pas à revenir sur quelques mesures que la gravité des circonstances lui avait commandées. Au mois de juillet 1631, un arrêt du conseil privé rapporta les lettres patentes qui avaient fait défense à l'Université, cinq ans auparavant, « de composer, traiter, disputer, déterminer ni résoudre aucune chose touchant l'affirmative ou la négative des propositions concernant le pouvoir et autorité souveraine de la couronne des rois de France. » Edmond Richer, alors âgé de soixante-douze ans, vécut assez pour être témoin de la joie que cet arrêt, si conforme à ses propres vœux, causa dans l'Université; environ cinq mois après, le 28 novembre 1631, il succombait aux atteintes d'une cruelle maladie, causée par la vieillesse et l'excès du travail. Baillet rapporte que, peu de mois avant sa mort, il fut attiré par son ancien antagoniste, André Duval, chez le Père Joseph, et que le perfide capucin voulut lui extorquer par des menaces de mort un nouveau désaveu de son livre sur la puissance ecclésiastique. Mais cette scène de violence, qui se trouve racontée pour la première fois dans une lettre de Morisot, n'est confirmée par aucun autre témoignage contemporain, et elle a toutes les apparences d'une fable que l'esprit de secte a propagée pour affaiblir l'effet des dernières déclarations de Richer (1).

(1) Voy. *Cl. Barth. Morisoti epistolarum centuria secunda*, Divione, 1656, in-4°, p. 16 et s.; Baillet, *la Vie d'Edmond Richer*, p. 400 et s. La lettre de Morisot a été reproduite textuellement, et les allégations qu'elle contient ont été réfutées dans l'ouvrage suivant : *le Véritable Père Josef, capucin, nommé au cardinalat, contenant l'histoire anecdote du cardinal de Richelieu*. Imprimé à Saint-Jean de Maurienne, chés Gaspard Butler, 1704, in-12, p. 277 et s.

L'année précédente, c'est-à-dire en 1630, avait eu lieu, à la suite d'assez longs débats, la conclusion d'une affaire qui touchait non pas les études et la discipline, mais les finances de l'Université, je veux dire le règlement des distributions pécuniaires et des diverses autres dépenses qui devaient être imputées sur son trésor. La question s'était élevée dès le mois d'octobre 1628, lors de l'examen du compte présenté par le receveur Daccole. Le tribunal de l'Université avait décidé qu'il serait alloué, par trimestre, cent livres d'indemnité au recteur, autant au syndic, et cinquante livres au receveur; mais comme ces conclusions n'avaient pas été délibérées dans l'assemblée particulière de chaque Faculté, la Faculté de théologie s'était opposée à ce qu'elles eussent leur effet et avait signifié son opposition par un notaire apostolique au syndic, au receveur et au greffier. Toutefois le dissentiment n'était pas tellement profond qu'il ne pût être accommodé à l'amiable; aussi nomma-t-on de part et d'autre des commissaires : du côté de la Faculté de théologie, Mes Froger et Dupuis; du côté de la Faculté des arts, Mes Padet et Aubert, qui arrêtèrent les dispositions suivantes, approuvées au mois de juin 1630 par le suffrage unanime des Facultés et des Nations (1) :

« Pour satisfaire à la conclusion de l'Université, du 9 mars 1630, les députez par la Faculté de théologie et icelle Université sont d'advis :

« En ce qui touche M. le recteur, qu'iceluy sieur recteur sera deschargé doresnavant de la despense qui se fait aux festins pour les bedeaux; et sera donné à chacun desdits bedeaux deux quarts d'escu des deniers de l'Université; et outre lesdits deux quarts d'escu, sera donné aux deux bedeaux de la Nation dudit sieur recteur, à chacun deux quarts d'escu pour leur peine de porter des affiches et billets des processions; au clerc des messagers, deux quarts d'escu; pour les chantres, organiste et sonneurs de l'église où sera la procession, sera mis ès-mains du sacristain, la somme de quatre livres. Que les bedeaux des Nations seulement

---

(1) *Arch. U.*, Reg. xxvii, fol. 141 et s.; *Partie des pièces concernant l'estat présent de l'Université*, etc., p. 19 et s.

recevront un quart d'escu chacun, à chaque élection de recteur, qui sera payé aux présents par le receveur de l'Université. Que pour soulager la despense que font MM. les recteurs lorsqu'ils entrent en charge, sera faite aux despens de l'Université une gipsière de velours avec les crespins d'or et boucles d'argent, et une fourrure, pour servir doresnavant auxdits sieurs recteurs : lesquelles estant usées, y sera pourveu par l'advis du procureur fiscal de ladite Université. Pour le receveur de l'Université, sont d'advis de ne luy adjuger les cinquante livres portées par la conclusion, attendu que ses gaiges sont augmentez et augmenteront à proportion du revenu de l'Université. Pour l'article qui touche le procureur fiscal, sont d'advis de lui assigner soixante livres chaque année pour ses gaiges. En ce qui concerne les assemblées et distributions qui se doivent faire en icelles, que chaque mois se fera assemblée de l'Université chez M. le recteur, sçavoir : le premier samedy non empesché de feste, à une heure après-midy; sinon sera différée au samedy de la sepmaine suivante; et sera distribué des deniers de l'Université à M. le recteur, deux quarts d'escu, à MM. les doyens et procureurs et à chacun des trois officiers, un quart d'escu; et ne sera faite cette distribution et autre qu'aux susdits, et aux présens seulement, et non aux absens, pour quelque cause ou prétexte d'absence que ce soit, mesme de maladie. Et néantmoins les doyens et procureurs pourront substituer quelqu'un en cas de maladie seulement; et sera obligé le receveur de l'Université de rapporter les noms des présens escripts et signez du scribe de l'Université, pour lui allouer aux comptes ce qu'il aura déboursé aux assemblées; et ne sera faite distribution à autres qu'aux susdits. Que si quelques particuliers désirent faire assembler extraordinairement pour leurs affaires, seront obligez d'en faire la despense, à proportion de la somme susdite. Qu'en toutes les assemblées qui se feront pour l'Université, ne seront faites aucunes distributions des deniers de ladite Université. Que les sieurs doyens, procureurs, choisiront chacun un adjoint de leur corps pour assister aux comptes de l'Université, et ne pourront faire choix d'autres personnes que de ceux qui auront eu quelques charges en ladite Université.

« Moyennant les choses susdites, sont d'advis que la conclusion faite le 8 octobre 1628, à laquelle la Faculté de théologie s'est opposée, et autres qui pourront avoir esté faites en suite de ladite conclusion, demeurent ainsy modifiées, et l'opposition de la dite Faculté de théologie levée.

« Sont encore d'advis, qu'aux processions celuy qui portera la croix soit revestu d'aube comme les deux novices religieux de costé et d'autre de la croix, avec chacun un chandelier d'argent et cierge; lesquels aubes, chandeliers et cierges seront fournis par les Mathurins, auxquels l'on donnera, des deniers de l'Université, ce dont on conviendra avec eux. Plus, que les Facultez et Nations seront priées d'ordonner distribution honneste de leurs deniers à ceux de leurs Facultez et Nations qui assisteront aux processions de l'Université : lesquelles distributions se feront dans l'église où la procession se rendra. »

On ne voit pas figurer dans ces articles l'indemnité trimestrielle de cent livres que la conclusion d'octobre 1628 avait attribuée au recteur; mais ses émoluments étaient accrus indirectement, puisqu'il se trouvait affranchi d'assez nombreuses dépenses que l'ancien usage laissait à sa charge.

En 1631, nous retrouvons l'Université aux prises avec les Jésuites. La lutte entre ces deux corps, à parler sincèrement, n'avait jamais cessé. A chaque progrès, à chaque nouvelle entreprise de la compagnie de Jésus, soit qu'elle tentât de fonder de nouveaux collèges, comme à Langres, ou d'élargir dans les anciens le cercle de son enseignement, comme il arriva pour la ville d'Eu (1), l'Université s'agitait, protestait et plaidait, tantôt devant le conseil privé, qui lui donnait presque toujours tort, tantôt devant le Parlement, où ses requêtes étaient accueillies avec plus de faveur.

---

(1) A Langres, nonobstant un arrêt du parlement de Paris du 28 août 1628, les Jésuites avaient réussi à fonder un collège, grâce au crédit dont ils jouissaient au conseil privé. A Eu, ils cherchaient à compléter leur enseignement classique en établissant un nouveau cours de philosophie.

Mais l'affaire qui causa dans ses rangs l'émotion la plus vive et, il faut bien le dire, la mieux justifiée, ce fut celle du collège du Mans. Malgré l'échec qu'ils avaient éprouvé en 1626, lorsqu'ils se croyaient déjà les maîtres de ce collège, les Jésuites n'avaient pas renoncé à leur projet et n'attendaient que l'occasion favorable d'en poursuivre l'exécution. En 1631, M. de Beaumanoir, évêque du Mans, qui avait une première fois traité avec eux, fut sollicité de renouer l'affaire; et en quelques semaines, après de courtes discussions sur les clauses pécuniaires, un nouveau marché fut conclu aux mêmes conditions que l'ancien. Moyennant une somme de trente-trois mille livres, qui devait servir à l'acquisition d'un hôtel pour M. de Beaumanoir et ses successeurs, le prélat fit aux Jésuites l'abandon de tous ses droits sur le collège du Mans et ses dépendances. Le contrat ayant été ratifié par le roi, deux pères de la Compagnie, assistés de M. Mangot de Villarceaux, maître des requêtes, et de quelques soldats, se présentèrent au collège dans les premiers jours du mois de novembre 1631 et sommèrent le principal et les boursiers de vider les lieux, non sans leur garantir les conditions les plus avantageuses, s'ils consentaient à se retirer de bonne grâce. Le principal refusa énergiquement et fit aussitôt connaître au recteur la visite imprévue et l'étrange sommation qu'il venait de recevoir. Si l'Université de Paris laissait succomber un seul de ses collèges, il était à craindre, et elle-même ne doutait pas, qu'elle ne vît bientôt lui échapper, par des menées semblables, tous ceux qui seraient à la convenance de ses rivaux. Elle adressa sur-le-champ une requête au roi pour le retrait des lettres patentes ratifiant la cession que M. de Beaumanoir avait consentie au mépris des statuts du collège du Mans. Elle écrivit en même temps à toutes les universités du royaume, pour réclamer leur intervention et leur appui dans cette affaire qui les intéressait toutes; enfin elle fit appel au maire et aux échevins de la ville du Mans, et au chapitre du diocèse, sans leur cacher sa ferme résolution de soutenir seule la lutte, s'ils refusaient de combattre avec elle pour la défense de leurs droits. Jean Aubert, qui s'était signalé autrefois par sa conduite résolue dans l'affaire du collège de Tournon, était, avec Pierre Padet et Charles Cagnié de la maison de Navarre, l'instigateur le plus actif de ces démarches. Les Jésuites n'étaient pas médiocrement embarrassés d'établir que leur contrat respectait l'ancienne constitution du collège du Mans et qu'il ne s'écartait pas des intentions du fondateur; mais ce qui fournissait principalement contre eux une arme redoutable, c'est que le marché paraissait entaché de simonie dans la partie qui attribuait à M. de Beaumanoir une indemnité de trente-trois mille livres. La Faculté de théologie, sur la proposition de Filesac, prit une délibération par laquelle cette clause était flétrie comme un trafic irrégulier, illicite, honteux, qui, contrairement aux saints canons et à la justice, détournait le bien des pauvres et celui de l'Église. Les mêmes accusations étaient répétées dans des libelles acerbes qui avaient pour auteurs certains maîtres de l'Université. L'un de ces pamphlets, intitulé *Jesuitica prima*, contenait des invectives si amères contre M. de Beaumanoir, que Grangier, alors recteur, en blâma la violence, au risque de se faire accuser de partialité pour les Jésuites. Ce fut aussi, selon toute apparence, à l'occasion de cette querelle qu'on réimprima le livre passionné des *Périls des derniers tems* (1), par lequel, quatre siècles auparavant, un maître séculier, Guillaume de Saint-Amour, avait combattu l'établissement des ordres mendiants, et qui pouvait fournir des armes contre les nouveaux héritiers de leurs maximes et de leurs prétentions. Les Jésuites s'efforcèrent d'apaiser l'orage en s'adressant au Saint-Siège et en lui demandant des dispenses nécessaires pour couvrir les irrégularités et les vices que leur contrat pouvait offrir. Mais l'Université se pourvut, de son côté, en cour de Rome par un acte en forme qui portait la signature d'un grand nombre de ses membres; en outre, afin de constater sa possession, elle décida que ses assemblées auraient lieu désormais au collège du Mans, où l'on transporta une partie des bancs qui garnissaient les salles des Mathurins.

---

(1) Cette édition fut saisie en vertu d'un arrêt du conseil privé du 14 juillet 1633. L'arrêt a été imprimé la même année, chez Sébastien Cramoisy, avec les bulles fulminées autrefois contre Guillaume de Saint-Amour.

Cette opiniâtre résistance, que n'avaient pas prévue les Jésuites, déconcerta tous leurs plans et les contraignit d'ajourner pour la seconde fois l'exécution du marché passé avec M. de Beaumanoir. Le collège du Mans fut provisoirement maintenu, et pendant un demi-siècle environ il continua de subsister, sans pouvoir toutefois réparer l'atteinte que les convoitises dont il était l'objet avaient portée à sa prospérité.

L'opposition était si vive contre les Jésuites, que l'Université cherchait par tous les moyens à exclure de ses charges les candidats convaincus d'avoir fréquenté, même comme simples écoliers, les maisons de la Compagnie. Lorsque le poste de grand maître du collège de Navarre fut devenu vacant en 1632 par la démission de Loppé, Pierre Frizon, savant théologien et historien, fut désigné pour lui succéder par le cardinal de la Rochefoucault, grand aumônier de France, sous l'autorité duquel le collège était placé. Mais comme Frizon avait étudié pendant quelques années chez les Jésuites, un certain nombre de boursiers protestèrent contre sa nomination, et il dut se pourvoir au conseil privé pour la faire maintenir. Son administration ne fut au reste ni très longue ni très heureuse. Ayant commis la faute, à peine entré en exercice, d'autoriser des thèses de bachelier dont la doctrine n'était pas irréprochable, ses adversaires tirèrent parti contre lui de cette imprudence. En dépit des accusations de perfidie et de mauvaise foi qu'il élevait contre eux, non sans fondement, les thèses par lui approuvées furent censurées comme renfermant des propositions ineptes, absurdes, fausses, téméraires, dangereuses, erronées et hérétiques. Il fut déclaré indigne de présider les actes de la Faculté de théologie, même ceux qui s'accomplissaient au collège de Navarre (1). La délibération prise à son sujet était si rigoureuse qu'elle le contraignit d'abandonner le poste de grand maître, qu'il résigna bientôt pour se renfermer dans les fonctions plus douces de vicaire général du grand aumônier de France. Il eut pour successeur au

---

(1) Launoy, *Regii Navarræ gymnasii Paris. Hist.*, p. 833. D'Argentré, *De nov. error.*, t. III, p. 12.

collège de Navarre Nicolas Cornet, un des maîtres de Bossuet.

Les Jésuites n'étaient pas les seuls rivaux que l'Université de Paris surveillait d'un œil jaloux. Nous avons parlé ailleurs de l'opposition qu'elle fit aux Barnabites, que sa résistance amena à une transaction par laquelle ils renonçaient à fonder et à diriger des écoles. Les Oratoriens, qu'elle avait repoussés dès qu'ils parurent, la trouvèrent plus d'une fois sur leur chemin, notamment à Angers, où ils travaillaient à faire supprimer une chaire de la Faculté de droit de cette ville avec l'espoir d'y substituer un cours de théologie dans leur propre collège. A Paris même, l'Université plaida contre le chapitre de Saint-Germain l'Auxerrois, qui contestait la possession d'une chapelle à un maître de la Faculté des arts, Jacques du Chevreul, régent de philosophie au collège d'Harcourt. Elle se disposait à combattre de même une entreprise des Carmes, qui voulaient s'emparer de l'ancien couvent des Billettes, occupé autrefois par les Hospitaliers de la Charité, et rangé au nombre des collèges, bien que nul enseignement n'y fût donné; mais les Carmes n'étaient pas des adversaires bien redoutables; aussi le mauvais vouloir qu'ils avaient éprouvé dura peu, et ils purent tranquillement donner suite à leur projet, qu'une bulle d'Urbain VIII et des lettres patentes avaient pleinement autorisé (1).

Au milieu de ces luttes d'influence, l'Université se trouva jetée dans une contestation qui touchait à l'un de ses plus précieux intérêts.

Jusqu'à la fin du seizième siècle le transport des dépêches privées avait eu lieu exclusivement par les messagers de l'Université, non pas les grands messagers qui servaient aux écoliers de tuteurs et de banquiers, mais les petits messagers, dits *messagers volants*, qui voyageaient d'une ville à une autre avec les bagages et les lettres de leurs clients. En 1576, Henri III établit des messagers royaux, dont la fonction principale était de porter les papiers de justice, et qui furent placés, pour ce motif, près les vil-

---

(1) *Arch. U.*, Reg. XXVI, p. 234 et 249; Reg. XXVII, fol. 154 et s.; fol. 159; Pièces justificatives, n° LXXV.

les où il y avait siège de bailliage, sénéchaussée ou élection (1). A peine les nouveaux offices furent-ils créés et mis en vente, que les tiers à qui le roi avait affermé les produits de l'opération voulurent contraindre les messagers jurés de l'Université à se pourvoir, à prix d'argent, d'une nomination nouvelle. Vainement ces prétentions mal justifiées avaient été repoussées dès leur naissance par une déclaration de Henri IV du 9 août 1597; elles s'étaient renouvelées en plusieurs occasions avec l'âpre et ingénieuse persévérance qui de tout temps caractérisa l'esprit de fiscalité, lorsque Louis XIII, au mois de janvier 1630, institua trois surintendants généraux des postes et relais de France et plusieurs maîtres ou courriers, à qui fut confié le service des dépêches dans tout le royaume. Les titulaires de ces emplois et leurs ayants cause, investis d'un privilège fructueux sans doute, mais chèrement acheté, ne tardèrent pas à battre en brèche les concurrences qui diminuaient leurs bénéfices. Le sieur d'Orléans, agissant au nom de M. de Nouveau, l'un des surintendants, assigna les messagers de l'Université en payement des taxes établies par les dernières ordonnances, comme s'ils eussent été munis d'offices domaniaux. L'Université opposa son antique possession, ses privilèges confirmés par tant de rois, et le préjudice irréparable que l'atteinte qu'on voulait y porter lui causerait. Ses actives démarches réussirent au delà de ses vœux, et elle eut la satisfaction d'apprendre que M. de Chivry, l'un des commissaires choisis par le roi pour veiller à l'exécution des édits sur les postes, avait déclaré à ses députés, dans les termes les plus bienveillants, que la justice de sa cause était reconnue et que tous ses droits seraient conservés. Non seulement ses suppôts furent affranchis des contributions qu'on exigeait d'eux, mais un arrêt du Parlement

---

(1) Édit du mois de novembre 1576. Au dix-huitième siècle, toutes les pièces relatives aux messageries de l'Université furent réunies à la suite du *Mémoire présenté au conseil de Sa Majesté, sur lequel le roi a ordonné l'établissement de l'instruction gratuite dans les collèges de la Faculté des arts*. Je n'ai pas eu ce mémoire sous les yeux, mais j'en possède un extrait, *Pièces concernant les Messageries de l'Université*, Paris, 1772, in-4°. Ce recueil intéressant renferme les documents essentiels cités dans les pages qui suivent.

du 13 avril 1633 leur fit défense, « sous peine de révocation, d'en acquitter aucune, à quelque titre que ce fût, si elle leur était réclamée. » Loin d'être déconcerté par cet échec, M. de Nouveau introduisit une nouvelle requête qui tendait à réduire le nombre des messagers à un seul par diocèse, dont la fonction se bornerait à transporter les lettres et paquets des écoliers. Cette fois encore, l'opposition de l'Université fit avorter les desseins formés contre elle; et même devant le conseil privé, qu'elle redoutait, elle obtint que ses anciennes attributions seraient maintenues dans toute leur plénitude. Toutefois ces attaques répétées, que le succès avait failli couronner, semblaient un avertissement dont il était sage de tenir compte. Le service des messageries était alors d'un faible rapport et ne profitait guère qu'aux procureurs des Nations, à qui le modique revenu en était attribué. Mais quelque médiocre que fût la recette, si facile d'ailleurs à élever par une meilleure gestion, l'Université n'était point assez riche pour s'en laisser dépouiller. Ses collèges, malgré d'heureuses réformes, ne prospéraient pas, et beaucoup de ses régents, réduits aux rétributions que payaient les écoliers, manquaient souvent du nécessaire pour vivre. Richelieu, qu'elle avait toujours trouvé bienveillant, lui laissait espérer une dotation annuelle de trente mille livres sur les fonds de l'État pour subvenir à son dénuement. Il est vrai que l'offre généreuse du cardinal se rattachait, dans sa pensée, à la diminution du nombre des collèges (1), qu'il voulait réduire à quatre ou à six tout au plus; mais

(1) C'est à ce projet que semblent se rattacher deux mémoires, concernant les collèges de Paris, que nous avons publiés dans nos Pièces justificatives, nos LXXXIII et LXXXIV. Bien que ces mémoires ne portent pas de date, il nous paraît difficile de ne pas en fixer la composition à l'époque où l'Université de Paris eut des relations suivies avec Richelieu au sujet de ses messageries, c'est-à-dire vers 1634. Voy. aussi l'*Advis pour le bien et la conservation de l'Université de Paris*, ouvrage posthume de Gabriel Dabes, ancien professeur de philosophie au collège de la Marche et censeur de la Nation de France. L'idée de la réduction du nombre des collèges, que nous avons déjà vue se produire en 1623, se retrouve dans un projet de *Règlement pour toutes les affaires du royaume*, qui paraît avoir été rédigé sous l'inspiration de Richelieu vers 1625, et que M. Avenel a publié (*Lettres du cardinal de Richelieu*, t. II, p. 181). Richelieu ne renonça jamais à ce projet, qu'il recommandait encore en 1641 à toute l'attention de l'Université.

cette proposition même, que l'Université avait combattue quelques années auparavant, était la preuve de sa détresse, puisque, de l'avis de ses protecteurs les plus éclairés et les plus puissants, elle ne pouvait fleurir désormais, si elle ne consentait à se mutiler. Ce fut dans ces circonstances que la pensée vint à l'esprit de quelques-uns de ses membres les plus notables qu'elle ne tirait pas le meilleur parti du revenu des messageries et que son intérêt lui conseillait de l'affecter intégralement à la rémunération des régents. Par là, en effet, elle atteignait un double but : d'un côté, elle améliorait avec ses propres ressources une situation devenue intolérable, et, de l'autre, elle sauvait les messageries en montrant de quelle importance il était pour elle d'en conserver le service et les fruits. Cette combinaison, que plusieurs évêques approuvaient, paraît avoir été mise en avant pour la première fois au mois d'octobre 1632 par Me Aubert, qui remplissait alors les fonctions de censeur. Nous voyons la même idée reparaître avec plus de développement au mois de mars et surtout au mois d'avril 1633, dans une assemblée du tribunal de la Faculté des arts qui eut lieu à Saint-Julien le Pauvre; elle fut appuyée très vivement par les Nations de France et de Picardie et par celle de Normandie, qui avait à ce moment pour procureur Pierre Padet; la Nation d'Allemagne se montra plus incertaine et réserva son vote, ce qui empêcha le recteur, Me Mabille, de prendre aucune conclusion. Mais la combinaison proposée était si évidemment la plus sage qu'elle ne pouvait pas rencontrer une sérieuse résistance. En moins de quelques mois elle eut rallié tous les suffrages, et les Nations choisirent quatre commissaires, Me Yon et Me Cagnyé, du collège de Navarre, Me Aubert et Grangier, avec pleins pouvoirs pour en assurer le succès auprès des magistrats et du cardinal de Richelieu. La décision prise par la Faculté des arts était d'autant plus opportune que dans l'intervalle les fermiers des postes n'avaient pas ralenti leurs propres démarches. Attentifs à mettre le gouvernement dans leurs intérêts, ils avaient soumis au roi un projet captieux d'après lequel ils devaient verser dans les caisses du trésor royal huit cent mille livres comme prix de leurs offices, et payer annuellement douze mille livres à l'Université pour l'abandon de ses messageries; au cas où elle n'accepterait pas cette transaction, ils demandaient qu'elle fût réduite à un seul messager par diocèse pour le service exclusif des écoliers. Ce plan, qui paraissait tout concilier, souriait à M. de Bullion, surintendant des finances, et Richelieu, sans l'approuver expressément, n'était pas éloigné d'y souscrire. Cependant il ne fallait pas beaucoup de clairvoyance à l'Université de Paris pour découvrir que ses messagers valaient mieux que la rente annuelle de douze mille livres qu'on lui proposait comme indemnité. Les Nations consultées se montrèrent unanimes à repousser des offres aussi peu avantageuses, et elles y répondirent par une contre-proposition singulièrement hardie: c'était de prendre à leur compte le service entier des postes, sous la condition de verser les huit cent mille livres promises par les traitants, et d'affecter sur les produits de l'entreprise trois mille livres à trois professeurs de théologie, de médecine et de droit canon; dix mille livres au collège qui devait remplacer celui de Calvi, réuni à la Sorbonne, et l'excédant des bénéfices aux autres collèges de la Faculté des arts. Une requête conçue dans ce sens fut présentée au roi et à son conseil dans les premiers jours du mois de novembre 1634.

En même temps l'Université passait avec un sieur Bigot un traité pour se procurer la somme énorme de huit cent mille livres qu'elle s'engageait à verser dans le trésor royal. La spéculation qu'elle allait entreprendre ne convenait guère, il faut en convenir, à une compagnie qui était vouée à l'éducation de la jeunesse, et dont la sollicitude devait appartenir tout entière, ce semble, à ce grand intérêt. Le seul fruit qu'elle pût recueillir de ses plans financiers, c'était d'inquiéter ses adversaires et de les fatiguer. Il ne paraît pas que la requête au roi ait eu aucune suite; mais la proposition plus sérieuse des fermiers des postes finit également par être écartée (1). Après que l'affaire eut occupé

(1) *Arch. U.*, Reg. XXVII, fol. 180, 172, 190, 209; Du Boulay, *De patronis IV nationum Universitatis*, Parisiis, 1662, in-8°, p. 171 et s.

le Parlement, le conseil d'État et Richelieu pendant plusieurs années, l'Université obtint, en 1641 et 1642, deux arrêts qui lui conservèrent, comme nous le verrons, la jouissance, au moins provisoire, de ses anciens privilèges.

A mesure que nous avançons dans cette histoire, nous rencontrons, encore assis sur les bancs de l'école, quelques-uns des hommes dont le génie, les vertus ou les vices devaient peser dans la balance des destinées du pays. C'est ainsi qu'en 1636, parmi les candidats qui furent admis à la licence en théologie, figure le nom du jeune abbé François-Paul de Gondy, celui qui sera un jour le cardinal de Retz. Il avait soutenu son premier acte public en 1631 au collège de Clermont. Sa thèse (1), qu'il dédia à l'archevêque de Paris, son oncle, embrasse dans une série de propositions toutes les branches de la philosophie, logique, morale, physique, psychologie, métaphysique; l'influence du péripatétisme et de la scolastique y perce à chaque ligne. Menant de front les plaisirs et le travail, les aventures galantes et l'étude, Retz passa quelques années à se préparer aux épreuves qui devaient ouvrir à ce personnage tout profane la carrière des dignités ecclésiastiques. Quand arriva le jour de sa licence en théologie, un incident imprévu rehaussa l'éclat du succès qu'il s'était promis et qui parut d'heureux augure à son ambition. Mais il faut ici le laisser parler lui-même (2) : « La licence de Sorbonne, dit-il, expira; il fut question de donner les lieux, c'est-à-dire de déclarer publiquement, au nom de tout ce corps, lesquels ont le mieux fait dans leurs actes, et cette déclaration se fait avec de grandes cérémonies. J'eus la vanité de prétendre le premier lieu, et je ne crus pas devoir le céder à l'abbé de La Mothe-Houdancourt, qui est présentement l'archevêque d'Auch, et sur lequel il est vrai que j'avois eu quelques avantages dans les disputes. M. le cardinal de Richelieu, qui faisoit l'honneur à cet abbé de le re-

---

(1) Cette thèse, que je n'ai vue citée nulle part, est la dix-septième pièce d'un recueil de la bibliothèque Mazarine, coté 5A, in-fol.

(2) *Mémoires du cardinal de Retz*, coll. Michaud et Poujoulat, p. 20. *Historiettes de Tallemant des Réaux*, t. V de la nouvelle édition donnée par M. Paulin Paris, p. 187.

connoître pour son parent, envoya en Sorbonne le grand prieur de La Porte, son oncle, pour le recommander. Je me conduisis dans cette occasion mieux qu'il n'appartenoit à mon âge; car aussitôt que je le sus, j'allai trouver M. de Raconis, évêque de Lavaur, pour le prier de dire à M. le cardinal, que comme je savois le respect que je lui devois, je m'étois désisté de ma prétention aussitôt que j'avois appris qu'il y prenoit part. M. de Lavaur me vint retrouver dès le lendemain matin, pour me dire que M. le cardinal ne prétendoit point que M. l'abbé de La Mothe eût l'obligation du lieu à ma cession, mais à son mérite, auquel on ne pouvoit le refuser. La réponse m'outra; je ne répondis que par un souris et une profonde révérence. Je suivis ma pointe et j'emportai le premier lieu de quatre-vingt-quatre-voix. M. le cardinal de Richelieu s'emporta jusqu'à la puérilité; il menaça les députez de la Sorbonne de raser ce qu'il avoit commencé d'y bâtir, et il fit mon éloge tout de nouveau avec une aigreur incroyable. » Ainsi s'exprime le cardinal de Retz dans ses *Mémoires*. Chez le jeune étudiant de Sorbonne, si résolu, si présomptueux, si téméraire, qui ose contredire un ministre puissant et redouté, ne devine-t-on pas le prélat audacieux dont l'ambition et la turbulence agiteront stérilement la minorité de Louis XIV?

Vers l'époque où Richelieu sollicitait vainement la Sorbonne en faveur de M. de la Mothe, il était assiégé par les plus graves préoccupations. Les Espagnols avaient envahi la Picardie : la Cappelle et le Catelet étaient tombés en leur pouvoir; la Somme était franchie, l'armée française rejetée sur l'Oise ou dispersée dans les places fortes, Paris menacé. En ce péril imminent, l'Université se signala par son empressement patriotique à répondre à l'appel du roi, qui réclamait l'assistance des cours de justice, des sept corps de métiers, des communautés religieuses, des collèges et de tous les bons citoyens (1).

Le 7 août 1636, sur la convocation du recteur Mareschaulx, les Facultés et les Nations s'assemblèrent au collège du cardinal Le-

---

(1) *Mémoires de Richelieu*, coll. Michaud et Poujoulat, p. 70.

moine, en plus grand nombre que de coutume. Mᵉ Castillan, syndic de la Faculté de théologie, prononça en français une courte allocution dans laquelle il exhortait ses collègues au nom de l'honneur et de l'intérêt du corps, à donner au roi un témoignage éclatant de leur dévouement. « Si vous voulez sauver, leur dit-il, les débris de l'Université, acquérir des droits à la faveur du prince, vous montrer plus dignes que les fermiers généraux de conserver le patrimoine que vous ont légué vos pères; pour tout dire, si vous voulez vivre, n'hésitez pas, volez à la défense de la patrie. Pour accorder les secours nécessaires, attendrez-vous qu'ils vous soient demandés? Connaissez mieux le caractère du roi; ce qu'on lui donne volontairement lui semble un bienfait; ce qu'il n'obtient que par des prières, une injure... » Émus par ces vives paroles, que le procureur de la Nation d'Allemagne a conservées, mais qu'il a eu la malencontreuse idée de nous donner en latin (1), tous les ordres conclurent qu'il fallait équiper deux cents hommes et aller sur-le-champ les annoncer et les offrir au roi. L'assemblée, précédée de bedeaux et ayant à sa tête le recteur avec des vêtements de pourpre, se rendit en conséquence au Louvre, où elle fut reçue par Louis XIII comme il entrait au conseil. Le recteur le salua, en lui adressant ces paroles : « Sire, votre Université, le plus pauvre de tous les corps de votre ville de Paris, mais le plus riche en affection, vient offrir à Votre Majesté sa vie et ses biens. Elle vous supplie d'avoir pour agréable deux cents hommes de pied, qu'elle promet d'entretenir, en attendant que ses corps avec les particuliers aient avisé ce qu'ils pourront faire davantage pour les nécessités de l'État et de votre service. » Le roi répondit d'un air joyeux et affable : « Je vous remercie de votre affection; j'ai toujours reconnu votre bonne volonté envers la conservation de l'État et de ma personne; je m'en souviendrai en temps et lieu. » Puis il ajouta : « J'ai besoin d'hommes; vous avez en vos collèges de grands écoliers qui n'ont pas tant d'inclination pour l'étude : envoyez-les-moi pour me servir. » Le recteur en donna l'assurance,

_____

(1) *Arch. U.*, Reg. XXVI, fol. 267.

et pria le roi de désigner quelques notables de sa maison pour l'accompagner dans la visite qui allait être faite à ce sujet dans les différents collèges. Le roi indiqua le baron de Niéré, qui se rendit bientôt chez M⁰ Mareschaulx, accompagné d'un officier du palais, d'un cornette, et d'un greffier pour écrire les noms de ceux qui voudraient s'enrôler. Le lendemain fut affiché dans Paris le mandement suivant, dont lecture fut donnée par le petit bedeau de France et le grand bedeau d'Allemagne dans toutes les écoles de l'Université : « De par M. le recteur de l'Université. On fait à sçavoir que tous les écoliers qui voudront servir le roi en ses armées, outre leur solde, seront receus gratuitement au degré de maltrise ès arts en la dite Université, en rapportant bons et valables certificats de leurs services; à la charge de bailler leurs noms dans demain, 9 de ce mois, audit sieur recteur, au collège du cardinal le Moine, où il est demeurant. Fait audit collège le 8 août 1636. *Signé*, MARESCHAULX, recteur. »

Il ne faudrait pas croire que l'Université se soit bornée à de stériles promesses. Sa fidélité à tenir les engagements qu'elle avait pris envers le roi est attestée par une quittance que nous avons sous les yeux, et qui est ainsi conçue : « Je receu de MM. de l'Université de Paris, la somme de neuf mille deux cent vingt-une livres qu'ils ont mise entre mes mains pour icelle employer au payement des gens de guerre à pied, François, qui se lèvent pour le service de Sa Majesté, à savoir six mille huit cent vingt-une livres pour la levée et solde de deux mois, compris l'état-major, de deux cents hommes de pied, et deux mille quatre cents livres pour l'armement d'iceux, que les sieurs de l'Université ont volontairement offert à Sa Majesté, dont je quitte iceux. Faict à Paris ce 12 août 1636. *Signé*, SAINCTOT. » En tout, neuf mille deux cent vingt-une livres; voilà une offrande qui nous paraîtrait aujourd'hui bien modique, surtout venant d'un grand corps; mais si nous songeons à la pauvreté traditionnelle de l'Université de Paris, nous serons mieux disposés à reconnaître l'élan généreux qui inspirait à son dénuement un pareil sacrifice.

En regard de ces scènes épisodiques, dont il faut garder précieusement le souvenir, parce qu'elles honorent l'Université de Paris, nous devons indiquer les nouvelles mesures qui furent ordonnées dans l'intérêt de la discipline scolaire et des études. Des abus fréquents et graves se commettaient dans les examens, soit que les candidats autorisés à les subir n'eussent pas accompli le temps d'études exigé par les règlements, soit qu'ils eussent à répondre à des juges négligents et faibles, qui les acceptaient sans avoir vérifié sérieusement leur instruction. Il n'y avait qu'un cri dans la Faculté des arts contre la Faculté de droit, dont plusieurs gradués avaient été convaincus de ne pouvoir expliquer trois mots de latin. Cependant ces gradués ignorants et incapables jouissaient des mêmes avantages que ceux des autres Facultés et pouvaient prétendre comme eux aux bénéfices ecclésiastiques. Souvent même il était arrivé que, n'ayant pas assisté aux cours des professeurs, comme ils y étaient tenus, n'habitant pas même Paris, ils avaient chargé des tiers, lors de l'ouverture du rôle, de solliciter en leur nom des lettres de nomination. Il parut urgent d'opposer une digue à ce désordre, qui avait de sérieuses conséquences dans une société où les grades académiques avaient plus de valeur qu'ils n'en ont conservé de nos jours. On commença par décider que les candidats qui devaient être examinés par la Faculté de droit présenteraient leurs thèses au recteur et lui feraient connaître à l'avance le jour de l'examen (1). Par une autre délibération, il fut déclaré que nul ne pourrait obtenir des lettres de nomination aux bénéfices s'il ne justifiait avoir étudié à Paris le nombre d'années voulu, et s'il ne se présentait en personne, à moins de motif plausible d'absence. La Faculté de droit contesta cette délibération, plutôt par esprit de corps et par vanité que par intérêt, mais son opposition n'eut aucune suite. Comme ces différentes mesures ne s'étendaient pas à la maîtrise ès arts, qui avait souvent donné lieu à des abus, on fit un règlement qui imposait aux professeurs de philosophie l'obligation d'envoyer deux fois l'an au recteur la liste de leurs élèves, signée du principal.

---

(1) *Moyens et raisons des demandes de l'Université de Paris sur l'état de la Faculté de droit*, 1653, in-4°, p. 6.

Le recteur ne devait accorder de lettres testimoniales qu'aux écoliers dont les noms figuraient sur cette liste. Les candidats étaient tenus en outre de représenter leurs cahiers de philosophie, écrits de leur main, à moins d'une dispense expresse qui devait être demandée à la Faculté des arts (1). L'exécution de ces règlements fut moins sévère qu'on n'aurait pu le prévoir. Dès l'année suivante, un prêtre du diocèse d'Amiens, nommé Ant. Bullen, obtint son inscription au rôle des bénéfices; cependant il ne représentait pas ses cahiers de philosophie; il n'était pas porté sur la liste dressée par M° Pourcel, principal du collège du cardinal Lemoine, dont il prétendait avoir suivi les leçons, et sa présence dans la classe, bien qu'attestée par quelques personnes, était contredite par d'autres. Ajoutons qu'en cette matière, comme en beaucoup d'autres, la noblesse avait ses privilèges, devant lesquels fléchissait la rigueur des lois académiques. Ce fut ainsi qu'en 1637 un candidat de noble naissance, Charles Chastaignier de la Roche-Posay, fut admis à se présenter directement aux examens devant la Faculté des arts, sans avoir satisfait à aucune condition de scolarité (2).

Indépendamment de ces règlements généraux, il y eut des dispositions particulières prises pour corriger les abus et aplanir les difficultés qui s'étaient produites dans certains collèges, notamment à Navarre, où M° Yon, le principal des Artiens, c'est-à-dire des écoliers qui suivaient les classes d'humanités et de philosophie, refusait de reconnaître l'autorité du grand maître. M° Nicolas Cornet, qui avait, comme nous l'avons dit plus haut, remplacé Pierre Frizon dans cette charge importante, porta plainte au conseil privé, lequel chargea le cardinal de la Rochefoucauld et MM. Lezeau et Barillon, maîtres des requêtes, de juger le différend. Sur le rapport de ces trois commissaires, intervint le 14 juillet 1637 une sentence du conseil qui accordait satisfaction pleine et entière à Cornet; car il y était ordonné que les principaux, lors de leur réception, feraient serment de porter honneur et référence au grand maître et de lui obéir en toutes

---

(1) *Arch. U.*, Reg. xxvii, fol. 241 et s.; Pièces justificatives, n° LXXXVI.
(2) *Arch. U.*, Reg. 242, 273.

choses licites et honnêtes; que le grand maître, en cas de faute de leur part, pourrait leur adresser des avertissements et même des réprimandes, soit en particulier, soit en public; qu'il présiderait les assemblées de la communauté; qu'il déciderait en dernier ressort quels étaient ceux des élèves qui pouvaient passer de rhétorique en philosophie; que les jeux de hasard seraient sévèrement défendus; que les principaux et les régents maintiendraient une exacte discipline dans les classes (1).

Ce règlement, comme tous ceux que nous avons rencontrés jusqu'ici, ne touche que des points de pure discipline scolaire; une mesure plus grave, c'est celle qui fut adoptée en mars 1638 pour écarter des grades les candidats qui ne feraient pas profession de catholicisme. Le recteur, Mᵉ René Robeville, avait été informé que la Faculté de médecine était sur le point de conférer le bonnet de docteur à un candidat de la religion réformée qui se nommait Brunier, et qui n'était pas sans crédit, car il était fils du premier médecin du duc d'Orléans, et le prince s'intéressait vivement en sa faveur. Robeville fit part de cette nouvelle à l'assemblée de l'Université, qui, s'appuyant sur l'édit de Henri III du mois de mars 1587, protesta aussitôt, de la manière la plus expresse, que les hérétiques devaient être exclus de son sein; elle voulut que cette délibération fût notifiée au doyen de la Faculté de médecine et à la Faculté tout entière, et, malgré les appuis dont le sieur Brunier pouvait se prévaloir, la Faculté se garda de contrevenir à cette décision, qui confirmait l'ancienne loi des écoles de Paris (2). Organisée, sinon établie par les papes, et rattachée à l'Église par les liens les plus divers, comment l'Université aurait-elle pu abaisser la barrière qui la protégeait contre l'hérésie? Loin de là, elle attachait d'autant plus de prix à faire acte de catholicisme que les partisans trop absolus de la suprématie pontificale lui avaient quelquefois reproché de nourrir un penchant secret pour les doctrines de la réforme. En résistant avec énergie au protestan-

---

(1) Pièces justificatives, n° LXXXV.
(2) *Arch. U.*, Reg. XXVII, fol. 253; Reg. de la Faculté de médecine, t. XIII, fol. 44; Pièces justificatives, n° LXXXVII.

tisme, elle répondait à ce reproche d'une manière victorieuse et se donnait le droit de continuer la lutte qu'elle avait constamment soutenue, au nom des traditions de l'Église de France, contre les maximes extrêmes.

Cependant la main de Richelieu ne cessait pas d'imprimer la direction la plus féconde à tous les éléments de puissance et de grandeur que la société française renfermait dans son sein. Tandis qu'au dedans la prise de la Rochelle étouffait le dernier foyer des discordes civiles et qu'au dehors l'ambition de la maison d'Autriche était contenue et abaissée par une politique aussi savante qu'opiniâtre, la protection de l'infatigable ministre encourageait l'essor du génie national dans toutes les voies qui s'ouvrent à l'activité de l'homme. L'Académie française était instituée pour travailler à « l'ornement, embellissement et augmentation de la langue. » Le médecin de Louis XIII, Guy Labrosse, créait le Jardin botanique, cette première ébauche du Muséum d'histoire naturelle. Étienne Godefroy et Pierre Dupuy mettaient de l'ordre dans le trésor des chartes et en dressaient le premier inventaire détaillé. La Bibliothèque du roi s'enrichissait par d'importantes acquisitions qui portèrent à plus de seize mille le nombre de ses livres imprimés et de ses manuscrits. En attendant que l'Imprimerie royale fût fondée, les poinçons des caractères orientaux, rapportés de Constantinople par Savary de Brèves, ambassadeur de France en Turquie, venaient s'ajouter à la belle collection de types grecs que le gouvernement possédait. Les écrivains et les artistes les plus renommés obtenaient des pensions de quatre cents, de six cents, de neuf cents et de douze cents livres; plusieurs d'entre eux étaient logés au Louvre. Jamais les talents n'avaient été environnés de plus de faveur; jamais aussi, même sous François Ier et Henri II, ils n'avaient jeté plus d'éclat. Sans parler de Malherbe, mort en 1628, comptez les noms célèbres dans les lettres et dans les arts qui ont surgi sous l'administration de Richelieu : Pierre Corneille, la gloire la plus éclatante de notre théâtre; Balzac et Voiture, qui, sans égaler encore la belle prose du milieu du dix-septième siècle, la font déjà pressentir; Chapelain, Mairet, Scudéry, Ménage et les beaux esprits qui composaient la société de l'hôtel de Rambouillet ; André Duchesne, surnommé le père de l'histoire ; les sculpteurs Jacques Sarrazin et François Anguier, et le plus grand peintre que la France ait produit, Nicolas Poussin. Tandis que la merveille du *Cid* enchantait Paris et la France entière, René Descartes, après dix-sept ans de méditations solitaires, faisait paraître son *Discours sur la Méthode*, qui, bientôt suivi des *Méditations métaphysiques*, allait renouveler la philosophie dans sa forme et dans son fond. Enfin, loin des bruits du monde et de l'influence des cours, les murs de Port-Royal voyaient se former cette pieuse, savante et indocile société, tout imbue des doctrines de Jansénius et de l'abbé de Saint-Cyran, qui par la plume de Pascal et d'Arnaud, de Sacy et de Nicole, devait exercer sur les lettres, sur l'enseignement et sur la théologie une si profonde influence. Toutefois déjà l'esprit d'austérité qu'elle affichait était suspect à Richelieu, et, une année avant que l'*Augustinus* de l'évêque d'Ypres eût paru, l'abbé de Saint-Cyran expiait au donjon de Vincennes le péril que ses maximes outrées faisaient courir à la paix de l'Église.

L'Université de Paris assistait à ce mouvement des esprits sans y participer d'une manière active. Si l'on excepte Edmond Richer, elle ne possède à cette époque aucun nom qui ait marqué par des œuvres dignes de souvenir. Même dans les travaux de pure érudition, qui paraissaient mieux appropriés à son genre d'études, qui peut-elle opposer au P. Sirmond, au P. Pétau et au P. Labbe, de la compagnie de Jésus, ou au P. d'Achery, de l'ordre de Saint-Benoît ? Les travaux les plus importants qu'elle ait produits sont, avec la *Gallia purpurata* de Pierre Frizon, quelques éditions des classiques et des Pères de l'Église ; nous citerons, entre autres, la belle édition grecque et latine des œuvres d'Aristote, que donna Guillaume Duval ; celle de saint Cyrille, par Jean Aubert ; celle d'Hippocrate et Galien, à laquelle René Chartier, docteur régent de la Faculté de médecine et professeur au Collège royal, dépensa tout son patrimoine. La plupart des maîtres qui ont occupé avec le plus de succès les chaires des différents collèges pendant la première moitié du dix-septième siècle, comme Valens, Ruault,

Grangier et Padet, ont seulement laissé quelques discours d'apparat, quelques pièces de vers de circonstance, qui ne pouvaient contribuer à la gloire des lettres ni au progrès des études, et qui, en dehors des écoles, n'ont eu aucun retentissement. Gardons-nous d'en faire un reproche à la mémoire de ces hommes dévoués. Ils ont subi la destinée commune à la plupart de ceux qui se consacrent à l'éducation de la jeunesse; les laborieuses fonctions qu'ils remplissent absorbent pour ainsi dire toutes les facultés de leur nature, et leur laissent trop rarement le loisir de s'adonner à des travaux moins obscurs et plus attrayants, qui eussent servi peut-être à honorer leur nom et leur pays.

Nous poursuivons l'esquisse des événements qui, à cette époque, intéressent l'Université ou dans lesquels elle eut à intervenir. Au mois de mars 1638 parurent des lettres patentes ordonnant l'union des collèges de Boncourt et de Tournay au collège de Navarre, que le roi voulait agrandir afin d'y fonder une communauté de théologiens à l'imitation de celle de Sorbonne (1). Le collège de Boncourt et celui de Tournay, jadis florissants, étaient alors bien déchus; le premier n'avait ni régent de rhétorique ni régent de philosophie; dans le second, l'exercice des classes était entièrement suspendu; dans tous les deux, une partie des salles avait été convertie en boutiques et en logements qui étaient loués à des menuisiers, maçons, armuriers et autres industriels. L'Université avait tout intérêt à voir disparaître de semblables établissements, qui étaient pour elle un sujet de reproche plutôt qu'une force. Le principal de Boncourt, M⁰ Galland, fit l'abandon amiable de ses droits, moyennant la promesse d'une pension viagère de sept cents livres et d'une habitation pour lui dans son ancien collège; mais le principal de Tournay, M⁰ Alexandre, se montra plus récalcitrant et soutint contre le grand-maître de Navarre un procès

---

(1) Tous les actes relatifs à l'union des collèges de Boncourt et de Tournay au collège de Navarre ont été publiés par Launoy dans l'histoire qu'il a donnée de ce collège, *Regii Navarræ gymnasii Parisiensis historia*, in-4°, p. 1067 et s. Un des résultats de cette union fut la suppression de la rue Clopin, qui allait de la rue de la Montagne Sainte-Geneviève à la rue d'Arras, en séparant le collège de Boncourt et le collège de Navarre.

qui ne dura pas moins de seize ans, au bout desquels il fut évincé.

Au mois de novembre 1638, la reine mère, Anne d'Autriche, après vingt-trois années de stérilité, mit au monde un fils qui devait être Louis XIV. Les contemporains sont unanimes pour attester l'enthousiasme que cette nouvelle causa dans toute la France. « Jamais, dit Grotius (1), qui représentait à ce moment la cour de Suède près le gouvernement de Louis XIII, jamais aucun peuple, dans aucune occasion, ne témoigna une allégresse plus vive. C'est une grande et sûre preuve de l'amour des peuples pour un roi quand ils accueillent avec de pareils transports l'espoir d'être gouvernés par sa postérité. » Le recteur, accompagné du cortège le plus nombreux, se rendit à l'église Saint-Eustache pour remercier Dieu. La messe d'actions de grâces, chantée par le curé de la paroisse, M° Tonnelier, docteur en théologie de la maison de Sorbonne, fut suivie d'un sermon de M° Loisel, curé de Saint-Jean en Grève, qui avait choisi pour texte ces paroles du prophète Isaïe : *Gaudium et lætitia invenietur in ea.* Quintaine, le greffier de l'Université, a soin de remarquer qu'elle avait pris à sa charge tous les frais de la cérémonie (2).

Par ces pieuses démonstrations de fidélité monarchique, l'Université de Paris attestait, non sans profit pour elle, les liens qui l'attachaient au souverain et à la patrie. Entourée de rivaux opiniâtres, puissants et habiles, elle sentait de jour en jour combien la protection du prince lui était nécessaire. En cette même année 1638, les Jésuites venaient d'être appelés à Senlis, par l'évêque et une partie des habitants, pour y enseigner les belles-lettres. Situé à une faible distance de Paris, le nouvel établissement semblait destiné à faire aux collèges de l'Université une concurrence d'autant plus redoutable qu'il devait donner l'instruction gratuite. Néanmoins le roi avait accordé à la compagnie de Jésus des lettres patentes que le bailliage de Senlis, après quelque hésitation, ve-

---

(1) Cité par Bazin, *Histoire de Louis XIII*, deuxième édit., Paris, 1846, in-12, t. II, p. 492. Voy. aussi les *Mémoires de Matthieu Molé*, t. II, p. 420 et s.

(2) *Partie des pièces qui concernent l'estat présent de l'Université*, etc., rec. 14e, p. 71.

nait d'enregistrer en vertu d'un arrêt du conseil d'État (1). L'Université de Paris forma opposition, en se fondant sur le préjudice qu'elle allait éprouver; elle ajoutait que la majorité des habitants de Senlis repoussait les Jésuites et que ceux-ci trompaient le roi en se prévalant d'adhésions qu'ils n'avaient pas obtenues. L'espoir du recteur et de son conseil était d'intéresser Richelieu à leur cause; mais le cardinal, qui vit plusieurs fois les députés de l'Université et qui reçut d'elle plusieurs requêtes, se renferma dans de vagues assurances de dévouement, sans cacher que le roi se montrait prévenu en faveur de la compagnie de Jésus et qu'il serait difficile de le ramener (2). L'affaire demeura en suspens plus de deux ans, car nous la voyons s'engager dans les premiers mois de 1638, et à la fin de 1639 la contestation durait encore. Après des alternatives de succès et de revers, l'Université resta enfin maîtresse du terrain; son mécontentement et ses protestations triomphèrent du mauvais vouloir de Louis XIII et du crédit des Jésuites. Mais ceux-ci n'abandonnèrent Senlis que pour se rejeter sur une autre proie. A Paris, leur collège de Clermont était contigu à celui de Marmoutiers, fondation du quatorzième siècle appartenant à l'ordre de Saint-Benoît, qui avait cessé d'y envoyer des sujets depuis la grande réforme opérée dans la congrégation de Saint-Maur. Les Jésuites jugèrent l'occasion favorable pour s'agrandir, en devenant eux-mêmes possesseurs de cette maison pour ainsi dire abandonnée, et ils traitèrent de l'acquisition avec les Bénédictins, qui consentirent facilement. En vain l'Université fit entendre les plaintes les plus vives et conjura Richelieu de ne pas permettre ce nouvel empiétement de ses rivaux. Le cardinal joignait à tous ses autres titres celui d'abbé de Marmoutiers, et ce n'était pas sans son agrément que le traité passé avec les Jésuites avait été conclu. Il s'en expliqua très nettement avec les députés de la Faculté de théologie, qu'il rassura toutefois contre les projets attribués à la compagnie de Jésus sur différents collèges voisins

(1) Lettres patentes du mois de mars 1638, et arrêts du conseil privé du 20 avril de la même année et du 15 décembre 1639.

(2) *Arch. U.*, Reg. xxvi, p. 288 et s.; Reg. xxvii, fol. 260, 261, 263.

de celui de Clermont, notamment sur le collège du Plessis. Mais Richelieu répéta ce qu'il avait si souvent exprimé, c'est que l'Université avait trop de collèges, et que leur nombre devait être réduit à six, à choisir entre les plus florissants ; moyennant quoi, il ne refuserait pas d'accorder à l'Université un subside annuel de vingt mille livres (1). Cette fois encore, ce projet ou plutôt ce conseil, dont l'exécution présentait de si sérieuses difficultés, trouva peu d'écho dans les rangs de ceux auxquels il s'adressait ; et, malgré sa profonde déférence pour les avis du puissant cardinal, l'Université ne consentit pas à faire le sacrifice d'un seul de ses collèges. Elle ne se désista même pas tout d'abord de ses prétentions sur celui de Marmoutiers, quoiqu'il fût devenu la propriété des Jésuites en vertu de contrats ratifiés par le conseil privé ; car, au mois d'avril 1643, le recteur, Louis de Saint-Amour, accompagné d'un commissaire au Châtelet, fit dans ce collège une descente à la suite de laquelle s'engagea une instance judiciaire pour l'annulation de la vente faite à la compagnie de Jésus (2). Mais ce nouveau débat, porté d'abord devant le Parlement et presque aussitôt évoqué au conseil privé, fut tranché par un arrêt qui confirma la possession des Jésuites.

La suppression du collège de Marmoutiers, le projet même d'établissement des Jésuites dans la ville de Senlis, affectaient moins les intérêts et le crédit de l'Université, quoi qu'elle pût prétendre, que certaines autres affaires qui vers la même époque excitaient sa sollicitude.

Depuis qu'elle avait recouvré les six arpents du Pré-aux-Clercs jadis vendus à la reine de Navarre, il avait été plusieurs fois question d'aliéner cette vaste propriété, dont le revenu annuel était fort au-dessous de sa véritable valeur. La Faculté de

---

(1) *Arch. U.*, Reg. XXVII, fol. 293 et 294.
(2) Voy. l'écrit intitulé : *Visite faite par le recteur de l'Université de Paris, assisté de M° Michel Charles, commissaire au Chastelet, le 8 avril 1643, par laquelle se voyent les profanations et ruptures d'autels faictes en l'église du college de Mair-Moutier, ainsi que les désordres qui sont en iceluy college depuis qu'il a esté usurpé par les soy disants Pères Jésuites*, Paris, 1643, in-12 ; Pièces justificatives, n° XCII et XCIII.

théologie et la Nation d'Allemagne se montraient peu favorables à ce projet, qu'elles trouvaient tout au moins prématuré; mais les autres compagnies faisaient observer que le Pré-aux-Clercs rapportait peu, qu'il était l'objet de beaucoup de convoitises, que les fermiers généraux cherchaient à s'en emparer sous prétexte d'utilité publique, et que la prudence commandait de prévenir une expropriation à vil prix par une vente dans des conditions qui seraient librement débattues. Les avocats de l'Université confirmaient cet avis, sous la réserve que la vente ne fût pas annoncée par des affiches, et qu'elle n'eût pas lieu en bloc, mais par lots. La Faculté de théologie et la Nation d'Allemagne ayant retiré leur opposition, l'aliénation fut décidée sur la fin de 1637, dans une assemblée à laquelle assistaient les procureurs et leurs adjoints, les quatre doyens et plusieurs docteurs en théologie. Quatre bourgeois de Paris, les sieurs Perrot, Compant, de Sainctot et Lejeune, furent adjoints aux avocats de l'Université pour aviser aux voies et moyens, et pour régler les conditions qui seraient imposées aux acquéreurs. On tomba d'accord d'ouvrir une rue qui ferait suite à la rue Jacob et qui traverserait le Pré dans toute sa longueur, parallèlement à la Seine, en coupant les rues du Bac et des Saints-Pères : c'est la rue qui s'est appelée dès lors et qui s'appelle encore aujourd'hui rue de l'Université. Les aliénations commencèrent en 1639; elles comprirent les terrains situés rue des Saints-Pères et sur le côté méridional de la rue nouvellement ouverte jusqu'à l'angle de la rue du Bac, où l'Université se réservait de bâtir un hôtel pour elle-même. Les terrains du côté opposé, étant l'objet de nouvelles contestations avec les ayants cause de la reine de Navarre, ne furent pas mis en vente. Une clause essentielle de tous les marchés, c'était que les terrains vendus ne pourraient être cédés en totalité ou en partie par les acquéreurs à aucunes gens de mainmorte. Les premiers actes furent passés avec MM. Tanneguy-Séguier, président au Parlement; Tambonneau, président à la chambre des comptes; Jean de Bérulle, conseiller d'État; Jean Lecoq, Pierre Pithou, Charles de Bérulle et Thomas de Bragelonne, conseillers de la cour; Lhuillier et Leschassier, maîtres des comptes, Bailly de Berchère, trésorier général de France à Châlons, et Levasseur, receveur général des finances à Paris. Le prix avait été fixé à une livre de rente rachetable au denier vingt, soit vingt livres par toise, indépendamment du cens annuel que l'Université devait percevoir, en signe de sa seigneurie. Les contrats étaient déjà dressés, quand la Faculté de médecine demanda, par l'organe de son doyen, qu'un emplacement lui fût abandonné pour y établir un jardin médical. Sur le refus des autres compagnies, elle protesta contre les ventes effectuées et faillit en compromettre un moment le succès par cette opposition tardive, que du moins elle eut la sagesse de ne pas maintenir. Les lots étaient vivement disputés, et, pour obtenir la préférence, les compétiteurs avaient recours aux plus hautes protections. Quintaine nous a conservé une lettre qui a été imprimée par Du Boulay et dans laquelle le duc d'Orléans recommande au recteur Mme la marquise de Saint-Georges, gouvernante de Mademoiselle, qui cherchait depuis plusieurs années à traiter pour une portion de terrain (1). Cette recommandation n'avait pas été sans effet; car Mme de Saint-Georges figure dans une délibération de l'Université, du 3 octobre 1639, comme cessionnaire d'un emplacement de vingt toises; toutefois, peu de jours après, par des circonstances que nous ignorons, le marché, qui n'était pas définitif, fut rompu, et au nom de Mme de Saint-Georges fut substitué celui d'un autre acquéreur, qui faisait partie, comme elle, de la maison du duc d'Orléans, le baron de Vaugelas, le célèbre auteur des *Remarques sur la langue françoise*. Ce ne fut pas sans peine que l'Université conserva le revenu d'environ sept mille livres qu'elle s'était procuré par ses transactions. Les moines de l'abbaye de Saint-Germain, qui n'avaient pas entièrement renoncé à d'antiques prétentions sur le Pré-aux-Clercs, soutinrent que l'Université n'avait pas le droit de l'aliéner; et quand les constructions élevées sur les terrains qui avaient été vendus furent achevées, ils opérè-

---

(1) Du Boulay, *Mém. histor. sur le Pré-aux-Clercs*, p. 317. Sur Mme de Saint-Georges, voy. les premières pages des mémoires de Mlle de Montpensier, dans la *Collection des mémoires sur l'histoire de France* de MM. Michaud et Poujoulat.

rent la saisie des rentes entre les mains des acquéreurs. Heureusement leurs démarches n'eurent aucun succès, et au conseil privé, devant lequel l'affaire avait été portée, l'Université obtint, en 1645 et en 1646, deux arrêts qui la maintenaient dans la paisible jouissance de ses droits.

Un sujet de préoccupations non moins vives pour l'Université que son domaine du Pré-aux-Clercs, c'étaient ses messageries, défendues par elle avec persévérance, mais toujours attaquées par les fermiers des postes. Les différentes Nations s'étaient montrées fidèles à l'engagement qu'elles avaient pris d'affecter cette partie de leur revenu au salaire des régents. En 1639, malgré les dettes nombreuses de la Nation de France et en dépit de l'opposition de Grangier, qui conseillait de payer ce qu'on devait avant de rien distribuer, le Parlement avait ordonné qu'on prélevât sur les produits des grandes et petites messageries de la Nation une somme de trois mille livres pour être répartie entre ses professeurs. Ceux-là seulement devaient participer à cette libéralité qui étaient inscrits en qualité de maîtres ès arts sur les registres, qui enseignaient dans un collège bien famé, et qui comptaient deux années d'exercice comme régents de philosophie, ou une année comme régents d'humanités ou de rhétorique (1). Mais ce bon emploi du revenu que les anciens privilèges de l'Université lui permettaient de se procurer n'avait pas modifié les dispositions malveillantes des fermiers. Ceux-ci, loin de renoncer à aucune de leurs anciennes prétentions, en élevaient fréquemment de nouvelles, et compliquaient par mille réclamations incidentes une procédure déjà très embarrassée. Comme ils jouissaient de beaucoup de crédit à la cour, ils avaient obtenu, dans cette lutte judiciaire, des avantages partiels qui semblaient présager le succès définitif de leurs demandes les plus excessives. Ainsi, le 12 décembre 1640, le conseil privé rendit un arrêt qui faisait défense aux messagers de la Faculté des arts « de servir en l'exercice de leurs charges autres personnes que les maistres et escoliiers, et

---

(1) Du Boulay, *De patronis IV Nationum*, p. 171 et s.

tenir aucuns bureaux. » L'Université crut d'abord sa cause perdue, et elle éprouva une amère douleur, dont les procès-verbaux de ses assemblées ont conservé la trace. Mais la réflexion lui fit reconnaître que son échec n'était pas irréparable ; que l'arrêt du conseil, ayant été obtenu sur simple requête, pouvait être attaqué ; et qu'enfin, moyennant une indemnité en argent, calculée de manière à ne pas grever l'avenir, elle parviendrait peut-être à désintéresser ses adversaires. Le recteur, M. Le Bourg, de la Nation de Normandie, convoqua au collège d'Harcourt tous les messagers, leur exposa la situation et détermina, séance tenante, la nomination de cinq commissaires munis de pleins pouvoirs pour taxer chacun d'eux et se procurer ainsi les moyens pécuniaires d'arriver à une transaction. L'affaire n'en suivit pas moins son cours au conseil privé, devant lequel elle fut plaidée le 7 février 1641, par Martinet pour les fermiers, et par Defita pour l'Université. Le recteur lui-même prit la parole ; et son discours élégant, mesuré et ferme, s'il faut en croire le procureur de la Nation d'Allemagne, fit l'admiration de tous ceux qui l'entendirent (1). Le conseil ajourna sa décision, sans doute afin de laisser le temps aux parties d'entrer en accommodement. Après d'assez longues négociations, quarante mille livres furent payées au fermier des postes, qui se désista de son opposition à la requête présentée par l'Université. Alors intervint, sous la date du 14 décembre, un arrêt souvent invoqué en cette matière, et dont le dispositif était conçu dans les termes suivants :

« Le roi, en son Conseil, sans s'arrêter aux arrêts du Conseil du 12 décembre 1640, a maintenu et gardé, maintient et garde les petits messagers ordinaires de la dite Université en la possession de faire voyages en leurs jours ordinaires, comme ils ont toujours fait par le passé concurremment avec les messagers pourvus par Sa Majesté ; et de porter lettres, hardes, paquets, or, argent, et autres choses pour toutes sortes de personnes ; et de faire la conduite de ceux qui se présenteront à eux, sans aucune dis-

---

(1) *Arch. U.*, Reg. xxvi, fol. 305 et 306 ; Reg. xxvii, fol. 292 verso.

tinction; leur fournir chevaux et vivres, et faire toutes autres fonctions et exercices de messageries; et à cette fin, pourront tenir bureaux en cette ville de Paris et en celles de leur établissement, ainsi qu'ils ont fait par le passé; et fait défense audit Drapier, Boyer, et tous autres, de les y troubler. A ordonné et ordonne Sadite Majesté, que tous les deniers qui proviendront du revenu desdites messageries seront employés au payement des gages qui seront accordés aux principaux et régents de ladite Université, ès collèges de la Faculté des arts, esquels il y a plein et entier exercice, sans aucun divertissement (1). »

Cet arrêt si important laissait toutefois indécise une question que les fermiers avaient soulevée dans le cours de cette longue procédure, et qu'il était essentiel pour la Faculté des arts de faire résoudre; c'était de savoir si ses messagers seraient autorisés à faire leur service tous les mois et tous les jours de l'année, comme ils en avaient l'usage, ou seulement à certains jours, comme c'était la prétention du surintendant des postes. L'Université ayant présenté une requête à ce sujet, le conseil, par un second arrêt en date du 29 mars 1642, décida que les messagers exerceraient leurs charges et fonctions, jouiraient des mêmes droits dont ils avaient joui jusque-là; que notamment les messagers de Rouen pourraient partir tous les jours; qu'ils porteraient toutes les lettres, hardes, paquets, or et argent, procès et toutes choses qui leur seraient confiées; feraient la conduite de ceux qui se présenteraient à eux et leur fourniraient des chevaux, ainsi qu'ils avaient ci-devant coutume. Défense était intimée à M. de Nouveau et à ses commis de les troubler dans la jouissance de leur droit. Ainsi l'Université triomphait sur tous les points : son privilège était consacré par la plus haute juridiction du royaume, et elle en conservait le libre exercice, sous la seule condition, proposée par elle, que les revenus qu'elle pourrait toucher seraient affectés à la rémunération de ses professeurs. Après avoir si fermement défendu ses messageries, nous verrons comment elle fut amenée, quelques

---

(1) Du Boulay, *De patronis IV Nationum Universitatis*, p. 181.

années plus tard, à en faire l'abandon, sans aucun préjudice toutefois pour ses intérêts, et en obtenant des avantages pour le moins égaux à ceux que l'ancienneté de son privilège et les dispositions favorables de quelques personnages puissants avaient contribué à lui faire maintenir.

Tandis que l'Université luttait vaillamment pour la défense de ses messageries, elle avait à subir un nouvel et périlleux assaut. Afin de subvenir aux charges de la guerre contre l'Autriche, le roi avait ordonné, par un édit du mois d'avril 1639, qu'une imposition extraordinaire serait levée sur tous les biens de mainmorte dont les possesseurs n'auraient pas acquitté le droit d'amortissement. Il n'y avait d'exception qu'en faveur des hospices, dont la fortune était employée au soulagement et à la nourriture des pauvres. L'Université de Paris se trouvait au nombre des établissements atteints par les sévères dispositions de l'édit royal. Déjà un certain nombre de principaux avaient été sommés de produire l'état des biens qui leur appartenaient et qui étaient passibles de la nouvelle taxe. Une vive émotion se répandit parmi les Nations et les Facultés; elles furent d'avis d'adresser une requête au roi, d'aller trouver le cardinal de Richelieu et de le faire solliciter par son confesseur, M⁰ Lescot, et par son médecin, M⁰ Citois, tandis que l'on fouillerait les archives afin d'y trouver des précédents en faveur de l'Université. Le 26 décembre 1639, après d'inutiles démarches, une assemblée extraordinaire, à laquelle furent convoqués les délégués de trente-huit collèges, eut lieu au collège d'Harcourt; on délibéra sur la conduite à tenir, mais l'opinion qui prévalait, c'était toujours d'en appeler à la clémence du roi et à la protection de Richelieu. Les commissaires chargés par Louis XIII de l'instruction de l'affaire étaient M. Frémiot, archevêque de Bourges; M. de Sourdis, archevêque de Bordeaux; les évêques de Chartres, de Meaux et de Saintes, et trois conseillers d'État, MM. de Roissy, Lebret et Talon. Ils rendirent une décision qui exemptait du droit d'amortissement la Sorbonne et seulement les neuf collèges de plein exercice (1). Mais quelque fa-

(1) *Arch. U.*, Reg. xxvi, p. 300 et s.; Reg. xxvii, fol. 276, 279, 283, 285 et s.

vorable que dût paraître cet arrêt, il laissait sous le coup d'un impôt onéreux non seulement les biens de tous les petits collèges, mais ceux des Facultés, des Nations, et de l'Université elle-même en tant que corporation. Le recteur continua ses démarches avec d'autant plus d'activité que le procureur de la Nation de France avait failli être arrêté pour refus de payement; la Nation de Picardie, pour le même motif, était menacée de voir ses propriétés vendues à l'encan (1). Enfin le 26 juillet, sur le rapport de Talon, intervint un jugement définitif de la commission, qui donnait pleinement gain de cause à l'Université et consacrait en sa faveur l'exemption du droit d'amortissement comme étant de fondation et dotation royale. Pour mieux justifier cette auguste origine de l'Université, le jugement assurait qu'elle avait été fondée par Charlemagne; affirmation hasardée, que Du Boulay ne pouvait manquer de reproduire à l'appui de sa thèse favorite sur l'antiquité de l'école de Paris.

Les soins que l'Université donnait à la défense de ses intérêts ne la détournaient pas de l'objet principal de son institution, je veux dire l'éducation de la jeunesse. Chaque année, comme les statuts royaux lui en imposaient l'obligation, le recteur, accompagné de quatre censeurs, visitait les collèges, constatait l'état de la discipline et des études, vérifiait le nombre des boursiers présents, s'assurait de l'exactitude des maîtres et dénonçait à la Faculté des arts les abus qui paraissaient dignes de répression. Quintaine, avec son exactitude accoutumée, nous a conservé le procès-verbal de quelques-unes de ces inspections annuelles. La plus importante fut celle qui eut lieu sur la fin de 1642 et dans les premiers mois de l'année suivante; elle fut motivée par les appréhensions que causaient au recteur et à son conseil les plaintes intéressées, et souvent peu sincères, qui s'élevaient contre les écoles de l'Université. Comme elle fournit des renseignements très précis sur la situation des collèges vers le milieu du dix-septième siècle, il ne sera pas hors de propos de la raconter avec quelques détails.

---

(1) *Arch. U.*, Reg. xxvii, fol. 304 et s.

Cette visite fut annoncée avec solennité par un mandement du recteur Pierre Le Bourg, qui était conçu dans les termes suivants :

« Nous, Pierre Le Bourg, recteur de l'Université de Paris, du conseil de MM. les députez de ladite Université, mandons à tous et chacun les principaux, procureurs, boursiers et chapelains des collèges d'icelle Université, qu'ils ayent à faire recherche et perquisition des statuts et fondations desdits collèges et boursiers, pour nous estre représentez, en procédant, par nous et MM. les députez et censeurs de ladite Université, à la visite que nous entendons faire en iceux collèges; et qu'ils ayent à s'y trouver pour nous y recevoir et rendre compte de l'estat et discipline scolastique, et nous proposer les différents, si aucuns y en a, pour être par nous et notre conseil terminez et décidez suivant notre pouvoir; leur déclarant que, faute de se trouver aux jours qui leur seront signifiez et indiquez de notre part, et représenter lesdits statuts et fondations, nous procéderons à l'encontre d'eux sans aucun retardement ni remise, ainsi que le cas le requerra, suivant le pouvoir et obligation que nous en avons. Donné en l'assemblée de l'Université, tenue au collège d'Harcour, à Paris, l'huitième octobre mil six cent quarante-deux. »

Ce mandement fut signifié à tous les intéressés par un bedeau de la Faculté des arts, qui fit connaître le jour où ils devaient se tenir prêts à recevoir le recteur.

L'inspection commença le 25 octobre 1642. Ce jour-là, le recteur, accompagné des doyens des Facultés, des procureurs des Nations, des censeurs et du procureur fiscal, se rendit à une heure de l'après-midi au collège de Justice, qui ne donna lieu à aucune observation. Il en fut de même pour le collège de Dainville, que le recteur visita ensuite. Au collège de Bourgogne, par lequel se termina cette première tournée, deux boursiers, convaincus de suivre les classes des Jésuites, reçurent l'ordre de fréquenter exclusivement à l'avenir les écoles de l'Université.

Le 31 octobre, visite aux collèges de Maître Gervais, de Séez, de Narbonne, de Bayeux et du Trésorier. Le collège de Maître Gervais avait vingt-quatre boursiers, savoir : douze grands et douze petits.

Après avoir exhibé les titres de fondation et les règlements de la maison, le prieur, Mᵉ Simon Boullot, bachelier en médecine, déclara, en réponse aux questions qui lui furent adressées, que les offices religieux se célébraient régulièrement, que le plus grand nombre des écoliers y assistaient, qu'ils suivaient les classes de l'Université, que nulle personne étrangère n'habitait dans le collège. Les boursiers du collège de Séez étaient au nombre de huit; leur tenue laissait beaucoup à désirer et motiva des représentations de la part du recteur. Le collège de Narbonne comptait huit boursiers seulement, faute d'un revenu suffisant pour en avoir douze, comme l'exigeaient les règlements du collège. Chacun conservait la jouissance de sa bourse pendant quatorze ans, dont sept ans destinés à l'étude des humanités, et sept ans d'études théologiques. La plupart vivaient hors du collège et ne paraissaient jamais à la chapelle, de sorte que l'exercice de la prière du matin et du soir avait été supprimé. Au collège de Bayeux, il y avait douze boursiers, dont un fréquentait les classes des Jésuites; leur genre de vie n'avait rien de répréhensible, mais ils se dispensaient de porter la robe longue, la ceinture et la calotte exigées par les statuts. Au collège du Trésorier, six boursiers théologiens, tous maîtres ès arts, jouissaient chacun d'un revenu annuel de deux cents livres; six boursiers étudiaient les humanités et ne recevaient que cent livres. Tous les exercices avaient lieu régulièrement dans ce collège.

Le 5 novembre, visite aux collèges de Lisieux, des Cholets, de Sainte-Barbe, du Mans et de Reims. Les deux principaux du collège de Lisieux, Mᵉˢ Jacques Despériers et François Turpin, s'excusèrent de ne pouvoir exhiber leurs titres et leurs statuts, parce que l'évêque de Lisieux et l'abbé de Fécamp, supérieurs de la maison, s'y opposaient. Au collège des Cholets, trois boursiers suivaient les classes des Jésuites. Au collège Sainte-Barbe, la situation n'était rien moins que satisfaisante. En présence du recteur, une discussion éclata entre le principal, Mᵉ Bertout, et le procureur, Mᵉ Blondel, docteur en théologie. Ce dernier reprochait au principal de faire faire les classes dans la chapelle, de louer une partie des bâtiments à un menuisier, et de ne point avoir de régents pour les classes d'humanités. Le principal se défendit énergiquement, non sans incriminer à son tour le procureur, qui fermait, disait-il, au régent de logique les portes de la chapelle, mais qui s'y était ménagé pour lui-même un passage par lequel il recevait dans son logis beaucoup de visites très profanes. La contestation dégénéra en un procès qui, successivement, fut porté devant la Faculté des arts, puis devant les supérieurs du collège, et enfin au Parlement; en 1646, un ordre des supérieurs suspendit les classes d'humanités pour quelques années à cause des charges de la maison. Au collège du Mans, naguère le théâtre de beaucoup de désordres, la direction fut tout au contraire jugée excellente, soit qu'effectivement les abus eussent été réformés par le nouveau principal, M° Robeville, soit que l'Université craignît de les constater par un aveu officiel dont les Jésuites se seraient armés pour soutenir leurs anciennes prétentions sur cet établissement. Le collège de Reims n'avait d'autres habitants que le principal, M° Barroy, la mère du principal, un homme de peine, et le procureur.

Le 8 novembre, visite aux collèges des Grassins, des Écossais, de Fortet et de Montaigu. Au collège des Grassins, le recteur n'eut à adresser que des félicitations au principal, M° Coqueret, docteur en théologie, sur l'excellente discipline de la maison et le grand nombre d'écoliers qui la fréquentaient. Au collège des Écossais, ni le principal, malgré la signification qui lui avait été faite du mandement du recteur, ni aucun boursier ne se présentèrent. Au collège de Fortet, l'inspection ne fit découvrir aucun abus grave. Le collège de Montaigu, l'un des plus florissants de Paris, fut remarqué pour l'austérité de son régime intérieur (1).

---

(1) Sur les sévérités de la discipline du collège de Montaigu, voyez un article de M. Rathery, *Journal général de l'Instruction publique*, an. 1855, n° 9. « Ce collège, dit Du Breul (*le Théâtre des antiquités de Paris*, p. 676), a tousjours esté bien reiglé, et où la verge n'a jamais esté espargnée aux fainéans, lasches à l'estude et propres à toute desbauche. Tellement que quand il y avoit quelque père ou mère à Paris molestez et attediez de leurs enfans mal vivans et incorrigibles, on leur conseilloit de les enfermer à Montagu... » Cf. Rabelais, *Gargantua* ch. XXXVII.

Le 15 novembre, visite aux collèges de l'Ave-Maria, de Tournai, de Navarre, de la Marche, de Laon et des Lombards. Le collège de l'Ave-Maria avait quatre boursiers au lieu de six, faute de revenu. Le collège de Tournai était occupé par des prêtres anglais à qui les docteurs de Navarre, mis récemment en possession de ce collège, avaient loué une partie des bâtiments. Au collège de Navarre, le recteur fut reçu dans la salle des exercices par le grand maître, Nicolas Cornet, par le principal des grammairiens, Charles Cagnié, et par les boursiers; tout, dans cette maison, nous dit Quintaine, était administré *regie et egregie*. La situation n'était pas moins favorable au collège de la Marche sous la direction de Me Patena; outre le principal, le procureur et deux chapelains, le collège avait dix-neuf boursiers fidèles à observer leurs propres statuts et ceux de l'Université. Le collège de Laon comptait vingt-cinq boursiers assujettis de même à une discipline régulière. Au collège des Lombards, le recteur ne trouva ni principal, ni chapelain, ni boursiers; les bâtiments étaient occupés par des imprimeurs et par des artisans.

Le 22 novembre, furent visités le collège du cardinal Lemoine, dont la discipline fut approuvée; le collège Saint-Michel, dont le principal ne comparut pas, et le collège de Cornouailles, où fut constatée la présence de dix boursiers.

Le 3 décembre, visite aux collèges de Tours, de Mignon, de Boissy et d'Autun. Au collège de Tours, le costume des boursiers fut blâmé, comme n'étant pas conforme aux règles de l'Université; un boursier qui fréquentait les classes des Jésuites fut sommé de les quitter. Le collège Mignon avait été cédé à l'ordre de Grandmont; les portes en furent fermées au recteur. Le collège de Boissy offrit la singularité d'un établissement destiné à une seule famille, les Chartier, à laquelle devaient appartenir les dix boursiers du collège. Le collège d'Autun avait dix-huit boursiers, dont six théologiens, six décrétistes et six artistes; il s'en trouvait un, dans le nombre, qui avait quarante ans et qui n'avait jamais étudié les lettres. Le principal était l'évêque de Bethléem, André de Sauzéa, qui se plaignit que les boursiers eussent ouvert malgré lui la maison à beaucoup d'étrangers, usuriers, entremetteurs de procès et soldats.

Le 24 janvier 1643, visite aux collèges d'Harcourt, de Presle-Beauvais, des Bons-Enfants et d'Arras. Le collège d'Harcourt, sous l'administration de Pierre Padet; le collège de Presle-Beauvais, sous celle de Grangier, étaient cités parmi les mieux dirigés et les plus prospères; l'inspection dont ils furent l'objet confirma la bonne renommée qu'ils avaient acquise. Le collège des Bons-Enfants, près la porte Saint-Victor, avait été donné en 1624 à la communauté des Missionnaires, fondée par saint Vincent de Paul; néanmoins le nouveau supérieur assura que son intention était de se conformer désormais aux statuts de l'Université. Le collège d'Arras était confié à la garde de frère Ambroise Fabvre, de l'abbaye de Saint-Waast, en l'absence du principal, qui était allé, disait-on, chercher à Arras les titres de fondation et les statuts de la maison.

Le 5 février, visite aux collèges du Plessis, de Coquerel, de la Merci et de Cambrai. Le principal du collège du Plessis était encore Pierre Travers, qui déjà plus d'une fois nous a occupé. Il fit remarquer au recteur que le nombre des boursiers, fixé à quarante par les statuts, avait été réduit à dix par l'abbé de Marmoutiers. Six seulement étaient présents; trois étaient en procès au Parlement; il ne fut rien dit du dernier. Une fruitière et ses filles, personnes malfamées, qui habitaient les dépendances du collège, furent congédiées. Les boursiers se plaignirent à leur tour du principal, qui, disaient-ils, ne les consultait jamais, ne leur rendait aucun compte, les renvoyait avant qu'ils eussent achevé le temps de leurs bourses, leur intentait des procès, ne leur permettait pas de fréquenter le jardin et la bibliothèque, et laissait le collège sans portier : ce qui nuisait à la discipline et empêchait qu'il y eût aucun pensionnaire. Les régents confirmèrent les détails donnés par les boursiers. Le recteur exhorta chacun à la concorde et invita ceux qui auraient des sujets de plainte à les consigner par écrit. Aux collèges Coquerel et de la Merci, tout vestige d'enseignement scolaire avait disparu. Au collège de Cambrai, malgré l'établissement du Collège royal dans une partie des bâtiments, il existait encore un principal, un chapelain, un procureur et six boursiers; un seul fréquentait les classes des Jésuites.

Ainsi se termina cette visite qui devait éclairer l'Université sur la condition de chacune de ses écoles, et qui, à deux cents ans d'intervalle, nous permet d'apprécier nous-mêmes les progrès accomplis pendant les quarante premières années du dix-septième siècle. Assurément tous les abus n'avaient pas été déracinés et tous les établissements n'étaient pas prospères; mais rappelons-nous l'état de l'instruction publique au moment où se préparait l'édit de réformation promulgué sous Henri IV; mettons en regard la situation qui ressort de l'enquête générale de 1642, et nous reconnaîtrons l'heureux changement qui s'était opéré, grâce à des règlements très sages, grâce surtout au dévouement de la plupart de ceux qui étaient chargés d'en assurer l'exécution. L'Université de Paris possédait tout au moins quatre ou cinq grands collèges : Harcourt, Beauvais, les Grassins, le Cardinal-Lemoine et Montaigu (je ne parle pas de Navarre ni de la Sorbonne), qu'elle pouvait offrir avec confiance à ses amis et à ses ennemis, et qui, sous le rapport de l'enseignement comme sous celui de la discipline, un peu trop austère, il est vrai, à Montaigu, étaient loin de redouter aucune comparaison avec les institutions tenues par les Jésuites. En présence de ces résultats, il importait peu sans doute que certains collèges, déchus de leur splendeur, n'eussent ni régents ni boursiers, et que dans quelques autres le régime intérieur ne fût pas irréprochable. A tout prendre, l'Université pouvait se rendre à elle-même ce témoignage, que, loin de faillir à sa mission, elle avait réussi, en des jours difficiles et avec des revenus insuffisants, à réparer les atteintes douloureuses que vingt-cinq ans de désordre et de discordes civiles avaient portées aux bonnes études. Ses services, moins éclatants qu'utiles, n'avaient pas eu ce prestige qui ne peut s'acquérir que par des œuvres de génie; mais, dans l'obscure enceinte de ses écoles, elle s'était montrée au niveau de tous ses devoirs comme institutrice de la jeunesse, et, sans compter elle-même dans ses rangs des noms véritablement illustres, elle avait contribué à former une génération qui fut fertile en grands écrivains et en grands hommes.

La visite des collèges fut interrompue pendant quelques semaines par la mort du cardinal de Richelieu. Un accès de fièvre l'emporta, le 3 décembre, âgé de cinquante-sept ans et trois mois, après un ministère de dix-huit années qui, sur la fin, avait eu l'éclat d'une royauté. Il appartient à l'histoire générale d'apprécier la politique du puissant conseiller de Louis XIII, et les triomphes disputés que son génie inflexible remporta sur les factions et sur l'étranger au profit de l'unité et de la grandeur nationales. Ce que l'Université de Paris ne pouvait oublier, c'est qu'il avait fréquenté ses leçons et brigué l'honneur de ses grades, qu'elle avait constamment trouvé en lui un protecteur bienveillant, que la restauration de la Sorbonne était due à sa munificence, qu'il avait voulu y être enterré, et que, par son testament, il ordonnait à sa famille d'achever la construction de l'église et celle du collège destiné à remplacer l'ancien collège de Calvi.

Malgré la constante protection qu'il avait accordée aux lettres, Richelieu estimait que dans un État bien ordonné la culture littéraire ne doit pas être générale, ni par conséquent les sources qui la répandent très multipliées. Il redoutait les suites pernicieuses du demi-savoir, les atteintes souvent irrémédiables qu'il porte à la piété, au respect, à l'esprit de soumission, à tous les sentiments, en un mot, qui sont le lien des sociétés humaines. « Comme la connoissance des lettres, dit-il, dans son *Testament politique,* est tout à fait nécessaire en une République, il est certain qu'elles ne doivent pas être enseignées à tout le monde. Ainsi qu'un corps qui auroit des yeux à toutes ses parties seroit monstrueux, de même un État le seroit-il, si tous ses sujets étoient sçavans; on y verroit aussi peu d'obéissance, que l'orgueil et la présomption y seroient ordinaires. Le commerce des lettres humaines banniroit absolument celui de la marchandise, qui comble les États de richesses; ruineroit l'agriculture, vraie mère nourricière des peuples, et déserteroit en peu de temps la pépinière des soldats, qui s'élèvent plutôt dans la rudesse de l'ignorance que dans la politesse des sciences; enfin il rempliroit la France de chicanes, plus propres à ruiner les familles particulières et à troubler le repos public qu'à procurer aucun bien aux États... Si les lettres, continue Richelieu, étoient profanées à toutes sortes d'esprits, on verroit plus de gens capables de former des doutes que de les résoudre; et beaucoup seroient plus propres à s'opposer aux vérités qu'à les défendre. C'est en cette considération que les politiques veulent en un État bien réglé plus de maîtres ès arts mécaniques, que de maîtres ès arts libéraux pour enseigner les lettres (1). » Richelieu concluait de là qu'il ne fallait pas multiplier les collèges où les humanités et la philosophie sont enseignées. Il aurait voulu n'en laisser subsister que dans les centres principaux de gouvernement et de population, et réduire tous les autres à deux ou trois classes « suffisantes, dit-il, pour tirer la jeunesse d'une ignorance grossière, nuisible à ceux mêmes qui destinent leur vie aux armes ou qui la veulent employer au trafic. » C'est la pensée qui lui faisait désirer la réduction des quarante collèges de Paris à quatre ou cinq grands établissements; dessein qu'il annonça dès son entrée dans les conseils de Louis XIII, et que toutefois il n'essaya jamais sérieusement de mettre à exécution.

L'Université de Paris partageait en principe l'opinion de Richelieu sur les inconvénients attachés à la trop grande diffusion de l'enseignement littéraire. Dans ses requêtes fréquentes contre les Jésuites, ne reprochait-elle pas à ceux-ci d'avoir couvert la France d'écoles qui dérobaient des bras à l'agriculture, à la milice et au commerce, sans utilité pour le pays? Mais quand on la sollicitait d'appliquer elle-même ses propres maximes en diminuant le nombre de ses chaires, elle répondait que les anciennes fondations devaient être respectées, et elle réclamait le droit de transmettre intact à la postérité l'héritage qu'elle avait reçu de ses ancêtres. Elle parvint de cette manière à conserver provisoirement la plupart de ses collèges; et la réforme un peu pré-

(1) *Testament politique*, chap. II, sect. x.

maturée à laquelle avait songé Richelieu ne s'accomplit qu'un siècle plus tard, lorsque l'ancienne monarchie était déjà sur son déclin.

Quant aux Jésuites, la politique de Richelieu, comme celle de Henri IV, s'était montrée plus clémente envers eux que l'Université ne l'aurait désiré. Il n'avait pas consenti à les expulser, ni même à les inquiéter; et loin de là, sur la fin de sa vie, il leur avait abandonné, comme suprême gage de sa faveur, le collège de Marmoutiers. « Les Universités, disait-il, prétendent qu'on leur fait un tort extrême de ne leur laisser pas privativement à tous autres la faculté d'enseigner la jeunesse. Les Jésuites, d'autre part, ne seroient pas fâchés d'être les seuls employés à cette fonction... Puisque la faiblesse de notre condition humaine requiert un contrepoids à toutes choses, et que c'est là le fondement de la justice, il est plus raisonnable que les Universités et les Jésuites enseignent à l'envi, afin que l'émulation aiguise leur vertu, et que les sciences soient d'autant plus assurées dans l'État, qu'étant déposées entre les mains de plusieurs gardiens, si les uns viennent à perdre un si sacré dépôt, il se trouve chez les autres. »

Parmi les projets que Richelieu avait formés en faveur des études, se trouvait comprise la création d'un collège ou plutôt d'une académie dans la ville de Richelieu. Le cardinal en avait lui-même tracé le plan et les règlements, et les avait fait agréer à Louis XIII. L'institution devait être placée sous les ordres d'un directeur, ayant pouvoir d'établir dans la ville des maîtres et maîtresses d'école pour apprendre aux enfants du lieu à bien lire et à bien écrire. Les matières de l'enseignement auraient été plus variées que dans les collèges de l'Université de Paris (1) : outre la grammaire et les humanités, elles auraient compris la géographie et l'histoire, les mathématiques, l'astronomie et la physique, la comparaison des langues grecque, latine, française, espagnole et italienne. Les leçons du matin étaient consacrées aux sciences, les leçons de l'après-midi aux lettres : de sorte que les deux études

---

(1) Dans son solide ouvrage sur l'*Administration de Richelieu* (p. 383 et s.), M. Caillet a donné le texte des statuts et règlements du nouveau collège.

auraient marché de front durant tout le cours des études. L'emploi de la langue française était permis pour l'enseignement des mathématiques, de l'histoire et de la philosophie. Si la mort n'avait pas interrompu les desseins de Richelieu, ce collège, qui portait avec son nom l'empreinte de son génie, aurait offert la première application de quelques-unes des méthodes qui ont prévalu de nos jours, mais qui n'étaient alors suivies ni dans l'Université de Paris ni chez les Jésuites.

Le 19 et le 20 janvier 1643, six semaines après la mort de Richelieu, un service pour le repos de son âme fut célébré dans l'église de Notre-Dame, par l'ordre du roi. L'avant-veille, le recteur, entouré des notables de l'Université, reçut dans la grande salle de la Sorbonne le maître des cérémonies, M. de Sainctot, qui lui apportait de la part de Louis XIII l'invitation d'assister à la solennité. Quand le greffier Quintaine eut décacheté la lettre royale et en eut donné lecture, un héraut prononça la formule d'usage : « Nobles et dévotes personnes, priez Dieu pour l'âme de très haut, très puissant, très vertueux illustrissime et éminentissime seigneur, monseigneur Armand-Jean du Plessis, cardinal de Richelieu ; duc, pair, grand maître et surintendant de la navigation et commerce de France, l'un des prélats et commandeurs de l'ordre du Saint-Esprit, chef du conseil et principal ministre de l'État du roy ; pour l'âme duquel se feront les services et prières en l'église de Paris ; auquel lieu, lundy prochain après midy, seront dites vespres et vigiles des morts, pour y estre le lendemain mardy, à dix heures du matin, célébré un service solennel. Priez Dieu qu'il en ait l'âme... » La cérémonie fut troublée par des discussions sur les préséances. L'Université s'était emparée de huit chaises, au lieu de quatre seulement qui lui étaient réservées ; le maître des cérémonies s'efforça inutilement de lui faire abandonner les places qu'elle avait usurpées, et qui étaient destinées au clergé ; un exempt des gardes françaises qu'on députa vers le recteur ne fut pas plus heureux : il fallut un ordre formel du chancelier, après avis des présidents du Parlement, pour mettre fin à ce conflit. Plutôt que de paraître se désister de ses prétentions, le recteur sortit de l'église avec tout son cortège, en protestant qu'il cédait à la violence (1).

Suivant l'expresse volonté de Richelieu, sa dépouille fut transportée au collège de Sorbonne. Le cercueil, au témoignage de Quintaine, resta pendant quelque temps exposé dans l'ancienne chapelle, qu'on avait tendue de velours noir portant armoiries; mais les ressentiments contre l'administration du cardinal étaient si vifs, dans toutes les classes de la population, que des gens du peuple menacèrent de venir enlever son corps pour le jeter à la rivière. Ce bruit étant parvenu à l'oreille des docteurs de Sorbonne, ceux-ci jugèrent prudent de faire disparaître le cercueil (2).

Louis XIII survécut moins de six mois à Richelieu. Le 14 mai 1643, le même jour et presque à la même heure que Henri IV, une maladie de langueur, dont il avait ressenti fréquemment les atteintes, l'emporta à peine âgé de quarante-deux ans, laissant le trône à un fils qui n'en avait que cinq, et la régence à la reine Anne d'Autriche. Peu de temps avant sa fin, une procession de cinq cents docteurs, principaux et régents, était allée à Saint-Germain l'Auxerrois prier Dieu pour la conservation de ses jours (3). Le 29 mai, l'Université en corps se rendit au Louvre afin de saluer le nouveau roi. A la gauche du prince était la reine mère, à sa droite le duc d'Orléans; le recteur parla à genoux, et le

---

(1) Félibien, *Hist. de Paris*, t. II, p. 1374; t. V, p. 825 et s.

(2) Voici comment ce fait peu connu est raconté par Quintaine (Reg. xxvii, fol. 324) : « Le mardy suivant la mort du roy (19 mai 1643), sur les dix heures du soir, vinst-un carrosse attelé à six chevaux dans la cour de Sorbonne, pour enlever la bière où estoit le corps de feu M⁶ʳ le cardinal duc de Richelieu, et fist trois ou quatre tours dans ladite cour pour faire croire que ladite bière avoit esté enlevée, et empescher par ce moyen que, selon le bruit qui couroit, quelques meschants et impies ne vinssent l'enlever pour le jeter à la voirie. Le carrosse ne l'enleva en effect; mais les docteurs donnèrent ordre de faire oster au mesme temps ladite bière de plomb, couverte de velours noir, avec une croix de toile d'argent et des anneaux de fer qui estoient en l'ancienne église de Sorbonne... On ne sçait où lesdits docteurs ont fait mettre ladite bière. » Ce récit de Quintaine est confirmé par Olivier d'Ormesson. Voy. son *Journal*, publié par M. Chéruel, 1860, in-4°, t. I, p. 34 : « On donnoit ordre à Paris pour empescher la sédition, parce que le menu peuple murmuroit sur la maladie du roi contre M. le cardinal de Richelieu, sur ce que l'on disoit qu'il avoit empoisonné le roy, et parloit-on de tirer son corps de Sorbonne et le traisner par les rues, et l'on disoit que l'on avoit osté toute la magnificence, mesme retiré son corps. »

(3) *Arch. U.*, Reg. xxvii, fol. 323 et s.

jeune monarque écouta sa harangue patiemment, dit la relation, et non avec l'attitude d'un enfant, *patienter, nec pueriliter*. Quelques semaines après, le recteur, accompagné des doyens des Facultés et des procureurs des Nations, reçut solennellement, dans la grande salle de la Sorbonne, le message qui l'invitait aux obsèques du roi défunt. Pendant quelques jours, la principale préoccupation de l'Université, il faut bien le dire, ce fut de savoir quel rang elle occuperait cette fois lors de la cérémonie. Des commissaires furent chargés de compulser les archives, de rédiger une requête et d'aller trouver le duc d'Orléans, le prince de Condé et le chancelier, comme s'il se fût agi d'un grand intérêt de l'État. L'Université réclamait, comme aux funérailles de Henri IV, seize places pour le recteur et sa suite; elle en obtint huit seulement, quatre hautes et quatre basses; et au banquet d'usage qui termina la journée, elle n'eut que vingt couverts au lieu de trente. Elle comprit néanmoins que, s'appelant la fille aînée des rois, elle ne pouvait pas, sans se nuire, renouveler le scandale qu'elle avait donné, lors du service funèbre du cardinal de Richelieu, en se retirant avec éclat. Malgré le désappointement qu'elle éprouvait, elle assista à la solennité, qui eut lieu à Saint-Denis. Là, un nouveau conflit fut élevé par les docteurs en théologie qui prétendaient accompagner leur doyen, et avoir ainsi le pas sur les doyens des Facultés de médecine et de droit et sur les procureurs des Nations. Afin de tout concilier, il fut convenu que les théologiens conserveraient la préséance jusqu'à l'église, et que dans l'église les sièges réservés seraient occupés par le recteur, les procureurs et les doyens. Les jours suivants, des messes furent dites pour le repos de l'âme de Louis XIII dans la chapelle de chacun des collèges de l'Université. Le collège de Navarre, qui était de fondation royale, avait des devoirs particuliers à remplir envers la mémoire du prince que la France venait de perdre. Un service solennel y fut célébré; l'évêque de Beauvais, conservateur des privilèges de l'Université, officia pontificalement; une oraison funèbre fut prononcée par le recteur, Louis de Saint-Amour (1).

(1) *Arch. U.*, Reg. XXVII, fol. 835 et s.

LIVRE II.

DEPUIS L'AVÉNEMENT DE LOUIS XIV JUSQU'A LA FIN DU DIX-SEPTIÈME SIÈCLE.

CHAPITRE PREMIER.

Décadence de l'Université sous le règne de Louis XIV. — Nouvelles luttes avec la compagnie de Jésus au sujet de la collation des grades. — Divers écrits de Godefroy Hermant pour la défense de l'Université. — Écrits en faveur des Jésuites. — Propositions enseignées par le P. Héreau, régent au collège de Clermont; elles sont dénoncées au Parlement par le recteur. — Le livre *De la fréquente communion*, d'Antoine Arnauld. — Agitation des esprits; mesures qui furent prises par Mazarin pour l'apaiser. — L'Université manque de professeurs. Idée première d'une école normale. — Maîtrise ès arts du prince de Conti. — L'Université assiste à plusieurs cérémonies. — Nouveaux procès avec les fermiers des postes et avec les moines de l'abbaye Saint-Germain. — Zèle déployé à cette occasion par le recteur François Dumonstier. Ses collègues lui accordent comme récompense une pension viagère. — Situation de différents collèges. Collèges de Cluni, du Mans, de Sainte-Barbe et de Beauvais. — Union du collège du Plessis et de la Sorbonne. — Vaines entreprises de quelques communautés religieuses dans les provinces. — Tentative du prince de Conti. — Comptes de l'Université. Commencement de la querelle de la Faculté des arts et des Facultés supérieures. — Règlements scolaires. — Un nouveau chancelier de Notre-Dame et un nouveau chancelier de Sainte-Geneviève. — L'Université pendant la Fronde. — Le jansénisme et la Sorbonne. — Nicolas Cornet dénonce à la Faculté de théologie cinq propositions extraites du livre de Jansénius. — Édit du mois de décembre 1649 sur l'imprimerie et la librairie. — Mort du syndic de l'Université, Jacques du Chevreul. — La licence de Bossuet. — Confirmation des privilèges de l'Université. — Traitement annuel des professeurs de la Faculté de droit et de la Faculté de médecine. — La Faculté de droit se trouve réduite à un seul professeur. — Progrès de la querelle du jansénisme. Déclaration portée, malgré le recteur, par quelques maîtres irlandais contre les cinq propositions. — La Fronde en 1651. — Attitude de l'Université pendant et après les troubles. — Elle vient demander au roi la liberté du cardinal de Retz. — Conséquences fâcheuses de cette démarche.

Nous sommes entrés dans l'ère la plus glorieuse de la monarchie française. Les germes semés avec profusion pendant le demi-siècle que nous venons de parcourir sont parvenus à leur maturité, et ont déjà donné d'admirables fruits qui ne feront que se multiplier et s'accroître. Louis XIV, prince égal par l'élévation du cœur, sinon peut-être par le génie, à son aïeul Henri IV et au cardinal de Richelieu, Louis XIV s'apprête à recueillir le magnifique héritage que leurs mains ont préparé; il verra la France atteindre sous son règne au premier rang des nations par la gloire des armes, par la splendeur des lettres; et malgré bien des fautes, expiées par de tristes revers, il méritera de donner son nom à son siècle, et de porter dans l'histoire ce titre de *Grand* que l'adulation lui décerna de son vivant, mais que la postérité a confirmé.

L'Université de Paris n'était pas destinée à suivre ces nouveaux progrès de la grandeur et de la gloire nationales. Tandis qu'autour d'elle circule une sève généreuse qui vivifie toutes les branches de l'activité humaine, la poésie, l'éloquence, la législation, le commerce, la philosophie et les arts, elle s'isole de plus en plus du reste de la société, elle se retire en elle-même pour ainsi dire, elle languit et s'efface; attachée trop étroitement à ses traditions surannées, elle est hors d'état d'exercer une influence vraiment féconde, je ne dirai pas dans l'ordre politique, mais dans le domaine, alors si brillant, de la littérature. De toutes les différentes corporations dont elle était composée, une seule conserve son vieux prestige et intervient avec autorité dans les querelles du temps : c'est la Faculté de théologie, « ce concile permanent des Gaules, » devant lequel sont portées toutes les questions qui émeuvent l'Église de France, depuis les erreurs du jansénisme jusqu'aux débats mémorables que termina la déclaration de 1682 sur l'indépendance du pouvoir temporel dans ses rapports avec le pouvoir spirituel. Qu'on ne s'attende donc pas à trouver dans les pages qui vont suivre le tableau d'événements considérables, d'importantes améliorations, et, pour tout dire, d'une activité qui s'applique à des fins grandioses et qui contribue au progrès des intelligences. Des querelles mesquines, de misérables discussions pour de médiocres objets, voilà ce que nous aurons trop souvent à retracer. Pour répandre un peu d'intérêt sur nos récits, il faudra en élargir le cadre et y faire entrer quelques épisodes qui nous seront fournis par l'histoire des luttes théologiques et de la philosophie. Nous ne cacherons pas que la tâche nous a paru souvent très ingrate, et que notre faiblesse a reculé plus d'une fois devant les difficultés qu'elle présentait.

Le trait dominant de l'histoire de l'Université de Paris durant la première partie du dix-septième siècle, c'est, comme on a déjà pu s'en convaincre, sa lutte opiniâtre contre la société de Jésus. Un incident frivole en apparence, et cependant un des plus graves qui aient signalé cet antagonisme, pour ainsi dire quotidien, remplit les derniers mois du règne de Louis XIII et le commencement du règne de Louis XIV. Sur la fin de 1642, quatre écoliers, sortis du collège de Clermont, s'étaient présentés aux examens de la Faculté des arts. Le recteur, Louis de Saint-Amour, ayant reconnu qu'ils avaient fait leurs classes chez les Jésuites, refusa de les admettre. Les candidats évincés se pourvurent devant le conseil privé et firent sommation à la compagnie de Jésus d'intervenir dans la cause, comme étant plus intéressée qu'eux-mêmes au gain du procès. La Compagnie, qui n'attendait peut-être que cette occasion, se hâta d'en profiter, et présenta une requête, où elle rappelait que déjà en 1618, lors du rétablissement du collège de Clermont, la Faculté de théologie et la Faculté des arts avaient voulu fermer à ses élèves l'accès des grades académiques, mais que cette prétention avait été repoussée par le conseil d'État. Les Jésuites demandaient en conséquence, « que le collège de Clermont fût déclaré estre du corps de l'Université ; le principal et les professeurs d'iceluy fondez en pareils droits, privilèges et prérogatives que les professeurs des autres collèges ; les escolliers recevables aux degrez et fondez aux mesmes droits que les autres, sans distinction. Et pour ce qu'il est évident, ajoutait la requête, que lesdits recteur et suppots sont suspects pour l'examen des escolliers des supplians, plaise à Vostre Majesté ordonner, qu'après un examen valable, fait par devant lesdits supplians, leurs dits escolliers, trouvez capables, seront par eux reçeus aux degrez des Facultés de théologie et des arts en ladite Université, dont iceux supplians pourront leur expédier toutes lettres nécessaires, en conséquence desquelles ils jouiront de tous privilèges, tant pour la nomination aux bénéfices, qu'autres actes quelconques, dedans et dehors ladite Université, ainsi que les autres graduez d'icelle, avec défense auxdits recteur, supposts et autres graduez, de leur apporter aucun trouble. Et en cas d'opposition ou d'empeschement, plaise à Vostre Majesté, s'en réserver et à son Conseil la cognoissance, avec interdiction à tous autres juges, à peine de dix mil livres d'amende, cassation des procédures, despens, dommages et intérêts des parties. Et lesdits supplians continueront leurs prières, pour la prospérité et santé de Vostre Majesté (1). »

Cette requête, habilement rédigée, produisit l'effet que ses auteurs en avaient espéré. Le conseil privé admit l'intervention de la compagnie de Jésus et parut disposé à prononcer en sa faveur. L'Université de Paris regardait elle-même par avance sa propre défaite comme tellement probable que quatre fois elle refusa de répondre aux assignations qui lui furent données et préféra se laisser condamner par défaut (2). Mais, à l'exemple de tous les partis qui se disent opprimés, elle en appela des conseils du prince à l'opinion publique. Son avocat devant ce nouveau tribunal, toujours facile à émouvoir, fut un régent de philosophie, chanoine de la cathédrale de Beauvais, qui se nommait Godefroy Hermant. Dans les premiers mois de 1643, il fit paraître une *Apologie pour l'Université* (3) qui eut en peu de temps plusieurs éditions, et dont le principal objet était de détruire une allégation reproduite sous mille formes par la société de Jésus. « Les Jésuites, disait Hermant, font publier partout que l'Université refuse sa gloire en rebutant cette illustre compagnie; que si les deux corps sont si considérables estans séparez, leur union sera leur

---

(1) Cette requête se trouve imprimée en tête des *Observations importantes*, etc., dont il sera question plus loin. Cf. *Arch. U.*, Reg. xxvii, fol. 320 et suiv.

(2) Voyez les arrêts du conseil d'État des 3, 11 et 20 mars 1643. *Arch. U.*, Reg. xxvii, fol. 318 v°, 321 et 329 v°.

(3) *Apologie pour l'Université de Paris contre le discours d'un Jésuite, par une personne affectionnée au bien public*, 1643, in-8°. Nous avons eu sous les yeux la troisième édition. Le prétendu discours auquel l'apologiste répond était, si l'on en croit les Jésuites, supposé par l'Université.

agrandissement; qu'on ne peut, sans un aveuglement stupide, refuser ces nouvelles estoiles qui veulent conjoindre leur clarté aux anciens astres de la doctrine et de la vertu; que c'est une rivière fertile, qui ne se descharge en un grand fleuve que pour le grossir; et que ces nouveaux conquérans n'ont autre dessein, que de donner du renfort aux soldats du Dieu des batailles. C'est ainsi qu'ils semblent n'estre pas contents de faire le mal, s'ils ne luy donnent le nom et l'apparence du bien; ils sçavent blesser et flatter d'une mesme main, et demander des actions de grâce pour la plus haute et la plus dangereuse de toutes les violences. Elle est trop visible pour estre sans repartie; il est important de désabuser les plus crédules, et de faire voir à tout le monde, que cette entreprise engage autant qu'il y a de bons françois dans l'Estat et de chrestiens dans l'Église. » Développant cette idée, Hermant s'efforçait d'établir : 1° que la ruine de l'Université offrirait de graves dangers pour la religion, qui se trouverait par là privée de ses plus fidèles défenseurs; 2° qu'elle ne serait pas moins préjudiciable à l'État, en le laissant exposé aux entreprises d'une compagnie redoutable, dont le chef n'était pas Français, et que son ambition et ses sourdes menées avaient déjà fait expulser de plusieurs pays; 3° qu'on ne pouvait accorder aux Jésuites les privilèges de l'Université sans la ruiner entièrement. Deux autres ouvrages, également dus à la plume d'Hermant, suivirent de près l'*Apologie pour l'Université;* c'étaient les *Observations importantes sur la requeste présentée au conseil du roy par les Jésuites le* 11 *mars* 1643 (1), et les *Vérités académiques, ou Réfutation des préjugés populaires dont se servent les Jésuites contre l'Université de Paris.* Dans ce dernier écrit, l'auteur, prenant ses adversaires corps à corps, les attaquait sur un point où ils paraissaient inexpugnables, je veux dire le succès de leur enseignement. Il soutenait que le trop grand nombre de leurs écoliers ne permettait jamais qu'ils enseignassent, à proprement parler, la gram-

---

(1) La *Bibliothèque historique de la France*, t. IV, p. 13, n° 44670, confond mal à propos les *Observations importantes* avec *l'Apologie pour l'Université contre le discours d'un Jésuite.*

maire; que leur méthode pour la rhétorique était fautive; leur philosophie, stérile et faible; leur théologie, une doctrine dangereuse; qu'en toutes choses, ils déployaient plus de pompe que de solidité, et qu'il n'était pas prudent de confier la conscience des jeunes gens à leur direction. Chose remarquable! un des points sur lesquels Hermant insistait avec le plus de force, c'est que les Jésuites faisaient une part trop large à la raison humaine dans l'explication des mystères; c'est qu'ils voulaient, comme il dit, « assujettir les véritez chrétiennes à la force du raisonnement humain, et, par un ordre renversé, rendre la foy captive d'une vaine philosophie (1). » Que de fois depuis lors, par un excès contraire, la Compagnie n'a-t-elle pas été signalée comme l'implacable adversaire de la philosophie et de la raison!

En même temps que l'Université de Paris multipliait les écrits pour sa défense, elle s'adressait au cardinal Barberini et au pape lui-même : elle leur dénonçait les menées des Jésuites, qui, disait-elle, avaient mieux aimé invoquer le bras séculier que l'autorité de l'Église pour trancher une question de discipline scolastique qui rentrait dans la compétence du pouvoir spirituel (2). Ainsi, par une de ces bizarreries qui ne sont pas sans exemple dans l'histoire, les rôles se trouvaient intervertis : tandis que les Jésuites mettaient leur espoir dans le prince, dont ils avaient été souvent soupçonnés de méconnaître les droits, l'Université implorait la protection du Saint-Siège, qu'elle avait accusé tant de fois d'empiéter sur le domaine des puissances temporelles. Mais elle était dans une de ces conjonctures où les partis, mis aux prises, ne reculent pas devant les contradictions qui peuvent leur ménager des auxiliaires.

L'ardeur de la lutte était si vive que les effets en furent ressentis jusque dans les exercices scolaires. Au collège d'Harcourt, qui avait encore Padet pour proviseur, la querelle des Jésuites et de l'Université servit de thème à une déclamation que les élèves récitèrent publiquement, et qui se terminait par une sentence en

---

(1) *Véritez académiques*, etc., chap. IV, p. 77.
(2) Voy. nos Pièces justificatives, n° XCIV.

règle contre la compagnie de Jésus (1). L'appel que l'Université adressait par tant de voies différentes à la bourgeoisie et au peuple avait été entendu. Dans les rangs populaires surtout, l'excitation était extrême contre les Jésuites. A peine pouvaient-ils paraître dans les rues de Paris sans être injuriés. On les accusait d'avoir causé la cherté du pain en exportant le blé à l'étranger; et ce bruit calomnieux prit une telle consistance que le roi en écrivit au prévôt des marchands, et que le Parlement eut à rendre un arrêt contre ceux qui persisteraient à le propager (2).

La compagnie de Jésus, qui se croyait assurée de la faveur de la cour, s'était tenue pendant quelque temps sur une extrême réserve, et elle avait dédaigné de répondre aux attaques de ses ennemis. Mais après la disgrâce de l'intendant des finances, Sublet de Noyers, l'un de ses plus chauds protecteurs, après la mort de Louis XIII qui s'était toujours montré bienveillant pour elle, en face d'un gouvernement nouveau qui s'annonçait moins favorable, elle jugea le moment venu de suivre ses adversaires sur leur propre terrain et de les combattre avec leurs propres armes. Ce fut alors que parut, vers le mois de juillet 1643, la *Response au livre intitulé Apologie pour l'Université de Paris contre le discours d'un Jésuite* (3). L'auteur de ce plaidoyer, assez habilement rédigé, ne se contentait pas de relever les allégations les plus contestables des écrits d'Hermant; prenant à son tour l'offensive, il avait évoqué contre l'Université des souvenirs accusateurs. « Ne se sont-ils pas, disait-il, accordez tous contre le pape Alexandre IV, s'opposant aux bulles qu'il avoit données aux religieux de Saint-Dominique pour les unir à leur corps? Nos histoires ne disent-elles pas que, du règne de Charles VI et de Charles VII, ils se mesloient de toutes choses, non-seulement du gouvernement de

---

(1) *Response au livre intitulé* Apologie pour l'Université, etc. Avertissement. — *Seconde Apologie pour l'Université de Paris*, etc., p. 11 et suiv.

(2) *Mémoires de Mathieu Molé*, t. IV, p. 296. *Journal d'Olivier d'Ormesson*, t. I, p. 23.

(3) Paris, 1643, in-12. A cette réponse fut opposée la *Seconde apologie pour l'Université de Paris, imprimée par le mandement de M. le recteur, donné en Sorbonne le sixiesme octobre* 1643.

l'Estat, mais aussi de celuy de l'Église; qu'ils tenoient teste aux papes, qu'ils osoient bien les censurer et les condamner, et vouloient entreprendre les déposer et demettre de leurs sièges?... N'ont-ils pas conspiré contre la pucelle d'Orléans, envoyée de Dieu miraculeusement pour le salut du royaume très-chrestien?... Ne l'ont-ils pas condamnée, ceste sainte vierge, après de longues consultations, et déclarée sorcière, invoquant les diables, idolâtre, schismatique et hérétique?... » L'apologiste des Jésuites soutenait que le même esprit, les mêmes passions qui avaient dirigé l'Université de Paris dans ces précédentes occurrences, inspiraient l'ardente et injuste inimitié qu'elle témoignait à la compagnie de Jésus; il concluait que ses griefs étaient chimériques; qu'aveuglée par la haine, elle sacrifiait ses véritables intérêts; qu'enfin, loin de repousser les nouveaux auxiliaires qui ne demandaient qu'à vivre en paix et à travailler en commun avec elle à l'éducation de la jeunesse, elle devait les accueillir et les agréger à son propre corps.

Tandis que les camps rivaux échangeaient ainsi les apologies, les invectives et les répliques, un incident donna tout à coup l'avantage aux défenseurs de l'Université. Elle avait en ce moment pour recteur un personnage dont nous avons déjà prononcé le nom, le célèbre Louis de Saint-Amour (1), qui devait jouer par la suite un rôle dans la querelle du jansénisme. Saint-Amour eut connaissance de certains cahiers de philosophie qui renfermaient des propositions pernicieuses touchant l'homicide et l'adultère. Il voulut remonter à la source, et il apprit que ces propositions avaient été dictées, peu de mois auparavant, par un régent nommé Héreau (2), qui enseignait alors au collège de Clermont. Le recteur ouvrit une enquête, recueillit les témoignages en présence d'un commissaire du Châtelet, fit dresser un procès-verbal et porta l'affaire au tribunal de l'Université, qui résolut de saisir

---

(1) Né en 1619, mort en 1687. M. Sainte-Beuve, *Port-Royal*, t. II, p. 507, cite un plaisant portrait de Saint-Amour, tracé par Brienne dans ses *Anecdotes de Port-Royal*.
(2) On trouve ce nom écrit *Airault* et *Hérault;* mais la véritable orthographe est *Héreau*, si j'en crois l'*Advis au lecteur* qui précède la *Seconde requeste* de l'Université.

la justice du Parlement. Dans l'intervalle, au mois de janvier 1644, M⁰ François Dumonstier (1), régent d'humanités au collège de Navarre, qui fut, en plusieurs circonstances, comme nous le verrons, le défenseur habile, éloquent et heureux des intérêts de l'Université, M⁰ Dumonstier venait de succéder à Louis de Saint-Amour. Un de ses premiers soins fut de présenter aux magistrats une requête, dans laquelle étaient formellement dénoncées les doctrines téméraires que les disciples de Saint-Ignace osaient inculquer à leurs écoliers. Cette requête fut elle-même suivie de deux avertissements, destinés à prémunir la jeunesse et le peuple contre les dangers prétendus que couraient et la morale publique, et la sécurité des particuliers, et celle de l'État (2). Jamais, depuis l'assassinat de Henri IV, la compagnie de Jésus n'avait été attaquée avec plus de violence. « Le christianisme, disait le recteur, fait résoudre ceux qui luy obéissent et qui le pratiquent à surmonter le mal en le souffrant; le Jésuite instruit le monde, non-seulement à repousser une offense médiocre par une plus grande, mais mesme à prévenir une parole, la plus légère de toutes les choses, et la punir, quoyqu'elle ne soit pas encore dite et proférée, encore mesme qu'elle deust estre fondée en vérité et peut estre en obligation et devoir; et la punir, dis-je, par

---

(1) Sur Fr. Dumonstier, voyez Goujet, *Memoire histor. sur le Collège royal*, t. II, p. 425 et suiv.

(2) *Requeste présentée à Nos Seigneurs de la Cour de Parlement par l'Université de Paris, suivant la conclusion faite en son assemblée au collège des Cholets, ce cinquième de décembre* 1643, *touchant une doctrine pernicieuse enseignée au collège de Clairmont à Paris*, 1644. — *Acte faict à la diligence de M. le recteur de l'Université de Paris pour descouvrir et faire condamner une doctrine préjudiciable à la vie d'un chacun et particulièrement des rois et princes souverains, enseignée au collège des Jésuites à Paris*, 1643. — *Avertissement contre une doctrine préjudiciable à la vie de tous les hommes*, etc., 1644. — *Second avertissement contre une doctrine*, etc. Ces différentes pièces, publiées d'abord séparément, ont été réunies en un volume sous le titre de *Requeste, procès-verbaux et advertissemens faicts à la diligence de monsieur le recteur, et par l'ordre de l'Université, pour faire condamner une doctrine pernicieuse*, etc. Imprimez par le mandement de M⁰ le recteur de l'Université, chez Julian Jacquin, imprimeur à Paris, 1644. Il faut y joindre la *Seconde requeste présentée à Nos Seigneurs de la Cour de Parlement par l'Université de Paris pour joindre à celle du 5 mars* 1644, in-12 de 63 pages. (Arch. imp. MM. 242.) Voyez aussi le recueil des *Censures de la Faculté de théologie*, etc., p. 307 et suiv., et d'Argentré, *De nov. error.*, t. III a, p. 49.

le plus cruel et le plus violent excès où la rage puisse porter les hommes, par un empoisonnement et un meurtre. Non-seulement, il ruine le christianisme, mais il renverse les lois, destruit les assemblées des hommes, les villes et les communautez; il mesprise la puissance et la majesté, abbat la souveraineté, oste des mains des rois l'espée que Dieu leur a baillée pour la conservation des gens de bien et la punition des méchans; sappe les fondements de toute police et justice civile, et plonge tout le monde en une épouvantable confusion, quand il rend un chacun vengeur de sa querelle et exécuteur de ses passions, quand il met le glaive en main de chacun des particuliers intéressés, non pas seulement pour exercer leur vengeance, mais pour aller au devant des injures qui ne sont encore qu'en leur crainte et imagination; non-seulement pour mettre leur vie en assurance, mais pour empescher un discours, un rapport qui pourroit estre fait à leur désavantage, et éviter une honte laquelle mesme ils auroient méritée. » Cette page est assurément écrite sans beaucoup d'art; et toutefois, à considérer le fond du raisonnement, est-il téméraire de supposer qu'elle était sous les yeux de Pascal lorsqu'il écrivait la quinzième *Provinciale?* Aux pernicieuses maximes des Jésuites l'*Avertissement* opposait l'enseignement irréprochable de l'Université de Paris et le zèle qu'elle avait témoigné en tout temps pour la conservation du dépôt de la foi, pour la défense de l'Église et du royaume. « C'est à ceux, concluait l'auteur, qui ont besoin de clarté, d'entretenir la lampe; à ceux qui recognoissent l'utilité et la nécessité de l'eau, de prendre garde, et de s'opposer à ce que l'on n'en corrompe, à ce que l'on n'en empoisonne pas les sources. C'est au Saint-Siège, à messieurs les évêques; c'est aux rois, aux princes et aux magistrats de conserver l'Université de Paris, si l'Église et l'Estat en ont jamais reçeu et en peuvent tirer à l'avenir quelque service. C'est à tous ceux qui abhorrent la tyrannie, de résister à celle que les Jésuites veulent prendre sur la créance et sur les esprits des hommes. »

Ces attaques virulentes n'étaient pas le seul danger qui menaçât alors les Jésuites. Sur le terrain même du dogme, le système de

Jansénius, chaque jour plus répandu dans la Sorbonne et dans le clergé, battait en brèche les propres maximes et l'influence de la Compagnie. En vain l'ouvrage posthume de l'évêque d'Ypres avait-il été condamné en 1642 par le pape Urbain VIII : accueilli partout avec une avide curiosité, le livre censuré pénétrait dans les monastères et dans les écoles, et il y ranimait la controverse sur les difficiles matières de la grâce. Saint-Cyran, jeté au donjon de Vincennes par les ordres de Richelieu, était sorti de captivité après la mort de son puissant persécuteur. Sa prison, ses vertus, son génie, sa parole austère ralliaient autour de lui un groupe considérable de nobles esprits et d'âmes ferventes, capables de tout affronter pour le triomphe des doctrines qu'elles vénéraient comme la pure tradition du christianisme. Parmi ces généreux disciples de l'ami de Jansénius, se trouvait un jeune docteur en théologie de la Sorbonne, appelé Antoine Arnauld, le dernier des dix enfants survivants de l'avocat de ce nom qui avait plaidé en 1594 pour l'Université contre les Jésuites. La famille d'Arnauld était gagnée tout entière au jansénisme. Sa sœur aînée, sous le nom de mère Angélique, dirigeait le monastère de Port-Royal de Paris, dans lequel il comptait, parmi les religieuses, cinq autres sœurs. Trois de ses neveux, animés des mêmes sentiments, M. Le Maistre, M. de Saci et M. de Séricourt, vivaient retirés près de Chevreuse, dans la solitude de Port-Royal des Champs. Malgré son caractère impétueux et opiniâtre, Antoine Arnauld avait lui-même subi le joug de Saint-Cyran, et l'ascendant plus doux, mais non moins irrésistible, de sa mère qui, en mourant, le conjura de se consacrer à la défense de la vérité, « de ne s'en relâcher jamais, et de la soutenir sans aucune crainte, quand il irait de mille vies (1). » Mais qu'était-ce que la vérité pour cette femme courageuse, et pour tous les siens, si ce n'est le néant de l'homme et l'action souveraine de la grâce entendue et définie au sens de Jansénius? Par son éducation, par les exemples de sa famille, par ses propres convictions, Arnauld se trou-

---

(1) Passage cité par M. Sainte-Beuve, *Port-Royal*, t. II, p. 22.

vait donc engagé à combattre énergiquement pour une cause dont les adversaires les plus décidés étaient les Jésuites. Il avait, au reste, toutes les qualités du polémiste : une sagacité judicieuse, une érudition aussi variée que profonde, un talent singulier pour la controverse. Déjà, dans le cours des épreuves qui lui avaient ouvert l'accès des grades théologiques, il avait fait l'étonnement de ses juges par la vigueur extraordinaire de son argumentation. Tout présageait que, dans la lutte qui se préparait, il serait l'honneur et le plus ferme soutien de son parti. Cette lutte inévitable ne tarda pas à s'engager, et ce fut Arnauld qui en donna le signal.

Les requêtes, les avertissements et les autres écrits publiés par l'Université avaient porté leurs fruits. Un cri s'élevait de toutes parts contre la morale relâchée que, disait-on, enseignaient les casuistes de la compagnie de Jésus. On les accusait de corrompre la loi de Dieu par d'injustes tempéraments, par une indulgence criminelle, ingénieuse à excuser le désordre, et plus jalouse de rassurer la conscience du pécheur que de lui inspirer l'horreur du péché. Ces maximes énervantes, ces capitulations avec la cupidité et l'orgueil, avaient ému le cœur d'Arnauld ; et, pour réveiller dans les âmes le sentiment des devoirs de la piété chrétienne, il composa son livre *De la fréquente communion*. Dans cet ouvrage, écrit sous les yeux et en quelque sorte sous l'inspiration de Saint-Cyran, Arnauld, sans crainte d'effrayer et de décourager les âmes tièdes, poursuivait avec une logique impitoyable ce qu'il appelle quelque part « l'abus des confessions imparfaites, des absolutions précipitées, des satisfactions vaines et des communions sacrilèges (1). » A la différence des casuistes qui recommandaient, qui permettaient du moins l'usage fréquent des sacrements, il voulait que le chrétien s'éprouvât lui-même, qu'il se sentît déjà renouvelé intérieurement par le repentir, avant d'appliquer aux plaies de son âme le remède divin qui devait achever la guérison. Quoique les Jésuites ne fussent pas nommés

---

(1) *De la fréquente communion*, part. II, ch. XLIV, Œuv. compl., t. XXVII, p. 521.

dans l'ouvrage, jamais coup plus sensible n'avait été porté, par une main plus vigoureuse, à leur autorité comme directeurs des consciences.

L'Université de Paris et la compagnie de Jésus étaient déjà aux prises quand parut, au mois d'août 1643, le livre *De la fréquente communion*. Les matières qui s'y trouvaient traitées n'intéressaient que la Faculté de théologie; le recteur et son conseil n'avaient point d'avis à émettre sur ces délicates questions. Mais, dans les différentes compagnies de l'Université, les têtes étaient trop échauffées pour contenir l'expression de leur sympathie en faveur d'un ouvrage qui était écrit par une main amie et qui fournissait de puissantes armes contre des rivaux détestés. L'œuvre d'Arnauld reçut au sein de l'école de Paris l'approbation et tout l'appui que cette école pouvait donner. Le Père de Sesmaisons, de la société de Jésus, vint à publier sous le voile de l'anonyme des *Remarques judicieuses sur le livre de M. Arnauld*, ouvrage dans lequel ce dernier était fort rudement traité : l'imprimeur Cramoisy fut cité devant le recteur, et il eut quelque peine à se justifier d'avoir mis sous presse un pareil ouvrage sans avertir l'Université (1). Les Jésuites ne se montraient pas moins irascibles; abusant de leur crédit, ils firent appréhender et renfermer au For-Lévêque l'imprimeur de l'Université, Jacquin, qui avait imprimé, par l'ordre du recteur, la requête et les apologies dont nous avons donné plus haut quelques extraits. La controverse, aggravée par ces incidents, tournait à la violence la plus extrême. Déjà dans quelques villes, entre autres Amiens, les partis avaient failli en venir aux mains (2). Le cardinal Mazarin, héritier du pouvoir et de la politique de Richelieu, ne tarda pas à s'alarmer de cette agitation, et il prit des mesures pour l'apaiser. Malgré l'évidente exagération des plaintes de l'Université, les procès-verbaux dressés à la diligence du recteur Louis de Saint-Amour, ne permettaient pas de douter que des propositions condamnables eussent été avancées, au collège de Clermont,

(1) *Arch. U.*, Reg. XXVII, fol. 341 et 342.
(2) *Mémoires d'Omer Talon*, dans la Collection de MM. Michaud et Poujoulat, p. 104.

dans les dictées du Père Héreau. En conséquence, le provincial et les supérieurs des trois maisons que la compagnie de Jésus avait à Paris furent cités devant le conseil d'État. Le chancelier les admonesta sévèrement, en présence de la reine; ils furent contraints de reconnaître les torts de leur confrère, de désavouer ses erreurs, et de prendre l'engagement de se montrer à l'avenir plus circonspects et plus vigilants (1). Quant au refus des grades académiques, refus qui avait été la première occasion de cette dispute, il n'en fut pas parlé; les Jésuites effrayés, à ce qu'il semble, des inimitiés dont ils étaient l'objet, n'insistèrent pas, comme ils l'avaient fait jusque-là, pour que la reine leur accordât le privilège exorbitant de conférer eux-mêmes la maîtrise à leurs écoliers. Après avoir ainsi réglé ce qui concernait le Père Héreau, Mazarin se proposait de terminer également le débat soulevé par le livre *De la fréquente communion*. Il jugea que le parti le plus simple pour ramener la paix, c'était d'envoyer l'auteur en Italie plaider lui-même sa cause et discuter avec les cardinaux romains les difficiles matières qu'il avait traitées. Le voyage devait avoir lieu aux frais du roi; Arnauld devait être porteur de lettres de la reine pour le pape et pour l'ambassadeur de France près la cour de Rome, de manière à ce que son départ ne pût ressembler à une disgrâce, encore moins à un exil. Cet expédient avait-il été suggéré par les Jésuites eux-mêmes afin d'éloigner un adversaire qu'ils redoutaient? La conjecture est au moins probable, si le fait n'est pas démontré. Toujours est-il que la plus vive émotion se répandit dans l'Université, et même dans la magistrature, à la nouvelle que M. Arnauld avait reçu l'ordre de se rendre auprès du Saint-Siège pour expliquer et justifier sa doctrine. Le recteur Dumonstier assembla son conseil et lui communiqua les intentions manifestées par le gouvernement au sujet d'Arnauld; il ajouta que celui-ci était résolu à ne pas quitter la France, dût-il, en y demeurant, être taxé de désobéissance au roi. Il n'y eut qu'une voix parmi les membres du conseil pour

---

(1) *Censures de la Faculté de théologie*, p. 335.

protester contre l'injustice qui allait être commise à l'égard du docteur le plus éloquent et le plus illustre de la maison de Sorbonne. Tous exprimèrent l'avis qu'on devait aller trouver la reine, le cardinal Mazarin, le chancelier, les princes du sang, et intercéder auprès d'eux pour que le jugement du livre *De la fréquente communion* fût réservé soit à la Faculté de théologie, soit à l'assemblée du clergé de France. Le recteur eut aussi la mission d'insister avec plus de force que jamais sur les autres griefs de sa compagnie, de réclamer la mise en liberté du libraire Jacquin, et surtout de requérir une nouvelle et plus éclatante répression contre les écarts de doctrine qui avaient été signalés dans le collège de Clermont, écarts que le conseil privé, comme nous venons de le voir, s'était contenté de blâmer à huis clos (1). De leur côté, les conseillers aux enquêtes demandèrent que toutes les chambres du Parlement se réunissent pour délibérer en commun sur l'atteinte portée, en la personne d'Arnauld, aux libertés de l'Église gallicane; cette Église, disaient-ils, qui n'était pas dans l'usage de voir les membres de son clergé traduits hors du royaume devant des juges étrangers, mais qui, bien au contraire, s'était toujours fait gloire de remettre la décision des différends de cette nature à ses propres prélats, à ses conciles nationaux, ou à la Sorbonne (2). Ainsi un nouvel orage semblait devoir résulter des efforts même de Mazarin pour rétablir la paix. Heureusement l'habile cardinal eut bientôt écarté le péril par sa modération et sa fermeté. Il ne permit pas au Parlement de se réunir pour discuter les termes et la portée de l'ordre qu'Arnauld avait reçu de la reine, mais il n'insista pas pour que cet ordre fût exécuté ; et si le fougueux interprète de la doctrine de Saint-Cyran n'avait pas eu un certain penchant pour la vie secrète et pour le mystère, il aurait pu quitter la retraite où il s'était provisoirement caché, « à couvert, disait-il, sous l'ombre des ailes de Dieu ». Quant aux thèses soutenues au collège de Clermont,

---

(1) *Arch. U.*, Reg. xxvii, fol. 343.
(2) Sur l'émotion que l'affaire d'Arnauld produisit dans le Parlement, il faut lire le récit très circonstancié d'Omer Talon, *Mémoires*, p. 102 et suiv.

Mazarin blâma sévèrement la vivacité que le recteur avait témoignée en cette affaire. Il promit de faire sortir de prison le libraire Jacquin, qui fut effectivement mis en liberté presque aussitôt; mais en même temps il déclara que l'enseignement du Père Héreau avait occupé le conseil d'État; que la reine avait tiré un désaveu du provincial des Jésuites, et qu'il était superflu d'examiner de nouveau une question déjà jugée (1). Cette fin de non-recevoir ne découragea pas encore l'Université, car quelques mois plus tard, en décembre 1644, elle présenta au parlement de Paris une nouvelle et troisième requête, remplie des mêmes doléances (2). Elle avait été, il est vrai, provoquée par une apologie maladroite, œuvre du Père Caussin, qui s'était cru obligé de disculper tous les écrivains de sa communauté, non sans récriminer violemment contre leurs adversaires. Toutefois il était évident que le débat était épuisé; les auteurs de ces requêtes trop multipliées ne pouvaient pas supposer qu'elles fussent accueillies; leur triste et unique résultat, c'était d'accuser de plus en plus l'irréconciliable hostilité des écoles rivales qui se disputaient l'éducation de la jeunesse française.

La compagnie qui se trouvait engagée le plus directement dans la lutte contre les Jésuites, parce qu'elle était menacée plus que toutes les autres dans ses intérêts et dans son honneur, c'était assurément la Faculté des arts; mais une concurrence inattendue menaçait aussi une autre corporation non moins ardente à défendre ses droits, la Faculté de médecine. En 1612, un médecin de Montpellier, qui se nommait Théophraste Renaudot, vint s'établir

---

(1) *Mémoires de Mathieu Molé*, t. III, p. 102 et suiv. Voy. surtout les extraits des carnets de Mazarin que M. Cousin a donnés dans le *Journal des Savants*, janvier 1855, p. 23.

(2) III*e Requeste de l'Université de Paris présentée à la Cour de Parlement le 7 décembre* 1644, *contre les libelles que les Jésuites ont publiez sous les titres d'Apologie, par le P. Caussin, et de Manifeste apologétique, par le P. Lemoine, et autres semblables, avec les répliques qu'icelle Université employe pour lui servir tant au jugement de cette requeste que des deux précédentes.* Imprimées par ordre de l'Université. A Paris, 1644. — *Response de l'Université de Paris à l'apologie pour les Jésuites qu'ils ont mise au jour sous le nom du P. Caussin.* Imprimée par ordre d'icelle Université pour servir au jugement tant de la requeste présentée à la Cour le 7 décembre 1644, que des deux précédentes. A Paris, 1644.

à Paris. Il réussit à se faire délivrer un brevet de médecin ordinaire du roi, prêta serment en cette qualité, et ouvrit un bureau de consultations gratuites pour les pauvres. Par un cumul étrange des occupations les plus opposées, il fonda en même temps un bureau de renseignements, un mont-de-piété et le premier journal qui ait vu le jour en notre pays, la *Gazette de France*. Les médecins de Paris ne songèrent pas d'abord à l'inquiéter; mais à mesure que sa clientèle s'augmenta, il se vit exposé à de puissantes inimitiés que balançait à peine la faveur de Richelieu. Aucune atteinte plus directe n'avait encore été portée aux vieux privilèges de la Faculté de médecine de Paris. Sous ses yeux, un praticien qui n'avait subi devant elle aucun acte probatoire, un praticien qu'elle ne s'était pas agrégé, qui n'avait pas même sollicité cet honneur, exerçait l'art de guérir, sans invoquer d'autre titre que la permission du roi et la faveur publique. Cette nouveauté pouvait avoir des conséquences d'autant plus graves que Renaudot avait su intéresser à son succès la Faculté de Montpellier, qui, jugeant l'occasion favorable, s'efforça d'obtenir pour ses docteurs, en vertu des termes mêmes de sa fondation, le droit d'enseigner dans la capitale du royaume. Deux célèbres écoles, les plus anciennes de la chrétienté, se trouvaient ainsi en cause dans ce litige qui ne semblait toucher que des intérêts particuliers. Malgré l'appui de Richelieu, Renaudot ne put éviter un procès au Châtelet; il essaya de faire évoquer l'affaire au conseil privé; mais, son puissant protecteur étant mort dans l'intervalle, il n'obtint pas cette évocation, et au commencement de 1644 le procès vint se dénouer devant le Parlement. L'Université de Paris avait fait signifier son intervention en faveur de la Faculté de médecine contre Renaudot; celui-ci était assisté par ses deux fils, qui suivaient la même carrière que leur père, par un certain nombre de ses clients et par la Faculté de médecine de Montpellier. Après de longues plaidoiries, la cour, sur le réquisitoire d'Omer Talon, se prononça pour le strict maintien des lois et arrêts qui défendaient d'exercer l'art de guérir, dans la ville de Paris, à quiconque ne s'était pas fait approuver par la Faculté (1). Les assemblées qui se tenaient chez Renaudot, les consultations publiques qu'on y donnait, furent interdites; seulement la cour enjoignit aux médecins de Paris de prendre des mesures pour que les pauvres fussent visités et secourus. Les deux fils de Renaudot, Isaac et Eusèbe, portèrent en quelque sorte la peine des soucis que la famille avait causés à la Faculté de médecine : celle-ci les écarta de son sein pendant plusieurs années; ils ne purent obtenir le bonnet doctoral qu'en 1647, après un désaveu public des écrits et de la conduite de leur père.

Dans l'état de continuelle excitation où se trouvaient les esprits, un fait assez remarquable, surtout après tant de démêlés ardents avec la communauté de Jésus, c'est qu'un ancien membre de cette communauté, qui n'était pas maître ès arts, fut autorisé à enseigner la rhétorique au collège du cardinal Lemoine. Il se nommait Coulon et était originaire du diocèse de Maillezais. Après avoir étudié chez les Jésuites au collège de Poitiers, il était entré dans la Compagnie, qu'il avait bientôt quittée, et était venu demander asile à l'Université de Paris. Sa requête fut admise à l'unanimité, à cause de la disette des professeurs, *propter professorum penuriam*, dit Quintaine (2). Il est donc établi que les sujets capables manquaient, au commencement du règne de Louis XIV, pour remplir les chaires d'humanités dans ce grand nombre de collèges établis à Paris. Nous apprenons également, par le témoignage de Quintaine, qu'au mois d'octobre 1645, le recteur Dumonstier, préoccupé des moyens de favoriser les vocations, proposa d'élever, aux frais de l'Université, un certain nombre d'enfants de bonne espérance qui, par la suite, pourraient devenir régents ou précepteurs (3). C'est la première fois, à notre connaissance, qu'on voit poindre l'idée, encore bien

---

(1) Arrêt du 1ᵉʳ mars 1644. Cet arrêt fait partie du recueil de Denis Puylon, *Statuts de la Faculté de médecine en l'Université de Paris, avec les pièces justificatives de ses privilèges*, etc., Paris, 1672, in-4°. Voyez aussi *Reg. de la Fac. de Méd.*, t. XIII, fol. 215 et 369; Hazon, *Éloge historique de la Faculté de médecine de Paris*, etc., Paris, 1773, in-4°, p. 34 et 35; et une lettre de Gui Patin du 8 mars 1644 (*Lettres de Gui Patin*, Paris, 1846, in-8°, t. I, p. 322).

(2) *Arch. U.*, Reg. XXVII, fol. 347.

(3) *Arch. U.*, Reg. XXVII, fol. 361.

vague, d'une école normale destinée à former des maîtres pour la jeunesse. Mais la proposition de Dumonstier n'eut alors aucune suite. Il ne paraît pas même qu'elle ait été discutée ; elle tomba comme tombent tant d'autres germes, qui sont stériles pour une génération, mais que l'avenir recueille et développe.

Parmi tant de sujets de soucis, dont le plus grave assurément n'était pas l'insuffisance numérique de son personnel, l'Université eut lieu de se réjouir d'un incident qui la relevait à ses propres yeux. Au mois de juillet 1644, le prince de Condé, qui présidait le conseil de régence, la sollicita d'inscrire parmi les candidats à la maîtrise ès arts le second de ses fils, Armand, prince de Conti. Un pareil vœu, exprimé de si haut, avait d'autant plus de prix que l'attachement de M. le prince pour les Jésuites était notoire. Il passait pour avoir composé lui-même une réfutation d'Arnauld, publiée par commandement, sous le titre de *Remarques chrétiennes et catholiques sur le livre de la Fréquente communion* (1). Son fils aîné, le duc d'Enghien, avait, à l'âge de quatorze ans, soutenu, avec un certain éclat des thèses de philosophie chez les Jésuites de Bourges. Armand de Conti venait de terminer ses études au collège de Clermont. L'Université saisit avec ardeur l'occasion de disputer à la compagnie de Jésus ces illustres clients. Le chancelier de Notre-Dame fut invité par le recteur, dans les termes les plus respectueux pour la famille de Bourbon, à procéder aux actes probatoires du noble candidat, après avoir pris son jour et avec toutes les marques d'honneur dues à sa naissance (2). La solennité eut lieu le 28 juillet, en présence du cardinal Mazarin. Peu de jours après, le recteur remit au prince ses lettres de maître ès arts ; elles étaient renfermées dans un étui d'argent qui portait d'un côté les armes de la maison de Bourbon, et de l'autre celles de l'Université (3). Il est facile de juger par là quelle fut l'émotion de M° Dumonstier quand on lui apprit, quelques semaines

---

(1) Barbier, *Dictionnaire des ouvrages anonymes et pseudonymes*, Paris, 1822, in-8°, t. III, p. 199. Cf. Sainte-Beuve, *Port-Royal*, t. II, p. 181.

(2) *Arch. U.*, Reg. XXVII, fol. 345 v°.

(3) *Arch. U.*, Reg. XXVII, fol. 347. Cf. *Gazette de France*, juillet et août 1644, p. 604 et 651 ; *Journal d'Olivier d'Ormesson*, t. I, p. 199 ; *Mém. de Mathieu Molé*, t. III, p. 107.

après, qu'il était accusé d'avoir outragé M. le prince dans un discours prononcé aux Mathurins. Les Jésuites étaient les auteurs de ce faux bruit, qu'un docteur en théologie de la maison de Sorbonne, Mᵉ Lemoine, avait recueilli de la bouche de l'un d'eux, le P. Pelletier. Le recteur convoqua extraordinairement les procureurs et les doyens, et leur fit part de l'odieuse calomnie dont il était lui-même l'objet. Le lendemain il se rendit avec eux chez le prince de Condé pour se disculper et protester de nouveau de son respect à l'égard d'un aussi grand personnage. Peu de mots suffirent pour expliquer le malentendu, et le prince congédia la députation en l'assurant de ses bonnes grâces (1).

Sans cesse de nouveaux incidents tenaient ainsi en éveil l'Université, soit qu'il lui fallût défendre ses intérêts ou sa bonne renommée contre ses rivaux, soit qu'elle eût à réprimer des abus qui compromettaient dans son sein la discipline ou les études. Au mois d'août 1644, elle fut avertie, par une lettre du recteur de Reims (2), que la Faculté de médecine de cette ville admettait aux examens, contre l'esprit et la lettre des statuts, certains candidats qui n'étaient pas maîtres ès arts. Un procès s'en était suivi devant le présidial, lequel, sans contester les statuts invoqués contre les médecins, avait refusé de condamner ceux-ci avant une information plus ample sur les usages suivis dans les autres écoles. Le recteur avait appelé de cette sentence au Parlement, et il sollicitait l'Université de Paris de se porter partie au procès pour le maintien des règlements académiques. Il était difficile que l'Université refusât de déférer à cette invitation. Elle se trouva donc jetée dans un nouveau litige qui ne la concernait pas directement, bien que l'exemple contagieux donné par la Faculté de médecine de Reims ne fût pas sans danger pour ses propres coutumes. L'issue, heureusement, n'était pas douteuse, et le Parlement se prononça pour l'observation des statuts qui, à Reims comme à Paris, imposaient aux médecins la maîtrise ès arts.

Au mois de novembre 1644, débarqua en France une reine fu-

(1) *Arch. U.*, Reg. xxvii, fol. 348.
(2) V. Pièces justificatives, n° XCVI.

gitive, chassée de son royaume par les troubles civils, Henriette d'Angleterre, la noble et malheureuse épouse de Charles Ier, dont l'éloquence de Bossuet a immortalisé le nom et les infortunes. L'Université de Paris fut avertie de son arrivée par le maître des cérémonies, M. de Sainctot; sur l'ordre du roi et comme tous les corps de l'État, elle se rendit au Louvre, en grand cortège, pour complimenter la princesse. Le recteur fit une courte harangue à laquelle la reine répondit avec affabilité. Le cortège de ces hommes pacifiques, modestement voués à l'éducation de la jeunesse, ne pouvait exciter dans l'esprit d'Henriette qu'une douce impression, sans mélange de souvenirs pénibles; mais elle éprouva des sentiments tout autres lorsque lui furent annoncés MM. du Parlement. A ce nom, qui lui rappelait la terrible assemblée dont la révolte l'avait condamnée à fuir l'Angleterre, elle ne put cacher son émotion et pâlit (1). Que de larmes n'eût-elle pas versées si elle avait pu plonger dans l'avenir et apercevoir la fin tragique réservée à son royal époux!

Le mois suivant, eut lieu à Notre-Dame un service solennel pour le repos de l'âme d'une autre princesse, Élisabeth, reine d'Espagne, fille de Henri IV et de Marie de Médicis, qui était morte au commencement d'octobre. L'Université fut conviée, selon l'usage, à la cérémonie, mais sous l'expresse condition qu'elle se contenterait de quatre sièges dans les travées supérieures, qu'elle irait occuper ceux qui lui seraient assignés, et non pas d'autres, qu'enfin elle se garderait de renouveler le scandale par elle donné lors des obsèques du cardinal de Richelieu. La condition paraissait dure; cependant chacun fut d'avis de l'accepter, dans la crainte qu'en cas de refus, l'Université ne se vît désormais privée de l'honneur de figurer aux obsèques des princes, à côté des premiers corps de l'État. Elle se résigna donc à ce qu'on exigeait d'elle, non sans déposer entre les mains du maître des cérémonies une protestation destinée à garantir un vain droit qu'elle ne devait plus exercer (2).

---

(1) *Arch. U.*, Reg. xxvi, fol. 323 v°; Reg. xxvii, fol. 348 et 349.
(2) *Arch. U.*, Reg. xxvi, fol. 323 v°; Reg. xxvii, fol. 349.

Ce qui présentait plus de gravité que ces questions d'étiquette et de préséance, c'était le débat avec les fermiers généraux des postes au sujet des messageries. Le litige, à peine vidé sur un point, recommençait aussitôt sur un autre, avec une variété d'incidents qui faisait moins d'honneur à la bonne foi des fermiers qu'à leur fertile imagination. Au mois de décembre 1643, ils avaient obtenu un édit portant « création de trois offices héréditaires de contrôleurs, peseurs, taxeurs de ports de lettres et paquets, avec attribution du quart en sus sur tous les ports de lettres et paquets, en tous les bureaux de postes et messageries de France (1). » En outre, afin de prévenir une partie des objections que cet édit pouvait soulever, un arrêt du conseil avait ordonné que, moyennant une somme de 40,000 livres payée par le fermier général, celui-ci serait subrogé à tous les droits de l'Université, et que les messagers qu'elle entretenait se verraient déchus de leurs charges. Déjà, quelques années auparavant, une transaction analogue avait été préparée, et l'Université l'avait repoussée avec énergie, comme désastreuse pour ses intérêts. Cette fois encore, elle fit la résistance la plus opiniâtre à ce qu'elle regardait comme une véritable spoliation. Le lendemain du jour où les dispositions du nouvel édit avaient été connues, le recteur Dumonstier était venu porter ses vives doléances à la reine, au prince de Condé, au duc d'Orléans (2). Ses démarches eurent, à l'origine, peu de succès. Un second arrêt, plus pressant que le premier, ordonna que l'Université, ayant refusé de recevoir la somme de 40,000 livres qui lui était offerte, ne conserverait désormais qu'un seul messager par diocèse pour le service exclusif des écoliers et de leurs maîtres; en cas de contravention, les chevaux et les équipages des délinquants devaient être saisis, pour être vendus au profit des fermiers généraux. Dumonstier ne se rebuta pas de cet échec alarmant; il renouvela ses démarches auprès de la reine et des princes, rédigea des requêtes, et demanda même à comparaître en personne devant le conseil privé pour y être entendu dans ses

---

(1) *Pièces concernant les messageries de l'Université*, p. 29 et 30.
(2) *Arch. U.*, Reg. xxvii, fol. 320 ; Reg. xxvi, fol. 338 et 339.

explications. Deux fois, au mois d'août et au mois de novembre 1644, il parla en faveur de sa compagnie et produisit une impression profonde sur l'assistance, dont faisaient partie le chancelier Séguier, le contrôleur des finances d'Émery, le prince de Condé et le duc d'Orléans (1). Le rapport de l'affaire avait été confié à Omer Talon; sur ses conclusions, gain de cause fut donné à l'Université, et elle eut la joie de voir révoquer les dispositions des arrêts antérieurs, en tant qu'ils pouvaient porter préjudice à ses messageries. Quelque temps après, des lettres patentes, datées du 15 mai 1645 et enregistrées le 29 du même mois, confirmèrent et complétèrent ce succès en quelque sorte inespéré : « Voulons et ordonnons, disait le roi, que les messagers pourvus par notre fille l'Université de Paris, jouissent pleinement et paisiblement de leurs offices, fassent, comme ils ont toujours eu droit de faire par le passé, généralement toutes fonctions de messagerie, pour toutes sortes de personnes et affaires, de quelque qualité qu'elles soient, sans exception ni réservation quelconque, concurremment avec les messagers qui ont été par nous et nos prédécesseurs et seront ci-après pourvus... et en ce faisant, qu'ils puissent faire voyager à jours ordinaires et réglés, porter lettres, paquets, or et argent, requêtes, informations, procès criminels et civils; faire les voitures de toutes denrées et marchandises, et généralement de tout ce qui leur sera confié; conduire toutes sortes de personnes; et à cet effet tenir bureaux ouverts, tant en notre bonne ville de Paris qu'aux lieux de leurs titres; voulons que notre dite Fille et les messagers par elle pourvus ne puissent être traduits pour raison des dites messageries, circonstances et dépendances, savoir les dits messagers, que par devant notre prévôt de Paris ou son lieutenant, conservateur des privilèges de notre dite Fille, et notre dite Fille, qu'en notre cour de Parlement de Paris (2)... »

Ces lettres si décisives en faveur des messageries de l'Université étaient dues en grande partie aux efforts persévérants et habiles

---

(1) *Arch. U.*, Reg. xxvi, fol. 323 v°; Reg. xxvii, fol. 347 et 349. *Journal d'Ormesson*, t. I, p. 212.
(2) *Pièces concernant les messageries*, p. 31.

de Dumonstier. Aussi, dans la première assemblée qui se tint aux Mathurins après la promulgation de l'édit royal, le recteur fut-il accueilli par les félicitations et les remerciements unanimes de tous ses collègues. On alla jusqu'à décider que le procès-verbal de la séance mentionnerait le témoignage de la reconnaissance publique envers le chef éloquent et dévoué qui avait si bien servi la cause commune (1). Ce service, au reste, ne fut pas le seul du même genre, comme nous allons le voir, que Dumonstier se vit appelé à rendre à l'Université pendant les deux années de son rectorat.

Le Pré-aux-Clercs, cet antique domaine de l'Université de Paris, était, comme ses messageries, l'objet de litiges sans cesse renaissants. Lorsqu'il avait été question en 1639 d'en aliéner quelques parties, les moines de l'abbaye de Saint-Germain des Prés avaient formé opposition. La vente consommée, ils avaient essayé, comme nous l'avons dit plus haut (2), de donner une apparence de force à leurs prétendus droits, en opérant la saisie des rentes dues à l'Université par les acquéreurs. Après s'être prolongé pendant plusieurs années, le procès sembla en 1645 au moment de se terminer. Cette année, nous trouvons Dumonstier non moins préoccupé qu'il ne l'était par l'affaire des messageries, visitant ses juges, rédigeant des requêtes, excitant le zèle des procureurs et des doyens, et les admonestant lorsqu'ils négligeaient de l'accompagner devant le grand conseil, où l'affaire se plaidait (3). Le 27 juin, le conseil rendit son arrêt; il accordait main levée à l'Université des saisies opérées sur ses débiteurs par les moines de Saint-Germain, et ordonnait que les arrérages échus des rentes constituées à son nom lui fussent immédiatement payés (4). Le gain du procès était dû cette fois encore à Dumonstier. Le dernier jour des débats, il prit la parole et expliqua si clairement toutes

---

(1) *Arch. U.*, Reg. xxvii, fol. 350.
(2) Liv. I, ch. vi.
(3) *Arch. U.*, Reg. xxvi, fol. 328.
(4) Du Boulay, *Mémoires historiques sur la seigneurie et propriété du Pré aux Clercs*, p. 318 et suiv.; Pourchot, *Mémoire touchant la seigneurie du Pré aux Clercs*, etc., p. 148 et suiv.

les faces de la question que, de l'aveu des juges, il rendit évident à tous les yeux le bon droit de ses clients, qui jusque-là paraissait contestable (1). Un nouveau jugement du 20 juillet 1646 cassa les baux contractés au préjudice des légitimes propriétaires, et ordonna que, pour prévenir de nouvelles usurpations, il serait procédé au bornage du Pré-aux-Clercs. Quelques mois auparavant, l'Université avait obtenu condamnation contre les religieux Augustins, au sujet de certaines rentes que ceux-ci retenaient indûment; en effet, bien que ces rentes fussent le prix de diverses portions du Grand-Pré qui, vendues autrefois à la reine Marguerite de Navarre, avaient dû faire retour à l'Université en exécution de l'arrêt célèbre du 23 décembre 1622, les religieux avaient continué à en percevoir les arrérages; quelques-unes ayant été remboursées, ils avaient touché le prix de rachat. Une sentence du Parlement du 19 août 1645 mit fin à cette injuste possession (2).

Ces succès répétés, dans une suite d'affaires très complexes, furent accueillis non seulement par la Faculté des arts, qui s'y trouvait plus intéressée, mais par les Facultés supérieures, avec les témoignages de la joie la plus vive. Le procureur syndic, Jacques du Chevreul, se rendit l'organe de la reconnaissance publique en proposant d'assurer, sur les fonds de l'Université, au recteur, qui avait si bien mérité de la compagnie, une indemnité extraordinaire de 300 livres et une pension annuelle d'égal chiffre (3). Jamais autrefois l'école de Paris ne s'était crue assez riche pour rémunérer par une pension viagère le dévouement de ses membres les plus recommandables. Mais ses revenus s'étaient un peu augmentés dans ces derniers temps, et les arrêts qu'elle venait d'obtenir devaient tôt ou tard contribuer à les accroître. Aussi, loin de soulever aucune objection, la proposition de Jacques du Chevreul fut regardée comme insuffisante par les députés de l'Uni-

---

(1) *Arch. U.*, Reg. xxvii, fol. 358; Reg. xxvi, fol. 318 et 329.
(2) Du Boulay, *Mém. hist.*, p. 321 et suiv.; Pourchot, *Mémoire*, etc., p. 98. Cf. *Arch. U.*, Reg. xxvi, fol. 330 et s.
(3) *Arch. U.*, Reg. xxvii, fol. 358.

versité, qui, d'une voix unanime, portèrent de 300 livres à 600 livres le taux de l'indemnité et celui de la pension destinées à Dumonstier. Toutefois, comme la mesure engageait d'une manière inusitée et permanente les fonds de l'Académie, les procureurs et les doyens ne voulurent rien arrêter avant d'avoir consulté officiellement leurs compagnies respectives. Celles-ci prirent à peine le temps de délibérer ; partout le vote eut lieu par acclamation. Les Nations de France, de Picardie et de Normandie se signalèrent par leur enthousiasme généreux. La Nation de France décida que 300 livres seraient prélevées annuellement sur ses revenus propres pour être ajoutées à la pension proposée ; la Nation de Picardie promit 50 livres, celle de Normandie, 50 livres. Quoique ses pouvoirs eussent été prorogés par une élection récente, Dumonstier se tenait, par convenance, à l'écart durant ces discussions. Ce fut le doyen de la Faculté de théologie, M° Mulot, qui, le 18 août 1645, présida, aux Mathurins, l'assemblée dans laquelle il fut définitivement résolu, en présence et sur le rapport des délégués de toutes les compagnies, qu'une rente annuelle de 600 livres était accordée au recteur, sur les fonds de l'Université, indépendamment de celle de 400 livres que lui offraient les Nations de France, de Picardie et de Normandie, agissant en leur nom personnel. Séance tenante, la donation fut constatée par un acte en bonne forme, que dressèrent deux notaires et dont lecture fut donnée pour la dernière fois dans une nouvelle assemblée aux Mathurins, le 7 octobre suivant (1). L'homologation, que le receveur Daccole était chargé de poursuivre au Parlement, eut lieu un peu plus tard, en vertu d'un arrêt du 31 mai 1646.

En décernant cette récompense au chef habile qui l'avait administrée longtemps avec succès, l'Université n'avait pas seulement pour but d'acquitter la dette de sa reconnaissance ; elle voulait aussi ranimer le zèle trop abattu de ses membres, les accoutumer à compter davantage sur elle-même, sur son équité, sur

(1) V. Pièces justificatives, n° XCVII.

son crédit et sur les ressources pécuniaires dont elle disposait. Vers cette époque en effet, les régents qui sont dans le besoin commencent à être secourus; les vieux serviteurs reçoivent des allocations extraordinaires; quelquefois même des présents sont offerts à des étrangers qui ont rendu service à la compagnie. Une somme, dont Quintaine a omis de donner le chiffre, fut allouée en 1645 à Pierre Padet pour l'indemniser des dépenses qu'il avait faites depuis vingt ans dans l'intérêt de l'Université; il reçut en outre un exemplaire de la Collection des Conciles, imprimée depuis peu. Le même ouvrage fut donné à plusieurs magistrats, entre autres à M. de Chaillou, doyen des maîtres des requêtes, au président de Pommereux, et au conseiller Broussel, dont l'Université avait toujours eu à se louer dans le cours de ses procès. Godefroy Hermant, dont l'érudition et la plume venaient d'être employées si utilement contre les Jésuites, toucha une indemnité de 300 livres. Le receveur Daccole obtint lui-même 150 livres pour prix de ses soins. Enfin le taux des distributions qui avaient lieu aux assemblées mensuelles de l'Université fut augmenté dans une proportion notable; au lieu de 20 sous, 3 livres furent attribuées aux doyens et aux procureurs (1).

L'Université constatait elle-même, par ces mesures presque libérales, que sa situation financière s'était sensiblement améliorée. La joie légitime qu'elle en éprouvait aurait été sans mélange si elle n'avait pas eu à s'affliger du déclin de son influence politique : mais, sous ce dernier rapport, elle parvenait à se faire illusion à elle-même par la forme toujours solennelle de ses délibérations, par le rang de quelques-uns des candidats qui sollicitaient ses grades, par la pompe de son cortège dans les cérémonies publiques où elle aimait à figurer, enfin par le rôle extérieur qu'en mille occasions elle était encore appelée à jouer. Avait-elle appris le décès de quelque personnage considérable qui l'avait protégée, elle ordonnait un service funèbre, y conviait le peuple et les grands; et, devant tous, le recteur, dans l'éclat de sa dignité, oc-

---

(1) *Arch. U.*, Reg. xxvii, fol. 361 v°, 362, 363, 367; Reg. xxvi, fol. 336.

cupait la place d'honneur. Ainsi, au mois de février 1646, après le décès de M. de Gayan, président au Parlement, une messe solennelle fut chantée pour le repos de son âme, dans l'église des Mathurins, devant une nombreuse assistance; l'office terminé, M° Hamon (1), bachelier en médecine, prononça l'oraison funèbre du magistrat défunt (2). Quand la princesse de Clèves, Marie de Gonzague, qui avait épousé le roi de Pologne Wladislas, fut sur le point de quitter la France, l'Université ne manqua pas d'aller la complimenter, et cette fois encore Dumonstier, chargé de porter la parole, confirma la réputation d'éloquence qu'il s'était acquise (3). Des lettres de recommandation, par lesquelles l'école de Paris se rendait en quelque sorte témoignage à elle-même, furent solennellement délivrées au confesseur de la nouvelle reine, M. François Fleury, ancien prieur de la maison de Sorbonne, un des docteurs en théologie qui avaient approuvé le livre *De la fréquente communion* (4); et, en outre, le recteur écrivit à l'université de Cracovie pour certifier plus directement le savoir, l'éloquence, la piété du vertueux prêtre, ami d'Arnauld, qui dirigeait la conscience de Marie de Gonzague (5). Aussi jalouse de conserver son influence dans l'Église que dans l'État, l'Université de Paris laissait échapper peu d'occasions d'attester son orthodoxie. Non seulement la Faculté de théologie condamnait sévèrement les mauvais livres et les mauvaises doctrines, mais les autres compagnies déployaient une rigueur extrême contre les hérétiques. Nous avons cité plus haut une délibération du mois de mars 1638 (6), qui défendait d'admettre aux grades de la Faculté de médecine les candidats protestants; en 1645, il y eut des poursuites au Parlement et au conseil privé contre cinq docteurs régents faisant profession du culte réformé (7) : il est juste de

---

(1) C'est le même qui se retira par la suite à Port-Royal. V. Hazon, *Notice des hommes les plus célèbres de la Faculté de médecine*, Paris, 1778, in-4°, p. 127 et suiv.
(2) *Arch. U.*, Reg. xxvii, fol. 368; Reg. xxvi, fol. 337.
(3) *Arch. U.*, Reg. xxvi, fol. 334.
(4) *Œuvres d'Arnauld*, t. XXVII, p. 168. Cf. *ibid.*, t. XXVI, p. LXV.
(5) V. Pièces justificatives, n°s XCVIII et XCIX.
(6) P. 250.
(7) *Arch. U.*, Reg. xxvii, fol. 355; *Reg. de la Faculté de médecine*, t. III, fol. 260.

remarquer qu'ils prétendaient effacer du frontispice des thèses, quand leur tour venait de présider, cette légende si conforme à toutes les traditions de l'école de Paris : *Deo Opt. Max. Uni Trino, Virgini Deiparæ, et D. Lucæ, medicorum orthodoxorum patrono.*
En 1647, à la mort du maréchal de Gassion, la Faculté des arts se montra bien autrement sévère, à ce point que son intolérance parut avoir étouffé ce jour-là son patriotisme. M° Guillaume Marcel, régent du collège de Lisieux, avait préparé l'oraison funèbre de ce vaillant capitaine, que Richelieu appelait *la Guerre*, et qui venait de se couvrir de gloire dans les plaines de Rocroy; déjà le jour était fixé pour la cérémonie et le principal du collège de Lisieux, M° Despériers, l'avait fait annoncer dans tout Paris, quand survint un ordre du recteur qui défendit de passer outre, parce que le défunt n'était pas mort dans le sein de l'Église catholique (1).

Les regrets ambitieux qui troublaient les hautes sphères de l'Université ne pénétraient que rarement dans l'enceinte des collèges; mais là s'élevaient aussi des discussions qui, pour porter sur de moindres objets, n'en étaient peut-être que plus ardentes.

Au collège de Cluni, la discorde régnait entre les religieux. Les uns s'en tenaient aux anciens statuts de la communauté; les autres avaient embrassé la réforme introduite en 1621 par l'abbé Jacques Vesni d'Arbouze. Tandis que les deux factions se disputaient le gouvernement et les revenus du collège, les études étaient abandonnées, la plupart des cours suspendus. L'Université, saisie de la plainte des boursiers, appuya leurs démarches près du conseil privé pour que l'exercice des classes fût rétabli; elle veilla en même temps à ce que les chaires fussent confiées à des maîtres pourvus de grades académiques. Son intervention n'apaisa pas les déchirements intérieurs de l'ordre de Cluni; mais du moins ce collège, l'un des plus anciens de Paris, ne fut pas soustrait aux lois de la Faculté des arts. On vit même en 1652 le principal, Pierre Du Laurens, qui par la suite fut évêque de Belley, consulter

---

(1) *Arch. U.*, Reg. XXVI, fol. 348.

le recteur sur le choix d'un séculier, bachelier en théologie, qui devait enseigner la philosophie aux membres de la communauté (1).

Au collège du Mans, on aurait pu croire, si l'enquête de 1642 était fidèle, que les anciens abus étaient déracinés et une forte discipline pour longtemps rétablie; mais, en dépit de rapports indulgents, la situation n'était pas aussi favorable qu'elle paraissait. En 1645, le principal, M° Robeville, se plaignait au recteur que les chapelains étaient peu exacts à célébrer l'office divin; que le procureur gérant administrait les biens du collège à sa guise, et sans consulter même le principal; que les bourses étaient par lui payées à des boursiers qui n'y avaient aucun droit, n'ayant pas justifié d'études régulières; qu'une partie des bâtiments était occupée par un chirurgien qui traitait les maladies honteuses (2), etc.; M. Robeville en appelait à l'autorité du recteur pour mettre un terme à ces scandales. Sa plainte n'était que trop fondée, et elle fut accueillie; mais la suite montra que, dans ce collège, le mal était si profond qu'il n'était pas susceptible de guérison.

Le collège Sainte-Barbe voyait se continuer entre le principal, M° Berthoult, et le procureur, M° Blondel, les déplorables débats qui avaient déjà scandalisé le recteur en 1642 (3). Loin que les parties se fussent réconciliées, comme elles en avaient reçu l'invitation, la lutte était devenue de plus en plus vive, et le procureur était allé jusqu'à contester au principal la validité de son titre. Durant ce conflit, dont les magistrats étaient saisis, le collège s'avançait rapidement vers sa ruine. La recette ne suffisant plus pour acquitter les charges, il fallut contracter des emprunts qui s'élevèrent à plus de 25,000 livres. Les supérieurs majeurs de la maison se décidèrent enfin à intervenir; c'étaient, d'après l'acte de fondation, le chancelier de Notre-Dame, Jean de Contes,

---

(1) *Arch. U.*, Reg. xxvi, fol. 319 v°; Reg. xxvii, fol. 319 v°, 337 et 338; Reg. xxviii, fol. 59.

(2) *Arch. U.*, Reg. xxvii, fol. 359.

(3) Voyez plus haut, l. I, chap. vi, p. 265 et 266.

un conseiller au Parlement, Guy de Thys, et le doyen des docteurs-régents de la Faculté de droit, Jean Dartis. Ils ordonnèrent que la partie des bâtiments affectée à l'habitation du principal, du procureur et du chapelain, fût réduite à deux chambres pour le principal, à une seule pour le procureur, pour le chapelain et pour chacun des boursiers; que les locaux qui étaient ou qui deviendraient vacants fussent affermés pour six ans au procureur, moyennant un loyer de 2,400 livres, que M° Blondel s'engageait à verser annuellement dans la caisse du collège pour être employé à l'acquittement de la dette; durant ce laps de temps, jugé nécessaire pour la liquidation des charges du passé, l'exercice des classes devait être suspendu. L'Université fut consultée sur ces dispositions, et elle les approuva sans réserve, quoique non sans tristesse, en dépit des protestations du principal, qui se prétendait lésé. Toutefois, devant le Parlement, M° Berthoult gagna en partie sa cause; car, en 1647, un arrêt qui intervint sur son appel réforma la sentence des supérieurs de Sainte-Barbe, et lui adjugea à lui-même pour six ans la ferme du collège, sous la condition qu'il en acquitterait toutes les charges, y compris les intérêts des sommes empruntées, et que de plus il prélèverait annuellement 2,000 livres pour amortir le capital de la dette (1).

Le collège de Beauvais, comme celui de Sainte-Barbe, avait traversé des jours troublés par la discorde; mais les dissensions entre le principal et les chapelains s'étaient momentanément calmées et, malgré l'âge avancé de Grangier, la maison avait prospéré entre ses mains. Grangier mourut vers 1644. Après lui, les réformateurs du collège de Beauvais, Mathieu Molé, premier président, et MM. Jules Savarre et Dreux Hennequin, conseillers au parlement de Paris, donnèrent en 1646 à la maison des règlements nouveaux, ou plutôt confirmèrent les anciens (2). Nous avons remarqué la disposition qui maintient pour les écoliers l'obligation de parler latin, et qui recommande au principal de les interroger le jour de la Saint-Remi, afin qu'ils soient distribués

(1) *Arch. U.*, Reg. xxvii, fol. 369 v°. Quicherat.
(2) Félibien, *Hist. de Paris*, t. V, p. 127.

dans les différentes classes selon leur capacité. Quatre régents seulement pouvaient être logés au collège : leur habitation se composait de deux chambres au plus pour chacun. Les gages des régents de seconde et de rhétorique étaient fixés à 200 livres, sauf à être élevés, selon la qualité et le mérite de celui qui occupait la chaire. L'article 32 de ces règlements laisserait supposer que l'administration du collège de Beauvais ne se faisait pas scrupule de percevoir des redevances illégales; car il intime « défense aux principal, soubs-maître, procureur et chapelains de prendre à l'avenir aucuns pots de vins, à peine de privation de leurs gages. »

Quelle que fût la sagesse de ces diverses mesures, elles intéressaient moins vivement l'Université, et elles ne furent pas autant remarquées dans ses rangs, que l'union du collège du Plessis à la maison de Sorbonne. Richelieu s'était engagé à remplacer le collège de Calvi, qu'il avait fallu détruire pour l'agrandissement de cette maison; mais il était mort avant d'avoir accompli sa promesse, et il avait légué à ses héritiers le soin de la remplir. Ceux-ci, effrayés de la dépense que des constructions nouvelles auraient entraînée, trouvèrent plus avantageux de réparer un ancien collège et de le rattacher à la société de Sorbonne; ce qui répondait en partie aux intentions du cardinal. Le collège du Plessis fut choisi, d'abord à cause du nom qu'il portait, et en second lieu parce qu'il avait pour supérieur un neveu de Richelieu, Jean-Baptiste de Vignerod, alors abbé de Marmoutiers. Ce collège était depuis plusieurs années un sujet de souci pour la Faculté des arts : les bâtiments tombaient en ruine; les revenus étaient mal administrés, l'enseignement presque nul, la discipline très défectueuse. L'Université consentit sans regret à ce que l'établissement fût uni à une autre institution séculière qu'elle protégeait, et dont l'antique renommée se confondait avec sa propre illustration. Jean de Vignerod résigna, de son côté, tous ses pouvoirs, en réservant seulement pour lui et pour ses successeurs le droit de nomination aux bourses. La société de Sorbonne s'engageait à relever et à entretenir les bâtiments du collège, à y faire refleurir les bonnes lettres, tant en théologie morale, si besoin était, qu'en philosophie, rhétorique, humanités et grammaire; un principal et un procureur, tous deux docteurs ou bacheliers de la société, devaient être commis pour sa direction. Ces différentes clauses furent approuvées, au mois d'octobre 1646, par des lettres patentes (1) que, malgré l'opposition de quelques boursiers, le Parlement enregistra au mois de septembre de l'année suivante. Sous l'autorité vigilante et éclairée de ses nouveaux possesseurs, le collège de Plessis était destiné à devenir l'un des mieux disciplinés et des plus florissants de l'Université de Paris. Son premier principal fut Charles Gobinet, docteur en théologie, qui le gouverna pendant près d'un demi-siècle avec autant de sagesse que d'économie. Rollin, qui avait étudié et enseigné sous lui, a célébré, dans une pièce de vers latins (2), les longs et éminents services de cet habile et vertueux administrateur.

Durant ces transformations et ces débats de quelques-uns des collèges de Paris, les communautés religieuses poursuivaient dans les provinces le cours de leurs entreprises, sinon de leurs succès. Les Jésuites cherchaient à s'établir à Provins, les Oratoriens à Montmorency, les Bénédictins à Laon. En dénonçant aux procureurs et aux doyens réunis ces dangereux empiétements, le recteur insista sur le préjudice infaillible que de pareilles concurrences, dans un rayon si rapproché de la capitale, porteraient aux maîtres de l'Université. Chacun fut d'avis qu'il fallait conjurer ce péril et s'opposer avec vigueur à l'ouverture des nouvelles écoles. Laon fut le seul point où une lutte sérieuse s'engagea. Les Bénédictins étaient appelés dans cette ville par l'évêque et par les échevins, qui leur proposaient de se charger de la direction du collège moyennant une subvention annuelle de 1,000 livres. Le chapitre de la cathédrale, en désaccord avec l'évêque, n'approuvait pas cet arrangement, qu'il jugeait préjudiciable à ses propres droits,

---

(1) Félibien, *Hist. de Paris*, t. III, p. 391.

(2) *In obitum clarissimi Caroli Gobinet, e societate Sorbonica doctoris, et collegii Sorbonæ-Plessæi moderatoris, epicedium*, dans les opuscules de Rollin, t. XXX, p. 350, de l'édition de ses œuvres donnée par M. Letronne, Paris, 1825, in-8°.

et il avait formé opposition. L'Université fit cause commune avec les chanoines; un procès eut lieu au parlement de Paris, et, le 2 janvier 1646, intervint un arrêt qui écartait les Bénédictins et ordonnait que l'exercice du collège de Laon serait continué dans la ville par les séculiers, « ainsi et comme il avait accoutumé auparavant ».

La même année où le nouveau règlement pour le collège de Beauvais avait été promulgué, où le collège du Plessis avait été uni à la Sorbonne, où le collège de Laon avait été conservé à ses maîtres séculiers, la Faculté de théologie fut témoin d'une solennité scolaire qui intéressait toute l'Université : nous voulons parler de la Tentative du prince de Conti. L'acte s'accomplit le 10 juillet 1646, dans une des salles de la Sorbonne, en présence d'un nombreux et brillant concours d'auditeurs. Olivier d'Ormesson, qui se trouvait du nombre, s'exprime en ces termes dans son *Journal* (1) : « M. le prince de Conty estoit sur un haut dais, élevé de trois pieds à l'opposite de la chaire du président, sous un dais de velours rouge, dans une chaire à bras, avec une table; il avoit la soutane de tabis violet, le rochet et le camail comme un évesque. Il fit merveilles avec grande vivacité d'esprit. Ce que l'on y pouvoit trouver à redire, c'est qu'il insultoit à ceux qui disputoient contre luy, comme soustenant la doctrine des Jésuites, en Sorbonne, avec ostentation. Il y avoit quantité de Jésuites en bas, auprès de luy. M. le coadjuteur présidoit, qui disputa fort bien et avec grande déférence. Tous les évesques s'y trouvèrent, dont MM. de Bourges, le coadjuteur de Montauban, et Lescot, évesque de Chartres, disputèrent couverts; mais les bacheliers qui disputèrent estoient nue teste. Pour luy, il fut tousjours couvert. M. le Prince estoit vis-à-vis du président, adossé contre le haut dais de son fils. A sa droite estoit M. le chancelier, à sa gauche estoient M. le duc d'Aumale, M. le surintendant, MM. le président de Nesmond, Amelot et quelques maîtres des requestes. La principale dispute fut touchant la Grâce. M. le cardinal Mazarin

---

(1) T. I, p. 351. Cf. *Gazette de France*, juillet 1646, p. 603 et 604.

n'y vint point. » Parmi tant de noms, les uns illustres, les autres obscurs, qui sont cités par Olivier d'Ormesson, un seul est oublié par lui, c'est le nom de l'Université; et cependant ce n'était pas pour elle une journée ordinaire que celle où un prince de la maison de Bourbon comparaissait, comme écolier, devant la Faculté de théologie pour conquérir un grade académique. Malgré l'attachement du candidat pour les Jésuites, toutes les écoles étaient en fête. Le recteur avait accordé un congé extraordinaire, afin, disait le mandement (1), que chacun pût se livrer à la joie et aux applaudissements qui devaient signaler cette heureuse journée.

Puissante encore et respectée même par les grandes familles malgré sa décadence manifeste, l'Université se serait sentie plus forte si la concorde avait toujours régné dans son propre sein. Mais, sans parler des conflits qui s'élevaient trop fréquemment dans ses collèges, il existait entre les différentes compagnies dont elle était composée, d'anciennes divisions que nous avons vues se manifester plus d'une fois, et qui en 1647 éclatèrent avec plus de force que jamais. Au mois d'octobre de cette année, le receveur Daccole avait commencé à rendre le compte de la recette et de la dépense des douze mois précédents (2). La recette, ou plutôt, comme nous dirions plus exactement aujourd'hui, l'ensemble des droits constatés, s'élevait à 33,378 livres 1 sou 8 deniers; la dépense, à 25,905 livres 16 sous 4 deniers. Les créances de l'Université sur les acquéreurs de la portion du Pré-aux-Clercs aliénée en 1639 figuraient à la recette pour 27,761 livres; un grand nombre de ces créances n'avaient pas été acquittées, et les sommes non recouvrées atteignaient le chiffre de 21,558 livres 4 sous 3 deniers, que Daccole portait en dépense sous le titre assez mal imaginé de « reprises. » La recette effective se réduisait donc à 11,819 livres 17 sous 5 deniers, et la dépense effective à 4,347 livres 12 sous et 1 denier. Celle-ci comprenait, entre au-

---

(1) *Arch. U.*, Reg. XXVII, fol. 375 v°.
(2) Nous empruntons les détails qui suivent au compte qui fut présenté par Daccole. Ce compte manuscrit se trouve à la Bibliothèque nationale, Suppl. franc., 4017.

tres, les frais de la cérémonie de la présentation des cierges offerts le jour de la Chandeleur, les frais des services funèbres célébrés en l'honneur des personnages qui s'étaient signalés par leur attachement à l'Université ; les frais judiciaires, les indemnités payées au recteur, aux procureurs des Nations et aux doyens des Facultés supérieures pour leur assistance aux assemblées (1) ; les gratifications accordées aux bedeaux ; enfin tous les menus frais que la compagnie avait à supporter sur ses propres fonds. Lorsque Daccole fut arrivé à l'article des droits de présence, le vice-doyen de la Faculté de théologie, M° Hennequin, témoigna son étonnement de ce que les procureurs eussent touché autant

(1) Il ne sera pas inutile de donner, au moins en note, le tableau des rétributions qui étaient payées en différentes circonstances aux officiers et suppôts de l'Université. Ce tableau fait partie du recueil des *Pièces et Actes qui concernent l'estat présent et ancien de l'Université*, rec. 3, p. 27 :

« Ès comptes qui se rendent par le receveur en présence de MM. les recteur, doyens, procureurs, adjoints des doyens et des procureurs, procureur fiscal, greffier et receveur de l'Université, le recteur a de présent, vingt livres ; chaque doyen et procureur, dix livres ; chaque adjoint, cinq livres ; et le procureur fiscal, greffier, receveur, ou grands officiers, chacun dix livres, et tous signent à la fin desdits comptes ; et à douze des quatorze bedeaux, chacun trois livres, et aux deux autres de la Nation de monsieur le recteur, le double.

« Quelques docteurs, en la reddition des comptes, le 17 oct. 1647, prétendirent que si les doyens avaient chacun un écu aux distributions des assemblées ordinaires du 1er samedi de chaque mois, les procureurs des nations ne devaient avoir que chacun quinze sous ; ce qui fut cause que la clôture en fut différée jusqu'au 13 fév. 1649.

« Ès quatre processions rectorales, le recteur a six livres huit sous ; les doyens et les procureurs, chacun trois livres quatre sous ; les trois officiers, chacun trois livres quatre sous ; les quatorze bedeaux et le clerc des messageries, trente-deux.

« Le droit du sceau, des lettres de maîtres ès arts, et de nominations, qui est de dix sous pour chaque lettre, se divise en deux parts ; l'une également distribuée entre les recteur, doyens, procureurs ; l'autre également distribuée entre les quatorze bedeaux.

« Le droit du sceau de chaque lettre de collation des bénéfices, et provision des offices, qui est de trois francs quatre sous, appartient aux seuls huit bedeaux des quatre nations de la Faculté des arts.

« Ès provisions des offices de l'Université, savoir : d'avocats, procureurs, libraires, parcheminiers, papetiers, relieurs et autres, il se fait semblable distribution ; savoir : de six livres huit sous au recteur, et de trois livres quatre sous aux doyens, procureurs et grands officiers ; à chacun des quatorze bedeaux, vingt sous.

« Si l'office est tel que celui qui l'obtient donne quelque somme plus grande qu'il n'est nécessaire pour ladite distribution, et pour les bourses de l'Université et expédition des lettres, le surplus se divise en deux parties égales, dont le recteur en a une, et les quatre procureurs, l'autre. »

que les doyens, et il demanda en vertu de quel titre cette assimilation avait eu lieu. Il en résultait effectivement cette conséquence que, la Faculté des arts étant composée de quatre Nations, qui avaient chacune un procureur, elle recevait quatre parts à elle seule, c'est-à-dire une part de plus que les Facultés de droit, de médecine et de théologie prises ensemble. Mais cette première inégalité en cachait une seconde, qui était bien plus grave : c'est que, dans les délibérations, la Faculté des arts se trouvait avoir quatre suffrages, et les autres compagnies un seul chacune. Celles-ci se trouvaient constituées par là dans un état d'infériorité qui pouvait préjudicier à leurs intérêts; en attendant, il froissait leur amour-propre, et elles avaient grandement à cœur de le faire cesser. L'observation de Mᵉ Hennequin, auquel se joignirent les autres doyens, causa l'émotion la plus vive sur ceux à qui elle s'adressait. Au nom des procureurs et du recteur, qui se trouvait aussi en cause, il fut répondu que les uns et les autres étaient de temps immémorial en possession du droit qu'on leur contestait. Les doyens répliquèrent que ce point même n'était rien moins qu'établi, et ils insistèrent pour que du moins il leur fût donné acte de leurs réserves par une note inscrite à la marge du compte que présentait Daccole. Le recteur ne crut pas devoir se prêter à cet accommodement, et l'assemblée se sépara sans avoir pu clore la discussion des pièces de dépense soumises à son approbation (1). Les jours suivants, les trois Facultés se réunirent, et, ayant donné tour à tour la plus complète adhésion à la conduite des doyens, elles firent choix de commissaires spéciaux, chargés d'examiner plus à fond la question. Il fut convenu qu'après avoir consulté des avocats, on entamerait en commun, si telle était leur opinion, un procès au Parlement contre la Faculté des arts. Les esprits les plus sages, entre autres Nicolas Cornuty, alors syndic de la Faculté de médecine, étaient d'avis que le différend se terminât à l'amiable. Mais les pourparlers qui eurent lieu furent sans succès et servirent plutôt à échauffer les têtes

---

(1) *Partie des Pièces et Actes qui concernent l'estat présent et ancien de l'Université de Paris*, etc., rec. 2, p. 1. Voy. Pièces justificatives, n° C.

qu'à les calmer (1). Bientôt les doyens manifestèrent de nouvelles exigences qui ne pouvaient que compliquer le débat primitif ; c'était, par exemple, que le procureur de la Nation de France, qui en général portait la parole dans les assemblées au nom des procureurs des autres Nations, se découvrît en parlant, devoir de déférence qui jusque-là n'était imposé qu'aux seuls bedeaux. Quand le doyen de la Faculté de théologie mit en avant cette prétention, dans la séance du 17 mars 1648, elle fut accueillie par une explosion de murmures. Heureusement elle ne tarda pas à être abandonnée, au moins provisoirement, sauf à reparaître ensuite ; mais la querelle primitive était plus sérieuse et ne devait pas se terminer facilement. Six mois se passèrent en altercations, sans qu'on parvînt à s'entendre même sur l'examen des comptes qui devaient être rendus par Daccole. Au mois de mai 1648, les doyens firent signifier par justice aux procureurs d'avoir à procéder de concert avec eux à cet examen, chaque compagnie retenant le droit d'exprimer et de faire constater par le greffier de l'Université ses protestations et ses réserves contre les articles qu'on n'approuverait pas. Les procureurs répliquèrent que les délais apportés à la clôture des comptes du receveur n'étaient pas de leur fait et devaient être imputés aux seuls doyens ; qu'au surplus ils étaient prêts à entendre ces comptes et à les régler, sans faire néanmoins l'abandon d'aucun des droits de l'Université ni de ceux de leurs Nations. Sur cet unique point, si futile en apparence, la discussion dura encore plusieurs mois. Enfin le 13 février 1649, l'accord se fit entre les différentes compagnies dans une réunion au collège de Sorbonne, à laquelle assistaient M° Deschasteaux, recteur ; Mes Mulot, doyen de la Faculté de théologie, et Hennequin, son adjoint ; Florent, doyen de la Faculté de décret, et de Buisine, son adjoint ; Merlet, doyen de la Faculté de médecine, et Thévenin, son adjoint ; Daniel, procureur de la Nation de France, et Dabes, son adjoint ; Hublet, procureur de la Nation de Picardie, et Dumets, son adjoint ; Payen, procureur de

---

(1) *Arch. U.*, Reg. XXVI, fol. 349.

la Nation de Normandie, et Padet, son adjoint; Bon, procureur de la Nation d'Allemagne, et Voillemy, son adjoint; du Chevreul, procureur syndic, et Quintaine, greffier. Le compte si souvent présenté par Daccole fut approuvé en recette et en dépense; mais à la marge il fut écrit : « Sauf et sans préjudice des oppositions et contredits contre tel et chacun des articles, tant du présent compte que des suivants, qui pourront être formés ci-après, tant par chacune des Facultés supérieures que par chacune des Nations, en ce qui regarde l'intérêt des compagnies; à l'effet de quoi sera délivré à chaque Faculté et à chaque Nation une copie des comptes, pour y délibérer séparément, comme ils aviseront, et ce dans un mois auparavant la reddition de compte (1). » Le débat n'était donc pas terminé, et, loin de là, nous le verrons bientôt prendre de nouveaux développements et aboutir à un procès mémorable devant le parlement de Paris.

Malgré les graves soucis que cette affaire lui avait donnés, la Faculté des arts ne s'était pas laissé ralentir ou distraire dans l'accomplissement de ses devoirs envers la jeunesse et les familles. Au mois d'octobre 1648, le recteur Godefroy Hermant promulgua, de l'avis unanime de tous les membres de son conseil, doyens et procureurs, une sage ordonnance qui ne pouvait que contribuer à la bonne discipline des collèges et au progrès des études philosophiques (2). Un article concernait les représentations théâtrales; elles n'étaient pas par ce règlement interdites d'une manière absolue dans les écoles qui dépendaient de l'Université, mais il était expressément défendu de les accompagner de ballets, et surtout d'y faire figurer des danseurs de profession, comme les Jésuites se le permettaient quelquefois au collège de Clermont. D'autres dispositions en plus grand nombre étaient relatives aux classes de philosophie. Six semaines environ, de la Saint-Remi à la Saint-Martin, étaient accordées aux professeurs pour exposer le plan de leur cours; les leçons devaient se prolonger jusqu'au 14 août. Au mois de novembre et au mois de mai,

---

(1) *Partie des Pièces*, etc., rec. 3, p. 23 et 24.
(2) V. Pièces justificatives, n°s CI et CII.

chaque professeur remettait au recteur la liste des élèves qui fréquentaient sa classe; cette liste était conservée par le greffier de l'Université. Quiconque ne s'était pas fait inscrire avant le 1ᵉʳ janvier ne pouvait à la fin de l'année se présenter aux examens pour la maîtrise ès arts. Ces dispositions réglementaires, qui confirmaient d'anciens statuts, furent portées à la connaissance des principaux des collèges dans une assemblée qui se tint le 6 octobre 1648 aux Mathurins. Un document conservé par Quintaine nous apprend qu'elles furent de nouveau signifiées à tous les régents de philosophie, au mois de juillet 1652 (1). Ce document est d'un certain prix, en ce qu'il nous fait connaître les noms des professeurs qui se trouvaient alors chargés de l'enseignement philosophique dans les différents collèges : c'étaient Mᵉˢ Nuppières et Barbay, au collège de Reims; Hersant et Camusat, au collège de Maître Gervais; Macnamara et Du Breuil, au collège du cardinal Lemoine; Gérard et Gobillon, au collège du Mans; Le Boust, au collège du Trésorier; Le Picard, au collège de Narbonne; Le Barbier, à la Marche; Guillou et Charton, à Montaigu; de Sarte et Baudier, au Plessis; Pigis et Touraine, à Navarre; Omoloy et Brosse, à Beauvais; Noël et Desauberis, à Harcourt; Poërus, à Lisieux; Le Goulx et Dumesnil, aux Grassins; Foucaut, à Sainte-Barbe; Paul, au collège d'Autun.

Au mois de juin 1648, l'Université avait vu passer en de nouvelles mains la chancellerie de Notre-Dame, qui de temps immémorial figurait parmi les plus éminentes dignités de l'école de Paris. Le personnage qui remplissait cette charge depuis plus de vingt ans, Mᵉ Jean de Contes, se démit en faveur de Mᵉ Loisel, docteur en théologie et curé de Saint-Jean en Grève (2). L'installation du nouveau chancelier eut lieu le 5 juin avec le cérémonial accoutumé, dans une des salles du chapitre de Notre-Dame, en présence d'une nombreuse assistance. Au mois de décembre suivant, le poste non moins élevé de chancelier de Sainte-Ge-

---

(1) *Arch. U.*, Reg. xxviii, fol. 73 v°.
(2) *Arch. U.*, Reg. xxviii, fol. 12. Jean de Contes mourut en juillet 1679. Voyez le *Mercure galant* de ce même mois, p. 332.

neviève devint à son tour vacant par la mort de M⁰ François Guilloud. L'abbé de Sainte-Geneviève désigna pour lui succéder Jean Fronteau, chanoine de la même abbaye, un des plus savants hommes du temps (1). Mais, malgré la juste renommée du P. Fronteau, cette présentation ne fut pas accueillie sans résistance de la part de la Faculté des arts. Celle-ci allégua que les Génovéfains ne se faisaient pas assez scrupule d'empiéter sur les privilèges de l'Université; qu'ils portaient un grave préjudice à ses collèges en érigeant des séminaires; qu'ils venaient d'en fonder un nouveau à Nanterre, et qu'ils cherchaient à y réunir la cure de ce village, sans se soucier de réduire encore le nombre des bénéfices réservés aux gradués. M⁰ Loisel profita de l'occasion pour attaquer les droits du chancelier de Sainte-Geneviève, et il osa soutenir, même devant le Parlement, que l'Université ne pouvait avoir qu'un seul chancelier, qui était celui de Notre-Dame. Le P. Fronteau défendit sa propre cause et celle de son abbaye avec beaucoup de vivacité; il encourut même le reproche de s'être permis des paroles outrageantes contre le recteur. Mathieu Molé le protégeait, et fit des démarches pour que ce litige fût réglé amiablement. Le recteur et la Faculté des arts, sollicités par un aussi grand personnage, consentirent à pardonner l'affront que la dignité rectorale avait reçu. Le P. Fronteau, de son côté, rétracta les paroles blessantes qu'il avait prononcées; et, ayant été admis au serment le 6 mai 1649, il fut reconnu pour chancelier de Sainte-Geneviève. Quant à l'opposition de M⁰ Loisel, il n'en fut pas tenu compte; et effectivement elle ne reposait sur aucun motif plausible, et elle était contredite par la plus ancienne tradition.

Les temps étaient peu propices pour de pareilles discussions. Malgré la victoire de Lens, digne couronnement de celle de Rocroy, malgré la paix de Munster, qui donnait à la France l'Alsace

---

(1) *Histoire de sainte Geneviève et de son église royale et apostolique à Paris, divisée en six livres*, par Du Molinet, manuscrit de la bibl. Sainte-Geneviève, H᷉ 21, in-fol., p. 603. Voy. aussi Nicéron, *Mémoires pour servir à l'histoire des hommes illustres*, etc., Paris, 1733, in-12, t. XXI, p. 74 et suiv.

et les trois évêchés de Metz, Toul et Verdun, la guerre civile venait d'éclater. Moins touchée des succès de la politique de Mazarin que des édits bursaux dont étaient grevés les offices de judicature, la partie la plus remuante du Parlement avait fait cause commune avec toutes les ambitions qui travaillaient à renverser l'heureux ministre d'Anne d'Autriche. Les résistances, quelque temps contenues, s'étaient transformées en révolte; Paris avait été couvert de barricades; la reine, fuyant la sédition, s'était retirée avec le jeune roi d'abord à Rueil, puis à Saint-Germain; le Parlement, resté maître de la capitale, semblait y gouverner; mais il était dominé lui-même par une faction que dirigeaient le duc de Beaufort, les ducs d'Elbeuf, de Bouillon, de la Rochefoucauld, l'audacieux Retz, alors coadjuteur de l'archevêque de Paris, la duchesse de Longueville, sœur du grand Condé, et son frère cadet, le prince de Conti, qui, malgré l'éclat de sa Tentative, se sentait moins de vocation pour la théologie que pour l'intrigue. Que pouvait en cette occurrence l'Université, sinon gémir à l'écart sur les fatales discordes qui interrompaient le cours des prospérités de la patrie? Cependant, malgré la réserve que sa situation lui commandait, elle eut à supporter sa part d'impôts lorsque le Parlement, au mois de janvier 1649, établit une taxe forcée sur tous les habitants de Paris pour contribuer à la défense de la ville et de ses environs contre l'armée royale. La Faculté de médecine apporta la première son offrande, s'élevant à 3,000 livres; elle avait été obligée d'emprunter cette somme, car ses caisses étaient vides depuis le subside qu'elle avait déjà payé en 1636, lors de l'invasion de la Picardie par les Autrichiens (1). Elle espérait du moins qu'on lui tiendrait compte de ce nouveau sacrifice, et que désormais les immunités que les rois de France lui avaient autrefois accordées seraient mieux respectées. Mais quand son doyen, Jean Piètre, se présenta devant le Parlement pour y porter de timides réclamations, le président lui fit comprendre que des gens

---

(1) Les registres de la Faculté de médecine contiennent de précieux détails sur la position et les démarches de l'Université de Paris pendant la première Fronde. Nous avons publié quelques extraits de ces registres dans nos Pièces justificatives, n° CIII.

qui contribuaient d'aussi mauvaise grâce aux charges publiques étaient de méchants citoyens qui n'avaient droit à aucune indulgence. Comme le doyen essayait de s'expliquer, les murmures de l'assemblée couvrirent sa voix, et il se retira sans avoir pu se justifier. Les autres compagnies de l'Université, tout en n'approuvant peut-être pas la précipitation de la Faculté de médecine, consentirent à lui rembourser la somme de 1,000 livres sur celle de 3,000 qu'elle avait donnée. Elles décidèrent, en outre, qu'elles verseraient en leur propre nom une somme égale à celle qui avait été offerte au roi en 1646, c'est-à-dire environ 10,000 livres (1). Peu de jours après, le recteur, M° Deschasteaux, se rendit au Parlement, accompagné d'un nombreux cortège. Sur le seuil de la grand'chambre, il fut reçu par l'avocat général Talon; celui-ci le conduisit au parquet des gens du roi, auxquels le recteur exposa l'objet de sa démarche; introduit ensuite devant la grand'chambre, où se trouvaient réunis plusieurs conseillers, il obtint la faveur de parler la tête couverte, déplora l'éloignement du roi, fit valoir le sacrifice que l'Université venait de s'imposer, et sollicita la confirmation de ses privilèges. Le président remercia en latin, et protesta que ses collègues étaient disposés à maintenir, autant qu'il serait en leur pouvoir, les franchises académiques (2). A tout prendre, la cérémonie s'était passée plus cordialement qu'on n'aurait pu l'espérer après le dur accueil fait au doyen de la Faculté de médecine. On était alors au 16 janvier, et par conséquent à peu de distance de la fête de la Purification, jour dans lequel avait lieu la distribution des cierges offerts par l'Université aux principaux personnages de l'État. Le recteur n'éprouvait pas un embarras médiocre. Il semblait qu'en l'absence du roi, les présidents du Parlement et les avocats généraux fussent les seules personnes à qui un cierge dût être porté; mais peut-être, dans la conjoncture présente, était-il imprudent de ne pas rendre le même honneur au prince de Conti et à quelques-uns des seigneurs qui sié-

(1) *Arch. U.*, Reg. XXVIII, fol. 18; Reg. XXVI, fol. 356 v°.
(2) *Arch. U.*, Reg. XXVIII, *ibid.; Registres de l'Hôtel de ville de Paris pendant la Fronde*, publiés par MM. Leroux de Lincy et Douet d'Arcq, Paris, 1846-1848, in-8°, t. I.

geaient avec lui à l'hôtel de ville. Les opinions parmi les procureurs et les doyens étaient fort partagées; toutefois, après deux jours de délibération, l'avis le plus prudent l'emporta. Le 2 février, le recteur se rendit donc, avec la pompe accoutumée, chez Mathieu Molé, auquel il offrit le premier cierge, et de là chez le prince de Conti. Celui-ci accueillit la députation avec une bienveillance marquée; et, comme le coadjuteur était à ses côtés, il eut la bonne grâce de rappeler qu'ils étaient l'un et l'autre gradués de l'Université. Mais ni ces démarches intéressées ni ces témoignages de feinte faveur ne rendirent la sécurité aux écoles de Paris et ne les placèrent à l'abri de nouvelles exactions. Cinq semaines n'étaient pas écoulées, que l'Université fut sommée, au nom du Parlement, d'avoir à verser encore 8,442 livres pour l'entretien des troupes. L'émotion fut vive parmi les Nations et les Facultés à cette sommation imprévue. Sur l'avis du procureur syndic, Jacques Chevreul, il fut convenu qu'on attendrait une seconde réquisition avant de payer, et que dans l'intervalle on s'efforcerait d'obtenir la décharge de cette lourde contribution. Si la guerre civile eût continué, cet ajournement, qui témoignait d'un faible enthousiasme, aurait tourné contre l'Université; mais le Parlement lui-même commençait à se fatiguer de la lutte qu'il soutenait au profit de quelques ambitions soulevées contre l'autorité du roi. De son côté, la reine, conseillée par Mazarin, reconnut qu'il valait mieux faire d'utiles concessions que de prolonger la résistance en exposant la royauté au sort qu'elle avait eu en Angleterre. Le 1er avril 1649, la paix fut conclue à Rueil. Le 7 du même mois, qui était le mercredi de la semaine de Pâques, le recteur, les doyens et les procureurs, avec les adjoints, accompagnés de quatre bedeaux, se rendirent à Saint-Germain en Laye, où était la cour. Ils espéraient pouvoir pénétrer facilement jusqu'au roi et à la régente; mais Sainctot, le maître des cérémonies, refusa tout d'abord de les introduire et fit passer avant eux, à leur grande indignation, le corps des échevins de Paris. Ce petit mécompte heureusement n'eut pas de suites fâcheuses et n'altéra en rien les sentiments de fidélité monarchique que le recteur, parlant au nom de sa compagnie, était chargé d'exprimer. M° Deschasteaux protesta du dévouement de tous ses collègues, en déplorant les malheurs que trois mois de guerre civile avaient suffi pour accumuler sur le pays; il glissa une remarque touchant l'importance de l'éducation du jeune roi, comme si la direction donnée par Anne d'Autriche aux études de son fils n'eût pas été à l'abri de tout reproche. L'orateur termina en exprimant avec force le vœu que la cour fît prochainement sa rentrée dans Paris et donnât ainsi aux honnêtes gens la garantie la plus certaine du rétablissement de la paix. Malgré ce vœu et malgré la promesse de la reine, Louis XIV ne revit sa capitale que le 18 août. Ce jour-là, l'Université, admise encore devant le prince, lui renouvela ses assurances de fidélité et prit une part qu'on a lieu de croire sincère à toutes les démonstrations de la joie publique (1). Mais cette joie devait être de courte durée; et les mêmes passions, les mêmes intrigues, les mêmes misères qui avaient causé la première guerre de la Fronde, devaient bientôt allumer un second incendie qui embraserait non seulement Paris, mais encore une portion du royaume.

Les discordes civiles ont toujours exercé l'influence la plus funeste sur l'éducation publique. Durant les troubles de la Fronde, ce travail de réforme intérieure que l'Université de Paris poursuivait depuis un demi-siècle se trouva encore une fois compromis, surtout dans les établissements qui périclitaient par l'incurie ou le désaccord de leurs chefs immédiats. Au collège du Mans, l'état de confusion que nous avons plus d'une fois signalé s'aggrava. Jacques Piètre, doyen de la Faculté de médecine, raconte avec douleur qu'au mois de mai 1649, ayant été appelé dans le collège pour visiter un malade, il trouva les boursiers, le procureur gérant et le principal en guerre ouverte les uns avec les autres, l'insubordination, les rixes, les blasphèmes passés en habitude parmi les écoliers, partout l'image de l'indiscipline, du désordre et de l'inconduite. Sur sa plainte, une enquête eut lieu; elle se termina

---

(1) Félibien, *Hist. de Paris*, t. II, p. 1413. *Arch. U.*, Reg. xxvi, fol. 362; Reg. xxviii, fol. 24 v°.

par une sentence du tribunal du recteur, qui ordonna, mais inutilement, d'expulser les débauchés, les blasphémateurs et les ivrognes (1). A Sainte-Barbe, même désordre. Le principal, M⁰ Berthoult, avait pris, comme nous avons vu, le collège à son compte, en promettant de solder les dettes. Il ne tarda pas, dans son intérêt même, à rouvrir les classes, qui d'abord devaient rester fermées six années; il y rappela quelques écoliers; mais en même temps il laissait pénétrer dans la maison des femmes de mauvaise vie, il y tolérait des danses nocturnes et des chants obscènes, au grand scandale de quelques boursiers que cette dépravation n'avait pas atteints et qui se firent un devoir de la dénoncer au recteur (2). Citons un dernier exemple qui fait voir combien s'étaient relâchés, au lendemain de la première Fronde, les liens de la discipline scolaire. Au collège du cardinal Lemoine, cité naguère pour sa tenue excellente, une véritable insurrection éclata dans les premiers jours d'août 1649. Les boursiers, mécontents du grand maître, Guillaume Pourcel, s'ameutèrent contre lui, tirèrent contre ses fenêtres des coups de pistolet, et, n'ayant pu forcer la porte du corps de logis qu'il habitait, dévastèrent le reste de la maison et incendièrent une partie du mobilier. Ces scènes de criminel désordre durèrent une première fois de neuf heures du soir à trois heures du matin; elles se renouvelèrent quelques jours après avec la même violence (3).

On conçoit aisément le tort que de pareils scandales, s'ils s'étaient multipliés, eussent fait à l'Université dans l'esprit de tous les honnêtes gens. Heureusement le mal ne fut pas aussi contagieux qu'il aurait pu l'être. Dans les grands collèges, à Navarre, à Beauvais, à Montaigu, au collège d'Harcourt, nul indice ne porte à croire que la discipline ait été, aux mêmes époques, sérieuse-

---

(1) *Reg. de la Faculté de médecine*, t. XIII, fol. 303; *Arch. U.*, Reg. xxvIII, fol. 22 v° et suiv.

(2) *Reg. de la Faculté de médecine, ibid.; Arch. U.*, Reg. xxvIII, fol. 23. v°

(3) Ces désordres sont racontés tout au long dans un mémoire qui fut écrit quelque temps après, et qui a pour titre : *Raisons du procédé et de la conduite du grand maistre, administrateur du Cardinal Lemoyne, à l'égard des boursiers du mesme collège, Avec un discours pour les prérogatives de la charge de grand maistre*, In-4°, 12 pages.

ment troublée. L'Université devait se montrer sévère à l'égard d'elle-même afin de pouvoir lutter sans trop de désavantage contre ses rivaux. Bien qu'à ces moments elle ne fut engagée dans aucun débat qui rappelât les anciens procès soutenus au parlement de Paris contre les Jésuites, ceux-ci, toujours sur leurs gardes, n'attendaient que l'occasion d'étendre leurs établissements et de réparer quelques-unes des brèches que leur influence avait subies. C'est ainsi qu'en 1648, reprenant un projet qu'on pouvait croire abandonné après l'issue malheureuse qu'il avait eue vingt-deux ans auparavant, la Compagnie essaya de se faire transférer par le prévôt et les échevins de Pontoise l'administration du collège de cette ville. Déjà une délibération à cet égard avait été prise dans une assemblée que Quintaine qualifie de clandestine. Le recteur, informé de ce qui se passait, conjura ses collègues de ne pas permettre qu'un pareil projet s'accomplît sans opposition de leur part. L'Université mit alors tout en œuvre pour s'épargner une défaite qui pouvait, aux portes même de Paris, lui créer une concurrence redoutable. Dix-huit mois de pourparlers furent employés très utilement à lui ramener les esprits. Non seulement les échevins de Pontoise renoncèrent à l'idée de céder leur collège aux Jésuites, mais ils consentirent à accepter l'Université pour arbitre de leurs différends avec le principal, M° Pener; ils espéraient sans doute que la justice académique serait pour eux plus indulgente et moins dispendieuse que celle des magistrats ordinaires. Le tribunal du recteur les condamna à payer à M° Pener 2,000 livres, tant pour ses émoluments passés qu'à titre de dommages et intérêts, en raison des dépenses que ce litige lui avait occasionnées. Un arrêt du parlement de Paris, du 2 juillet 1650, confirma la sentence de l'Université, en déférant à celle-ci la nomination du principal qui devait succéder à M° Pener, et en ordonnant que désormais nul ne pourrait enseigner dans la ville de Pontoise ni les lettres humaines ni les lettres divines, s'il n'était au nombre des maîtres de la Faculté des arts (1).

(1) V. Pièces justificatives, n°° CIV, CV et CVI.

Mais déjà une querelle bien autrement sérieuse, soulevée par la doctrine de Jansénius, partageait les esprits dans l'Université, et principalement à la Faculté de théologie.

Le système de l'évêque d'Ypres sur la grâce et la liberté est bien connu, et ce n'est pas ici le lieu de l'exposer en détail; qu'il nous suffise d'en caractériser brièvement l'esprit général et les conclusions dernières.

Lorsque la philosophie religieuse essaie d'approfondir les questions redoutables que soulève l'accord de la liberté humaine et des perfections divines, il n'est pas rare qu'elle fasse une part trop considérable au libre arbitre et qu'elle méconnaisse l'action perpétuelle et toute-puissante du Créateur sur son ouvrage. C'est l'excès dans lequel Pélage était tombé autrefois; c'est celui que n'avait pas su entièrement éviter, au témoignage de ses adversaires, le jésuite espagnol Molina, qui écrivit sur ce grave sujet dans les dernières années du seizième siècle. En haine du pélagianisme, Jansénius se rejette à l'extrémité opposée ; il altère, il compromet, il supprime le libre arbitre. Suivant lui, deux mobiles, également irrésistibles, dirigent tour à tour, depuis la chute originelle, la conduite de l'homme : l'un est la concupiscence, qui nous asservit aux biens de la terre; l'autre est la grâce, qui nous attache à ceux du ciel : l'âme cède à celui des deux qui la presse avec le plus de force; elle obéit fatalement à l'impulsion qu'elle a reçue de l'un ou de l'autre, sans pouvoir elle-même ni suppléer à cette impulsion ni la repousser. Le péché d'Adam a corrompu si profondément sa postérité que nous vivons esclaves de nos sens et de la matière, incapables par nous-mêmes de tout acte de vertu, que dis-je? de tout effort généreux, si la grâce, toujours victorieuse dans les cœurs qu'elle visite, ne descend pas vers nous, par un prodige de miséricorde, pour nous éclairer et nous sanctifier. De là vient que les élus de Dieu sont si rares et qu'un si grand nombre d'âmes ne parviennent pas à secouer le joug de leurs iniquités et de la réprobation éternelle.

Ces doctrines développées par l'évêque d'Ypres sous le nom de saint Augustin, dans un livre célèbre publié après sa mort, l'*Augustinus*, se reliaient, dans sa pensée, ainsi que naguère dans celle de Saint-Cyran, à des vues particulières sur la hiérarchie ecclésiastique, sur l'autorité du Saint-Siège, sur les droits des évêques et sur ceux des curés. Comme Edmond Richer, Jansénius se montrait hostile à la suprématie pontificale, même dans l'ordre spirituel; il inclinait à représenter l'Église moins comme une monarchie, suivant la notion que Bellarmin en a donnée, que comme une aristocratie, dans laquelle la décision suprême, touchant le dogme et la discipline, doit appartenir aux évêques assemblés en concile. De pareilles maximes souriaient à une portion notable de l'Université qui se tenait en garde contre l'ambition supposée et les prétendus empiétements de la cour de Rome; elles favorisèrent le succès du jansénisme dans l'école de Paris, qui embrassa d'autant mieux les opinions théologiques de l'évêque d'Ypres qu'elle se trouvait d'accord avec lui sur la politique et sur la morale.

Malgré les efforts du cardinal Mazarin pour apaiser les esprits, l'agitation allait toujours croissant, et de graves symptômes annonçaient qu'une nouvelle lutte religieuse était sur le point d'éclater. En 1647, un ancien jésuite, ardent à la controverse, M° François Véron (1), publia une réfutation du jansénisme, intitulée : *In Jansenii prætensum Augustinum, seu Augustinus liberatus a quatuor sophisticis Yprensis speciebus, novatoris scholæ, ex methodo Augustiniana*. Les adversaires des Jésuites, en majorité à la Faculté des arts, n'étaient pas ménagés dans cet ouvrage. L'auteur leur reprochait avec amertume les libelles qu'ils avaient lancés, les années précédentes, contre le collège de Clermont; il attaquait la constitution du tribunal du recteur, et livrait à la risée publique la prétention de ces régents de rhétorique et de grammaire qui se mêlaient de décider des points de foi. Rarement la dignité rectorale avait reçu un affront plus sanglant. Comme François Véron était maître ès arts, il fut cité en

---

(1) François Véron, natif de Paris, entra dans la compagnie de Jésus, qu'il quitta bientôt. Il fut depuis curé de Charenton, et mourut en 1649. V. le *Grand Dictionnaire de Moréri*.

cette qualité devant ces magistrats académiques qu'il venait d'outrager ; mais il ne comparut que pour décliner leur compétence, et ne cessa de répéter en face d'eux qu'ils n'étaient pas des théologiens et qu'ils n'avaient pas qualité pour prononcer sur une question de doctrine. Ceux-ci, d'une voix unanime, condamnèrent l'audacieux écrivain, et son nom fut effacé de la liste des maîtres ès arts (1). Cet incident fut le prélude en quelque sorte du débat solennel qui était à la veille de s'engager devant la Faculté de théologie. Les partis en présence avaient si bien le sentiment de la situation qu'ils cherchaient à grossir leurs rangs, à réduire ceux de leurs adversaires, afin de s'assurer la majorité au jour de la délibération, et surtout à l'instant du vote. Ainsi les communautés religieuses, généralement hostiles au jansénisme, présentaient à la licence, en plus grand nombre que de coutume, les candidats qu'elles destinaient à combattre la nouvelle secte. De leur côté, les partisans de Jansénius dénonçaient au parlement de Paris cette tactique insidieuse comme étant la violation flagrante des statuts de l'Université, qui limitaient pour les différents ordres mendiants le nombre des bacheliers en théologie aptes à recevoir le grade de licencié (2).

Enfin au mois de juillet 1649, la guerre qui se préparait depuis longtemps finit par éclater. Un ancien grand maître du collège de Navarre, alors syndic de la Faculté de théologie, Nicolas Cornet, effrayé des écueils qui menaçaient l'orthodoxie, courut lui-même au-devant du péril. Bossuet a dépeint en termes éloquents la rectitude incorruptible, la circonspection, la prudence, les hautes et solides qualités de ce sage syndic qu'il eut lui-même pour maître à Navarre (3). Doué du sens le plus ferme et le plus droit, Cornet n'avait pas eu de peine à envisager les suites funestes que devait entraîner la doctrine de Jansénius, cette théologie austère, lugubre, implacable, qui, à force d'humilier l'homme,

---

(1) *Arch. U.*, Reg. xxviii, fol. 4 v° et 5.
(2) *Journal de M. de Saint-Amour, docteur de Sorbonne, de ce qui s'est fait à Rome dans l'affaire des cinq propositions*, 1662, in-fol., partie Ire, ch. iv, p. 6.
(3) Voyez l'*Oraison funèbre de Messire Nicolas Cornet*, Œuvres de Bossuet, édit. de Versailles, t. XVII, p. 615 et suiv.

étouffait dans son âme l'espérance et le courage. Afin de serrer de plus près les questions, il formula cinq propositions qui renfermaient, à ses yeux, toute la substance des erreurs de l'évêque d'Ypres ; elles étaient ainsi conçues : « 1° Quelques commandements de Dieu sont impossibles à des hommes justes qui veulent les accomplir, et qui font à cet effet des efforts, selon les forces présentes qu'ils ont; la grâce qui les leur rendroit possibles leur manque ; 2° Dans l'état de nature tombée, on ne résiste jamais à la grâce intérieure ; 3° Dans l'état de nature tombée, pour mériter ou démériter, l'on n'a pas besoin d'une liberté exempte de nécessité ; il suffit d'avoir une liberté exempte de coaction ou de contrainte ; 4° Les semipélagiens admettoient la nécessité d'une grâce prévenante pour toutes les bonnes œuvres, même pour le commencement de la foi ; mais ils étoient hérétiques en ce qu'ils pensoient que la volonté de l'homme pouvoit s'y soumettre ou y résister ; 5° C'est une erreur semipélagienne de dire que Jésus-Christ a répandu son sang pour tous les hommes. »

A ces cinq propositions Cornet crut devoir en ajouter deux, dont l'une était tirée du livre *De la fréquente communion*, et dont l'autre passait pour être enseignée par certains casuistes de la compagnie de Jésus : « 1° L'Église a cru anciennement que la pénitence secrète pour les péchés secrets ne suffisoit pas; 2° L'attrition naturelle suffit pour le sacrement de pénitence. » Le 1ᵉʳ juillet 1649, Cornet donna lecture de ces propositions à la Faculté de théologie ; ensuite il demanda, sans prononcer le nom de Jansénius, que des commissaires fussent désignés pour en délibérer (1). Les religieux mendiants qui faisaient partie de la Faculté assistaient en grand nombre à la séance ; ils appuyèrent la demande du syndic ; et, malgré les plus vives protestations de la part de ceux des docteurs qui s'appelaient déjà les disciples de saint Augustin et les défenseurs de la grâce, une commission de sept membres, choisis la plupart dans les rangs des adversaires du jansénisme, fut chargée le jour même de faire un rapport sur

---

(1) *Conclusions de la Faculté de théologie*, Arch. nat., MM., 252, fol. 155 v°.

les propositions qui venaient d'être soumises ou plutôt dénoncées à la Faculté. Antoine Arnauld parut dans la lice pour la défense du parti dont il était alors le plus ferme soutien. Ses *Considérations sur l'entreprise faite par Me Nicolas Cornet* (1) sont un des écrits les plus véhéments et les plus acerbes qui soient sortis de sa plume. Il reproche à Cornet avec une extrême âpreté d'agiter la Faculté de théologie, de troubler la paix de ses assemblées, de semer partout la discorde, et dans quel dessein? pour obéir à une cabale qui prétend ruiner l'autorité de saint Augustin, mais qui, n'osant attaquer de front le premier et le plus considérable des Pères de l'Église, use d'artifices, et ébranle par des moyens détournés et occultes les fondements de la doctrine que l'évêque d'Hippone a enseignée. « Ils ont voulu, s'écrie le fougueux disciple de Saint-Cyran, ils ont voulu combattre saint Augustin en renards, et non en lions; et pour couvrir la honte qu'ils avoient de se faire les maîtres et les censeurs du plus grand maître de toute l'Église après saint Paul, et avec lui des papes, des conciles et de toute l'antiquité, ils ont exprimé toutes les propositions en des termes ambigus et confus, afin qu'étant vraies en un sens et fausses en un autre, ils pussent s'excuser devant des hommes intelligents, en disant qu'ils ont voulu seulement condamner ce qu'elles avoient de mauvais, sans avoir intention de blesser saint Augustin, et cependant les décrier devant les simples et les ignorants, qui sont le plus grand nombre, comme absolument condamnées... » Malgré les efforts d'Arnauld et de ses amis, l'issue du débat était certaine d'avance. La majorité se trouvait acquise dans la Faculté de théologie au parti qui repoussait le jansénisme; et bien que les commissaires chargés de l'examen des propositions déférées par Cornet eussent, d'un commun accord, ajourné le projet de censure qu'ils avaient préparé, on ne pouvait mettre en doute que ce projet ne fût bientôt adopté à la pluralité des voix. Mais soixante-dix docteurs, Arnauld à leur tête, portèrent plainte au parlement de Paris de ce que, contraire-

---

(1) *Œuvres complètes,* t. XIX, p. 1 et suiv.

ment aux usages de la Faculté de théologie, un nombre illimité de religieux mendiants avaient été admis à donner leur vote et avaient ainsi contribué évidemment au succès d'une cabale qui sans leur intrusion ne l'aurait jamais emporté. Deux requêtes successives, l'une du mois d'août, l'autre du mois de septembre 1649, développèrent les motifs de cette plainte contre le clergé régulier en faveur de la constitution séculière des différentes compagnies de l'Université de Paris (1). Le Parlement, jaloux de rétablir le calme, ne crut pas sortir de son rôle en coupant court à des débats qui troublaient si vivement les esprits. Le 5 octobre 1649, sur le rapport du conseiller Broussel, il rendit un arrêt portant défense : 1° de publier le projet de censure que les commissaires nommés par la Faculté de théologie avaient rédigé; 2° de mettre en discussion les propositions qui en étaient l'objet; 3° de mettre au jour aucun écrit qui touchât directement ou indirectement aux matières controversées, jusqu'à ce que par la cour il en eût été autrement ordonné (2). La délibération que le syndic avait cru devoir provoquer se trouva ainsi interdite par autorité de justice. Mais ces questions qui partageaient les consciences n'étaient pas de celles que la magistrature ou même le gouvernement eût le pouvoir d'étouffer. Une fois posées devant l'Église, il fallait qu'elles fussent résolues; et ceux qui les avaient soulevées en poursuivirent effectivement, comme c'était leur droit, la solution définitive, même au prix de douloureux déchirements dans le clergé de France.

Sur la fin de l'année 1649, des débats relatifs à l'imprimerie et à la librairie firent diversion dans l'Université à l'agitation produite par la querelle du jansénisme. Le roi promulgua, au mois de décembre, un édit en trente-sept articles (3) pour le règlement de ces deux professions, dont l'histoire se rattache par des liens si étroits à celle de nos institutions scolaires. Cet édit est accom-

---

(1) *Journal de Saint-Amour*, ch. ix et x, p. 22 et suiv.
(2) *Journal*, etc., ch. xii, p. 31 et suiv.; *Œuvres d'Arnauld*, t. XIX, préf. hist., p. vi.
(3) *Actes concernans le pouvoir et la direction de l'Université de Paris sur les escrivains des livres*, etc., in-4°.

pagné d'un préambule qui renferme des détails précieux à recueillir : « On imprime à Paris, dit le roi, si peu de bons livres, et ce qui s'en imprime paroist si manifestement négligé pour le mauvais papier que l'on y employe, et pour le peu de correction que l'on y apporte, que nous pouvons dire que c'est une espèce de honte, et recognoistre que c'est un grand dommage à nostre Estat; et d'avantage ceux de nos subjets qui embrassent la profession des lettres, n'en ressentent pas un petit préjudice, quand ils sont obligés de rechercher les anciennes impressions avec une despence très notable. De cet abus naist un autre mal, qui est le mauvais exemple des pères élevans leurs enfans en l'imprimerie, plus pour servir à l'avarice que pour l'exercer honorablement. Cette profession s'anéantit de jour en jour et de plus en plus; mesme bien souvent, au lieu de les nourrir en cet exercice qui a besoin d'une longue expérience et de beaucoup de cognoissance, sont contraints de les en retirer par le grand mespris auquel il est descheu. La misère des apprentis est encore si grande sous des maistres, si peu soigneux de leur art que malaisément il s'en rencontre qui soient d'esprit et de courage, capables de s'y employer avec l'honneur que mériteroit une si belle et si nécessaire profession, au lieu qu'au siècle passé, des plus grands et des plus sçavans personnages, tenoient à grand honneur de servir le public en cette occupation qui a tant obligé les bonnes lettres. De cette source procède encore un autre malheur, qui est qu'un libraire ou un imprimeur, faisant estat de son exercice, et en recognoissant le mérite et la dignité, entreprenant un ouvrage digne de voir la lumière, avec despence et diligence, aussitost on verra naistre mille avortons contrefaits, de gens, qui en la concurrence de cettuy-là, feront imprimer le mesme œuvre en mauvais papier, de caractères tout usez et sans correction, en sorte que par un soin préjudiciable au public, ils portent dommage aux ouvriers fidèles, nuisent à ceux qui auroient dessein de bien faire et s'incommodent eux-mesmes. Ce désordre en la police de nostre Estat donne de grands avantages aux estrangers, quand pour mieux faire, ils attirent chez eux le négoce, mesmes se portent plus avant, et ont des boutiques dans nos bonnes villes; au moyen de quoy, soubs noms empruntez, ils emportent l'argent du royaume, où au contraire ils avoient coustume de prendre de nous, non seulement les papiers blancs, dont encore ils ne sauroient se passer, mais aussi toutes sortes de livres qui s'imprimoient en nostre royaume d'une façon plus agréable et plus correcte qu'elle ne se faisoit en nulle autre part. Il a esté aisé à juger que ces grands abus se sont introduits par l'incapacité des maistres, qui a procédé de leur multitude, et du peu d'intelligence qu'ont entre eux les imprimeurs et les libraires de nostre royaume... » Le nouvel édit avait pour but de faire cesser une situation aussi fâcheuse. L'article premier porte que « les marchands libraires, imprimeurs et relieurs seront tousjours censés du corps de nostre bien aymée fille aisnée, l'Université, du tout séparés des arts méchaniques et autres corps de mestiers ou marchandises; et comme tels, conservés en la jouissance de tous les droicts, privilèges, franchises, libertés, préséances et prérogatives attribuées à ladite Université, et à eux par les roys, nos prédécesseurs, et par nous. » Défense est faite, par l'article 2 et l'article 3, d'établir des imprimeries ailleurs que dans les grandes villes, et de conserver, sous quelque prétexte que ce soit, des presses dans les couvents, collèges et autres communautés. Chaque imprimeur, libraire ou relieur ne doit avoir qu'un seul apprenti, non marié, jeune, de bonnes vie et mœurs, catholique, originaire de France, capable de servir le public, muni d'un certificat du recteur attestant qu'il est « congru en la langue latine » et qu'il sait lire le grec. Nul ne peut exercer à Paris sa profession, s'il n'a fait dans cette ville quatre années d'apprentissage, et si de plus il n'a servi durant trois ans sous un maître. L'article 11 fait défense d'imprimer aucun livre nouveau, soit en prose, soit en vers, sans la permission du roi. L'article 13 enjoint aux marchands forains de soumettre au syndic de la communauté ou aux adjoints du syndic tous les livres qu'ils se proposent de vendre dans Paris. L'article 21 enjoint de même au syndic de faire deux fois l'année la visite des imprimeries, et d'avoir l'œil à ce que les livres qui seront sous les presses soient sur de beau et bon papier avec de bons caractères qui ne soient pas usés, et qu'il ne s'imprime aucun livre contre les bonnes mœurs, la religion ou l'État. « Et parce que, continue l'article 22, lesdites visites sont absolument nécessaires, et que ce qui les a fait cesser a esté la difficulté d'en venir à bout, depuis que les libraires, les imprimeurs et les relieurs se sont licenciez de se loger par tous les endroits de la ville, au mespris de nos ordonnances et arrêts de nostre Conseil et de Parlement, qui leur deffendent de se loger ailleurs que dans l'Université..... nous deffendons à tous libraires, imprimeurs et relieurs, de prendre des boutiques aux foires de Saint-Germain et de Saint-Laurent, ny de se loger ailleurs que dans ladite Université, lieu destiné pour les personnes de lettres, ou dans l'enclos du Palais seulement; ordonnons à tous ceux qui en sont hors, d'y retourner dans le jour de Noël prochain pour tous délais... et pour couper la racine à toutes leurs divisions et à tous les procès qu'ils ont eu entre eux jusques icy pour raison desdites limites, nous voulons qu'ils puissent se loger depuis la rue de la Bucherie, rue de la Huchette, rue de la Vieille-Boucherie, en montant jusques aux portes Saint-Michel, Saint-Jacques, Saint-Marcel et Saint-Victor. » Nous ne citerons plus qu'un seul article de l'édit de 1649 : c'est l'article 26, qui permettait de solliciter des lettres de privilège pour la réimpression des Pères de l'Église et des écrivains de l'antiquité, mais qui autorisait tous libraires et imprimeurs à publier les livres d'église, les anciens Despautères, les dictionnaires, les grammaires et les autres livres de classe, « pourvu que le recteur ou quelqu'un des régents, par luy commis, eust donné certificat, que lesdits livres étoient bien et correctement imprimez. »

L'édit que nous venons d'analyser ne portait pas d'atteinte sérieuse aux privilèges de l'Université; néanmoins elle protesta très vivement contre quelques-unes des dispositions qu'il renfermait. Elle se plaignit d'abord (1) que l'article premier étendit la

---

(1) *Répliques de l'Université aux responses faites par les soy-disants syndic et adjoint des imprimeurs, libraires et relieurs, aux moyens qu'elle a présentés à la*

jouissance des privilèges académiques à un grand nombre de libraires qui n'avaient pas été reçus par le recteur, et qui ne lui avaient pas prêté serment ni rendu obéissance : elle réclama le maintien des anciennes ordonnances qui limitaient le nombre de ses libraires à vingt-quatre, outre deux relieurs, deux enlumineurs et deux écrivains jurés. Elle n'approuva pas que la durée de l'apprentissage eût été portée à quatre années, et d'autre part elle demanda que la maîtrise ès arts fût exigée des imprimeurs; car, disait-elle, « jamais l'imprimerie n'a esté si florissante, que lorsqu'elle a esté exercée par des personnes savantes et bien versées dans l'intelligence des langues; et jamais elle ne fut si méprisable qu'elle est à présent, par le manque de tels personnages. Et on ne peut pas espérer que ceux qui se présenteront pour estre admis au rang de ceux qui font profession de l'imprimerie s'appliquent à l'estude des lettres humaines et des sciences les plus sublimes, s'ils ne se sentent obligez de rendre compte de leur estude, et de donner des marques certaines de leur suffisance dans un examen réglé, et devant des personnes qui aient autorité. Ce qui se peut bien et commodément faire dans l'examen qui est estably pour ceux qui doivent estre admis à la maistrise ès arts. » Un autre vœu de l'Université, c'était que les deux professions de libraire et d'imprimeur fussent complètement distinctes, de manière à ne pouvoir être exercées toutes deux par la même personne. Enfin l'Université se montrait fort opposée à la concession des lettres de privilèges, qui cependant étaient alors la seule garantie de la propriété littéraire. « La poursuite des privilèges, disait-elle, ne tend que pour enrichir quelques libraires qui la font, et les mettre en estat d'opprimer leurs confrères, qui ont moins de crédit qu'eux... Sur l'assurance qu'ils ont que par le moyen de leurs privilèges, leurs livres ne peuvent estre imprimez qu'après un long terme de dix, quinze ou vingt ans, ils n'apportent pas le soin et l'industrie de bien faire... Les privilèges ostent toute l'émulation. » L'Université ne se contenta pas

Cour sur des lettres-patentes du mois de décembre 1649. *Lesquelles répliques contiennent lesdits moyens suivant les articles desdites lettres-patentes*, in-4°, p. 1.

de dire sa pensée sur l'édit de 1649 : elle forma opposition à l'enregistrement, qui fut ajourné en ce qui concernait certains articles. Au mois de mars de l'année suivante, la communauté des libraires formula quelques nouvelles dispositions, destinées à compléter l'ordonnance royale; (1) ainsi elle demanda « que tous libraires, imprimeurs ou relieurs qui obtiendraient prolongation de privilège en privilège d'un ancien livre, même des livres imprimés hors du royaume, fussent tenus de donner un certain nombre d'exemplaires pour subvenir aux affaires de la communauté et aux nécessités des pauvres d'icelle. » Ces nouveaux articles eurent le même sort que les premiers : l'Université les contesta tout aussi vivement (2); mais d'autres préoccupations l'engagèrent bientôt à abandonner le procès qu'elle avait intenté, et qui ne fut ni jugé ni même plaidé (3).

Tandis que l'Université se trouvait engagée dans cette contestation, elle éprouva une perte qui lui fut très sensible; son procureur fiscal, Jacques du Chevreul, mourut le 30 décembre 1649, âgé de cinquante-cinq ans, à la suite d'une longue et douloureuse maladie. Après avoir rempli, en vertu de deux élections consécutives, la charge de recteur, du Chevreul avait été nommé en 1623 procureur fiscal ou syndic de la corporation, en remplacement de Ruault, démissionnaire. Disciple et ami de Pierre Padet, il enseigna durant plusieurs années au collège d'Harcourt, sous la direction de cet habile proviseur, avec le succès le plus honorable (4). Il touchait au terme de sa carrière lorsque l'archevêque de Lyon, Alphonse de Richelieu, le désigna pour occuper

---

(1) *Nouveaux articles présentés le 17 mars dernier, suivant le résultat de l'assemblée des marchands libraires*, etc.

(2) *Sommaire des moyens d'opposition de l'Université de Paris aux lettres patentes obtenues par aucuns des imprimeurs et libraires au mois de décembre de l'année 1649, à la déclaration du 20 dudit mois et an, et à dix nouveaux articles : comme aussi des moyens et raisons de sa requeste civile, contre les arrêts du 7 septembre 1649 et du 9 juillet 1618.*

(3) *Compte rendu par les gens du roi aux chambres assemblées au sujet des arrêts du Conseil du 30 août* 1777, dans l'intéressant recueil, publié par MM. Ed. Laboulaye et G. Guiffrey, *la Propriété littéraire au* xviiie *siècle*, Paris, 1859, in-8°, p. 549.

(4) *Arch. U.,* Reg. xxviii, fol. 33.

au Collège de France la chaire de philosophie, qui était devenue vacante par la mort de Jean Perreau. Ses ouvrages sont en petit nombre; les plus considérables sont un traité sur l'immortalité de l'âme, et un autre sur le libre arbitre. La mort d'un maître aussi justement respecté causa dans l'école de Paris une douleur universelle; ses obsèques furent célébrées avec beaucoup de pompe, le 1er janvier 1650; il fut enterré, selon ses intentions, dans l'église des Chartreux. On ne s'entendit pas d'abord sur le choix de son successeur : la rivalité des Nations et des Facultés faillit compliquer leurs anciens débats d'une difficulté nouvelle, d'autant plus délicate que cette fois des questions de personnes se trouvaient engagées. Enfin au mois de juin 1651, après dix-huit mois d'ajournement, François Dumonstier, l'ancien recteur, fut élu, à la majorité des suffrages, malgré l'opposition du doyen de la Faculté de théologie (1).

Mais ne sortons pas encore de l'année 1650; nous avons à y relever un événement qui tient sa place dans les annales de l'Université aussi bien que dans l'histoire littéraire; je veux parler de la licence de Bossuet. Jacques-Bénigne Bossuet, né à Dijon en 1627, était venu terminer ses études au collège de Navarre. En 1648, il se présenta devant la Faculté de théologie pour obtenir le grade de bachelier. Sa thèse était dédiée au grand Condé, alors au faîte de la gloire. Le prince, qui avait connu en Bourgogne la famille du candidat, voulut assister à la discussion publique; on raconte même que, séduit par l'intérêt de la controverse, le vainqueur de Fribourg et de Rocroy put à peine contenir son ardeur, et faillit se mesurer avec le jeune théologien qui s'annonçait déjà comme une des lumières futures de l'Église de France (2). Les bacheliers en théologie employaient, comme nous avons vu, deux années entières à se préparer aux examens de la licence, et ces examens comprenaient une thèse appelée Sorbonique, qui devait être soutenue dans une des salles du collège de Sorbonne, sous la présidence du prieur de la maison. Au mois de novembre 1650, le

---

(1) *Arch. U.*, Reg. XXVIII, fol. 54 et 55.
(2) Floquet, *Études sur la vie de Bossuet*, Paris, 1855, in-8°, t. I, p. 106 et suiv.

moment arriva pour Bossuet de subir cet acte important. Quoi qu'il n'eût encore que vingt-trois ans, il s'était acquis un tel renom de supériorité que sa réception ne paraissait pas douteuse; toutefois un incident assez grave en troubla le succès. Entre la maison de Sorbonne et le collège de Navarre, il existait d'anciennes rivalités qui s'étaient déjà manifestées plus d'une fois. Le prieur de Sorbonne ne se contentait pas, à chaque Sorbonique, d'occuper un siège d'honneur et d'argumenter le premier, la tête couverte; quoiqu'il ne fût lui-même que simple bachelier, il exigeait, comme un droit inhérent à son titre et consacré par l'usage, que les candidats, avant le jour de l'examen, lui fournissent les preuves ou la justification de leurs thèses, et que pendant l'examen ils le saluassent du titre de *Domine dignissime*. M⁰ Gaston Chamillard, qui remplissait en 1650 la charge de prieur, prétendit exercer toutes ces prérogatives à l'égard de Bossuet. Celui-ci se résigna, pour ce qui concernait sa thèse, à fournir les justifications réclamées, non sans protester énergiquement contre la rigueur de cette condition qu'il regardait comme insolite et abusive; mais, lors de la discussion publique en Sorbonne, il se refusa de la manière la plus absolue à employer, en s'adressant au prieur, les qualifications d'honneur que M⁰ Chamillard revendiquait. Un grand tumulte s'éleva dans la salle des examens. MM. de Sorbonne et MM. de Navarre se montraient si animés les uns contre les autres qu'ils refusaient de s'entendre pour continuer provisoirement l'acte, sauf à formuler des réserves qui eussent mis leurs droits réciproques à couvert. Enfin, après d'orageux débats, Bossuet, accompagné de ses maîtres et de ses condisciples, sortit de l'enceinte et se transporta au monastère des Jacobins, situé rue des Grès, où la cérémonie de la Sorbonique se poursuivit dans la grande salle des actes du couvent, en dépit des protestations de nullité signifiées par les adversaires. La maison de Navarre ne se borna pas à cette démarche audacieuse, nous serions tenté de dire violente; elle déposa une plainte au Parlement contre la maison de Sorbonne. Un procès s'ensuivit entre les deux collèges, l'honneur de la Faculté de théologie. Quelques membres de la Faculté auraient voulu étouffer ce différend par une transaction; mais, malgré le concours du président Molé, leurs efforts pour rétablir la concorde ne réussirent pas. Le 26 avril 1651, l'affaire fut appelée devant la grand'chambre. L'avocat Montholon plaida pour MM. de Sorbonne, M⁰ Martinet pour la partie opposée; Bossuet parut en personne devant la cour, et porta la parole en latin dans sa propre cause. Mais, quelle que fût son éloquence, il ne parvint pas à convaincre ses juges. Omer Talon, qui occupait le siège du procureur général, se prononça contre lui et contre le collège de Navarre; néanmoins il conclut à ce que Bossuet, « ayant rendu des preuves de sa suffisance à la cour, » fût exempté de faire de nouveau sa Sorbonique. Sur ces conclusions, le Parlement rendit un arrêt par lequel il était statué : 1° que les Sorboniques se feraient toujours dans la maison de Sorbonne, sans pouvoir être transférées ailleurs, s'il n'était autrement ordonné; 2° que pour cette fois néanmoins, et sans tirer à conséquence, l'acte commencé en Sorbonne et achevé aux Jacobins par Bossuet demeurerait pour Sorbonique; 3° que les bacheliers qui répondraient en Sorbonne communiqueraient au prieur de Sorbonne leur thèse et les preuves d'icelles, signées de leur main; 4° enfin qu'ils devaient dire, en parlant audit prieur, en l'acte de Sorbonique : *Dignissime domine prior*. Ainsi se termina ce procès, après avoir troublé pendant quelques mois la Faculté de théologie, qui dans la suite le vit renaître plus d'une fois sous d'autres formes. Les épreuves de la licence achevées, il restait à fixer les rangs, ou, comme on disait alors, les lieux des candidats. Le premier lieu ne fut pas accordé à Bossuet, mais au futur réformateur de la Trappe, Armand le Boutillier de Rancé. Bossuet, comme l'a établi le plus érudit de ses biographes, n'obtint même pas la seconde place, qui fut donnée à son antagoniste, au prieur de Sorbonne, M⁰ Gaston Chamillard (1). Malgré sa célébrité naissante, le jeune bachelier de Navarre, qui devait un jour

(1) Conclusions de la Faculté de théologie, Arch. nat., MM. 252, fol. 162, 163 et 164. Floquet, *Études sur la vie de Bossuet*, t. I, p. 131 et suiv., p. 159; et nos Pièces justificatives, n° CVII.

être surnommé le dernier des Pères de l'Église, fut rejeté au troisième rang, par un de ces caprices du sort ou des hommes dont l'histoire des écoles publiques offre plus d'un exemple.

Après le petit orage soulevé par le doctorat de Bossuet, nous rencontrons, en suivant l'ordre des temps, un événement qui causa une grande joie dans l'Université de Paris, nous voulons parler de la confirmation de ses privilèges par Louis XIV. Huit années depuis l'avènement du roi s'étaient écoulées sans qu'elle eût obtenu cette faveur précieuse, que chaque prince renouvelait en montant sur le trône. Enfin, au mois de septembre 1651, sur le rapport de M. Voisin, maître des requêtes, le jeune roi expédia des lettres patentes conçues dans les termes suivants (1) : « Nostre très chère et bien aimée fille aisnée, l'Université de nostre bonne ville de Paris, nous a fait remonstrer, que quand elle a esté fondée par le roy Charlemagne et dotée de peu de biens, elle a esté enrichie et ornée de plusieurs beaux droits, privilèges, prérogatives, franchises et libertez; que les rois nos prédécesseurs qui ont régné ensuite, reconnaissant les importants services que cette Université première chrestienne avoit toujours rendus à l'Église, et les signalez advantages que non seulement nos royaumes, mais généralement toutes les nations estrangères reçoivent de cette fameuse mère des bonnes lettres, l'ont honorée d'une affection véritablement paternelle, luy ont departi leurs grâces et faveurs royales, et pour la rendre de plus en plus florissante pour le bien universel de toute la chrestienté, à l'ornement de leurs royaumes, ont non seulement confirmé, mais aussi de temps en temps amplifié les privilèges à elle octroyez, etc. » A l'exemple de Louis XIII, de Henri IV et de tous ses aînés, Louis XIV payait un juste tribut de louanges à l'école de Paris, et annonçait l'intention de « l'aimer, la maintenir et la traiter favorablement et contribuer à la rendre florissante de plus en plus. » Suivait, dans les lettres patentes, le long détail des privilèges qui lui étaient accordés par le roi. Elle

---

(1) *Recueil des privilèges de l'Université de Paris*, p. 62 et 157. En témoignage de sa reconnaissance, l'Université, sur la proposition de Dumonstier, offrit à M. Voisin un exemplaire de la collection des SS. Pères. *Arch. U.*, Reg. xxviii, fol. 60.

continuait à être exemptée de la plupart des charges publiques ; la connaissance des causes civiles ou criminelles qui intéressaient ses membres était réservée au grand prévôt et soustraite à tous juges siégeant hors Paris ; enfin défense était faite aux imprimeurs et libraires de mettre en circulation aucun livre concernant la religion ou les mœurs, s'il n'avait été approuvé par la Faculté de théologie.

Quand Louis XIV signait cet édit, l'Université se trouvait déjà dans une situation plus favorable, elle jouissait de revenus plus élevés et moins précaires que sous les règnes précédents ; et cependant que de chemin n'avait-elle pas encore à parcourir avant d'arriver à une véritable prospérité! Sans parler des misères individuelles qu'elle était obligée de secourir, deux de ses compagnies, la Faculté de médecine et la Faculté de droit, se trouvaient dans la condition la plus pénible. Les taxes de guerre exigées en 1636 et en 1649 ayant épuisé leurs ressources, elles ne pouvaient payer leurs régents, et plusieurs de leurs membres étaient tombés dans un état de gêne extrême. Au mois de septembre 1650, dans une assemblée des délégués de l'Université, le doyen de la Faculté de droit, Philippe de Buisine, fit part à ses collègues de cette déplorable situation, et il les supplia d'y remédier (1). Les mêmes plaintes et le même vœu furent exprimés peu de temps après par le doyen de la Faculté de médecine, le célèbre Gui Patin ; toutefois, sur l'opposition du vice-doyen de la Faculté de théologie, qui élevait de son côté des réclamations, aucune décision ne fut prise tout d'abord. Le temps aggrava plutôt qu'il n'adoucit les misères qui demandaient à être soulagées ; aussi dès l'année suivante elles trouvèrent les esprits mieux disposés à leur venir en aide. Les Nations furent convoquées par leurs procureurs pour en délibérer, et toutes furent d'avis, à l'unanimité, qu'il y avait lieu d'accorder annuellement, sur les fonds de l'Université, 800 livres pour quatre régents de la Faculté de médecine, et 200 livres pour un régent de la Faculté de droit. Il était entendu que cette allocation n'était que provisoire, et que, dans le cas où le roi doterait les chaires

---

(1) *Arch. U.*, Reg. xxvi, fol. 369 v°; Reg. xxviii, fol. 47.

auxquelles on l'affectait, elle serait supprimée; qu'enfin elle ne serait payée que sur l'attestation du recteur, certifiant que les régents appelés à la recevoir s'étaient acquittés de leur emploi avec exactitude et assiduité (1).

Les services de la Faculté de médecine, le nombre et l'exactitude de ses professeurs, le renom littéraire de quelques-uns d'entre eux, tels que Gui Patin, justifiaient les votes réitérés de la Faculté des arts en faveur d'un corps aussi recommandable. Mais la Faculté de droit, il faut bien le dire, ne méritait pas le même intérêt. Jamais les abus qui lui étaient devenus habituels depuis un demi-siècle, et qu'elle apportait peu de zèle à déraciner, n'avaient pesé plus gravement sur la prospérité de ses études. Le personnel de ses maîtres s'était trouvé successivement réduit par la mort : en 1651, après le décès de Mes Dartis, Florent et Bouteillier, elle ne comptait plus qu'un seul régent ou antécesseur, Philippe de Buisine, qui ne s'empressait pas de se donner de nouveaux collègues, préférant s'attribuer le revenu des chaires vacantes. Buisine n'était pas un homme sans valeur ni sans influence; outre quelques discours qui portent son nom (2), il paraît avoir pris une assez grande part au *Traité des véritables et justes prérogatives de la Faculté de droit canon en l'Université, et de la nécessité d'y restablir la profession du droit civil*. Mais il n'en était pas moins surprenant que, sur six chaires établies par les statuts, cinq ne fussent pas occupées, et que la Faculté de décret tout entière fût représentée par un seul homme. La situation était d'autant plus anormale que Buisine refusait (3) d'admet-

---

(1) V. Pièces justificatives, n° CVIII.
(2) Goujet, *Mém. hist. sur le Collège royal*, t. III, p. 393 et suiv., en cite quelques-uns, auxquels nous ajouterons le suivant : *De antiqua Facultatis juris canonici disciplina, ad Ecclesiæ imperiique Gallicani gloriam ac summam utilitatem instauranda oratio, a Philippo de Buisine, ejusdem Facultatis decano, habita in Universitate studii Parisiensis anno 1649, die 24 novembris*. Parisiis, 1656, in-4°, 13 pages.
(3) Voyez le *Mémoire pour Maistre Philippe de Buisine, docteur régent et doyen de la Faculté de décret de l'Université de Paris, défendeur, etc., contre M° Pierre Loysel, docteur en théologie, demandeur; et quelques autres docteurs simples et non régens de ladite Faculté*, in-4°, 22 pages.

tre au partage de son autorité, non pas seulement le chancelier de Notre-Dame, mais les docteurs en décret, comme ceux-ci le demandaient; il prétendait régler seul tout ce qui concernait la discipline, les études et l'administration. Dans un mémoire à l'appui d'une requête adressée au Parlement, l'Université elle-même a retracé les suites fâcheuses de ce despotisme (1). « De six professeurs qui doivent lire dans les escholes de décret, dit cette requête, il n'y en a plus qu'un seul depuis le mois d'avril 1651, et M. Philippe de Buisine, qui est un homme marié pour la troisième fois, remplit lui seul toutes les places que l'on a veu occupées autresfois par de grands hommes; ou pour mieux dire, il jouit de la récompense de leurs travaux sans en faire les fonctions. Les degrez s'y donnent sans avoir esgard au temps d'estude ordonné par les statuts, par les saints décrets des conciles, par les déclarations de nos roys et par les arrests, sans entrer en cognoissance du mérite de ceux qui les veulent recevoir, sans observer les solemnitez, la sévérité de l'espreuve et la rigueur de l'examen. L'argent de ceux qui se présentent fait luy seul toute la suffisance que l'on exige d'eux pour y estre admis; la dispute est autant incognuë en ces rencontres que le commerce y est en usage. Les lettres y sont expédiées, sans difficulté, et quelquefois mesme à des personnes qui n'ont jamais veu les escholes. Après que l'on a usurpé les droits de l'Université, en acheptant un peu de cire et du parchemin, on se fait nommer aux bénéfices, qui est une intrusion qui ne sert qu'à entretenir l'abus et le dérèglement, et qui ne sert tous les jours qu'à fomenter une infinité de procez qui se multiplient et qui s'entretiennent par des faussetez et des suppositions qui embarassent les juges. » Buisine, peu soucieux de ces abus, l'était davantage de ses propres intérêts. Il s'était emparé de tous les bâtiments de la Faculté de décret, et en avait changé toute

(1) *Moyens et raisons des demandes de l'Université de Paris, en la cause meue par devant Nos Seigneurs du Parlement touchant l'estat présent de la Faculté de droit canon*, in-4° de 32 pages. Buisine publia une *Response aux prétendus moyens et raisons des demandes proposées sous le nom de l'Université de Paris contre la Faculté de droict canon par quelques particuliers envieux et calomniateurs de cette Faculté*, in-4°, 13 pages.

la forme, pour y loger, dit la requête de l'Université, sa femme, ses enfants, ses servantes, ses chevaux et son carrosse. « Il a eu la hardiesse, continuait la requête, de faire construire dans ces escholes vénérables une remise de carosse jusques auprès du lieu le plus sacré, qui est la chaire, et d'entreprendre d'oster l'usage de la grande porte de cette eschole, qui est l'une des plus belles de l'Université, et qui a toujours servi aux assemblées les plus solennelles. » Afin d'assoupir les plaintes que sa conduite intéressée soulevait de toutes parts, Buisine promulgua, avec une certaine ostentation, deux ordonnances, d'ailleurs très sages, qui auraient pu contribuer à relever les études. La première, datée du mois de décembre 1651, constituait pour les étudiants des exercices publics d'argumentation, qui devaient avoir lieu le samedi de chaque semaine; la seconde ordonnance, qui est du mois de septembre de l'année suivante, confirmait la première, et signifiait aux candidats de la Faculté que désormais ils ne pourraient prétendre aux grades s'ils n'avaient accompli les conditions d'études exigées par les statuts, et s'ils ne justifiaient de leur capacité dans un examen solennel (1). Mais ces règlements émanés d'un seul homme n'étaient pas suffisants pour donner satisfaction aux griefs de l'Université contre le doyen de la Faculté de décret. Le mécontentement général ne s'apaisa qu'un peu plus tard, grâce à des mesures plus profondément réformatrices, que nous aurons bientôt à exposer.

Mais ni les abus de la Faculté de droit, ni la misère de la Faculté de médecine, ni la rivalité des collèges de Sorbonne et de Navarre, n'étaient, dans les années que nous parcourons, la préoccupation principale de l'Université. Ce qui intéressait et passionnait à un bien plus haut degré les esprits, c'était la querelle du jansénisme. En vain le Parlement avait cru arrêter les progrès de l'agitation en s'opposant à la censure élaborée dans le sein de la Faculté de théologie contre les cinq propositions célèbres dénoncées par Nicolas Cornet. L'affaire, étouffée en Sorbonne, avait

---

(1) V. Pièces justificatives, nos CIX et CXII.

pris au dehors de vastes proportions : une lettre écrite par M. Habert, évêque de Vabres, et signée par quatre-vingt-cinq prélats, avait porté au Saint-Siège l'expression des vives alarmes que les maximes outrées des nouveaux défenseurs de la grâce inspiraient à une partie très notable du clergé français (1). Les jansénistes, de leur côté, avaient envoyé en Italie le docteur Louis de Saint-Amour et quelques autres théologiens du parti, qui devaient prendre auprès du pape la défense de l'*Augustinus*. Les esprits étaient trop animés de part et d'autre, pour que l'agitation cessât aussitôt, selon le vœu du Parlement, dans les collèges de l'Université; loin de là, un curieux incident témoigna combien les divisions étaient profondes et la lutte ardente, même au sein de 'école. Au mois de février 1651, la nouvelle se répandit qu'un certain nombre de prêtres, appartenant au collège des Hibernois ou Irlandais, s'étaient rassemblés au collège de Lisieux, chez l'un d'eux, M° Poërus, régent de philosophie à ce collège, et qu'ils s'apprêtaient à faire une déclaration publique contre les cinq propositions attribuées à l'évêque d'Ypres (2). Ils avaient été poussés à cette démarche par des influences étrangères, surtout par les conseils d'un ecclésiastique qu'on appelait alors M. Vincent, et que l'Église devait un jour honorer sous le nom de saint Vincent de Paul. M. Vincent était supérieur des prêtres de la Mission et principal du collège des Bons-Enfants. Sans se piquer d'une forte érudition théologique, il avait assez d'expérience et de sagacité naturelle pour avoir saisi les côtés faibles du jansénisme, et il usait activement de son crédit à la cour et dans le clergé contre la nouvelle secte (3). L recteur, Jean Courtin, averti de ce qui se

---

(1) *Journal de M. de Saint-Amour*, etc., part. II, ch. II, p. 48 et suiv.; *Œuvres d'Arnauld*, t. XIX, préf. hist., p. VII et suiv.

(2) Voyez les *Mémoires apologétiques pour les recteur, doyens, procureurs et suppôts de l'Université de Paris contre l'entreprise de quelques Hibernois la plupart estudians en l'Université*. Ces mémoires forment une brochure in-4° de 30 pages, suivie de quelques documents. Ils ont été réimprimés à la suite du *Journal de M. de Saint-Amour*, p. 150 et suiv. Les Irlandais publièrent de leur côté un *Factum pour servir de réponse aux Mémoires apologétiques faits pour les recteur, doyens, procureurs et suppôts de l'Université*, in-4° de 44 pages.

(3) *Reg. de la Faculté de médecine*, t. XIII, p. 481.

passait, signifia aux Irlandais la défense expresse de tenir des conventicules et de prononcer, sur quelque matière que ce fût, un jugement doctrinal. Vingt-six d'entre eux se trouvaient réunis quand cette défense leur parvint. Loin d'obéir, ils signèrent le jour même une déclaration par laquelle ils protestaient de leur entière soumission aux décrets des conciles œcuméniques, notamment à ceux du concile de Trente, ainsi qu'aux censures prononcées par le Saint-Siège contre Baïus, Jansénius et leurs adhérents; ils s'engageaient en conséquence à écarter de leur enseignement toute maxime suspecte d'hérésie, condamnée ou condamnable, et en particulier les cinq propositions qui partageaient alors les esprits. Un exemplaire de cette déclaration fut remis à M. Vincent, et elle ne tarda pas à se répandre dans le clergé. Le recteur, qui voyait son autorité méconnue, porta plainte à la réunion des délégués de l'Université; il communiqua en même temps l'adresse qu'il venait de recevoir de plusieurs maîtres Irlandais, qui désavouaient dans les termes les plus explicites la conduite et les sentiments de leurs compatriotes, signataires de la déclaration contre Jansénius. Quelques-uns de ces derniers avaient pris leurs grades dans l'Université de Paris, et par conséquent ils étaient ses justiciables; ils comparurent devant le recteur et ne cachèrent pas que de grands efforts avaient été tentés pour obtenir d'eux cette manifestation. Après un débat orageux, dans lequel on vit aux prises les partisans et les adversaires de Jansénius, le tribunal de l'Université rendit, le 4 mars 1651 (1), un décret qui cassait, comme contraire aux lois du royaume et aux libertés de l'Église gallicane, la délibération prise par les prêtres irlandais; les signataires étaient sommés de se rétracter par écrit dans de délai de huit jours, sous peine d'être privés de leurs titres, droits et privilèges dans l'Université. Le recteur avait espéré qu'une telle sentence mettrait fin à cette espèce de schisme, et que les Irlandais feraient leur soumission; mais ils servaient pour ainsi dire d'éclaireurs à un parti qui se sentait assez fort pour ne pas craindre

---

(1) *Arch. U.*, Reg. xxviii, fol. 48; Reg. xxvi, fol 371; d'Argentré, *De nov. error.*, t. III a, p. 62; *Journal de Saint-Amour*, p. 166.

la lutte, et qui, après les avoir lancés en avant, ne leur permit pas de reculer. Condamnés par le tribunal de la Faculté des arts, qui n'était pas, il est vrai, compétent pour décider des questions de foi, ils dénoncèrent au Parlement cet abus de pouvoir et ils se pourvurent aussi devant la Faculté de théologie. Cette dernière compagnie, malgré ses divisions, prenait une attitude de plus en plus prononcée contre le jansénisme ; elle embrassa la cause des Irlandais, résolut de leur prêter son concours dans le procès qui venait de s'engager, et blâma son vice-doyen, M° Messier, d'avoir voté avec leurs adversaires dans la dernière assemblée de l'Université. Quarante docteurs seulement protestèrent contre ces résolutions de la Faculté ; parmi eux se trouvait le plus savant casuiste de la maison de Sorbonne, M° Jacques de Sainte-Beuve. Comme le manifeste des Irlandais débutait par de tristes réflexions sur les nouveaux dogmes qui se répandaient dans l'école, M. de Sainte-Beuve somma les comparants de spécifier quels étaient ces dogmes nouveaux et de nommer les maîtres qui osaient les enseigner (1). Mais le syndic de la Faculté de théologie, M° Hallier (2), eut la sagesse d'éluder le débat que cette vive interpellation allait soulever. Quant à l'appel interjeté par les Irlandais devant le Parlement, il eut un plein succès ; la cour, par son arrêt du 14 mars 1651, ordonna que les parties auraient audience au premier jour, et provisoirement elle fit défense d'exécuter la délibération prise contre les appelants (3).

En regard de ces ardentes controverses viennent se placer, dans les années que nous parcourons, quelques événements d'un intérêt secondaire, comme les débats qui s'élevèrent pour le décanat de la tribu de Paris dans la Nation de France, et pour celui de la Nation d'Allemagne. Le décanat de la tribu de Paris, position très honorée dans l'école, était devenu vacant, au mois de juin 1651, par la mort de Nicolas Sevin, professeur d'humanités

___

(1) *Moyens apologétiques*, etc., p. 152 du *Journal de Saint-Amour*.
(2) François Hallier avait succédé à Nicolas Cornet en qualité de syndic, le 1ᵉʳ octobre 1649. V. *Concl. de la Fac. de théol.*, Arch. nat., MM. 252, fol. 156 v°.
(3) Cet arrêt imprimé fait partie d'un portefeuille des Archives nationales, MM. 242.

au collège de Presles-Beauvais, le même sous lequel Boileau étudia (1). Quatre candidats se disputèrent la succession de Sevin. L'un d'eux, Claude de la Place, enseignait la rhétorique dans le même collège et eut aussi l'honneur d'avoir Boileau pour élève (2); il était le plus ancien maître ès arts de sa tribu, car sa réception datait de 1621, mais il n'avait enseigné que beaucoup plus tard dans un collège de plein exercice. Ses compétiteurs, Jean Bouthelier, Michel du Chesne et Jacques Pigis, professeur de grec au Collège royal, comptaient, comme régents, des services plus anciens et de plus longue durée. Le Parlement, auquel l'affaire avait été soumise, remit le soin de la juger au recteur, assisté des procureurs des Nations et des doyens des Facultés. Ceux-ci, après avoir vérifié les titres des parties et consulté les précédents, se prononcèrent en faveur de Cl. de la Place, par ce motif que, d'après la loi et l'usage, le décanat devait appartenir, dans chaque tribu, au maître ès arts qui était inscrit le premier en date, pourvu qu'il eût professé deux années au moins dans un grand collège. Mais cette dernière condition était regardée comme essentielle, et la priorité dans la maîtrise ne pouvait en dispenser. Ainsi, l'année suivante, un litige analogue s'étant élevé pour le décanat de la Nation d'Allemagne entre deux maîtres de cette Nation, Alexandre Pendric et Roger Omoly, ce dernier, quoique plus récemment inscrit, fut préféré à son compétiteur qui n'était jamais monté dans une chaire. Pendric attaqua en vain cette décision : elle fut confirmée en cour de parlement (3).

Parmi les incidents scolaires de ces années, nous citerons encore le décès du conservateur des privilèges apostoliques de l'Université, Augustin Potier, qui occupait cette charge depuis environ trente-trois ans; il fut remplacé, au mois de mars 1652, par mes-

---

(1) *Éloge historique de M. Despréaux*, par de Boze, dans les *Mém. de l'Acad. des Inscriptions*, etc., t. III, p. vi.

(2) Boileau avait conservé un souvenir assez triste de l'enseignement de la Place (*Réflexions critiques sur Longin*, réfl. ix). Cf. Crevier, *Hist. de l'Univ.*, t. II, p. 472.

(3) Sur toutes ces querelles, voyez l'ouvrage de Du Boulay, *De decanatu Nationis Gallicanæ*, Parisiis, 1662, in-8°, p. 49 et s.

sire Nicolas Choart de Bezenval, qui lui avait succédé comme évêque de Beauvais (1). Mentionnons aussi la délibération du 6 février de la même année, par laquelle les boursiers des différents collèges furent assujettis à la résidence dans leurs collèges respectifs; ceux dont la bourse, d'après les titres de fondation, avait pour objet de les aider à poursuivre leurs études juridiques, se virent astreints désormais à suivre régulièrement les cours de la Faculté de décret. Le même jour et par le même acte, les procureurs et les doyens réunis déclarèrent incompatibles les fonctions de professeur et la possession d'un bénéfice à charge d'âmes situé loin de Paris. Six mois après, des doutes s'étant produits sur le sens de cet article, on commença par décider que les mots « loin de Paris » voulaient dire en dehors de la banlieue; puis l'avis le plus rigoureux l'emporta, et une nouvelle délibération, conforme d'ailleurs à l'esprit et à la lettre des statuts de 1598, prohiba d'une manière absolue le cumul d'une chaire de régent avec les fonctions curiales (2).

Mais l'attention des esprits était ailleurs qu'à ces détails secondaires de la discipline académique. Depuis dix-huit mois, le royaume était livré à toutes les horreurs de la guerre civile que de misérables ambitions avaient rallumée. Notre tâche n'est pas de raconter ici en détail les événements qui marquèrent cette époque néfaste de notre histoire : les alarmes causées à la reine et au cardinal Mazarin par la conduite arrogante et les desseins supposés du prince de Condé, l'arrestation de ce prince; celle de son frère Armand de Conti et de son beau-père le duc de Longueville; la Bourgogne, la Normandie et la Guienne soulevées contre l'autorité royale; l'Espagne prêtant le secours de ses armées à cette nouvelle Fronde; le Parlement et la bourgeoisie partagés entre leurs rancunes jalouses contre les grands et leur aversion pour le ministre d'Anne d'Autriche; l'éloignement volontaire de Mazarin; les intrigues et l'ambition du coadjuteur turbulent qui gouvernait

---

(1) *Arch. U.*, Reg. xxviii, fol. 70.
(2) Délibérations du 6 février et du 31 août 1652. V. Pièces justificatives, n°⁸ CX et CXI.

l'Église de Paris; l'attitude factieuse de Turenne au début de la guerre, et plus tard l'appui résolu qu'il donne à la régente; les forces du pays s'épuisant peu à peu dans une lutte meurtrière où sont engagés ses plus illustres capitaines; la faction des princes, ou plutôt, sous leur nom, la populace, maîtresse dans Paris après le combat de la porte Saint-Antoine; les massacres de l'hôtel de ville; les honnêtes gens épouvantés de cette anarchie et n'espérant leur salut que du retour du roi; Condé, après d'inutiles efforts, obligé de fuir en abandonnant le fantôme de gouvernement qu'il avait élevé; enfin, pour dénouement de ces lamentables scènes, la rentrée de Louis XIV dans sa capitale, aux acclamations du peuple, et l'affermissement de la monarchie absolue.

Dans ces sinistres conjonctures, quelle fut la conduite et l'attitude de l'Université de Paris? Le silence des documents contemporains paraît démontrer qu'elle se tint complètement à l'écart des factions, comme elle l'avait fait pendant la première Fronde, et qu'elle borna son rôle à gémir, avec tous les bons citoyens, sur des malheurs publics qu'elle n'avait pas le pouvoir de conjurer ou d'abréger. Cependant, lorsqu'au mois de février 1651, le prince de Condé et son frère Armand de Conti eurent été mis en liberté et furent rentrés dans Paris, le recteur, accompagné d'un cortège nombreux, vint leur offrir les félicitations de sa compagnie (1). Une année après, quand la régente, espérant rattacher le coadjuteur à sa cause, eut obtenu pour lui le chapeau de cardinal, l'Université encore ne manqua pas d'aller complimenter le prélat, qui naguère avait figuré sur ses bancs (2). Mais il est digne d'observation qu'au mois de mai 1652, elle ne parut pas à l'assemblée de l'hôtel de ville, dans laquelle furent choisis les députés qui devaient aller demander à la régente le renvoi du cardinal Mazarin. Si nous devons en croire Quintaine, le motif de cette absence était une question d'étiquette qui n'était point réglée; mais serait-il téméraire de supposer que l'Université saisit avidement ce prétexte de ne pas s'associer à une démarche que la cour ne pouvait

---

(1) *Arch. U.*, Reg. XXVI, fol. 371; Reg. XXVIII, fol. 48.
(2) *Arch. U.*, Reg. XXVIII, fol. 68 v°.

voir sans déplaisir? Quoi qu'il en soit, elle allégua la même excuse pour se dispenser de prendre rang à côté des autres corps quand la châsse de sainte Geneviève fut promenée dans Paris afin d'obtenir du ciel la cessation des hostilités. Mais comme elle attachait un grand prix à ne pas donner mauvaise opinion de son patriotisme, elle ordonna peu de jours après une procession solennelle à l'église de la patronne de Paris; elle vota même à cette occasion une somme de trois cents livres pour être distribuée par les mains de Mme de Lamoignon aux paysans des campagnes environnantes que les maux de la guerre avaient contraints de venir se réfugier dans la capitale (1).

Indépendamment du trouble général apporté aux études, la continuation de la guerre causait le plus grave préjudice à certains collèges en particulier. On possède encore le texte d'une requête (2) qui fut présentée, en juin 1652, au bureau de la ville par le grand maître et les boursiers du collège du cardinal Lemoine; il en résulte que quelques particuliers, ennemis des études, obligeaient le grand maître de tenir le collège ouvert tant de jour que de nuit, passaient au travers, tambour battant, soit pour monter la garde, soit pour faire l'exercice dans la cour, tiraient au blanc contre les murs, cassaient les vitres, enlevaient les bancs des classes, avaient coupé plusieurs arbres, et par deux fois brisé et brûlé les portes. Le collège du cardinal Lemoine, situé à la porte Saint-Victor, tout proche des remparts, était sans doute plus exposé qu'aucun autre aux dangers d'un assaut et aux excès de la soldatesque; mais les menaces de pillage avaient retenti plus d'une fois dans l'intérieur même de la ville, et détruit toute sécurité pour les personnes et pour leurs biens. Aussi la nouvelle de la paix ne fut-elle accueillie nulle part peut-être avec plus de satisfaction que dans les rangs de l'Université. Le 29 octobre, les quatre Facultés se présentèrent devant le roi, rentré depuis quelques jours dans Paris, et déposèrent à ses pieds les

---

(1) *Arch. U.*, Reg. xxviii, fol. 72 v°; Reg. xxvi, fol. 382.
(2) *Registres de l'hôtel de ville,* etc., publiés par MM. Leroux de Lincy et Douët d'Arcq, t. II, p. 377 et suiv.

protestations de leur fidélité. Les jours suivants, elles allèrent complimenter le chancelier Pierre Séguier et le président Mathieu Molé, qui cumulait depuis un an avec la présidence du Parlement les fonctions de garde des sceaux. Quelques régents se rendirent les interprètes de la joie universelle en composant des pièces de vers sur le fortuné retour du monarque dans sa capitale.

Après avoir montré la plus sage réserve durant la période orageuse qu'on venait de traverser, il semblait que l'Université dût s'attacher plus fortement que jamais au parti de la cour, et éviter tout ce qui pouvait, en offensant le roi, l'affaiblir elle-même et compromettre la position qu'elle s'était acquise. Mais, par une étrange fatalité, elle manqua bientôt à ce devoir de prudence. Lorsque le cardinal de Retz, après avoir si longtemps agité le royaume par ses intrigues, eut été arrêté au Louvre et conduit au château de Vincennes dans la journée du 19 décembre 1652, une assemblée extraordinaire des Nations et des Facultés supérieures eut lieu au collège de Beauvais, sous la présidence de Claude de la Place, qui remplissait depuis quelques mois les fonctions de recteur; et là il fut décidé qu'à l'exemple de l'archevêque de Paris, François de Gondi, qui avait déjà intercédé pour son coadjuteur, on irait trouver le roi et solliciter de sa clémence la liberté du prélat captif (1). Le lendemain même, qui était le 21 décembre, le recteur se rendit au Louvre avec son cortège habituel; les portes du palais lui furent ouvertes, non sans quelque hésitation de la part des gardes, et il réussit, en invoquant sa qualité et les privilèges de sa compagnie, à se faire introduire auprès du jeune prince. Quintaine nous a conservé le texte du discours qui fut adressé à Louis XIV; nous pouvons d'autant moins nous dispenser de le reproduire intégralement, que ces remontrances furent les dernières, touchant aux affaires de l'État, que l'Université de Paris fit entendre à la royauté. « Sire, dit M° de la Place, la clémence est une vertu tellement royale et di-

---

(1) *Arch. U.*, Reg. xxvIII, fol. 86. Voy. nos Pièces justificatives, n°⁸ CXIV et CXV.

vine que les payens, dans les ténèbres de l'infidélité, n'ont pas laissé de recognoistre que leur souverain monarque des Dieux et des hommes n'estoit très grand, que parce qu'il estoit très bon ; et nous, dans l'Église de Jésus-Christ, nous confessons, par foy et par humilité, que le Dieu vivant, le vray Dieu que nous adorons et servons, a ceste perfection propre et particulière, qu'il est tousjours miséricordieux et qu'il pardonne. Pour cela, Sire, l'Université qui voit l'image de Dieu empreinte dans Vostre Majesté et dessus vostre face, espère qu'à ses très humbles prières et intercessions, elle verra partir de vos yeux et de vostre doux visage, quelque rayon et quelque esclair de cette divine perfection en faveur de M. le cardinal de Retz, contre lequel Vostre Majesté a témoigné de l'indignation et du courroux. Permettez-nous, Sire, de vous représenter avec respect et de vous faire entendre que c'est une personne sacrée dans l'Église de Dieu ; c'est, dis-je, une personne sacrée dans ce saint et auguste corps de l'espouse de Jésus-Christ, dont vous êtes le fils aisné. En tous cas, Sire, ah ! c'est assez de luy avoir fait reconnoistre et ressentir la vertu de vostre souverain pouvoir. Les tonnerres du ciel donnent de la terreur et se font entendre ; mais ils ne frappent pas tousjours. Rendez-le-nous ; desjà l'Église de Paris vous l'a demandé comme son évesque ; celle de Rome sans doute le demandera comme son cardinal ; et voicy l'Université de Paris, ce corps célèbre, sur qui tous les sages et les sçavants du monde ont les yeux attachez avec vénération, qui vous le demande comme un grand docteur en théologie, l'un de ses membres et de son corps. Tant et de si pressantes prières ne fléchiront-elles point Vostre Majesté à luy faire grâce, par imitation de la bonté divine, et nous le donner par vertu et générosité de roy ? Ceste clémence a aussi esté l'une des rares vertus de Henry IV, vostre grand père, ce Mars invincible, ce foudre de guerre, la terreur de toute l'Europe : il pardonnoit à tous ses grands ennemis. Elle revit dans vous, Sire, elle pullule et germe dans vos veines, avec le sang royal qu'il y a mis. Faites qu'on en voye aujourdhuy esclore la fleur à ce beau sujet. Nous l'arouserons plustôt de nos larmes et l'eschauferons des soupirs et sanglots ardents de nos cœurs, dans la consternation d'esprit où nous sommes tous, pourveu qu'il vous plaise de nous octroyer cette grâce, comme nous en faisons les très humbles prières et supplications à Vostre Majesté. » Le roi, s'étant levé, se contenta de dire qu'il avait pour fort agréables les prières de l'Université; puis il laissa au chancelier Séguier, qui était à ses côtés, le soin de répondre plus amplement. La réponse fut sévère sans être décourageante; elle portait en substance que la clémence était véritablement une vertu royale, mais qu'elle avait ses bornes et ses limites; que, quand elle en sort, elle dégénère en inhumanité; que l'Université de Paris ne devait pas douter que le roi n'eût sur tous ses sujets le pouvoir de les arrêter, quand il était à propos, sans distinction; que ce n'était pas le moment d'entrer dans la discussion des causes pour lesquelles Sa Majesté avait arrêté M. le cardinal de Retz; mais que l'Université n'avait pas sujet de se plaindre; que la liberté publique ne lui avait pas été ôtée; qu'enfin, toutes les fois que les circonstances le permettraient, le roi aurait égard à ses prières. Ces dernières paroles laissaient une lueur d'espoir qui permettait à l'Université de ne pas regretter la démarche qu'elle avait faite et de se croire encore une institution puissante et respectée; mais l'illusion dura peu et le réveil fut triste. En effet, trois jours après, le maître des cérémonies, M. de Sainctot, vint trouver le recteur et lui signifia, de la part du roi, de s'abstenir désormais de paraître au Louvre sans avoir demandé et obtenu audience, ou sans avoir été appelé. M. de Sainctot ajouta que l'affaire avait été traitée au conseil, qu'elle était ainsi réglée; qu'en conséquence, le jour de la Purification était le seul auquel l'Université pourrait à l'avenir se présenter librement devant le prince pour lui offrir le cierge d'usage. Le recteur rappela les vieux privilèges de la fille aînée des rois de France et se plaignit qu'elle en fût dépouillée sans même avoir été entendue. Mais que pouvaient ces tardives doléances, même quand elles eussent été légitimes? La décision de la cour était irrévocable. L'Université de Paris, qui se persuadait difficilement que son rôle politique était fini, en acquit cette fois la certitude douloureuse pour sa fierté. La royauté elle-même se chargeait de lui apprendre que le soin de régler les intérêts de l'État ne concernait pas les maîtres de la jeunesse; que l'enseignement était leur unique fonction, et que, descendus de leur chaire, ils n'avaient point qualité pour donner des avis au gouvernement sur la marche des affaires publiques.

CHAPITRE II.

Désordres du collège de Bayeux et du collège Saint-Michel. — Cession d'un terrain appartenant au collège de Cornouailles. — La lutte continue entre les procureurs des Nations et les doyens des Facultés de théologie, de droit et de médecine. — Le *Livre bleu*. — Autres écrits en sens contraire. — L'arrêt du Parlement laisse la question indécise. — Élection tumultueuse d'un procureur de la Nation de France. — Mort de l'archevêque de Paris. — L'Université de Paris complimente le roi sur son couronnement et sur le succès des armes françaises. — Ordonnance touchant la séparation des sexes dans les petites écoles. — Les cinq propositions de Jansénius sont condamnées à Rome. — Seconde lettre d'Arnauld à un duc et pair, déférée à la Faculté de théologie. — Procès d'Arnauld; il est exclu de la Faculté. — Les *Provinciales*. — Attitude de l'Université durant ces mémorables débats. — Services funèbres en l'honneur de Mathieu Molé et de Jérôme Bignon. — Fondation du collège de Corbeil. — L'Université vient saluer la reine de Suède à son arrivée à Paris. — Situation de la Faculté de droit. Institution de vingt-quatre docteurs honoraires dans cette Faculté. — Nouveaux incidents de la querelle des doyens et des procureurs, et nouvel arrêt du Parlement. — Rivalité des médecins et des chirurgiens. Long procès; il est perdu par les chirurgiens. — Paix des Pyrénées. — Entrée du roi et de la reine à Paris. Mécomptes de l'Université à cette cérémonie. — Mazarin est élu proviseur du collège de Sorbonne. — Sa mort. — Fondation du collège des Quatre Nations ou collège Mazarin.

Durant les premiers mois de 1653, le tribunal du recteur eut à délibérer sur plusieurs affaires litigieuses qui intéressaient différents collèges de l'Université, ceux de Bayeux, de Saint-Michel et de Cornouailles. Deux boursiers du collège de Bayeux, les sieurs Tommeret et Terrier, étaient venus se plaindre au recteur que le principal, M° Rivaud, de concert avec d'autres boursiers, s'apprêtait à vendre un corps de bâtiment qui dépendait du collège. Ils ajoutaient que M° Rivaud n'observait pas fidèlement les statuts de la maison; qu'il cumulait les fonctions de procureur avec celles de principal; qu'il s'était attribué pour son usage personnel jusqu'à six chambres et trois cabinets, dont il louait une partie à son profit; qu'il ne payait les boursiers que tous les trois mois, au lieu de le faire toutes les semaines. Des plaintes analogues avaient retenti plus d'une fois dans les écoles, et il était bien rare que la bonne harmonie régnât entre les principaux et les boursiers; mais la contestation élevée au collège de Bayeux offrit ceci de singulier, que le principal, sommé d'expliquer sa conduite, refusa de répondre. Il déféra l'affaire au chancelier de Notre-Dame, et soutint que la gestion économique des collèges n'était pas du ressort de l'autorité rectorale. En vain le recteur dénonça cette prétention comme une entreprise insigne contre les statuts de l'Université vérifiés en parlement (1); en vain il fit la défense la plus expresse à M° Rivaud et à ses adhérents d'invoquer une autre juridiction que la sienne. Malgré le mandement sévère qu'il avait fait signifier aux parties intéressées, les boursiers, qui se trouvaient en cause, hésitèrent à obéir, partagés qu'ils étaient entre la soumission due à leur chef hiérarchique et la crainte d'offenser le chancelier de Notre-Dame, M° Loisel, lequel les menaçait d'une forte amende s'ils déclinaient sa compétence. Le recteur et les procureurs, accompagnés des censeurs, tous jaloux de maintenir leurs droits, firent une descente au collège de Bayeux, et cette visite amena la découverte d'autres abus non révélés. Les boursiers ne portaient pas le costume réglementaire; un passage dérobé, qui s'ouvrait sur la rue des Maçons-Sorbonne, donnait furtivement entrée dans le collège quand la grande porte de la rue de la Harpe était fermée; enfin, tandis que chacun se lamentait sur la détresse de la maison, le recteur découvrit, au fond de la cour, une remise et un carrosse à l'usage particulier du principal (2). La réforme de ces abus fut ordonnée sur-le-champ; mais comme on pouvait s'y attendre, les prétextes ne manquèrent pas à M° Rivaud pour ajourner l'exécution de cet ordre. Ce ne fut qu'après avoir soutenu la lutte pendant plusieurs mois qu'il jugea prudent de céder; il prit l'engagement, ainsi que les boursiers, de se soumettre à tout ce qui serait enjoint par l'Université; il remit l'administration des revenus du collège entre les mains d'un procureur gérant, abandonna son carrosse, fit murer les portes secrètes. Toutefois il maintint une réserve relativement à son

(1) *Arch. U.*, Reg. XXVIII, fol. 91.
(2) Voy. Pièces justificatives, n° CXVI.

habitation personnelle, qu'il ne consentit pas à restreindre (1).

Au collège Saint-Michel, la sollicitude du recteur et de son conseil fut également éveillée par des abus semblables que commettait le principal, M° Adorateur de Vault, et qui soulevaient contre lui les réclamations du chapelain et du procureur gérant. Il s'était approprié, comme le principal de Bayeux, la partie la plus belle des bâtiments, passait des baux en son nom personnel, réduisait les boursiers à se loger où ils pouvaient, ne rendait jamais de comptes, s'était réservé pour lui seul l'usage du jardin, enfin avait choisi pour concierge un homme marié, bien que l'entrée dans l'intérieur des collèges fût interdite aux femmes par les règlements. Tous ces griefs furent constatés lors d'une visite qui eut lieu dans ce collège au mois de mars 1653 (2). Le recteur ayant ordonné des réformes, le principal refusa d'obéir; il déclina l'arbitrage de la Faculté des arts et signifia qu'il en appelait aux magistrats. Toutefois il ne paraît pas que sa résistance ait porté préjudice à la juridiction académique, car, l'année suivante, un arrêt du Parlement donna tout pouvoir au recteur et à son conseil pour régler les différends qui s'étaient élevés entre M° Sanguinière et M° Faure, compétiteurs pour la principauté du collège de Saint-Michel, alors vacante (3).

Au collège de Cornouailles, un incident sans importance par lui-même mit pleinement en lumière le pouvoir que l'Université conservait sur les affaires intérieures des établissements qui faisaient partie du corps. Ce collège avait contracté des emprunts onéreux afin de pourvoir à des réparations urgentes, car les bâtiments tombaient en ruine. Le principal et les boursiers, voulant se libérer, s'adressèrent à l'archevêque de Paris et obtinrent de lui la permission de vendre aux enchères un terrain qui rapportait peu, et qui fut adjugé à un avocat au Parlement, M° Bruant, moyennant 3,240 livres de prix principal. L'aliénation s'était faite assurément dans les conditions les plus avantageuses; mais

---

(1) *Arch. U.*, Reg. XXVIII, fol. 94, 95, 96.
(2) Voy. Pièces justificatives, n° CXVII.
(3) *Arch. U.*, Reg. XXVIII, fol. 112 v°.

l'Université n'avait pas été consultée et n'avait pas donné son acquiescement à la vente; aussi témoigna-t-elle l'intention de faire, pour ce seul motif, résilier le marché, au risque d'exposer le principal et les boursiers à des dommages et intérêts considérables envers l'acquéreur. Toutefois, comme les droits qu'elle invoquait n'étaient pas contestés des parties et que celles-ci faisaient humblement appel à sa longanimité, elle se désista de son opposition, et les faits accomplis furent ratifiés, « sans tirer à conséquence, porte un acte du 7 juin 1653, pour les aliénations qui pourroient estre sur les autres collèges d'icelle sans son consentement (1). »

Cependant la lutte continuait plus vive, plus passionnée que jamais, dans le sein même des conseils de l'Université, entre les procureurs des Nations et les doyens des Facultés de théologie, de décret et de médecine. Lors de l'élection trimestrielle du recteur, au mois de décembre 1652, M° Guillou, régent de philosophie au collège de Montaigu, avait été désigné par les intrants pour succéder à Claude de la Place; mais les doyens lui témoignèrent des dispositions si malveillantes qu'il abdiqua peu de jours après. La Place, invité alors à reprendre ses anciennes fonctions, n'éprouva pas de médiocres embarras, quoique les circonstances difficiles que l'Université traversait rendissent de plus en plus nécessaire la concorde entre ses membres. Le 9 janvier 1653, une double requête, présentée au Parlement par les doyens, fut signifiée en leur nom aux procureurs; elle tendait à réduire à un seul les quatre suffrages que la Faculté des arts revendiquait dans les délibérations; les doyens demandaient en outre que les assemblées mensuelles, qui se tenaient indifféremment au domicile du recteur en exercice ou au couvent des Mathurins, eussent lieu désormais aux Mathurins seulement, sous peine de nullité (2). Quelques jours après, les doyens introduisirent une nouvelle requête afin d'obtenir communication des titres originaux, déposés au collège de Navarre, titres qui, selon eux, de-

---

(1) Voy. Pièces justificatives, n° CXVII.
(2) *Arch. U.*, Reg. xxviii, fol. 90; *Partie des pièces*, etc., rec. 2, p. 3.

vaient justifier de leurs prétentions. A dater de ce moment, il y eut peu de séances du conseil de l'Université qui ne fussent troublées par des discussions nuisibles à la marche des affaires. Aussitôt que le procureur de la Nation de France, qui, d'après l'usage, opinait le premier, avait exposé son avis, les doyens s'opposaient à ce que les procureurs des autres Nations prissent la parole et donnassent leur suffrage. Les services que le procureur fiscal, François Dumonstier, avait rendus à la compagnie ne le mettaient pas à l'abri de cette hostilité, qui s'adressait, il faut le dire, moins aux personnes elles-mêmes qu'à leur titre et à leur fonction ; les doyens reconnaissaient au procureur fiscal le droit de soumettre des propositions au conseil, mais non celui de prendre part à la délibération. Quand le débat s'animait, les interlocuteurs se laissaient quelquefois emporter jusqu'à échanger des injures et des menaces. Dans une séance orageuse, le vice-doyen de la Faculté de théologie, Claude Morel, irrité de l'attitude du procureur de la Nation de Picardie, Benjamin Fourment, le qualifia de perturbateur, et osa le menacer des rigueurs de la Faculté quand il se présenterait devant elle comme candidat pour la licence : en effet, Fourment n'était alors que simple bachelier en théologie. Les différentes compagnies de l'Université avaient un moyen, autorisé en quelque sorte par l'usage, pour témoigner leur mécontentement à l'égard des actes du recteur : c'était de s'abstenir de paraître aux processions qu'il ordonnait. Lors de la procession rectorale qui eut lieu au mois de juin 1653, on remarqua l'absence de la Faculté de médecine et celle du doyen de la Faculté de droit, Philippe de Buisine. Ce fut bien pis au mois de juillet de l'année suivante. Comme les procureurs se montraient inflexibles et qu'ils persistaient à réclamer quatre suffrages dans les délibérations, non seulement les Facultés supérieures refusèrent de déférer à l'invitation du recteur, mais elles organisèrent une procession séparée; et, tandis que la Faculté des arts se rendait à la paroisse de Saint-Barthélemy, elles firent célébrer, en leur propre nom, l'office divin dans l'église de la Sorbonne. Le recteur alors en exercice, depuis déjà quelques mois, était M° Lallemand, régent de rhétorique au collège du cardinal Lemoine, qui par la suite embrassa la vie religieuse et devint chancelier de Sainte-Geneviève. Il protesta contre l'outrage fait à sa dignité et le dénonça au Parlement, dans une requête accompagnée de textes nombreux sur l'obéissance due au chef de l'Université par tous ses membres (1).

Les intérêts, ou plutôt les vanités qui se trouvaient aux prises, n'épargnaient pas, comme on le pense bien, les mémoires et les apologies pour leur défense. De tous ces écrits, aujourd'hui oubliés, le plus curieux sans contredit est celui qu'on appelait le *Livre bleu*, et qui porte pour titre : *Partie des pièces et actes qui concernent l'estat présent et ancien de l'Université de Paris, Monsieur le recteur qui en est et a tousjours esté le chef, les trois Facultez de théologie, de droit canon et de médecine, les quatre Nations de France, de Picardie, de Normandie et d'Allemagne, les trois doyens desdites Facultez et les quatre procureurs desdites Nations. Paris, imprimé chez Jean Julien, imprimeur et libraire juré de l'Université*, 1653. C'est un recueil composé de seize mémoires, qui ont chacun une pagination séparée, et qui renferment des documents authentiques, extraits des archives de l'Université, sur les points principaux de son organisation intérieure et de sa discipline. Ce recueil avait été commencé par Jacques du Chevreul, dès l'origine de la querelle entre les doyens et les procureurs; il fut continué et publié après sa mort par Pierre Padet. Celui-ci, déjà courbé sous le poids des ans, jugeait si clairs, si décisifs, les témoignages qu'il avait lui-même contribué à recueillir; il était si plein de confiance dans le succès de sa cause, qu'avant de poser la plume, il adjurait en ces termes la partie adverse : « Messieurs les doyens et docteurs des Facultez de théologie, droict canon et médecine, sont très-humblement suppliez de lire cette feuille et les actes y mentionnez, devant que les autheurs de la requeste présentée sous leurs noms à Nosseigneurs du Parlement,

(1) *Arch. U.*, Reg. xxviii, fol. 97, 98, 99, 108 v°, et suiv. Félibien, *Hist. de Paris*, t. IV, p. 183 et suiv.

travaillent et contribuent davantage, contre leur propre intention, à la ruine et anéantissement de l'Université ; attendu mesme, que n'y ayant rien pour le présent tant à reprendre en l'Université, que l'omission des leçons et lectures de la saincte Escriture et le désordre de la Faculté de droict Canon, qui est réduite, il y a près de deux ans, à la seule personne de M. de Buisine, il n'y a pas d'apparence, que, contre un droict certain et une possession évidente et plus ancienne que lesdites Facultez, on obtienne qu'à l'advenir Messieurs les recteurs feront toutes les assemblées de l'Université chez les Mathurins ; les quatre procureurs des quatre Nations parleront debout teste nue, n'auront qu'une voix et un suffrage, voire n'en auront point du tout, en l'instruction des nouveaux recteurs ; chacun de Messieurs les trois doyens, ès distributions qui se font des deniers de l'Université, recevra autant que les quatre procureurs ensemble ; et ensuite le revenu, ou mesme le fond du Pré-aux-Clercs sera partagé, selon cette proportion, entre les trois Facultez et les quatre Nations qui sont représentées par lesdits trois doyens et quatre procureurs. » Ce langage trop altier manqua son effet, et au *Livre bleu* les Facultés opposèrent le *Discours sommaire pour l'Université de Paris, sur le différend des doyens, docteurs et suppôts des trois Facultez supérieures, sçavoir de théologie, droict canon et médecine, contre les injustes prétentions de la Faculté des arts inférieure, et des quatre procureurs des Nations de France, Picardie, Normandie et Allemagne, qui la composent.* Ce discours contrastait par son peu d'étendue avec les lenteurs du débat qui s'agitait ; il formait à peine quelques pages et n'était accompagné d'aucune pièce justificative. La Faculté des arts n'en fit pas moins paraître une *Response au libelle intitulé Discours sommaire*, réplique trop peu mesurée qui témoignait de l'irritation croissante des esprits.

Il devenait urgent de mettre un terme à ces discussions ardentes, qui troublaient les têtes les plus calmes et qui détournaient les professeurs de leurs fonctions. Sur la fin du mois d'août 1654, la cause des doyens et des procureurs fut enfin appelée au parlement de Paris. L'avocat Pucelle portait la parole pour les doyens, Mᵉ Dubois pour les procureurs, Mᵉ Gaumont pour le recteur; le siège du procureur général était occupé par Talon. Les débats occupèrent trois séances. Conformément aux conclusions de Talon, la cour rendit le 31 août un arrêt qui ordonnait : 1° que les Facultés de théologie, de décret et de médecine seraient tenues d'assister aux processions ordinaires, de trois mois en trois mois, en la manière accoutumée; 2° que le procureur de la Nation de France, parlant dans les assemblées de l'Université, userait seulement de ces termes : *Præclara artium Facultas, concordiæ causa*. Le Parlement n'avait statué sur le second point que « sans préjudice des droits des parties, et par manière de provision (1). »

Ainsi la sentence laissait indécise la question principale qui avait donné lieu à cette querelle. La Faculté des arts triompha, parce que les doyens étaient condamnés à figurer dans les processions rectorales; mais ceux-ci ne se résignèrent pas facilement à leur défaite. En 1656, à l'occasion d'une maladie du roi, nous verrons encore les Facultés supérieures se réunir entre elles et ordonner une procession particulière, que le recteur ne présida pas; ce qui motiva un nouvel arrêt du Parlement pour prévenir de pareils désordres. En 1657, parut la *Défense des droits de l'Université de Paris, de son recteur, de ses quatre Nations et de leurs quatre procureurs, contre les nouvelles entreprises faites sous les noms des doïens et docteurs des trois Facultez de théologie, de droit canon et de médecine;* mémoire volumineux, une des pièces les plus instructives de cet interminable procès. La contestation se perpétua de la sorte, à travers mille incidents de procédure, sans aboutir à un règlement définitif. Crévier témoigne qu'elle partageait même de son temps les esprits, quoiqu'elle eût cessé de les passionner et de les agiter aussi vivement (2).

L'esprit se fatigue à suivre ces stériles débats, et cependant, après avoir raconté la querelle des procureurs et des doyens,

(1) Voy. Pièces justificatives, n° CXVIII.
(2) *Hist. de l'Université*, t. V, p. 70.

nous ne pouvons nous dispenser de mentionner celle qui eut lieu au mois d'octobre 1664 au sein de la Nation de France. Il s'agissait d'élire un nouveau procureur de la Nation. Celui qui résignait cette charge, après l'avoir occupée pendant une année, était le futur historien de l'Université de Paris, César-Égasse Du Boulay, alors régent d'humanités au collège de Navarre. L'élection devait avoir lieu le 10 du mois. Des rivalités éclatèrent entre les maîtres qui se trouvaient appelés à prendre part au vote; et, contre l'avis des doyens des cinq tribus dont la Nation se composait, un bachelier en théologie, de la maison de Navarre, nommé François Bourgeois, fut poussé par une forte cabale. Du Boulay, informé de ce petit complot, essaya de le faire échouer en ajournant l'élection; mais, dans la salle même, il fut entouré, retenu, maltraité, et il eut la douleur de voir une minorité tumultueuse enlever de vive force la nomination qu'il combattait. Quelques heures après, Du Boulay avait porté plainte au recteur et demandé qu'on procédât à une élection nouvelle. Sa requête fut appuyée par le doyen de la tribu de Paris, Claude de la Place, et par le procureur fiscal, Dumonstier, qui prit de là occasion de déplorer le funeste esprit de discorde trop répandu dans l'Université. M° Bourgeois, d'autre part, se montrait peu disposé à faire l'abandon de son nouveau titre; ses partisans soutenaient que les affaires de la Nation de France la concernaient seule et que le tribunal du recteur n'était pas compétent pour en connaître. Malgré cette prétention, la Faculté des arts décida qu'il y avait lieu de procéder de nouveau à l'élection contestée; qu'en conséquence, les doyens des cinq tribus désigneraient cinq commissaires ou intrants qui éliraient le procureur (1). Le candidat qui fut élu se nommait Louis de Beauregard; il appartenait, comme M° Bourgeois, à la maison de Navarre, et était comme lui simple bachelier en théologie. Chacun s'accordait à louer son érudition, son attachement à ses devoirs et ses habitudes pacifiques; mais, effrayé du fardeau qu'il devait assumer, il le refusa,

(1) Voy. Pièces justificatives, n° CXIX.

et les louanges qui lui furent prodiguées ne le firent pas changer de résolution. Il fallut donc aviser à un nouveau choix, qui porta cette fois sur un licencié en théologie, principal du collège d'Autun, M° Coubayon (1). Ce dernier accepta sans hésitation, et l'incident, comme on dit, fut vidé; mais pendant trois semaines il en était résulté une émotion fâcheuse dans la plus considérable des quatre Nations qui composaient la Faculté des arts.

Durant ces querelles toujours renaissantes, l'attention de l'Université avait été souvent distraite par des événements plus dignes d'occuper les esprits. Au mois de mars 1654, mourut l'archevêque de Paris, François de Gondi, à l'âge de soixante-onze ans, après trente-deux années d'épiscopat. Le recteur fut invité aux obsèques du prélat défunt; mais, n'ayant pas obtenu l'assurance que huit chaises hautes seraient réservées pour son cortège, il ne parut pas à la cérémonie, et aima mieux laisser blâmer son absence irrévérencieuse que se départir des prétentions si souvent renouvelées par sa compagnie. Malgré les qualités médiocres de François de Gondi et le peu d'influence qu'il avait exercée, sa mort jeta le clergé, les fidèles et le gouvernement dans un grave embarras. L'héritier légitime de son pouvoir épiscopal était son coadjuteur et son neveu, le cardinal de Retz; mais celui-ci était odieux à la cour, qui le retenait depuis seize mois prisonnier au château de Vincennes, non sans redouter les nouvelles intrigues qu'il ourdissait du fond de sa prison et le ferment de révolte qu'elles entretenaient parmi le peuple. Après l'issue déplorable de la requête présentée au roi par le recteur pour la liberté du cardinal le lendemain de son arrestation, la prudence ne permettait pas à l'Université de tenter en sa faveur un nouvel effort. Aussi ne prit-elle officiellement aucune part aux mouvements que les amis du prélat se donnèrent, soit pour le réconcilier avec Mazarin et la reine, soit pour faire reconnaître, malgré le roi, son autorité comme archevêque de Paris. Lorsqu'il se fut évadé, après sa translation au château de Nantes, le recteur n'assista

---

(1) *Arch. U.*, Reg. xxvi, fol. 399 et 400; Reg. xxviii, fol. 114.

pas au *Te Deum* qui fut chanté par les chanoines de Notre-Dame (1). L'Université profitait ainsi des leçons de l'expérience, et, quels que fussent les sentiments secrets de la plupart de ses maîtres, elle se résignait à la position amoindrie qui lui était faite : elle se tenait à l'écart et s'effaçait dans une circonstance qui naguère eût amené de sa part des démonstrations éclatantes, et peut-être factieuses.

L'émotion causée dans Paris par la captivité et l'évasion du cardinal de Retz n'était pas calmée lorsque Louis XIV, alors âgé de seize ans, fit son entrée dans la capitale, le 4 septembre 1654, après avoir été sacré à Reims au mois de juin précédent. Le jeune roi, dans l'intervalle, avait visité les frontières de l'est et assisté à la prise de Stenai, reconquis sur les Espagnols par le marquis de Fabert, tandis que Turenne battait devant Arras les troupes ennemies commandées par Condé. L'Université se présenta, comme tous les autres corps, devant le prince pour le complimenter sur son couronnement et sur l'heureux succès des armes françaises. Voici en quels termes le recteur, Pierre Lallemand, exprima les sentiments d'admiration, d'amour et de dévouement de sa compagnie (2) :

« Sire, nous sommes tellement éblouis du nouvel éclat qui environne aujourd'huy Vostre Majesté, que nous n'avons point de honte de paroistre interdits à l'aspect d'une lumière si brillante et si extraordinaire. Ouy, Sire, cette Université, qui porte depuis si longtemps le titre de fille aisnée de Vostre Majesté, comme vous, celuy de fils aisné de l'Église, a peine neantmoins à vous envisager et à vous recognoistre dans cet estat de gloire et de triomphe où vous paroissez après ce sacre auguste, qui, ajoustant de nouveaux miracles aux merveilles de vostre naissance, vient d'achever de tirer Vostre Majesté du nombre des choses

---

(1) Suivant une tradition recueillie par Félibien, *Hist. de Paris*, t. II, p. 1448, ce fut le principal du collège des Grassins, Mᵉ Lehoux, qui fabriqua, en contrefaisant l'écriture du cardinal de Retz, la procuration en vertu de laquelle des partisans de celui-ci prirent, en son nom, possession du siège de Paris. Lehoux mourut le 20 janvier 1659, comme il venait d'être élu recteur.

(2) *Arch. U.*, Reg. XXVIII, fol. 112.

humaines et communes, pour la mettre au rang des divines et des miraculeuses.

« Nous reconnaissons, Sire, en Vostre sacrée personne bien d'autres qualitez que celles qui font les roys ordinaires; et si le ciel fit un miracle quand il vous fist naistre, en vous sacrant, il vous a donné la vertu de faire des miracles. Vous en venez de faire un, Sire, qui jette la terreur et le désespoir dans l'âr - des rebelles et des ennemis; qui donne à l'Italie, à l'Angleterre et à toute l'Europe ou de l'admiration ou de l'épouvante, et qui fait tout ensemble nostre estonnement et nostre joye.

« Avoir, dans le commencement d'une campagne, achevé les travaux de plusieurs années; avoir en moins de deux mois ruiné pour jamais toutes les forces d'Espagne; avoir enfin, au sortir de vostre sacre, remporté avec si peu de perte une si grande victoire, qui rend Vostre Majesté l'arbitre de la paix et de la félicité de tous les peuples : c'est l'effet, Sire, d'une puissance toute céleste, qui nous persuade qu'il n'y a plus de rebelles qui puissent, ny veuillent résister à l'espée que vous avez prise sur l'autel, ny d'ennemis qui osent soustenir la vigueur de vostre bras, depuis que Dieu, l'ayant fortifié de sa sainte onction, l'a rendu le bouclier de son Église et l'instrument de sa justice. Parmy la joye que causent à vos sujets des succès si glorieux, Vostre Majesté, Sire, nous permettra de l'assurer qu'il n'y en a point de plus pure et de plus sincère que celle que ressentent aujourd'huy tous ceux qui composent vostre Université de Paris. Nous en avons donné des témoignages publics par des éloges et des harangues, qui ont esté receues avec applaudissement de tous les ordres de vostre royaume; nous en avons rendu grâces à Dieu par des processions et des prières, qui ont excité la dévotion de vostre peuple. Et c'est le moins que l'on pouvait attendre, Sire, d'une Compagnie qui fait profession, il y a plus de huit cents ans, d'enseigner à vos sujets, non seulement dans les escholes de Paris, mais dans toutes les chaires du royaume, le respect, l'obéissance et l'amour que nous devons à nos souverains, comme elle vient vous en faire aujourd'huy, par ma bouche, de très-humbles et très-sincères protestations. »

Nous nous sommes peu occupé jusqu'ici de l'histoire des petites écoles où étaient enseignés aux enfants la lecture, l'écriture, les éléments de la grammaire et le calcul. En effet, ces écoles n'étaient pas placées sous la juridiction de l'Université, mais soumises au chantre de Notre-Dame, qui de temps immémorial avait le droit de leur donner des règlements et d'instituer les maîtres chargés de les diriger. Nous aurons à parler par la suite des conflits d'autorité que cette organisation suscita ; mais dès ce moment nous signalerons une sentence curieuse (1), rendue en 1655 par le chanoine qui était alors investi des fonctions de chantre, M⁰ Michel Lemasle : c'est la défense absolue de réunir des garçons et des filles dans une même école. Chaque contravention devait être punie d'une amende de quatre livres parisis, dont moitié applicable à la confrérie des petites écoles, et moitié à l'Hôtel-Dieu. La règle de la séparation des sexes dans les classes primaires date de très haut ; on la trouve dans les plus anciennes ordonnances relatives aux petites écoles (2) ; nous voyons qu'au dix-septième siècle le pouvoir ecclésiastique, gardien des bonnes mœurs, veillait à ce qu'elle fût observée fidèlement.

Cependant l'Église de France et le royaume étaient en proie à une agitation religieuse qui croissait de jour en jour, et dont le contre-coup fut ressenti trop profondément par l'Université de Paris pour qu'il ne soit pas nécessaire d'entrer à ce sujet dans quelques développements.

Après les premières délibérations de la Faculté de théologie sur les cinq propositions extraites du livre de Jansénius et dénoncées par Nicolas Cornet, après l'arrêt sévère du Parlement qui avait défendu de continuer la discussion et de publier le projet de censure préparé par les commissaires de la Faculté, l'affaire, nous l'avons vu, avait été déférée au Saint-Siège dans une lettre que l'évêque de Vabres, M. Habert, rédigea, et qui portait la signature

---

(1) Voy. nos Pièces justificatives, n° CXX.
(2) Les statuts de 1357 contiennent cette disposition formelle : « Nulla mulier habeat nisi filias, absque dispensatione cantoris, nec magister nisi pueros, nisi de ejusdem dispensatione. »

d'un grand nombre d'évêques (1). Les deux partis jugèrent utile au succès de leur cause de se faire représenter à Rome par des délégués. Les jansénistes choisirent, entre autres, l'ancien recteur, Louis de Saint-Amour, qui connaissait déjà l'Italie et qui nous a laissé le *journal*, volumineux mais instructif, de ce qui se passa dans la capitale du monde chrétien durant ces années si agitées. Les adversaires confièrent leur cause à M⁰ Hallier, le même qui fut syndic de la Faculté de théologie. Les circonstances étaient graves; il s'agissait de voir condamner ou absoudre une doctrine qui touchait aux points les plus délicats de la théologie, et qui était repoussée et soutenue avec une égale ferveur et une égale sincérité de part et d'autre. L'instruction de l'affaire fut confiée par le souverain pontife à une commission composée de treize théologiens. Innocent X assista lui-même à dix séances dans lesquelles les propositions incriminées furent débattues; et, quand la discussion touchait à son terme, il autorisa Louis de Saint-Amour et les autres députés augustiniens à venir en sa présence exposer de vive voix leurs sentiments sur la grâce et la prédestination. Mais le succès ne répondit pas aux efforts de ces ardents disciples de Jansénius. En dépit de l'habileté qu'ils déployèrent pour disculper l'évêque d'Ypres, et pour faire voir combien son système différait de l'hérésie de Luther et de celle de Calvin, le pape lança, le 31 mai 1653, la bulle *Quum occasio impressionis libri*, qui condamnait les cinq propositions comme téméraires, impies, blasphématoires, dignes d'anathème et hérétiques (2).

Aussitôt que cette bulle arriva en France, le roi, de l'avis de son conseil, délivra des lettres patentes pour en ordonner la publication dans tous les diocèses; elle fut souscrite, au nom du clergé, par une réunion de prélats qui se trouvaient de passage à Paris (3); la Faculté de théologie parut la recevoir avec docilité,

(1) D'Argentré, *De nov. error.*, t. III b, p. 260; *Œuvres d'Arnauld*, t. XIX, préface historique et critique, p. vii. Cf. Sainte-Beuve, *Port-Royal*, t. II, p. 505 et suiv.
(2) D'Argentré, *De nov. error.*, t. III b, p. 261.
(3) Voyez dans la *Collection des procès-verbaux des assemblées du clergé*, Paris, 1770, in-fol., t. IV, Pièces justificatives, p. 29 et suiv., la *Relation des délibérations*

et ce jugement solennel du Saint-Siège ne souleva d'abord d'autre opposition que les timides réserves de quelques évêques en faveur de la doctrine de saint Augustin. Mais ces réserves avaient plus de portée qu'on ne supposait, et elles furent le point de départ d'un système de distinctions et d'interprétations qui servit de prétexte à la controverse la plus opiniâtre dont les annales ecclésiastiques aient offert l'exemple. En quel sens les cinq propositions étaient-elles condamnées? Était-ce donc au sens de saint Augustin? Était-ce même au sens de Jansénius? Était-il certain que Jansénius les eût enseignées et qu'elles fussent exprimées dans son livre, comme ses détracteurs le prétendaient? Point de fait et point de droit, ces questions délicates, subtiles, et dans le fond assez indifférentes, allaient être discutées avec une ardeur et une obstination bien capables d'épouvanter l'Église et de lui faire appréhender un schisme nouveau. Un écrit d'Antoine Arnauld, sa *Seconde lettre à un duc et pair*, donna le signal de la lutte et y compromit la Sorbonne et l'Université. On sait à quelle occasion cet écrit fut composé. Le duc de la Rochefoucault-Liancourt, qui fréquentait les jansénistes, avait pour confesseur un ecclésiastique, nommé Picoté, qui appartenait au camp opposé. Celui-ci, poussé, dit-on, par M. Olier, curé de Saint-Sulpice, refusa l'absolution à son pénitent, qui ne pouvait se décider à rompre entièrement ses relations avec MM. de Port-Royal, personnes qu'il aimait et qu'il vénérait. Ce refus s'ébruita; la sévérité du confesseur fut diversement appréciée. Arnauld, consulté, fit paraître successivement deux lettres dans lesquelles il expliquait les règles de l'administration du sacrement de pénitence et blâmait l'ecclésiastique trop rigoureux qui les avait outrepassées (1). La première de ces lettres ne suscita pas moins de neuf réponses en quelques jours; quant à la seconde, annoncée comme une apologie de la précé-

---

du clergé de France sur la constitution et sur le bref de notre Saint Père le pape Innocent X, avec les pièces qui y sont jointes.

(1) *Lettre à une personne de condition sur ce qui est arrivé depuis peu dans une paroisse de Paris à un seigneur de la Cour* (24 février 1655). — *Seconde lettre à un duc et pair de France*, etc. (10 juillet 1655), t. XIX, pages 311 et suiv. des *Œuvres d'Arnauld*.

dente, elle fit éclater l'orage qui se préparait depuis la publication de la bulle d'Innocent X. Arnauld y disait que « les Pères nous montrent, en la personne de saint Pierre, un juste à qui la grâce, sans laquelle on ne peut rien, a manqué dans une occasion où l'on ne peut pas dire qu'il n'ait pas péché. » N'était-ce pas reproduire la première des cinq propositions que le souverain pontife venait de réprouver : « La grâce quelquefois manque au juste pour accomplir les commandements de Dieu? » Ailleurs Arnauld mettait en doute que les propositions fussent contenues dans Jansénius ; et à cette occasion il demandait, avec une ironie amère, s'il pouvait « se trouver quelqu'un assez déraisonnable et assez injuste pour traiter d'hérétiques et pour excommunier des personnes qui, ayant lu un livre avec soin, et n'y ayant point trouvé des propositions qui sont attribuées à un auteur catholique, après sa mort, dans l'exposé de la constitution d'un pape, refusent de déclarer, contre leur croyance, qu'elles s'y trouvent. » Sans doute les griefs que les adversaires d'Arnauld pouvaient articuler contre lui nous paraissent aujourd'hui bien légers ; mais au dix-septième siècle, dans une société qui accordait la plus large part aux intérêts religieux, quel trouble et quel émoi ! d'un côté que de colères, et de l'autre que de sympathies ne devaient pas exciter ces assertions hardies, sinon téméraires, qui semblaient calculées pour relever une doctrine anathématisée par le Saint-Siège, odieuse à une partie du clergé, et cependant chère encore à de nobles esprits, à des cœurs ardents, que son austérité séduisait !

C'est à la Faculté de théologie que l'examen des ouvrages qui touchaient la doctrine appartenait, en vertu des règlements sur la librairie et des privilèges de l'Université ; c'est devant elle aussi que furent portées les différentes questions soulevées par la *Seconde lettre* d'Arnauld. Au mois d'octobre 1655, M⁰ Hallier avait été remplacé, en qualité de syndic, par Mᵉ Guyard, de la maison de Navarre, un des amis de Nicolas Cornet, dont l'influence avait contribué à son élection. Dans la séance du 4 novembre suivant, le nouveau syndic ne crut pas pouvoir se dispenser d'entretenir la Faculté d'une affaire qui occupait à un si haut degré les esprits. Il dit qu'il avait sujet de s'affliger de ce que, dès les premiers moments de sa magistrature, les troubles et les divisions qui paraissaient éteints se fussent rallumés; que depuis un mois il n'avait reçu de tous côtés que des plaintes, même de personnes considérables dans l'État, contre un livre intitulé *Seconde lettre de M. Arnauld*, dans lequel se trouvaient reproduites toutes les erreurs de Jansénius, condamnées par le pape et par les évêques; que la Faculté s'était engagée, par ses délibérations précédentes, à faire observer et respecter les jugements émanés des puissances ecclésiastiques; que ce serait une honte pour elle de souffrir qu'aucun de ses membres manquât à ce devoir, et ne rendît pas au pape et aux évêques l'obéissance qui leur était due; qu'en conséquence il croyait devoir inviter ses collègues à prendre, dans les conjonctures actuelles, les mesures nécessaires pour réprimer un aussi grand désordre (1). Louis de Saint-Amour prit la parole après M° Guyard; il exposa qu'Arnauld venait de soumettre au pape l'ouvrage incriminé, en l'accompagnant d'une lettre particulière dans laquelle il protestait de son attachement au Saint-Siège et de son obéissance à la constitution apostolique contre les cinq propositions; que la prudence conseillait d'attendre le jugement du souverain pontife; qu'en précipitant les choses la Faculté de théologie s'exposerait à prendre des décisions qui se trouveraient en désaccord avec ce qui se ferait à Rome. Malgré la modération calculée de ses paroles, Louis de Saint-Amour ne put ramener la majorité à son sentiment; et, séance tenante, sur la proposition d'un membre, M° Morel, qui fut par la suite théologal du diocèse de Paris, six commissaires furent chargés d'examiner la lettre de M. Arnauld et d'en faire un rapport à la compagnie : c'étaient Mrs Jacques Chappelas, curé de Saint-Jacques la

(1) Lettre de Louis de Saint-Amour à Arnauld, du 5 nov. 1655, dans les *Mémoires de Beaubrun*, Bibl. nat., suppl. fr. 2673, in-4°, 2 vol., t. II. Ces mémoires, dont l'importance a été signalée par M. Sainte-Beuve, *Port-Royal*, t. II, p. 526, nous font connaître jour par jour tous les incidents du procès d'Arnauld, soit d'après les procès-verbaux de la Faculté de théologie, soit d'après d'autres documents originaux non moins dignes de foi. Voyez aussi, sur toute cette affaire, la préface du tome XIX des *Œuvres d'Arnauld*, et les *Conclusions de la Faculté de théologie*, Arch. nat., MM. 252, fol. 196 et suiv.

Boucherie, Nicolas Cornet, Alphonse Lemoine, Antoine Bréda, Louis Bail, et un dominicain, le P. Nicolaï, tous plus ou moins compromis par leurs actes ou par leurs écrits dans la lutte contre le jansénisme. Plusieurs religieux mendiants avaient pris part au vote, malgré les dispositions des anciens statuts qui accordaient le droit de voter à deux d'entre eux seulement par couvent. Une requête fut en conséquence présentée au Parlement par Louis de Saint-Amour et par soixante docteurs séculiers environ, dans le dessein de faire annuler la délibération comme irrégulière; mais, bien que l'avocat général Talon eût conclu en faveur de l'admission de ce pourvoi, la cour, présidée par M. de Bellièvre, en jugea différemment et ordonna qu'il fût passé outre. Le 1er décembre 1655, à la suite d'assez vifs débats, Me Chappelas, le doyen d'âge des examinateurs désignés par la Faculté, commença son rapport, qui occupa plusieurs séances. Il traçait l'esquisse des disputes qui s'étaient élevées en divers siècles dans l'Église touchant la grâce et la prédestination; il racontait ensuite comment l'hérésie de Jansénius avait pénétré en France par l'entremise de M. de Saint-Cyran; comment elle avait été condamnée par le pape et par les évêques; comment, malgré cette condamnation, elle avait conservé des sectateurs; enfin, arrivant à l'écrit d'Arnauld qui était inculpé, il élevait contre l'auteur deux chefs d'accusation : l'un, c'était d'avoir enseigné ouvertement la première des cinq propositions condamnées; l'autre, d'avoir mis en doute qu'elles fussent dans Jansénius. A l'appui de cette double accusation, Me Chappelas produisit les deux passages que nous avons cités plus haut, et quelques autres textes qui ne paraissaient pas moins positifs. Avant que la discussion s'engageât, il fut décidé, sur l'avis de M. Lescot, évêque de Chartres, qu'Arnauld serait admis à présenter personnellement ses moyens de défense, après qu'il aurait pris l'engagement de se soumettre à la décision, quelle qu'elle fût, de la Faculté, et sous la condition qu'il se contenterait d'exposer simplement sa pensée, sans qu'il y eût débat contradictoire. Arnauld préféra s'abstenir de comparaître, mais il adressa au doyen une lettre apologétique dont il fut donné lecture dans la séance du 7 décembre : il essayait de s'y justifier sur les deux chefs relevés contre lui, sur le point de droit et sur le point de fait. Le même jour, la délibération reprit ; elle fut tellement orageuse que plusieurs des évêques qui faisaient partie de l'assemblée, en qualité de docteurs, portèrent plainte au roi, et sollicitèrent une lettre de cachet, qui menaça de peines sévères les interrupteurs. Mais le tumulte n'en continua pas moins. Les amis d'Arnauld, M⁰ Bachelier, M⁰ Brousse et l'infatigable Louis de Saint-Amour, défendaient le terrain pour ainsi dire pied à pied, avec une ténacité qui poussait à bout le parti contraire et suscitait fréquemment de violentes altercations. Parmi les prélats les plus ardents contre le jansénisme, se faisait remarquer l'évêque de Rhodez, M. de Péréfixe, le même qui fut par la suite archevêque de Paris. Un jour, exaspéré de ce qu'il entendait, il s'élance pour quitter la salle, en exprimant son indignation ; mais, dans sa démarche précipitée, il entraîne l'évêque de Chartres et le renverse ; sur quoi un des assistants lui fit remarquer que, selon l'Apôtre, il n'est pas permis à un évêque de se mettre en colère, *non vult Apostolus episcopum esse iracundum*. A quelques pas de là, le doyen de la compagnie, M⁰ Messier, interpellant un groupe de docteurs partisans d'Arnauld, les menaça de la Bastille ; ceux-ci répliquèrent qu'après de pareilles menaces il ne restait plus qu'à faire paraître le bourreau. Au dehors, les regards étaient fixés sur ces assemblées tumultueuses de la Sorbonne ; tout ce que Paris et la cour renfermaient d'hommes instruits, de femmes distinguées par le rang et par l'intelligence s'intéressait, de la manière la plus vive, à ces joutes théologiques qui avaient remplacé l'agitation encore plus stérile des guerres civiles. Mazarin ne voyait pas sans une certaine inquiétude la discussion s'envenimer en se prolongeant ; il fit en sorte de la rendre plus calme et d'en hâter le terme autant qu'il était en son pouvoir. Le 20 décembre, sur le matin, les docteurs occupaient leurs sièges accoutumés ; les évêques seuls s'étaient fait attendre, lorsque le chancelier de France, M. Séguier, parut dans la salle, avec son cortège d'usage, huissiers et hoquetons. Ayant pris place à la droite du doyen, il annonça qu'il était envoyé par le roi pour veiller au maintien du bon ordre dans les délibérations. Tandis que le parti janséniste s'affligeait de cette grave atteinte portée à la liberté du vote, un docteur du camp opposé, M° Antoine Bréda, félicita le chancelier et le compara aux princes du sénat qui siégeaient dans les conciles comme envoyés des empereurs. Sous la présidence officielle imposée à la Faculté de théologie, les séances furent moins orageuses. Chaque docteur opinait tour à tour; quelques-uns se ralliaient simplement aux avis exprimés avant eux; la plupart motivaient leur suffrage; ceux qui parlaient le plus longuement étaient les amis d'Arnauld, tels que M. Bourgeois, M. Deschateaux, M. Bermant, M. Manessier. Un groupe à la tête duquel se trouvait l'évêque de Saint-Brieuc, Denis de la Barde, ne jugeait pas impossible d'amener les deux partis à une conciliation. Arnauld lui-même, malgré sa hauteur habituelle, parut se prêter à ces vues pacifiques; et, dans les premiers jours de janvier 1656, il adressa au doyen de la Faculté de théologie une déclaration qui pouvait aisément passer pour un désaveu. « Quoique j'aie toujours, disait-il, respecté l'autorité et les droits des évêques, et que je sois encore prêt à donner ma vie pour les défendre, il est arrivé, contre mon intention et à ma grande douleur, que plusieurs personnes, entre celles que je respecte le plus, ont été choquées de certains passages d'une lettre que j'ai été obligé récemment d'écrire pour ma défense, par lesquels je mets en doute si les cinq propositions se trouvent dans Jansénius. Si j'avois pensé que ces passages seroient pris en mauvaise part, je proteste que je me serois gardé de les écrire, et que je voudrois aujourd'hui ne les avoir jamais écrits. Je demande humblement pardon au pape et aux évêques de les avoir écrits. » Mais ces soumissions si humbles, qui devaient coûter à la fierté d'Arnauld et que blâmait plus d'un janséniste, n'eurent pas le résultat que les hommes conciliants avaient espéré. Ce fut à peine si le doyen voulut permettre qu'il fût donné communication de la nouvelle lettre d'Arnauld. Cette lecture achevée, la délibération continua, et le 14 janvier 1656, lorsque tous les docteurs présents eurent opiné, il se trouva que, sur la question de fait, cent vingt-quatre avaient été d'avis de censurer l'écrit inculpé, et que soixante-treize en avaient pris la défense; cinq s'étaient tenus dans la neutralité; quelques autres n'avaient pas pris part à la délibération. La question de droit, c'est-à-dire le point de savoir si la grâce peut jamais manquer à l'homme juste, cette question si grave pour le théologien, si délicate même pour le philosophe, restait encore à vider. Quelques nouvelles tentatives d'accommodement eurent lieu sans amener de résultat. Arnauld était redevenu moins disposé que jamais à faire de sérieuses concessions, et du reste ses adversaires ne se seraient pas contentés de celles qu'il aurait pu souscrire. Afin d'abréger le débat, selon l'intention du cardinal Mazarin et de la reine, il fut décidé que chaque membre ne pourrait parler qu'une demi-heure. Les partisans d'Arnauld se pliaient avec peine à cette règle insolite, établie pour contenir leur faconde importune. Le doyen parfois lâchait le frein; et, la demi-heure légale écoulée, il maintenait la parole à l'orateur, malgré les interruptions de l'assemblée qui sommait celui-ci de conclure. Dans la séance du 22 janvier 1656, Me Bourgeois pérora ainsi pendant près de trois heures, sans avoir achevé ce qu'il avait à dire. A la séance qui suivit, il se proposait de reprendre le fil de son discours; mais cette fois le chancelier perdit patience et ordonna, de la part du roi, au prolixe orateur de passer sur-le-champ à la conclusion. Me Bourgeois se résigna, non sans protester contre la violence qui lui était faite. Tous les docteurs du parti s'associèrent à sa protestation et résolurent qu'ils ne paraîtraient plus aux assemblées de la Faculté. En effet, le 24 janvier et les jours suivants, les sièges qu'ils occupaient, au nombre d'environ soixante, restèrent vides; spectacle nouveau alors pour la Sorbonne, mais dont l'histoire des assemblées délibérantes a offert dans la suite plus d'un exemple. Le chancelier, de son côté, cessa d'assister aux séances, où il jugeait avec raison que sa présence était désormais inutile. La délibération se prolongea sans incident jusqu'au 31 janvier. Ce jour même, les débats étant clos, le doyen fit le relevé des votes : il se trouva que cent vingt-neuf docteurs s'étaient prononcés contre le sentiment d'Arnauld sur la grâce; le champion du jansénisme se trouvait ainsi battu à la même majorité sur le point de droit et sur le point de fait. Le décret de censure ne tarda pas à être publié officiellement; il était conçu dans les termes les plus sévères, qui prouvaient combien la lutte avait été passionnée, combien avaient été vives les appréhensions d'une partie de l'épiscopat et du clergé de France. Après avoir rappelé les deux chefs d'accusation relevés dans la *Lettre du docteur Arnauld à un duc et pair*, et les discussions dont avaient retenti les murs de la Sorbonne durant l'espace de plus de deux mois, la Faculté de théologie condamnait les propositions relatives à la question de fait, comme étant téméraires, scandaleuses, injurieuses au souverain pontife et aux évêques, comme donnant occasion à la nouvelle hérésie anathématisée dans Jansénius. Quant aux propositions qui concernaient le dogme de la grâce en lui-même, c'est-à-dire le point de droit, la Faculté les jugeait téméraires, impies, blasphématoires et hérétiques. La Faculté ajoutait qu'elle eût voulu, en condamnant la doctrine de M. Arnauld, épargner sa personne qu'elle chérissait comme celle d'un fils; que dans cette vue elle n'avait rien épargné; qu'elle avait plusieurs fois exhorté M. Arnauld, par la bouche de ses amis, à venir aux assemblées pour se soumettre à l'autorité de sa mère; qu'il n'avait tenu aucun compte des avis ni des sollicitations de cette mère si tendre; que, bien loin de là, il avait protesté par acte authentique contre ses décisions présentes et à venir; qu'en conséquence elle ne pouvait se dispenser de le retrancher de son corps et de l'effacer de la liste de ses docteurs, si dans un délai de quinze jours il n'avait pas changé de sentiments, et ne s'était pas soumis, en présence de M. le doyen, de MM. les évêques et de MM. les commissaires de la compagnie, aux mesures portées contre lui. Afin de prévenir la contagion de la nouvelle hérésie, le décret de la Faculté portait qu'à l'avenir aucun docteur ne serait admis aux assemblées ni à la jouissance des privilèges académiques, qu'aucun bachelier ne figurerait dans les actes publics, qu'aucun candidat ne subirait sa Tentative, avant d'avoir souscrit auxdites censures. Quiconque par la suite enseignerait les propositions condamnées dans l'écrit de M. Arnauld, devait se considérer comme ne faisant plus partie de la Faculté (1). Ce décret fut exécuté de point en point avec une extrême rigueur. Quand le 15 février fut arrivé, tous les docteurs, tous les licenciés et bacheliers qui n'avaient pas adhéré au jugement prononcé par la Faculté, furent mis en demeure de faire connaître leur adhésion; ceux qui refusèrent furent exclus de la compagnie, avec privation des droits et des privilèges attachés à leur ancien titre. Parmi ces derniers se trouvèrent le célèbre Launoy, si connu par son érudition, et le docteur Sainte-Beuve, professeur de théologie dans la maison de Sorbonne. Sainte-Beuve fit dans la suite sa soumission; mais tout d'abord il aima mieux résigner sa chaire que souscrire à une déclaration dont sa conscience était blessée (2). On poussa la sévérité contre les opposants jusqu'à retirer à ceux qui habitaient la Sorbonne la jouissance de leur chambre. Louis de Saint-Amour et deux autres docteurs, engagés comme lui dans le parti d'Arnauld, M⁰ Manessier et M⁰ Papin, se virent ainsi expulsés des logements qu'ils occupaient; l'entrée de la maison leur fut même interdite, et ils n'eurent pas le droit d'y revenir visiter les amis qu'ils y conservaient.

Après que ce mémorable procès, fatalement engagé, eut été perdu par le jansénisme devant la Faculté de théologie, le parti qui venait de succomber en appela aussitôt à un nouveau tribunal. Il y avait bien quelque témérité à traduire sous une forme populaire, pour l'amusement de la foule, ces problèmes formidables qui partageaient alors les plus fortes têtes du clergé; mais avec leur nature indocile et emportée, avec leurs passions tout aussi ardentes que leurs convictions étaient sincères, Arnauld et ses amis pouvaient-ils renoncer à l'espoir de venger leur défaite et de relever une cause qu'ils croyaient être celle de la vérité et du bon droit? Pascal se chargea de soutenir l'appel que Port-Royal déférait devant l'opinion publique; et le 23 janvier 1656, avant même que la Faculté de théologie eût rendu son arrêt, il fit

---

(1) D'Argentré, *De nov. error.*, t. III a, p. 67 et 68.
(2) *Mémoires de Beaubrun*, t. I, à la date du 22 février et du 3 mars 1656.

paraître la première des *Petites lettres,* devenues si célèbres sous le titre de *Provinciales*.

Quelle part l'Université de Paris n'eût-elle pas prise, dans un autre siècle, à ces luttes qui tenaient alors tous les esprits en suspens et qui exercèrent une si profonde influence, non seulement sur la théologie, mais sur les lettres françaises! Sans doute elle n'y resta pas tout à fait étrangère, et même dans les collèges qui dépendaient de la Faculté des arts il dut se trouver plus d'un régent qui prit parti pour les disciples de saint Augustin contre leurs ennemis. Un ancien recteur, Deschasteaux, le proviseur du collège d'Harcourt, Fortin, l'apologiste de l'Université contre les Jésuites, Godefroy Hermant, figurent parmi les docteurs de Sorbonne qui votèrent en faveur d'Arnauld. S'il faut en croire une tradition, ce fut par les soins de Fortin que quelques-unes des *Provinciales* furent imprimées dans l'enceinte même du collège d'Harcourt (1). Quelques années plus tard, François Dumonstier, le procureur fiscal de l'Université, qui reparaît souvent dans cette histoire, fut exilé en Touraine comme janséniste (2). Et toutefois, nous le reconnaissons, les procès-verbaux des délibérations de l'Université, pendant ces mois si troublés, ne renferment aucune allusion aux événements qui se passaient dans le sein de la Faculté de théologie. Les procureurs et les doyens se réunissent au jour marqué, sous la présidence du recteur; des aspirants à la maîtrise sollicitent les dispenses qui leur sont nécessaires; des gradués demandent que leur nom soit inscrit sur le rôle des candidats aux bénéfices; la juridiction académique s'exerce avec le cérémonial accoutumé, sans que nul indice fasse soupçonner que la Sorbonne, à quelques pas de là, se trouve en proie à des discussions qui doivent troubler pour longtemps la paix des écoles. Il nous faut, comme historien, prendre notre parti du silence que gardent nos documents sur l'attitude de l'Université de Paris pendant le procès d'Arnauld; et puisque, malgré l'émotion générale, le cours régulier de la vie scolaire n'était pas interrompu, nous devons

(1) Sainte-Beuve, *Port-Royal*, t. II, p. 553.
(2) Gui Patin, lettre à Falconet du 3 juin 1661, *Lettres*, t. III, p. 374.

nous attacher, sinon à la suivre jour par jour, du moins à relever les faits les plus saillants qu'elle nous offrira.

Au mois de janvier 1656, la magistrature avait vu s'éteindre une de ses gloires, l'ancien président du parlement de Paris pendant les troubles de la Fronde, que deux fois Anne d'Autriche avait appelé aux fonctions de garde des sceaux, le fidèle et courageux Mathieu Molé. La perte de ce grand magistrat privait l'Université d'un protecteur puissant, qui l'avait servie en plusieurs circonstances graves, bien qu'il fût loin de partager l'animosité qu'elle avait contre la compagnie de Jésus. Le recteur annonça la triste nouvelle dans une assemblée qui eut lieu le 9 janvier au collège d'Autun. Sur la proposition du procureur syndic, tous les assistants furent d'avis de faire célébrer un service pour le repos de l'âme de l'illustre défunt. La cérémonie se trouva retardée par diverses circonstances jusqu'au 11 mars; ce jour-là, toutes les compagnies de l'Université se réunirent au cloître des Mathurins; la messe fut chantée par le supérieur de la communauté, en présence des trois fils de Mathieu Molé et de plusieurs personnages de distinction : le recteur, Mᵉ Coubayon, prononça l'oraison funèbre (1).

Quelques semaines après, le Parlement fit une nouvelle perte qui fut également très sensible à l'Université, nous voulons parler de la mort de l'avocat général Jérôme Bignon, qui succomba le 7 avril 1656, dans la soixantième année de son âge. Bignon n'était pas seulement un éminent magistrat; aux vertus de sa profession il alliait l'amour des lettres; il les cultivait assidûment, et il a laissé plusieurs ouvrages d'histoire, de politique et de jurisprudence qui témoignent d'une érudition aussi solide que variée. Sur la fin du règne de Louis XIII, il avait été nommé garde général de la bibliothèque du Roi, fonction qui fut héréditaire dans sa famille pendant plus d'un siècle. L'Université ordonna un service en son honneur; la cérémonie eut lieu le 2 juin dans l'église des Mathurins, et, cette fois encore, ce fut Mᵉ Coubayon qui prononça l'oraison funèbre (2).

(1) *Arch. U.*, Reg. XXVI, fol. 410; Reg. XXVIII, fol. 129.
(2) *Arch. U.*, Reg. XXVI, fol. 412; Reg. XXVIII, fol. 131.

Nous ne sommes plus au temps où les collèges de Paris se multipliaient et s'accroissaient comme par enchantement, grâce à de riches dotations. L'essor libéral qui avait été l'honneur du quatorzième siècle s'arrêta quand il y eut assez d'écoles pour assurer à la jeunesse des divers pays le bienfait de l'instruction. Cependant on vit encore au dix-septième siècle des particuliers établir des chaires, fonder des bourses, et même élever de nouveaux collèges. Au mois de mars 1656, un lieutenant-colonel qui se nommait Jacques Bourgoin, « voulant reconnoître les grâces que Dieu lui avoit faites de l'avoir conservé et retiré de plusieurs périls et hasards de guerre, où il s'étoit rencontré pour le service du roi, » témoigna l'intention de créer à Corbeil, sa patrie, un collège destiné à l'éducation des enfants de la ville et de ses faubourgs. A cet effet, il fit don aux habitants de Corbeil d'une maison à lui appartenant et de 1,520 livres de rente; il s'engagea, en outre, à faire construire à ses frais une chapelle pour le service religieux des écoliers. André du Saussay, vicaire général de l'archevêque de Paris, approuva, au nom de ce prélat, les clauses de l'acte portant fondation de messes, et le roi accorda au nouvel établissement les mêmes privilèges, franchises et immunités qu'aux autres collèges. Avant d'enregistrer les lettres patentes qui renfermaient cette concession, le Parlement voulut qu'elles fussent communiquées à l'Université. Il était à craindre que celle-ci ne vît d'un œil jaloux et ne voulût entraver la nouvelle institution, qui, étant située à peu de distance de Paris, pouvait faire concurrence à ses propres écoles. Mais, loin de céder pour cette fois à d'aussi mauvaises pensées, les procureurs des Nations et les doyens applaudirent tous à la générosité du donateur, et se contentèrent de demander, par une délibération du 3 juin 1656, que le principal du collège de Corbeil fût pourvu nécessairement du titre de maître ès arts (1).

Parmi les événements de cette même année 1656 auxquels l'Uni-

---

(1) Voy. Pièces justificatives, n° CXX. Les lettres patentes du mois de mars 1656, enregistrées au Parlement le 5 juillet suivant, sont aux Archives nationales, *Ordonnances*, X 8648, fol. 472. Les archives de l'hospice de Corbeil possèdent quelques pièces relatives au collège de cette ville.

versité de Paris se trouva mêlée, il faut citer encore les cérémonies qui eurent lieu pour l'arrivée de la princesse Christine, reine de Suède. C'était sans doute un spectacle digne de curiosité pour une compagnie vouée à l'enseignement des lettres, que celui de cette femme bizarre et savante, qui parlait, dit-on, vingt-trois langues, aimait avec ardeur la philosophie et les philosophes, et n'était pas moins passionnée pour sa propre liberté, si bien que, dans l'âge de l'ambition, elle avait cédé au caprice de descendre du trône pour courir le monde en vivant à sa guise. Un message du roi avertit le recteur de la prochaine arrivée de la reine et lui ordonna de se joindre, avec son cortège ordinaire, aux autres corps de la ville qui devaient complimenter la princesse. En vertu de ce message, les Nations et les Facultés se rendirent au Louvre le 8 septembre, ayant à leur tête Me Coubayon; la Faculté de théologie s'était seule abstenue (1); Christine arriva dans la soirée, vers neuf heures. Le recteur lui adressa une harangue en français; elle remercia dans la même langue, en protestant de son estime et de son attachement pour l'Université de Paris. Après avoir rapporté ces faits, le procureur de la Nation d'Allemagne, dont la Suède faisait partie, exprime le vœu que le voyage de la fille de Gustave-Adolphe ne soit pas inutile pour la paix du monde, et que cette auguste influence contribue à rétablir une concorde durable entre les princes chrétiens; prétention vaine, fragile espérance que les événements ne devaient pas immédiatement confirmer.

Mais revenons à des sujets qui intéressent plus directement l'éducation nationale. On a vu quelle était en 1652 la situation de la Faculté de décret; elle se trouvait alors réduite à un membre, Philippe de Buisine, qui, sous le titre de doyen, représentait à lui seul toute sa compagnie. En 1655, Buisine se décida enfin à s'adjoindre deux nouveaux collègues : ce furent Jean Doujat, professeur de droit canon au Collège royal, et Pierre Halley, savant humaniste de l'Université de Caen, que l'Université de Paris s'était attaché et qui avait enseigné pendant plusieurs années la

---

(1) *Arch. U.*, Reg. xxviii, fol. 134; Reg. xxvi, fol. 414.

rhétorique au collège d'Harcourt. Dans un recueil imprimé au siècle dernier (1), nous avons retrouvé le texte authentique de cette double nomination. Après avoir invoqué l'Esprit-Saint, Buisine expose qu'ayant songé sérieusement, depuis quatre années entières, à remplir les chaires qui étaient restées vacantes dans la Faculté, il n'a pas trouvé de meilleur moyen d'y pourvoir, après tous les empêchements qu'il a éprouvés, après tous les procès qui lui ont été suscités, que d'inviter à y monter les personnes qui lui paraissent les plus habiles, les plus versées dans la science de l'un et l'autre droit, les plus capables de soutenir l'honneur et les intérêts de l'école; en conséquence, il a résolu de faire choix de M⁰ Jean Doujat, de la ville de Toulouse, et de M⁰ Pierre Halley, du diocèse de Caen, et de les nommer professeurs ou docteurs régents de la Faculté de Paris. Il nomme Jean Doujat à la première des chaires vacantes, et Pierre Halley à la seconde. Il se réserve de les installer sous peu de jours, et provisoirement il ordonne que tous deux recevront, des mains du grand bedeau de la Faculté, un acte authentique de leur nomination, avec des lettres de régence scellées du grand sceau de l'école. Le 26 mai et le 1ᵉʳ juin 1655, les nouveaux régents prirent en effet possession des chaires qui leur avaient été attribuées; leur installation solennelle eut lieu, selon la promesse de Buisine, quelques jours après, et le 21 juin ils assistèrent tous deux, avec le doyen, à la procession de l'Université. Trois chaires restaient encore vacantes dans la Faculté de décret. Il est probable que l'intention de Buisine et de ses collègues était de pourvoir à l'une d'elles seulement, afin de réduire en fait à quatre les *antécesseurs*, dont le nombre était fixé à six par l'édit de réformation, et qui s'appelaient pour cette raison, comme nous l'avons dit ailleurs, le *Collège sexviral*. Effectivement une seule chaire fut déclarée vacante, et une seule fut mise au concours par délibération de la Faculté. Les épreuves devaient commencer au mois d'octobre; elles se trouvèrent ajournées, par des circonstances que

(1) *Preuves justificatives des droits des docteurs régens et de l'état des docteurs aggrégés à la Faculté des droits de Paris*, in-4º, p. 97.

versité de Paris se trouva mêlée, il faut citer encore les cérémonies qui eurent lieu pour l'arrivée de la princesse Christine, reine de Suède. C'était sans doute un spectacle digne de curiosité pour une compagnie vouée à l'enseignement des lettres, que celui de cette femme bizarre et savante, qui parlait, dit-on, vingt-trois langues, aimait avec ardeur la philosophie et les philosophes, et n'était pas moins passionnée pour sa propre liberté, si bien que, dans l'âge de l'ambition, elle avait cédé au caprice de descendre du trône pour courir le monde en vivant à sa guise. Un message du roi avertit le recteur de la prochaine arrivée de la reine et lui ordonna de se joindre, avec son cortège ordinaire, aux autres corps de la ville qui devaient complimenter la princesse. En vertu de ce message, les Nations et les Facultés se rendirent au Louvre le 8 septembre, ayant à leur tête M⁰ Coubayon; la Faculté de théologie s'était seule abstenue (1); Christine arriva dans la soirée, vers neuf heures. Le recteur lui adressa une harangue en français; elle remercia dans la même langue, en protestant de son estime et de son attachement pour l'Université de Paris. Après avoir rapporté ces faits, le procureur de la Nation d'Allemagne, dont la Suède faisait partie, exprime le vœu que le voyage de la fille de Gustave-Adolphe ne soit pas inutile pour la paix du monde, et que cette auguste influence contribue à rétablir une concorde durable entre les princes chrétiens; prétention vaine, fragile espérance que les événements ne devaient pas immédiatement confirmer.

Mais revenons à des sujets qui intéressent plus directement l'éducation nationale. On a vu quelle était en 1652 la situation de la Faculté de décret; elle se trouvait alors réduite à un membre, Philippe de Buisine, qui, sous le titre de doyen, représentait à lui seul toute sa compagnie. En 1655, Buisine se décida enfin à s'adjoindre deux nouveaux collègues : ce furent Jean Doujat, professeur de droit canon au Collège royal, et Pierre Halley, savant humaniste de l'Université de Caen, que l'Université de Paris s'était attaché et qui avait enseigné pendant plusieurs années la

---

(1) *Arch. U.*, Reg. xxviii, fol. 134; Reg. xxvi, fol. 414.

rhétorique au collège d'Harcourt. Dans un recueil imprimé au siècle dernier (1), nous avons retrouvé le texte authentique de cette double nomination. Après avoir invoqué l'Esprit-Saint, Buisine expose qu'ayant songé sérieusement, depuis quatre années entières, à remplir les chaires qui étaient restées vacantes dans la Faculté, il n'a pas trouvé de meilleur moyen d'y pourvoir, après tous les empêchements qu'il a éprouvés, après tous les procès qui lui ont été suscités, que d'inviter à y monter les personnes qui lui paraissent les plus habiles, les plus versées dans la science de l'un et l'autre droit, les plus capables de soutenir l'honneur et les intérêts de l'école; en conséquence, il a résolu de faire choix de M⁰ Jean Doujat, de la ville de Toulouse, et de M⁰ Pierre Halley, du diocèse de Caen, et de les nommer professeurs ou docteurs régents de la Faculté de Paris. Il nomme Jean Doujat à la première des chaires vacantes, et Pierre Halley à la seconde. Il se réserve de les installer sous peu de jours, et provisoirement il ordonne que tous deux recevront, des mains du grand bedeau de la Faculté, un acte authentique de leur nomination, avec des lettres de régence scellées du grand sceau de l'école. Le 26 mai et le 1ᵉʳ juin 1655, les nouveaux régents prirent en effet possession des chaires qui leur avaient été attribuées; leur installation solennelle eut lieu, selon la promesse de Buisine, quelques jours après, et le 21 juin ils assistèrent tous deux, avec le doyen, à la procession de l'Université. Trois chaires restaient encore vacantes dans la Faculté de décret. Il est probable que l'intention de Buisine et de ses collègues était de pourvoir à l'une d'elles seulement, afin de réduire en fait à quatre les *antécesseurs*, dont le nombre était fixé à six par l'édit de réformation, et qui s'appelaient pour cette raison, comme nous l'avons dit ailleurs, le *Collège sexviral*. Effectivement une seule chaire fut déclarée vacante, et une seule fut mise au concours par délibération de la Faculté. Les épreuves devaient commencer au mois d'octobre; elles se trouvèrent ajournées, par des circonstances que

(1) *Preuves justificatives des droits des docteurs régens et de l'état des docteurs aggrégés à la Faculté des droits de Paris*, in-4º, p. 97.

nous ignorons, jusqu'au mois d'avril 1656; deux conseillers du Parlement furent, selon l'usage, délégués par leur compagnie pour y assister. Mais, soit que le nombre des candidats eût été plus considérable qu'on n'avait d'abord présumé, soit que de nouvelles réclamations se fussent élevées contre les vacances abusives et illégales qui tendaient à se perpétuer dans la Faculté de décret, celle-ci fut amenée, contre ce qu'elle avait annoncé, à compléter ses cadres par la nomination de trois nouveaux régents; ce furent Mc Claude Leblanc, François Cottin et Michel Deloy, « trouvés plus capables, porte le procès-verbal du concours, et plus utiles à l'École, entre tous les contendans, pour remplir les dernières chaires et le nombre de six régents, conformément à l'arrêt du 13 juin 1534 et à la réformation de l'année 1600. » Le Parlement approuva, sur le rapport de ses commissaires, les opérations du concours et le triple choix qui en avait été le résultat; il prit en même temps une double mesure qui devait relever les études juridiques dans l'école de Paris. D'abord il décida que les licenciés de la Faculté, après avoir subi deux examens particuliers, soutenu deux actes publics et donné des preuves suffisantes de leur capacité, pourraient être reçus au serment d'avocat : faveur importante que la pratique avait devancée, mais qui n'en dérogeait pas moins à la lettre de la loi, puisque, par l'article 69 de l'édit de Blois, l'enseignement du droit civil était interdit dans l'Université de Paris. La seconde mesure que le Parlement ordonna eut pour objet d'adjoindre à la Faculté de décret, sous le nom de docteurs honoraires, « vingt-quatre personnes de probité et d'érudition qui devaient partager les travaux de la Faculté, sans diminution néanmoins des droits appartenant aux six docteurs régents. » Au siècle dernier, les docteurs régents, avec plus d'énergie peut-être que de fondement, revendiquaient l'honneur de ces innovations pour leurs devanciers, qui, prétendaient-ils, en avaient suggéré l'idée à la magistrature. Quoi qu'il en soit, les universités d'Orléans et de Poitiers, nonobstant l'arrêt du Parlement, protestèrent, en vertu de l'édit de Blois, contre l'admission des gradués de l'école de Paris au serment d'avocat;

leur opposition heureusement n'eut d'autre effet que de motiver un nouvel arrêt qui confirma le premier et consacra d'une manière définitive le droit des gradués (1). Quant à l'établissement des docteurs honoraires, il ne donna lieu à aucune objection. Le 3 mai 1657, M⁰ Buisine et ses collègues se réunirent pour procéder à la nomination des coopérateurs qui devaient leur être adjoints. Tous les choix portèrent sur des personnages éminents par leur position, leur savoir ou leur piété; parmi eux figurent l'archevêque de Toulouse, Pierre de Marca; l'évêque de Vence, Antoine Godeau; l'évêque de Montpellier, François Bosquet; deux maîtres des requêtes, Louis Boucherat et Guillaume de Lamoignon; l'un des fils de l'ancien avocat général Jérôme Bignon; le doyen du chapitre de Paris, Jean de Contes; enfin le savant Ménage, homme distingué entre tous, disait la Faculté, par l'érudition et l'éloquence. L'acte d'agrégation énumérait les fonctions que les docteurs honoraires auraient à remplir et les assemblées auxquelles ils assisteraient. Comme l'élection du doyen ne se trouvait pas indiquée parmi leurs attributions, quelques plaintes s'élevèrent; elles obligèrent la Faculté à revenir sur sa précédente délibération et à spécifier que, même en cas d'élection d'un nouveau doyen, les docteurs honoraires seraient convoqués et auraient voix délibérative. Mais, ce point réglé, une difficulté nouvelle se présenta. La Faculté avait-elle besoin de demander un doyen à l'élection? Son doyen d'âge ne suffisait-il pas? Outre le doyen, fallait-il d'ailleurs instituer un syndic chargé d'examiner les thèses des candidats et d'en vérifier la doctrine? M⁰ Buisine, qui primait tous les membres de sa compagnie par l'âge et par l'ancienneté des services, défendait énergiquement les prérogatives du doyen d'âge; mais, dans le sein même de la Faculté, son avis trop intéressé trouvait des contradicteurs qui se prononçaient pour les innovations. La question de droit, comme il arrive trop souvent, se compliquait de questions personnelles. Quatre des collègues de Buisine, M⁰ Halley, M⁰ Leblanc, M⁰ Cottin et M⁰ Deloy, n'approu-

---

(1) Voy. Pièces justificatives, nᵒˢ CXXII, CXXIII et CXXIV.

vaient pas son administration; ils prétendaient exiger de lui qu'il rendît des comptes et qu'il leur abandonnât pour leur usage personnel une partie des bâtiments de l'école, après avoir longtemps disposé de la totalité, lorsqu'il représentait à lui seul toute sa compagnie. Ces nombreux sujets de contestation amenèrent un procès qui ne fut terminé qu'en 1660. Le Parlement ordonna : 1° que tous les ans, aux jour et fête de saint Matthias, c'est-à-dire le 24 février, il serait procédé par tous les docteurs, tant régents qu'honoraires, à l'élection d'un doyen; 2° que les attributions et privilèges du doyen ainsi élu seraient de convoquer les assemblées de la Faculté, d'y avoir la première place, de les présider, de faire les propositions, de recueillir les voix et de conclure; d'être nommé le premier dans les conclusions; d'avoir le pas et la préséance dans l'école; d'assister aux assemblées de l'Université; de recevoir le serment des officiers et bedeaux; d'avoir l'œil à la police de l'école et d'en gérer les affaires; 3° que le doyen d'âge porterait le titre de *senior scholæ*; qu'il argumenterait le premier dans les disputes et choisirait les textes pour l'argumentation; qu'il aurait la préséance dans les processions; qu'il remplacerait le doyen élu quand celui-ci serait absent ou malade. Le Parlement laissait à la Faculté le soin de statuer elle-même sur ce qui concernait l'élection du syndic. Quant aux contestations d'intérêt, il les régla en abandonnant à Buisine la jouissance des bâtiments qu'il occupait, et en lui imposant l'obligation de rendre compte des sommes par lui touchées depuis la nomination de ses nouveaux collègues. En vertu de cet arrêt, les docteurs régents et les docteurs honoraires se réunirent le 24 février 1661 dans une des salles de la Faculté de droit. Messire Refuge, conseiller au Parlement, assistait à la séance; après qu'il eut, au nom de sa cour, exhorté tous les membres à la concorde, on procéda à l'élection du nouveau doyen. Ce ne fut pas sur Buisine que les suffrages se portèrent, mais sur l'un des docteurs honoraires nouvellement adjoints à la compagnie, Thierry Bignon. Buisine fut désigné pour les fonctions de questeur ou de trésorier. On nomma un syndic, qui fut M° Jean Davezan, auteur de quelques écrits sur le droit canon. L'élément nouveau que la magistrature avait adjoint à la Faculté pour la régénérer se trouva ainsi dominant; la haute direction de l'école fut transférée ou sur le point de l'être à des membres étrangers qu'elle avait elle-même choisis parmi les personnages les plus considérables dans l'Église et dans l'État. Pour relever les études juridiques de l'état de décadence et d'abaissement où elles étaient tombées, une réforme était sans doute devenue nécessaire; mais peut-être avait-on dépassé le but en ordonnant ces adjonctions trop nombreuses, dans lesquelles une part suffisante n'avait pas été réservée aux hommes spéciaux, aux jurisconsultes de profession, pourvus du diplôme de docteur. On avait, en tout cas, créé dans le sein de la Faculté un antagonisme véritable, dont les effets ne tardèrent pas à se manifester, et qui, quelques années après, exigea de nouvelles mesures, un règlement nouveau, plus favorable à l'influence des régents et des simples docteurs de la Faculté de décret.

Ces premiers essais d'organisation, quelque défectueux qu'ils nous paraissent, offrent un véritable intérêt pour l'histoire de l'Université; mais on n'en peut pas dire autant des dissensions intestines qui se perpétuaient entre la Faculté des arts et les Facultés supérieures. Malgré l'arrêt célèbre du 31 août 1654, la paix n'avait pu se rétablir, et les parties étaient demeurées en présence, avec leurs prétentions et leurs rancunes, sans se faire mutuellement aucune concession. Bientôt même le champ de la dispute s'élargit. Les doyens réclamèrent le droit de participer à l'élection du recteur, en contrôlant, et, s'il leur plaisait, en repoussant les choix des commissaires ou intrants de la Faculté des arts. Celle-ci invoqua en sa faveur les précédents; elle soutint que, d'après la coutume et les plus anciens statuts, la nomination du chef de l'Université lui appartenait; que son choix était définitif et ne pouvait être contesté; que l'antique cérémonie de l'instruction du recteur consistait à l'informer, à l'instruire des affaires de la compagnie, et non pas à valider une élection qui était valable par le suffrage seul des intrants et des procureurs, indépendamment de la confirmation des doyens. Les doyens, ne pouvant réussir à convaincre leurs adversaires, essayèrent de recourir à des armes plus puissantes que la persuasion. Un régent du collège de Lisieux, qui se nommait Nicolas Pières, ayant été élu recteur au mois de décembre 1657, ils ne le reconnurent pas; et, en signe de protestation, ils refusèrent de le saluer et de saluer les procureurs dans les réunions académiques. A l'ancienne formule, *Amplissime rector, ornatissimi procuratores*, ils avaient substitué, lorsqu'ils s'adressaient à l'assemblée, ces simples mots : *Viri academici*. Quintaine remarque, avec une sorte d'indignation, que c'était là une formule tout à fait insolite. Les doyens ne tardèrent pas à faire un pas de plus dans la même voie; ils cessèrent d'assister aux séances, en dépit des convocations qu'ils recevaient, et commencèrent à tenir des réunions séparées. Leur absence nuisait singulièrement à la marche des affaires; les décisions les plus simples étaient ajournées; on ne scellait plus, et par conséquent on n'expédiait plus de lettres de nomination pour les bénéfices et pour les grades; les candidats attendaient inutilement les brevets qui devaient établir leurs titres et leurs droits. Malgré ces funestes résultats de la division des différentes compagnies, elles se montraient de moins en moins disposées à un rapprochement. Au mois de juillet 1658, Louis XIV, qui se trouvait alors à Calais, tomba malade assez dangereusement. Des prières furent, à cette occasion, ordonnées dans toutes les églises de Paris, et l'Université s'empressa, comme tous les autres corps, de témoigner de nouveau ses sentiments monarchiques. Le nouveau recteur, M° Cauvet, régent de philosophie au collège du cardinal Lemoine, fit savoir qu'une messe pour la guérison du roi serait célébrée le 10 juillet, à dix heures du matin, dans l'église des Mathurins, et il y convoqua les docteurs des quatre Facultés, les principaux des différents collèges et leurs régents. Mais pendant qu'on affichait le mandement rectoral sur les murs du quartier latin, le doyen de la Faculté de théologie, Louis Messier, agissant au nom de sa compagnie et des Facultés de droit et de médecine, envoya des lettres de convocation pour une autre messe qui devait être chantée, la veille et aux mêmes intentions, dans l'église de la Sorbonne, à la requête des doyens. La maladie du prince n'ayant pas eu de suite, toute la population, à cette bonne nouvelle, adressa à Dieu des actions de grâces; mais cette fois encore les doyens refusèrent d'accompagner le recteur, et ordonnèrent une procession séparée. Les religieux mendiants qui faisaient partie de la Faculté de théologie assistaient à cette procession; elle fut si nombreuse qu'elle s'étendit du cloître des Mathurins jusqu'à celui des Grands-Augustins. Ainsi se manifestait, même en public, la division des compagnies de l'Université. La question fut portée devant le Parlement. La magistrature ne pouvait tolérer le scandale de ces luttes de préséance, et toutefois elle hésitait entre les deux parties. Elle comprenait que toutes deux avaient des torts, et elle désirait les amener à sacrifier chacune quelque chose de leurs prétentions excessives. C'est dans cet esprit de conciliation que fut rendu, le 18 décembre 1658, un arrêt qui régla par provision les points principaux de ce litige. Le Parlement reconnut aux Facultés supérieures le droit de confirmer l'élection du recteur faite par les Nations. Désormais, en convoquant les doyens à la première assemblée qui suivait cette élection, le nouveau recteur devait mentionner expressément que l'assemblée se réunissait *ad instructionem seu confirmationem rectoris*. A l'ouverture de la séance, il demandait si sa nomination était agréée, *grata et rata*. Les doyens se contentaient de répondre en répétant les mêmes expressions : « Nous y donnons notre agrément. » Quant au surplus des requêtes par elle présentées à la cour, la Faculté des arts eut gain de cause. Commandement fut fait au doyen de reconnaître l'autorité du recteur; de se rendre à toutes ses convocations; de ne plus faire, par conséquent, de processions particulières; de lui témoigner, en toute occasion, obéissance et respect (1).

A l'époque où la rivalité des doyens et des procureurs partageait ainsi les écoles en deux camps rivaux, un autre procès, non

(1) *Arch. U.*, Reg. xxviii, fol. 158 et suiv.; *Registres de la Faculté de médecine*, t. XIV, p. 443 et 444.

moins prolongé, se débattait au parlement de Paris entre les médecins et les chirurgiens (1). Ceux-ci avaient-ils le droit de donner des leçons publiques, de porter la robe longue du professeur et de délivrer des lettres de bachelier et de licencié en chirurgie? Le débat remontait au seizième siècle, sans avoir été jamais complètement réglé; dans le cours de cette histoire, nous en avons déjà trouvé la trace. Afin de contenir les chirurgiens ou de se venger d'eux, les médecins avaient imaginé anciennement de s'entendre avec les barbiers, qui de temps immémorial se mêlaient de pansements, et qui postulaient pour avoir le droit de donner plus de latitude à leur profession. La Faculté de médecine s'engagea vis-à-vis d'eux, par plusieurs contrats, à faire des leçons spécialement destinées à leur usage; de leur côté, les barbiers promirent de ne jamais assister à d'autres leçons qu'à celles de la Faculté. Mais ce bon accord reposait sur des bases fragiles, et il ne devait pas durer éternellement. Peu à peu les chirurgiens de Saint-Côme se rapprochèrent des barbiers, bien que ceux-ci fussent leurs rivaux. En 1656, les deux corporations s'unirent, et la plus ancienne, la plus instruite, celle des chirurgiens, voulut faire participer ses nouveaux associés, prétention singulière! aux privilèges académiques qu'elle revendiquait pour elle-même, je veux dire au droit d'enseigner et de conférer la licence. De là le procès qui s'élève devant le Parlement, et qui dura près de trois ans. Il faut entendre l'avocat de la Faculté de médecine, M° Chenuot, fulminer contre les abus et les empiétements commis par ses adversaires : « Ils ont commencé, dit-il, par défendre à leurs apprentis d'assister aux leçons des docteurs en médecine, et leur enjoindre d'assister à leurs propres lectures, qu'ils ont ouvertes par billets imprimez et affichez, par Cardé, Bienaise et Juvernay, barbiers, en ces termes : *Anatomen, morbos chirurgicos explicabit, in gratiam et utilitatem*

---

(1) Nous empruntons tous les détails qui suivent à l'arrêt du parlement de Paris du 7 février 1660, et aux plaidoiries qui l'ont précédé. Cet arrêt fait partie du recueil publié par Denis Puylon, *Statuts de la Faculté de médecine en l'Université de Paris*, etc. Paris, 1672, in-4°, titre VI, p. 39 et s.

approchant ceux des médecins, puisqu'ils ont un mesme objet. » L'Université de Paris était intervenue au procès pour soutenir la cause des médecins. Après que M° Mareschaux, son avocat, eut plaidé, le recteur, M° Lenglet, professeur de rhétorique au collège de Beauvais, prit la parole en latin. Sa pompeuse harangue nous a été conservée : il y traite fort durement les chirurgiens, et conclut à les réduire à l'humble rôle de manœuvres, agissant sous la direction, et, comme dit Patin, sous l'intendance des médecins leurs maîtres. La condition était rigoureuse pour les membres d'une communauté très ancienne, qui citait plusieurs édits royaux rendus en sa faveur, et qui assurément n'était pas dépourvue dès lors d'une certaine culture littéraire, car plusieurs chirurgiens étaient maîtres ès arts. Mais, d'un autre côté, les prérogatives que ce dernier titre conférait ne pouvaient pas, sans injustice, être étendus aux barbiers, qui n'offraient pas les mêmes garanties d'instruction. De plus, tout en reconnaissant que les deux corporations avaient pu s'entendre pour n'en former à l'avenir qu'une seule, il était équitable de garantir les privilèges et la primauté de la Faculté de médecine. Ces différents points furent mis en lumière dans un réquisitoire habile de l'avocat général Denis Talon. Sur ses conclusions, la cour rendit, le 7 février 1660, un arrêt qui maintenait l'union des barbiers et des chirurgiens, mais qui les soumettait les uns et les autres à la Faculté de médecine. Défense leur était faite « de prendre la qualité de bacheliers, licentiez, docteurs et collège; » la cour ne leur permettait que les noms « d'aspirants, maistres et communauté. » Enfin ils ne pouvaient faire aucune lecture, aucun acte public, sauf quelques démonstrations anatomiques et les exercices d'usage pour l'examen des candidats; nul chirurgien ne devait désormais porter la robe et le bonnet, sinon ceux qui avaient été ou qui seraient reçus maîtres ès arts. La Faculté de médecine était au comble de la joie ; à peine avait-elle espéré une victoire aussi éclatante. Pour témoigner sa reconnaissance envers Denis Talon, qu'elle regardait comme le principal auteur de son succès, elle prit une délibération par laquelle les médecins s'enga-

une partie de la Flandre et du Luxembourg. Le traité fut signé le 7 novembre 1656. Une des clauses était le mariage du jeune roi Louis XIV avec l'infante d'Espagne Marie-Thérèse. Le roi alla lui-même recevoir la future compagne des prospérités de son règne sur les bords de la Bidassoa, dans l'île des Faisans, appelée depuis l'île de la Conférence. Le 9 juin 1660, la cérémonie du mariage s'accomplit dans l'église de Saint-Jean de Luz. Peu de temps après, la cour se mit en marche pour Bordeaux, et de là pour Paris. En attendant que les préparatifs de fête qui se faisaient dans la capitale fussent terminés, Louis XIV s'arrêta au château de Vincennes, où le Parlement vint le complimenter. L'Université suivit l'exemple de la magistrature et envoya une députation; mais ce ne fut pas sans peine qu'elle réussit à se faire annoncer. Le maître des cérémonies élevait des difficultés; il opposait les instructions qu'il avait reçues, et qui ne lui permettaient pas d'introduire le recteur, si celui-ci n'avait été mandé à la cour.

Le jour de l'entrée du roi et de la reine dans Paris étant fixé au 26 août, les différentes compagnies qui composaient l'Université se réunirent, dès cinq heures du matin, au jour indiqué, dans le cloître des Mathurins. Afin de stimuler le zèle des moins diligents, le procureur de la Nation de France, Me Étienne Boucher, avait fait décréter une rétribution extraordinaire en faveur des maîtres de la Nation qui se rendraient en costume de cérémonie à l'appel du recteur; les absents étaient au contraire passibles, sauf le cas de maladie grave, d'une amende d'un écu d'or de onze livres; ils devaient être exclus pour un an des assemblées (1). Le cortège, en quittant les Mathurins, avait ordre d'aller gagner le pont de bois de l'île Notre-Dame ou bien le pont des Tournelles, de prendre par le pont Marie et le quai de l'Arsenal, et, à partir de là, de suivre l'itinéraire qui serait indiqué par le maître des cérémonies. Le cortège se mit en marche dans l'ordre suivant : deux bedeaux, vêtus de leurs robes noires, le bonnet carré en tête et leurs masses d'argent sur l'épaule; douze bache-

(1) *Arch. U.*, Reg. XXIX et XXX, fol. 10.

liers en médecine avec leurs épitoges fourrées, quatre bacheliers en droit canon, cent cinquante-deux bacheliers ou licenciés de la Faculté de théologie, les quatre procureurs des Nations, quarante-deux docteurs en médecine, six docteurs en droit canon, cent seize docteurs en théologie. Venait ensuite, précédé de quatre bedeaux, le recteur de l'Université, M⁰ Lenglet, en robe violette et en manteau d'hermine, portant attachée à sa ceinture une escarcelle de velours galonnée d'or. Les imprimeurs, libraires et messagers jurés, au nombre d'environ cent vingt, fermaient la marche. Le cortège parvint, en suivant cet ordre, jusqu'à l'endroit du faubourg Saint-Antoine où s'est élevée la barrière appelée, en mémoire de cette solennité, la barrière du Trône. En effet, sur ce vaste emplacement, la ville avait fait dresser pour la reine et le roi un trône magnifique; à droite et à gauche, sur l'estrade, se rangèrent les princes du sang et les principaux personnages de l'État. Les portes de l'enceinte s'ouvrirent pour laisser passer le recteur, les doyens et un seul procureur, celui de la Nation de France; encore dut-il cette faveur à l'intervention du doyen de la Faculté de médecine, sans quoi il fut resté dehors avec les procureurs de Picardie, de Normandie et d'Allemagne. Ceux-ci, après la cérémonie, portèrent plainte au chancelier, Pierre Séguier; mais ce dernier protesta qu'il avait donné des ordres tout contraires, et que son intention n'était pas de désobliger en rien l'Université, ni de décider les questions de préséance qui s'agitaient entre ses différentes compagnies. Le recteur, parvenu devant le roi et la reine, se prosterna, ainsi que les doyens; puis, s'étant relevé, il adressa en français aux augustes époux une harangue de félicitations. « Venez, Sire, dit-il en terminant, venez, Madame, venez jouir de votre gloire toute entière dans la capitale de vos Estats; venez régner sur des cœurs où vous avez mis la joye; venez recevoir les justes hommages de vos sujets, dont nous faisons une partie, non pas, à la vérité, la plus heureuse et la plus puissante comme autrefois, mais toujours la plus zélée, la plus constante et la plus fidèle pour le service de ses roys. » Le roi répondit : « Je remercie l'Université de l'affection qu'elle a témoignée en ce rencontre à exécuter mes ordres; je m'en souviendrai dans les occasions. La royne, pour n'entendre la langue françoise, ne peut luy respondre (1). »

L'Université participait au sentiment de joie et d'orgueil qui animait toutes les classes de la population; nous pouvons en juger par le panégyrique, en l'honneur de l'entrée du roi et de la reine, qu'au mois d'octobre suivant Charles de Lignières, régent d'humanités au collège de Plessis-Sorbonne, prononça pour l'ouverture des classes (2). L'auteur donne un libre cours à l'enthousiasme que lui inspirent les victoires remportées par le roi sur tous ses ennemis, le rétablissement de la paix après une si longue guerre, le mariage qui rapproche deux nations rivales, la beauté de la jeune reine, les magnificences de la pompe déployée pour la recevoir. M° de Lignières prodigue, pour célébrer tant de merveilles, les comparaisons que l'histoire et la mythologie lui fournissent. Louis XIV fait oublier Hercule s'arrêtant au détroit de Gadès, et Aurélien traînant, liée à son char, la reine de Palmyre; Marie-Thérèse surpasse en beauté Hélène, Vénus et Cléopâtre. Si pour venger l'enlèvement d'Hélène la Grèce entreprit une guerre qui dura dix ans, était-ce trop à la France et à son roi de trente années de combats pour conquérir la fille incomparable de Philippe IV? Disons, à la décharge de l'orateur, que ces fades hyperboles sont entremêlées de réflexions morales qui, sans être bien nouvelles, ne manquent pas de noblesse. Il rappelle assez à propos que la rentrée du roi dans Paris a eu lieu le lendemain de la fête de Saint-Louis, et de ce rapprochement il tire une leçon :

(1) *Registres de la Faculté de médecine*, t. XIV, p. 576.
(2) *Caroli de Lignières, in Sorbonæ-Plessæo humaniorum litterarum professoris, de triumphali regis et reginæ ingressu oratio panegyrica, in scholarum instauratione pronunciata*, 1660, Parisiis, ex typographia Francisci Lecointe, in-4° de 16 pages. Charles de Lignières avait commencé sa carrière comme régent au collège des Grassins; il la continua au collège du Plessis, pour la terminer à celui de Montaigu. Outre le discours en l'honneur du roi, nous connaissons de lui deux tragédies chrétiennes : *Cæcilia, virgo et martyr, tragœdia christiana, acta in theatro Grassinorum, die januarii 24, an. 1657*, Parisiis, 1657, in-12; — *Agatha, virgo et martyr, tragœdia christiana*, Parisiis, 1666, in-12. L'auteur était déjà entré au collège de Montaigu lorsqu'il composa cette dernière tragédie.

c'est que la religion est le fondement des États, que les peuples et les rois sans piété s'abandonnent au libertinage, et que le libertinage amène leur ruine; qu'enfin les triomphes de la terre, comparés à ceux du ciel, sont des ombres vaines, et qu'à l'exemple de saint Louis, les rois, ses descendants doivent user avec modération des biens d'ici-bas pour mériter ceux de l'éternité.

Le principal auteur de la paix des Pyrénées, le cardinal Mazarin, avait sa part des félicitations qui de tous côtés arrivaient à Louis XIV; et son orgueil fut singulièrement flatté lorsque le Parlement, qui naguère l'avait proscrit, lui député, avec la permission du prince, plusieurs conseillers et un président pour le complimenter. Quelques mois auparavant, l'habile et heureux ministre venait d'être élu proviseur de la maison de Sorbonne, fonctions que Richelieu avait occupées, et qui après lui furent déférées à son frère le cardinal de Lyon. Ce dernier, mort en 1653, n'eut pas d'abord de successeur; mais, après six années d'ajournement, la maison de Sorbonne crut opportun de pourvoir à la vacance, et en même temps elle estima que nul ne pouvait mieux la remplir que l'illustre cardinal qui renouvelait, avec un génie tout différent, les triomphes de la politique de Richelieu. Au mois de mars 1660, Mazarin, déjà supérieur du collège de Navarre, reçut ainsi, par le suffrage de MM. de Sorbonne, le titre de proviseur de la société. L'Université, représentée par le recteur, par les procureurs et par les doyens, fut appelée selon l'usage à confirmer l'élection. La cérémonie eut lieu le 2 avril, avec la pompe accoutumée. On remarqua que l'archidiacre de Notre-Dame, M. Dreux, avait affecté de donner son avis avant le recteur : inovation qui fut regardée comme une atteinte à la dignité rectorale (1).

Mazarin n'eut à jouir que quelques mois de la nouvelle dignité que la Sorbonne venait de lui conférer. Au commencement de 1661, sa santé, dès longtemps affaiblie, déclina rapidement. S'étant retiré au château de Vincennes afin de respirer un air plus

---

(1) *Arch. U.*, Reg. XXIX et XXX, fol. 7 v°.

pur, il y rendit l'âme le 9 mars, âgé de cinquante-huit ans, après un ministère aussi long que celui de Richelieu, mais dont les débuts orageux ne pouvaient faire pressentir la fin glorieuse. Sur le point de mourir, Mazarin voulut donner au roi un nouveau témoignage de dévouement, et ménager à son propre nom une garantie dernière contre l'oubli des hommes. La paix de Westphalie et celle des Pyrénées avaient, comme nous avons vu, donné à la France, sur la frontière d'Italie, le territoire de Pignerol; sur la frontière du Rhin, l'Alsace; au nord, certaines parties de la Flandre, de l'Artois, du Hainaut et du Luxembourg; au midi, le Roussillon et la Cerdagne. Mazarin pensa qu'on rattacherait plus étroitement ces populations à leur nouvelle patrie en établissant dans la capitale du royaume un collège en leur faveur, pour y donner l'instruction gratuite à un certain nombre d'enfants appartenant à des familles nobles et à la haute bourgeoisie. « Ceux qui auroient ainsi pris leur éducation en France porteroient ce qu'ils y auroient appris au pays de leur naissance, quand ils y retourneroient, et, par leurs exemples, ils y en pourroient attirer d'autres, pour venir recevoir successivement les mesmes instructions et les pareils sentiments. Enfin toutes ces provinces deviendroient françoises par leur propre inclination, aussi bien qu'elles le sont maintenant par la domination de Sa Majesté. » Mazarin, par son testament, fonda en conséquence, à Paris, un collège et une académie spécialement destinés à la jeunesse des provinces nouvellement annexées. Le collège devait recevoir soixante boursiers, dont quinze d'Italie, quinze d'Alsace, quinze de Flandre et des territoires voisins, quinze du Roussillon et de la Cerdagne; cette variété d'étudiants le fit appeler dès son origine le *Collège des Quatre Nations*. L'académie devait se composer, autant que possible, d'anciens élèves du collège, au nombre de quinze, auxquels seraient données des leçons d'armes, de mathématiques et d'équitation. Les boursiers étaient à la nomination du donateur et, après lui, de l'aîné des héritiers de son nom et ses armes. Les boursiers originaires d'Italie pouvaient être choisis indifféremment dans les familles de Pignerol ou parmi les sujets du pape,

« pour obliger de plus en plus ces derniers à continuer leur zèle au service de Sa Majesté. » Le collège, selon le vœu de Mazarin, devait faire partie du corps de l'Université; la haute direction en était confiée aux douze plus anciens docteurs de Sorbonne, qui choisissaient parmi leurs confrères quatre inspecteurs chargés de la surveillance; le personnel se composait d'un grand maître, d'un procureur, chargé de la recette, de la dépense et des comptes, de quatre principaux et de quatre sous-principaux, d'un chapelain, de deux régents de philosophie et de six autres régents, tous bacheliers en théologie (1). Mazarin, avec une munificence vraiment royale, avait légué au splendide établissement qu'il fondait une somme de deux millions, à prendre sur le plus clair de ses biens, et destinée soit à des acquisitions de terrain, soit aux dépenses de constructions et autres frais. A cette libéralité il ajouta une rente de quarante-cinq mille livres sur l'hôtel de ville de Paris; en mourant, il demanda au roi d'y joindre encore les revenus de la riche abbaye de Saint-Michel en l'Herm, dont il était possesseur. Pour couronner ces splendides largesses, Mazarin fit don au collège de sa bibliothèque, qu'il avait commencé à former dès 1644, « afin d'en faire une bibliothèque publique, pour la commodité et pour la satisfaction des gens de lettres. » A l'époque de la Fronde, elle comprenait déjà quarante mille volumes, recueillis par le célèbre Naudé, ou envoyés à Mazarin par différents princes de l'Europe et par les ambassadeurs du roi de France en pays étranger. Naudé nous apprend (2) qu'elle se composait « de deux cents Bibles traduites en toutes sortes de langues; de l'histoire la plus universelle et la mieux suivie qui se soit jamais veuë; de trois mille cinq cents volumes qui sont purement et absolument de mathématique; de toutes les vieilles et nouvelles éditions, tant des SS. Pères que de tous les autheurs classiques; d'une scholastique qui n'a point encore eu sa sembla-

(1) *La fondation du collège Mazarini*, Paris, in-fol. Cf. Félibien, *Hist. de Paris*, t. IV, p. 195 et suiv.
(2) *Advis à Nos Seigneurs du Parlement sur la vente de la bibliothèque de M. le cardinal Mazarin*, inséré par Petit-Radel dans ses *Recherches sur les bibliothèques anciennes et modernes*, etc., Paris, 1819, in-8°, p. 273.

ble; des coustumiers de plus de cent cinquante villes et provinces, la pluspart estrangères; des synodes de plus de trois cents évêchés; des rituels et offices d'une infinité d'églises; des lois et fondations de toutes les religions; de manuscrits en toutes langues, en tous les arts, tant libéraux que méchaniques, et en toutes sciences. » Pendant les troubles, le sequestre fut mis par sentence du Parlement sur les biens du cardinal, et des arrêts barbares ordonnèrent la vente à l'encan d'une partie de ces richesses. Au témoignage de Gui Patin (1), seize mille volumes se trouvaient déjà vendus vers la fin du mois de janvier 1652, malgré les requêtes et les protestations de Naudé. Mazarin, quand il fut remonté au faîte des grandeurs, ne put sans doute pas réparer tous les vides que présentaient alors ses collections; cependant, soit par une recherche attentive des ouvrages dispersés, soit par des acquisitions nouvelles, il parvint à réunir trente-sept mille huit cent quatre-vingts volumes, qui, d'après des calculs authentiques (2), composaient sa bibliothèque à l'époque de son décès. Tel était le trésor littéraire qu'il destinait à placer dans le nouveau collège, sous la garde de MM. les docteurs de Sorbonne, pour que le public en eût la jouissance : « Veut Son Éminence, » porte un article de la donation, « que ladite bibliothèque soit ouverte à tous les gens de lettres deux fois par chaque semaine, à tel jour qu'il sera advisé par les quatre inspecteurs et par le grand-maistre dudit collège. » Aucune libéralité ne pouvait être plus utile et plus agréable aux érudits, qui le plus souvent ne savaient pas comment se procurer les ouvrages nécessaires à leurs travaux. Ainsi se continuaient, avec Mazarin, les traditions de générosité suivies par Richelieu. Comme protecteur des études, le fondateur du collège des Quatre Nations et de la bibliothèque Mazarine venait d'égaler, sinon de surpasser, l'illustre cardinal, restaurateur de la Sorbonne.

(1) Lettre du 30 janvier 1652, *Lettres*, t. III, p. 1.
(2) Petit-Radel, *Recherches*, p. 290.

CHAPITRE III.

Digression à propos des écoles de Port-Royal. — Caractère de ces écoles. — Liste des principaux ouvrages classiques de Port-Royal. — Influence des écrivains de Port-Royal sur les études de l'Université de Paris. — Les maîtres des petites écoles et les maîtres écrivains. — Statuts de la Nation de France; disposition de ces statuts en ce qui concerne la publication de l'Histoire de l'Université. — Égasse Du Boulay est élu recteur. — Son discours à Louis XIV à l'occasion de la naissance du dauphin. — Il publie un mandement pour la célébration de la Saint-Charlemagne. — Mort de Quintaine; Du Boulay lui succède en qualité de greffier. — L'enseignement de la philosophie commence à devenir suspect. — Nouveaux débats dans la Faculté de théologie au sujet de l'autorité pontificale. — Thèses de Drouet de Villeneuve et de Louis Deplantes. — Déclaration de la Faculté de théologie sur la puissance ecclésiastique. — Condamnation des ouvrages de Jacques Vernant et d'Amédée Guimenée. — Mécontentement du pape. — Une bulle d'Alexandre VIII est déférée au Parlement. — Publication des premiers volumes de l'Histoire de l'Université de Paris; ils sont condamnés par la Faculté de théologie. — Visite des collèges. — Le collège de Sorbonne refuse de se laisser inspecter par le recteur. — Règlement pour le collège de Beauvais. — Nouvelle organisation de la Faculté de droit. — Discussion dans le sein de la Faculté de médecine à propos de l'antimoine. — Procès au sujet de la cure de Saint-Côme et de Saint-Damien. — État prospère du royaume. — Louis XIV songe à réformer l'Université de Paris.

Après la condamnation d'Arnauld en Sorbonne, le mouvement s'était de plus en plus dessiné dans l'Église de France et dans le gouvernement de Louis XIV contre les doctrines et contre le parti dont l'auteur du livre *De la fréquente communion* et des *Lettres à un duc et pair* venait de se montrer le champion inflexible et ardent. La constitution célèbre d'Innocent X, qui condamnait les cinq propositions de Jansénius, fut confirmée et aggravée par la bulle d'Alexandre VII, datée du mois d'octobre 1656 (1); cette fois l'impitoyable précision du texte de la sentence n'admettait ni équivoques ni faux-fuyants. Les assemblées du clergé de France ne se contentèrent pas de recevoir cette bulle et d'en ordonner la publication : sur la proposition de l'archevêque de Toulouse,

(1) D'Argentré, *De nov. error.*, t. III b, p. 281.

M. de Marca, il fut dressé un formulaire qui contenait l'adhésion la plus explicite aux censures portées par les constitutions pontificales, et le roi fut supplié de donner une déclaration pour contraindre tous les ecclésiastiques du royaume à signer ce formulaire (1). Les *Provinciales,* malgré le succès éclatant qu'elles obtenaient, furent condamnées au feu et brûlées de la main du bourreau sur les marches du Palais de justice. Enfin, ce qui se rattache plus directement au sujet de cette histoire, les écoles de Port-Royal furent détruites. Leur dispersion commença en 1656, par un ordre de la cour obligeant tous ceux qui habitaient le monastère de Port-Royal des Champs à quitter cet asile. Après que ce premier coup eut été frappé, le gouvernement parut s'adoucir et laissa espérer que sa décision n'était pas irrévocable; mais bientôt le parti de la rigueur prit le dessus, et la persécution, sévissant de nouveau, enleva aux disciples de Saint-Cyran leurs derniers écoliers.

Nous n'avons point à raconter ici la naissance et les progrès de ces écoles célèbres, où enseignaient Lancelot et Nicole, où fut élevé Racine; mais comment taire les services qu'elles ont rendus à l'éducation nationale et l'heureuse influence qu'elles ont exercée, même dans l'Université de Paris, sur la marche des études? Ne craignons pas de paraître sortir de notre sujet si nous entrons sur ce point dans quelques détails.

« Je vous avoue, » disait un jour M. de Saint-Cyran à M. Le Maistre (2), « que ce seroit ma dévotion de pouvoir servir les enfants. » Ce tendre sentiment pour l'enfance passa du cœur de l'âpre sectaire dans l'âme de ses disciples, et ceux-ci placèrent au rang de leurs premiers et de leurs plus chers devoirs l'éducation de quelques jeunes gens qui leur étaient confiés par des parents chrétiens restés fidèles aux doctrines de Jansénius. Vers 1643, le pieux dessein commençait à

---

(1) *Collection des procès-verbaux des assemblées du clergé,* in-fol., t. IV, p. 200 ; et Appendice, p. 68 et s.

(2) Cité par M. Sainte-Beuve, *Port-Royal,* t. II, p. 38. M. Sainte-Beuve a consacré un livre entier aux écoles de Port-Royal, *ibid.,* t. III, p. 383 et suiv. Nous aurons souvent l'occasion de nous référer à cette savante et ingénieuse étude.

s'exécuter sans éclat, et pour ainsi dire en famille, aux alentours du monastère de Port-Royal des Champs. Environ trois années après, une école fut établie dans la rue Saint-Dominique d'Enfer; elle se composait d'une vingtaine d'élèves, partagés en quatre chambres; le directeur en était M. Walon de Beaupuis; les maîtres, Nicole, Lancelot, Coustel et Guyot. La Faculté des arts, ordinairement si jalouse de ses privilèges, n'éleva, chose remarquable! aucune réclamation contre l'école de la rue Saint-Dominique : elle comprit que ses propres collèges n'avaient rien à redouter de cette concurrence, que la cause de Messieurs de Port-Royal était au fond la sienne et qu'elle devait les regarder comme des auxiliaires plutôt que comme des ennemis. Après les guerres de la Fronde, l'établissement de Paris cessa d'exister; mais de nouvelles classes s'ouvrirent aux lieux mêmes où l'œuvre avait pris naissance, aux Granges, au Chesnai et au château des Trous, près Chevreuse. Elles prospéraient, sans compter cependant, d'après des calculs authentiques, beaucoup au delà de cinquante élèves, lorsque la persécution s'abattit sur elles et consomma leur ruine, en 1660. Le petit nombre des écoliers qui s'y trouvaient réunis aurait dû contribuer à les sauver, si les convictions opiniâtres, les vertus austères, le génie indocile et la renommée des maîtres n'avaient pas été un sujet continuel d'alarmes pour une cour ombrageuse qui se montrait résolue à briser toutes les résistances.

Par leur régime intérieur et par les méthodes d'enseignement qui leur étaient propres, les écoles de Port-Royal se distinguaient à la fois des collèges de l'Université et de ceux des Jésuites. Les maîtres pieux qui les dirigeaient se proposaient une seule fin essentielle : soustraire les cœurs à l'esclavage du péché et y préparer les voies aux coups mystérieux de la grâce. Gardiens vigilants de l'innocence chez l'enfant, ils mettaient toute leur industrie à lui inculquer l'humilité et l'amour de Dieu. Après avoir fait naître ce double sentiment, ils s'en servaient pour discipliner sans lutte et sans efforts les volontés rebelles, aimant mieux contenir l'élève par le frein de la piété que par celui de la crainte. Avec ces pratiques, religieusement observées, les moyens ordinaires d'éducation devenaient inutiles. A Port-Royal, les châtiments, prodigués partout ailleurs, étaient rares, aussi bien que les récompenses qui donnent lieu à l'orgueil; le ressort même de l'émulation était négligé, et Pascal donne à entendre que, privés de cet aiguillon d'envie et de gloire, quelques enfants tombaient dans la nonchalance (1). Il est à croire que, sur un plus grand théâtre, avec un plus grand nombre d'écoliers, ce côté défectueux du système se serait développé, et qu'il aurait bientôt fallu revenir à des règles moins parfaites peut-être en théorie, mais mieux appropriées dans la pratique à la faiblesse vulgaire.

Quant à l'enseignement proprement dit, les disciples de Saint-Cyran y portaient, avec le même esprit de charité et les mêmes ménagements pour l'enfance, une méthode judicieuse et large, tout aussi éloignée des innovations téméraires que de la routine; méthode qui consistait, autant qu'on peut la définir en quelques mots, à fuir le pédantisme et l'abus des termes trop techniques; à s'efforcer de concevoir clairement et simplement les choses et de les exprimer de même; à substituer, dans beaucoup de cas, la langue maternelle au latin; à transporter, en un mot, dans l'éducation de la jeunesse ces préceptes dictés par la saine raison, que Descartes venait d'appliquer avec génie aux sciences philosophiques. Malgré les louanges que cette méthode a reçues, il nous serait difficile de l'apprécier à sa juste valeur si nous la connaissions seulement par le témoignage des contemporains. Heureusement elle se trouve décrite par ses auteurs eux-mêmes dans une série d'ouvrages éminents qui seront éternellement cités parmi les meilleurs travaux de pédagogie.

Voici d'abord les ouvrages qui se rapportent à l'enseignement de la grammaire : *Nouvelle Méthode pour apprendre facilement et en peu de tems la langue latine*, contenant les rudiments et les règles des genres, des déclinaisons, des prétérits, de la syntaxe et de la quantité, « mises en francois », porte le titre, « avec un ordre très clair et très abrégé. » 1644. Lancelot était l'auteur de

---

(1) *Pensées de Pascal*, édit. de M. Faugère, Paris, 1844, t. I, p. 204, in-8°.

cette méthode, ainsi que des suivantes : *Nouvelle Méthode pour apprendre facilement la langue grecque*, contenant les règles des déclinaisons, des conjugaisons, etc. 1655 ; — *le Jardin des racines grecques, mises en vers françois*, avec un traité des prépositions et autres particules indéclinables, etc. 1657 ; — enfin la *Grammaire générale et raisonnée*, publiée en 1660, avec la collaboration d'Antoine Arnauld. Ce dernier ouvrage renferme, comme l'auteur l'annonce, « les fondements de l'art de parler, expliqués d'une manière claire et naturelle, les raisons de ce qui est commun à toutes les langues et des principales différences qui s'y rencontrent, et plusieurs remarques nouvelles sur la langue françoise. » Nous passons sous silence les deux méthodes pour apprendre la langue italienne et la langue espagnole. Afin de couronner l'œuvre, un dernier livre eût été nécessaire ; nous voulons dire une grammaire spéciale et abrégée de la langue française. Lancelot y trouva tant de difficultés qu'en dépit des sollicitations qu'il reçut, il ne put se résoudre à l'écrire.

Dans l'enseignement des langues mortes, les maîtres de Port-Royal écartaient comme peu rationnel l'exercice du thème et préféraient de beaucoup celui de la traduction, surtout quand elle a lieu de vive voix et qu'elle est en quelque sorte improvisée. Afin d'y préparer l'élève, ils n'hésitaient pas à placer entre ses mains des traductions toutes faites, qui étaient imprimées en regard du texte. Le travail personnel des élèves consistait à étudier le texte en le rapprochant de la traduction, à se familiariser ainsi avec ses difficultés, et à se rendre eux-mêmes capables de le mettre en français sous l'œil du professeur. Mais comme les auteurs anciens bravent souvent l'honnêteté, il avait paru indispensable d'y faire des coupures et, ainsi qu'on disait dès ce temps-là, de les expurger. De là étaient résultés quelques essais de critique et de traduction dont nous pouvons juger par les ouvrages suivants : *les Fables de Phèdre, affranchi d'Auguste, traduites en françois avec le latin à côté, pour servir à bien entendre la langue latine et bien traduire en françois*, 1647 ; — *Comédies de Térence, traduites en françois* (savoir l'*Andrienne*, les *Adelphes* et le *Phor-*

mion), *avec le latin à côté, et rendues très-honnêtes en y changeant fort peu de chose*, 1647; — *Epigrammatum delectus, ex omnibus tum veteribus tum recentioribus poetis accurate decerptus, cum Dissertatione de vera pulchritudine et adumbrata*, 1659 ; — *Nouvelle traduction des Bucoliques de Virgile, avec des notes*, 1666; — *Nouvelle traduction des Captifs de Plaute, avec des notes*, 1666; — *Lettres morales et politiques de Cicéron à son ami Attique, sur le parti qu'il devoit prendre entre César et Pompée*, 1666; — *Nouvelle traduction d'un nouveau recueil des plus belles lettres que Cicéron écrit à ses amis*, 1666; — *Billets que Cicéron a écrit* (sic) *tant à ses amis communs qu'à Attique, son ami particulier, avec une méthode en forme de préface pour conduire un écolier dans les lettres*, 1668 ; — *Lettre politique de Cicéron à son frère Quintus touchant le gouvernement de l'Asie, et le Songe de Scipion, du même auteur, avec divers avis touchant la conduite des enfans, en forme de préface*, 1670, etc., etc.

En philosophie, le livre classique par excellence sorti de l'école de Port-Royal, c'est *l'Art de penser, contenant, outre les règles communes, plusieurs observations propres à former le jugement*, Paris, 1662. L'ancienne logique, calquée sur l'*Organum* d'Aristote, a fourni le cadre des premières parties ; mais la plupart des démonstrations et la pensée générale de l'ouvrage sont empruntées à Descartes. Arnauld employa, nous dit-il, quatre ou cinq jours seulement à écrire *l'Art de penser*. Nicole y ajouta plus tard deux chapitres, avec un discours contenant une réponse à certaines critiques.

Enfin, pour ne pas omettre dans cette revue les mathématiques, nous citerons les *Nouveaux Éléments de Géométrie*, qui circulaient en manuscrit avant 1660, bien qu'ils aient paru en 1667 seulement. Arnauld est l'auteur de ces *Éléments* célèbres, dans lesquels il se flattait d'avoir introduit, « outre un ordre tout nouveau et de nouvelles démonstrations des propositions les plus communes, de nouveaux moyens de faire voir quelles lignes sont incommensurables, de nouvelles mesures des angles, etc.

Les ouvrages scolaires qui ont pris naissance à Port-Royal

forment, comme on vient de le voir, un ensemble à peu près complet; et presque toutes les branches des études classiques s'y trouvent représentées. Ce qui les distingue éminemment, c'est la disposition rationnelle des matières et la simplicité lumineuse, nous dirions presque le charme sévère de l'exposition. Une autre qualité qui leur est propre, c'est que la plupart sont écrits en français. Au milieu du dix-septième siècle, même après Malherbe, Corneille et Descartes, c'était une grande nouveauté qu'une grammaire, une logique et des éléments de géométrie composés dans la langue maternelle. N'avons-nous pas vu que dans les collèges de l'Université il était interdit aux élèves, sous des peines sévères, de s'exprimer autrement qu'en latin? Les ouvrages élémentaires les plus répandus étaient tous écrits dans cette langue : c'étaient la grammaire latine de Despautère, la grammaire grecque de Clénard, les lexiques de Schrevelius et de Scapula. Les Jésuites eux-mêmes ne s'étaient pas écartés de la tradition scolastique : leurs meilleurs écrivains classiques, comme le P. Labbe et le P. Vavassor, rédigeaient en latin les livres élémentaires à l'usage des écoliers du collège de Clermont. Cependant cette pratique si répandue avait donné lieu à de judicieuses objections de la part de bons esprits (1). N'était-il pas contre la raison, disaient ceux-ci, que, par exemple, une grammaire latine, destinée à des enfants qui ne savaient pas le latin, fût rédigée dans cette langue? Pour que l'élève fût en état de la comprendre, ne devait-il pas être familiarisé déjà avec la langue elle-même? Les écrivains de Port-Royal furent les interprètes convaincus et habiles de ces réclamations du bon sens contre la routine. Comme ils joignaient l'exemple au précepte, et que leurs nouvelles méthodes d'enseignement étaient justifiées par le brillant succès de leurs ouvrages, la réforme qu'ils avaient inaugurée s'opéra peu à peu, en dépit de toutes les oppositions.

Dans certains collèges, on avait cru réaliser un progrès considérable en résumant les règles de la grammaire sous forme de

---

(1) Voyez notamment Malebranche, *Recherche de la vérité*, 6ᵉ édit., Paris, 1712, in-4°, t. II, Préface.

tableaux que l'élève embrassait d'un seul coup d'œil. Ce procédé, dit-on, paraissait à Richelieu une invention très heureuse; il avait pour auteur le P. Condren, le second supérieur de l'Oratoire, qui l'introduisit au collège de Juilly (1). Mais, comme tous les moyens purement mnémoniques, de pareils tableaux étaient plus utiles pour se rappeler ce qu'on avait appris que pour apprendre ce qu'on ne savait pas; ils ne pouvaient remplacer dans l'enseignement une grammaire bien faite. Les livres de Lancelot étaient autrement profonds, solides, judicieux; ils ne tardèrent pas à éclipser les ouvrages de même nature, notamment ceux de Clénard et de Despautère, et à en susciter d'autres, pénétrés du nouvel esprit. Ainsi plusieurs définitions de la *Grammaire générale* sont reproduites dans les dictionnaires français-latin et latin-français composés pour le dauphin par le savant Pierre Danet; Baillet remarque avec raison, à l'occasion de ces emprunts, que l'auteur « ne pouvoit mieux rencontrer pour la propriété et la pureté des expressions de notre langue (2). »

Pour l'enseignement des humanités, les statuts donnés en 1598 à l'Université avaient indiqué les ouvrages qui devaient être suivis dans ses collèges; c'étaient les auteurs classiques grecs et latins; en philosophie, c'était l'*Organum* d'Aristote avec ses livres de physique et de morale; pour la géométrie, les *Éléments* d'Euclide. Sur ce terrain encore, l'influence des écrivains de Port-Royal fut considérable. Les traductions qu'ils firent paraître, accompagnées du texte en regard, servirent à montrer comment l'étude des littératures anciennes pouvait marcher de front avec l'étude de la langue française. Malgré les persécutions suscitées au cartésianisme, plus d'un régent de philosophie ne craignit pas de se compromettre en faisant lire à ses élèves l'*Art de penser*. La *Géomé-*

___

(1) Voy. la *Nouvelle méthode pour apprendre avec facilité les principes de la langue latine, où sont expliqués les genres et les déclinaisons des noms et des pronoms, les prétérits et supins et les conjugaisons des verbes, la syntaxe et la quantité, dans un ordre clair et concis tout ensemble, et distingué par quatre différentes couleurs pour le soulagement des escoliers.* Paris, chez Claude Thiboust, 1665.

(2) *Jugements des savants sur les principaux ouvrages des auteurs*, etc., Paris, 1722, in-4°, t. II, p. 555.

trie d'Arnauld servit de modèle à la *Géométrie* du P. Lamy et à celle que Malézieu composa pour l'éducation du duc de Bourgogne (1). Citons un fait plus général et très significatif : parmi les œuvres d'Arnauld figure un plan complet d'études, sous le titre de *Mémoire sur le règlement des études dans les lettres humaines* (2); il est avéré que ce plan était suivi dans certains collèges, longtemps avant Rollin.

Les Jésuites rivalisaient avec Port-Royal et l'Université pour la bonne tenue des classes et le perfectionnement des méthodes. Au dix-septième siècle, la littérature classique a dû à leur infatigable érudition des travaux d'un véritable prix : le dictionnaire français-latin du P. Pomey; le dictionnaire latin-français du P. Tachard; l'*Apparatus græco-latinum* du P. Gaudin; le *Dictionnaire de la langue poétique* du P. Vanière, sans compter un assez grand nombre de grammaires et d'éditions des auteurs anciens. Mais ces ouvrages, très vantés par la Compagnie, très suivis dans ses propres collèges, n'eurent pas, sauf celui de Vanière, un égal succès au dehors; l'Université ne les adopta pas, ou du moins elle s'en servit le moins possible, tandis qu'elle accueillait insensiblement les réformes proposées par les maîtres de Port-Royal.

Est-ce à dire que dans les méthodes suivies à Port-Royal tout fût irréprochable? Il y aurait une grande légèreté à le prétendre. Sans être bien sévère, un helléniste habile n'est pas en peine de relever dans le *Jardin des racines grecques* des erreurs nombreuses, quelques-unes assez graves. Quelle étrange confusion, d'ailleurs, entre les mots dérivés ou composés et les véritables radicaux, qui semblent, d'après le titre de l'ouvrage, en être l'objet exclusif! Il se peut même que la grammaire de Lancelot ait nui sous certains rapports à l'étude du grec, ne fût-ce qu'en contribuant à faire adopter le mode de prononciation qui porte le nom d'Érasme, mais que les meilleurs juges s'accordent aujourd'hui à condamner, tant au nom des traditions nationales de la Grèce qu'au

---

(1) *Œuvres d'Arnauld*, t. XLI, Préf. hist. et crit., p. vi.
(2) *Ibid.*, p. 85 et suiv. Voyez, p. 97, le *Jugement d'un ancien professeur de l'Université sur ce plan qui lui a longtemps servi de règle*.

nom de la philologie. Un savant historien des mathématiques, Montucla (1), incline à croire, avec Leibnitz, que la méthode d'exposition suivie par Arnauld dans sa nouvelle géométrie est moins rigoureuse qu'elle ne semble; que l'auteur a sacrifié le fond à la forme, et que les *Éléments* d'Euclide avaient plus de solidité. L'*Art de penser* présente assurément une lacune très grave, puisqu'il ne contient pas la théorie de l'induction, ni les règles de l'expérience, ces règles tracées d'une main si ferme par Bacon, et appliquées si heureusement par Copernic et Galilée. Mais que conclure de ces imperfections, si ce n'est que les meilleurs ouvrages ont leurs défauts, qui échappent à la vigilance et au génie de l'écrivain? Quant à nous, notre rôle, comme historien, n'est pas tant d'apprécier les productions de l'esprit de l'homme que de signaler l'influence bonne ou mauvaise qu'elles ont exercée, les services qu'elles ont rendus. Les méthodes d'enseignement ont subi dans la seconde moitié du dix-septième siècle une transformation qui a frappé les contemporains eux-mêmes. Ce fait avait trop d'importance pour ne pas appeler notre attention, et il était sans doute opportun d'en marquer le point de départ et les antécédents historiques, surtout au moment où disparaissait l'école illustre qui donna l'impulsion et qui approcha elle-même si près du but.

Après cette digression nécessaire, nous rentrons dans le courant des faits qui se rapportent, de près ou de loin, à l'histoire de l'Université de Paris, depuis la mort du cardinal Mazarin.

En suivant l'ordre des temps, nous rencontrons tout d'abord une contestation assez vive au sujet de l'enseignement élémentaire. Autant l'Université se montrait jalouse de ses privilèges, souvent menacés par les maîtres des petites écoles, autant ceux-ci, de leur côté, mettaient d'ardeur à défendre leurs propres droits contre la corporation des maîtres d'écriture ou maîtres écrivains.

---

(1) *Histoire des mathématiques*, Paris, 1758, in-4°, t. 1, p. 218 et 219. Lacroix se montre, il faut le dire, moins sévère pour Arnauld. Voyez ses *Essais sur l'enseignement en général et sur celui des mathématiques en particulier*, Paris, 1805, in-8°, p. 318 et 319.

Les deux communautés s'accusaient mutuellement d'usurpation. Les maîtres d'école dénonçaient les maîtres écrivains comme enseignant, sans y avoir qualité, la lecture et le calcul, et ils avaient eux-mêmes quelque peine à se justifier du reproche d'enseigner l'écriture. Des perquisitions domiciliaires et même des saisies s'en étaient suivies, à la requête des deux parties, qui se plaignaient toutes deux du trouble ainsi apporté à l'exercice de leur profession. Après plusieurs sentences contradictoires du chantre de Notre-Dame, M° Le Masle, et du lieutenant civil, le Parlement se vit appelé à régler les attributions et les privilèges des deux communautés. Le 2 juillet 1661, fut rendu un arrêt (1) dont voici le dispositif :

« La Cour... maintient et garde ledit Le Masle au droit d'instituer des maîtres des petites écoles en cette ville de Paris, et enseigner la jeunesse; fait défenses à toutes personnes de tenir écoles buissonnières, et de s'immiscer en aucune fonction des maîtres des petites écoles sans la permission dudit chantre, auquel seul appartiendra la direction desdites petites écoles et la connaissance des abus et malversations des dits maîtres des petites écoles, et des différends qui pourraient naître entre eux seulement, et non de ceux qui surviendront entre eux et lesdits maîtres écrivains ou autres particuliers, sans que ledit chantre puisse prendre juridiction sur lesdits maîtres écrivains, ni décerner aucunes commissions auxdits maîtres des petites écoles, pour aller en visite chez lesdits maîtres écrivains, ni que lesdits maîtres des petites écoles les puissent visiter, en vertu des ordonnances dudit chantre. Ordonne que lesdits maîtres des petites écoles pourront mettre des tableaux ès portes et entrées des lieux où ils tiennent lesdites petites écoles, et en iceux, ces mots : » Céans on tient petites écoles, » et le nom de celui qui voudra mettre le dit tableau, et ensuite, « maître d'école, qui enseigne à la jeunesse le service, à lire, écrire et

---

(1) Cet arrêt fait partie du recueil des *Statuts de l'Université pour les maistres ès arts tenans pensionnaires et faisans répétition*, Paris, 1733, in-12. Il est cité par M. Philibert Pompée dans son *Rapport historique sur les écoles primaires de la ville de Paris*, Paris, 1839, in-8°, p. 98 et suiv.

former les lettres; la grammaire, l'arithmétique et calcul, tant au jet qu'à la plume, et prend pensionnaires; » et fait défense de rien ajouter auxdites inscriptions, ni faire montre d'écritures auxdits tableaux, ni mettre en iceux aucun portrait de plume, à peine de quarante-huit livres parisis d'amende, applicable à l'Hôpital général de cette ville de Paris, pour chaque contravention qui demeurera encourue en vertu du présent arrêt. A maintenu et maintient et garde lesdits maîtres des petites écoles au droit d'enseigner à la jeunesse le service, à lire, à écrire et former les lettres, conjointement avec la grammaire, l'arithmétique et le calcul, tant au jet qu'à la plume, et non séparément. Et pourront lesdits maîtres des petites écoles donner des exemples à leurs écoliers jusqu'à trois lignes seulement, sans qu'ils puissent tenir écoles d'écriture, ni montrer l'art d'icelle séparément; et seront tenus d'écrire eux-mêmes les exemples qu'ils donneront à leurs écoliers, sans qu'ils les puissent faire écrire par d'autres personnes sous eux, ni se servir de sous-maîtres ou sous-moniteurs. Fait défenses aux maîtres écrivains de montrer et enseigner autre chose que l'art d'écriture, l'arithmétique tant au jet qu'à la plume, et l'orthographe, pour laquelle seulement ils pourront user de livres imprimés et manuscrits, sans qu'ils en puissent abuser ni s'en servir pour montrer à lire, sinon dans lesdits manuscrits à cet effet seulement, et sans fraude. »

Malgré l'intérêt qui devait s'attacher à cette sentence, elle produisit alors peu d'impression dans l'Université de Paris, qui se regardait comme étrangère à la querelle des maîtres d'école et des maîtres écrivains. Un événement plus considérable pour elle, ce fut la rédaction des nouveaux statuts de la Nation de France, achevés vers la même époque, et homologués au Parlement l'année suivante. La Nation de France était, comme nous l'avons dit ailleurs, la plus considérable de la Faculté des arts. Composée de cinq tribus, celles de Paris, de Sens, de Reims, de Tours et de Bourges, elle comprenait les étudiants originaires de ces différents diocèses. Cependant ses revenus n'étaient pas en rapport avec son importance; ils ne s'élevaient alors qu'à 4,500 livres environ, et provenaient, pour la plus grande partie, des loyers de quelques maisons, propriété de la Nation. Comme les anciens statuts de la compagnie avaient été modifiés par un assez grand nombre de décisions plus récentes qui, mieux connues, pouvaient contribuer à prévenir ou à terminer les disputes, la Nation jugea opportun de reviser sa propre législation, en y rattachant tous les articles épars. Cette œuvre assez délicate, dont il avait été question dès l'année 1659, fut confiée, par délibération du 31 janvier 1660, à cinq commissaires choisis dans les différentes tribus : M° Lecoq, de la tribu de Paris; M° Fournier, de la tribu de Reims; M° Daniel, de la tribu de Sens, et M° Pastel, de la tribu de Bourges : ces deux derniers furent plus tard remplacés par M° Burty et M° Coubayon. C'était Égasse Du Boulay, de la tribu de Tours, qui tenait la plume, et il s'était chargé de compulser les registres des censeurs, afin d'y relever les décisions importantes. Les commissaires ne furent pas en mesure de soumettre le résultat de leur travail à la Nation avant le mois de janvier 1661 (1). Les nouveaux statuts étaient divisés en neuf chapitres, qui traitaient successivement des fêtes de la Nation, du procureur, du censeur, du questeur, des examinateurs, des doyens, des bedeaux ou appariteurs, des revenus et de leur emploi. Nous citerons spécialement les dispositions qui concernent les examens pour la maîtrise ès arts (2). Les épreuves avaient lieu rue du Fouarre, dans les écoles de la Nation, en présence du censeur et de trois au moins d'entre les juges désignés annuellement par elle. Les candidats étaient tenus de produire un certificat constatant qu'ils avaient fait deux années d'études de philosophie sous un maître de l'Université. Ce certificat devait être signé par le maître lui-même, par le principal du collège auquel il appartenait, et par le censeur de la Nation. Le candidat devait en outre acquitter, comme droit d'examen, une rétribution dont le chiffre était fixé par le procureur : 15 livres au

(1) Nous avons eu sous les yeux plusieurs éditions de ces statuts; nos citations sont empruntées à l'édition suivante : *Statuta honorandæ Nationis Gallicanæ recognita et reformata, senatus auctoritate confirmata die 9 augusti* 1662, *de novo edita*, etc. Parisiis, 1757, in-12.

(2) *Statuta*, etc., cap. v, p. 22.

minimum, 30 au maximum, pour les candidats nobles ou bénéficiers; 6 livres pour tous les autres, à moins que leur pauvreté ne fût notoire. En cas d'échec, le candidat évincé ne pouvait se présenter de nouveau qu'après un délai de trois mois. Les principaux et les régents des collèges de plein exercice avaient seuls droit à une part dans les revenus des messageries; les émérites, c'est-à-dire ceux qui comptaient quatorze ans de professorat, dont sept années sans interruption, jouissaient du même avantage, sous la condition qu'ils ne fussent pas titulaires d'une pension ou d'un bénéfice donnant un revenu de plus de deux mille livres.

Parmi ces nouveaux statuts de la Nation de France, il en est un qui offre pour nous un intérêt tout particulier, c'est celui par lequel tous les candidats à la maîtrise sont soumis à une taxe extraordinaire d'un écu s'ils sont roturiers, de deux écus s'ils sont nobles ou s'ils ont un bénéfice (1), cette taxe devant pourvoir aux frais de composition et d'impression de l'histoire de l'Université de Paris. Égasse Du Boulay, qui s'occupait dès lors de son grand ouvrage, avait eu le talent de faire insérer dans les statuts cette disposition assez étrange, sans laquelle toutefois nous ne posséderions peut-être pas le précieux monument qu'il a élevé à la gloire de l'école de Paris. Il avait obtenu que l'impôt serait levé pendant trois ans; le Parlement limita la perception à deux années; mais quand elle eut commencé à être exercée, elle continua, et dix ans après, en dépit de l'arrêt de la cour, elle durait encore. Elle ne cessa qu'à la fin de 1672, après avoir rapporté annuellement à Du Boulay sept à huit cents livres, mais non sans lui avoir attiré, ainsi que nous le verrons bientôt, le reproche d'avarice et de concussion.

A l'époque où nous sommes, nul encore ne songeait à se plaindre des exactions du futur historien de l'Université de Paris. Chacun admirait sa profonde érudition et se montrait reconnaissant des services qu'il avait rendus à la Faculté des arts dans la que-

---

(1) *Statuta*, etc., cap. v, p. 20 : « Ut autem habeat Natio unde historiæ Universitatis componendæ sumptibus sufficiat, quæstor hoc nomine a singulis artium candidatis tres libellas, a nobilibus et beneficiariis sex accipito, per biennium tantum. »

relle des procureurs contre les doyens. Il avait un frère, nommé Pierre, qui suivait comme lui la carrière de l'enseignement, et qui occupa les charges les plus importantes. Tous deux exerçaient sur leurs collègues une influence considérable, et à beaucoup d'égards légitime. Aussi personne ne fut-il surpris quand, au mois d'octobre 1661, Égasse Du Boulay, alors régent de rhétorique au collège de Navarre, se vit appelé aux fonctions rectorales. Le procureur de la Nation de France, Étienne Léger, qui enseignait alors la philosophie au même collège, ne peut contenir, en relatant cette élection, la joie qu'il en éprouve; il salue dans son collègue, élevé au premier poste académique, le plus savant et le plus zélé défenseur des privilèges, des traditions et de l'honneur de la compagnie (1).

Le nouveau recteur, à peine installé, eut à porter la parole devant le roi, dans une circonstance qui devait émouvoir son dévouement monarchique. Le jour de la Toussaint 1661, un fils était né à Louis XIV de son mariage avec Marie-Thérèse. A l'occasion de cet heureux événement, le recteur, accompagné des notables de l'Université, se rendit à Fontainebleau où le prince était né. Admis en présence du roi, Du Boulay prononça le discours suivant (2) :

« Sire, il ne restoit donc à Votre Majesté sacrée, pour achever le comble de ses souhaits et de notre bonheur, que la naissance d'un dauphin. Le ciel qui fit autrefois tant de miracles pour la vôtre, en marque la suitte par celle de notre jeune prince, et Dieu, en la main de qui sont les sceptres et les couronnes, nous fait connoître, par des marques si sensibles, qu'il exauce nos vœux, et continue de protéger la France. Quelle suitte, en effet, de prodiges et de merveilles! Votre naissance surprend l'espérance et l'attente de tout le monde. Votre plus tendre jeunesse, qui s'est vuë attaquée et combattuë par des armées étrangères et civiles, est enfin demeurée victorieuse. Vous avez donné la paix à toute l'Europe en la donnant à deux puissants peuples et belliqueux; vous faites une alliance qui doit être le ciment de sa durée; et

(1) *Arch. U.*, Reg. XXIX et XXX, fol. 17.
(2) *Arch. U.*, Reg. XXIX et XXX, fol. 17 v°.

Dieu, pour comble de bénédictions, vous donne un fils dès la première année de votre mariage et au jour où l'on croit pieusement que les saints sont plus attentifs à écouter nos prières, pour en faire l'inébranlable soutien de votre couronne et le gage assuré du repos de vos sujets. Que devons-nous donc attendre de ces traits adorables de la Providence divine, sinon que vous l'ayant donné à l'âge le plus florissant de la vie, vous aurez le temps de l'instruire et de le former vous-même en la connoissance et au maintien des affaires de votre État, pour en faire un jour un monarque parfait et accompli, le bouclier invincible de la foy, et la terreur des ennemis de cet empire et de la chrétienté? Permettez-nous aussi, Sire, d'espérer que Votre Majesté luy inspirera l'amour qu'elle a pour les gens de lettres, et particulièrement pour son Université de Paris; que vous lui apprendrez, par votre exemple, à la protéger et conserver ses anciens privilèges, et à faire cesser les injustes vexations qu'on luy pourra faire. Mais en attendant la maturité de son âge, qui ne tardera pas, nous vous supplions, Sire, avec toute la soumission que nous pouvons et que nous devons, de vouloir nous prendre en votre protection contre ceux qui nous persécutent, afin que, comme la voix du peuple, ou pour mieux dire, le Ciel même vous a imposé le nom sacré de Dieudonné, que l'Europe vous donne celui de Père de la paix, l'Université de Paris ait sujet de vous appeler le Père et le protecteur des lettres. » Le roi répondit : « Messieurs, je vous remercie. Assurez-vous de ma protection et faites fond sur mon amitié. »

Pour conserver cette « amitié » si précieuse que lui promettait Louis XIV, l'Université de Paris jugeait utile de prouver, mais surtout d'affirmer la filiation royale qui la faisait remonter jusqu'à Charlemagne. Quel roi de France pourrait refuser ses faveurs les plus éclatantes à une institution qui comptait huit cents ans d'existence et qui se glorifiait d'avoir pour fondateur un aussi grand prince que le roi des Francs? Ce fut ce motif, toujours présent à sa pensée, qui engagea Du Boulay, dès qu'il fut de retour de Fontainebleau, à rétablir la fête de la Saint-Charlemagne, fort négligée dans les écoles, même depuis le décret qui l'avait instituée en 1629. Par une délibération du 16 décembre 1661, la Faculté des arts rappela à tous les principaux des collèges leurs devoirs envers l'auguste patron de l'école de Paris, et elle leur enjoignit de célébrer annuellement sa fête le 28 janvier. Pour que nul ne pût à l'avenir prétexter cause d'ignorance, le recteur devait chaque année publier un mandement à l'occasion de cette solennité scolaire.

Les fonctions rectorales venaient d'être conservées aux mains de Du Boulay par une élection nouvelle, lorsque l'Université perdit son greffier, M⁰ Nicolas Quintaine (1). La mort lui avait enlevé tout récemment deux de ses maîtres les plus autorisés, Charles Cagnié, principal des grammairiens au collège de Navarre, et François Dumonstier (2), procureur fiscal de la compagnie, professeur d'éloquence latine au Collège de France. Tarin, l'ancien recteur, que Gui Patin appelle un des plus savants hommes qui fût au monde (3), Pierre Padet, si longtemps principal au collège d'Harcourt, touchaient au terme de leur carrière. Ainsi disparaissait d'année en année la génération modeste et laborieuse à laquelle était échue la mission d'organiser l'enseignement public sur les bases posées par l'édit de Henri IV. La perte la plus sensible fut celle de Quintaine, qui depuis quarante ans tenait la plume dans les assemblées de la Faculté des arts et en rédigeait les procès-verbaux avec un soin et une exactitude au-dessus de tout éloge. Ce n'était pas une affaire de médiocre importance que le remplacement de ce greffier consciencieux et habile. Le personnage qui paraissait le plus apte à recueillir sa succession était précisément celui que l'Université venait de se choisir pour chef, Égasse Du Boulay. Nul ne connaissait mieux que lui soit les affaires courantes de la compagnie, soit les précédents qui peuvent éclairer une délibération; nul ne réunissait dans un plus haut degré les qualités spéciales qui convenaient à la fonction de

---

(1) **Mort le 17 décembre 1661.** Il remplissait les fonctions de greffier depuis le 21 janvier 1622.
(2) *Arch. U.*, Reg. xxix et xxx, fol. 16 et 18.
(3) *Lettres*, t. III, p. 580.

greffier, et l'expérience administrative, l'autorité morale qu'elle réclamait également. Les procureurs n'hésitèrent pas; celui de France, qui portait le premier la parole dans les assemblées, et, après lui, ceux de Normandie, d'Allemagne et de Picardie, élurent à l'unanimité Du Boulay en remplacement de Quintaine. Les doyens, qui ne pouvaient prendre leur parti des quatre suffrages attribués aux procureurs, réclamèrent sans succès un ajournement. Du Boulay, en sa qualité de recteur, proclama lui-même sa propre élection; toutefois il ne prit possession de sa nouvelle charge que vers la fin du mois de mars 1662, lorsqu'il eut quitté les fonctions rectorales (1).

La situation des collèges était alors assez paisible et offre peu d'incidents mémorables. Le fait qui nous a paru le plus digne d'être noté, comme symptôme de l'état actuel des esprits, ce sont les poursuites dirigées alors contre certaines propositions de philosophie qui étaient sinon enseignées dans les écoles de Paris, du moins livrées à la discussion publique. Une thèse devait être soutenue le 27 août 1662 au collège de Presles-Beauvais, sous la présidence du régent de philosophie de ce collège, M° Barbay (2); elle renfermait les questions suivantes : « Qui démontrera que l'âme rationnelle ne tire pas son origine de la matière? Qui démontrera que l'âme rationnelle est immortelle? Certainement il est incertain que l'esprit de l'homme puisse acquérir par voie d'expérience une connaissance certaine de la nature. » Peu de jours après, une autre thèse fut dénoncée au recteur, M° Tavernier,

---

(1) *Arch. U.*, Reg. XXXI, fol. 2. Voy. nos Pièces justificatives, n° CXXV.

(2) Pierre Barbay a laissé des commentaires sur Aristote, qui, si l'on en juge par le nombre des éditions, ont joui d'une certaine vogue au dix-septième siècle; en voici les titres : *Commentarius in Aristotelis logicam*, editio 4ª, Parisiis, 1684, in-12, 1 vol.; *In Aristotelis physicam*, edit. 2ª, Parisiis, 1676, in-12, 2 vol; *In Aristotelis metaphysicam*, edit. 3ª, Parisiis, 1680, in-12; *In Aristotelis moralem*, edit. 3ª, Parisiis, 1680, in-12; *In universam Aristotelis philosophiam introductio*, edit. 6ª, Parisiis, 1700, in-12. Dans le commentaire sur la Logique, p. 34, nous relèverons la déclaration suivante, remarquable de la part d'un péripatéticien : « Nos quamquam « authores omnes dogmaticos veneremur, præsertimque Platonem, Aristotelem et « sanctum Thomam, in nullius tamen verba juramus; quippe amici omnes, magis « tamen amica veritas; philosophi siquidem est mentem ratione potius quam authori- « tate confirmare. »

dans laquelle le régent de philosophie du collège d'Harcourt, Louis Noël, attaquait la liberté d'indifférence. La Faculté des arts s'émut de ces hardiesses; elle y vit un péril pour l'orthodoxie, ou du moins pour la bonne renommée de son enseignement. Les deux régents suspects furent mandés devant elle et invités à rétracter et à corriger leurs thèses. Un mandement du recteur défendit de présenter à l'avenir comme problématique aucune proposition qui fût contraire en quelque point aux décisions de la sainte Église, revêtues de la sanction du roi très chrétien (1).

Mais déjà se préparait un orage plus sérieux à la Faculté de théologie, si souvent agitée en ce siècle. Cette fois ce n'étaient plus les questions subtiles de la grâce et de la liberté qui allaient échauffer les têtes et mettre aux prises les partis; c'était le vieux débat sur la hiérarchie ecclésiastique, sur la primauté du Saint-Siège, sur les attributions des conciles et les droits des souverains temporels. Mais derrière ce débat se cachait encore, comme un invisible et redoutable ennemi, le jansénisme.

Un bachelier en théologie, nommé Drouet de Villeneuve, avait fait imprimer une thèse qu'il se disposait à soutenir en Sorbonne, sous la présidence de M° Vincent de Meurs, du collège de Navarre. Dans cette thèse, après avoir assimilé les libertés de l'Église gallicane aux privilèges concédés par le pape à certaines églises, il enseignait que Jésus-Christ a donné à son vicaire un pouvoir suprême sur tous les fidèles, et que si les conciles généraux sont utiles, cependant ils ne sont pas absolument nécessaires pour extirper les hérésies et les schismes. La conséquence était manifeste : c'est que pour anathématiser le jansénisme une simple bulle avait suffi, contre l'opinion et l'espérance des partisans de l'évêque d'Ypres, qui rêvaient un appel au futur concile. Néanmoins, selon toute probabilité, les réclamations intéressées des jansénistes fussent restées sans écho, si la bonne harmonie avait régné entre la cour de France et le Saint-Siège. Combien de fois, depuis les dernières querelles religieuses, les opinions ultramontaines n'avaient-elles pas librement reparu en Sorbonne! En 1662,

---

(1) *Arch. U.*, Reg. xxxi, fol. 14.

M° Vincent, celui-là même qui devait présider la thèse de Drouet de Villeneuve, avait soutenu l'infaillibilité du pape dans une thèse précédée de cette dédicace pompeuse (1) : « *Beatissimo papæ Alexandro VII, immobili fidei fundamento, capiti sanctitatis et Ecclesiæ, episcopalis coronæ principi, vertici theologorum supremo, doctori omnium christianorum et patri, cœli judici nunquam fallenti, nunquam falso, cujus exemplo christiana pietas, arbitrio fides divina, liberalitate pauperum vita, precibus e cœlo pax evocata, zelo ad extrema mundi partes propagata religio nititur*, etc. » Mais le temps avait marché, et en 1663 les circonstances n'étaient plus les mêmes qu'en 1661. L'ambassadeur de France à Rome, le duc de Créqui, venait d'être insulté par la garde corse et par la populace romaine. Louis XIV exigeait une réparation éclatante; et, pour vaincre l'hésitation de la cour pontificale, il menaçait d'envoyer une armée en Italie. La Sorbonne ressentit le contre-coup de ces démêlés politiques. La thèse de Drouet, qui aurait passé inaperçue quelques années plus tôt, fut dénoncée comme attentatoire à la dignité du roi et du royaume, aux libertés de l'Église gallicane, à l'autorité des conciles généraux. Le Parlement ordonna qu'elle fût supprimée, et fit défense à tous les bacheliers, licenciés et docteurs, et en général à toutes personnes d'avancer et de soutenir aucune proposition qui fût contraire, directement ou indirectement, aux vieilles maximes du clergé de France. Il fut en outre décidé que lecture serait donnée de la sentence de la cour dans une assemblée générale de la Faculté de théologie, en présence de deux conseillers; que cette sentence serait transcrite sur les registres de la Faculté; qu'elle serait signifiée également aux autres compagnies de l'Université de Paris et à toutes les universités du ressort (2). La Faculté des arts se soumit avec empressement; cet arrêt sévère ne répondait-il pas aux opinions hautement avouées de la plupart des membres (3)? Mais la Faculté de théologie se montra plus récalcitrante.

---

(1) *Arch. U.*, Reg. XXXI, fol. 20 v°.
(2) Arrêt du 22 janvier 1663. Voy. d'Argentré, *De nov. error.*, t. III a, p. 89.
(3) *Arch. U.*, Reg. XXXI, fol. 27 et 28.

Si elle repoussait cette proposition avancée par Drouet, que pour extirper une hérésie l'autorité du pape suffit, elle craignait avec raison de paraître autoriser la proposition contraire, et de fournir ainsi aux jansénistes une occasion de triomphe. Plusieurs fois le syndic, M° Grandin, fut sommé d'obéir aux ordres du Parlement, et toujours il en éluda l'exécution. La Faculté ne consentit à transcrire l'arrêt sur ses registres qu'après avoir entendu les commissaires de la cour et le premier président, M. de Lamoignon, déclarer que cet arrêt, dans l'intention de ses auteurs, n'infirmait en rien l'autorité de la bulle qui avait condamné Jansénius.

Mais le débat, à peine terminé, se ranima à l'occasion d'une autre thèse qui affirmait, non moins directement que celle de Drouet, la suprématie du Saint-Siège. L'auteur était un bachelier du collège des Bernardins, qui se nommait Laurent Desplantes. Il avait glissé dans sa thèse pour la licence la proposition suivante : « Le Souverain-Pontife a la plénitude de juridiction dans toute l'Église, tant dans le for intérieur que dans le for extérieur : *Summus Pontifex in tota Ecclesia, et in foro tam interiori quam externo, plenitudinem juridictionis habet.* » Donc, objecta aussitôt le parti adverse, le souverain pontife peut déposer les évêques; il peut délier les sujets du serment de fidélité; au temporel comme au spirituel, son pouvoir est au-dessus de tous les pouvoirs de la terre : conséquence odieuse, réprouvée en toute occasion par l'Église gallicane. La conséquence n'avait pas été remarquée du syndic de la Faculté, M° Grandin, et il avait permis que la thèse fût soutenue en public le 4 avril 1663. Le Parlement se montra moins rassuré et moins indulgent. Il manda devant lui, pour justifier leur conduite équivoque, et le syndic et l'auteur malencontreux de la thèse, et le docteur qui l'avait présidée, M° de la Morlière, et le principal du collège des Bernardins, et même les deux lecteurs qui enseignaient la théologie dans ce collège. Le syndic avoua son tort; il avait eu à examiner, dit-il, un si grand nombre de thèses que le loisir lui avait manqué pour lire attentivement celle de Laurent Desplantes. Comme il se plaignait que les temps fussent devenus mauvais, que la liberté de discussion eût été ravie à la Faculté de théologie, le président Lamoignon, l'interrompant avec vivacité, s'écria « qu'un pareil langage ne pouvoit pas être souffert; que les tems étoient bons pour soutenir la véritable doctrine, et que la liberté restoit toujours entière pour cet effet; que les tems n'étoient fâcheux que pour ceux qui vouloient avancer des doctrines mauvaises ou en altérer de véritables; que la justice ne pouvoit pas leur laisser, et qu'elle ne leur laisseroit pas la liberté de faire un si grand mal (1). » Après cette véhémente sortie de M. de Lamoignon, les prévenus essayèrent humblement de se disculper; mais leurs explications et leurs désaveux ne touchèrent pas leurs juges. Le Parlement usa d'une rigueur inaccoutumée. Séance tenante, il suspendit pour six mois Mᵉ Grandin des fonctions de syndic, et fit défense à Mᵉ de la Morlière de présider pendant une année aucun acte public; à Laurent Desplantes, de se présenter pour prendre ses degrés avant la prochaine licence, c'est-à-dire avant deux ans. Au bout de quelques jours, Grandin demanda sa grâce et l'obtint, en protestant qu'il n'avait pas cessé d'être dans de bons sentiments par rapport à la religion et aux droits de Sa Majesté. Mᵉ de la Morlière et Desplantes signèrent une déclaration semblable, et virent lever également les suspensions prononcées contre eux. Mais ce qui contribua surtout à ramener le Parlement, c'est l'attitude inespérée qui fut prise par la Faculté de théologie.

Effrayée du scandale que causait la thèse de Desplantes, la Faculté s'était réunie, et, sur la requête du syndic, elle avait chargé douze commissaires (M. Gérin dit six) de résumer en quelques articles ses véritables sentiments sur la hiérarchie de l'Église et sur la souveraineté des princes. M. de Péréfixe, récemment nommé à l'archevêché de Paris, devait se joindre à la commission et servir d'intermédiaire pour regagner les bonnes grâces du roi. Six articles furent dressés, sous l'inspiration de M. de Péréfixe. Ils sont l'antécédent historique de la célèbre déclaration du clergé de France, et à ce titre seul ils méritent d'être cités textuellement :

(1) Nous empruntons ces détails aux Registres du Parlement, *Arch. nat.*, X 8382, fol. 322.

« 1° Que ce n'est point la doctrine de la Faculté de théologie de Paris, que le pape ait aucune autorité sur le temporel du roy; qu'au contraire, elle a toujours résisté même à ceux qui n'ont voulu lui attribuer qu'une puissance indirecte; 2° que c'est la doctrine de la Faculté, que le roy ne reconnoît et n'a d'autre supérieur au temporel que Dieu seul; que c'est son ancienne doctrine, de laquelle elle ne se départira jamais; 3° que c'est la doctrine de la même Faculté, que les sujets du roy luy doivent tellement la fidélité et l'obéissance qu'ils n'en peuvent être dispensez sous quelque prétexte que ce soit; 4° que la même Faculté n'approuve point et qu'elle n'a jamais approuvé aucunes propositions contraires à l'autorité du roy, aux véritables libertez de l'Église gallicane et aux canons reçus dans le royaume, par exemple que le pape puisse déposer les évêques contre la disposition des mêmes canons; 5° que ce n'est pas la doctrine de la Faculté, que le pape soit au-dessus du concile général; 6° que ce n'est pas la doctrine ou un dogme de la Faculté, que le pape soit infaillible lorsqu'il n'intervient aucun consentement de l'Église (1). »

Ces articles furent présentés au roi, le 8 mai, par une députation de la Faculté de théologie. Le roi répondit « qu'il étoit persuadé que la Faculté ne lui étoit pas opposée et qu'elle n'enseigneroit pas une doctrine contraire aux droits du royaume; qu'en conséquence, il avoit résolu de lui donner, quand l'occasion se présenteroit, des témoignages publics de son estime. » Les six articles furent ensuite portés au Parlement. Après que le doyen en eut donné lecture, l'avocat général, Denis Talon, prit la parole. Son langage ne fut pas exempt d'une certaine aigreur : « La vérité des anciennes maximes, dit-il (2), se soutient assez par son propre poids, et n'a pas besoin de mendier des suffrages ni des approbateurs; cependant c'est un grand avantage lorsque tout le monde concourt dans un même sentiment et qu'il ne paroît point de

---

(1) *Censures et conclusions de la Faculté de théologie de Paris touchant la souveraineté des rois*, p. 347 et suiv.; d'Argentré, *De nov. error.*, t. III II, p. 89 et suiv.

(2) *Censures et conclusions*, etc., p. 353.

division dans les esprits... La Faculté de théologie, continua-t-il, occupée par une cabale puissante de moines et de quelques séculiers liés avec eux par intérêt ou par faction, a eu de la peine à se démêler de ces liens injustes, et à suivre la trace des Gerson et des autres personnages illustres, qui ont été dans tous les siècles les principaux défenseurs de la vérité. Mais, par un généreux effort, ayant fait réflexion sur ce qu'elle doit au roy, au public, à sa propre réputation, elle a expliqué ses sentiments et condamné toutes ces nouveautés comme des erreurs qui ne peuvent éviter la censure... » Sur le réquisitoire de Talon, la cour ordonna que des copies des six articles délibérés par la Faculté seraient envoyées dans tous les bailliages et universités du ressort, pour y être lus, publiés et enregistrés. Elle renouvela en même temps la défense de « soutenir et disputer, lire et enseigner, directement ni indirectement, ès écoles publiques ni ailleurs, aucunes propositions contraires à l'ancienne doctrine de l'Église, aux canons des conciles généraux, aux libertés de l'Église gallicane et aux anciens décrets de la Faculté de théologie, à peine de punition exemplaire (1). » Une déclaration du roi, du 4 août 1663, étendit à toutes les universités du royaume les dispositions qui précèdent.

L'éclatante démonstration que la thèse de Laurent Desplantes avait occasionnée ne pouvait manquer d'avoir des suites. Deux censures nouvelles furent lancées par la Faculté de théologie, l'une en 1664, l'autre au commencement de 1665, contre les doctrines qui tendaient à favoriser trop exclusivement la suprématie pontificale. La première s'appliquait à un ouvrage publié en 1658 sous le voile du pseudonyme : *la Défense de l'autorité de N. S. P. le Pape, de Nosseigneurs les cardinaux, les archevêques et évêques, et de l'emploi des religieux mendiants, contre les erreurs de ce temps par Jacques de Vernant* (2). *A Metz*, 1658. Le second ouvrage censuré par la Faculté de théologie était également une produc-

---

(1) Arrêt du 30 mai 1663.
(2) Ce prétendu Jacques de Vernant était un carme, le P. Bonaventure de Sainte-Anne. Il mourut à Nantes, dans un couvent de son ordre, le 2 avril 1667. Voy. *Procès-verbaux des assemblées du clergé*, t. IV, Pièces justificatives, p. 194.

tion pseudonyme; il portait pour titre : *Amadæi Guimenii Lomarensis* (1), *olim primariæ sacræ theologiæ professoris, opusculum, singularia universæ fere theologiæ moralis complectens; adversus quorumdam exspostulationes contra nonnullas Jesuitarum opiniones morales ad tractatus de peccatis, de opinione probabili,* etc. *Editio novissima,* etc. *Lugduni, sumptibus Ph. Borde, Laurentii Arnaud, Petri Borde et Guillelmi Barbier,* 1664. *Cum approbatione et superiorum permissu.* Dans cette apologie de la compagnie de Jésus, les censeurs relevèrent quelques propositions qui exaltaient l'autorité pontificale; d'autres furent signalées qui pouvaient effrayer des oreilles chastes : ce qui conduisit la Faculté à déclarer « qu'elle avoit été confondue des ordures dont ce livre étoit rempli (2). »

Le souverain pontife s'alarma des coups réitérés que la magistrature portait aux prérogatives du vicaire de Jésus-Christ, sous prétexte de garantir les droits de la couronne de France, qui ne couraient aucun péril. Il en écrivit au roi, et lui demanda que les censures portées par la Faculté de théologie fussent révoquées. « Votre piété singulière, disait-il, pourra-t-elle souffrir dans son royaume et dans son Université des propositions si contraires et si injurieuses au Saint-Siège apostolique? S'étant si fort signalée à réprimer l'hérésie des jansénistes, voudra-t-elle que toute cette gloire et toutes les peines qu'elle a prises pour ce sujet demeurent inutiles, et qu'au même temps où les erreurs contagieuses reçoivent le coup de la mort, on émousse si mal à propos la pointe du glaive qui les a frappées (3)? » Comme ces remontrances étaient restées sans effet, Alexandre VII lança une bulle (4) qui condamnait, comme téméraires et scandaleuses, les sentences

---

(1) Ce pseudonyme cachait un écrivain de la compagnie de Jésus, le P. Moya. Voy. *Procès-verbaux,* etc., t. IV, p. 194.

(2) *Censures et conclusions,* etc., p. 356 et suiv.; d'Argentré, t. III, p. 101 et suiv. L'ouvrage sous le nom d'Amédée Guimenius fut condamné à plusieurs reprises par le Saint-Siège. Voyez en particulier, dans d'Argentré, t. III b, p. 353, le bref d'Innocent XI, du 16 septembre 1680.

(3) Lettre du 6 avril 1665. *Censures et conclusions,* etc., p. 368; d'Argentré, *ibid.,* p. 115; *Procès-verbaux des assemblées du clergé,* t. IV, p. 194.

(4) Bulle du 26 mai 1665. Voy. *Procès-verbaux,* t. IV, p. 195.

portées contre Jacques de Vernant et Amédée Guiménius. Mais l'orgueil de Louis XIV ne savait pas alors fléchir, même devant la majesté du Saint-Siège. La France venait d'arracher à la cour de Rome d'humiliantes réparations pour l'insulte faite au duc de Créqui. Fier de son succès, le roi déféra la bulle du pape au Parlement. Denis Talon, qui cette fois encore portait la parole comme avocat général, y releva plus de vingt abus. Le Parlement, fait remarquable ! se montrait fort divisé : quatorze voix seulement, contre onze, furent d'avis de recevoir l'appel et de maintenir les censures prononcées par la Sorbonne (1). L'arrêt fit défense de publier le bref pontifical et même d'en conserver des copies. Les supérieurs des collèges tenus par des communautés religieuses, Jésuites, Bernardins et religieux mendiants, reçurent l'ordre de comparaître; la cour leur enjoignit d'interdire à tous ceux qui régenteraient dans leurs monastères ou maisons d'enseigner les propositions censurées. Signification solennelle de la sentence fut faite à la Faculté de théologie par deux conseillers, M. de Brillac et M. de Sainctot, assistés d'un substitut, M. de Harlay, fils du procureur général. M. de Brillac exhorta la Faculté « à continuer toujours avec la même vigueur, et à donner le premier mouvement par ses censures pour conserver les anciens droits qui ont maintenu l'Église en sa splendeur, et le Saint-Siège en ses véritables prérogatives. » Après lui, M. de Harlay parla dans le même sens, avec non moins de fermeté. Rarement on avait vu dans les États du roi très chrétien le gouvernement et la magistrature accueillir avec plus de hauteur et de mépris les jugements et les vœux exprimés par le père commun des fidèles.

La Faculté de théologie fut la seule qui prit part à ces controverses; les autres compagnies de l'Université furent laissées en dehors. Le recteur, M° Louis Rouillard, en exprima son étonnement et ses plaintes; il dit que des affaires aussi graves ne devaient pas être décidées par les théologiens seuls; qu'elles intéressaient l'Université tout entière; que celle-ci aurait dû en être saisie et en

---

(1) Arrêt du 29 juillet 1665. *Censures et conclusions,* etc., p. 382 et suiv. ; d'Argentré, *ibid.,* p. 128 et suiv. ; Olivier d'Ormesson, *Journal,* t. II, p. 381.

donner son avis (1). Mais ces doléances, quoique fondées, restèrent infructueuses. Que servait-il d'en appeler aux anciens statuts et aux coutumes d'autrefois? La constitution politique de la France avait subi des modifications profondes, et ni le gouvernement ni le clergé ne se souciaient de conserver à l'école de Paris la prépondérance qu'elle avait si longtemps exercée.

Écarté de toutes les grandes affaires, de celles du moins qui avaient le privilège d'occuper les esprits, le corps de l'Université ne paraissait que dans les cérémonies publiques, et là il retrouvait comme une image effacée de sa splendeur évanouie. Il assista successivement, pendant les années que nous parcourons, aux obsèques de la duchesse de Savoie, tante du roi; à l'entrée du cardinal Chigi, légat d'Alexandre VII; au service funèbre pour le roi d'Espagne, Philippe IV (2). Les assemblées plus ou moins fréquentes qui se tenaient sous la présidence du recteur étaient sans éclat et n'avaient aucun retentissement au dehors; leur principale occupation était de juger les différends qui s'élevaient dans les compagnies, un jour dans la Nation de France pour le choix d'un questeur, un autre jour dans la Nation de Picardie au sujet des droits de suffrage et d'éligibilité que revendiquaient les simples bacheliers non encore régents.

Malgré le surcroît de travail que ces disputes mesquines imposaient au greffier de l'Université, souvent obligé de transcrire de prolixes requêtes, le laborieux titulaire de cette charge, Égasse Du Boulay, n'en poursuivait pas moins, avec une infatigable patience, le monument qu'il se proposait d'élever en l'honneur de la Faculté des arts. Dès l'année 1665, parurent les deux premiers volumes de l'*Histoire de l'Université de Paris*. Ils contenaient le tableau de sa fondation prétendue sous Charlemagne et de ses vicissitudes jusqu'à la fin du douzième siècle. L'ouvrage, entrepris sous les auspices de la Nation de France, payé, il faut le dire, par ses étudiants, fut accueilli dans son sein comme une œuvre en quelque sorte patriotique. Elle en acquit cinquante exemplaires, qui furent

---

(1) *Arch. U.*, Reg. XXXI, fol. 64; *Reg. de la Faculté de médecine*, t. XV, p. 176.
(2) *Arch. U.*, Reg. XXXI, fol. 39, fol. 43 et fol. 69 v°.

distribués en son nom. Le *Livre des Censeurs* nous a conservé la liste authentique des personnes auxquelles l'ouvrage fut offert (1); peut-être quelques-uns de nos lecteurs ne nous sauront-ils pas mauvais gré de placer ce document sous leurs yeux. Nous y voyons figurer le roi; le chancelier; MM. Colbert, de Lyonne et le Tellier; le premier président du Parlement; MM. de Maisons, de Novion, de Mesme, Le Bailleul et Amelot; le premier président de la cour des aides; le procureur général près le Parlement; MM. Talon et Bignon; le lieutenant civil; le procureur général près la cour des aides; l'avocat général près la même cour; l'avocat général au Châtelet; M. Joly, substitut du procureur général au Parlement; le chancelier de Sainte-Geneviève; la bibliothèque de Saint-Victor; M. Lotin de Charny; M. Courtin, maître des requêtes; MM. Daligre, de Sève, Boucherat, de Morangis, Destempe, Marin et le Nain; le prévôt des marchands; M. de la Reynie; l'abbé le Tellier; MM. d'Herouval et Patin; le curé de Saint-Eustache; le procureur, le censeur et le questeur de la Nation de France; les doyens des Facultés de théologie, de droit et de médecine; MM. Duval, de Verteuil, Souchet, Sainte-Beuve, Fortin, Faure et Vaillant. Plusieurs de ces noms nous représentent les amis, les patrons de l'Université de Paris au milieu du dix-septième siècle, ceux qu'elle tâchait d'intéresser à sa prospérité, qui l'aidaient quelquefois de leur crédit, qui souvent aussi se tournaient contre elle; car l'Université, cliente un peu dédaignée de ses protecteurs, n'était pas à l'abri de leurs défections. Malgré le succès de l'ouvrage de Du Boulay, il ne faudrait pas croire que l'auteur eût emporté tous les suffrages. Comme il s'attachait à mettre en lumière l'ancienneté et les prérogatives de la Faculté des arts, si vivement contestées à cette même époque par les autres compagnies, celles-ci en éprouvèrent un vif dépit, qui se manifesta dans la Faculté de théologie par une censure en forme. Le 23 août 1667,

---

(1) Bibliothèque Mazarine, mss. 1985, fol. 43 v°. Voy. aussi le *Recueil de plusieurs conclusions et autres actes concernans la Nation de France fondée en l'Université de Paris depuis la réformation de ses nouveaux statuts l'an 1661 jusques à présent, fait par M. Remy Duret, prestre*, etc., in-4°, p. 13. Remy Duret fut, comme on le verra par la suite, l'adversaire passionné de Du Boulay.

l'*Histoire de l'Université*, alors parvenue à son quatrième volume, fut condamnée comme renfermant des propositions contraires au texte de l'Écriture, à la vraie doctrine de l'Église, à sa discipline et à ses canons, aux droits du royaume et du roi. A cette censure Du Boulay opposa une courte réponse qui fut suffisante pour mettre fin à cette petite persécution (1).

Le cours des événements nous ramène à parler des collèges, ces foyers de l'instruction qui s'adresse à la classe moyenne. En 1665, la Faculté des arts jugea opportun, dans l'intérêt des études et de la discipline, de renouveler la grande inspection qui avait eu lieu en 1642. Du 18 août au 5 septembre, trente-six collèges furent visités par le recteur, les procureurs des Nations et les censeurs, avec une pompe inusitée (2). Les résultats de cette enquête furent, en général, satisfaisants. Nulle part, malgré les mauvais bruits qui couraient dans le public, on ne découvrit aucun de ces désordres qui, en d'autres temps, avaient fait gémir les amis des bonnes études. Quelques dispositions réglementaires furent publiées pour la répression des abus les plus fréquents, entre autres, le séjour des femmes dans les collèges. Une préoccupation qui se fait jour dans ce règlement, c'est la crainte que les principaux ne donnent accès chez eux aux exercices mondains qui contribuaient à la fortune des maisons tenues par les Jésuites, la danse, les jeux scéniques, surtout l'escrime. Les anciens de la Faculté des arts condamnaient ces nouveautés comme une décadence; et, contre le vœu des familles, contre les tendances plus douces de la société, ils s'efforçaient de maintenir le régime austère des vieux temps.

Ce n'est pas que tous les collèges fussent également bien tenus. Celui de Narbonne se faisait remarquer entre les autres par la mauvaise disposition des bâtiments, favorable au désordre, et par le relâchement de la discipline. Le Parlement en reçut des plain-

---

(1) D'Argentré, *De nov. error.*, t. III a, p. 136 et suiv.; *Notæ ad censuram editam nomine Facultatis Parisiensis theologiæ in opus quod inscribitur :* Historia Universitatis Parisiensis, 1667, in-4°.

(2) *Arch. U.*, Reg. xxxi, fol. 56 v°.

tes, et quoique une année à peine se fût écoulée depuis la dernière inspection, il crut devoir, au mois de septembre 1666, en ordonner une nouvelle dans toutes les écoles (1). Cette seconde enquête fut aussi étendue, aussi approfondie que la précédente, et elle en confirma toutes les données. Un incident assez curieux s'y produisit. Encouragé par les termes absolus de l'arrêt du Parlement, le recteur, Nicolas d'Ennuvair, régent de philosophie au collège de Lisieux, annonça l'intention d'inspecter la Sorbonne comme les autres collèges. Les Sorbonistes protestèrent; ils alléguaient que, confiés de tout temps à la garde de leur proviseur, qui était alors l'archevêque de Paris, M. de Péréfixe, ils n'avaient pas de compte à rendre au recteur, et que jamais ils ne lui en avaient rendu. M° d'Ennuvair fut contraint de céder; mais, pareil au Parthe qui combat en fuyant, il lança à quelques jours de là un court mémoire rempli de piquantes révélations contre Messieurs de Sorbonne : « que si Messieurs de Sorbonne, y disait-il (2), sont curieux de sçavoir ce que Monsieur le recteur avoit envie de faire, en cas qu'il eust été reçeu, on leur avouera franchement que l'Université estoit dans le dessein de faire plustôt une visite d'honneur et de civilité que de réforme. S'ils s'estiment néantmoins si fort impeccables que la pensée même d'une visite leur paroisse criminelle, on auroit pu leur représenter ce à quoy peut-estre ils ne pensent pas : s'ils ont chez eux plusieurs curez et bénéficiers, qui sont obligez d'estre à la déserte de leurs cures et bénéfices; mais, singulièrement, qu'ils souffrent quelques principaux des petits collèges, qui se contentent d'en prendre les revenus sans y résider, et les laissent dans la dernière désolation; que quoyqu'ils ayent une chaire fondée pour les controverses, aucun de leurs professeurs ne se met en devoir de les enseigner, et que ces mesmes professeurs, soit par mespris ou autrement, font depuis quelque tems gloire de faire leçon les jours de procession du recteur : ce qui fait un scandale dans l'Univer-

---

(1) Arrêt du 4 septembre 1666. Voy. Félibien, *Hist. de Paris*, t. IV, p. 209 et suiv.
(2) *Instruction sur la visite des collèges faite par M. le recteur de l'Université en exécution de l'arrest de la Cour du 4 septembre 1666*, p. 11.

sité, qui n'est pas supportable; et qu'enfin beaucoup de leurs bacheliers, s'oubliant de leurs devoirs, manquent souvent à porter leurs thèzes audit sieur recteur, qui est obligé d'en rendre compte au roy et au public, comme de tout ce qui se passe en l'Université. Au moyen de quoy, et de plusieurs autres choses qui peuvent estre remarquées, et qui tendent à un mespris ou à un schisme dans ladite Université, Messieurs de Sorbonne doivent estre persuadez que quand un recteur voudra s'acquitter fidellement de sa charge, il trouvera matière de visite chez eux, aussi bien qu'autre part. » Ainsi l'esprit de contention suscitait sans cesse de nouveaux débats, et dans le feu de la lutte les partis ne s'épargnaient pas de dures vérités.

L'année 1666, mémorable par la visite des collèges, vit paraître deux règlements d'inégale importance. Le premier concernait le collège de Beauvais; il se compose de dix-sept articles qui furent soumis à l'approbation du premier président, M. de Lamoignon, et de deux conseillers au Parlement, MM. Menardeau et Refuge, tous trois directeurs et réformateurs du collège. Nous nous contenterons d'extraire les dispositions concernant les examens que les boursiers avaient à subir; elles prouvent combien l'utilité de ce genre d'exercice était alors appréciée au collège de Beauvais : « Sera fait chacune année trois examens de la capacité des boursiers, tant philosophes que grammairiens, par les principal, sous-maître et procureur, dans la salle des boursiers, sçavoir : le premier examen, la deuxième et troisième fête de Noël; le second, la deuxième et troisième fête de Pasques; et le troisième, les premiers samedy et dimanche du mois d'aoust, depuis trois heures après midy jusques à six. Et sera dressé et signé un cahier double par lesdits principal, sous-maître et procureur, contenant les noms desdits boursiers, avec déclaration de leur capacité et de leur conduite, qui sera porté ausdits seigneurs directeurs ou à l'un d'eux, pour prendre leur ordre de faire pourvoir des enfans capables, diligens et de bonnes mœurs, en la place de ceux qui n'auront profité de leurs bourses, ou qui auront été reconnus discoles et de mauvaises mœurs. »

Le second règlement qui parut en 1666 offre un grand intérêt; il concerne la Faculté de droit, la tenue de ses assemblées, l'élection des officiers de la compagnie, les droits du sénieur ou doyen d'âge, ceux des régents et des docteurs honoraires, les conditions de scolarité, la forme des registres destinés aux inscriptions des étudiants. C'est, au sens propre du mot, un règlement organique, élaboré en parlement, et surtout destiné à mettre un terme aux contestations qui troublaient la bonne harmonie de la Faculté. La lutte que nous avons vue s'élever dès l'origine entre les régents et les docteurs honoraires, tout récemment agrégés à la compagnie, ne s'était pas calmée; loin de là, de nouveaux incidents, de nouvelles prétentions avaient suscité d'année en année des procès nouveaux. Le règlement de 1666 apaisa provisoirement cette agitation. Il accorda aux docteurs honoraires voix délibérative dans toutes les assemblées; il leur permit d'assister et d'interroger aux examens, en nombre égal à celui des régents; de donner des leçons publiques, de prononcer l'une des trois harangues qui se faisaient dans l'école aux fêtes solennelles, de présider aux actes une fois le mois, d'être présents aux épreuves des aspirants aux chaires vacantes, d'avoir voix délibérative dans leur élection. Mais après avoir fait si largement la part aux docteurs honoraires, le Parlement ne se montra pas moins équitable envers les docteurs régents qui composaient anciennement le collège sexviral; il leur réserva exclusivement tous les droits utiles de la Faculté : rentes, fermages, rétributions scolaires, émoluments de toute espèce. Sur les vingt-quatre titres d'honoraires, la moitié seulement fut attribuée à des candidats en quelque sorte officiels, à des personnes, disait l'arrêt, « constituées en dignité ecclésiastique et séculière; » l'autre moitié fut destinée aux simples docteurs, comme une récompense qui devait les engager à se montrer assidus aux actes publics de l'école. Ces dispositions conciliantes, ayant pour objet de rétablir la paix parmi les maîtres, furent accompagnées de quelques articles qui regardaient plus spécialement les étudiants. Le Parlement ordonna que nul ne serait admis désormais aux épreuves de la licence qu'après une année d'études dans la Faculté. Tous les trois mois, les étudiants devaient inscrire, de leur main, sur le registre des docteurs régents et sur une feuille séparée, leurs nom et prénoms, leur diocèse, le nom des professeurs sous lesquels ils avaient commencé et continuaient leurs études; le registre et la feuille d'inscription étaient paraphés chaque année, à la fin de novembre, de juin et de mai, par le substitut du procureur général au Châtelet. Les moyens de constater l'assiduité des étudiants en droit ont peu varié depuis deux cents ans. Nous voyons pratiquer aujourd'hui dans nos écoles ces mêmes usages que l'autorité du Parlement recommandait ou plutôt imposait, il y a deux siècles; nos étudiants prennent, moyennant redevance, comme leurs prédécesseurs, des inscriptions trimestrielles qui leur ouvrent l'accès des examens. Une seule formalité a disparu; ces registres avec leurs énonciations purement scolaires n'ont pas semblé assez importants pour exiger qu'un magistrat fût appelé à les parapher, comme faisait autrefois le substitut au Châtelet.

Ce fut cette même année 1666 que la Faculté de médecine prit une délibération bien différente de cet arrêt de règlement; nous voulons parler du décret célèbre qui reconnut les vertus de l'antimoine et autorisa l'usage de la composition antimoniacale qu'on appelle l'émétique. Quelles disputes passionnées cette substance n'avait-elle pas excitées! Deux fois la Faculté et le Parlement l'avaient condamnée comme un poison; mais ses défenseurs ne s'étaient pas tenus pour battus. Entre leurs mains, elle opérait des cures merveilleuses; Renaudot prétendit dans sa *Gazette* que, sagement administrée par Guénaud, médecin du roi, elle avait sauvé ce prince pendant sa maladie à Calais en 1658 (1). Après de nombreux factums échangés de part et d'autre, le Parlement ordonna une nouvelle enquête, qui se termina au mois de mars 1666. La Faculté de médecine s'étant réunie sous la présidence de M° Le Vignon, son doyen, quatre-vingt-douze médecins sur cent un furent d'avis de mettre le vin émétique au nombre

---

(1) Gui Patin, *Lettres*, t. III, p. 86 et suiv.

des purgatifs; les opposants persistèrent à soutenir « que c'estoit un venin. » Sur l'avis de la majorité, le Parlement rendit un arrêt qui permettait « à tous médecins de se servir dudit vin pour les cures des maladies, d'en escrire et d'en disputer (1). » C'est depuis lors que l'antimoine a figuré parmi les préparations pharmaceutiques les plus répandues. Gui Patin, le plus fougueux adversaire du médicament victorieux, peut à peine contenir la douleur, ou plutôt l'indignation que lui fait éprouver le décret de la Faculté. « La cabale de cette dernière assemblée, écrit-il à Falconet (2), fait tort à sa réputation. Ces messieurs disent qu'un poison n'est point poison dans la main du bon médecin. Ils parlent contre leur propre expérience, car la plupart d'entre eux ont tué leur femme, leurs enfants et leurs amis. Quoi qu'il en soit, pour favoriser les apothicaires, ils disent du bien de cette drogue dont eux-mêmes n'oseroient goûter. Je me console, parce qu'il faut qu'il y ait des hérésies, afin que les bons soient éprouvés; mais je n'ai jamais été d'humeur à adorer le veau d'or, ni à considérer la fortune comme une déesse. »

Tandis que l'émétique, en dépit des colères de Gui Patin, gagnait sa cause devant la Faculté de médecine et devant la magistrature, un autre procès, qui ne touchait pas à l'art de guérir, mais qui intéressait vivement l'Université, allait se débattre au Parlement. Il s'agissait de la cure de Saint-Côme et de Saint-Damien, l'un des plus anciens bénéfices qui fussent à la nomination des autorités scolaires. Le dernier titulaire, M° Noël de Brix, l'avait résignée en cour de Rome, peu de mois avant de mourir, en faveur de son vicaire, M° Jean Lizot. Celui-ci eut un compétiteur en la personne de M° Denis Deffita, docteur en théologie de la maison de Sorbonne, qui fut présenté par la Nation d'Allemagne. Sous ce mince débat entre des intérêts privés, se cachait une question capitale : l'Université est-elle un corps laïque ou ecclé-

(1) *Reg. de la Faculté de médecine*, t. XV, p. 153 et suiv.
(2) Lettre du 30 juillet 1666, t. III, p. 608 et suiv. Dans son intéressant ouvrage, *les Médecins au temps de Molière*, Paris, 1862, in-8°, p. 174 et s., M. Raymond a consacré plusieurs pages excellentes au tableau des luttes intestines que l'antimoine excita dans la Faculté de médecine de Paris.

siastique? Si elle était un corps ecclésiastique, son droit de patronage sur la cure de Saint-Côme ne pouvait prévaloir contre les prérogatives du Saint-Siège; la résignation faite en cour de Rome, en faveur de Lizot, était valable; Lizot était le légitime possesseur du bénéfice contesté. Si l'Université, au contraire, était un corps laïque, son privilège demeurait entier; le pape lui-même n'avait pu y porter atteinte, car les patrons laïques avaient les mêmes droits que le roi, ou plutôt ils étaient censés représenter le roi, qui, dans l'exercice de sa souveraineté, ne pouvait être lié par aucun acte de la cour de Rome. La question s'était déjà présentée à la fin du seizième siècle; elle avait donné lieu à une joute mémorable entre deux avocats célèbres : Servin, qui plaidait pour l'Université, et Antoine Loysel pour la partie adverse. Le nouveau procès qui s'éleva en 1666 causa dans les esprits une agitation dont il nous est difficile de nous faire une idée. Les marguilliers de Saint-Côme intervinrent en faveur de leur vicaire; l'Université tout entière prit parti pour Deffita. Un troisième contendant s'était présenté, Molony, de la Nation d'Allemagne; il eut la sagesse de se retirer avant les débats. Après plusieurs jours d'attente, l'affaire fut appelée à l'audience de la grand'chambre le 21 mars 1667. M⁰ Langlois, l'avocat de Lizot, soutint que, dès sa fondation, l'Université avait été composée par Charlemagne d'ecclésiastiques; que, dans les conjonctures où elle avait signalé son zèle, sa doctrine et sa vertu, on l'avait vue figurer en qualité de corps ecclésiastique; que la majorité de ses membres étaient engagés dans le sacerdoce; qu'ainsi son patronage était ecclésiastique, et non laïque. M⁰ Mareschaux et M⁰ Fourcroy, qui plaidaient pour l'Université et pour Deffita, développèrent la thèse contraire. L'Université, disaient-ils, est de fondation royale; elle ne reconnaît d'autre chef, d'autre supérieur et d'autre père que le roi A quelle époque les papes se sont-ils mêlés de sa conduite? Quand le pouvoir royal était affaibli; mais aussitôt qu'il s'est relevé, l'Université a secoué le joug de Rome; elle n'a plus reconnu d'autres protecteurs que le prince ou le Parlement, asile inviolable de ses franchises et de ses libertés. Bignon portait la parole comme avocat général. Sur ses conclusions, la cour, par arrêt du 2 avril 1667, donna gain de cause à Deffita, et surtout à l'Université, sans néanmoins décider si le patronage de celle-ci était purement laïque. A peine l'arrêt fut-il rendu, la nouvelle, s'il faut en croire le procureur de la Nation d'Allemagne, s'en répandit dans la ville, où elle fut accueillie, surtout par les écoles, avec les démonstrations de la joie la plus vive (1).

Six années à peine se sont écoulées depuis la mort de Mazarin. Louis XIV, âgé de 23 ans lorsqu'il perdit ce grand ministre, s'est emparé des rênes du gouvernement. Aidé de Colbert, et bientôt de Louvois, il fait déjà l'admiration de la France et celle de toute la chrétienté par la grandeur et la maturité de ses desseins. Au dehors, il soutient l'honneur et les intérêts de sa couronne : disons mieux, il se rend l'arbitre de l'Europe par la plus habile diplomatie, en attendant les conquêtes prochaines qui doivent illustrer ses armes et reculer les frontières du royaume à l'est et au nord. A l'intérieur, il restaure les finances, imprime un essor prodigieux au commerce et à l'industrie, fait creuser des canaux et percer des routes, crée une marine, encourage magnifiquement tous les travaux de l'esprit. Le génie, et même le simple talent ou l'érudition, attirent les regards du prince, et reçoivent sur tous les points de l'Europe les marques de sa libéralité. L'Académie des sciences et l'Académie des inscriptions commencent à se réunir. Un éclat extraordinaire se répand sur les lettres françaises. Molière vient de donner le *Misanthrope;* Racine prépare *Andromaque;* Boileau publie ses premières satires, la Fontaine ses premières fables; Bourdaloue et Bossuet annoncent le réveil de l'éloquence chrétienne.

A ce moment heureux de la vie de Louis XIV et de l'histoire de notre pays, l'Université de Paris, quoique déchue, n'en eut pas moins sa part dans les préoccupations du gouvernement. Le roi voulut la réformer, comme il réformait alors, d'une main si sage,

---

(1) *Arch. U.*, Reg. xxix et xxx, fol. 48 et suiv.; Reg. xxxi, fol. 103 et suiv.; Du Boulay, *Mémoires historiques sur les bénéfices qui sont à la présentation et collation de l'Université de Paris.* Paris, 1675, in-4°, p. 238 et suiv.

toutes les parties de la législation civile. Il chargea de cet important travail une commission (1) dans laquelle devaient siéger le premier président du Parlement, M. de Lamoignon; un président de chambre, M. de Longueil; le procureur général, M. de Harlay, et huit conseillers, MM. de Refuge, Saintot, de Saveuse, Benard-Rezé, Menardeau, Catinat, de Brillac et Godard de Puy-Marais. Des membres de l'Université, en assez grand nombre, avaient été adjoints à la commission; c'étaient MM. Élie du Fresne de Mincé, Claude Morel, Denys Guyard et Pierre Guischard, pour la Faculté de théologie; Philippe de Buisine, Jean Davezan, Jean Doujat et Pierre Halley, pour la Faculté de droit canon; Philippe Hardouin de Saint-Jacques, Jacques Mentel, Paul Courtois et Antoine Morand, pour la Faculté de médecine; Philippe Pourcel, François Barbier, Pierre Lecocq et Jean Mercier, pour la Faculté des arts. Chose digne de remarque! le principal motif pour lequel Louis XIV annonce l'intention de réformer l'Université, ce sont les litiges perpétuels que l'esprit de discorde y causait : « Le roi Henri IV, nostre ayeul de glorieuse mémoire, a fait faire, dit-il, plusieurs statuts et règlemens dont la plus part sont demeurez sans exécution par la nécessité où on s'est trouvé de s'appliquer à des affaires plus urgentes; et, depuis peu, quelques nouvelles opinions ayant causé de la division dans l'Université, elles ont esté suivies de plusieurs procèz et différens qui se fomentent tous les jours, et qui ont causé un si grand changement dans la forme de ses assemblées, qu'il ne s'y remarque presque plus rien de ce bel ordre qui luy a acquis tant de vénération. » En conséquence, le roi donne pleins pouvoirs à la commission qu'il institue « pour procéder sans délai à la réformation des abus et désordres qui se peuvent être glissez soit dans la discipline, soit dans les mœurs de l'Université; composer et terminer tous les procez, débats et contestations qui sont pendans entre les membres d'icelle; adjouster, s'il est nécessaire, de nouveaux articles aux anciens statuts et règlemens qui y doivent estre gardez; ordonner de la dispen-

---

(1) Voy. nos Pièces justificatives, n° CXXVI.

sation des biens et revenus. » Les commissaires devaient à cette fin se faire représenter : 1° l'état des biens qui appartenaient soit à la corporation tout entière, soit aux différentes compagnies; 2° les titres et ordonnances déposés au collège de Navarre.

Dans la pensée du gouvernement, comme on peut en juger par les instructions qui furent données à M. Boucherat, chargé d'une mission en Bretagne (1), la réforme était destinée à s'étendre à toutes les universités du royaume. Le projet paraît avoir été suivi pendant plusieurs années, sans avoir jamais abouti. Quels changements aurait-il apportés dans l'organisation des écoles publiques, si les circonstances avaient permis qu'il eût quelque résultat? Nous pouvons en juger presque avec certitude d'après la tendance de plusieurs édits publiés vers la même époque; la nouvelle réforme aurait donné à l'Université un caractère de plus en plus séculier, de moins en moins ecclésiastique. Le gouvernement de Louis XIV était animé de dispositions peu favorables envers les communautés religieuses. Colbert et le roi lui-même voyaient avec déplaisir cette quantité de religieux, moins utiles à l'Église qu'onéreux à la nation, « qui se soulagent d'un travail qui iroit au bien commun (2). » Afin de diminuer leur nombre, peu s'en fallut que le roi ne retardât l'âge des vœux jusqu'à vingt ans pour les filles, jusqu'à vingt-cinq ans pour les garçons (3). Un édit du mois de décembre 1666 remit en vigueur les dispositions des anciennes ordonnances, qui ne permettaient pas qu'aucun monastère s'établît sans la permission expresse du souverain (4). En suivant cette pente, on se trouvait fatalement amené, sinon à retirer l'instruction publique aux communautés religieuses, du moins à restreindre la sphère de leur influence et à favoriser particulièrement les maîtres séculiers. Quant au clergé en général,

---

(1) *Bibl. nat.*, recueil Thoisy, UNIVERSITÉ, in-fol., t. III, p. 77.
(2) Monnier, *Lamoignon et Colbert, Essai sur la législation française au XVIIe siècle*, Paris, 1862, in-8°, p. 43.
(3) *Mémoires de Louis XIV pour l'instruction du dauphin*, etc., avec des notes et éclaircissements par Charles Dreyss, Paris, 1860, in-8°, t. II, p. 223. Cf. *Journal d'Olivier d'Ormesson*, t. II, p. 480 et suiv.
(4) *Mémoires de Louis XIV*, t. II, p. 297.

Louis XIV ne songeait certainement pas à priver l'État des services que rendaient à la jeunesse tant de prêtres vertueux et instruits, employés comme régents ou comme principaux dans différents collèges; mais à ses yeux l'éducation était éminemment une fonction de l'ordre civil, une fonction qui importait à la bonne police de l'État : par conséquent les universités devaient relever du roi, non du pape. Sur ce grave sujet, comme sur beaucoup d'autres, Colbert fit composer des mémoires que l'on possède encore (1); ce caractère laïque des universités s'y trouve marqué fortement. « C'est un droit, dit l'auteur, que la souveraineté donne aux roys de pouvoir eux seuls establir et fonder des Académies dans leur royaume. Ce droit a pour fondement cette maxime générale, que nul ne peut faire aucune assemblée générale, ny ériger aucune compagnie qui fasse un corps, sans l'autorité du prince. Ce qui est d'autant plus nécessaire en l'establissement des écoles publiques et des Universitez, qu'il est du devoir des roys de prendre un soin particulier de l'instruction de leurs sujets; et ils ne leur peuvent donner de plus signalez témoignages de leur amour et bienveillance, ny leur faire ressentir de plus utiles effets de leur affection, que d'estre soigneux de les retirer de l'ignorance et de la barbarie, et d'empescher qu'on n'infecte l'esprit de leurs enfans d'une mauvaise doctrine. C'est aussy la marque qui les distingue des tyrans et des mauvais princes, qui n'ont ordinairement d'autres soins que de rendre leurs sujets ignorans et stupides. » Et plus loin (2) : « Encore que les papes ayent donné des bulles pour l'establissement de notre Université, il est certain néanmoins que son institution n'appartient qu'au roy. Toute communauté est illicite si elle n'est autorisée par le prince, et c'est à lui à prendre soin de l'instruction de la jeunesse. De là vient que les Universités sont réputées des corps plus laïques qu'ecclésiastiques; on le juge ainsy toutes les fois qu'il s'agit du patronage qui leur appartient. »

---

(1) Bibl. de l'Arsenal, Mss. jurisprudence, 853, *Mémoires sur les ordonnances, faits par ordre de M. Colbert*, t. II, p. 1 et suiv.
(2) *Ibid.*, p. 69. Cf. Monnier, *Lamoignon et Colbert*, p. 153.

Il est probable que ces idées auraient dominé dans les règlements nouveaux que Louis XIV avait formé le dessein de donner aux universités du royaume. Mais qu'était-il besoin de rappeler des maximes aussi généralement reconnues? L'école de Paris n'avait jamais caché qu'elle était d'institution royale; bien au contraire, elle se glorifiait de son origine; souvent même elle s'en était prévalue contre les ennemis de ses privilèges. Sans doute il eût été pour elle à désirer que le prince qui revendiquait la haute direction de l'enseignement comme un droit de sa couronne voulût remplir fidèlement les obligations que cette prérogative imposait; l'Université de Paris se serait relevée sous cette main généreuse, qui imprimait alors une impulsion si féconde à toutes les branches de l'activité nationale. Mais sans oublier les institutions scolaires, qui avaient souvent occupé son aïeul Henri IV, Louis XIV, distrait par des soins plus éclatants, n'accomplit pas les desseins qu'il avait annoncés en leur faveur. Malgré quelques témoignages de stérile bienveillance, ces institutions usées restèrent dans leur isolement; et, de plus en plus livrées à elles-mêmes, elles continuèrent d'offrir le spectacle de mesquines rivalités et de préoccupations égoïstes.

CHAPITRE IV.

Affaiblissement de l'Université de Paris; ses divisions intestines. — Accusations portées par le syndic de la Faculté de théologie contre le recteur et contre la Faculté des arts. — Nouveaux règlements pour divers collèges. — Le droit de *Committimus* défendu par Bossuet en présence du roi. — Progrès de la philosophie de Descartes. — Persécutions dont elle est l'objet à Paris et dans les provinces. — *Arrêt burlesque* de Boileau. — Les Jésuites à Provins. — La Faculté de médecine et la Chambre royale des médecins étrangers. — Fondation de Du Boulay en l'honneur de Charlemagne. — Le collège Mazarin est agrégé à l'Université. — Débats avec le chantre de Notre-Dame au sujet des petites écoles. — L'Université présente au roi une requête. — Elle obtient une lettre de cachet contre les maîtres des petites écoles. — La méthode ancienne et les méthodes nouvelles. — Élection d'un censeur dans la Nation de France. — Remy Duret et les frères Du Boulay. — Mort d'Égasse Du Boulay; Lair lui succède comme greffier. — *Septennium* des professeurs en théologie. — Le mariage et le célibat dans la Faculté des arts. — Situation des collèges de Paris. — Cession du collège des Lombards aux Irlandais. — Édit du mois d'avril 1679 pour la réforme de l'enseignement du droit. — Importance de cet édit. — Le droit civil français enseigné pour la première fois à Paris.

Par une bizarrerie de la fortune, l'époque la plus brillante du règne de Louis XIV est celle où l'Université s'efface le plus; l'éclat dont elle est environnée achève d'éclipser ses pâles rayons. Après avoir contemplé avec admiration, de 1666 à 1678, d'importantes guerres heureusement conduites, les négociations les plus difficiles couronnées de succès, l'agrandissement du territoire de la France, le splendide essor de la littérature, de la philosophie et des arts, le progrès du commerce et de l'industrie, la pompe éblouissante de la cour, si vous pénétrez dans le quartier Latin, ce vieux centre des études, combien la scène ne change-t-elle pas! Hommes et choses, tout y est obscur et sans grandeur; on aperçoit un reste de vie, mais cette vie, tour à tour agitée ou languissante, forme un pénible contraste avec l'état prospère du royaume.

L'Université ne pouvait se faire illusion à elle-même sur sa décadence; les procès-verbaux de ses assemblées portent fréquemment la trace de cette préoccupation douloureuse et des vœux qui s'élèvent de toutes parts en faveur d'une réforme. Mais chacun entendait la réforme à sa manière, dans le sens le plus conforme à ses préjugés, à ses passions ou à ses intérêts. Souvent ce qui paraissait à la Faculté des arts un abus, un péril, touchait peu les autres compagnies; celles-ci, au contraire, dénonçaient les prétendus empiétements du recteur et des Nations comme la principale cause de la ruine des écoles. De là résultaient de nouvelles disputes qui aggravaient le mal et ajoutaient à la déconsidération du corps.

Au mois d'avril 1666, le syndic de la Faculté de théologie, Antoine Bréda, l'un des commissaires qui avaient instruit le procès d'Arnauld, traça devant sa compagnie le tableau le plus lugubre des désordres qui s'étaient introduits dans l'école de Paris à la faveur des troubles. Mais quelle était, selon lui, la véritable source du mal? La prépondérance abusive du recteur et des procureurs, qui, contre l'avis des doyens ou même sans les consulter, décidaient tout et faisaient tout, tantôt dissipaient le patrimoine commun de la corporation, tantôt surchargeaient les étudiants de taxes irrégulières, le plus souvent s'abstenaient de visiter les collèges ou les visitaient mal, et laissaient tous les liens de la discipline se relâcher. En conséquence, Bréda proposait qu'à l'avenir aucune décision intéressant l'Université ne fût prise qu'après avis des Facultés supérieures; il voulait aussi que le doyen de la Faculté cessât d'assister aux assemblées particulières qui se tenaient habituellement chez le recteur. Les collègues de Bréda se rangèrent à son opinion (1); mais leur attitude n'eut d'autre effet que d'exciter un orage dans la Faculté des arts et même dans les autres compagnies. Du Boulay, auquel nous empruntons ces détails, emploie les expressions les plus fortes pour flétrir cette délibération; il la qualifie d'« atroce, » et la considère comme l'ouvrage de quelques factieux, résolus à tout sacrifier, même l'honneur de la Faculté de théologie, pour assouvir leur haine. Il est vrai que Du Bou-

(1) *Arch. U.*, Reg. xxxi, fol. 82.

lay se trouvait ici personnellement en cause ; car ces taxes illicites, que les adversaires de la Faculté des arts lui reprochaient, en termes si durs, d'avoir établies, étaient précisément celles qui avaient pour objet la publication de l'*Histoire de l'Université*. Bréda fut sommé de comparaître devant le tribunal du recteur pour se disculper. Trois citations étant demeurées sans réponse de sa part, une sentence, à laquelle avaient pris part les doyens des Facultés de droit et de médecine, le priva de toutes ses charges et l'expulsa de la corporation. Avant qu'on en vînt à cette extrémité, le recteur avait fait quelques tentatives d'accommodement; le procureur de la Nation d'Allemagne nous apprend qu'elles échouèrent par la résistance de Du Boulay, trop ardent à venger son injure personnelle (1). Comme il arrivait souvent en ces sortes d'affaires quand les passions paraissaient trop vivement excitées, le gouvernement évoqua le litige, et au mois de janvier 1668, en vertu d'un arrêt du conseil d'État, le jugement porté contre le syndic de la Faculté de théologie fut effacé du registre de la Faculté des arts (2). Mais il était manifeste qu'aussi longtemps que se prolongerait la division des esprits, l'Université ne parviendrait pas à ressaisir sa prospérité passée, ni l'influence légitime qu'elle pouvait encore exercer, même sous un monarque absolu.

Et cependant, malgré les funestes effets de la discorde, la paix ne se rétablit pas. Nous ne parlons pas de la querelle des procureurs et des doyens, qui ne fut jamais terminée, nous parlons de ces disputes qui s'élevaient à tout propos et donnaient lieu à des procès en Parlement : procès sur les conditions que les maîtres ès arts doivent avoir remplies pour élire valablement les intrants, chargés eux-mêmes d'élire le recteur; procès sur les limites des territoires respectifs de la Nation de France et de la Nation de Picardie; procès sur le décanat dans les tribus qui composaient les Nations (3); procès privés des membres de l'Université entre

---

(1) *Arch. U.*, Reg. xxix et xxx, fol. 47
(2) *Arch. U.*, Reg. xxxi, fol. 89; Reg. xxxii, fol. 2 v°; *Arch. nat.*, Conclusions de la Faculté de théologie, MM. 253, fol. 97 et suiv. Voy. nos Pièces justificatives, n° CXXVII.
(3) Voy. nos Pièces justificatives, n°s CXXIX et CXXXIII.

eux; contestations des principaux, des boursiers et des régents : voilà les événements qui remplissent en grande partie à cette époque les registres de la Faculté des arts. Au milieu de ces perpétuels débats, les différentes compagnies, obéissant à la pensée du roi, s'occupèrent de la refonte de leurs statuts; mais le travail, sans cesse interrompu, n'avançait que lentement; en général, il avorta. Indépendamment des statuts de la Nation de France, corrigés en 1661, les seuls qui paraissent avoir été utilement revisés, sont ceux de la Nation de Picardie, en 1674, et ceux de la Faculté de théologie, en 1675 (1). C'est alors qu'on remit en vigueur dans cette dernière Faculté l'exercice de la Résompte, qui était abandonné depuis longtemps; c'est aussi alors qu'on institua des censeurs renouvelés de mois en mois et chargés d'assister aux épreuves de la licence en théologie pour apprécier la capacité des candidats.

Plusieurs collèges entres autres ceux d'Harcourt (1667), d'Autun (1670), de Reims (1672), de Séez (1673) et de Maître Gervais (1674), reçurent des règlements nouveaux, destinés pour la plupart à faire cesser des conflits d'autorité et des différends intérieurs.

Tandis que l'Université de Paris luttait péniblement contre une situation qu'elle pouvait en partie s'imputer à elle-même, elle faillit perdre un de ses privilèges les plus précieux, le droit de *Committimus,* qu'elle tenait de Philippe Auguste, et qui lui permettait de faire évoquer devant des juges siégeant à Paris tous les procès dans lesquels, sur un point quelconque du royaume, elle avait ou croyait avoir un intérêt. Ce droit, accordé à bien d'autres privilégiés que l'Université, avait entraîné des abus si nombreux, il entravait si mal à propos et si souvent l'action des magistrats, qu'il n'est pas étonnant que Louis XIV ait songé à le restreindre, et que cette réforme ait fait partie de celles qui se préparaient ou s'accomplissaient depuis 1665 dans la législation civile. La Faculté

---

(1) *Statuta fidelissimæ Nationis Picardiæ recognita, reformata et amplissimi ordinis authoritate confirmata,* Parisiis, 1675, in-12; *Statuta Facultatis theologiæ,* Parisiis, 1715, in-4º.

de théologie se montra vivement émue de ces innovations; elle y était plus intéressée qu'aucune autre compagnie, car un grand nombre de litiges évoqués à Paris concernaient ses bacheliers, ses licenciés, ses docteurs. En janvier 1669, elle envoya au roi une députation; celui qu'elle chargea de porter la parole était un de ses maîtres les plus respectés, célèbre déjà par de grands succès oratoires : nous avons nommé Bossuet (1). Louis XIV donna audience aux députés de la Faculté dans le palais du Louvre; il était entouré des princes du sang, de ses ministres, des personnages les plus éminents de l'État. S'il faut en croire des récits contemporains, Bossuet eut rarement des inspirations plus heureuses. Lorsqu'il eut terminé, Condé courut à lui, l'embrassa et le serra contre son sein avec la plus vive émotion. Turenne, plus calme en ses démarches, se contenta de féliciter la Faculté « d'avoir si bien parlé. » Cette harangue, si favorablement accueillie par les plus grands hommes du plus grand siècle qui ait lui sur la terre, ne fut pas, quoi qu'aient pu dire de savants historiens, tout à fait inutile à la cause que Bossuet avait défendue; car l'ordonnance qui parut au mois d'août suivant conserva, tout en le limitant, le droit de *Committimus* de l'Université. Nous n'en voulons d'autres preuves que les trois articles suivants, insérés dans le recueil des privilèges de la compagnie (2) : « Art. 28. Les principaux des collèges, docteurs, régens et autres du corps des Universitez, qui tiennent des pensionnaires, pourront faire assigner de tous les endroits de nostre royaume, par devant les juges du lieu de leur domicile, les redevables des pensions et autres choses par eux fournies à leurs escholiers, sans que les causes puissent être évoquées ny renvoyées par devant d'autres juges, en vertu du *Committimus* ou autres privilèges. — Art. 29. Les recteurs, régens et lecteurs des Universitez exerçant actuellement, auront leurs causes commises en première instance, par devant les juges conservateurs des privilèges des Universitez, auxquels l'attribution en aura

---

(1) *Concl. de la Fac. de théologie*, Arch. nat., MM. 253, fol. 122 et s. Floquet, *Études sur la vie de Bossuet*, t. III, p. 295 et suiv.

(2) *Recueil des privilèges de l'Université de Paris*, p. 66 et 67.

esté faite par les titres de leur établissement, et, à cet effet, il en sera par chacun an dressé un rôle par le recteur de chaque Université, pour estre porté aux juges conservateurs de leurs privilèges. — Art. 40. Les escholiers jurez étudians, actuellement depuis six mois dans les Universitez, jouyront des privilèges de scholarité et ne pourront estre distraits, tant en demandant qu'en défendant, de la juridiction des juges de leur privilège, si ce n'est en vertu d'actes passez avec des personnes domiciliées hors la distance de soixante lieues de la ville où l'Université est establie, sans que néantmoins ils en puissent user à l'égard des cessions et transports qui auront esté par eux acceptez, et des saisies et arrests faits à leur requeste, si ce n'est en la forme et manière cy dessus ordonné par le *Committimus.* »

Lorsque Bossuet porta la parole devant Louis XIV, au nom de la Faculté de théologie, il occupait déjà un des premiers rangs parmi les orateurs de la chaire. L'oraison funèbre de la reine d'Angleterre et celle de la duchesse d'Orléans mirent le sceau à sa renommée. Bientôt désigné par le roi pour succéder à M. de Périgny comme précepteur du dauphin, il commença, sous l'autorité du duc de Montausier, cette laborieuse éducation, que la légèreté d'esprit et la paresse du royal élève devaient lui rendre peu profitable (1), mais à laquelle nous devons le *Discours sur l'histoire universelle,* la *Politique tirée de l'Écriture sainte,* et le traité *De la connaissance de Dieu et de soi-même.*

La querelle du jansénisme, si douloureuse à l'Église de France, éprouvait alors un temps d'arrêt, grâce à la transaction connue sous le nom de *Paix de Clément IX;* paix équivoque, trop tôt troublée, mais vraiment féconde, car, indépendamment du calme rendu aux consciences, elle a donné à l'Église la *Perpétuité de la foi,* les *Essais de morale,* et bien d'autres écrits d'Arnauld et de Nicole pour la défense de l'orthodoxie catholique.

---

(1) Voyez la lettre de Bossuet à M. de Bellefonds, du 6 juillet 1677 (*Œuv. compl.*, t. XXXVII, p. 115), et les curieuses confidences de Dubois, gentilhomme servant du roi, dans quelques fragments de ses mémoires, publiés par M. Léon Aubineau, *Bibl. de l'école des Chartes,* série 2°, t. IV, p. 28 et suiv.

Cependant la révolution philosophique inaugurée par Descartes avait poursuivi son cours. Malgré la mort prématurée de l'auteur du *Discours de la Méthode,* sa doctrine, après lui, continua de s'étendre et d'attirer à elle les plus grands esprits du siècle. Elle n'était pas seulement professée par quelques disciples fidèles, comme Clerselier; elle inspirait Arnauld, Nicole, Bossuet, Fénelon, suscitait Malebranche et Leibnitz, renouvelait la face des sciences, et exerçait même une secrète action sur la littérature et sur les mœurs, goûtée qu'elle était par la société la plus polie qui ait jamais existé. Mais le cartésianisme parviendrait-il jamais à s'implanter dans les écoles, où dominaient Aristote et la scolastique? Ici nous touchons à l'un des épisodes les plus curieux de l'histoire de l'enseignement public au dix-septième siècle.

Nulle part les préjugés et la routine ne conservent plus longtemps leur empire que dans les lieux qui, étant destinés à l'instruction de la jeunesse, devraient recevoir et répandre plus abondamment la lumière. Descartes avait dédié ses *Méditations* à la Sorbonne, sans être bien assuré que la docte compagnie les approuverait. N'avait-elle pas pris naguère le péripatétisme sous sa protection, et n'avait-elle pas inspiré au Parlement cet arrêt célèbre du 4 septembre 1624, qui fit défense « de tenir ny enseigner aucunes maximes contre les anciens auteurs, sous peine de vie (1)? » Cependant Descartes avait coulé tranquillement ses jours, sans être inquiété; par ses belles démonstrations de l'existence de Dieu et de la spiritualité de l'âme, il s'était fait pardonner la nouveauté de sa méthode et ses hardiesses les plus paradoxales. La cour de Rome n'avait condamné aucun de ses ouvrages; en France, le gouvernement n'avait pas de motifs pour se montrer plus sévère que l'Église elle-même. Il semble donc que l'influence cartésienne aurait pu triompher assez facilement des préventions et s'introduire, sans des épreuves trop rudes, au cœur même de l'enseignement public. L'écueil où elle échoua, ce fut la discussion intempestive du dogme eucharistique, discussion devant la-

---

(1) Voyez plus haut, p. 195.

quelle Descartes avait sagement reculé, et qui fut engagée après sa mort par ses disciples imprudents.

Le mystère de la transsubstantiation est-il encore possible, ou plutôt ne paraît-il pas de plus en plus contraire à l'essence des choses et aux notions fondamentales de l'intelligence, dès qu'on admet, avec Descartes, que l'essence du corps consiste dans l'étendue? Ce n'est pas ici le lieu de raconter ni même de caractériser l'ingrate controverse qui s'engagea sur ce point épineux (1). Toujours est-il que ces débats, périlleux pour l'orthodoxie, soulevèrent contre le cartésianisme beaucoup d'esprits qu'il aurait gagnés si les disciples de Descartes se fussent renfermés dans le vrai domaine de la science rationnelle. La sourde opposition de l'école se trouva dès lors encouragée et appuyée par le pouvoir religieux et par le gouvernement lui-même; l'ère de la persécution succéda pour la nouvelle philosophie à celle des conquêtes brillantes. En 1663, les ouvrages de Descartes sont mis à l'index, avec cette formule adoucie, *donec corrigantur* (2). En 1667, lorsque sa dépouille mortelle fut ramenée de Stockholm à Paris, un ordre de la cour fit défense de prononcer l'oraison funèbre qui avait été préparée par le chancelier de Sainte-Geneviève, Pierre Lallemand, l'ancien recteur de l'Université (3). En 1669, la chaire de philosophie du Collège royal étant devenue vacante par la mort de Des Auberis, les candidats eurent à soutenir des thèses sur l'excellence du péripatétisme et contre la nouvelle philosophie de M. Descartes, *qui dictus est,* ajoute Gui Patin, auquel nous empruntons ce détail, *magis indulsisse novitati quam veritati* (4).

Mais ce n'était là qu'un prélude à d'autres mesures plus rigoureuses. En 1671, dans les premiers jours du mois d'août, l'arche

---

(1) Nous ne pouvons faire mieux que renvoyer au savant ouvrage de M. Bouillier, *Histoire de la philosophie cartésienne*, Paris et Lyon 1854.
(2) *La vie de M. Descartes* (par Baillet), Paris, 1691, in-4°, t. II, p. 529.
(3) *Ibid.*, t. II, p. 440.
(4) Lettre à Falconet du 12 octobre 1669 (*Lettres*, t. III, p. 710). Nous avons retrouvé le procès-verbal des opérations de ce concours. Voy. nos Pièces justificatives, n° CXXVIII.

vêque de Paris, M. de Harlay, mande auprès de lui, de la part du roi, non pas seulement, comme le prétend Saint-Marc (1), le doyen et les professeurs de la Faculté de théologie, mais le recteur lui-même, les doyens des Facultés de droit et de médecine, les procureurs des Nations, la plupart des principaux des collèges (2). Le prélat leur tient ce langage : « Le roi ayant appris que certaines opinions que la Faculté de théologie avoit censurées autrefois et que le Parlement avoit défendu d'enseigner ni de publier, se répandent présentement non-seulement dans l'Université, mais aussi dans le reste de cette ville et dans quelques autres du royaume, soit par des étrangers, soit par des gens du dedans, voulant empescher le cours de cette opinion, qui pourroit porter quelque confusion dans l'explication de nos mystères, poussé de son zèle et de sa piété ordinaire, il m'a commandé de vous dire ses intentions. Le roi vous exhorte, messieurs, de faire en sorte que l'on n'enseigne point dans les Universitez d'autre doctrine que celle qui est portée par les règlements et statuts de l'Université, et que l'on n'en mette rien dans les thèses, et laisse à votre prudence et à votre conduite de prendre les mesures nécessaires pour cela. »

Quels étaient les professeurs, partisans des doctrines cartésiennes, qui avaient ainsi éveillé par la nouveauté de leur enseignement la sollicitude royale? Aucun indice ne nous a fait découvrir leurs noms oubliés. Quels qu'ils aient été, leur situation devint désormais singulièrement difficile. Tous les corps de l'Université reçurent en effet avec soumission les ordres du roi et prirent l'engagement de s'y conformer (3). Les doyens des Facultés de droit et de médecine avaient réclamé la convocation d'une assemblée extraordinaire pour délibérer solennellement sur les dispositions qu'il pouvait être opportun d'ordonner. La Faculté des arts répondit qu'il s'agissait d'une affaire très simple en elle-même, à sa-

---

(1) *Œuvres de Boileau*, Paris, 1747, in-8°, t. III, p. 115.
(2) *Arch. U.*, Reg. xxix et xxx, fol. 146. Cf. *Reg. de la Faculté de médecine*, t. XV, p. 468.
(3) *Arch. U.*, Reg. xxxii, fol. 75.

voir de l'observation des statuts de l'école de Paris ; que toute délibération était superflue sur le point de savoir si ces statuts devaient ou non être observés. Doyens et procureurs tombèrent d'accord qu'on devait s'en tenir aux règles établies par la double autorité du roi et du Parlement, rester attaché par conséquent à la doctrine d'Aristote, et exclure de l'Université quiconque agirait différemment, quiconque, soit en public, soit en particulier, professerait des opinions contraires au péripatétisme. Le recteur fut invité à porter, par un mandement, cette délibération à la connaissance des régents et des principaux ; le soin de veiller à l'exécution fut confié au syndic de la compagnie.

Toutefois il paraît que les disciples d'Aristote, parmi lesquels se faisait remarquer le doyen de la Faculté de théologie, M° Claude Morel, ne jugèrent pas encore ces garanties suffisantes pour perpétuer la domination du philosophe de leur choix. M. de Lamoignon fut sollicité de faire rendre en plein parlement un arrêt qui eût renouvelé les anciennes défenses portées contre les novateurs. Rien ne prouve que l'Université ait pris elle-même, comme on l'a cru, l'initiative peu honorable de ce surcroît de sévérité ; du moins n'avons-nous découvert aucune trace de la requête qui lui a été attribuée. Une facétie d'un poète illustre épargna au digne magistrat la faute qu'il allait commettre contre la philosophie et contre l'esprit humain, au profit de la plus mauvaise scolastique. Boileau, en compagnie de Bernier et de Racine, composa « un arrêt burlesque » en faveur d'Aristote contre une certaine inconnue, nommée la Raison, qui depuis quelque temps avait entrepris de pénétrer de force dans les écoles de l'Université (1). Cette satire ingénieuse frappait à la fois sur les philosophes infatués du péripatétisme et sur les médecins qui, au nom d'Hippocrate, condamnaient la circulation du sang, le quinquina, et en général toutes les idées nouvelles. L'effet en fut irrésistible. Lamoignon, par la suite, convint, dit-on, plus d'une fois, que

---

(1) L'arrêt burlesque (*Œuvres de Boileau*, édit. de Saint-Marc, t. III, p. 108 et s.) est cité par Mme de Sévigné dans une lettre à Mme de Grignan, du 6 sept. 1671. Il a donc suivi de bien près les remontrances de M. de Harlay.

l'arrêt burlesque l'avait empêché d'en donner un sérieux, qui aurait prêté à rire à tout le monde.

Mais si le cartésianisme évita une condamnation formelle en justice, il ne faudrait pas en conclure qu'il eût gagné sa cause devant l'Université de Paris, ni surtout devant Louis XIV. Loin de là, tous les efforts du gouvernement vont tendre à l'écarter des écoles, soit à Paris, soit dans les provinces. Sur l'ordre du roi, l'Université d'Angers, en 1675, se prononce énergiquement contre la nouvelle doctrine; pour l'écarter plus sûrement, on nomme des commissaires chargés d'examiner toutes les thèses, tous les cahiers de philosophie (1). En 1677, l'Université de Caen suit le même exemple; un décret de la Faculté de théologie ferme l'accès des grades de la Faculté à quiconque est entaché de cartésianisme (2). Les communautés religieuses, qui jusque-là paraissaient incliner en faveur de Descartes, se retournent contre lui; sa doctrine est proscrite par la congrégation de Saint-Maur, par les chanoines de Sainte-Geneviève, même par l'Oratoire, malgré les traditions de sainte liberté que le cardinal de Bérulle y avait introduites. La délibération prise par les Oratoriens, en 1678, offre ceci de remarquable, qu'elle fut le résultat d'un accord préalable avec la compagnie de Jésus; en voici un court extrait : « Dans la phisique, l'on ne doit point s'éloigner de la phisique ni des principes de phisique d'Aristote, communément reçus dans les collèges, pour s'attacher à la doctrine nouvelle de monsieur Descartes, que le roy a défendu qu'on enseignât, par de bonnes raisons. L'on doit enseigner : 1. Que l'extension actuelle et extérieure n'est pas de l'essence de la matière; 2. Qu'en chaque corps naturel, il y a une forme substantielle réellement distinguée de la matière; 3. Qu'il y a des accidens réels et absolus inhérens à leurs sujets, réellement distinguez de toute autre substance, et qui peuvent surnaturellement être sans aucun sujet;

---

(1) *Journal ou relation fidelle de tout ce qui s'est passé dans l'Université d'Angers, au sujet de la philosophie de Des Carthes, en exécution des ordres du roy, pendant les années* 1675, 1676, 1677, 1678 et 1679, in-4° de 96 pages.

(2) Bouillier, *Histoire de la philosophie cartésienne*, t. I.

4. Que l'âme est réellement présente et unie à tout le corps et à toutes les parties du corps; 5. Que la pensée et la connoissance n'est pas de l'essence raisonnable; 6. Qu'il n'y a aucune répugnance que Dieu puisse produire plusieurs mondes à même tems; 7. Que le vuide n'est pas impossible (1). »

Nous verrons bientôt l'Université de Paris dresser aussi des formulaires contre le cartésianisme; mais ces barrières impuissantes ne purent arrêter le mouvement des esprits. Au sein même de l'Oratoire, malgré les déclarations des supérieurs, Malebranche continua sa *Recherche de la Vérité,* livre où la pensée de Descartes revit d'une manière si brillante. Au collège des Grassins, un autre cartésien, que nous retrouverons plus d'une fois dans la suite, Edme Pourchot, nommé régent de philosophie en 1677, professa ouvertement les nouvelles opinions.

Nous avons anticipé sur le cours des années, afin de présenter l'ensemble des détails qui se rattachaient à l'entrée du cartésianisme dans l'Université de Paris. Il nous faut maintenant revenir un peu en arrière, et signaler quelques événements qui s'étaient passés dans l'intervalle.

L'esprit séculier et laïque ne se résigne pas facilement aux succès des communautés religieuses. Les Jésuites, les Barnabites et les Oratoriens avaient tour à tour convoité le collège de Provins. En 1670, les Oratoriens, mieux avisés ou plus opiniâtres que leurs rivaux, passèrent avec la ville un contrat par lequel ils s'engageaient à entretenir dans le collège six régents pour les classes de grammaire, d'humanités, de rhétorique et de philosophie. Ce contrat fut approuvé par l'archevêque de Sens, M. de Gondrin; ce qui surprit d'autant plus que, peu d'années auparavant, le même prélat s'était prononcé avec énergie pour la conservation de l'établissement aux mains des séculiers. L'Université de Paris se montra plus fidèle aux sentiments de défiance et d'hostilité qui l'animaient contre les communautés de récente institution. Elle

---

(1) *Recueil de quelques pièces curieuses concernant la philosophie de monsieur Descartes,* Amsterdam, 1684, in-12, p. 11 et suiv. Ce recueil est généralement attribué à Bayle.

combattit de tout son pouvoir ce nouveau dessein, ou plutôt, pour emprunter son langage, ce nouvel empiétement des Oratoriens; elle dirigea contre eux plus d'un factum dans lesquels la doctrine et les écrivains de la congrégation, entre autres le P. Thomassin, étaient vivement attaqués; enfin elle forma opposition à l'enregistrement des lettres patentes qui les autorisaient à s'établir à Provins. Ces efforts furent inutiles; le collège de Provins fut ouvert, en dépit de toutes les résistances, et il est resté sous la direction de l'Oratoire jusqu'à l'époque de la Révolution française. Mais dans les mémoires publiés par l'Université pour sa défense il est curieux de constater la portée de plus en plus générale des reproches dirigés contre les institutions monastiques. « L'Université de Paris, dit son avocat anonyme, l'Université de Paris a pour ces sociétez et pour les particuliers qui les composent, toute l'estime et toute la charité qu'elle doit; et elle ne se deffend cejourdhuy contre elles, que parce que, se les représentant selon l'idée qu'on en doit avoir, elle voit qu'il n'y en a point qui ne forme chacune un corps particulier, qui ne se regarde que soy-mesme, et qui n'est dans l'Estat que comme se servant de l'Estat, et non pas comme servant l'Estat; et ainsi n'estant pas essentiellement unies avec luy, elles ne s'intéressent dans sa conservation qu'autant qu'il leur est nécessaire pour la leur propre. L'esprit différent qui les anime, leur fait prendre des maximes différentes et toutes opposées au bien public, qui leur sont souvent très préjudiciables (1). » Ces simples lignes, écrites à l'occasion du collège de Provins, ne contiennent-elles pas en abrégé ce qui a été dit de plus fort contre les communautés religieuses? L'Université se rend l'écho des sentiments et des idées qui commençaient à germer, ainsi que nous l'avons vu, dans les conseils de Louis XIV, et qui, un siècle plus tard, parvenues à leur maturité, précipiteront

---

(1) *Factum ou premier mémoire de l'Université de Paris, touchant le collège de Provins*, in-4°, p. 2 (Bibl. nat., rec. Thoisy, in-4°, UNIVERSITÉ, t. IV, p. 216). Voyez, dans le même recueil, *Factum ou second mémoire de l'Université de Paris*, etc. — *Mémoire pour l'Université contre la ville de Provins*. — *Continuation de l'extrait du livre du P. Thomassin, avec quelques réflexions*, etc., par un docteur de l'Université de Reims.

dans une ruine commune toutes les associations, l'Église elle-même, et avec elle l'Université de Paris.

Exposée à des rivalités moins nombreuses, moins fréquentes que la Faculté des arts, la Faculté de médecine avait néanmoins des luttes à soutenir de son côté pour la conservation de ses privilèges.

Nous avons parlé ailleurs de Théophraste Renaudot, ce médecin de Montpellier, à la fois praticien, journaliste et homme d'affaires, qui tenait chez lui des réunions médicales, donnait des consultations, s'arrogeait tous les droits des docteurs de la Faculté, et qui, sur la requête de celle-ci, fut condamné en parlement, au mois de mars 1644. Malgré cet arrêt, l'entreprise de Renaudot n'avait pas été entièrement étouffée; les médecins des universités de province, encouragés par un tel exemple essayèrent d'étendre l'exercice de leur profession jusqu'à la capitale, sans se faire agréger à la Faculté de Paris. Le fruit de leurs efforts fut l'établissement d'une association qu'ils réussirent à faire approuver au mois d'avril 1673, sous le nom de *Chambre royale*. Cette Chambre royale n'était pas moins qu'une Faculté nouvelle, instituée en face de l'ancienne; elle avait ses procureurs et ses receveurs, ses assemblées tant ordinaires qu'extraordinaires, ses disputes publiques, ses solennités religieuses, jusqu'à ses processions, où ses membres devaient paraître en habit doctoral; elle appelait à elle des candidats qui étaient reçus après un examen rapide et une thèse facilement soutenue. Quand les lettres patentes qui autorisaient ces nouveautés furent connues de la Faculté de médecine de Paris, elle en éprouva la plus vive douleur, et chargea son doyen, Jean-Baptiste Moreau, de former immédiatement opposition. Heureusement ces lettres n'avaient pas été obtenues régulièrement; Colbert en désapprouvait les clauses et ne les avait pas contresignées, bien que l'affaire concernât son département ministériel. Il accueillit avec une bienveillance marquée les représentations de la Faculté, qui ne fut pas écoutée avec moins de faveur par le garde des sceaux, M. d'Aligre, et par le lieutenant de police, M. de la Reynie. Grâce à des protections aussi élevées, la Faculté obtint que l'autorisation subrepticement obtenue par les médecins provinciaux leur fût retirée, et qu'il fût fait défense expresse à la Chambre royale de tenir aucune assemblée, sous quelque prétexte que ce pût être (1). Quelques jours après, une nombreuse députation alla remercier le garde des sceaux. Quant à Colbert, il ne fut visité, selon qu'il en avait exprimé le vœu, que par le doyen accompagné de deux docteurs. Toutefois, malgré l'ordre du roi, si formel en apparence, la Chambre royale, qui comptait, elle aussi, de nombreux appuis à la cour, ne fut pas immédiatement dissoute ; nous la retrouverons en 1694, époque où elle disparut définitivement.

La Faculté de médecine, jugée si sévèrement par Molière, possédait alors, sans parler de Gui Patin, quelques hommes d'un vrai mérite : Pierre Bourdelot, premier médecin de la reine de Suède ; le pieux Hamon, un des solitaires de Port-Royal ; Denys Dodart, que Patin déclare un prodige de sagesse et de science, et qui mérita l'estime de Bossuet ; Jacques de Bourges, le dernier d'une illustre famille de médecins (2) ; Fagon, qui fut par la suite médecin de Louis XIV, « un des beaux et des bons esprits de l'Europe, dit Saint-Simon (3), curieux de tout ce qui avait trait à son métier, grand botaniste, bon chimiste, habile connaisseur en chirurgie, excellent médecin et grand praticien. »

Au commencement de l'année 1674, le recteur informa la Faculté des arts qu'un maître de la Nation de France avait annoncé l'intention de fonder une messe et un panégyrique annuel en l'honneur de saint Charlemagne, que cent livres de rente étaient affectées à cette œuvre pie ; qu'une indemnité serait payée aux officiers et suppôts de l'Université pour leur assistance à la cérémonie. Le généreux donateur qui témoignait ainsi sa vénération envers l'auguste patron des études et des lettres n'était autre

---

(1) Arrêt du conseil d'État du 17 juin 1673. Voy. *Reg. de la Faculté de médecine*, t. XV, p. 652 et s.; Félibien, *Hist. de Paris*, t. IV, p. 234 et suiv.; Hazon, *Éloge historique de la Faculté de médecine*, Paris, 1773, in-4°, p. 32 et suiv.

(2) Hazon, *Notice des hommes les plus célèbres de la Faculté de médecine*, p. 124, 135, 139, etc.

(3) *Mémoires* (édit. de 1829), ch. XIV, t. I, p. 123.

qu'Égasse du Boulay, fidèle jusqu'à la fin de sa carrière aux convictions et aux sentiments qu'il avait exprimés si souvent dans ses ouvrages. Son nom ne fut pas prononcé; mais ses offres furent accueillies avec une vive reconnaissance par la Faculté des arts. Il paraît qu'elles ne reçurent pas au dehors un accueil aussi favorable; le bruit se répandit même que l'archevêque de Paris, Mgr de Harlay, n'autoriserait pas la fondation projetée. Une requête de la Faculté des arts, appuyée d'une démarche personnelle du recteur auprès du prélat, leva heureusement ces difficultés. Le 28 janvier, la fête de saint Charlemagne, qui tombait ce jour-là un dimanche, fut célébrée avec une pompe inaccoutumée. Le recteur et les procureurs, en costume de cérémonie, se rendirent à neuf heures dans la chapelle du collège de Navarre. Égasse du Boulay officiait lui-même, en qualité de doyen de la tribu de Tours. La messe terminée, Mc Belleville, régent de rhétorique au collège d'Harcourt, monta en chaire et prononça le panégyrique du roi des Francs. Le lendemain, une journée entière de congé fut accordée aux écoliers (1).

Cependant les acquisitions de terrain et les travaux de construction ordonnés pour l'établissement du collège des Quatre Nations par les dispositions testamentaires du cardinal Mazarin, avaient suivi leur cours. Le nouveau collège, bâti sur les dessins de l'architecte Levot, occupait une partie de l'emplacement de l'ancien hôtel de Nesle. Sa façade principale, de forme demi-circulaire, regardait la Seine; au centre, s'élevait la chapelle, surmontée d'un dôme, avec deux pavillons aux extrémités. Au mois d'octobre 1674, les travaux étant achevés, les exécuteurs testamentaires de Mazarin, qui se trouvaient alors réduits à trois, Lamoignon, Letellier et Colbert, présentèrent une requête pour que, suivant les intentions du testateur, le collège des Quatre Nations fût agrégé à l'Université et admis à jouir des mêmes avantages que les autres collèges. Les sept compagnies délibérèrent chacune à part sur cette demande : chose remarquable! elle ne fut pas accueillie

---

(1) *Arch. U.*, Reg. xxxiv, fol. 1 v° et suiv. Voy. Pièces justificatives, n° CXXX.

d'enthousiasme, ou du moins sans contestation, comme on pouvait l'espérer. La Faculté de théologie demanda qu'à l'exception des soixante boursiers, les autres écoliers payassent un honoraire aux professeurs, selon l'usage de l'école de Paris. Les autres Facultés n'insistèrent pas sur cette clause; elles consentirent à ce que l'instruction fût gratuite dans le nouveau collège, ainsi que Mazarin en avait exprimé la volonté; mais, d'autre part, elles repoussèrent avec énergie, bien qu'ils fussent conformes à l'esprit du siècle et aux vœux des familles, les changements qu'il avait essayé d'introduire dans la discipline scolaire. La pensée du cardinal était que l'austérité des études et du régime devait être tempérée par les arts d'agrément et par certains exercices chers et utiles à la jeune noblesse, comme l'escrime et l'équitation, si habilement institués au collège des Jésuites. Malgré la reconnaissance qu'elle devait au ministre d'Anne d'Autriche, la Faculté des arts protesta contre ces nouveautés, qu'elle persistait à juger trop mondaines; et l'agrégation du collège Mazarin à l'Université de Paris ne fut admise que sous la condition expresse qu'il serait soumis à tous les règlements et aux usages, à l'ancienne discipline de la corporation (1)

Le nouveau collège, qui avait quelques embarras pécuniaires, ne fut pas en pleine activité aussitôt après son agrégation; mais un régent, qui se nommait Goudouin, et que nous croyons, avec l'abbé Goujet (2), être le professeur d'hébreu de ce nom, y rassembla de jeunes enfants, auxquels il se proposait de faire apprendre le latin d'une manière expéditive, en ne plaçant auprès d'eux que des personnes parlant cette langue. C'est là un exemple de ces petites écoles de latinité qui se multiplièrent dans Paris vers le milieu du dix-septième siècle. Comme le collège des Quatre Nations dépendait de l'Université, elle pouvait fermer les yeux sur l'entreprise de Goudouin; mais elle se montra plus sévère à l'égard des autres institutions du même genre, que le chantre de Notre-Dame avait seul autorisées, et qui faisaient aux anciens collèges

---

(1) *Arch. U.*, Reg. xxxiv, fol. 14 v° et suiv.; Félibien, *Hist. de Paris*, t. IV, p. 202 et suiv.

(2) *Mémoire historique sur le collège royal*, t. I, p. 357.

la concurrence la plus redoutable. Les registres de la Faculté des arts portent fréquemment la trace du mécontentement et des appréhensions que causaient à la plupart de ses membres le progrès des petites écoles et l'extension donnée à leur enseignement. Au lieu de la lecture, de l'écriture et du calcul, certains maîtres enseignaient à leurs élèves la grammaire, la rhétorique et les sciences. « Ils s'annonçaient au public sous les titres pompeux de directeurs d'académie, de maison d'éducation de jeune noblesse militaire. L'un d'eux, qui se nommait Chevalier et qui logeait rue Chapon, se vantait, par son affiche, d'enseigner à ceux qui voudraient prendre des leçons les langues grecque et latine dans l'espace de trois mois; et il ne leur demandait que le double de temps pour les rendre capables d'interpréter tous les poètes et les orateurs. Un autre, nommé du Roure, dont l'école était située au Palais, rue Neuve de Lamoignon, allait jusqu'à annoncer qu'il enseignait la grammaire, la rhétorique, la philosophie, les mathématiques, la théologie, la jurisprudence, la médecine, la mécanique, la fortification, la géographie, la chronologie, le blason, l'astronomie, la jurisprudence romaine, les ordonnances, la coutume, les principes hébraïques et le droit canon (1). » D'aussi fastueuses promesses pouvaient à peine faire quelques dupes; mais beaucoup de familles, surtout parmi celles qui habitaient loin du quartier Latin, se laissaient facilement séduire par l'avantage de ne point envoyer leurs enfants aux classes de l'Université, de les conserver près d'elles, de pouvoir les surveiller, et de leur procurer une instruction moins forte assurément que celle des collèges, et cependant calquée sur le plan des études classiques. Aussi le nombre des écoliers qui fréquentaient les petites écoles s'était-il singulièrement accru; on en comptait en 1674 plus de cinq mille à Paris (2). Dans l'origine, chaque école devait avoir un seul maître, et un sous-maître pour le remplacer en cas d'absence; mais lorsque la clientèle de certains établissements se fut augmentée, le chantre permit aux instituteurs de s'adjoindre autant d'auxiliaires

---

(1) Philibert Pompée, *Rapport historique sur les écoles primaires*, p. 107.
(2) *Requeste au roy contre les petites écoles*. Voy. Pièces justificatives, n° CXXXI.

que le service l'exigeait, et de charger chacun d'eux d'un enseignement différent; de sorte que par le fait les petites écoles devinrent de véritables collèges. Elles ne différaient de ceux-ci qu'en un seul point, l'indépendance vis-à-vis de l'Université; mais cette indépendance était-elle bonne en soi? Le chantre l'affirmait; l'Université répondait qu'elle avait bien de la peine à maintenir le bon ordre dans ses propres établissements, même en les surveillant beaucoup, et qu'il était inadmissible que des maisons mal surveillées fussent à l'abri de tout reproche, tant sous le rapport de la foi que sous celui des mœurs. Elle en appelait d'ailleurs à l'expérience, et faisait observer que certaines écoles, ainsi abandonnées à elles-mêmes, étaient devenues des foyers d'impiété tardivement découverts.

Le membre du chapitre de Notre-Dame qui avait alors l'importante dignité de chantre se nommait Claude Joly. Il n'exerçait pas ces fonctions de manière à pacifier les différends qui s'étaient élevés, car on lui reprochait d'avoir dépassé les abus de pouvoir et les empiétements de tous ses prédécesseurs. Au commencement de l'année 1675, comme le mal s'aggravait de jour en jour, la Faculté des arts jugea qu'il était urgent d'aviser, et une requête fut présentée au roi; elle contenait l'exposé des faits que nous venons de résumer, et concluait à ce que le gouvernement rappelât les maîtres des petites écoles à l'observation de leurs statuts, qui ne leur permettaient pas d'enseigner la grammaire, encore moins la rhétorique, ni de garder des enfants au-dessus de l'âge de neuf ans. L'Université, depuis un quart de siècle, avait paru bien rarement dans le palais des rois de France; cependant, au mois de mai suivant, le recteur, le syndic et le greffier se rendirent à Saint-Germain en Laye, où se tenait la cour; ils étaient accompagnés de Pierre Danet, l'habile lexicographe, qui travaillait en ce moment, sous les auspices du duc de Montausier, aux éditions des classiques à l'usage du dauphin. Nous n'oserions affirmer qu'ils aient obtenu la faveur presque inespérée d'être admis en présence de Louis XIV; mais, d'après la relation qu'ils présentèrent quelques jours après à la Faculté des arts, il est certain que le roi prit personnellement connaissance des griefs de l'Université contre les petites écoles. Il fit répondre ensuite par Colbert que l'affaire le touchait au plus haut point; que personne n'était plus intéressé que lui-même à la bonne éducation de la jeunesse, puisque l'avenir de l'État en dépendait; qu'il avait approuvé la requête de l'Université, et qu'il aviserait aux moyens de lui rendre son antique splendeur. Le roi ajouta que l'Université devait, de son côté, faire tous ses efforts pour remplir exactement et fidèlement sa mission; qu'elle avait donné lieu à des plaintes; qu'au témoignage de beaucoup de personnes, la manière dont la jeunesse était instruite dans ses collèges laissait à désirer; que les écoliers y apprenaient tout au plus un peu de latin, mais qu'ils ignoraient la géographie, l'histoire et la plupart des sciences qui servent dans le commerce de la vie; que cependant ces études trop négligées n'étaient pas sans fruit pour la jeunesse elle-même, et que plus tard elles tournaient à la splendeur et à la gloire de l'État. Il importait que l'Université de Paris examinât si ces plaintes avaient quelque fondement, et, dans ce cas, quels étaient les remèdes à employer, en attendant qu'au retour de la paix, il fût possible de s'occuper sérieusement des réformes qui seraient jugées nécessaires (1).

Louis XIV a eu rarement l'occasion d'exprimer sa pensée sur l'instruction publique; aussi avons-nous recueilli avec empressement la trace des paroles qu'il échangea sur ce grave sujet avec les députés de l'Université, ou qu'il leur fit transmettre par son ministre. N'est-il pas curieux d'entendre une voix partie de si haut exprimer, sous la forme d'un doute, il est vrai, les reproches qui s'élèveront bientôt de tous côtés contre l'enseignement des collèges, et réclamer avec conviction qu'une part plus grande y soit faite aux connaissances les plus utiles à la société? Sans doute Bossuet n'était que l'interprète fidèle de la pensée de Louis XIV, lorsque, dans l'éducation du dauphin, il alliait à l'étude des langues ces autres études trop négligées (2) : la géo-

---

(1) Voy. Pièces justificatives, n° CXXXII.
(2) *De l'instruction de monseigneur le dauphin, au pape Innocent XI.* Œuv.

graphie, l'histoire, « cette maîtresse de la vie humaine et de la politique, » les belles inventions des arts, et les mathématiques, « qui servent le plus à la justesse du raisonnement. »

Quoi qu'il en soit, l'Université gagna pleinement sa cause. Le jour même où ses députés étaient reçus par Louis XIV, une lettre de cachet fut adressée au Parlement : elle lui ordonnait de tenir la main à ce que, conformément aux statuts, aucun maître particulier, sous prétexte de tenir des petites écoles, ne pût enseigner autre chose que la lecture, l'écriture et les premiers rudiments de la langue latine, ni recevoir aucun écolier âgé de plus de neuf ans (1).

Toutefois cet acte du souverain ne décidait pas encore la question : il restait à obtenir du Parlement un arrêt qui fit justice des maîtres d'école et des prétentions du chantre, car le chantre était intéressé autant que personne dans le débat. L'Université, sur l'invitation du procureur général, lui remit un mémoire que Du Boulay paraît avoir rédigé (2) ; elle y demandait que les maîtres ès arts fussent préférés à tous les autres candidats pour la direction des petites écoles. Mᵉ Joly défendit opiniâtrément, de son côté, les prérogatives de sa charge ; il protesta contre les restrictions qu'on prétendait apporter soit à la liberté de ses choix, soit à l'étendue des pouvoirs qu'il conférait ; enfin, il invoqua les intérêts de la jeunesse et le vœu des familles, qui s'accommodaient parfaitement des méthodes expéditives suivies en général dans les petites écoles. Sur ce dernier point, l'Université lui opposa une réponse (3) qu'il est bon de recueillir ; aujourd'hui encore, en plus d'une occasion, elle trouverait, ce nous semble, son application.

« Toutes ces méthodes que l'on vante tant, et que l'on invente tous les jours, disait l'Université, retardent plus les enfants qu'elles

compl., t. XXXIV, p. 22 et 36. Louis XIV a pris soin lui-même de nous faire connaître l'importance qu'il attachait à l'étude de l'histoire, *Mémoires*, t. II, p. 96.

(1) *Arch. U.*, Reg. xxxiv, fol. 25 v°. Cf. *Correspondance administrative sous Louis XIV*, recueillie et mise en ordre par M. Depping. Paris, 1855, in-4°, t. IV. p. 597.

(2) *Arch. U.*, Reg. xxxiv, fol. 26.

(3) *Factum pour l'Université de Paris contre M. le chantre de l'église cathédrale et ses permissionnaires tenans écoles à pensions*. Seconde partie, p. 22 et suiv.

ne les avancent. Il a paru des méthodistes dans tous les temps, comme des chercheurs de pierre philosophale, et l'on ne trouve pas qu'ils aient jamais réussi. L'on est toujours revenu à l'ancienne manière d'enseigner. Les Latins ont esté obligez de la prenlre aussi bien que nous. *Nomina declinare et verba imprimis pueri sciant*, dit Quintilien; *neque enim aliter pervenire ad intelligentiam sequentium possunt. Quod etiam admonere supervacaneum fuerat, nisi ambitiosa festinatione, plerique a posterioribus inciperent, et dum ostentare discipulos circa speciosora malunt, compendio morantur.*

« Cependant ils avoient bien moins de nécessité que nous de prendre le circuit que nous prenons. La langue latine estoit leur langue maternelle, et elle nous est étrangère. Ils en apprenoient les règles comme nous faisons, et passoient par trois ou quatre classes de grammaire avant que d'entrer dans celles des rhéteurs. Et l'on veut nous faire croire que dans trois mois nous apprendrons la langue latine, et que dans six mois nous sçaurons interpréter tous les auteurs!

« Si M. le chantre est persuadé que ces rares docteurs, auxquels il donne si librement des permissions, puissent s'acquitter utilement de ce qu'ils promettent au public par leurs affiches, il devoit bien en donner advis au roy; il auroit merveilleusement soulagé Monseigneur le dauphin, lequel, comme tous les enfants de son âge, a eu de la peine à faire des thêmes et des versions pour acquérir l'habitude de la langue latine. S'il n'en est pas persuadé, il a grand tort de donner des permissions à des charlatans pour tromper le monde.

« Les chimistes ont beau faire, ils ne nous donneront jamais de l'or qui approche du naturel. Les fruits et les fleurs qu'on fait venir par force n'ont point le goust et l'odeur des autres, que la saison amène doucement à leur maturité. En fait d'étude, il faut suivre la nature pas à pas, et s'appliquer seulement à bien faire employer le temps qu'elle donne, sans la forcer ny la violenter. Il faut que celuy que l'on instruit sçache rendre raison de ce qu'on luy fait apprendre : *sciat se scire*, disent les philosophes. A cet effet, le cours des classes a esté très-sagement institué. L'on a étudié la nature en instruisant les enfans. C'est aux maistres de bien ménager le tems, et de leur faire apprendre quantité de bonnes choses pendant qu'ils sont dans les classes, parce qu'ils ne les apprennent jamais quand ils en sont sortis, et de retrancher tout ce qui est de peu d'usage ou tout à fait inutile.

« La grammaire ne s'apprend pas par l'interprétation seulement. Un enfant qui aura la mémoire heureuse pourra retenir l'explication des passages d'un auteur qu'il aura entendus; mais il n'entendra pas la langue latine pour cela. Il faut nécessairement avoir recours aux règles; et ceux qui ne les auront pas apprises n'y sçauront jamais rien. *Nisi fundamenta fideliter jeceris, quidquid superstruxeris corruet...*

« Les docteurs méthodistes abusent les parents. Les loix ont toujours banny ces sortes de gens-là, comme des distributeurs de fausse monnoye. Justinien ne les qualifie pas autrement, parce que *adulterinam discipulis doctrinam tradunt;* et comment cela? *Tantum legitime docendi rationi quantum legitimo studiorum tempori detrahentes,* disent les interprètes.

« Il est plus avantageux et plus seur de faire étudier les enfans dans les collèges, et de leur faire faire le cours ordinaire des classes. S'il est un peu plus long, il est plus commode et plus assuré. »

Comment ne pas admirer la piquante et profonde sagesse de ces réflexions? Quelle réponse plus solide pourrait être opposée, même de nos jours, à ces novateurs sans expérience qui prétendent posséder une recette infaillible, connue d'eux seuls, pour épargner à l'enfance les aspérités et les lenteurs de l'étude? Sachons prendre la nature humaine telle que Dieu l'a faite, et n'espérons pas la changer. L'éducation de l'homme est une œuvre laborieuse, et le temps, quoi qu'on fasse, y est aussi nécessaire au succès que le travail; car le but qu'il s'agit d'atteindre, c'est moins encore d'inculquer à l'élève un certain nombre de notions positives que de former en lui ce merveilleux instrument de l'intelligence dont il se servira plus tard pour étendre le cercle de ses pensées. Quoi qu'il en soit, et quelque sensées que fussent les raisons alléguées par l'Université de Paris, elles ne triomphèrent pas, immédiatement du moins, de l'obstination personnelle du chantre; l'affaire des petites écoles traîna en longueur et ne fut réglée, comme on le verra, que quelques années plus tard. En attendant une décision judiciaire, l'Université prit des mesures pour réprimer, autant qu'il était en son pouvoir, le développement de ces institutions bâtardes. Au mois d'août 1677, le recteur, M⁰ Nicolas Pières, que nous avons vu plusieurs années auparavant investi de la dignité rectorale, fit afficher en latin et en français, dans tous les quartiers de la ville, une délibération du tribunal académique portant qu'à l'avenir ceux qui auraient enseigné ou étudié, passé l'âge de neuf ans, en des maisons particulières, ou petites écoles, seraient incapables d'acquérir aucuns degrés, immunités ou privilèges dans la Faculté des arts, et déchus de ceux qu'ils pourraient y avoir acquis antérieurement. Les candidats aux grades étaient en conséquence astreints à l'obligation de déposer entre les mains du procureur syndic et du greffier de l'Université leurs certificats d'études, extraits baptistaires et autres actes authentiques, de manière à établir sous quels maîtres et en quels lieux ils avaient étudié depuis l'âge de neuf ans (1).

L'affaire des petites écoles touchait à des questions de droit public et de discipline scolaire qui présenteront dans tous les temps un véritable intérêt; il n'en est pas de même des discussions qui s'étaient élevées en 1675 au sein de la Nation de France, et dans lesquelles Égasse Du Boulay joua le principal rôle. Comme la plupart des compagnies de l'Université, la Nation de France était en proie à des dissensions intestines, triste effet de la jalousie de ses membres. La position officielle occupée par Du Boulay, son savoir, ses nombreux ouvrages, son expérience des affaires, tout contribuait à lui assurer beaucoup de crédit. Il s'était servi de son influence pour faire donner les principales charges de la Nation à son frère, Pierre Du Boulay, et à ses amis. Il ne s'était pas

---

(1) *Arch. U.*, Reg. xxxv, fol. 16; Ph. Pompée, *Rapport histor.*, etc., p. 109 et s.

oublié lui-même, et, comme nous l'avons dit plus haut, il était parvenu à s'attribuer d'assez larges subsides et le produit d'une taxe particulière établie sur les étudiants pour la publication de son grand ouvrage. Toutefois ce soin excessif de ses intérêts et de ceux de sa famille ou de son parti suscita de vifs mécontentements; plus d'une fois l'actif et puissant greffier vit s'éle r contre lui des résistances inattendues. Sur ces entrefaites, les pouvoirs de Pierre Du Boulay, qui exerçait depuis un an les fonctions de censeur, vinrent à expirer au mois d'octobre 1675. Une brigue se forma en faveur d'un candidat du parti des opposants, Remi Duret, licencié en théologie et principal du collège des Bons-Enfants. Malgré les efforts des deux frères Du Boulay, Remi Duret fut élu, et la Faculté des arts, peu de jours après, confirma son élection. Ce fut alors que se passa un fait inouï dans les annales de la Faculté des arts. Indocile au vœu de la majorité, Pierre Du Boulay refusa de remettre à Duret le *livre du censeur*. Condamné par sentence du Châtelet, sous peine de saisie et de vente de ses biens, il refusa encore, et, plutôt que de fléchir, il fut sur le point de se laisser exécuter, au grand scandale de tous; il ne céda qu'à la dernière extrémité, comme on allait mettre ses meubles en vente. Quand il eut remis le livre du censeur, on s'aperçut qu'un feuillet avait été enlevé (1). Cette impardonnable rébellion fit éclater l'orage qui se préparait depuis longtemps. Remi Duret, autorisé par la majorité de sa compagnie, publia contre les frères Du Boulay un libelle sanglant, sous le titre de *Recueil*

---

(1) Voici en quels termes Duret raconte cet incident, *Lib. Censor.*, fol. 128 (*Bibl. Maz.*, cod. H. 1935) : « Die 26 mensis novembris anni 1675, Franciscus Cabrillon, « apparitor in Castelleto, qui die 13 eorumdem mensis et anni regias manus injecerat « in supellectilem M. Petri Égasse Du Boulay, ex-censoris et recusantis obtemperare « sententiis infra descriptis, significavit ipsi, si diutius parere recusaret, fore ut tota « ejus supellex postridie venundaretur in loco solito, prope pontem Beati Michaelis. « Tandem ab ipso hos commentarios accepit, quorum laceratum erat folium quadra- « gesimum, statimque mihi censori subsignato, in ædibus Sorbonicis degenti, tra- « didit. » Le feuillet 40 manque effectivement au *livre du censeur*, qui va de l'année 1660 à 1676. Les décisions, rappelées par Duret, auxquelles Pierre Du Boulay refusait d'obtempérer, sont une délibération de la Faculté des arts du 31 octobre 1675, et un jugement du Châtelet du 8 novembre suivant; elles sont transcrites dans le *livre du censeur*, fol. 129 et suiv.

de plusieurs conclusions et autres actes concernant la Nation de France, fondée en l'Université de Paris, depuis la réforme de ses statuts, l'an 1661, *jusques à présent.* Dans cet écrit, les imputations les plus graves étaient élevées contre l'honneur et la probité du greffier Du Boulay. Son adversaire l'accusait de falsifications de pièces, de malversations et d'exactions; parmi ces griefs accumulés figuraient au premier rang les subsides perçus et les taxes levées pour la publication de l'*Histoire de l'Université*. Égasse Du Boulay se défendit en rejetant la responsabilité de ses actes sur la Nation de France : il prouva que la Nation elle-même avait tout fait; qu'il n'avait été que l'interprète et l'instrument des résolutions prises par elle; qu'enfin il n'avait touché ni dépensé aucune somme qu'en vertu de délibérations régulières. Une vive émotion régnait dans la Faculté des arts. Le gouvernement jugea l'affaire assez grave pour qu'elle fût évoquée au conseil privé. Cinq conseillers d'État furent chargés de suivre l'instruction : c'étaient MM. de Marillac, Boucherat, Pussort, Benard et d'Aligre, assistés d'un maître des requêtes, M. Benoise, lequel devait recueillir les pièces. Devant cette haute juridiction, Remi Duret maintint ses accusations et Du Boulay répéta ses défenses (1). Nous ignorons comment se termina ce triste débat. Ce qu'il y a de certain, c'est qu'à ce moment Du Boulay, attaqué de divers côtés avec une extrême animosité, vit sensiblement diminuer son influence. Soit lassitude, soit défiance de ses amis, qui cependant, peu d'années après, élevèrent son frère au rectorat, il annonça en 1678 l'intention de résigner la charge de greffier, qu'il remplissait depuis environ seize années; mais il mourut au mois d'octobre, avant d'avoir accompli son dessein. On lui donna pour successeur dans cet emploi important Nicolas Lair, régent au collège d'Harcourt, qui exerçait alors la dignité rectorale. Les funérailles de Du Boulay eurent lieu sans éclat, et aucun hommage public ne fut rendu à sa mémoire. Cependant il avait sincèrement aimé, fidèlement servi l'Université, et en mourant il laissait après lui, comme der-

(1) *Bibl. nat.*, recueil Thoisy, Université, in-4°, t. 1.

nier gage de son dévouement pour elle, une œuvre considérable, fruit de patientes recherches, qui devait perpétuer le souvenir et la gloire de l'école de Paris. Le zèle et les travaux de cet infatigable champion des droits de sa compagnie auraient dû plaider en sa faveur et faire oublier quelques torts de son caractère. Mais les inimitiés qu'il avait soulevées contre lui se montraient si implacables qu'elles lui survécurent. L'Université intenta un procès à ses héritiers en restitution des documents qu'il avait empruntés pour écrire sa grande histoire. Qu'il ait, comme on l'a dit, brûlé les originaux après s'en être servi, c'est là une assertion calomnieuse que rien n'autorise; mais il se pourrait que sa famille eût retenu indûment ou qu'il eût lui-même égaré quelques-unes des pièces qui, en effet, ne se retrouvent plus aujourd'hui dans les archives de l'Université.

Dans l'analyse des statuts de Henri IV, que nous avons donnée au début de cet ouvrage, on a vu que les maîtres ès arts et les principaux comptant sept années de services non interrompus dans un collège de plein exercice devaient, pour les nominations aux bénéfices, être préférés à tous les gradués qui n'étaient pas docteurs en théologie. Par une bizarre anomalie, les professeurs de théologie, non docteurs, n'avaient pas obtenu le même privilège, malgré le rang ou peut-être même à cause du rang élevé qu'ils occupaient pour la plupart et des autres avantages qui leur étaient attribués. Quoi qu'il en soit, Louis XIV crut devoir modifier en ce point les statuts de Henri IV; et, par un édit du mois de janvier 1676 (1), il ordonna que les professeurs de théologie des maisons de Sorbonne et de Navarre, qui auraient fait un cours dans ces maisons pendant sept ans, jouiraient, comme les régents et les principaux de la Faculté des arts, du droit de *septennium*. Cette déclaration, il faut le dire, ne fut pas accueillie sans mécontentement par la partie militante de l'Université. La Faculté des arts fit opposition à l'enregistrement de l'édit du roi, et lança contre les théologiens des deux collèges favorisés un *fac-*

---
(1) Félibien, *Hist. de Paris*, t. IV, p. 249.

tum rédigé dans les termes les plus vifs (1). Cette pièce de procédure renferme d'assez curieux détails sur la condition fortunée échue en partage à quelques-uns des maîtres chargés d'enseigner la science religieuse. MM. Guischard et du Saussoy, du collège de Navarre, étaient de grands personnages qui avaient carrosse, et n'allaient à pied, dit le *factum*, que par humilité. MM. Grandin, Des Periers et Lestocq, de la maison de Sorbonne, possédaient de grands biens. Leurs collègues étaient moins riches; cependant ils touchaient de bonnes pensions, qui, jointes aux émoluments de leur charge, leur permettaient de vivre honnêtement et à leur aise, en véritables théologiens du collège de Sorbonne. En regard de cette heureuse condition, qui pour quelques-uns touchait à l'opulence, la Faculté des arts traçait le tableau de l'existence précaire de ses régents, qui, chargés du travail le plus ingrat, manquaient souvent du nécessaire et vivaient de privations. Fallait-il leur enlever, ou, ce qui revenait au même, avilir, en le prodiguant, ce privilège du *septennium*, qui compensait bien faiblement les difficultés et les fatigues de leur profession? Ces plaintes, quoique spécieuses, restèrent sans effet; l'édit contesté fut enregistré au mois de mars suivant, et servit de règle désormais dans la collation des bénéfices.

Au sein de la Faculté des arts s'éleva, quelque temps après, une contestation qui touchait également à de nombreux intérêts. Quelle était dans l'Université la position des régents mariés? Avaient-ils les mêmes droits que les célibataires? Pouvaient-ils prétendre aux charges et aux dignités de la compagnie? Question alors très délicate, à quelque point de vue qu'on se plaçât pour l'envisager, soit au point de vue de la coutume et du droit, soit à celui du bon ordre et de l'intérêt bien entendu des collèges. Dans l'origine, le célibat était la règle commune de l'Université de Paris. Création du pouvoir ecclésiastique, les écoles avaient imité les lois de l'Église; ceux qui participaient, dans quelque rang que ce fût, au sacerdoce de l'enseignement devaient s'y consa-

---

(1) *Bibl. nat.*, rec. Thoisy. in-4°, UNIVERSITÉ, t. III et IV.

crer tout entiers; pas plus qu'au prêtre, il ne leur était permis de s'engager dans les liens du mariage. Avec le temps, cette rigueur de l'ancienne discipline se relâcha. Une première réforme, celle du cardinal d'Estouteville, dispensa expressément les médecins de l'obligation du célibat; les statuts de Henri IV en affranchirent, cent cinquante ans plus tard, les membres de la Faculté de décret. Quant à la Faculté des arts, elle fut amenée insensiblement à ouvrir ses rangs à un assez grand nombre de maîtres qui ne s'étaient pas astreints à cette loi; elle permit même à quelques-uns de prétendre aux premières charges, et ce fut ainsi que, dans la première partie du dix-septième siècle, on vit s'élever au rectorat Grangier et Train, mariés l'un et l'autre. Toutefois il faut reconnaître que les traditions, les tendances, l'esprit général de la corporation n'étaient pas favorables au mariage de ses membres, et que fréquemment elle s'était montrée fort rigoureuse envers ceux qui n'avaient pas su renoncer aux douceurs de la vie de famille. En 1677, la question se posa tout à coup de la manière la plus directe et la plus vive à l'occasion du décanat de la Nation de France. Parmi les candidats se trouvait un professeur d'hébreu du Collège royal que nous avons déjà eu l'occasion de nommer, Jean Goudouin, qui était marié. Cette circonstance fut invoquée contre lui, comme cause d'exclusion, par son compétiteur, Charton, qui était le candidat préféré des frères Du Boulay. Goudouin adressa au conseil privé une longue requête, que nous connaissons par l'analyse que l'abbé Gouget en a donnée (1); il y faisait l'apologie du mariage, et s'efforçait de prouver par la discussion des statuts et des précédents de l'Université qu'elle ne faisait pas à ses membres une loi célibat. Alors éclata dans la Faculté des arts une de ces guerres de plume, acerbes, opiniâtres, sans utilité et sans éclat, dont les exemples sont trop fréquents entre gens d'études. Nous avons eu sous les yeux plusieurs des pièces du débat; ce sont des factums d'avocat en assez grand nombre, mêlés à quelques pièces de vers latins et français : nous signalerons deux sou-

---

(1) *Mémoire historique sur le collège royal*, t. I. p. 358.

nets adressés l'un au roi, l'autre au chancelier « sur les vexations que les professeurs célibataires font souffrir aux professeurs mariez dans la Faculté des arts (1). » Ces divers écrits ne mériteraient aucune attention, s'ils ne contenaient le germe de quelques idées qui se développeront dans la suite. Les partisans du célibat opposaient qu'on ne peut à la fois, comme l'a dit Cicéron, appartenir à sa famille et à l'étude : *Non posse se et uxori et philosophiæ operam dare.* « Mais quoi! répondaient les apologistes du mariage, Cicéron lui-même ne fut-il pas marié jusqu'à l'âge de soixante ans? N'est-ce pas pendant son mariage qu'il avait fait de si grands progrès en philosophie? Le mariage empêche-t-il les premiers magistrats du royaume de s'appliquer avec succès aux plus grandes affaires et aux sciences? » L'observation qui suit est plus grave (2) : « Dans la plus sage des républiques, il y avoit pour première maxime : *Censores cives cœlibes esse prohibento.* Ce qui est contre certains maistres ès arts régens, qui ne sont ny prestres, ny moines, ny mariez, et qui menent une vie de garçon dans la Faculté des arts, afin de vivre plus commodément et pour eux seulement. » Et plus loin : « On confie aujourd'huy la jeunesse avec plus de seureté à des gens mariez, qu'à d'autres, pour des raisons qui doivent faire trembler ceux qui font sonner si haut le célibat. » Ne sent-on pas déjà percer dans ces paroles les sentiments et les maximes du siècle suivant? « On veut exclure ceux qui ne sont pas célibataires de places purement civiles, s'écriait La Chalotais en 1763 (3), quel paradoxe! Il semble qu'avoir des en-

---

(1) *Factum contenant les moyens de la Faculté des arts, intervenante au procès d'entre Louis Charton et Jean Goudouin, en faveur du célibat contre le mariage et la bigamie des régens*, in-4°, 31 pages. — *Factum pour les professeurs mariez de la Faculté des arts contre les professeurs prestres et célibataires de ladite Faculté*, in-4°, 4 pages. — *Réflexions sur la régence des gens mariez en faveur de ceux qui les repoussoient*, in-4°, 9 pages. — *Réflexions sur les réflexions faites contre la régence des gens mariez*, in-4°, 4 pages. — *Extrait d'une requeste imprimée et présentée au roy par Jean Goudouin, professeur royal en langue hébraïque*, in-4°. — *Mémoire pour servir de réponse à une lettre volante qui porte pour titre : Extrait d'une requeste imprimée et présentée au roy.* — *Au roy, sur les vexations que les professeurs célibataires font souffrir aux professeurs mariez, dans la Faculté des arts.* Sonnet. — *A monseigneur le chancelier.* Sonnet, in-4°, 4 pages.

(2) *Factum pour les gens mariés*, etc., p. 2, 3, 4.

(3) *Essai d'éducation nationale ou plan d'études pour la jeunesse*, par messire

fants soit une exclusion pour pouvoir en élever. » Et cependant, lorsque l'Université impériale fut fondée, Napoléon Ier, en dépit des protestations de la philosophie, inscrivait dans le statut de 1808 (1) : « Les proviseurs et censeurs des lycées, les principaux et régents des collèges, ainsi que les maîtres d'étude de ces écoles, seront astreints au célibat et à la vie commune. » Il est juste d'ajouter que la règle sévère établie par le puissant empereur ne fut jamais appliquée, même sous son règne, et que par la force des choses les lycées se trouvèrent peuplés d'administrateurs engagés dans les liens du mariage. Autres temps, autres mœurs. Comment exiger le célibat et la vie commune des membres de l'instruction publique, alors que celle-ci, échappant aux mains du clergé, devient une fonction purement civile, confiée, sauf de rares exceptions, à de simples laïques? A l'époque où nous sommes arrivés dans cette histoire, en 1677 et 1678, la question, quoique posée dans des termes très absolus, se réduisait à une simple lutte d'intérêts privés. Le conseil d'État se garda bien de la trancher d'une manière définitive; il préféra la laisser en suspens et permettre aux Nations, comme il l'avait fait en mainte circonstance, de régler à l'amiable, en fait sinon en droit, ce grave différend.

Les dissensions de la Faculté des arts auraient porté un préjudice en quelque sorte irréparable aux études et à la discipline, si la haute direction des collèges avait dépendu exclusivement de ces compagnies dont les membres savaient si peu s'accorder. Mais régis qu'ils étaient, en vertu même de leurs titres de fondation, par des supérieurs majeurs, investis du pouvoir de les réformer, la plupart des collèges trouvèrent dans ce patronage des garanties spéciales de bonne administration. C'est ainsi que plusieurs furent l'objet de règlements très sages qui, au milieu de l'effervescence des esprits, sauvèrent ou rétablirent la discipline. Au

---

Louis-René Caradeuc de la Chalotais, procureur général du roi au parlement de Bretagne, 1763, in-12. p. 15.

(1) Art. 101. *Recueil des lois et règlements concernant l'instruction publique*, t. IV, p. 22.

collège d'Autun, le chancelier de Notre-Dame, Pierre Loisel, de qui la maison dépendait, promulgua des statuts nouveaux qui renfermaient les dispositions les plus impératives en faveur des bonnes études (1). Nous nous contenterons d'en citer quelques-unes :
« Art. 6. Les boursiers artiens, decretistes et théologiens, estant receus dans le collège, les grammairiens seront interrogés par le principal, et selon leurs capacitez envoyés dans les collèges de cette Université, et soubz les professeurs que le principal jugera estre plus propres; les dits decretistes et théologiens reconnus estre capables de l'une ou l'autre estude pourront faire choix des professeurs de l'une ou l'autre Faculté de l'adveu du dit principal. Art. 7. Les boursiers artiens ayant fait leurs cours de philosophie seront tenus, dans un an après le cours achevé, d'acquérir les degrez de maistre ès arts en laditte Université; et faute de quoy et sans cause légitime, leurs bourses seront déclarées vacantes et impétrables. Art. 9. Les boursiers decretistes seront obligez d'estudier en droit selon la fondation, de se faire inscrire, dans le commencement de chaque trimestre, dans laditte Faculté, d'y prendre deux leçons par jour, d'y estudier trois ans, d'y achever leurs cours, se faire recevoir bachelier dans l'année après, ou promouvoir aux ordres sacrez, dont ils ne pourront estre dispensez que de l'avis dudit principal, et de nostre adveu ou de nos successeurs chanceliers. Art. 10. Les boursiers théologiens seront pareillement obligez suivant laditte fondation, d'estudier en théologie soubz deux professeurs de laditte Faculté; d'en tirer les certificats, et après leurs cours de trois ans, de deux ans après au plus tard, d'obtenir les degrez de bachelier en théologie, ou du moins de se faire examiner ou de se faire promouvoir, comme les decretistes, aux ordres sacrez, s'ils n'en sont pas dispensez par quelque obstacle légitime et inévitable, jugé tel comme dessus; sans quoy leurs bourses théologiennes, comme celles des decretistes, seront déclarées vacantes et impétrables. Art. 11. Les boursiers decretistes et théologiens seront tenus d'assister aux dis-

---

(1) *Arch. U.*, Reg. xcvi, collège d'Autun, p. 161.

putes et aux exercices qui se font, selon la fondation, dans ledit collège, le principal y présidant, et les boursiers estant obligez d'y disputer et d'y répondre alternativement sous les peines d'estre mulctez par ledit principal et les trois anciens boursiers ; laquelle mulcte ira au proffit des présents desdittes Facultez. Art 12. Les boursiers artiens auront aussy leur semaine et leur jour pour leurs disputes en philosophie; auxquelles ils respondront les uns après les autres, les decretistes et les théologiens y disputant sous les mesmes peines. »

Ce fut également un chancelier de Notre-Dame, Nicolas Coquelin, successeur de Pierre Loisel, qui réforma, en 1680, le collège de Bourgogne et le collège de Boissy. Le règlement du collège de Bourgogne concerne seulement la discipline : nous y relèverons les deux articles suivants : « Art. 20. On n'ira point, sous quelque prétexte que ce soit, au cabaret, à la comédie, ny à l'opéra. Art. 22. On ne retiendra ny armes, ny épées dans les chambres particulières, et ceux qui en auront les mettront aux mains du principal, qui les conservera dans un lieu destiné à cet effet. » Le règlement du collège de Boissy est plus étendu que celui du collège de Bourgogne; il impose également aux boursiers l'obligation « d'estudier actuellement et faire progrez dans leurs estudes. » Après sept ans passés dans la maison, ils peuvent obtenir du supérieur la prolongation de la jouissance de leur bourse, mais sous la condition expresse « qu'ils continueront le cours de leurs études en grammaire, philosophie, droit canon et théologie (1). »

Autant qu'il était en son pouvoir, l'Université s'associait aux efforts des supérieurs majeurs des collèges pour en améliorer la condition : quelquefois même elle eut l'initiative des mesures à ordonner. C'est ainsi qu'en 1678 elle prit une délibération pour la réforme du collège du Trésorier (2). Les dispositions qu'elle avait édictées reçurent, l'année suivante, l'approbation du Parlement; une des plus importantes était l'établissement d'un prin-

---

(1) *Arch. U.*, Reg. xcvi, collège de Bourgogne; *ibid.*, collège de Boissy. Félibien, *Hist. de Paris*, t. V, p. 815 et suiv.
(2) Félibien, *Hist. de Paris*, t. III, p. 288 et suiv.

cipal nommé à vie par les archidiacres du grand et du petit Caux, et investis des pouvoirs les plus étendus pour le maintien de la discipline, des habitudes laborieuses et des bonnes mœurs parmi les boursiers.

Un règlement sévère, une exacte surveillance étaient d'autant plus nécessaires dans les collèges, qu'il s'y passait encore quelquefois des faits de violence dignes de la barbarie d'un autre âge. Qui croirait qu'en 1679, dans les beaux jours du siècle de Louis XIV, un procureur du collège de Maître Gervais, qui se nommait Lemierre, ourdit les trames les plus noires contre le principal, M° Dubois, et que, non content de l'avoir injurié, frappé, renversé, il le fit appréhender, quelques jours après, par une troupe de gens armés qui, sous prétexte de le conduire devant l'archevêque de Paris, pour de prétendus déportements, l'entraînèrent dans un cabaret et, là, voulurent le contraindre à signer une promesse d'argent. Pour cet acte de brigandage, Lemierre et ses complices furent décrétés de prise de corps, cités devant la chambre de justice, séant à l'Arsenal, et condamné les uns aux galères, les autres au bannissement (1).

Parmi les événements de cette époque qui concernent les collèges, nous ne saurions passer sous silence la cession de l'ancien collège des Lombards à la communauté des prêtres irlandais. Depuis son établissement à Paris sous le règne de Louis XIII, cette communauté s'était développée et avait acquis une certaine influence. Nous avons signalé plus haut (2) l'attitude militante d'une partie de ses membres pendant la querelle du jansénisme, et l'engagement pris par eux, au grand scandale de la Faculté des arts, de combattre les cinq propositions, avant même qu'elles eussent été condamnées à Rome. En 1672, Louis XIV confirma les lettres

---

(1) *Factum pour M° Philippe du Bois, prestre, docteur de Sorbonne... prieur et principal du collège royal de maistre Gervais Chrestien...* contre Michel Le Mière, procureur du mesme collège, les trois Pascal frères, les nommez des Estrays, Butet dit Marquis, Laisné Boursier, des Fontaines et autres complices et accusez, in-4° de 10 pages. — *Arrest de la Chambre royale, séante au chasteau de l'Arsenal*, contre Michel Le Mière, etc., in-4° de 4 pages. Cet arrêt porte la date du 2 août 1679.

(2) Livre II, chap. I, p. 343.

patentes qui, un demi-siècle auparavant, avaient autorisé les Irlandais à recevoir des donations « pour les aider à vivre et s'entretenir en leurs estudes; » et il leur permit d'acquérir une maison située rue d'Enfer, qui devait être spécialement affectée aux étudiants originaires du comté de Lageny. Mais il se présenta bientôt une circonstance favorable qui devait contribuer à l'affermissement de la communauté. Il existait à Paris un ancien collège, fondé au quatorzième siècle par un évêque d'Arras, André Ghini, de Florence, en faveur des étudiants italiens. Après avoir été prospère, ce collège était peu à peu déchu, tant à cause de la modicité des bourses qu'en raison des changements qui avaient eu lieu depuis le moyen âge dans les rapports mutuels des différents États de l'Europe, et qui avaient enlevé son utilité principale à ces migrations d'étudiants d'un pays à l'autre. En 1677, comme il était abandonné depuis près de cent ans par les Italiens, ses deux protecteurs, le chancelier de Notre-Dame et l'abbé de Saint-Victor, et ses trois proviseurs italiens offrirent de le céder aux Irlandais, qui déjà s'y trouvaient établis. La cession fut acceptée par les représentants de la communauté, Édouard Butler, Charles Maquin, Térence Morgan, Ambroise Madin, Patrice Cruice, etc. Sur la demande de ceux-ci, le roi délivra des lettres patentes qui autorisèrent les arrangements intervenus et accordèrent à la nouvelle institution tous les privilèges, droits et exemptions dont jouissaient en France les écoles fréquentées par des Français. Les règlements d'études et de discipline furent soumis à l'archevêque de Paris et reçurent son approbation : ils maintenaient expressément les droits de l'Université et ceux du recteur (1). A peine les Irlandais furent-ils entrés en possession du collège des Lombards, d'assez graves différends s'élevèrent parmi eux : Édouard Butler, que le chancelier de Notre-Dame avait établi proviseur, fut supplanté, de l'avis des boursiers, par Maquin et par un autre maître, nommé Kelly, qui avaient avancé les sommes nécessaires pour la reconstruction des bâtiments; le chancelier prit parti pour son pro-

(1) Lettres patentes du mois d'août 1677. Voy. Pièces justificatives, n° CXXXIV et CXXXVI.

tégé; un procès s'engagea devant le conseil privé et dura plusieurs années. Il n'entre pas dans notre sujet de suivre les péripéties de cette contestation, dépourvue de tout intérêt, sinon pour l'Irlande.

Nous arrivons à un événement d'une autre importance, qui marque dans l'histoire de l'Université de Paris : l'édit du mois d'avril 1679, portant règlement pour l'enseignement du droit canonique et civil. L'ordonnance de Blois, sous Charles IX, avait réservé l'enseignement du droit civil aux Universités de Poitiers et d'Orléans, et l'avait interdit à celle de Paris. Cette prohibition, qui nous paraît aujourd'hui si peu motivée, était conforme néanmoins aux anciens statuts et à la tradition. L'école de Paris, comblée de tant de faveurs par les papes et par les rois, n'avait jamais été autorisée à enseigner qu'une seule branche de la science du droit, les *Décrétales;* Honorius III, dès le treizième siècle, avait défendu à ses maîtres, par une bulle célèbre, toute excursion sur le domaine de la législation civile. Cependant pouvait-on séparer deux études aussi étroitement unies? A mesure que la société laïque échappait, de siècle en siècle, à la tutelle de la papauté et se donnait à elle-même des lois particulières, bien différentes du droit canon, était-il possible, dans l'école la plus fameuse de la chrétienté, de comprimer l'élan naturel des esprits? Pouvait-on interdire, d'une manière absolue, l'enseignement de ces lois nouvelles et celui de la jurisprudence romaine, alors suivie dans une partie de la France? Aussi, malgré les dispositions qui tendaient à circonscrire l'objet de ses études, l'Université de Paris ne cessa pas, avant comme depuis l'ordonnance de Blois, de compter un grand nombre de régents qui expliquèrent les *Institutes* et le *Digeste* concurremment avec les *Décrétales;* les licenciés en droit canon, comme nous l'avons dit ailleurs, étaient même reçus au serment d'avocat dans les parlements, aussi bien que les licenciés en droit civil. Il était nécessaire de régler cette situation anormale et de mettre la loi d'accord avec le fait, ne fût-ce que pour prévenir les contestations qui s'étaient élevées et que les arrêts du Parlement n'avaient pas toujours réussi à terminer. L'Université de Paris, ou plutôt la Faculté de décret, en exprimait le vœu avec autant de persistance que de raison. Aux motifs que nous avons indiqués, elle ajouta un argument qui n'était que trop fondé : c'est que depuis l'ordonnance de Blois les études juridiques étaient anéanties dans le royaume ; les grades avaient cessé d'être une garantie d'instruction ; à Paris, faute d'un enseignement régulier, la jeunesse fréquentait des écoles clandestines. Quel remède apporter à ce désordre, sinon une législation sagement libérale qui élargît le cadre des études dans la Faculté de décret? Nous ignorons si les doléances exprimées plus d'une fois par la Faculté arrivèrent jusqu'aux oreilles de Louis XIV ; toujours est-il qu'au mois d'avril 1679 le Parlement reçut communication d'un édit du roi qui opérait les réformes si vivement désirées (1).

Le préambule en était ainsi conçu : « L'application que nous avons été obligez de donner à la guerre que nous avons soutenüe contre tant d'ennemis, ne nous a point empêchez de faire publier plusieurs ordonnances pour la réformation de la justice. A présent qu'il plaist à Dieu nous faire jouïr d'une paix glorieuse, nous trouvans plus en état que jamais de donner nos soins pour faire régner la justice dans nos États : nous avons cru ne pouvoir rien faire de plus avantageux pour le bonheur de nos peuples, que de donner à ceux qui se destinent à ce ministère les moyens d'acquérir la doctrine et les capacités nécessaires, en leur imposant la nécessité de s'instruire des principes de la jurisprudence, tant des canons de l'Église, et des lois romaines que du droit français. Nous avons d'ailleurs reconnu, continuait le roi, que l'incertitude des jugements, qui est préjudiciable à la fortune de nos sujets, provient principalement de ce que l'étude du droit civil a été presque entièrement négligée depuis plus d'un siècle dans toute la France, et que la profession publique en a été discontinuée dans l'Université de Paris... »

(1) *Édit du roy portant règlement pour l'estude du droit canonique et civil dans tout le royaume, et le rétablissement du droit civil en la Faculté de droit canon en l'Université de Paris, ensemble les règlements, statuts, résultats d'assemblées et autres actes en exécution de l'édit de Sa Majesté, avec les harangues des six docteurs régens prononcées à l'ouverture des escoles*, Paris, 1680, in-4°. Voy. nos Pièces justificatives, n° CXXXV.

L'enseignement du droit romain était en conséquence rétabli dans l'école de Paris, conjointement avec celui du droit canon, nonobstant l'article 69 de l'ordonnance de Blois et autres ordonnances, arrêts et règlements à ce contraires. Cette disposition devait s'étendre à toutes les universités du royaume qui possédaient une Faculté de droit. Le droit civil pénétrait aussi dans le cadre officiel des études juridiques, non seulement à Paris, mais à Aix, à Bourges, à Caen, à Valence, à Toulouse, comme à Orléans et à Poitiers. Louis XIV voulut mieux encore : afin de ne rien omettre, comme il le dit, de ce qui pouvait servir à la parfaite instruction de ceux qui entraient dans les charges de judicature, il ordonna que le droit français contenu dans les ordonnances et dans les coutumes fût l'objet de leçons publiques. A cet effet, il se réserva la nomination des professeurs qui expliqueraient les principes de la jurisprudence nationale; innovation capitale par laquelle on peut apprécier le changement accompli depuis un siècle dans les mœurs, dans les idées et dans les lois. Le progrès de l'enseignement public répond ici au progrès de la législation. Sans doute il fallait ces réformes admirables opérées sous l'inspiration de Colbert, dans les ordonnances et dans l'administration de la justice, pour que les lois françaises, désormais plus simples et plus conformes à la raison, fussent jugées dignes de figurer dans les études juridiques à côté du droit canon et des *Pandectes*. Enfin Louis XIV, imbu des maximes qui amenèrent en 1682 la célèbre déclaration du clergé de France, Louis XIV marque fortement l'esprit dans lequel il entend que le droit nouveau soit enseigné. « Enjoignons aux professeurs, dit-il, de s'appliquer particulièrement à faire lire et faire entendre par leurs écoliers les textes du droit civil et les anciens canons qui servent de fondement aux libertés de l'Église gallicane. »

A ces dispositions essentielles se trouvent mêlés, dans l'édit de 1679, quelques articles de discipline scolaire. La plupart ont pour but de garantir l'exactitude des professeurs, l'assiduité des étudiants, la sincérité des examens. Le plus important est celui qui défend à toutes personnes autres que les professeurs en droit d'enseigner cette science, à peine de trois mille livres d'amende. Il ne faudrait pas croire que ce fût là une vaine menace de la part du gouvernement : il existe une lettre du chancelier Le Tellier, du 30 décembre 1679, adressée au lieutenant civil, qui contient à cet égard les recommandations les plus sévères (1) : « Par l'article 5 de l'édict du mois d'avril dernier, portant règlement pour l'étude du droit canonique et civil, dit Le Tellier, il est deffendu à toutes personnes autres que les professeurs de cette Faculté d'enseigner et faire leçons publiquement dudit droit... Bien que Sa Majesté soit persuadée qu'en qualité de juge conservateur des privilèges de l'Université, vous prendrez un soin particulier de l'exécution dudit article; néantmoins, parce que Sa Majesté a fort à cœur qu'il n'y soit contrevenu, je vous fais cette lettre pour vous dire que vous devez contenir les sifleurs ou docteurs particuliers dans les termes dudit édict, au désir duquel ils doivent simplement faire des répétitions, comme il se pratique en théologie et en philosophie, sans faire aucune assemblée chez eux, dicter ny donner aucuns escrits. Il seroit mesme bon de les obliger à ne faire aucunes répétitions qu'aux escoliers qui prendroient des leçons publiques ou qui auroient satisfait aux trois années requises par la déclaration et fait leurs actes. Je vous prie de donner une particulière application à ce que dessus, et recevoir les dénonciations des professeurs pour faire la justice convenable. »

Après avoir fait connaître sa volonté d'une manière générale, Louis XIV ordonna aux Facultés de se réunir pour délibérer sur les points secondaires qui pouvaient réclamer de nouveaux règlements. Dans toutes les universités du royaume, des assemblées solennelles furent tenues en présence de conseillers d'État désignés par le roi (2). A Paris, les commissaires royaux étaient MM. Boucherat et Bazin de Bezons. La séance où furent discutées les me-

---

(1) *Correspondance administrative sous Louis XIV*, publiée par Depping, t. IV, p. 599.
(2) On trouvera à la Bibliothèque nationale, recueil Thoisy, UNIVERSITÉ, in-4º, t. III, les extraits des délibérations des universités de Bourges, Orléans, Reims et Angers.

sures proposées par la Faculté de droit eut lieu le 23 juin 1679; il en résulta un règlement en dix-neuf articles, qui, par ordre du roi, furent ajoutés aux anciens statuts (1). Nous avons sous les yeux, et peut-être ne sera-t-il pas sans intérêt de produire ici le programme des cours, tel qu'il fut arrêté en exécution de ces statuts, pour l'année scolaire 1679-1680. Le cours de droit français ne s'y trouva pas compris, le professeur n'ayant été nommé que quelques mois plus tard :

« Jean Doujat, ancien docteur régent, expliquera dans la grande salle ordinaire des écoles, depuis huit heures du matin jusqu'à neuf heures et demie, l'histoire et les principes du droit canon, pendant le premier semestre, avec le Concordat; et pendant le semestre après Pâques, le IVe livre des *Décrétales*, et marquera la diversité de l'ancien et nouveau droit canonique avec le droit civil et françois sur le mariage.

« Pierre Hallé, professeur du roy, lira en la nouvelle salle qu'il plaira au roy donner à la Faculté, à huit heures du matin, et expliquera les XXVIII, XXIX et XXX livres du *Digeste*, qui contiennent la matière des testaments et en partie celles des legs; y rapportant les dérogations du nouveau droit, les différences du droit canonique, et l'usage.

« Michel De Loy expliquera dans la nouvelle salle les huit premiers livres du *Digeste*, y rapportant aussi les titres du *Code* et les *Novelles* de semblable matière, depuis neuf heures et demie jusqu'à onze heures.

« Étienne de Mesles expliquera dans la grande salle ordinaire des écoles, depuis une heure après midy jusques à deux heures et demie, avant le 1er mars, et depuis deux heures, après le 1er du même mois, jusqu'à trois heures et demie, le XXXIXe livre du *Digeste* et les trois suivans, rapportant autant qu'il sera possible le droit nouveau.

« Jacques Baudin expliquera les *Institutes* de Justinien, et les rubriques du *Digeste* et des neuf premiers livres du *Code*, autant

---

(1) Voy. Pièces justificatives, n° CXXXVII.

qu'il se pourra, et ce, depuis neuf heures et demie jusqu'à onze, dans la gran.. salle ordinaire de l'école.

« Jean Cugnet expliquera le 1er livre des *Décrétales*, depuis deux heures et demie jusqu'à quatre en hyver, et depuis trois heures et demie jusqu'à cinq après le 1er mars, dans la grande salle des écoles. »

Lorsque les procès-verbaux des délibérations de toutes les Facultés de droit du royaume furent parvenus à Paris et que le conseil d'État en eut pris connaissance, le roi promulgua, au mois de mars 1680, un nouveau règlement portant institution, dans chaque Faculté, de docteurs agrégés en nombre double des professeurs. Les agrégés devaient être âgés de trente ans, pourvus du diplôme de docteur. Pour la première fois, le roi se réservait le droit de les nommer; à l'avenir, ils devaient être élus, à la majorité des voix, par la Faculté; mais l'élection n'était valide que si le candidat élu avait réuni les deux tiers des suffrages exprimés. Les fonctions des agrégés étaient de suppléer les professeurs absents, et d'assister concurremment avec eux aux disputes des thèses et aux assemblées. Ils recevaient, dans ces différents cas, des droits de présence égaux à ceux des professeurs, sans avoir comme eux des émoluments fixes.

Douze agrégés furent attribués à la Faculté de Paris; ceux que le roi, par première nomination, désigna pour cet emploi, furent: MM. Boscager, Paucis, de Gone, Desbarrières, Duru, Piaulin, Mongin, Legendre, Bonamour, Girard, Amiot et Collesson (1). Par la même ordonnance, délibérée en conseil d'État, le roi nomma le professeur de droit français. Son choix tomba sur M. de Launay, avocat au parlement de Paris. Le 28 novembre 1680, les nouveaux agrégés et le nouveau professeur furent installés solennellement par les commissaires royaux, MM. Boucherat et Bezons, en présence de la Faculté réunie. Un mois après, le 28 décembre, M. de Launay parut pour la première fois dans sa chaire. Comme tous les nouveaux professeurs, mais avec plus de raison

---

(1) Voy. Pièces justificatives, nos CXXXVIII et CXXXIX. Cf. *Mercure galant*, déc. 1680.

que beaucoup d'entre eux, il s'attacha, dans son discours d'ouverture, à montrer l'importance et l'utilité de l'enseignement qui lui était confié. Sans attaquer la jurisprudence romaine, il fit voir qu'elle ne constituait pas le droit commun de la France, mais qu'à côté d'elle et au-dessus d'elle, soit par les coutumes, soit par les ordonnances, s'était développée peu à peu une législation originale qui répondait au génie et aux besoins de la nation. « Si le droit romain, disait le professeur (1), avoit esté adopté en France, toutes les différentes coutumes auroient-elles esté faites? A quoi auroient servy les *Établissemens* de saint Louis, le *Conseil* de messire Pierre de Fontaines, le livre de Beaumanoir, la *Somme rurale*? Oui; mais, dit-on, toutes ces pièces empruntent quelque chose du droit romain. Je l'avoue; mais parce que les loix des douze tables ont esté faites des loix grecques, le droit attique a-t-il jamais esté le droit commun de Rome? Parce que les loix grecques ont esté prises de la loy mosaïque, le Pentateuque a-t-il jamais esté le droit commun de la Grèce? Quoi qu'il en soit, les cas obmis dans les coutumes ne se décidant point selon le droit romain, car on a recours à l'usage de chaque province, c'est une démonstration, que le droit romain n'est pas notre droit en France. » Outre l'objet de son cours, M° de Launay avait à justifier une autre nouveauté, non moins suspecte à l'ancienne école : l'emploi de la langue française dans l'enseignement du droit. Mais quoi! après Descartes et Pascal, après Corneille et Molière, pouvait-on proscrire la langue nationale et condamner plus longtemps la jeunesse au jargon barbare de la scolastique? M° de Launay fit justice, en peu de mots, de la tyrannie du latin : « Aujourd'hui, s'écria-t-il, que nous voyons notre langue élevée presque à la hauteur de la grecque et de la latine, aujourd'hui qu'elle est si opulente et si noble, ne seroit-ce pas lui faire une grande injure que d'avoir recours à une langue étrangère pour repré-

---

(1) *Discours prononcé par François de Launay, avocat en la cour du Parlement, pourveu par le roy de la charge de professeur du droit françois, en la salle du Collège royal,* le 28 *décembre* 1680, *à l'ouverture de ses leçons*, Paris, 1682, in-12. Le *Mercure galant* de février 1681, p. 51 et suiv., donne de longs extraits de ce discours.

senter une jurisprudence qu'elle a formée, qu'elle a revestue de tous les ornements qui peuvent la rendre agréable, qu'elle a enrichie de tous les termes nécessaires pour la rendre intelligible à tout le monde? »

Ainsi disparaissaient successivement les préjugés, les usages, les institutions du passé. Le fond et la forme de l'enseignement public subissaient des modifications également profondes. Les méthodes, simplifiées de jour en jour, mettaient la science à la portée d'un plus grand nombre d'esprits en faisant rayonner sa lumière bienfaisante au delà de l'étroite enceinte des écoles; et, d'autre part, la science elle-même changeait d'objet et de caractère; elle se dégageait de la théologie et de la tradition pour devenir séculière et laïque, et pour s'adapter aux mœurs, aux vœux, aux conditions actuelles de la société. Un signe trop manifeste de la décadence de l'Université de Paris, c'est qu'elle resta presque entièrement étrangère à ce mouvement des esprits. L'édit de 1679 et les autres actes qui en furent la conséquence la touchaient de la manière la plus directe. Cependant quelle autre part peut-elle y revendiquer, que les vœux exprimés par la Faculté de décret? La réforme émana tout entière de l'initiative du pouvoir royal, éclairé par de sages conseillers. Après avoir perdu toute influence politique, l'Université de Paris, envisagée comme un des plus anciens corps de l'État, éprouvait l'humiliation de n'être plus consultée, même sur les objets qui semblaient être de sa compétence spéciale.

FIN DU PREMIER VOLUME.

TABLE DES MATIÈRES.

LIVRE PREMIER.

Depuis l'année 1600 jusqu'à la mort de Louis XIII.

CHAPITRE PREMIER.

Situation de l'Université de Paris à la fin du seizième siècle. — Henri IV annonce le projet de la réformer. — Les commissaires nommés par le roi s'adjoignent des membres de l'Université pour les seconder. — Usages et institutions de l'Université de Paris. — Bénéfices dont elle disposait. — Ses messageries. — Événements des six premiers mois de l'année 1600. — Le Parlement casse l'élection du recteur J. Lemercier. — L'édit de réformation est enfin promulgué. — Cérémonie à cette occasion. — Discours du président de Thou et de l'avocat général Servin. — Analyse des nouveaux statuts. — Faculté des arts. — Faculté de médecine. — Faculté de décret. — Faculté de théologie. — Caractère de tous ces règlements. — Nomination de quatre censeurs chargés de veiller à leur exécution. — Violente opposition que la réforme soulève. — Arrêts du Parlement pour réprimer l'insubordination et les désordres des écoliers. — Edmond Richer et les régents de rhétorique du collège de Lisieux. — L'ordre et le calme commencent à renaître dans les écoles. — Pauvreté de l'Université de Paris.................................... 1

CHAPITRE II.

Arrêt du Parlement contre les parents qui envoient leurs enfants aux collèges de Douai et de Pont-à-Mousson. — Les Jésuites à Tournon et à Bordeaux. — Leurs efforts pour gagner la faveur de Henri IV. Le P. Richeomme. Le P. Maggio. — Écrits d'Arnauld et de Pasquier contre les Jésuites. Écrits en sens opposé du P. Richeomme. — Voyage du roi à Verdun. — Le rétablissement des Jésuites est ordonné. — Réponse du roi aux remontrances du parlement de Paris. — Rapides progrès de la compagnie de Jésus. — Situation de l'Université. Elle réprime les désordres des écoliers et poursuit les livres qui sont contraires à la religion et aux bonnes mœurs. — Événements divers. — Collèges des Écossais, des Bernardins, des Bons-Enfants-Saint-Honoré. Cession du collège Mignon à l'ordre de Grandmont. — Le droit de *Committimus* de l'Université est confirmé. — Ser-

TABLE DES MATIÈRES.

LIVRE PREMIER.

Depuis l'année 1600 jusqu'à la mort de Louis XIII.

CHAPITRE PREMIER.

Pages.

Situation de l'Université de Paris à la fin du seizième siècle. — Henri IV annonce le projet de la réformer. — Les commissaires nommés par le roi s'adjoignent des membres de l'Université pour les seconder. — Usages et institutions de l'Université de Paris. — Bénéfices dont elle disposait. — Ses messageries. — Événements des six premiers mois de l'année 1600. — Le Parlement casse l'élection du recteur J. Lemercier. — L'édit de réformation est enfin promulgué. — Cérémonie à cette occasion. — Discours du président de Thou et de l'avocat général Servin. — Analyse des nouveaux statuts. — Faculté des arts. — Faculté de médecine. — Faculté de décret. — Faculté de théologie. — Caractère de tous ces règlements. — Nomination de quatre censeurs chargés de veiller à leur exécution. — Violente opposition que la réforme soulève. — Arrêts du Parlement pour réprimer l'insubordination et les désordres des écoliers. — Edmond Richer et les régents de rhétorique du collège de Lisieux. — L'ordre et le calme commencent à renaître dans les écoles. — Pauvreté de l'Université de Paris............................. 1

CHAPITRE II.

Arrêt du Parlement contre les parents qui envoient leurs enfants aux colléges de Douai et de Pont-à-Mousson. — Les Jésuites à Tournon et à Bordeaux. — Leurs efforts pour gagner la faveur de Henri IV. Le P. Richeomme. Le P. Maggio. — Écrits d'Arnauld et de Pasquier contre les Jésuites. Écrits en sens opposé du P. Richeomme. — Voyage du roi à Verdun. — Le rétablissement des Jésuites est ordonné. — Réponse du roi aux remontrances du parlement de Paris. — Rapides progrès de la compagnie de Jésus. — Situation de l'Université. Elle réprime les désordres des écoliers et poursuit les livres qui sont contraires à la religion et aux bonnes mœurs. — Événements divers. — Colléges des Écossais, des Bernardins, des Bons-Enfants-Saint-Honoré. Cession du collège Mignon à l'ordre de Grandmont. — Le droit de *Committimus* de l'Université est confirmé. — Ser-

ment refusé par le grand prévôt. — Prêtres ordonnés deux fois. — Thèses du cardinal de Richelieu. — Débat à l'occasion d'un office de papetier. — Vente de six arpents du Pré-aux-Clercs à la reine de Navarre. — Questions de préséance. — Querelle des médecins et des chirurgiens. — Rectorat de François Sizé. — La Faculté de théologie. — Edmond Richer est élu syndic. Il entreprend de restaurer les anciennes maximes de l'Église gallicane. Vive opposition que ses projets font éclater. — Débats au sujet d'un boursier. — Nouvel édit accordant aux Jésuites le droit d'enseigner la théologie à Paris; l'Université parvient à en faire ajourner l'exécution. — Préparatifs pour le couronnement de Marie de Médicis. — Mort et obsèques de Henri IV..................................... 60

CHAPITRE III.

Renouvellement des anciennes censures de la Faculté de théologie contre les doctrines qui favorisent le tyrannicide. — Condamnation du livre de Mariana, *De rege et regis institutione*. — Attitude des Jésuites. — Lettres patentes permettant l'ouverture des classes au collège de Clermont. — Division des esprits dans l'Université. — Opposition du recteur à l'enregistrement des lettres patentes. — Le procès, remis tout d'abord après la Saint-Martin, est de nouveau ajourné par les ordres de la régente. — Condamnation du livre de Bellarmin, *De auctoritate summi pontificis*. — Confirmation des privilèges de l'Université. — Retraite du président Achille de Harlay ; M. de Verdun lui succède. — Chapitre général des Dominicains ; thèses dédiées à l'Université de Paris par un dominicain espagnol. — Confirmation des privilèges des chirurgiens. — Les Jésuites se préparent à ouvrir le collège de Clermont. — Le procès s'engage au parlement de Paris. — Plaidoyers de la Martellière et de Montholon ; harangue du recteur Hardivillier ; réquisitoire de Servin. — Le Parlement rend son arrêt contre les Jésuites. — Joie de l'Université. — Le livre de Richer, *De potestate ecclesiastica*. — Vive opposition que l'ouvrage soulève dans les rangs du clergé ; il est condamné par les évêques de la province de Sens. — Débats dans le sein de la Faculté de théologie. — Le syndicat est enlevé à Richer par ordre du roi, et donné à Filesac. — Événements divers. — Une chaire fondée en Sorbonne par un simple maître de l'Université de Paris. — Poursuites dirigées contre des régents de philosophie. — Les bacheliers en décret. — Projet d'union de toutes les universités. — Établissement des Oratoriens. — La Faculté de théologie se trouve en opposition à leur sujet avec les autres Facultés. — Les membres du nouvel institut sont admis, par ordre du roi, à conserver leur rang et leurs privilèges dans l'Université. — Collège protestant à Charenton.. 96

CHAPITRE IV.

Établissement d'un séminaire à Mâcon. — Samuel Daccole élu receveur de l'Université. — Condamnation d'un ouvrage de Suarez. — Les Jésuites mandés devant le Parlement. — Triste situation du royaume. — États généraux de 1614. — Inutiles démarches de l'Université de Paris pour y être représentée. — Elle est invitée à rédiger des cahiers contenant l'expression de ses vœux. — Premier projet préparé par Turgot. — Modifications qu'il subit. — Les cahiers modifiés sont présentés aux États. — Protestation de Turgot. — Protestation contraire de la Faculté de théologie. — Discussions des trois ordres. — Remontrances du clergé. — Le clergé et la noblesse demandent l'ouverture du collège de Clermont. — L'Université renouvelle ses anciennes oppositions contre les Jésuites. — Arrêt de la cour des aides en faveur de l'Université. — Indiscipline des écoliers. — Règlement pour la maîtrise ès arts. — Chaires de la Faculté de décret mises au concours. — Nouvelles poursuites contre certains régents de philosophie. — Création d'une chaire au collège de Sorbonne. — Mort du président Achille de Harlay. — Un nouveau conservateur des privilèges de l'Université. — Le collège des Prémontrés. — Dissensions dans l'Université pour le choix d'un recteur. — Élection de Dossier confirmée par le Parlement. — La *République ecclésiastique* d'Ant. Dominis.. 187

CHAPITRE V.

Le bruit de l'ouverture prochaine du collège de Clermont se répand. — Efforts inutiles du recteur Dossier pour s'opposer à cette ouverture. — Lettres patentes du 15 février 1618. — Décrets de la Faculté des arts et de la Faculté de théologie cassés par le conseil privé. — Situation de l'Université. — Projet de réduire le nombre des collèges. — Quintaine élu greffier. — L'Université de Paris et le prince de Condé. — Les Barnabites. — Le siège épiscopal de Paris érigé en métropole. — Richelieu, grand maître de Sorbonne. — Annulation de la vente de six arpents du Pré-aux-Clercs. — Mesures contre l'indiscipline des écoliers. — Établissement du collège des Irlandais. — Cérémonies. — Affaire de la librairie. Lettres patentes de 1618 et de 1624. Quatre membres de la société de Sorbonne désignés pour être censeurs des livres nouveaux. — Aristote attaqué dans une thèse. — Les Jésuites de Tournon. — Association des universités de France contre les Jésuites. — Arrêts du parlement de Toulouse confirmés au conseil privé. — Échecs multipliés de la compagnie de Jésus. — Nouvelles querelles religieuses. — Pamphlets politiques contre Richelieu : *Admonitio ad regem*; *Mysteria politica*. — Le livre de Santarelli, *De hæresi, schizmate et apostasia*. — Les Jésuites sont contraints de souscrire aux censures de la Faculté de théologie. — La *Somme théologique* du P. Garasse. — La thèse du dominicain Jean Testefort. — Agitation des esprits. — Édit sévère du roi, qui fait défense au recteur et aux maîtres de l'Université de Paris de prolonger et de renouveler les débats touchant l'autorité pontificale. — Un évêque mis en interdit par un simple docteur.. 171

CHAPITRE VI.

Démêlés du Collège de France et de l'Université de Paris. — Le Parlement se prononce en faveur de l'Université. — Arrêt contraire du conseil privé. — Le Collège de France est soustrait à la juridiction du recteur. — Événements divers. — Conditions de scolarité imposées aux avocats et aux juges. — Règlement pour les collèges. — Installation d'un nouveau chancelier de Notre-Dame. — Vifs débats à propos de l'élection du recteur. — Le collège du Plessis. — Le collège de Lisieux. — Le collège de Beauvais. — Reconstruction de la Sorbonne.

— Le prévôt des marchands pose la première pierre du collège de Clermont. — Fêtes à l'occasion de la prise de la Rochelle. — Institution de la Saint-Charlemagne. — Rétractation et mort d'Edmond Richer. — Distributions pécuniaires aux membres de l'Université. — Nouvelle entreprise des Jésuites sur le collège du Mans. — L'Université réussit à conserver ce collège. — Pierre Frizon et le collège de Navarre. — Autres empiétements des ordres religieux. — Messageries de l'Université. — Les fermiers généraux veulent s'en emparer. — Richelieu songe à réduire le nombre des collèges. — Le revenu des messageries est appliqué à la rémunération des régents. — La licence de Paul de Gondy. — Paris menacé par les Espagnols. — Patriotique assistance prêtée au roi par l'Université. — Règlements divers. — Un hérétique exclu de la Faculté de médecine. — Quelle part l'Université de Paris a prise au mouvement de la littérature et des sciences sous Louis XIII. — Union des collèges de Boncourt et de Tournai au collège de Navarre. — Naissance de Louis XIV. — Vente du Pré-aux-Clercs. — Encore les messageries. — L'Université est affranchie du droit d'amortissement. — Visite des collèges en 1642. — Mort de Richelieu. — Mort de Louis XIII.. 210

LIVRE II.

Depuis l'avénement de Louis XIV jusqu'à la fin du dix-septième siècle.

CHAPITRE PREMIER.

Décadence de l'Université sous le règne de Louis XIV. — Nouvelles luttes avec la compagnie de Jésus au sujet de la collation des grades. — Divers écrits de Godefroy Hermant pour la défense de l'Université. — Écrits en faveur des Jésuites. — Propositions enseignées par le P. Héreau, régent au collège de Clermont ; elles sont dénoncées au Parlement par le recteur. — Le livre *De la fréquente Communion*, d'Antoine Arnauld. — Agitation des esprits ; mesures qui furent prises par Mazarin pour l'apaiser. — L'Université manque de professeurs. Idée première d'une école normale. — Maîtrise ès arts du prince de Conti. — L'Université assiste à plusieurs cérémonies. — Nouveaux procès avec les fermiers des postes, et avec les moines de l'abbaye Saint-Germain. — Zèle déployé à cette occasion par le recteur François Dumonstier. Ses collègues lui accordent comme récompense une pension viagère. — Situation de différents colléges. Colléges de Cluni, du Mans, de Sainte-Barbe et de Beauvais. — Union du collège du Plessis et de la Sorbonne. — Vaines entreprises de quelques communautés religieuses dans les provinces. — Tentative du prince de Conti. — Comptes de l'Université. Commencement de la querelle de la Faculté des arts et des Facultés supérieures. — Règlements scolaires. — Un nouveau chancelier de Notre-Dame et un nouveau chancelier de Sainte-Geneviève. — L'Université pendant la Fronde. — Le jansénisme et la Sorbonne. — Nicolas Cornet dénonce à la Faculté de théologie cinq propositions extraites du livre de Jansénius. — Édit du mois de décembre 1649 sur l'imprimerie et la librairie. — Mort du syndic de l'Université, Jacques du Chevreul. — La licence de Bossuet. — Confirmation des privilèges de l'Université. — Traitement annuel des professeurs de la Faculté de droit et de la Faculté de médecine. — La Faculté de droit se trouve réduite à un seul professeur. — Progrès de la querelle du jansénisme. Déclaration portée, malgré le recteur, par quelques maîtres irlandais contre les cinq propositions. — La Fronde en 1651. — Attitude de l'Université pendant et après les troubles. — Elle vient demander au roi la liberté du cardinal de Retz. — Conséquences fâcheuses de cette démarche.................................. 277

CHAPITRE II.

Désordres du collège de Bayeux et du collège Saint-Michel. — Cession d'un terrain appartenant au collège de Cornouailles. — La lutte continue entre les procureurs des Nations et les doyens des Facultés de théologie, de droit et de médecine. — Le *Livre bleu*. — Autres écrits en sens contraire. — L'arrêt du Parlement laisse la question indécise. — Élection tumultueuse d'un procureur de la Nation de France. — Mort de l'archevêque de Paris. — L'Université de Paris complimente le roi sur son couronnement et sur le succès des armes françaises. — Ordonnance touchant la séparation des sexes dans les petites écoles. — Les cinq propositions de Jansénius sont condamnées à Rome. — Seconde lettre d'Arnauld à un duc et pair, déférée à la Faculté de théologie. — Procès d'Arnauld; il est exclu de la Faculté. — Les *Provinciales*. — Attitude de l'Université durant ces mémorables débats. — Services funèbres en l'honneur de Mathieu Molé et de Jérôme Bignon. — Fondation du collège de Corbeil. — L'Université vient saluer la reine de Suède à son arrivée à Paris. — Situation de la Faculté de droit. Institution de vingt-quatre docteurs honoraires dans cette Faculté. — Nouveaux incidents de la querelle des doyens et des procureurs, et nouvel arrêt du Parlement. — Rivalité des médecins et des chirurgiens. Long procès; il est perdu par les chirurgiens. — Paix des Pyrénées. — Entrée du roi et de la reine à Paris. Mécomptes de l'Université à cette cérémonie. — Mazarin est élu proviseur du collège de Sorbonne. — Sa mort. — Fondation du collège des Quatre Nations, ou collège Mazarin.. 354

CHAPITRE III.

Digression à propos des écoles de Port-Royal. — Caractère de ces écoles. — Liste des principaux ouvrages classiques de Port-Royal. — Influence des écrivains de Port-Royal sur les études de l'Université de Paris. — Les maîtres des petites écoles et les maîtres écrivains. — Statuts de la Nation de France; disposition de ces statuts en ce qui concerne la publication de l'Histoire de l'Université. — Égasse Du Boulay est élu recteur. — Son discours à Louis XIV à l'occasion de la naissance du dauphin. — Il publie un mandement pour la célébration de la Saint-Charlemagne. — Mort de Quintaine; Du Boulay lui succède en qualité de greffier. — L'enseignement de la philosophie commence à devenir suspect. — Nouveaux débats dans la Faculté de théologie au sujet de l'autorité pontificale. Thèses de Drouet de Villeneuve et de Louis Deplantes. — Déclaration de la Faculté de théologie sur la puissance ecclésiastique. — Condamnation des ouvrages de Jacques Vernant et d'Amédée Guimenée. — Mécontentement du pape. — Une bulle d'Alexandre VIII est déférée au Parlement. — Publication des premiers volumes de l'Histoire de l'Université de Paris; ils sont condamnés par la Faculté de théologie. — Visite des collèges. — Le collège de Sorbonne refuse de se laisser inspecter par le recteur. — Règlement pour le collège de Beauvais. — Nouvelle organisation de la Faculté de droit. — Discussion dans le sein de la Faculté de médecine à propos de l'antimoine. — Procès au sujet de la cure de Saint-Côme et de Saint-Damien. — État prospère du royaume. — Louis XIV songe à réformer l'Université de Paris.................................. 399

CHAPITRE IV.

Affaiblissement de l'Université de Paris; ses divisions intestines. — Accusations portées par le syndic de la Faculté de théologie contre le recteur et contre la Faculté des arts. — Nouveaux règlements pour divers collèges. — Le droit de *Committimus* défendu par Bossuet en présence du roi. — Progrès de la philosophie de Descartes. — Persécutions dont elle est l'objet à Paris et dans les provinces. — *Arrêt burlesque* de Boileau. — Les Jésuites à Provins. — La Faculté de médecine et la Chambre royale des médecins étrangers. — Fondation de Du Boulay en l'honneur de Charlemagne. — Le collège Mazarin est agrégé à l'Université. — Débats avec le chantre de Notre-Dame au sujet des petites écoles. — L'Université présente au roi une requête. — Elle obtient une lettre de cachet contre les maîtres des petites écoles. — La méthode ancienne et les méthodes nouvelles. — Élection d'un censeur dans la Nation de France. — Remy Duret et les frères Du Boulay. — Mort d'Égasse Du Boulay; Lair lui succède comme greffier. — *Septennium* des professeurs en théologie. — Le mariage et le célibat dans la Faculté des arts. — Situation des collèges de Paris. — Cession du collège des Lombards aux Irlandais. — Édit du mois d'avril 1679 pour la réforme de l'enseignement du droit. — Importance de cet édit. — Le droit civil français enseigné pour la première fois à Paris.. 489